首钢年鉴

2016

首钢总公司史志年鉴编委会　编

人民出版社

首钢总公司史志年鉴编委会

编 辑 说 明

2014年2月,习近平同志在北京市考察工作时强调,要"高度重视修史修志,让文物说话、把历史智慧告诉人们。"2014年4月,李克强同志指示:"修志问道,以启未来。"2015年12月,李克强同志寄语全国史志工作者"直笔著信史,彰善引风气,为当代提供资政辅治之参考,为后世留下堪存堪鉴之记述。"跟全国史志年鉴工作者一样,国家领导人语重心长的话语,鼓舞首钢数百位史志年鉴工作者,本着对工作负责、对首钢负责、对历史负责、对未来负责的态度,克服重重困难,兢兢业业耕耘,编纂完成《首钢年鉴2016》。

《首钢年鉴》由首钢总公司主办,首钢总公司史志年鉴编委会组织编纂,首钢总公司发展研究院负责组织协调编辑出版工作,史志年鉴办公室是首钢总公司史志年鉴编委会日常工作机构。

《首钢年鉴》客观、全面记载首钢集团及主要单位基本情况、重要信息、重大变化、重大事件、各自特点,是反映首钢年度情况的资料性文献。编写《首钢年鉴》是首钢集团的一项基础性工作;《首钢年鉴》有利于集存信息、有利于全面展示形象、有利于相互学习借鉴、有利于观察自身变化、有利于查找努力方向。

《首钢年鉴》记录2003年以来首钢集团的发展情况。《首钢年鉴2016》是连续出版的第12部年鉴,继续以书籍、光盘形式出版。

《首钢年鉴》按照分类编辑法编纂,有栏目、分目、条目三个结构层次,以条目为基本单元。

《首钢年鉴2016》既注重保持框架结构的连续性、稳定性,又注意及时增补新内容。与《首钢年鉴2015》相比较,除设立特载、文选、专辑、组织机构、企业管理、党群工作、钢铁产业、矿产资源业、园区开发管理、电子机电制造、建筑与房地产、服务业、独立经营单位、海外事业、大事记、荣誉表彰、统计资料、附录等18个栏目和彩页部分外,通过设立"四个中心"的方式,及时收入首钢2015年管理架构变化后的新情况。

《首钢年鉴》的编纂,是一项浩瀚的系统工程。首钢总公司史志年鉴编委会全方位细心指导;首钢集团所属各单位67位年鉴编纂组织者以及无数编写者、摄影者,强力支撑《首钢年鉴2016》编纂工作;首钢组织部、首钢计财部、首钢宣传部等全力协助;首钢发展研究院领导及各专业职能部门全方位直接支持;史志年鉴办公室工作者承担全集团各单位材料收集和编审工作,全方位协调各项具体工作。众人拾柴,终修成本卷。

史志年鉴办公室工作者注重借鉴吸取国内史志年鉴编纂中的经验与做法,注重深入首钢集团各单位了解和掌握相关情况,注重与首钢各单位年鉴编写工作者密切沟通,倾全力制作精品。

2015年,是首钢深化改革转型发展的重要年份,机构变动大、人员变动大、前后衔接难度大、组织编纂难度大。因此,《首钢年鉴2016》难免出现差错与纰漏。敬请各方人士不吝赐教。

首钢史志年鉴办公室

2016年10月

迁钢秋色

2015 年，首钢积极推进做实股份公司、构建钢铁板块管理平台的改革。（摄影　袁德祥）

党建与三严三实

图01：2月28日，首钢在文馆召开2015年反腐倡廉工作会议。（摄影　王京广）

图02：5月9日，首钢举行党委中心组学习扩大会，北京大学马克思主义学院博士生导师郭建宁教授作有关"四个全面"的辅导讲课。（摄影　王京广）

图03：5月29日，首钢三严三实专题教育党课报告会在文馆举行，首钢总公司领导靳伟讲党课、何巍主持会议。（摄影　王京广）

图04：6月11日，首钢总公司领导张功焰为首钢党员领导干部讲党课。（摄影　孙　力）

图05：6月29日，首钢庆祝中国共产党成立94周年暨先进基层党组织、优秀共产党员表彰大会在文馆隆重召开。（摄影　王京广）

图06：7月2日，首钢职工"弘扬劳动精神 唱响时代强音"歌咏比赛在古城电影院举行。（摄影　赵石岩）

图 07：7 月 8 日，首钢青年党团员集体宣誓纪念抗日战争胜利 70 周年。（摄影　李春满）

图 08：7 月 28 日，首钢党委中心组"严于律己"专题辅导报告会举行。（摄影　袁德祥）

图 09：7 月 31 日，首钢纪委组织领导干部和有业务处置权的岗位人员参观石景山看守所。（纪委提供）

图 10：9 月 18 日，首钢工会在首钢古城俱乐部举行首钢纪念抗日战争胜利 70 周年演唱会。（摄影　王京广）

图 11：11 月 12 日，京唐公司召开第一次党代会，回顾党委成立以来的工作，共商未来五年发展目标。（摄影　杨立文）

上级关心指导

图01：6月14日，全国人大常委会副委员长、农工党中央主席陈竺等一行120人到京唐公司参观考察。（摄影 毕景志）

图02：6月18日，北京市委常委组织部长姜志刚到京唐公司调研。（摄影 杨立文）

图03：6月24日，北京市委常委、常务副市长李士祥，副市长隋振江到京唐公司调研。（摄影 杨立文）

图04：6月24日，北京市与河北省领导考察京唐公司，勉励首钢推动曹妃甸园区发展。（摄影 王京广）

图05：7月23日，中央政治局委员、北京市委书记郭金龙到首钢调研，强调首钢要走"高精尖"发展之路。（摄影 王京广）

图06：8月8日，河北省委书记赵克志等领导到京唐调研。（摄影 袁德祥）

图07：8月18日，河北省委常委、唐山市委书记焦彦龙到股份公司调研。（股份公司提供）

图08：8月21日，京唐公司举行二期工程项目启动会。河北省委常委、唐山市委书记焦彦龙，北京市副市长隋振江，河北省副省长张杰辉等到会。（摄影　毕景志）

图09：8月26日，山西省省长李小鹏考察长钢焦化项目一期工程建设。（中钢网报道）

图10：9月11日，北京市委副书记、市长王安顺到首钢调研，肯定首钢在长安街西延工程、园区基础设施建设中所做工作。（摄影　王京广）

图11：12月5日，首钢总公司领导靳伟与吉林省副省长姜有为座谈通钢推动转型升级情况。（通钢提供）

总公司重要会议

图 01：1 月 30 日，中共首钢总公司第十七届委员会第九次全体（扩大）会议在文馆召开。（摄影　王京广）

图 03：1 月 30 日，中共首钢总公司第十七届委员会第九次全体（扩大）会议召开，代表热烈鼓掌。（摄影　王京广）

图 04：1 月 31 日，首钢第十八届职工代表大会第三次会议暨集团工作会议在文馆召开。（摄影　袁德祥）

图 02：1 月 30 日，首钢总公司领导靳伟作《坚定不移深化改革，奋力开创首钢转型发展新局面》报告。（摄影　王京广）

图06：4月27日，首钢召开庆"五一"先进表彰暨科技创新大会，表彰先进，总结部署科技创新工作。（摄影 王京广）

图05：1月31日，首钢总公司领导徐凝作《深化改革，强化管理，全面提高首钢发展质量和效益》报告。（摄影 袁德祥）

图08：4月30日，首钢总公司领导与首钢2015年劳模、北京市劳模、北京市模范集体代表座谈后合影留念。（摄影　王京广）

图07：4月29日，北京市委、市政府召开2015年北京市庆祝"五一"国际劳动节暨表彰劳动模范和先进工作者大会，首钢劳动模范17人、模范集体3个受表彰。（摄影 王京广）

图09：9月24日，首钢召开"创新创优创业"交流会，意在深化管控体系改革、激发转型发展活力。（摄影　袁德祥）

做优做强钢铁业

图01：8月21日，京唐二期工程项目启动，北京（曹妃甸）现代产业发展示范区8个重点项目同时签约。(摄影 王京广)

图02：京唐二期工程是经国务院批准的《河北省钢铁产业结构调整方案》中调整优化产业布局的重点项目。（摄影 王京广）

图03：9月23日，京唐公司炼铁部两座高炉负荷分别达到5.70、5.61，大高炉冶炼水平再次实现新突破。(摄影王亚朋)

图04：2015年，京唐公司两座5500立方米高炉生产实现长期稳定运行。（摄影 王京广）

图05：京唐公司焦化部职工通过精打细算、修旧利废和小改小革等，为降本增效贡献力量。（摄影 赵石岩）

图06：京唐公司炼铁部攻关小组在观察比对设备结构，达到均衡效果。（摄影 赵石岩）

图07：京唐公司热轧部精轧工荣彦明努力轧别人轧不了的钢，若干品种填补国内外空白。（摄影　李春满）

图08：京唐公司炼铁部攻关小组在查看焙烧机水冷梁冷却曲线图。（摄影　赵石岩）

图09：京唐公司炼铁部烧结分厂"赤狼"设备攻关团队成员现场调试监测保护装置。（摄影　李春满）

图10：京唐公司炼铁部攻关小组查看改造后运行效果。（摄影　赵石岩）

图11：迁钢公司超快冷工艺降成本扩品种作用凸显。图为2160生产线用超快冷工艺生产管线钢。（摄影　李所牛）

图12：3月9日，股份公司7个职能部门干部职工登上开往迁安通勤班车，奔赴新的工作岗位。（摄影　王京广）

图 13：从 4 月开始，股份公司技术质量部通过视频会与冷轧公司互动沟通，研讨汽车板各种问题。（摄影 李所牛）

图 14：股份公司迁钢炼铁炼钢全自动分析中心。（摄影 袁德祥）

图 15：股份公司迁钢职工把翻译好的操作界面拷贝到手机，随时对照学习。（摄影 袁德祥）

图 16：股份公司迁钢职工满怀信心迎难而上。（摄影 袁德祥）

图 17：股份公司迁钢职工熟悉操作程序，刻苦练习。（摄影 袁德祥）

图 18：2 月 26 日，股份公司领导与硅钢团队共同庆祝第 10000 卷高磁感取向硅钢下线。（摄影 李 哲）

图19：6月29日，庆祝首钢硅钢项目投产五周年环厂跑鸣枪，股份公司硅钢事业部干部职工冲出起跑线。（摄影 李 哲）

图20：8月20日，股份公司首批出口意大利2000吨无取向电工钢顺利装船。继稳定立足东南亚、西亚、美洲市场之后，首钢电工钢正在进军欧洲市场。（摄影 廖世丹）

图21：10月21日，股份公司硅钢工程技术研究中心揭牌仪式隆重举行，为首钢硅钢战略发展提供科研支撑和理论基础。（摄影 李 哲）

图22：12月1日，首钢总公司3项高牌号冷轧无取向电工钢带产品获中国钢铁工业协会组织评定的2015年度冶金产品实物质量"金杯奖"称号。（摄影 李 哲）

图23：5月19日，首秦公司领导与孟加拉帕德玛大桥考察团合影留念。（摄影 侯志刚）

图24：7月1日，台湾中钢公司副总经理梁修长一行先后参观首秦公司展厅和4300mm生产线，首钢总公司领导胡雄光陪同。（摄影 赵海涛）

图25：冷轧公司镀锌作业区技术人员调整气囊式轧辊刮刀参数，确保产品质量。（摄影　何志国）

图26：冷轧公司磨辊间职工正在精心操作设备，对轧辊进行削磨，保障产线生产高质量板材。（摄影　何志国）

图27：11月26日，首钢总公司领导靳伟到长钢调研。图为参观厂史馆。（长钢提供）

图28：长钢确保现场环境与工序控制。（摄影　王京广）

图29：12月4日，首钢总公司领导靳伟、张功焰，财务总监王洪军一行到通钢调研。（通钢提供）

打造城市综合服务商

图01：6月，首钢首座平面移动式立体车库——首钢办公厅机械式立体停车库投入使用，缓解办公厅大院停车难压力。（摄影　袁德祥）

图02：首钢医院立体车库，占地少，入库时间短，司机将车开到预定车位即可。（摄影　王京广）

图03：首钢医院立体车库，库内布局合理。图为一辆车正在入库。（摄影　王京广）

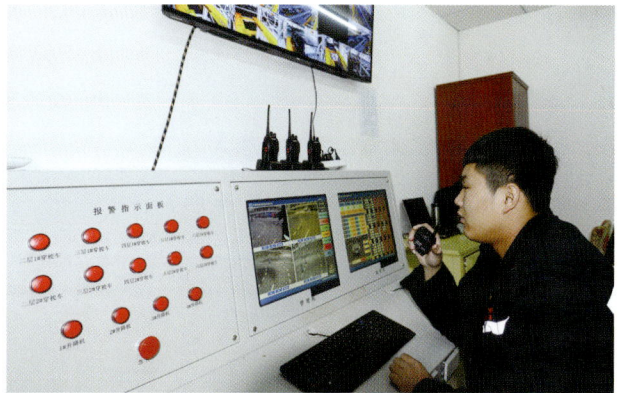

图04：首钢医院立体车库指挥有序。（摄影　王京广）

图05：首钢机电公司职工正在焊接长安街护栏立柱柱头。（摄影　袁德祥）

图06：7月10日，首钢机电公司职工查验长安街景观提升护栏。（摄影　袁德祥）

图07：7月11日，首钢制造护栏亮相长安街。（摄影 王京广）

图08：8月15日，首钢制造的长安街护栏安装完成，在华灯下奋战一个多月的首钢职工举起双手欢呼。（摄影 王京广）

图09：12月4日，"园服公司特色菜及服务技能比赛"举办。（摄影 王亚朋）

图10：首钢以高效协同的体系建设提升客户服务品质。图为销售人员认真核对用户信息。（摄影 袁德祥）

图11：12月8日，北京首钢自动化信息技术有限公司与同方股份有限公司共同签订战略合作协议。（首自信提供）

图12：由原钢结构制作厂房改建而成的首嘉篮羽空间，5月1日正式对外营业并获好评。（摄影 王亚朋）

园区开发与厂东门迁建

图01：为贯彻习总书记视察北京时的指示精神，2月9日，首钢召开园区城市风貌研究课题启动会，中国工程院、清华大学建筑学院等单位领导及专家学者参会。（摄影 袁德祥）

图02：长安街西延线将打开首都西大门，使中心城与京西地区间联系更为紧密，同时有利于加快北京首钢园区建设。（摄影 乔智玮）

图03：4月29日，在首钢园区城市风貌研究课题研讨例会上，首建投公司规划设计部建筑设计师、清华大学建筑系博士生周婷发表意见、参与讨论。（摄影 谢 跃）

图04：5月6日，首钢机械厂退休职工在厂东门合影留念。（摄影 王京广）

图05：5月12日，海外华文媒体研究班学员游览首钢老工业区，青睐首钢文化产品。（首钢日报提供）

图06：5月14日，首钢厂东门前升旗仪式。（摄影 王京广）

图07：5月21日，带姥爷和妈妈看看厂东门。姥爷82岁了，他和妈妈都在这里工作一辈子。（摄影　朱文鑫）

图08：5月21日，首钢厂东门设计师项海生拍摄厂东门。（摄影　王京广）

图09：首钢机械厂锻造工李建军原来一直不舍得穿这件工装，工友说"他就是因为怕把'首钢'两字洗掉了"。（首钢日报提供）

图10：5月25日，首钢厂东门异地迁建项目启动。（首钢日报提供）

图11：长安街西延项目（首建投办公楼东侧至炼钢道口段）北半幅主路沥青混凝土铺设及辅路路基完成施工，南半幅道路开始施工。（摄影　袁德祥）

图12：为确保首钢西十筒仓项目物业服务品质，园区服务公司超前开展职工培训。（摄影　袁德祥）

图13：6月末，由首钢建设集团承建的西十筒仓工程收尾。图为料仓前广场正在铺设地砖。（摄影 袁德祥）

图14：老工业区炼铁料场变身创意广场，首钢迈出全面调整转型新步伐。（摄影 袁德祥）

图15：7月7日，首钢总公司与世茂集团、富华国际集团、正大集团、新加坡金鹰集团、百度公司签署合作框架协议，共同推进"世界侨商创新中心"建设。（摄影 王京广）

图16：西十筒仓创意广场位于新首钢高端产业综合服务区北侧，紧邻阜石路。（摄影 袁德祥）

图17：9月17日，首钢园区城市风貌课题研讨会在首钢陶楼召开。首钢总公司领导靳伟代表首钢对各位院士专家、各位领导表示衷心感谢。（摄影 袁德祥）

图18：11月22日，北京首钢石景山老厂区银装素裹。图为白雪皑皑的西十筒仓西侧入口处。（摄影 袁德祥）

深化改革创新发展

图01：1月27日，首钢2014年度职业技能竞赛表彰大会在培训中心召开。图为获表彰者合影留念。（摄影　王京广）

图02：2月15日，首钢召开经营例会视频会，首钢总公司领导赵民革、刘建辉出席。（摄影　李所牛）

图03：4月10日-11日，首钢召开一季度经济活动分析会，总公司领导及各单位各部门党政一把手等参加会议。（摄影　王京广）

图04：4月18日，首钢党委中心组"智慧城市"专题讲座举行，神州数码（中国）有限公司副总裁、智慧城市服务集团总裁、中国智慧城市专家谢耘作智慧城市专题讲座。（摄影　孙　力）

图05：5月20日，由首钢控股公司自主研发的"蝙蝠"无人机亮相第六届中国（北京）国际警用装备及反恐技术装备展览会。（摄影　胡晓阳）

图06：7月25日，首钢邀请中国财务公司协会理事会原监事长、现任大唐集团财务部主任兼大唐资本控股公司党组书记刘传东作"财务公司发展与管理"专题讲座。（摄影　王京广）

图07：7月27日，首钢集团上半年经济分析会在文馆举行，首钢总公司领导靳伟主持会议并做重要讲话、张功焰做工作报告。（摄影　王京广）

图08：8月1日，首钢邀请埃森哲大中华区战略与可持续发展咨询业务董事总经理李广海等作大型企业集团管控及组织变革趋势专题讲座。（摄影　袁德祥）

图09：9月，首建投公司组织开展团队建设拓展训练活动效果好。（摄影　王亚朋）

图10：9月24日，首钢财务公司成立。（摄影　王京广）

图11：12月15日，首钢内部首例财企战略合作即首钢财务公司与首自信公司授信签约仪式在首自信公司举行。双方总经理聂秀峰、佘国平签署战略合作协议。（首自信提供）

图12：国际工程公司设计管理部苏广朝在焦化工程设计岗位奋斗20余年，已成长为焦化领域专家型人才。（摄影　何志国）

图13：首钢2015年技能操作研修培训班成员合影。（摄影　赵石岩）

图14：首钢2015年技能操作研修培训现场。（摄影　赵石岩）

图15：首钢家电板产品实现自2012年以来连续三年市场占有率第一，重点家电企业供货比例达到22%。（摄影　李春满）

图16：首钢文化公司不断开拓外埠工业旅游新线路。图为北京八中高一师生参观现代化迁钢公司生产指挥中心。（摄影　王亚朋）

图17：首建集团第二冶建分公司"裘俊清电气工作室"挂牌成立后积极开展工作。图为该工作室负责人指导开关模拟保护测试。（摄影　何志国）

图18：由首钢总公司工会、总公司团委共同主办的首钢2015年电子竞技对抗赛现场。（摄影　李春满）

首钢体育

图01：3月22日，首钢男篮夺得2014-2015中国男子篮球职业联赛（CBA）总冠军。（摄影 张 雨）

图02：3月31日，首钢篮球队荣获男子联赛冠军女子联赛亚军庆功会举行，首钢总公司领导与球队合影。（摄影 王京广）

图03：4月2日，"这里是北京——首钢冠军之夜"大型球迷答谢会在五棵松万事达中心激情上演。（摄影 袁德祥）

图04：4月2日晚，8000名球迷与球队一起重温首钢男篮成功卫冕的狂欢时刻。（摄影 袁德祥）

图05：4月2日晚，宋晓波、张云松为王骁辉、方硕颁奖。（摄影 袁德祥）

图06：4月2日晚，在一片"MVP"呼喊声中，首钢总公司为"首钢劳动模范"马布里颁奖。（摄影 王京广）

图07：4月2日晚，在"这里是北京——首钢冠军之夜"大型球迷答谢会现场，首钢男篮全体队员再次举起CBA冠军至尊宝鼎。（摄影　王京广）

图08：7月8日，乒乓球世界冠军马龙、丁宁到股份公司慰问一线职工。（摄影　李春满）

图09：8月23日，乒超女团第16轮比赛在首钢篮球中心展开。首钢队文佳、冯亚兰组合直落两盘赢下女双。（摄影　袁德祥）

图10：11月5日，2015-2016赛季WCBA常规赛南北分区赛进入第8轮角逐，首钢女篮76比56击败黑龙江绅达队。图为首钢女篮邵婷篮下强攻。（摄影　王京广）

图11：12月5日，首钢女篮主场以73比71击败新疆队。图为双方在篮下激烈拼抢。（摄影　袁德祥）

图12：12月12日，主场作战的北京首钢女篮以76比64击败劲旅广东马可波罗队。（摄影　王京广）

企业社会责任

图 01：1 月 16 日，首钢召开安全生产大会，总结 2014 年工作，部署 2015 年安全生产任务。（摄影　王京广）

图 02：1 月 25 日，"北京蓝我先行"电动汽车进社区活动在首钢金顶街五区居民区启动，机电公司现场为参展的新能源电动汽车提供充电服务。（摄影　袁德祥）

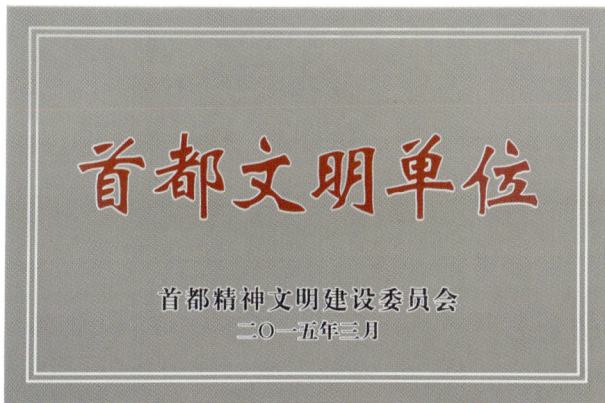

图 03：3 月，首钢获首都文明单位称号。（摄影　王京广）

图 04：3 月，首钢获首都文明单位标兵称号。（摄影　王京广）

图 05：3 月 9 日，坐落在陶楼西北侧的首钢北京园区公共自行车租赁点正式开通并投入使用。（摄影　王亚朋）

图 06：3 月 20 日，首钢工学院学生参加无偿献血活动。（摄影　赵石岩）

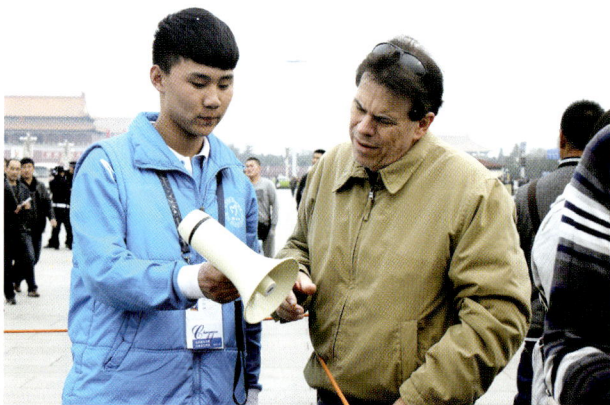

图 07：首钢 23 名青年志愿者参加 2015 年毛主席纪念堂志愿服务活动。（摄影　李春满）

图 08：4 月 11 日，国际工程公司组织青年志愿者参加植树活动。（摄影　李春满）

图 09：4 月 24 日，以"增强素质，走向健康"为主题的首钢职工健步走活动启动。（摄影　王京广）

图 10：5 月 21 日，首钢饮食公司开展永定河大堤防汛抢险人员应急供餐演练。（摄影　王亚朋）

图 11：5 月 28 日，首钢总公司领导靳伟、张功焰等与首钢幼儿园教职工、小朋友共庆"六一"国际儿童节。（摄影　王京广）

图 12：10 月 15 日，首自信公司在文馆举办第七届青年集体婚礼，16 对青年步入婚姻殿堂。（摄影　胡晓阳）

图13：重阳节前夕，首钢实业公司老年福敬老院举办慰问活动。（摄影　王亚朋）

图14：截至11月11日，首钢生物质能源项目自投产以来连续运行694天，项目整体运行稳定。（摄影　袁德祥）

图15：11月22日，首钢北京老厂区陶楼银装素裹。（摄影　袁德祥）

图16：11月22日，首钢北京老厂区月季园雪景如画。（摄影　袁德祥）

图17：11月23日，雪后初晴，拥有石景山、群明湖等自然景观和众多人文、工业景观的首钢北京老厂区风景如画。（摄影　袁德祥）

目　录

十大新闻

2015 年首钢十大新闻 …………………………（2）

特　载

总理建议企业抱团出海 …………………………（4）

首钢元素——闪耀长安街
（原标题："9·3"阅兵现场的首钢荣光）
…………………………（5）

郭金龙勉励首钢走"高精尖"发展之路 …………（8）

首钢京唐二期项目启动 …………………………（8）

京津冀协同发展　北京首钢搬迁里外一新
（原标题：首钢搬迁　里外一新）…………（9）

京唐公司成立十周年 …………………………（10）

"制造+服务"的成功实践
——首钢硅钢发展历程总结回顾 ………（12）

首钢厂东门迁建　屹立长安街 23 年 …………（15）

深化改革统一思想　扎实推进管控体系
改革 …………………………………………（18）

首钢六项成果获中国冶金科学技术奖 ………（19）

首钢职工刘宏获中华技能大奖 ………………（20）

打造绿色生态示范区　提高首钢园区影响力 ……（20）

西十筒仓改造项目完工　北京园区开发进入
新阶段 ……………………………………（21）

首钢践行"三严三实"　推动改革发展 ………（21）

精神文明创建喜结硕果　首钢十家单位受到
表彰 ………………………………………（23）

首钢男篮四年勇夺"三冠"　马布里荣膺 2014 年度
十大"北京榜样"
（原标题：新闻媒体聚焦北京首钢男篮夺冠）
…………………………………………（23）

文　选

坚定不移　深化改革　奋力开创首钢转型发展新局面
——在中共首钢总公司第十七届委员会第九次
全体（扩大）会议上的报告 …… 靳　伟（26）

深化改革　强化管理　全面提高首钢发展质量和效益
——在首钢第十八届职工代表大会第三次会议
暨集团工作会议上的报告 …… 徐　凝（37）

专　辑

创新创优创业

统一思想　坚定信心　全力推进首钢集团管控
体系改革
——在 2015 年首钢"创新创优创业"
交流会上的讲话 …………… 靳　伟（50）

关于《深化首钢集团总部管控体系改革思路框架》
的说明 ……………………………… 何　巍（58）

首钢集团管控模式选择与业务板块构建的说明
…………………………………………（69）

业务支持服务类机构组建方案的说明 …………（77）

建立中长期激励机制　促进首钢持续健康发展
…………………………………………（85）

科技创新

依靠科技进步　深入挖掘潜能　努力开创首钢
转型发展的新局面
——在 2015 年首钢科技大会上的报告
…………………………………… 赵民革（92）

2014 年度首钢科学技术奖获奖项目 …………（99）

管理创新

2015 年首钢第十六届管理创新成果获奖项目
…………………………………………（104）

2015 年荣获冶金企业管理现代化创新成果奖
…………………………………………（106）

2015 年荣获北京市企业管理现代化创新成果奖
…………………………………………（106）

党建与文化创新

首钢第十三届党建和思想文化创新成果获奖项目
…………………………………………（107）

组织机构

首钢（集团）总公司组织架构示意图
（2015.8）…………………………（112）
2015 年首钢总公司领导 ………………（113）

企业管理

规划发展部

规划发展部领导名录 …………………（116）
综　述 …………………………………（116）
"十三五"规划编制 ……………………（116）
京津冀协同发展 ………………………（116）
京唐股权调整及马城铁矿交接 ………（116）
战略合作 ………………………………（116）
房地产管理 ……………………………（116）

计财部

计财部领导名录 ………………………（117）
综　述 …………………………………（117）
机构改革 ………………………………（117）
经济运行管理 …………………………（117）
业绩考评 ………………………………（117）
资金管理 ………………………………（117）
会计核算 ………………………………（118）
税务筹划 ………………………………（118）
价格管理 ………………………………（118）
概预算审核 ……………………………（118）

资产管理 ………………………………（119）
统计核算管理 …………………………（119）
做实股份公司 …………………………（119）
指导思想与战略定位 …………………（120）
"三严三实"活动 ………………………（120）
教育培训 ………………………………（120）
制度建设 ………………………………（120）

审计部

审计部领导名录 ………………………（120）
综　述 …………………………………（120）
经营目标责任审计 ……………………（121）
工程审计 ………………………………（121）
离任审计 ………………………………（121）
专项审计 ………………………………（121）
审计管控 ………………………………（121）
巡视整改工作 …………………………（121）
监督联动 ………………………………（122）
工程审计 ………………………………（122）
管理成果奖项 …………………………（122）
业务培训 ………………………………（122）

监事会工作办公室

监事会工作办公室领导名录 …………（122）
综　述 …………………………………（122）
工作思路 ………………………………（122）
制度建设 ………………………………（122）
集中检查 ………………………………（123）
整改复查 ………………………………（123）
整改帮促 ………………………………（123）
推进常驻制 ……………………………（123）
参与机构改革 …………………………（124）
调研与汇报 ……………………………（124）
队伍建设 ………………………………（124）
"三严三实" ……………………………（124）
支部建设 ………………………………（124）

信息部

信息部领导名录 ………………………（124）
综　述 …………………………………（125）
绩效考核信息化项目 …………………（125）

职工健康管理信息系统项目 …………… （125）
迁顺在线订单评审项目 ………………… （126）
营销服务平台项目 ……………………… （126）
进口矿信息化项目 ……………………… （126）
财务公司信息化项目 …………………… （126）
信息系统运维管理 ……………………… （126）
信息安全管理 …………………………… （126）
视频会议系统管理 ……………………… （126）
信息化专业管理 ………………………… （127）
两化融合管理体系贯标 ………………… （127）
国资预算资金支持信息化项目 ………… （127）
编制集团"十三五"信息化规划 ……… （127）
开展信息化水平测评 …………………… （127）

办公厅

办公厅领导名录 ………………………… （127）
综 述 …………………………………… （127）
文稿起草 ………………………………… （127）
会议管理 ………………………………… （128）
督办工作 ………………………………… （128）
信息工作 ………………………………… （128）
文秘与保密工作 ………………………… （128）
派出董事管理 …………………………… （128）
对外交往 ………………………………… （128）

首钢环境产业有限公司

环境公司领导名录 ……………………… （129）
综 述 …………………………………… （129）
主要指标 ………………………………… （129）
环境公司大事记 ………………………… （129）
生物质项目 ……………………………… （129）
污染土修复项目 ………………………… （130）
建筑垃圾资源化利用项目 ……………… （130）
飞灰试验项目 …………………………… （130）
鲁家山基地和新项目 …………………… （130）
技术创新 ………………………………… （130）
党群工作 ………………………………… （130）

能源环保部

能源环保部领导名录 …………………… （130）
综 述 …………………………………… （130）

超额完成污染物排放总量指标 ………… （131）
环保管理 ………………………………… （131）
绿色行动计划 …………………………… （131）
环境质量保障 …………………………… （131）
节能管理 ………………………………… （131）
能源管理体系建设 ……………………… （131）
碳排放权交易 …………………………… （131）

总工程师室

总工室领导名录 ………………………… （132）
综 述 …………………………………… （132）
钢铁工程项目 …………………………… （132）
钢铁科技项目 …………………………… （133）
钢铁技术专题调研 ……………………… （133）
园区开发专项研究审查 ………………… （134）
园区开发研究及交流 …………………… （136）
资产处理及污染土壤治理 ……………… （136）
其他工作 ………………………………… （137）

技术研究院

技术研究院领导名录 …………………… （137）
综 述 …………………………………… （137）
公司领导调研 …………………………… （138）
重要会议 ………………………………… （138）
新产品开发和短平快项目 ……………… （138）
科技成果 ………………………………… （139）
降本增效 ………………………………… （139）
用户技术领域 …………………………… （139）
技术支持效果明显 ……………………… （139）
国家重点新产品计划项目 ……………… （139）
对外开放合作 …………………………… （139）
科技信息工作 …………………………… （139）
国内外学术交流 ………………………… （140）
科研条件改善与科研基地建设 ………… （140）
人才队伍建设 …………………………… （140）
凝聚力工程建设 ………………………… （140）

销售公司

销售公司领导名录 ……………………… （140）
综 述 …………………………………… （140）
主要经销指标 …………………………… （140）

区域公司管理 …………………………（140）
拓展服务内涵 …………………………（140）
优化物流管控机制 ……………………（141）
夯实内部管理 …………………………（141）
党建工作 ………………………………（141）
重要会议 ………………………………（142）

发展研究院

发展研究院领导名录 …………………（142）
综　述 …………………………………（142）
参与企业深化改革 ……………………（142）
参与编制"十三五"规划 ………………（143）
科研成果 ………………………………（143）
换届选举 ………………………………（143）
业务划转 ………………………………（143）
杂志与内刊工作 ………………………（143）
史志年鉴工作 …………………………（143）
经营服务 ………………………………（143）
队伍建设 ………………………………（143）
效能监察 ………………………………（143）
管理联检 ………………………………（143）
信息化建设 ……………………………（143）

管理创新部

管理创新部领导名录 …………………（143）
综　述 …………………………………（143）
推进管理创新 …………………………（144）
贯彻落实深化改革指导意见 …………（144）
制度管理体系建设 ……………………（145）
管理创新成果 …………………………（146）
推广应用管理新方法 …………………（146）
外埠钢企管控 …………………………（146）
客户满意度调查 ………………………（146）

法律事务部

法律事务部领导名录 …………………（146）
综　述 …………………………………（146）
参与决策 ………………………………（147）
参与谈判 ………………………………（147）
合同审查 ………………………………（147）
案件管理 ………………………………（147）

评审工作 ………………………………（147）

四个中心

财务共享中心

财务共享中心领导名录 ………………（150）
综　述 …………………………………（150）
任期目标责任书 ………………………（150）
制度建设 ………………………………（150）
信息化建设 ……………………………（150）
业务梳理 ………………………………（150）
财务报告及财务预算 …………………（151）
统计管理 ………………………………（151）
会计与资产核算 ………………………（151）
资金结算 ………………………………（151）
费用管理 ………………………………（151）

人事服务中心

人事服务中心领导名录 ………………（151）
综　述 …………………………………（151）
薪酬统计 ………………………………（152）
员工服务 ………………………………（152）
职工保险业务 …………………………（153）
职业资格管理 …………………………（153）
退休人员服务和不在岗管理 …………（154）
老干部服务 ……………………………（155）
外事服务 ………………………………（155）

资产管理中心

资产管理中心领导名录 ………………（156）
综　述 …………………………………（156）
资产清查 ………………………………（156）
治乱、疏解、建高端 ……………………（156）
资产处置 ………………………………（157）
土地房屋经营管理 ……………………（157）
资产管理信息系统建设 ………………（157）

行政管理中心

行政管理中心领导名录 ………………（157）
综　述 …………………………………（157）
行政管理室概述 ………………………（158）

修订制度 ……………………………（158）
专业工作 ……………………………（158）
档案管理室概述 ……………………（159）
保卫武装部概述 ……………………（159）
荣誉称号 ……………………………（159）
专业管理与中心筹备 ………………（159）
基础管理 ……………………………（159）
治安管理 ……………………………（160）
消防安全管理 ………………………（160）
消防安全"四个能力" ………………（160）
交通安全 ……………………………（160）
三支队伍建设 ………………………（160）
政治建设 ……………………………（160）
国防教育 ……………………………（161）
双佣月活动 …………………………（161）
兵役工作 ……………………………（161）
军事训练 ……………………………（161）
防洪抢险 ……………………………（161）
"两防一体化"建设 …………………（161）
民防工程建设 ………………………（161）
地下空间整治 ………………………（161）
信访工作 ……………………………（162）
维稳工作 ……………………………（162）
生活管理室概述 ……………………（162）
维修改造 ……………………………（162）
生活服务 ……………………………（163）
老旧小区综合整治 …………………（163）
公共卫生管理 ………………………（163）
房改房管工作 ………………………（163）

党群工作

党委组织部（组织人事部、党委统战部）

党委组织部领导名录 ………………（166）
综　述 ………………………………（166）
干部交流调整 ………………………（166）
人事制度改革 ………………………（166）
市场化选人用人 ……………………（166）
干部培训 ……………………………（166）

"三严三实"专题教育 ………………（167）
基层党组织建设 ……………………（167）
创先争优主题活动 …………………（167）
筹备首钢第十八次党代会 …………（167）
人才培养和引进 ……………………（167）
人员配备与安排 ……………………（167）
统战工作 ……………………………（167）
老干部工作 …………………………（167）

党委宣传部（企业文化部）

党委宣传部（企业文化部）领导名录 …………（168）
综　述 ………………………………（168）
党委中心组理论学习 ………………（168）
"三严三实"专题教育 ………………（168）
三创交流会召开 ……………………（168）
"首钢人的故事"宣传活动 …………（169）
形势任务宣传 ………………………（169）
经营生产建设宣传 …………………（169）
宣传专业会议 ………………………（169）
对外宣传报道 ………………………（169）
企业文化活动 ………………………（170）
宣传专业培训工作 …………………（171）
首钢十大新闻评选 …………………（171）
首钢网络宣传管理 …………………（171）
博物馆筹建及工业文物征集 ………（171）
获奖与荣誉 …………………………（171）

总公司纪委（监察部）

纪委（监察部）领导名录 …………（172）
综　述 ………………………………（172）
党风廉政教育 ………………………（172）
廉政建设 ……………………………（172）
监督预防 ……………………………（172）
效能监察 ……………………………（172）
责任追究 ……………………………（172）
专业培训 ……………………………（173）
调研工作 ……………………………（173）
巡视整改 ……………………………（173）

工　会

首钢工会领导名录 …………………（173）

综 述 …………………………………（173）

荣誉称号 …………………………………（173）

厂务公开民主管理 ………………………（173）

群众性劳动竞赛 …………………………（174）

搭建职工创新平台 ………………………（174）

劳模评选表彰 ……………………………（174）

纪念抗日战争胜利70周年 ………………（174）

扶贫帮困 …………………………………（174）

送温暖活动 ………………………………（174）

业余文体活动 ……………………………（175）

组织建设 …………………………………（175）

团 委

团委领导名录 ……………………………（175）

综 述 …………………………………（175）

团建基础 …………………………………（176）

青年创新双争工作 ………………………（176）

抗战胜利70周年活动 ……………………（176）

首届安全管理大师赛 ……………………（176）

第一届最美青工评选 ……………………（176）

青年网络文明志愿行动 …………………（176）

青年志愿者 ………………………………（177）

青春有约幸福绽放 ………………………（177）

青年主题活动 ……………………………（177）

纵横交流 …………………………………（177）

机关党委

机关党委领导名录 ………………………（177）

综 述 …………………………………（177）

"三严三实"专题教育 ……………………（178）

创先争优 …………………………………（178）

组织建设 …………………………………（178）

党风廉政建设 ……………………………（178）

表彰先进 …………………………………（178）

文体活动 …………………………………（178）

送温暖活动 ………………………………（178）

表彰先进 …………………………………（178）

党 校

首钢党校领导名录 ………………………（178）

综 述 …………………………………（179）

干部培训 …………………………………（179）

转型发展培训班 …………………………（179）

党支部书记示范培训班 …………………（179）

基层培训服务 ……………………………（179）

培训调研 …………………………………（179）

科研工作 …………………………………（179）

筹备人才开发院 …………………………（180）

钢 铁 业

北京首钢股份有限公司

首钢股份领导名录 ………………………（182）

综 述 …………………………………（183）

主要指标 …………………………………（183）

重要会议 …………………………………（183）

做实股份公司及启动板块管理 …………（183）

资产重组顺利推进 ………………………（184）

降本增效 …………………………………（184）

技术开发 …………………………………（184）

推进全优润滑管理 ………………………（184）

开展电商采购 ……………………………（184）

CCER项目开发 …………………………（184）

技改工程 …………………………………（184）

劳动效率提升 ……………………………（185）

球烧划转工作 ……………………………（185）

人才队伍建设 ……………………………（185）

建设项目安全"三同时" …………………（185）

营销前移 …………………………………（185）

拓展营销服务内涵 ………………………（185）

供应工作 …………………………………（185）

党群工作 …………………………………（185）

专家领导指导工作 ………………………（186）

股份公司炼铁作业部

领导名录 …………………………………（186）

概 况 …………………………………（186）

铁前系统整合 ……………………………（186）

主要技术指标 ……………………………（186）

停炉检修 …………………………………（187）

荣誉称号 …………………………………（187）

炉缸长寿攻关 ……………………（187）
球团增配秘细粉攻关 ……………（187）
含钛球团矿工业试验 ……………（187）
高炉低冶炼强度攻关 ……………（187）
专利技术及科技成果 ……………（187）
科研项目 …………………………（187）
配合硅钢冶炼 ……………………（187）
烧结工序配吃固废 ………………（187）
设备全优润滑 ……………………（187）
工程改造 …………………………（188）
优化劳动组织 ……………………（188）
TPM 管理 …………………………（188）
安全管理 …………………………（188）
组织建设 …………………………（188）
企业文化建设 ……………………（188）
廉政建设 …………………………（189）

股份公司炼钢作业部

炼钢作业部领导名录 ……………（189）
概　况 ……………………………（189）
产量和指标 ………………………（189）
降成本工作 ………………………（189）
品种钢生产情况 …………………（190）
6σ 管理 …………………………（190）
规程管理 …………………………（190）
专利、专有技术 …………………（190）
取向硅钢生产 ……………………（190）
无取向硅钢生产 …………………（190）
转炉煤气掺烧焦炉煤气 …………（190）
套筒窑成品间新增除尘设施 ……（191）
除尘器升级改造 …………………（191）
机构变革 …………………………（191）
企业文化 …………………………（191）
党建工作 …………………………（191）

股份公司热轧作业部

热轧作业部领导名录 ……………（191）
概　况 ……………………………（191）
主要指标 …………………………（191）
品种钢开发 ………………………（191）

质量管理 …………………………（192）
技术进步 …………………………（192）
降本增效 …………………………（192）
订单兑现 …………………………（192）
提升质量服务意识 ………………（192）
维护区域及资源整合 ……………（192）
质检业务整合 ……………………（192）
组建轧钢工学习团队 ……………（192）
党群工作 …………………………（193）
安全生产 …………………………（193）
TPM 管理 …………………………（193）

股份公司硅钢事业部

硅钢事业部领导名录 ……………（193）
概　况 ……………………………（193）
生产情况 …………………………（193）
销售情况 …………………………（193）
技术开发 …………………………（194）
质量提升 …………………………（194）
设备隐患排查 ……………………（194）
设备检修、改造 …………………（194）
冷轧配套项目 ……………………（194）
安全管理 …………………………（194）
环保管理 …………………………（194）
降本增效 …………………………（194）
用户技术服务 ……………………（194）
TPM 管理 …………………………（195）
人才培训 …………………………（195）
党群工作 …………………………（195）

股份公司钢材加工作业部

钢材加工作业部领导名录 ………（195）
概　况 ……………………………（195）
主要指标 …………………………（195）
品种钢开发与认证 ………………（195）
设备管理 …………………………（195）
安全环保工作 ……………………（196）
党建工作 …………………………（196）
培训工作 …………………………（196）
设备持续改进项目 ………………（196）

股份公司动力作业部

动力部领导名录 …………………… （196）

概　况 ……………………………… （196）

主要指标 …………………………… （196）

管理创新 …………………………… （197）

增收节支 …………………………… （197）

"9·2"事故 ………………………… （197）

环保管控 …………………………… （197）

检修改造 …………………………… （197）

合理化建议 ………………………… （197）

股份公司电力作业部

电力作业部领导名录 ……………… （197）

概　况 ……………………………… （198）

主要指标 …………………………… （198）

机构变动 …………………………… （198）

电网改造 …………………………… （198）

成本掌控 …………………………… （198）

增收节支 …………………………… （198）

机组检修 …………………………… （198）

安全工作 …………………………… （198）

队伍建设 …………………………… （198）

股份公司制氧作业部

制氧作业部领导名录 ……………… （199）

概　况 ……………………………… （199）

主要指标 …………………………… （199）

安全工作 …………………………… （199）

降本增效 …………………………… （199）

工艺过程控制 ……………………… （199）

TPM 推进及成绩 ………………… （200）

检修 ………………………………… （200）

人才队伍建设 ……………………… （200）

培训工作 …………………………… （200）

党群工作 …………………………… （200）

劳动效率优化 ……………………… （200）

股份公司质量检验部

领导名录 …………………………… （200）

概　况 ……………………………… （200）

机构整合 …………………………… （201）

主要指标 …………………………… （201）

质量扣罚 …………………………… （201）

科技创新 …………………………… （201）

质量体系建设 ……………………… （201）

基础管理 …………………………… （201）

六σ管理 …………………………… （201）

设备管理 …………………………… （201）

降本增效 …………………………… （202）

人才队伍建设 ……………………… （202）

党风廉政建设 ……………………… （202）

首钢京唐钢铁联合有限责任公司

京唐公司领导名录 ………………… （202）

综　述 ……………………………… （202）

领导视察 …………………………… （203）

京津冀协同发展 …………………… （203）

专家领导调研 ……………………… （204）

京唐二期项目 ……………………… （204）

全面深化改革 ……………………… （205）

股权变更 …………………………… （205）

重要会议 …………………………… （205）

生产情况 …………………………… （206）

增收节支降成本 …………………… （206）

优化产品结构 ……………………… （206）

工艺稳定攻关 ……………………… （207）

技术委员会 ………………………… （207）

精益管理 …………………………… （207）

安全保卫管理 ……………………… （208）

节能环保 …………………………… （208）

校企合作 …………………………… （208）

项目建设 …………………………… （208）

学习培训 …………………………… （208）

干部人才队伍建设 ………………… （209）

党建工作 …………………………… （209）

宣传和思想文化建设 ……………… （209）

改善职工生活 ……………………… （209）

创新成果 …………………………… （210）

荣誉称号 …………………………… （210）

京唐公司部门负责人 ……………… （211）

首钢京唐 2015 年大事记 ………… （212）

首钢凯西钢铁有限公司

首钢凯西公司领导名录 ……………… （214）

综　述 ……………………………… （214）

主要指标 …………………………… （214）

降本增效 …………………………… （214）

新产品开发 ………………………… （214）

技术攻关 …………………………… （215）

设备改造 …………………………… （215）

自由贸易 …………………………… （215）

管理优化 …………………………… （215）

北京首钢特殊钢有限公司

特钢公司领导名录 ………………… （215）

综　述 ……………………………… （215）

主要指标 …………………………… （216）

工作思路 …………………………… （216）

首特钢园区开发 …………………… （216）

创收增效 …………………………… （217）

投资企业运营 ……………………… （217）

钢材加工出口及贸易 ……………… （217）

汽车园区管理 ……………………… （217）

体制机制改革 ……………………… （217）

队伍建设 …………………………… （218）

党群工作 …………………………… （218）

职工生活 …………………………… （218）

石景山区领导调研 ………………… （218）

秦皇岛首秦金属材料有限公司

首秦公司领导名录 ………………… （218）

综　述 ……………………………… （219）

主要指标 …………………………… （219）

市场营销 …………………………… （219）

降本增效 …………………………… （219）

产线保障 …………………………… （220）

技改成效 …………………………… （220）

设备中修 …………………………… （220）

安全环保 …………………………… （220）

经营渠道 …………………………… （220）

自主创新 …………………………… （220）

TPM 管理 …………………………… （220）

深化改革 …………………………… （221）

党建工作 …………………………… （221）

职工生活 …………………………… （221）

队伍建设 …………………………… （221）

秦皇岛首钢板材有限公司

板材公司领导名录 ………………… （221）

概　况 ……………………………… （221）

生产技术 …………………………… （221）

设备专业 …………………………… （221）

秦皇岛首钢机械厂

秦机厂领导名录 …………………… （222）

概　况 ……………………………… （222）

主要指标 …………………………… （222）

服务主业 …………………………… （222）

市场进退 …………………………… （222）

深化改革 …………………………… （222）

技术研发、市场开拓 ……………… （222）

安全和 TPM 管理 ………………… （223）

党建和队伍建设 …………………… （223）

秦皇岛首秦钢材加工配送有限公司

首秦加工公司领导名录 …………… （223）

概　况 ……………………………… （223）

主要指标 …………………………… （223）

产品研发 …………………………… （223）

改革提效 …………………………… （223）

队伍建设 …………………………… （224）

秦皇岛首秦龙汇矿业有限公司

首秦龙汇领导名录 ………………… （224）

概　况 ……………………………… （224）

秦皇岛首秦嘉华建材有限公司

首秦嘉华领导名录 ………………… （224）

概　况 ……………………………… （224）

技术经济指标 ……………………… （224）

首钢长治钢铁有限公司

长钢公司领导名录 ………………… （225）

综　述 ……………………………… （225）

主要指标 …………………………………（225）
强化管控 …………………………………（226）
降本增效 …………………………………（226）
外委外包 …………………………………（226）
深化改革 …………………………………（226）
挖潜增效 …………………………………（226）
科技创新 …………………………………（227）
产品结构调整及开发 ……………………（227）
安全管理 …………………………………（227）
节能减排 …………………………………（227）
技改工程 …………………………………（227）
第六次党代会 ……………………………（227）
帮贫扶困 …………………………………（227）
人才队伍建设 ……………………………（227）
问责管理 …………………………………（227）
党群工作 …………………………………（227）
2015 年大事记 …………………………（228）

首钢水城钢铁（集团）有限责任公司

水钢公司领导名录 ………………………（229）
综　述 ……………………………………（229）
主要指标 …………………………………（230）
降本增效 …………………………………（230）
科技创新 …………………………………（230）
节能降耗 …………………………………（230）
设备管理 …………………………………（230）
安全管理 …………………………………（230）
制度管理 …………………………………（231）
环境保护 …………………………………（231）
企业管理 …………………………………（231）
多元发展 …………………………………（231）
改革改制 …………………………………（231）
人力资源管理 ……………………………（231）
打假堵漏与治安防盗 ……………………（232）
党群工作 …………………………………（232）
职工培训交流 ……………………………（232）
企业文化建设 ……………………………（232）
水钢 2015 年大事记 ……………………（232）

水钢公司原材料（进出口）公司

原材料公司领导名录 ……………………（233）

概　况 ……………………………………（234）
主要指标 …………………………………（234）
亮点工作 …………………………………（234）

水钢公司销售分公司

销售分公司领导名录 ……………………（234）
概　况 ……………………………………（234）
主要指标 …………………………………（234）
亮点工作 …………………………………（234）

水钢公司技术中心

技术中心领导名录 ………………………（235）
概　况 ……………………………………（235）
主要指标 …………………………………（235）
亮点工作 …………………………………（235）

水钢公司炼铁厂

炼铁厂领导名录 …………………………（235）
概　况 ……………………………………（236）
主要指标 …………………………………（236）
亮点工作 …………………………………（236）

水钢公司煤焦化分公司

煤焦化公司领导名录 ……………………（236）
概　况 ……………………………………（236）
主要指标 …………………………………（236）
亮点工作 …………………………………（236）

水钢公司炼钢厂

炼钢厂领导名录 …………………………（236）
概　况 ……………………………………（237）
主要指标 …………………………………（237）
亮点工作 …………………………………（237）

水钢公司轧钢厂

轧钢厂领导名录 …………………………（237）
概　况 ……………………………………（237）
主要指标 …………………………………（237）
亮点工作 …………………………………（238）

水钢公司动力厂

动力厂领导名录 …………………………（238）
概　况 ……………………………………（238）

主要指标 …………………………………（238）

亮点工作 …………………………………（238）

水钢公司水电（氧气）厂

水电（氧气）厂领导名录 ………………（238）

概　况 ……………………………………（239）

主要指标 …………………………………（239）

亮点工作 …………………………………（239）

水钢公司铁运厂

铁运厂领导名录 …………………………（239）

概　况 ……………………………………（239）

主要指标 …………………………………（239）

亮点工作 …………………………………（240）

水钢公司维检中心

维检中心领导名录 ………………………（240）

概　况 ……………………………………（240）

主要指标 …………………………………（240）

亮点工作 …………………………………（240）

水钢公司电气自动化分公司

电气自动化分公司领导名录 ……………（240）

概　况 ……………………………………（240）

主要指标 …………………………………（241）

亮点工作 …………………………………（241）

水钢公司赛德建设有限公司

赛德公司领导名录 ………………………（241）

概　况 ……………………………………（241）

主要指标 …………………………………（241）

亮点工作 …………………………………（242）

贵州博宏实业有限责任公司

博宏公司领导名录 ………………………（242）

概　况 ……………………………………（242）

主要指标 …………………………………（242）

亮点工作 …………………………………（242）

贵州瑞泰实业有限公司

瑞泰公司领导名录 ………………………（242）

概　况 ……………………………………（243）

主要指标 …………………………………（243）

亮点工作 …………………………………（243）

水钢公司总医院

总医院领导名录 …………………………（243）

概　况 ……………………………………（243）

主要指标 …………………………………（243）

亮点工作 …………………………………（243）

水钢公司职教中心

职教中心领导名录 ………………………（244）

概　况 ……………………………………（244）

主要指标 …………………………………（244）

亮点工作 …………………………………（244）

首钢贵阳特殊钢有限责任公司

贵钢公司领导名录 ………………………（244）

综　述 ……………………………………（244）

安全生产经营 ……………………………（245）

提高劳动效率 ……………………………（245）

挖潜降耗 …………………………………（245）

市场营销 …………………………………（245）

新区建设 …………………………………（245）

老区开发 …………………………………（246）

党建工作 …………………………………（246）

宣传工作 …………………………………（246）

科技创新 …………………………………（246）

2015 年贵钢大事记 ………………………（246）

首钢通化钢铁集团股份有限公司

通钢集团领导名录 ………………………（247）

综　述 ……………………………………（247）

主要指标 …………………………………（247）

生产经营 …………………………………（248）

购销工作 …………………………………（248）

安全管理 …………………………………（248）

节能环保 …………………………………（248）

深化改革 …………………………………（248）

党的建设 …………………………………（248）

通钢大事记 ………………………………（248）

吉林通钢矿业有限公司

通钢矿业领导名录 ………………………（249）

概　况 ……………………………………（250）
主要指标 …………………………………（250）
生产经营 …………………………………（250）
提升劳效 …………………………………（250）
指标优化 …………………………………（250）
降本增效 …………………………………（250）
安全管理 …………………………………（251）
党建工作 …………………………………（251）

吉林通钢国际贸易有限公司

通钢国贸领导名录 ………………………（251）
概　况 ……………………………………（251）
主要指标 …………………………………（251）
钢材销售 …………………………………（251）
国际业务 …………………………………（251）
物流业务 …………………………………（252）
融资及资金运作 …………………………（252）
贸易及重点工程 …………………………（252）

磐石无缝钢管有限公司

磐石钢管领导名录 ………………………（252）
概　况 ……………………………………（252）
主要指标 …………………………………（252）
工艺装备 …………………………………（252）

吉林市焊管有限公司

吉林焊管领导名录 ………………………（253）
概　况 ……………………………………（253）
主要指标 …………………………………（253）
工艺装备 …………………………………（253）

四平钢铁制品有限公司

四平制品领导名录 ………………………（253）
概　况 ……………………………………（253）
主要指标 …………………………………（253）
工艺装备 …………………………………（253）

吉林通钢自动化信息技术有限公司

通钢自信领导名录 ………………………（253）
概　况 ……………………………………（254）
主要指标 …………………………………（254）
工艺装备 …………………………………（254）

首钢伊犁钢铁有限公司

首钢伊钢领导名录 ………………………（254）
综　述 ……………………………………（254）
主要经济指标 ……………………………（255）
差异化发展 ………………………………（255）
成本控制与管理 …………………………（255）
发展循环经济 ……………………………（255）
重点工程 …………………………………（255）
新产品开发 ………………………………（255）
机构变动 …………………………………（255）
人才建设 …………………………………（256）
党群工作 …………………………………（256）
“三严三实”专题教育 ……………………（256）
调研交流 …………………………………（256）

巴州凯宏矿业有限责任公司

凯宏矿业领导名录 ………………………（257）
概　况 ……………………………………（257）
主要指标 …………………………………（257）
降本增效 …………………………………（257）
增强凝聚力 ………………………………（258）

库车县天缘煤焦化有限责任公司

天缘焦化领导名录 ………………………（258）
概　况 ……………………………………（258）
发展沿革 …………………………………（258）
经营管理目标 ……………………………（258）
二期基本情况 ……………………………（258）
主要指标 …………………………………（258）
安全管理 …………………………………（258）
企业文化管理 ……………………………（259）

矿产资源业

首钢矿业公司

首钢矿业公司领导名录 …………………（262）
综　述 ……………………………………（262）
主业生产经营 ……………………………（262）
相关产业发展 ……………………………（262）
对标挖潜 …………………………………（262）

科技创新 ……………………………（263）
管理创新 ……………………………（263）
皮带管理创一流 ……………………（263）
学法规、学制度、学规程 …………（263）
设备管理 ……………………………（263）
资源接替 ……………………………（263）
资源综合再利用 ……………………（263）
重点工程 ……………………………（263）
数字矿山建设 ………………………（264）
绿色矿山建设 ………………………（264）
安全管理 ……………………………（264）
综合治理 ……………………………（264）
员工提素 ……………………………（264）
劳动提效 ……………………………（264）
人才工作 ……………………………（265）
党群工作 ……………………………（265）
纪检监察 ……………………………（265）
思维变革 ……………………………（265）
新媒体建设 …………………………（265）
全员健康 ……………………………（266）
教育医疗 ……………………………（266）
和谐矿山 ……………………………（266）
调研交流 ……………………………（266）

首钢矿业公司大石河铁矿

大石河铁矿领导名录 ………………（267）
概　况 ………………………………（268）
主要指标 ……………………………（268）
降本增效 ……………………………（268）
生产组织 ……………………………（268）
资源综合利用 ………………………（268）
工艺升级 ……………………………（268）
设备管理 ……………………………（268）
人才建设 ……………………………（268）
突出工作 ……………………………（268）

首钢矿业公司水厂铁矿

水厂铁矿领导名录 …………………（269）
概　况 ………………………………（269）
主要指标 ……………………………（269）
降本增效 ……………………………（269）

科技创新 ……………………………（269）
数字矿山 ……………………………（269）
技术管理 ……………………………（269）
设备管理 ……………………………（269）
资源利用 ……………………………（270）
绿色和谐矿山 ………………………（270）

首钢矿业公司杏山铁矿

杏山铁矿领导名录 …………………（270）
概　况 ………………………………（270）
主要指标 ……………………………（270）
经济运行 ……………………………（270）
工程管理 ……………………………（270）
数字矿山 ……………………………（270）
人才工作 ……………………………（270）
安全和谐 ……………………………（271）

首钢矿业公司运输部

运输部领导名录 ……………………（271）
概　况 ………………………………（271）
生产经营指标 ………………………（271）
安全生产 ……………………………（271）
设备管理及工程建设 ………………（271）
职工队伍建设 ………………………（271）

首钢矿业公司协力公司

协力公司领导名录 …………………（272）
概　况 ………………………………（272）
检修施工 ……………………………（272）
挖潜创效 ……………………………（272）
人力资源工作 ………………………（272）
党群工作 ……………………………（272）

首钢矿业公司物资公司

物资公司领导名录 …………………（272）
概　况 ………………………………（273）
主要指标 ……………………………（273）
降本增效 ……………………………（273）
生产供应 ……………………………（273）
压减库存 ……………………………（273）
管理创新 ……………………………（273）

销售组织 ……………………………（273）
炸药生产 ……………………………（273）
和谐发展 ……………………………（273）

首钢矿业公司计控室

计控室领导名录 ……………………（274）
概　况 ………………………………（274）
生产组织 ……………………………（274）
专业管理 ……………………………（274）
科技成果 ……………………………（274）
市场开发 ……………………………（274）
集中计量 ……………………………（274）

首钢矿业公司质量检验中心

质检中心领导名录 …………………（274）
概　况 ………………………………（274）
主要指标 ……………………………（274）
质检服务 ……………………………（275）
质检攻关 ……………………………（275）
质检自动化 …………………………（275）
优化管理 ……………………………（275）
风险防控 ……………………………（275）

首钢矿山机械制造厂

矿机领导名录 ………………………（275）
概　况 ………………………………（275）
主要指标 ……………………………（275）
产品质量 ……………………………（275）
降本增效 ……………………………（275）
产品开发 ……………………………（275）
设备管理 ……………………………（275）
队伍建设 ……………………………（276）

首钢矿业公司电力修造公司

电修公司领导名录 …………………（276）
综　述 ………………………………（276）
主要指标 ……………………………（276）
资质升级 ……………………………（276）
科技创新 ……………………………（276）

北京首钢矿山建设工程有限责任公司

首矿建公司领导名录 ………………（276）

概　况 ………………………………（276）
社会市场 ……………………………（277）
合作开发 ……………………………（277）

北京首矿工程技术有限公司

首矿工程公司领导名录 ……………（277）
概　况 ………………………………（277）
主要指标 ……………………………（277）
市场开发 ……………………………（277）

北京首钢重型汽车制造股份有限公司

重汽公司领导名录 …………………（277）
概　况 ………………………………（278）
新产品研发 …………………………（278）

首钢矿业实业公司

首矿实业领导名录 …………………（278）
概　况 ………………………………（278）
后勤保障 ……………………………（278）
减员提效 ……………………………（278）
开发创收 ……………………………（278）

首钢滦南马城矿业有限责任公司

马城矿业公司领导名录 ……………（278）
项目概况 ……………………………（278）
项目背景 ……………………………（279）
项目交接 ……………………………（279）
项目合作 ……………………………（279）
项目建设 ……………………………（279）

首钢地质勘查院

地勘院领导名录 ……………………（279）
概　况 ………………………………（279）
经营指标 ……………………………（280）
开拓市场 ……………………………（280）
科技成果 ……………………………（280）
优化制度 ……………………………（280）
党建工作 ……………………………（280）

首钢控股有限责任公司

首钢控股领导名录 …………………（280）
综　述 ………………………………（281）

首旺煤业 …………………………（281）

西沟煤矿 …………………………（281）

华兵矿业 …………………………（281）

宜昌铁矿 …………………………（281）

村镇银行 …………………………（281）

江苏首控 …………………………（281）

首控物业 …………………………（281）

首钢伊钢 …………………………（282）

通钢集团 …………………………（282）

队伍建设 …………………………（282）

北京首钢鲁家山石灰石矿有限公司

首钢鲁矿领导名录 ………………（282）

综　述 ……………………………（282）

主要指标 …………………………（283）

托管首耐公司 ……………………（283）

黑崎股权变动 ……………………（283）

安全生产资质 ……………………（283）

"十三五"规划编制 ……………（283）

困难企业退出 ……………………（283）

降本增效 …………………………（283）

企业管理 …………………………（283）

党群工作 …………………………（284）

园区开发管理

园区管理部

园区管理部领导名录 ……………（286）

综　述 ……………………………（286）

资产处置 …………………………（286）

拆迁工作 …………………………（286）

动力能源 …………………………（286）

转型分流 …………………………（286）

费用节降 …………………………（286）

综合管理 …………………………（286）

北京首钢建设投资有限公司

（首钢总公司园区开发部）

首建投公司领导名录 ……………（287）

综　述 ……………………………（287）

政策争取 …………………………（287）

专项规划 …………………………（288）

场评环评 …………………………（288）

产业研究 …………………………（288）

招商合作 …………………………（288）

基础设施 …………………………（288）

项目建设 …………………………（288）

北京首钢园区综合服务有限公司

园服公司领导名录 ………………（288）

综　述 ……………………………（289）

经营指标 …………………………（289）

业态多样 …………………………（289）

经营生产 …………………………（289）

物业服务 …………………………（289）

园林绿化 …………………………（289）

市场开发 …………………………（289）

教育培训 …………………………（289）

转型新途径 ………………………（290）

对外合作 …………………………（290）

信息化 ……………………………（290）

运营品质 …………………………（290）

发展战略 …………………………（290）

企业文化 …………………………（290）

安全保卫 …………………………（290）

北京首钢文化发展有限公司

文化公司领导名录 ………………（290）

综　述 ……………………………（290）

管理层变更 ………………………（291）

文化创意产业 ……………………（291）

重点工作 …………………………（291）

首钢雕塑艺术馆 …………………（291）

文化活动 …………………………（291）

影视拍摄 …………………………（291）

工业旅游 …………………………（291）

政策资金支持 ……………………（291）

学习培训 …………………………（292）

北京首钢基金有限公司

首钢基金领导名录 ………………（292）

综　述 …………………………………（292）
"PPP+基金" …………………………（292）
细分行业投资 …………………………（293）
股份资本运作 …………………………（293）
内部经营联动 …………………………（293）
团队建设和运营管理 …………………（293）
优化投资管理 …………………………（293）

电子机电制造

北京首钢自动化信息技术有限公司

首自信公司领导名录 …………………（296）
综　述 …………………………………（296）
技术水平 ………………………………（296）
能力建设 ………………………………（296）
科研成果 ………………………………（297）
知识产权 ………………………………（297）
成果转化 ………………………………（297）
钢铁主业科研开发 ……………………（297）
拓展领域研发 …………………………（297）
新产业研发 ……………………………（297）
纵向项目 ………………………………（297）
论文及学术交流 ………………………（297）
充电产业 ………………………………（298）
微电网产业 ……………………………（298）
立体车库产业 …………………………（298）
智慧城市产业 …………………………（298）
智慧城市建设项目 ……………………（298）
互联网+ …………………………………（298）
移动互联产业 …………………………（299）
京唐自动化工程 ………………………（299）
迁钢自动化工程 ………………………（299）
贵阳特钢自动化工程 …………………（299）
北京首钢园区工程项目 ………………（299）
信息化施工拓展 ………………………（299）
运行维护 ………………………………（299）
劳动管理优化 …………………………（299）
薪酬奖励机制 …………………………（300）
员工培训 ………………………………（300）
管理创新 ………………………………（300）

荣誉称号 ………………………………（300）
企业文化建设 …………………………（300）
"三严三实"活动 ………………………（300）
对外合作 ………………………………（301）
首自信 2015 大事记 …………………（301）
先进集体和先进个人 …………………（302）

北京首钢机电有限公司

首钢机电公司领导名录 ………………（305）
综　述 …………………………………（305）
主要指标 ………………………………（305）
重要会议 ………………………………（305）
市场承揽 ………………………………（306）
新产品开发 ……………………………（306）
工艺技术推广 …………………………（306）
资质取证 ………………………………（306）
监督整改 ………………………………（306）
内部改革 ………………………………（306）
战略规划制定 …………………………（306）
"三严三实"活动 ………………………（306）
党风廉政建设 …………………………（306）
队伍建设 ………………………………（306）
企业文化建设 …………………………（307）
党群工作 ………………………………（307）
管片模具板块 …………………………（307）
特别制作任务 …………………………（307）
专家领导指导工作 ……………………（307）

大厂首钢机电有限公司

大厂机电公司领导名录 ………………（307）
概　况 …………………………………（307）
主要指标 ………………………………（308）
重点项目 ………………………………（308）
质量主体责任制 ………………………（308）
检修和恢复 ……………………………（308）
技能培训 ………………………………（308）
成本控制 ………………………………（308）

北京首钢机电有限公司设计研究院

设研院领导名录 ………………………（308）
概　况 …………………………………（308）

新产品开发 ……………………………… （308）

技术开发 ………………………………… （309）

设计技术提升 …………………………… （309）

队伍建设 ………………………………… （309）

组织建设 ………………………………… （309）

机电公司经营部

经营部领导名录 ………………………… （309）

概　况 …………………………………… （309）

市场开发 ………………………………… （309）

科研成果 ………………………………… （309）

规程管理 ………………………………… （309）

组织建设 ………………………………… （309）

北京首钢机电有限公司机电成套设备分公司

成套分公司领导名录 …………………… （309）

概　况 …………………………………… （309）

主要指标 ………………………………… （310）

重点合作 ………………………………… （310）

资质取证 ………………………………… （310）

北京首钢机电有限公司电机厂

电机厂领导名录 ………………………… （310）

概　况 …………………………………… （310）

机构调整 ………………………………… （310）

主要指标 ………………………………… （310）

重点工作 ………………………………… （310）

新产品开发 ……………………………… （310）

队伍建设 ………………………………… （310）

企业文化建设 …………………………… （311）

北京首钢机电有限公司曹妃甸检修分公司

曹妃甸检修分公司领导名录 …………… （311）

概　况 …………………………………… （311）

主要指标 ………………………………… （311）

市场承揽 ………………………………… （311）

人才队伍建设 …………………………… （311）

新产品开发 ……………………………… （311）

管理流程再造 …………………………… （311）

制度建设 ………………………………… （311）

战略规划制定 …………………………… （312）

服务主体 ………………………………… （312）

北京首钢机电有限公司液压中心

液压中心领导名录 ……………………… （312）

概　况 …………………………………… （312）

主要指标 ………………………………… （312）

市场承揽 ………………………………… （312）

新产品开发 ……………………………… （312）

监督整改 ………………………………… （312）

队伍建设 ………………………………… （312）

企业文化建设 …………………………… （312）

北京首钢机电有限公司迁安机械修理分公司

迁安分公司领导名录 …………………… （312）

概　况 …………………………………… （312）

主要指标 ………………………………… （313）

市场承揽 ………………………………… （313）

新产品开发 ……………………………… （313）

工艺技术推广 …………………………… （313）

内部改革 ………………………………… （313）

企业文化建设 …………………………… （313）

党群工作 ………………………………… （313）

年度亮点 ………………………………… （313）

北京首钢机电有限公司秦皇岛分公司

秦皇岛分公司领导名录 ………………… （313）

概　况 …………………………………… （313）

主要指标 ………………………………… （314）

经营生产 ………………………………… （314）

学习教育 ………………………………… （314）

企业文化建设 …………………………… （314）

北京首钢微电子有限公司

首钢微电子公司领导名录 ……………… （314）

综　述 …………………………………… （314）

管理创新成果三等奖 …………………… （314）

能源管理体系建设 ……………………… （315）

碳排放管理体系建设 …………………… （315）

通过清洁生产强制审核 ………………… （315）

安全生产标准化 ………………………… （315）

客户满意度 ……………………………… （315）

中国环境日知识竞赛 …………………（315）

北京京西重工有限公司

京西重工领导名录 …………………（315）

综　述 …………………………………（315）

年度指标 ………………………………（316）

"十三五"规划编制 …………………（316）

合理化配置产能 ………………………（316）

上市融资进展 …………………………（316）

人才队伍接替和培养 …………………（316）

党风廉政建设和"三严三实"教育活动 …（316）

京西重工大事记 ………………………（316）

北京首钢金属有限责任公司

金属公司领导名录 ……………………（317）

综　述 …………………………………（317）

经营生产 ………………………………（317）

市场开拓 ………………………………（317）

质量体系建设 …………………………（317）

合资企业简介 …………………………（317）

建筑与房地产

北京首钢国际工程技术有限公司

首钢国际工程公司领导名录 …………（320）

综　述 …………………………………（320）

主要经济指标 …………………………（320）

机制改革 ………………………………（320）

市场营销 ………………………………（320）

非钢业务 ………………………………（320）

项目实施 ………………………………（321）

资金管控 ………………………………（321）

规划编制 ………………………………（321）

科技开发 ………………………………（321）

人才管理 ………………………………（321）

企业文化 ………………………………（321）

北京首钢建设集团有限公司

首建集团领导名录 ……………………（321）

综　述 …………………………………（322）

主要指标 ………………………………（322）

科技创新 ………………………………（322）

市场开发 ………………………………（322）

工程管理 ………………………………（323）

企业管理 ………………………………（323）

人才建设 ………………………………（323）

党群工作 ………………………………（323）

大事记 …………………………………（323）

北京首钢房地产开发有限公司

首钢地产领导名录 ……………………（324）

综　述 …………………………………（324）

主要指标 ………………………………（325）

重要会议 ………………………………（325）

政策房项目建设 ………………………（325）

老工业园区建设 ………………………（325）

在手项目开发建设 ……………………（326）

服务首钢项目 …………………………（326）

企业管控 ………………………………（326）

党群工作 ………………………………（326）

服　务　业

北京首钢实业有限公司

首钢实业领导名录 ……………………（330）

综　述 …………………………………（330）

深化改革 ………………………………（330）

开拓市场 ………………………………（330）

信息化建设 ……………………………（330）

科技创新 ………………………………（330）

培训体系 ………………………………（331）

人才晋升 ………………………………（331）

提升软实力 ……………………………（331）

首欣物业 ………………………………（331）

首钢饮食 ………………………………（331）

首融汇 …………………………………（331）

幼教中心 ………………………………（332）

老年福敬老院 …………………………（332）

首钢国旅 ………………………………（332）

先进集体和先进个人 …………………（332）

北京大学首钢医院

首钢医院领导名录 …………………………（333）

综 述 ……………………………………（334）

机构设置 …………………………………（334）

改革与管理 ………………………………（334）

医疗工作 …………………………………（334）

医疗支援 …………………………………（334）

医疗纠纷 …………………………………（335）

护理工作 …………………………………（335）

科研工作 …………………………………（335）

医学教育 …………………………………（335）

国际学术交流 ……………………………（335）

信息化建设 ………………………………（335）

后勤与基建 ………………………………（336）

首钢总公司培训中心

培训中心领导名录 ………………………（336）

综 述 ……………………………………（336）

发展思路 …………………………………（337）

职工教育培训 ……………………………（337）

社会教育培训 ……………………………（337）

国家级示范校建设 ………………………（337）

人才工作 …………………………………（337）

教学成果 …………………………………（337）

学生工作 …………………………………（338）

为师生办实事 ……………………………（338）

独立经营单位

北京北冶功能材料有限公司

北冶公司领导名录 ………………………（340）

综 述 ……………………………………（340）

主要指标 …………………………………（340）

科技创新 …………………………………（340）

科研新产品 ………………………………（340）

技术改造 …………………………………（341）

管理创新 …………………………………（341）

环保工作 …………………………………（341）

安全生产 …………………………………（341）

职工培训 …………………………………（341）

党群建设 …………………………………（342）

企业文化 …………………………………（342）

北冶公司 2014 年大事记 …………………（342）

北京首钢吉泰安新材料有限公司

吉泰安新材料公司领导名录 ……………（343）

综 述 ……………………………………（343）

主要指标 …………………………………（343）

市场开发 …………………………………（343）

生产组织 …………………………………（344）

清洁生产 …………………………………（344）

降成本能耗 ………………………………（344）

质量技术研发 ……………………………（344）

党建工作 …………………………………（344）

企业文化建设 ……………………………（344）

北京首钢氧气厂

氧气厂领导名录 …………………………（345）

综 述 ……………………………………（345）

主要指标 …………………………………（345）

安全生产 …………………………………（345）

能源管理体系认证 ………………………（345）

碳排放管理 ………………………………（345）

高新技术企业申报 ………………………（346）

取得安全阀校验资质 ……………………（346）

管理职责变化 ……………………………（346）

实施办公生活区域 6S 管理 ……………（346）

合同管理 …………………………………（346）

人才培养 …………………………………（346）

党建工作 …………………………………（346）

企业文化建设 ……………………………（346）

凝聚力工程 ………………………………（346）

差距和不足 ………………………………（346）

海外事业

中国首钢国际贸易工程公司

首钢国际领导名录 ………………………（350）

综 述 ……………………………………（350）

矿石进口 …………………………………（350）

海运减亏 ……………………………（350）

钢材出口 ……………………………（351）

设备引进 ……………………………（351）

海外工程 ……………………………（351）

综合服务与开发产业 ………………（351）

强化投资企业管控 …………………（351）

提高劳动效率 ………………………（351）

增强企业凝聚力 ……………………（351）

加强党建和干部队伍建设 …………（352）

首钢国际2015年大事记 ……………（352）

首钢秘鲁铁矿股份有限公司

首钢秘铁领导名录 …………………（354）

综　述 ………………………………（354）

主要经营指标 ………………………（354）

降本增效，深挖潜力 ………………（354）

强化生产组织 ………………………（355）

强化销售管理 ………………………（355）

新区项目建设 ………………………（355）

安全生产和员工培训 ………………（355）

工资谈判 ……………………………（355）

改善社区关系 ………………………（355）

视察与交流 …………………………（356）

首钢控股（香港）有限公司

香港首控领导名录 …………………（356）

综　述 ………………………………（356）

积极融资 ……………………………（356）

推动集团与新世界合作 ……………（356）

增持新矿资源 ………………………（357）

协助京西国际融资 …………………（357）

大　事　记

2015年首钢总公司大事记 …………（360）

荣誉表彰

2015年度北京市先进基层党组织 …………（372）

北京市国资委系统先进基层党组织 ………（372）

北京市国资委系统优秀共产党员 …………（372）

2015年度首钢先进党组织 …………………（372）

2015年度首钢先进共产党员 ………………（374）

2015年度首钢先进党支部 …………………（376）

2015年度首钢先进党小组 …………………（377）

2015年度首钢先进职工 ……………………（380）

2015年度首钢"三创"先进集体 …………（381）

统计资料

2015年首钢集团主要工业产品产量完成
　　情况 ……………………………………（386）

2015年首钢集团主要综合效益指标完成
　　情况 ……………………………………（387）

2015年首钢主要技术经济指标完成情况 ………（388）

2015年首钢专利申请项目 …………………（389）

2015年首钢专利授权项目 …………………（406）

2015年末首钢集团各单位职工分类构成
　　情况 ……………………………………（420）

2015年末首钢集团离退休人员和费用构成
　　情况 ……………………………………（422）

2015年末首钢集团职工年龄和政治面目构成
　　情况 ……………………………………（423）

制度目录

2015年首钢总公司颁发制度文件目录索引 ……（426）

2015年首钢总公司废止制度文件目录索引 ……（428）

《首钢年鉴2016》编辑人员

《首钢年鉴2016》组稿编辑人员 ………………（432）

索　引 ………………………………………（434）

CONTENTS

SHOUGANG GENERAL COMPANY/ ·· (1)

BEIJING SHOUGANG CO.,LTD./·· (182)

SHOUGANG JINGTANG UNITED IRON & STEEL CO.,LTD./ ······································· (202)

BEIJING SHOUGANG SPECIAL STEEL CO.,LTD./ ··· (215)

QINHUANGDAO SHOUQIN METAL MATERIAL CO.,LTD./ ··· (218)

SHOUGANG CHANGZHI IRON & STEEL CO.,LTD/ ··· (225)

SHOUGANG SHUICHENG IRON & STEEL(GROUP) CO.,LTD./ ································· (229)

SHOUGANG GUIYANG SPECIAL STEEL CO.,LTD./ ··· (244)

SHOUGANG TONGGANG GROUP/ ·· (247)

SHOUGANG YILI STEEL CO.,LTD./ ··· (254)

SHOUGANG MINING CORP./ ··· (262)

BEIJING SHOUGANG AUTOMATION INFORMATION TECHNOLOGY CO.,LTD./ ··········· (296)

BEIJING SHOUGANG MACHINERY & ELECTRIC CO.,LTD./ ····································· (305)

BEIJING WEST INDUSTRY CO.,LTD/ ··· (315)

BEIJING SHOUGANG INTERNATIONAL ENGINEERING TECHNOLOGY CO.,LTD./ ·········· (320)

BEIJING SHOUGANG CONSTRUCTION GROUP CO.,LTD./ ·· (321)

BEIJING SHOUGANG REAL ESTATE(GROUP) CO.,LTD/ ··· (324)

CHINA SHOUGANG INTERNATIONAL TRADE & ENGINEERING CORP./ ····················· (350)

十 大 新 闻

◎ 责任编辑：刘冰清

2015 年首钢十大新闻

◆刘宏荣获中华技能大奖,首钢人才培养受国务院领导肯定

◆首钢召开"两会"以真变快变实变适应新常态

◆首钢成功搭建钢铁板块管理平台

◆北京首钢男篮四年勇夺"三冠"

◆郭金龙等领导勉励首钢要在转型发展中更好地发展壮大

◆《人民日报》头版头条文章肯定首钢在京津冀协同发展中的示范带动作用

◆首钢扎实推进集团总部管控体系改革

◆首钢打造金融发展平台取得重大进展

◆首钢股份资产置换迈出整体上市第一步

◆西十筒仓改造项目完工北京园区开发进入新阶段

特　载

◎ 责任编辑：刘冰清

总理建议企业抱团出海

当地时间 5 月 23 日，正在秘鲁访问的李克强总理在利马考古、人类学和历史博物馆出席中国—拉丁美洲文明互鉴系列活动。李克强总理在利马主持秘鲁中资企业座谈会，听取在秘投资的国有和民营企业代表介绍生产经营情况，并通过远程视频连线慰问中资企业一线员工，同他们互动交流。

李克强总理与万新集团、首钢集团、五矿集团、中国铝业公司等企业的负责人进行座谈，此外还有华为秘鲁公司、中兴通讯秘鲁公司的代表，以及来自建设银行、工商银行、国家开发银行等金融企业的负责人，讨论的内容是中国产业结构、外贸结构如何转型升级。

中国产业要升级，中国出口结构要升级，中国装备走出去是突破口，是标志性的重大举措。总理说，我们应该推动和秘鲁的产业合作升级，推动外贸从大进大出转变为优进优出。

推动外贸从大进大出向优进优出转型

首钢集团董事长靳伟专程从北京赶到利马参加这场座谈会。他建议，在秘鲁的中资企业，应该借助两洋铁路的发展势头连成片，走得稳。

如果我们在建设两洋铁路中还需要运输大量钢铁，那为什么不就地建钢厂呢？李克强总理问。

靳伟回答，秘鲁本地的钢铁产量是 150 万吨左右，而他们的实际需求有 350 万吨左右，我们正在考虑，利用本地矿产优势，寻求合资合作。

在今年 4 月主持召开的国际产能合作座谈会上，李克强总理曾提出，中国外贸过去大进大出的发展模式已经难以为继，必须向优进优出升级。

他在 23 日的座谈会上进一步阐释说，中国是人均资源占有量低于世界平均水平的国家，中资企业在秘鲁开发、选矿，有力支撑国内经济建设。但在国际经济复苏艰难，大宗商品价格、初级产品价格大幅波动的背景下，单纯依靠资源发展已难以抵御经济风险，必须努力推动中秘经济合作的转型升级。

"秘鲁有进口钢铁的需求，我们的钢铁生产线有优势，为什么不能转移到这里来？这既是国内的需要，也契合对方的需要，当然，首先要符合当地的环保要求。"李克强总理说。

中国产业升级，装备走出去是突破口

中铝集团在秘鲁的铜矿项目，是中国在南美已建成投产最大的铜矿项目。董事长葛红林介绍时，李克强总理敏锐观察到，资料画面中的大型机械，大多都不是中国装备。

中国装备性价比高，在全世界都有很强的竞争力，你们也可以下订单啊！李克强总理说，你们扩大生产规模的时候可以多选择中国装备，把国内产能带动起来，反过来，国内装备企业也要升级，要通过国际市场竞争来提高水平。

他进一步提出，中资企业可以多选择性价比高的中国装备。中国产业要升级，中国出口结构要升级，中国装备走出去是突破口，是标志性的重大举措。

万新集团总裁万志新的发言主要围绕如何把中国制造转成中国创造。他说，中国是世界工厂，但缺少相应的世界品牌,要打造顶级品牌,一个重要的前提就是提升产品质量。

五矿集团董事长何文波则建议,由相关部门和使馆牵头,进一步梳理中资企业在秘鲁和南美投资情况,为企业提供信息咨询、风险监控、多渠道融资等方面的指导和帮助。

企业一定要履行应尽的社会责任

在几天前的中巴工商界峰会闭幕式上,李克强总理首次提出中拉产能合作"3×3"新模式。其中一个重要的3就是遵循市场规律,实行企业、社会、政府三者良性互动的合作模式。

而在23日的座谈会上,几乎每一位参会的秘鲁中资企业负责人都讲述了自己企业在当地修建污水处理厂、建设社区、雇用当地工人等履行社会责任的生动故事。

李克强总理高度赞赏:秘鲁是我们国家在拉美华侨华人最集中的国家,你们在这里和当地居民和谐相处,为我们在这里打开市场扩大规模创造条件。希望你们今后更好地履行好应尽的社会责任。

在总结发言的最后一部分,李克强总理对于中资企业如何抱团出海提出要求。

面对地域、文化差异和各种风险,企业要发展一定要抱团出海、防止恶性竞争。李克强总理说,国家也会在金融等方面给予你们相应的政策优惠支持。

中企在秘鲁工人视频齐喊总理好

座谈会现场,李克强总理还分别与首钢集团、中国铝业公司、五矿集团矿区工地的一线员工远程视频交流,各矿区的工人分别通过视频连线向总理介绍项目情况和施工进展。

你们常年在四五千米的高海拔地区工作生活,条件十分艰苦,一定要保重身体! 李克强总理嘱咐这些一线工人,大家远离祖国,在异国他乡为国家建设出力,家人挂念你们,祖国感谢你们!

当镜头切到海拔4300米的五矿集团正在建设的拉斯邦巴斯铜矿时,一群穿着红色外套、戴着白色头盔的秘鲁当地工人拉起写有"总理,您好"的白色横幅,摘下头盔,一边挥舞一边用西班牙语齐声喊:总理,您好!

李克强总理再一次对工人们表示感谢:很高兴看到你们和当地员工和谐相处,带动当地就业。大家在高原上工作一定要注意保重好身体,谢谢你们!

(《新京报》2015年5月25日,林之旭报道)

首钢元素——闪耀长安街

(原标题:"9·3"阅兵现场的首钢荣光)

9月3日,举世瞩目的纪念中国人民抗日战争暨世界反法西斯战争胜利70周年大会如期举行,全世界的目光都聚集到北京,聚集到天安门广场。

熟悉的人们可能会发现,由首钢制作的护栏和花坛将广场周边装扮一新,首钢青年志愿者热情敬业的服务给人印象深刻,更令首钢人激动的是,200余名首钢干部职工走上天安门观礼台,现场见证这伟大的时刻,亲身感受大阅兵带来的震撼。

在这场盛大的阅兵现场,闪耀的首钢"元素"更使首钢人感到无比光荣和自豪。

现场观礼——无限荣光

"这是国家和北京市给予首钢的莫大荣耀和信任。"首钢党委组织部组织处副处长高党红介绍说,首钢有 3 名特邀代表,2 名青年代表,197 名职工代表现场观礼,其中北京市国资系统的 200 个职工代表名额中 197 个给了首钢。

9 月 3 日凌晨 3 点多,参加阅兵观礼的首钢职工就早早地来到文馆前集合地点,大家都十分激动,纷纷表示,作为首钢职工,能到天安门去观礼,内心感到无限荣光。今后要用实际行动,做好本职工作,为祖国建设多作贡献。

刘宏,首钢技术研究院用户技术研究所一名焊工,她作为十八大代表被特邀来到观礼台上。"作为一名普通工人能够受邀上天安门观礼台,我感到十分激动。"既是十八大代表也是全国劳动模范的刘宏透露说,早在 7 月份,工会就通知她做好现场观礼的准备,结果不久后又收到中组部的邀请。刘宏说,聆听习总书记的重要讲话,看着阅兵式上的多种新式装备纷纷亮相,作为钢铁工人,心情无比激动的同时,更坚定了要做好本职工作的决心,要继续为首钢新品种可焊性实验和新焊材的开发付出努力。

步伐整齐划一,口号声威震天。当一个个方队经过天安门时,他们脚下的长安街似乎都在颤动。

"抗战大阅兵,既是阅武器,更是在阅兵中感受大国之'气'。"京唐公司冷轧作业部党委书记孙建民说,作为国有企业的普通管理者,能够亲眼见到这么多新型武器和高科技技术,深受鼓舞和感动,更加坚定了建设世界一流钢铁企业的决心和信心,要立足本岗,为首钢转型发展作贡献。

三军浩荡,沿精兵之路昂首前进;铁甲生辉,显自主创新强大威力。那矫健有力的步伐,那翱翔蓝天的雄姿,那排山倒海的气势,把阅兵现场的气氛不断从一个高潮推向另一个高潮,而从凌晨 4 点就集体乘车出发的首钢职工代表热情始终不减。他们有的不停地挥舞五星红旗,有的拿着手机不停拍摄记录下这一难忘时刻,有的向受阅方队挥动着双手。骄阳下,汗水湿透了衣衫,但他们却浑然不觉,注意力牢牢被阅兵现场方队所吸引。

劳动工资部工资处处长刘洪祥观看完阅兵式后心情久久不能平复,"超级震撼,无比自豪。通过观看阅兵式,回想历史,感受抗日战争牺牲先辈的英勇事迹和铮铮铁骨;看当代军人战斗精神激情绽放,展军威,壮国威;展望未来,我们要热爱和平,珍惜美好生活,做好本职工作,建设好我们的国家。"

首钢制造——闪耀长安街

"阅兵场面恢宏,中国军人英姿勃发!抗战胜利 70 周年阅兵,让我们深刻感受到祖国的日益强大,现在的中国繁荣昌盛,国富民强,身为一个中国人我特别骄傲!我整个人都满满地沉浸在自豪当中。"作为青年代表,首钢机电公司大厂基地卫建平工作室班长刘琪的目光不仅随着阅兵式上受检的方队而动,更不时地停留在长安街两侧崭新的金色护栏上,"那是我们公司生产安装的,我相信公司未来发展就像这笔直的长安街,将越来越宽广。"

今年 5 月,北京市确定由首钢承担长安街景观提升护栏制作和安装任务。首钢总公司党委统一部署,层层落实任务责任,承担任务的首钢机电公司成立 9 个保障小组。西起长安街复兴门东至建国门间道路两侧、西单到东单间十字路口南北向延伸、府右街向北延伸到文津街、南长街向北延伸到西华门大街,护栏更换总长度约 18 公里,类型包括人行道护栏及慢行道护栏。为增加历史和文化表达,提升长安街整体景观形象,首钢专家参照了故宫、天坛等有代表性的地标建筑,研究护栏主体结构方案,最终采取栏栅式结构,辅以莲花、如意等具有民族特色的装饰,材质采用大规格不锈钢,抗折损能力强。时间紧、任务重,且安装新护栏需在不伤长安街原路面一砖一石、不干扰正常交通的情况下高标准完成。两个月时间里,首钢机电公司职工连续夜间施工,每天晚上 11 点进场,有效工作时间仅 5 个小时,尤其是在 7 月持续暴雨天气下坚持施工,保障了护栏更换工作高质量进行。匠心独具的"首钢制造"新护栏为阅兵式增光添彩。

中华大地万众欢腾，首都北京繁花似锦。事实上，每逢国家重大活动，都能看到首钢建设者的身影，他们都能无一例外地出色完成党和国家交给的任务。设计、制造、安装2008年北京奥运会开幕式火炬、国庆60周年庆典晚会水瀑网幕，连续多年承担天安门广场景观花坛工程的施工任务……

站在天安门城楼向南望去，鲜花簇拥着由绿植覆盖的长城造型主题花坛气势恢弘，这是首钢为这次盛大庆典献上的一个沉甸甸的礼物。今年7月，首钢建设集团承担了纪念碑西侧的花坛钢结构制作、安装任务。总占地面积1500平方米，钢结构件吨位150吨左右，由最高12米、最宽5米的2个烽火台、3榀步道城墙组成的花坛，首钢建设集团仅用了一个月的时间便顺利完成了任务，干部职工怀揣首当代工人阶级自豪感，把高昂的热情倾注到钢结构制作的每个细节。此外，他们还承担了长安街东单路口"同根共荣花树"和"绚丽江山"两个景观花坛的钢结构制作加工安装任务，为北京营造了祥和的节日气氛。

志愿服务——传递正能量

"您好！您的位置在那里。""您好！请您前行。"……9月3日，当东方的天空刚刚泛起"鱼肚白"，来自首钢的29名青年志愿者已经开始忙碌起来，不时回答着观众的问题，引导大家找到自己的位置。

在大阅兵当天当志愿者，并不是件轻松的事。当天凌晨2点半，首钢青年志愿者们就在厂东门集合完毕，离家最远的甚至凌晨就从家出发，一直忙到阅兵结束，每名志愿者都不能休息。他们一遍又一遍地重复同样的话，重复做着同一个手势，有时观众过于专注撞到他们身上，他们也报以微笑，体态依然挺拔。

"祝你生日快乐，祝你生日快乐……"这是出发前志愿者们给其中两位同伴送出的惊喜。原来9月3日正好是来自首钢医院的那曼丽和实业公司的王卫健的生日，志愿者们特意为他们准备了生日蛋糕，唱起了生日歌，送出意义非凡的生日祝福。那曼丽和王卫健激动地说："太感动了，太有意义了。一定用最好状态做好志愿服务，展示首钢良好形象。"

为了做好此次志愿服务工作，志愿者们经过了专业细致的培训。8月15日，志愿者进行了全员集中培训，大家不仅要了解活动背景、礼仪要求、救援常识等，还要做到"三会"——会站、会笑、会说话；"三熟"——停车场在哪里、卫生间在哪里、观礼台在哪里；"三知道"——观礼嘉宾身体不适怎么办、自己身体不适怎么办、遇到突发情况怎么办。总公司团委还专门邀请中国青年志愿者协会副会长谢海山为首钢志愿者传授经验，分享心得，让大家更有决心和自信来做好志愿工作。

"我们是首钢的名片！"每逢国家大型活动都有首钢志愿者的身影。不仅在将近两个月的准备工作中，在9月3日当天活动中，志愿者用青春热情展现着首钢志愿者的风采：他们推着突然晕倒的观众一路小跑送去医护；他们把巧克力送到突发低血糖的观众口中，自己却十来个小时没得及吃东西；他们为了帮助走错观礼台的观众找到自己的位置，辗转在人群中，汗水浸透了衣服；还有一位志愿者为了不耽误"9·3"志愿工作，自己姥姥9月2日突然病逝而没顾上见最后一面，强忍着眼泪却把微笑展示给所有观众……

地上，铁流滚滚；空中，战鹰轰鸣，发动机的轰鸣声响彻整个天安门地区，也向世界郑重声明我们的军队在维护国家主权和世界和平稳定的决心和实力。当空中梯队接受检阅，全场气氛达到高潮，五彩缤纷的彩带衬着蔚蓝的天空，震撼了在场的每位观众，但在人群中，首钢志愿者却顾不上仰头欣赏。

首钢人用自己的微笑、汗水和默默奉献，为大会的成功举行作出了自己的贡献。"服务抗战阅兵的自豪和兴奋让我几乎失眠。"首钢建设集团青年志愿者潘凤双说，虽然每次预演和彩排都要半夜起来，连续工作10个小时，但从未觉得有丝毫疲惫感，也没有一个人愿意退出，因为我们有个共同的名字，我们是志愿者！我们有个共同的名字，我们是首钢人！

（《首钢日报》2015年9月6日，作者：李春满。略有改动）

郭金龙勉励首钢走"高精尖"发展之路

7月23日，中央政治局委员、北京市委书记郭金龙等到首钢调研。

上午10时许，郭金龙等领导一行驱车来到首钢，走进首钢石景山老厂区，乘车一路察看，了解厂区开发建设有关情况。素有"燕都第一仙山"美誉的石景山就坐落在首钢厂区内，郭金龙等领导一行拾阶而上，登上山顶。站在石景山上俯瞰，西面是由北向南依山蜿蜒的永定河，闪烁着粼粼波光；东南面的首钢老厂区，高炉在绿树、碧水的映衬下耸立着，巨大的架高管道线贯穿整个厂区，延伸至远方；山脚下，一列长长的货车正徐徐的从丰沙铁路驶过。郭金龙等领导兴致勃勃地边察看周边环境，边听取汇报，并不时询问有关情况，总公司领导一一作答。

在介绍首钢老厂区开发建设情况的展板前，总公司领导从园区规划、产业研究、项目推进、政策支持与区企合作四个方面向郭金龙等市领导详细介绍有关情况。郭金龙说，你们做的这些工作，与市委市政府提出的打造"高精尖"产业结构中的最高端环节是契合的。首钢作为大型国企，要发挥在制造业中的优势，带动研发、服务等高端环节进入园区，形成产业链。要继续做好整体规划和园区的空间开发，让这片土地再次焕发青春。

利用原工业构筑物改造为创意产业聚集区的西十筒仓项目的各项工作正在有序推进，项目遵循绿色生态和智慧城市的理念，应用多项节能减排技术，其中，景观道路硬铺装用砖采用园区拆除建筑垃圾制成，是"城市矿产"资源利用的有益尝试。郭金龙对此表示赞同，他说，要把环境放在首要位置，有关部门要进一步研究，抓好建筑垃圾再生项目的推广。

郭金龙在听取新首钢高端产业综合服务区规划建设情况汇报后，就首钢下一步工作提出要求。他说，这次来首钢调研，听完介绍后，为首钢转型发展取得的新进展感到高兴。郭金龙指出，首钢搬迁调整是完全正确的，经过搬迁调整，首钢有了一个新的发展机遇。围绕老厂区的开发建设，目前认识不断深化、规划不断成熟，找到了"高精尖"的发展之路。长安街西延，是打开首都西大门的第一步，首钢要很好地把这个区域融入整个城市的规划发展中。

郭金龙强调，首钢搬迁后，在老城区释放出这么大的空间，为企业转型发展提供了难得的历史机遇，这个机遇在我们这一代人手上，一定要珍惜它、抓住它。首钢一定要牢牢把握如何转型发展这一核心，坚定不移转型发展，走"高精尖"产业发展之路。首钢在转型发展中，要严格遵循《京津冀协同发展规划纲要》，落实好即将编制的北京市"十三五"规划和修编后的城市总体规划要求，自觉地把自身的转型发展体现在国家战略发展规划的框架中，并实施好，在转型发展中、乃至未来的国际化进程中，更好地发展壮大。

郭金龙希望大家共同努力，使首钢取得更大进步、更好成绩。

靳伟表示，请市委市政府放心，我们一定要按照国家京津冀协同发展和北京市疏解非首都功能的总体要求，履行国有企业责任，为推动转型发展作出更大贡献。

（《首钢日报》2015年7月24日，作者：王军军、胡晓阳）

首钢京唐二期项目启动

人民网北京8月22日电（记者余荣华）　记者今天从首钢总公司获悉，地处河北省唐山市曹妃甸区的首钢京唐钢铁联合有限责任公司(以下简称首钢京唐公司)二期项目,8月21日正式启动。北京(曹妃甸)现代产业发展示范区一批重点项目当天同时签约启动。

首钢京唐二期工程占用海域10.1平方公里,通过减量压减唐山市区域内现有钢铁产能建设的京唐二期工程项目分两步建设,第一步建成投产后,年产生铁460万吨、钢坯530万吨、钢材500万吨。首钢京唐公司负责人介绍,二期工程建成投产后,京唐年生产能力为单体钢铁厂国内最大,产品结构更合理,品种更齐全。

首钢京唐公司,是首钢搬迁调整的重要载体。首钢京唐钢铁厂项目一期设计年产铁898万吨、钢970万吨、钢材913万吨,2007年3月12日开工建设,2010年6月26日一期工程竣工投产,2012年6月各工序产能和技术经济指标达到设计水平。2014年以来,京唐公司整体运行情况良好,保持了持续盈利。

与此同时,北京(曹妃甸)现代产业发展示范区此次启动重点项目15个,总投资近千亿元,项目全部投产达效后,预计可实现销售收入920亿元,年税收近百亿元。

地处渤海湾中心地带的曹妃甸区,经过6年的填海造地和5年多的开发建设,已经形成陆域面积210平方公里的临港产业聚集区,累计投入资金4000多亿元,水、电、路、讯等基础设施配套基本完善,港口吞吐量达到2.9亿吨。

北京(曹妃甸)现代产业发展示范区作为疏解非首都功能、推进北京产业转移、承担国家重大科技项目的重要平台,总占地面积100平方公里,将在现代产业、中关村高新技术产业、资源能源储备供应基地、宜业宜居的现代化新城建设、港口建设和功能完善、交通一体化建设七大方面与北京开展全面合作。目前,曹妃甸区已划出净地5.57平方公里作为产业先行启动区、在唐山湾生态城划定3.5平方公里作为产城融合先行启动区。

(《人民网—北京频道》2015年8月23日,作者:余荣华)

京津冀协同发展　北京首钢搬迁里外一新

(原标题:首钢搬迁　里外一新)

"如果不是因为举办北京奥运会,首钢会不会搬出北京?"

10年后的今天,再向首钢人抛出这样的问题,他们会以反问作答:"如果早点搬出北京,现在的首钢会是什么样?"

从长安街的最西端、距离天安门广场仅18公里的地方,搬到河北唐山的海边、距北京220公里的曹妃甸,首钢搬迁实现脱胎换骨:

两座5500立方米高炉,原来首钢最大的高炉不过2500立方米;300吨级大型转炉,采用干法除尘,实现全"三脱"(脱硫、脱碳、脱磷),全球唯一;二期建成后,年生产能力将达到2000万吨,单体钢厂国内最大;不再生产"面条"(螺纹钢)加"裤腰带"(盘条),产品为清一色高档板材;废水近零排放,固废近零排放,废气达标排放……就连名字也变了,在曹妃甸,它叫"首钢京唐"。

"从里到外都是新的"

郭艳永,唐山本地人,2004年博士毕业后到首钢工作。2006年,已在北京安家的他,申请调入京唐公司筹建大高炉。

父母想不通,"好不容易进了北京,怎么又要回来?"不过,他的态度很坚决,5000立方米以上的大高炉,国内当时一座没有。"说实话，主要就是冲着5500立方米高炉来的！"

炼钢作业部的陈香虽然是老员工，但面对新工艺仍感到"压力山大"："过去是经验炼钢，现在是科学炼钢，通过大量经验数据建立模型，由电脑发出操作指令，这在老首钢是不可想象的！"

截至目前，首钢京唐采用了220余项国内外先进技术，自主创新和集成创新达到2/3,93%的设备都实现了国产化。更重要的是，首钢京唐实现了清洁生产：每年数百万吨固体废弃物，100%循环利用；不但不排污水，还能通过海水淡化技术向周边供水；实现"汽—电—水"大循环，年发电3.4亿度。

"新首钢，从里到外都是新的！"首钢总公司总经理张功焰说。

"就要生产首屈一指的钢"

首钢，一度错过行业发展黄金期，最困难的2011年，严重亏损。2014年5月，首钢京唐首次扭亏为盈。今年前4个月，京唐的家电板、车轮钢、高强钢、集装箱用钢国内市场占有率均为行业第一。

"没有大搬迁，难有大发展！"首钢总公司董事长靳伟说，首钢搬迁，是治理首都环境的外界需要，也是企业可持续发展的内在需求，更是高度契合京津冀协同发展的大势所趋。

王莉，京唐公司制造部技术管理处处长，曾在韩国浦项科技大学留学。当年，听到同在首钢的丈夫要求调到曹妃甸，她打越洋电话吵了一架。但回国后，她主动来到曹妃甸，"这里有中国钢铁业的未来。"

首钢搬迁绝不是简单异地重建，产品定位是高档精品板材，从小饮料罐到巨轮甲板，从家电外壳到汽车机身，从油气管线到电子器件，共计31个钢种、280多个牌号。

"首钢京唐，就是要瞄准世界一流钢铁企业，生产首屈一指的钢！"首钢京唐党委书记顾章飞说。

"做协同发展的先行者"

来到京唐，谁能想到，10年前，这还是一片浅海。曹妃甸吹沙填海210平方公里，其中首钢京唐总面积30平方公里。

2009年初，刚来到这块荒无人烟的大沙地上，首钢老职工郭海涛夫妇傻了眼：工地转一圈，满嘴是沙子；一场暴风雪，上岛路上看到10多起车祸。

这样的环境下，首钢人二次创业。4000多首钢北京老职工从此奔波两地。一开始多少有点心理落差，但现在，问起他们的感受，更多的回答是："已经适应了！"

更多的新首钢人也加入进来。至今，京唐已招收新员工4000多人，带动相关服务业1.2万人就业。

为让京唐人安心工作，首钢在唐山自建职工住宅，组织住房团购，给未婚青年搭建"鹊桥"……

"首钢要做京津冀协同发展的先行者。"靳伟表示，下一步，首钢将深度参与曹妃甸开发。

（《人民日报》2015年7月4日，作者：朱竞若、汪晓东、佘荣华）

京唐公司成立十周年

首钢京唐公司成立十周年，《唐山劳动日报》以1.3万字以上篇幅分四次报道，回顾京唐公司发展历程。以下是编者按、四篇报道的标题以及内容概要。

编者按：

2005 年 10 月 22 日—2015 年 10 月 22 日,10 年。

这 10 年中,首钢完成了从首都到曹妃甸的搬迁,实现了在科技创新中的产品转型升级、产业的循环发展、企业的绿色生产,创造了第一个完全按照循环经济理念设计,第一个采用新一代可循环钢铁流程,第一个实施城市钢铁企业搬迁,第一个在海上吹沙造地建设大型钢厂的辉煌业绩,其在京津冀协同发展的国家战略中,率先疏解非首都核心功能的示范和引领,将永载史册。《唐山劳动日报》在首钢搬迁十周年之际,分别以《海上钢城》《创新钢城》《绿色钢城》《挺立的钢城》为题,刊发四篇连续报道,以期在更广阔的视野上,全面介绍首钢搬迁十年的艰辛历程。

海上钢城——写在首钢京唐公司成立十周年之际(一)

记者:张笑非 杨丽雪;通讯员:杨立文 王婷婷

(环渤海新闻网 10 月 23 日报道)

创新钢城——写在首钢京唐公司成立十周年之际(二)

记者:张笑非;通讯员:王育民 杨立文 王婷婷

(环渤海新闻网 11 月 2 日报道)

绿色钢城——写在首钢京唐公司成立十周年之际(三)

记者:张笑非;通讯员:王育民 杨立文 王婷婷

(环渤海新闻网 11 月 11 日报道)

挺立的钢城——写在首钢京唐公司成立十周年之际(四)

记者:张笑非;通讯员:王倩楠 杨立文 王婷婷

(环渤海新闻网 12 月 11 日报道)

四篇报道概要如下:

2005 年 10 月 22 日,首钢京唐钢铁联合有限责任公司在曹妃甸宣告成立。

十年,首钢京唐人呕心沥血、殚精竭虑,披阅风雨、慷当以慷,用热血、激情、智慧和汗水奏响了一曲曲大气磅礴的创业乐章,写就了一部部辉煌绚烂的创新诗篇。

1919 年,官商合办的龙烟铁矿股份有限公司在京西石景山建设炼厂,北京近代黑色冶金工业由此起步。

2001 年 7 月,伴随着北京申奥成功,首钢根据北京市的要求,再度修改钢铁生产能力转移的规划……首钢搬迁调整,已箭在弦上。

2005 年 2 月 18 日,国家发改委下发文件,正式批准首钢"按照循环经济的理念,结合首钢搬迁和唐山地区钢铁工业调整,在曹妃甸建设一个具有国际先进水平的钢铁联合企业"。

2005 年 3 月 5 日,首钢京唐公司一期围海造地工程正式开工。

从 2005 年 2 月至 2006 年 12 月,国家发改委、中咨公司、北京市、国家环保总局、水利部、首钢和唐钢先后召开综合性或专题性的外部专家咨询论证会和审查会 9 次、内部专家审查会 14 次;首钢内部的专业技术人员数十次深入曹妃甸,就首钢京唐公司总体规划设计提出各类意见和建议 552 项,从总图布置、装备配置、生产流程、技术工艺等各个方面,采用当今世界上先进科学技术 220 项,倾力将首钢京唐公司钢铁厂建成"集世界钢铁工业先进技术之大成、聚世界钢铁工业一流大型装备于一身"的现代化大型企业。

2007 年 3 月 12 日,首钢京唐公司钢铁厂项目开工奠基仪式隆重举行。从这天起,京唐钢铁厂的建设全面铺开。

首钢京唐一期工程仅用三年时间便相继建成投产。2008 年 8 月 13 日,焦化 A 焦炉装煤试生产;12 月 10 日,2250 毫米热轧一次热试成功,顺利轧出第一卷热轧板卷。2009 年 2 月 5 日,1 号 550 平方米烧结机一次点火热试成功;3 月 13 日 2 号 300 吨脱碳转炉热负荷试车一次成功,生产出第一炉合格钢水,并实现连铸顺利浇铸,生产出第一块合格连铸板坯;3 月 28 日,1700 毫米冷轧热试一次成功,第一卷酸轧卷成功下线;5 月 21 日,1 号 5500 立方米高炉送风点火,高炉顺利出铁,随后炼钢、热轧、冷轧相继投产,钢铁厂一步工程实现全线贯通。

截至 2010 年 6 月 26 日,首钢京唐钢铁厂一期主体工程全面竣工投产,2012 年 6 月全系统各工序实现达产达标。

中央领导同志对首钢在京津冀协同发展中的举措充分肯定,是对首钢全体干部职工的最大褒奖,也是巨大的鞭策和要求。

2014 年 7 月 31 日,北京市与河北省政府签署《共同打造曹妃甸协同发展示范区框架协议》,明确共同建设"北京(曹妃甸)现代产业发展试验区",责成首钢及相关方共同组建试验区和生态城开发建设投资公司,统筹协调开发建设工作。在北京市委市政府强有力的支持下,设立首只基金暨首钢京冀协同发展产业投资基金,采用母子基金放大模式,基金规模上千亿元;重点投向非首都功能疏解和多地协同发展产业、综合服务配套及首钢老工业区重振等领域。

首钢积极配合政府部门,推动北京市和河北省框架协议有关工作的落实。

（车宏卿整理）

"制造+服务"的成功实践

——首钢硅钢发展历程总结回顾

硅钢被誉为钢铁工业的工艺品,具有工艺流程长、控制窗口窄、技术门槛高、生产难度大等特点。回望首钢硅钢五年的发展历程,在首钢总公司领导的重视、关怀和指导下,首钢股份有限公司各工序和各级领导、专家、专业以"硅钢优先"的高度共识,按照"专线化高效生产、全流程一贯制质量精准控制、产销研快速协同"的要求,在实验室研发、产线自主集成和产业化的过程中不断生产实践、创新探索,快速构建产销研一体化运行机制,建立和完善了硅钢一贯制质量管理体系,提升了从炼铁、炼钢到热轧、冷轧及后续热处理的一系列工序控制水平和管理水平,有效推动了产品多项指标"日有所进",逐步向先进企业"看齐",创出业界赞叹的"首钢速度"。

经过五年多研发及产业化,2015 年首钢无取向硅钢产品形成通用产品、高效产品、退火产品以及中频薄带产品等 4 大类、23 个钢种、87 个牌号的序列,市场占有率全国第一;取向硅钢实现全低温板坯加热工艺生产高磁感取向硅钢,成为全世界第四家掌握低温渗氮技术的取向硅钢制造商,实现 23SQGD085 至 30SQG120 的全牌号覆盖和 0.30 毫米、0.27 毫米、0.23 毫米规格产品稳定批量生产,产品质量逐步逼近国际先进水平,进入国内若干著名变压器生产厂家供应商序列;加强与下游用户沟通,延伸产业链价值,与若干变压器生产企业建立用户技术联合实验室,实现 23 台 500 千伏变压器应用业绩;产品成功进入格力、美的、ABB、西门子等国内外知名企业,远销韩国、土耳其、阿根廷、意大利等 23 个国家和地区,确立了崭新的首钢硅钢品牌。

生产建设一体化,激情创业倍道而进

长期以来,我国面临着硅钢国产化率低、高等级产品空白、超高压大容量电力变压器铁芯材料依赖进口的局面。为满足国家电力发展需求,推进硅钢产品国产化,首钢从 2005 年 9 月启动硅钢研发工作,决定在迁钢 800 万吨产能的基础上建设配套的硅钢生产基地,从而摘取钢铁行业"皇冠上的明珠"。2008 年 2 月 18 日,首钢总公司领导、迁钢公司领导与项目筹备组人员共同出席筹备组成立会议;2 月 27 日,迁钢冷轧项目部正式成立,并聘请首席技术专家;3 月 3 日,4 名研究生到岗,其中博士 1 人、硕士 3 人;3 月 10 日,招聘的 15 名一线技术人员到岗,形成初期的冷轧筹备组组织机构。随着毕业大学生和北京支援人员的加入,队伍不断壮大,各个项目逐步开展,2008 年 12 月 5

日,首钢硅钢项目破土动工。

"先进、可靠、快捷"是对硅钢建设时期的总要求。首钢高层高瞻远瞩,在硅钢项目上采用"建设生产一体化"组织模式。冷轧作业部作为首钢集团的一级授权单位,负责冷轧项目设计、谈判、招投标、设备制造、工程建设、调试验收、生产准备及投产运行等全流程管控。为了保证装配设备的质量,筹备组派遣部分人员深入到设备制造厂进行过程监制。首钢方面派遣的监制人员凭借着"标准唯一"的认真和"不讲道理"的质量把关,为日后建成高质量的工程奠定了基础。"夙夜在公"是另一批筹备组人员的真实写照,没有派遣到设备制造厂监制的人员则到顺义冷轧、京唐公司实习,他们如饥似渴地学习专业技术、消化吸收外方技术资料,各小组、专业之间进行知识串讲,组织各种形式的专家培训讲座,几乎每天晚上学习到深夜。

2010年6月29日,首钢历史上第一卷质量合格的无取向硅钢在1号连续退火机组下线,实现了首钢硅钢零的突破。此时,硅钢项目进入边生产边建设的高效组织模式。2012年12月10日,随着激光刻痕机组热试成功,首钢无取向生产和取向生产两方面全线贯通,硅钢项目从工程建设时期全面进入生产经营阶段。

产销研用协同化,全面创新使命必达

2009年4月30日,时任迁钢公司总经理靳伟向总公司递交《关于首钢迁钢公司电工钢产品推进方案》请示报告,主送首钢时任总经理徐凝,会知销售公司、办公厅、计财部、物资部、生产部等30余部门,各部门在一个月内完成审核,体现出总公司在电工钢产品产销一体化决策上的高瞻远瞩和各部门的高效协同。

早在2008年,迁钢开始筹建专门的硅钢管理机构,抽调当时在技术质量部任职的孙茂林为硅钢筹备组组长。2009年2月份,筹备组人员得到补充,炼铁、炼钢、热轧、冷轧全流程一贯制管理模式雏形初现。2010年3月1日,首钢技术研究院电工钢研发平台并入硅钢部,8名从事电工钢研究的科技人员为硅钢事业的发展奠定了人才和科技基础。

随着硅钢管理机构的不断创新,最初的硅钢筹备组几经易名,最后正式更名为硅钢部,同时不断扩充人才力量,承担起首钢硅钢研发和销售的重任。2013年10月1日,冷轧作业部和硅钢部合并为硅钢事业部,形成集研发、制造、销售、服务为一体的首钢硅钢产研销基地。

全新体制运行后,硅钢团队持续强化市场导向、客户导向,面对产品投放市场过程中各类客户苛刻的质量认证、性能认证,从自身问题查找入手,"不质疑、不辩解,先整改、先提高"。为确保客户声音快速反馈到现场,持续快速改进,硅钢团队坚守产品销售直供代理制不动摇,积极加强销售渠道严格管控,确保从产品下线最多经过两级到达终端客户,实现客户质量异议全天候、全时段快速反应,质量异议处理周期持续向旬、周、日逼近,受到客户高度评价,用自己的实际行动诠释了"竞争在市场,竞争力在现场"的深刻内涵,并逐步形成"管理改善支撑技术优化,技术优化支撑产品质量提升、合同准时兑现,质量提升、合同准时兑现支撑市场信誉提升、客户持续订货,市场信誉提升、客户持续订货支撑产品结构提升"的良性循环,产品市场占有率、客户直供比例逐年提高。

比如,首钢35SW300高强高性能无取向硅钢产品,某高端用户认证过程耗时14个月,创造业界记录。在此期间,首钢进行了4次成分改进、10次全工序试验、3次坯型设计和4次尺寸精度优化;从炼钢到冷轧,各工序经受全新洗礼,团队成员形成5篇高质量的科研论文,均发表于冶金核心期刊。还有,在与某高端电机制造商合作开发高性能独特产品中,从用户提出需求到产品开发完成,再到用户试用验证,全过程仅用15天,创造首钢产品开发到用户使用最快速度。首钢硅钢团队感受到,高效协同,快速响应,是企业面对竞争激烈市场的重要法宝。

同时,硅钢事业部为了让岗位职工"听得见炮声、闻得见硝烟、看得见战火",引导全体职工"立即行动起来,从自己、从点滴、从此时,多挣一分钱,少花一分钱,打赢生存发展攻坚战",硅钢事业部党委充分发挥产、销、研一体化优势,利用中修停产间隙,自2014年以来先后组织3批次共计70名生产一线骨干职工到华东、华南等地区客户生产基地,实地开展"感受市场,感知用户"实践考察活动。通过生产一线职工走市场活动把压力传导至管理链条的末端,提升岗位职工对硅钢产品用途的理解,进而将用户差异化的需求转变为差异化的内控标准,以提高首钢硅钢产品的竞争力。

质量管理一贯制,矢志创优树立品牌

短短几年间,首钢硅钢产品年年都有新变化。2010 年下半年,首钢硅钢投放市场实现销量 2.5 万吨,产品只有 1 个无取向中低牌号品种,下游用户只有 16 家,几乎全部是中间代理商。2013 年硅钢累计产量突破百万吨,无取向实现全牌号全品种覆盖,形成应用完备的产品序列,与国内外知名的家电、电机企业建立稳定的合作关系,下游用户群达 101 家,直供比例接近 80%。2014 年,80%的无取向硅钢产品完成更新换代,50SW1300、50SW800、50SW600 共 3 项产品被中钢协授予金杯奖,市场占有率和产品质量闯进国内第一阵营;取向硅钢生产攻坚克难,生产稳定性持续提高,产品大纲逐步拓展,产品质量稳步提升,产品进入若干大型变压器制造企业,产品综合竞争力跃居全国前三。2015 年 2 月,首钢第 10000 卷高磁感取向硅钢下线,首钢取向硅钢研发及产业化取得系列成果;12 月,50SW470、50SW400、35SW440 等 3 项高牌号无取向硅钢产品获得中钢协评定的金杯奖。

首钢硅钢作为板材制造的后来者,实现"弯道超车",引发业界关注和研究。首钢硅钢团队深刻体会到,关键技术和关键设备不是花钱就能买来的。成功,得益于产研销一体化机制和技术质量集中一贯管理模式释放的红利;得益于硅钢团队从技术研发到产线集成、工程建设到大生产的自主创新;得益于打造的"首钢服务、首钢品牌、首钢创造"的综合竞争力;归根结底,还是得益于根植在硅钢人内心"创新、创优、创业"的首钢基因。

早在 2008 年 10 月份,硅钢产线还没有破土动工,炼铁、炼钢、热轧等前工序生产验证就已提前展开。在炼钢工序,控制窗口窄的特点展现的十分明显,比如酸溶铝 ALS 的控制,首钢人干惯了普通级别钢板 ALS 判定范围在 ±100 个百万分率。但硅钢不一样,它直接就要求达到 ALS±25 百万分率的标准,有的钢种甚至需要达到±15 甚至±10 百万分率。热轧工序同样面对很大的压力,生产硅钢时要比普通钢材的加热温度低 100 多度,这就陡增了轧制难度,断带风险呈几何基数上升。同时,受工艺限制,硅钢生产所要求的各类技术参数非常严格,尤其是楔形、尺寸精度等重要指标比普通钢种材料指标要求严格很多。

2010 年 6 月,连退产线刚投产时,酸轧机组还不具备投产条件,连退的原料是经过迁钢热轧板卷运输到首钢特钢进行轧制处理,之后冷硬卷再运输回迁钢。由于首钢特钢的轧机并不是用来轧制硅钢产品的,轧制硅钢的过程连续遇到很多的瓶颈,迁钢公司副总工程师马家骥从这个时期开始研究、攻克特钢轧制硅钢难题,为特钢稳定轧制硅钢、硅钢项目连退机组率先投产付出了极大努力。从此与硅钢结下渊源,为硅钢项目关键轧制设备建设调试、提升能力提供了很多思路和指导,为首钢硅钢产品杰出的板形尺寸指标、培养专业人才做出了卓越贡献。打通了特钢生产硅钢冷硬卷工艺路线后,连退机组所在的热处理作业区率先进入生产阶段,不仅成为了项目先行先试的领跑者,也成为了项目各类专业人才的练兵场。

当时,连退下线一批次硅钢性能合格,但表面微微发青。迁钢领导认为这批产品绝不能代表首钢硅钢的品质,不能让其流入市场。这件事后来不胫而走,震惊了国内的钢铁业,某主流钢铁杂志发表评论"北方某钢铁厂无取向硅钢产品未达到质量要求,1350 吨产品回炉重造"。在硅钢产品投放市场之初,首钢把客户请到现场,给产品提建议,有一个南方客户提出,怕长距离陆海运输,包装不严进水生锈的问题。时任迁钢公司总经理靳伟专门安排打包两个卷,并叫上专家去检查,看是否满足用户要求,后来干脆做了个现场泡水试验。通过不断改进包装方式,耐水由一放进去就漏水,到三天不漏,最后实现七天不漏。现在,首钢硅钢产品的板形、磁性能等各项指标均达到客户要求,个别指标优于其他对标钢厂。

传承优秀文化激励人,高端追求梦想弥坚

有企业就有企业文化,先进的企业文化是驱动企业健康发展的深层次动力。几年以来,硅钢事业部党委与首钢

文化、迁钢文化薪火传承、矢志创新,通过开展"建什么样的冷轧厂,做什么样的冷轧人"等大讨论活动、编写《冷轧作业部员工行为规范》等,形成了"忠诚负责,激情创业"的核心价值追求,引领广大干部职工将个人追求与企业愿景相统一。几年以来,由党委主办的内部刊物已经接近 300 期,从《冷轧简讯》到《风向标》,记录了干部职工从工程建设到生产经营的创业故事,见证了硅钢人的青春理想,成为了职工生活、工作的重要部分。一直以来,硅钢事业部党委十分注重对硅钢文化系统的梳理和树立,为应对工程建设时期复杂、严峻的局面,党委提出了"敢于承担责任,敢于面对风险,敢于超越一流"的创业精神和"不留一个问题,不差一点标准"的工作标准,为高标准、高质量的工程建设提供了人员的"激情"保证和"标准"保证。当硅钢项目从工程建设时期转向生产经营阶段后,事业部党委从高端板材的生产制造、攻坚克难的规律出发,提出了"精细严实,协同高效"的工作要求,这既为首钢硅钢的快速发展提供了理论基础,又为现场工作的开展提供了方法论。

2014 年 6 月,硅钢事业部党委在征求干部职工建议和意见后,对"忠诚负责,激情创业"的内涵进行了解读。即:忠诚,诚实守信,岗位建功,荣辱与共;负责,敢于担当,勤勉敬业,守望相助;激情,世界眼光,战略思维,敢为人先;创业,坚持不懈,追求卓越,成就梦想。"忠诚负责,激情创业"被赋予新的内涵之后,在干部职工中引起强烈反响,对企业发展和职工追求起到了很好的指导作用。

经过五年的研发及产业化,凭借着全流程硅钢团队的"忠诚负责,激情创业",首钢硅钢得到快速发展,在国内外树立了良好的品牌,并且获得较好的发展前景,硅钢事业部党委迅速调整姿态,避免在取得的成绩里面停止不前,把"永不满足"作为鞭策,形成了"精细严实,协同高效,永不满足"的工作要求,并力求转化为潜移默化的工作作风,取得实实在在的效益。同时,为了使"精细严实,协同高效,永不满足"的工作要求落地,事业部党委结合生产经营需求,在 2015 年提出了"六五四三二一"的工作思路,即:完善"生产体系、技术体系、设备体系、质量体系、安全体系、销售体系"六个体系,坚持"目标导向、市场导向、指标导向、问题导向、价值导向"五个导向,打造"超稳定运行、超精准操作、超洁净生产、超高效沟通"四超产线,争创"产线零故停、安全零违章、质量零损失"三个零目标,落实"消除安全隐患、消除设备隐患"两个消除,坚定"建设中国电工钢示范工厂"的一个愿景,努力开创各项工作新局面。

(《首钢年鉴 2016》特约稿;《首钢发展研究》先期刊发)

首钢厂东门迁建　屹立长安街 23 年

屹立长安街 23 年　首钢厂东门迁建

光明网北京 5 月 25 日电(记者张景华)　25 日下午 5 时 18 分,随着"首都总公司"牌匾徐徐落下,这座长安街上地标性建筑之一———"首钢厂东门",将向西迁移一里地。

为让路长安街西延工程,屹立了 23 年之久的首钢厂东大门,将迁建到首钢北京园区 L 型景观带,成为长安街西延长线上具有绿色生态示范展示和工业遗产转型升级特色的城市公共活动休闲区。

作为首钢的标志性建筑,建于 1992 年的首钢厂东门,长 56.28 米,高 12.85 米。红色的大门,顶端镶嵌着绿色琉璃瓦,大门两侧悬挂着红底烫金的牌匾,是首钢改革创新、搬迁调整、转型发展的见证者,也凝结着首钢人的深厚情结。首钢厂东门是进入首钢的交通要道,历经多次修缮和改造,是首钢特有的符号、企业历史的坐标。

据了解,新厂门将按 1∶1 的比例,原汁原味迁建至长安街西延长线与晾水池(群明湖)东路交口的东北角。建成后的厂东门,将成为新首钢"五区两带"规划中长安街以北城市公共活动休闲带的南端起点,沿着厂东门的中心点一路向北将是新首钢工业资源景观的中轴线。这里南面连接石景山直达永定河、门头沟的跨河大桥,在建的轻轨将直达新首钢的北端,通过地下空间与地铁一号线实现换乘,交通便利。未来这里将建成集休闲、商务、展览、娱乐为一体的大型多功能广场,包含下沉花园、钢铁主题公园、景观绿化工程等,景观及广场面积约3.2公顷。

据悉,长安街西延项目是北京市2015年的重点工程,总投资达22亿元。项目西起门头沟区三石路,东至石景山区古城路口,全长约6.4公里,是城市主干道。根据北京市重大办公布的信息,项目计划2017年10月全线竣工。该项目涉及首钢区域全长约2.6公里。

首钢园区开发部相关负责人表示,作为北京市加快西部地区转型的发展核心区,首钢园区的11个重点项目正在推进。其中,首钢利用工业建筑进行改造的首个项目——西十筒仓项目已经完成主体工程改造,原本的"炼铁料场"将变身风貌独特的"创意广场"。

5月25—27日,《首钢日报》连续三天,分别以《首钢北京园区开发建设的新起点》《永远的首钢情》《传承的是首钢精神》为题刊载评论员文章,话说首钢厂东门迁建。

首钢北京园区开发建设的新起点

首钢厂东门迁建项目是北京市长安街西延长线上的重点工程之一,是全体首钢人和社会各界始终高度关注的热点项目,更是首钢北京园区开发建设的一个新起点。凝望、心系、寄语厂东门,我们相信首钢转型发展中一张宏伟的蓝图将在这里很快变为现实。

凝望厂东门,回望历史,开创未来。厂东门是首钢的标志性建筑,见证了首钢改革创新、搬迁调整、转型发展的风雨历程,凝结了首钢人的深厚情结,在首钢人心中有着不可磨灭的印迹。在首钢园区开发建设中,厂东门的重要性和深厚的分量,让每一个首钢人都在时时牵挂。首钢总公司党委领导在参加北京市、区及各委办局会议上曾多次提出保留首钢厂东门的意见。经过北京市政府与北京市规划委员会、首钢总公司及相关文物部门多次研究决定,对厂东门实施异地迁建。此举,凝聚着北京市及首钢总公司的不懈努力和对职工深厚情结的尊重、支持,凝结着全体首钢人对首钢的无限热爱和对首钢未来的无限憧憬。鉴往而知今,在新的地点将拔地而起的首钢厂东门,将负起新的使命和责任,成为寄托情感,温暖人心的地方,成为鼓舞大家,激发斗志的标志;成为回望历史,开创未来,推进转型发展的新起点。站在这个新起点上,人们将迎来首钢更加辉煌的明天。

心系厂东门,振奋精神,增添动力。首钢厂东门作为首钢北京园区开发建设的重要项目,受到社会各界的一致关注,受到广大干部职工的高度关心。在推进这个具有标志性意义的工程建设中,在推动首钢园区建设中,社会各界和首钢广大干部职工积极支持,付出了艰苦的努力,取得了积极的成果。北京市政府出台了《关于推进首钢老工业区改造调整和建设发展的意见》和《关于推进首钢老工业区和周边地区建设发展的实施计划》等相关政策文件,支持首钢老工业区改造调整和转型升级。首钢北京园区被列入全国城区老工业区搬迁改造试点范围;首钢各级领导多方筹划、布置指导,广大干部职工克服困难、顽强拼搏,西十筒仓改造项目、二型材打造互联网金融产业园项目、一耐养老项目等工程的建设、设计、开发积极推进……这一切都表明,首钢园区建设正在强有力地推进,给大家带来新的更加美好的希望。厂东门迁建的正式启动,使大家进一步明确目标,坚定信心,振奋精神,增添动力,必将为加快首钢园区建设起到十分重要的推动作用。

寄语厂东门,展望未来,前程无限。厂东门迁建,承载着全体首钢人和社会各界的热切期盼,人们从这里能感受到首钢加快园区建设的迫切心情,能领略首钢积极促进转型发展的美好前景。在这里,厂东门新址将建设成长安街西延长线上具有绿色生态示范展示和工业遗产转型升级特色的城市公共活动休闲区,成为新首钢高端产业综合服务区的精品力作,塑造成凝聚首钢人回望历史、开创未来深厚感情的心理地标。在这里,首钢园区将成为国际一流和谐宜居的示范区,成为首都创新驱动的承载平台及最有活力的区域之一,成为全国乃至国际有影响力的传统工业转型升级示范区和国家绿色低碳示范园区,成为带动北京市西部地区转型发展的重要引擎。

美景已经绘就,蓝图已经展开,让我们以厂东门迁建作为新起点,发扬首钢人勇争第一的精神,用汗水和智慧,用心血和奋斗,打造首钢北京园区特色景观的绚丽画卷。

永远的首钢情

首钢厂东门迁建牵动众人心,大家纷纷到这里,拍照留影,仔细回味,展现了浓浓的首钢情,这是首钢人"在首钢言首钢,在首钢爱首钢,在首钢忧首钢,在首钢为首钢"忠诚情怀的体现,彰显了各界对首钢加快转型发展、推进园区建设的期盼,展现了大家渴望首钢再创辉煌的强烈愿望。

难忘厂东门,这里留有永远的首钢情。红墙绿瓦,飞檐斗拱,美轮美奂,古色古香,集壮观与典雅于一身,汇优美与庄重于一体,厂东门,这座首钢的标志性建筑,汇聚了首钢人的智慧,凝结了首钢人的情感,发生了许许多多让首钢人难以忘记的故事。有无数首钢人和车辆经过这里,把令人称道的首钢精神和挂着首钢标志的产品带到全国乃至世界各地;有许多党和国家领导人、国内外专家、学者通过这里为首钢带来了关怀、政策和指导;有无数首钢人带着满腔热情坐上班车经过这里奔赴渤海之滨、太行山脉、白山黑水,把首钢的事业带到了各地,使之不断发扬光大,厂东门留有永远的首钢情,已经成为首钢特有的符号、企业历史的坐标,更成为首钢递向世界的名片。

回首厂东门,这里记录着首钢的历史,镌刻着永远闪光的辉煌。风雨历程,沧桑巨变,厂东门见证了首钢走过的从无到有、从小到大、从大到强的发展之路,见证了首钢从实行承包制到全国钢产量第一,从搬迁调整到转型发展,首钢报效祖国钢铁工业的奋斗足迹,见证了首钢在创新实践中谱写了国有企业改革发展的新篇章,更见证了首钢顺应潮流,攻坚克难,勇立潮头,努力使首钢成为首都传统产业转型发展的一面旗帜,迈向具有世界影响力综合性大型企业集团的坚实脚步。厂东门留有首钢发展的深深印记,彰显着首钢的一往无前的动人风采,寄托着首钢人热爱首钢、建设首钢、祝愿首钢的无限深情,让首钢人魂牵梦绕,无法割舍。首钢人说,无论什么时候,只要提起厂东门就会感到心中有股暖流;不管走到多远,只要看到了厂东门就是到了家。

记住厂东门,这里凝聚着首钢人的光荣,蕴含着不灭的精神。荣辱与共、息息相关,厂东门牢记着首钢人的奋斗和奉献。在这片古老的土地上,从厂东门走过的一代又一代的劳动模范和先进典型,用智慧和汗水,用辛劳与奉献,为首钢的发展作出了卓越的贡献,成为永远闪亮的名字;在这块深厚的热土里,厂东门中的首钢人自强不息、艰苦奋斗、开拓创新,为国家、为社会,为中国钢铁工业和首都经济发展发挥了重要作用,以汗水和心血共同凝聚成"敢为天下先"等不朽的企业精神,书写了令人自豪的企业优秀文化,成为首钢乃至国有企业的宝贵精神财富。在这充满希望的土地上,厂东门铭记着首钢的传家宝,那就是过硬的工作作风、良好的精神状态。依靠这个传家宝,首钢人没有在困难面前退缩过、吓倒过,首钢人从来没有在问题面前绕着走过。在全面深化改革、促进转型发展的新征程中,首钢人一定会记住厂东门,脚踏实地,真抓实干,坚定不移深化改革,开创首钢转型发展新局面。

厂东门,是首钢的根,是首钢人的魂,把根扎牢,把魂留住,让永远的首钢情,成为我们战胜困难的不竭动力,坚定信心,迎难而上,主动"交账",钉好每一个"钉子",砌牢每一块"基石",我们一定能实现自己的目标。

传承的是首钢精神

作为北京市长安街西延长线上的重点工程之一,首钢厂东门异地迁建项目保护性拆除工程已经动工。这座凝聚着几代首钢人厚重情感的地标性建筑,将以历史原貌迁建到长安街西延长线上具有绿色生态示范展示和工业遗产转型升级特色的城市公共活动休闲区,成为新首钢高端产业综合服务区的精品力作。

厂东门的迁建,不仅触动着"在首钢言首钢,在首钢爱首钢,在首钢忧首钢,在首钢为首钢"的首钢职工和家属的不舍情怀,也牵动了众多北京市民的心。连日来,在厂东门前拍照留影的首钢职工和市民络绎不绝,在定格留念这一见证了首钢发展历史的标志性建筑的同时,更是对转型发展的新首钢寄予了无限期盼。

如同曾经的"首都十里钢城"从石景山下搬迁到渤海之滨一样,首钢人在搬迁调整中展示出来的无私奉献和宽广胸怀,同样尽显在首钢深化改革、加快转型发展的宏图伟业中。将见证了首钢改革创新、搬迁调整、转型发展风雨历程的厂东门迁建到新首钢园区,表达的是对首钢辉煌历史的敬仰与尊重,是对生生不息的首钢精神的传承。

在本报开辟的"情系厂东门,畅想新首钢"专栏中,几代首钢人纷纷留下肺腑铮言:厂东门见证了首钢的发展,寄托了首钢人的无限深情,是首钢人永远的挂念。迁建后厂东门将保留原貌,成为首钢北京新产业园区的一处标志性建筑,这让像我一样的老首钢人心里还能有个念想儿,有个精神寄托,我感到很欣慰;厂东门迁建,作为一名普普通通的首钢人,我心中充满不舍,但更多的还是充满期望,期望首钢能够有更好的发展,首钢高端产业园区的建设一定能够取得更大的、新的辉煌;厂东门不仅是首钢的标志性建筑,更是几代首钢人的精神寄托。我们相信未来首钢的发展一定能够让中国从钢铁大国走向钢铁强国;风风雨雨一路走来,首钢人的精神带领我们继往开来,厂东门的迁建是告别也是开始,我们要把老首钢的情怀融入到首钢的转型发展中,相信首钢一定会在新的道路上乘风破浪,铸造创新发展的胜利篇章……

"她是一座不朽的丰碑,历经风剥雨蚀的沧桑,历经岁月铅华的洗礼,却依然雄姿勃发驻守着整个厂区。她是一个符号,深深烙印在每一名职工内心深处。无论何时,徜徉在首钢新园区,她便首先从我们的记忆深处涌现出来。不论经历着怎样的世事变迁,我们总会涌动着一份欣喜和自豪,因为那是我们首钢人梦开始的地方";"这座门,承载着首钢人的心血和汗水,伴随着多少首钢人走过人生之旅。首钢现在正处于转型发展的关键时期,我们坚信,在石景山这片孕育了近百年首钢历史的热土上,首钢园区的建设将迎来前所未有的蓬勃发展,让世人的目光再次聚焦首钢,再创首钢辉煌……"

从一篇篇饱含深情的寄语中,从一句句充满期望的祝愿中,无不诠释着这样一种境界:在首钢人炽热的情感和赤诚的情怀中,迁建的是一座标志性建筑,传承的是首钢精神!

历经风雨的首钢精神,是几代首钢人砥砺铸就的精神宝藏。这种精神历经坎坷挺拔屹立,这种精神百折不挠敢为人先。在首钢业已完成的搬迁调整伟大事业中,首钢精神熠熠生辉;在首钢正在进行的深化改革转型发展宏图大业中,首钢精神也必将如喷薄旭日,照耀首钢人在打造"具有世界影响力综合性大型企业集团"的道路上勇立潮头,奋发前行。

凝望历史,开创未来,传承不息,首钢精神!

深化改革统一思想
扎实推进管控体系改革

9月24日,以"深化管控体系改革,激发转型发展活力"为主题的2015年首钢"创新创优创业"交流会在首钢文馆召开。会议紧密围绕学习贯彻《深化首钢集团总部管控体系改革思路框架》,以"深化管控体系改革,激发转型发展活力"为主题,引导干部职工全面参与、深度介入,深刻认识管控体系改革的重大意义,把握改革的主要内容,明确改革的方向、思路、途径、步骤,深入研讨,充分交流,引发共鸣,达成共识,支持改革落到实处,持续创新创优创业,推进首钢转型发展。

首钢全面深化改革进入攻坚期。去年9月,总公司党委颁发了《关于首钢全面深化改革的指导意见》,今年初,首钢"两会"确定了"明确集团总部功能,精简优化管理层级,完成集团总部机关建设"的工作目标。围绕深化集团总部管控体系改革,提升战略管控能力和管理能力,由总公司全面深化改革领导小组直接领导,全球知名管理咨询公司——埃森哲公司提供咨询指导,首钢管控体系改革工作组认真借鉴先进企业集团管控经验,深入分析研究首钢集团总部管理现状,并对不同层次的人员做了大量访谈。经过系统研究、反复修改完善,提出了《深化首钢集团总部管控体系改革思路框架》,今年6月8日提交总公司董事会审议通过。

靳伟指出,改革就是要一个问题一个问题跟进解决,一个节点一个节点扎实推进,一个方案一个方案有序推出。首钢集团财务公司的开业就是首钢全面深化改革的一个重要节点。在市委市政府的大力支持、关心和帮助下,首钢集团财务公司从筹建到开业,仅仅历时8个月,创下了行业之先。实践证明,只要真抓实干、主动作为,勇于创新创优创业,首钢一定会活力更强,效率更高,服务更优,发展更好。

张功焰要求,要在讨论和交流中统一思想,形成深化集团管控体系改革的共识。把学习的过程转化为开阔视野、解放思想的过程,把讨论和交流的过程转化为引发共鸣、凝聚共识的过程,为下一步推进集团管控体系改革打好坚实的思想基础;要紧密结合实际,站在全局的高度,建言献策,多提丰富完善《思路框架》的意见和建议,推动集团管控体系改革方案完善和贯彻落实。

按照会议安排,总公司党委副书记何巍从"关于集团总部管控体系改革的背景""关于《思路框架》的形成过程""关于对《思路框架》总体结构和重点问题的说明""关于集团总部组织机构设置的说明""关于积极稳妥推进集团总部管控体系的改革工作"五个方面对《深化首钢集团总部管控体系改革思路框架》进行了详细解读。

2015年10月9日,首钢召开集团总部组织机构改革工作会议,对集团总部组织机构改革工作进行全面安排部署。总公司党委书记、董事长靳伟为人事服务中心、行政管理中心、财务共享中心和资产管理中心授牌。会议宣布总部机关13个战略管控部门以及股权投资管理平台、首钢园区开发管理平台和人才开发院筹备组组长、副组长。标志着总部组织机构改革明确时间表、迅速进入全面实施阶段。

继总公司董事会2015年第五次会议审议通过《深化首钢集团总部管控体系改革思路框架》后,10月10日,这一决定集团总部管控体系改革能否顺利推进,立意高远、思想深刻、观点鲜明、措施明确的改革文件正式下发各单位,明确深化集团总部管控体系改革的指导思想和改革目标、集团总部功能定位和管控模式的选择,提出集团总部组织架构设计,部署了集团总部管控体系改革实施计划安排。

面对工作千头万绪、情况错综复杂的现实,总公司党委把握改革的客观规律,稳步、稳妥、稳定地推进集团总部管控体系改革各项工作落地,集团总部机关组织机构改革基本完成。

(根据《首钢日报》2015年9月25日、12月31日报道整理)

首钢六项成果获中国冶金科学技术奖

2015年9月15日,中国冶金科学技术奖评审结果揭晓,首钢有6项成果获奖,其中,一等奖1项,二等奖1项,三等奖4项。在转型发展中,首钢瞄准世界水平,在设备、技术、工艺、产品等方面,不断钻研、奋力赶超,取得可喜成果。

在此次首钢获奖项目中,由北京首钢国际工程技术有限公司、首钢京唐钢铁联合有限责任公司、北京科技大学、郑州安耐克实业有限公司完成的"超大型高炉高风温关键技术研究与应用"荣获一等奖;首钢总公司及所属京唐钢铁联合有限责任公司、唐山首钢京唐西山焦化有限责任公司完成的"适应5500立方米高炉生产的7.63米焦炉低成本配煤技术研究与应用"分别荣获二等奖;首钢矿业公司完成的"地面远程遥控井下电机车运输系统研发与应用",首钢总公司及所属京唐钢铁联合有限责任公司完成的"京唐2号高炉双装大矿批技术研究与应用",北京北冶功能材料有限公司完成的"4J72锰基合金冷带批量生产研究",吉林通钢自动化信息技术有限责任公司完成的"移动式管控平台技术的研发与应用"分别荣获三等奖。

"超大型高炉高风温关键技术研究与应用"项目，是以国家"十一五"重大工程——首钢京唐钢铁厂为依托，以我国首座5500立方米超大型高炉实现1300℃超高风温为目标，通过理论研究、仿真研究、工艺流程优化、结构设计创新、耐材体系研发、冷/热态联合实验研究、工业测试等综合研究方法，攻克超大型高炉稳定实现1300℃风温的国际性技术难题，成功应用于首钢京唐公司5500立方米高炉，主要技术指标达到国际领先水平。该项目获得授权专利31项，其中发明专利9项，建立4项技术标准，其中，国家或行业标准3项。项目研发应用过程中，主要完成人在中、英文核心期刊和国际、国内重要会议发表论文50篇，被引用120次。这一项目的完成，表明我国超大型高炉高风温关键技术研究与应用取得新的重要成果，钢铁行业高炉高风温技术又有了长足的进步。

（《首钢日报》2015年9月16日，作者：李春满）

首钢职工刘宏获中华技能大奖

2015年在北京召开的国家第十二届高技能人才表彰大会上，首钢总公司技术研究院焊工刘宏荣获第十二届中华技能大奖。中华技能大奖获得者和全国技术能手代表参加的座谈会在中南海召开，刘宏率先发言，介绍自己的成长经历和首钢高技能人才培养情况。中共中央政治局委员、国务院副总理马凯对首钢重视高技能人才培养工作给予充分肯定。

近年来，首钢在转型发展中，将加强高技能人才队伍建设、全面提升整体素质，促进产业转型升级、提质增效作为一项战略工作。此时45岁的刘宏已经在焊工岗位工作26年，从一名普通焊工成长为首钢技能操作专家、党的十八大代表，成为首钢技能工人的一面旗帜。她的成长经历证明，有技能就有奋进的目标，普通工人一样可以大有所为，可以搏出人生的精彩。

中华技能大奖是我国技能操作岗位工人最高级别的奖项，刘宏是30名获奖人员中仅有的两名女性之一，也是全国钢铁行业第一个获此殊荣的一线职工。她表示，感恩企业，感恩这个时代，要在本职岗位上继续发挥自己的作用，在首钢技术研究院与博士、硕士团队一起，做新钢种的可焊性实验和新焊材的开发，实现产学研的有效结合，最终以提高企业市场竞争力和解决企业实际生产难题为落脚点，加大创新、传承和服务力度，为首钢转型发展作出新的贡献。

（《首钢日报》2015年1月6日，作者：谢跃。略有改动）

打造绿色生态示范区
提高首钢园区影响力

国际绿色建筑大会国际峰会于当地时间2015年11月17日在美国华盛顿召开，首钢总公司与USGBC（美国绿色建筑委员会）、GBCI（绿色事业认证公司）、IWBI（国际WELL建筑研究所）在国际峰会上签署战略合作协议。

新首钢高端产业综合服务区秉持"转型发展与绿色生态建设综合实施"的发展战略，打造国际领先的绿色生态示范园区。为借助绿色建筑领域世界一流的专业平台提高首钢园区的国际影响力，首钢总公司与USGBC、GBCI、IWBI签署战略合作协议，四方将在首钢园区开发中紧密合作，共同将新首钢高端产业综合服务区建设成为LEED

认证集中示范区和 WELL 建筑试点区,并合作制定关于工业区改造项目的 LEED 新标准。

自 2015 年 3 月以来,首钢与美国团队紧密合作,已经初步形成了园区在种类和面积上的 LEED 全覆盖方案,并在 10 月 20—21 日召开的首钢绿色建筑国际研讨会上与美国专家共同探讨 LEED 新标准的创新方案。首钢参与制定的关于工业区改造的 LEED 新标准有望在 2016 年问世。

USGBC 成立于 1999 年,其推行的 LEED(能源与环境先锋奖)是全球影响力最大的绿色建筑评价标准,目前已经发布第 4 版本,评价范围覆盖建筑设计、运营改造、绿色社区等。GBCI 是专门对 LEED 和 WELL 标准进行认证的独立机构。IWBI 是 WELL 建筑标准的发行机构,致力于通过建筑环境优化改善人的健康。

首钢园区是国家老工业基地改造试点,此次合作不仅关系到园区的绿色建设和首钢集团"新型城市综合服务商"的转型,更是助推北京市建设和谐宜居之都和开创世界老工业区绿色改造新典范的重要举措。

（《首钢日报》2015 年 11 月 23 日,作者:李伟溪）

西十筒仓改造项目完工
北京园区开发进入新阶段

2015 年,西十筒仓改造项目作为第一批国家老工业区改造调整和建设项目完工,同时首钢厂东门异地迁建等项目实施,标志着首钢北京园区开发进入新阶段。

首钢利用北京园区开发建设契机,立足于打造成为全国乃至国际有影响力的传统工业转型升级示范区和国家绿色低碳示范园区,强化外部对接机制,促进北京市《关于推进首钢老工业区改造调整和建设发展的实施意见》政策落地,加强组织协调及专业技术层面研究,加强与市区两级政府协同联动,进一步强化招商力度。一年来,在推进改造类、新建类、基础设施类 11 个项目的建设中,取得积极成效。4 月 9 日,住房城乡建设部、科学技术部联合下发《关于公布国家智慧城市 2014 年度试点名单的通知》,将新首钢高端产业综合服务区纳入国家智慧城市 2014 年度新增试点范围。5 月 25 日,作为北京市长安街西延长线上的重点工程之一,首钢厂东门异地迁建项目保护性拆除工程正式动工,成为首钢北京园区开发建设的一个新起点。7 月 7 日,首钢总公司与世茂集团、富华国际集团、正大集团、新加坡金鹰集团、百度公司签署合作框架协议,共同推进"世界侨商创新中心"建设,促进更多优质侨务资源聚集"新首钢高端产业综合服务区"。11 月 17 日,在美国华盛顿召开的 2015 年国际绿色建筑大会国际峰会,首钢总公司与 USGBC(美国绿色建筑委员会)、GBCI(绿色事业认证公司)、IWBI(国际 WELL 建筑研究所)在国际峰会上签署战略合作协议。12 月 9 日,北京市规划委员会为获得 2015 年北京市绿色生态示范区称号的单位颁奖授牌,新首钢高端产业综合服务区获得 2015 年北京市绿色生态示范区称号。

（《首钢日报》2015 年 12 月 31 日）

首钢践行"三严三实"推动改革发展

首钢总公司党委按照中央和北京市委的统一部署,在"三严三实"专题教育中,紧密结合党员干部的思想、作风和工作实际,坚持把"严"和"实"的精神贯穿于首钢全面深化改革、转型发展中心工作之中,促进全面深化改革、转型发展。在北京市委"三严三实"专题教育工作推进会上,总公司党委作了题为"践行'三严三实',推动首钢改革发展"的典型交流发言。

持续学习,以"严"和"实"的精神,牢固树立使命意识、责任意识、担当意识。在"三严三实"专题教育中,总公司党委坚持问题导向贯穿始终,确保取得实效。坚持立足首钢发展战略定位,在落实国家京津冀协同发展战略、推进全面深化改革、全面提高企业发展质量和效益的各项工作中,切实增强践行"三严三实"要求的思想自觉和行动自觉,推动企业改革发展。

总公司党委把加强学习放在突出位置,抓住理论武装这一关键,把市委每个专题4个半天的学习要求纳入总公司党委中心组日常集中学习常态机制,通过看教育片、听专家辅导、读原著、交流研讨等方式进行集中学习。通过深入学习党的十八届三中、四中全会精神,认清了首钢只有做全面深化改革的先行者、实践者、示范者,才能大踏步跟上时代潮流;通过深入学习习近平总书记视察北京的重要讲话和郭金龙书记、王安顺市长到京唐公司调研时对首钢工作的指示精神,认清了首钢承担的历史责任,明确了企业发展定位;通过深入学习国家《京津冀协同发展规划纲要》和市委十一届七次全会精神,深切感受到中央和市委对首钢的重托和期望。为此,总公司党委提出了要积极发挥更重要作用,成为北京市率先落实京津冀协同发展战略的实施主体、平台和纽带;要把建设首钢北京园区与曹妃甸园区结合起来,统筹规划、协同发展,努力把首钢老工业区打造成为在全国乃至国际上有影响力的传统工业转型升级的示范区和国家绿色低碳示范园区,把曹妃甸打造成首都战略功能区和协同发展示范区。通过学习中央关于组织工作和干部队伍建设的新精神,以及中央和市委编发的正反两面典型教材,进一步增强了领导干部的党性修养,提升了守纪律、讲规矩意识和红线意识。

直面矛盾,以"严"和"实"的精神带头查摆问题。在专题教育中,总公司党委始终坚持从实处着手,以问题为导向,不断深化问题的查摆解决。为找准问题,通过专题调研、召开座谈会等形式,查摆梳理出"不严不实"问题表现。针对问题,党委8名常委明确了18项牵头整改任务清单,坚持以严和实的精神解决突出问题。在首钢上半年集团经济活动分析会上,总公司党委请与会职工代表当裁判给总公司领导班子打分,自觉接受群众监督,让职工群众看到了领导班子自觉严以律己的实际行动。针对市委巡视组的反馈意见,总公司党委全面落实"两个责任",成立了整改工作领导小组,制定《责任分工方案》,制定了54条具体措施,明确责任单位、责任人和完成时限,以严明的责任体系保证整改措施得到落实。

立行立改,以"严"和"实"的精神推动首钢改革发展。总公司党委在"三严三实"专题教育中,抓好抓实规定动作,在学习研讨中提升认识,系统分析首钢发展历史、综合现状、资源禀赋,坚持顶层设计,以"严"和"实"的精神谋划改革、推动转型取得新进展。

构建钢铁板块管理平台,通过机构整合,初步实现了纵向职能三层合一,横向铁前一体、后部冷热贯通,减少了管理层次、精简了机构、优化了流程,进一步提高了工作效率。深入推动转型发展、提高劳动效率。颁发了《首钢集团加快转型发展努力提高劳动效率的指导意见》和《关于外埠钢铁企业提高劳动效率工作的总体要求》。减少管理层级,优化管理流程,大幅精简机构和人员,1—8月全集团累计分流2.09万人,进一步提高了劳动效率,增强了企业竞争能力。扎实推进预算体系改革,做到工作比上年有进步、与先进企业要缩差、短时间难见效的工作要在中长期显著改善。目前,北京园区被纳入国家智慧城市新增试点,鲁家山生物质能源项目全面达产,首钢基金公司运用"PPP+基金"投资模式,7个项目撬动社会资本38亿元,出色完成了长安街景观提升护栏项目等市政重点工程。

高标准、快节奏推进"两园一基金"建设。为贯彻落实中央和市委决策部署,总公司党委经过研究,主动提出了依靠创新驱动,同步规划实施北京和曹妃甸两个园区建设,设立京冀协同发展基金,在曹妃甸打造京津冀协同发展产业创新园区试点等一系列计划和设想,并通过狠抓落实取得了初步成效。一是推动北京(曹妃甸)现代产业发展试验区建设。去年7月31日,北京市和河北省签署了框架协议,明确了建设北京(曹妃甸)现代产业发展试验区有关事项。今年1月29日,首钢与相关方组建的京冀曹妃甸协同发展示范区建设投资有限公司(以下简称曹建投公司)正式注册成立。总公司党委为曹建投公司配备了一批年富力强、作风过硬的领导干部,为推进试验区建设提供组织和人才保证。曹建投公司组建以来,积极与北京市、河北省政府有关部门对接规划政策等工作,与多家有意向参与股份合作的企业进行了深度沟通和协商,广泛开展项目交流和现场调研,扎实推进各项工作,曹妃甸协同发展示范区进入实质性建设阶段。二是设立京冀协同发展基金,打造以首钢为主体的投融资平台,通过吸引社会资本设立若干支子基金,用于支持北京和曹妃甸园区的开发建设。

全力推进首钢集团总部管控体系改革,坚持变中求进、变中突破,通过主动的、内在的、自身的真变实变快变,全面适应首钢转型发展要求。9月24日开业的首钢集团财务有限公司从筹建到运营,仅历时8个月,创下了行业200多家财务公司筹建的最快纪录,开创性地实现了"当年申请、当年批筹、当年筹建、当年开业"的历史性突破,再一次展现了"首钢速度"。2015年首钢"创新创优创业"交流会,紧密围绕深化集团总部管控体系改革,建成精干高效集团总部机关,提升战略管控能力,动员广大干部职工深刻认识改革的重大意义,把握改革内容,通过深入研讨,充分交流,达成共识,确保改革措施落地,持续创新创优创业,推进首钢转型发展。在10月9日召开的首钢集团总部组织机构改革工作会议上,对集团总部组织机构改革工作进行全面安排部署,总部组织机构改革明确时间表进入全面实施阶段。

面对异常严峻的钢铁业形势,总公司党委坚持以此次专题教育为契机,以上率下、主动作为、干在实处、勇于担当,在钢铁业的寒冬强身健体,求生存谋发展,带领广大党员干部,坚持以"严"和"实"的作风,主动提升干事创业能力和水平,进一步增强抵御市场严寒的信心和决心,全力推进首钢转型发展。

（《首钢日报》2015年10月23日,作者:何志国）

精神文明创建喜结硕果　首钢十家单位受到表彰

2015年6月3日,首都精神文明建设委员会印发《首都精神文明建设委员会关于表彰2012—2014年度首都精神文明创建工作先进单位的决定》,首钢京唐公司荣获"首都文明单位标兵"称号,首钢迁钢公司、首钢冷轧公司、首钢国际工程公司、首钢销售公司、首钢医院、首钢生物质能源公司、首建集团、首钢工学院、首钢篮球俱乐部等荣获"首都文明单位"称号。

首钢广大干部职工发扬光荣传统,积极培育和践行社会主义核心价值观,努力开拓群众性精神文明创建新局面。首钢京唐公司荣获"北京市思想政治工作优秀单位"称号;徐凝、闫鹿蕾、胡亮学荣获"全国劳动模范"称号;首钢京唐公司荣彦明获北京市国资委系统2015年"国企楷模·北京榜样"十大人物荣誉称号;北京首钢篮球俱乐部闫鹿蕾获北京市国资委系统2015年"国企楷模·北京榜样"优秀人物荣誉称号。

（《首钢日报》2015年6月4日,作者:赵富忠）

首钢男篮四年勇夺"三冠"
马布里荣膺2014年度十大"北京榜样"

（原标题:新闻媒体聚焦北京首钢男篮夺冠）

北京首钢男篮在2014—2015中国男子篮球职业联赛（CBA）总决赛中,以总比分4比2击败辽宁药都本溪队,荣膺赛季总冠军,备受媒体关注。各大媒体纷纷在重要版面、栏目中通过文字、图片、视频等多种形式,对北京首钢男篮再创北京篮球辉煌予以报道。

媒体关注度高、反应迅速、报道力度大。北京电视台派出多路记者全程跟踪报道北京首钢男篮的卫冕之旅,并提前收集素材,为夺冠做好准备。3月22日首钢男篮夺冠,当晚21点55分,北京电视台《晚间新闻》栏目立即播出《北京首钢——CBA总冠军的足迹》专题片,回顾了首钢男篮艰辛的夺冠历程,展示了首钢男篮狭路相逢勇者胜的王者风范。《京华时报》《北京晨报》《北京青年报》《新京报》等媒体23日出版的报纸,均在头版刊登首钢男篮卫冕成功再擎CBA冠军宝鼎的大幅照片,醒目夺人,并以消息和相关深度文章进行了报道。

外援马布里是北京首钢男篮的灵魂,荣获总决赛MVP(最有价值球员),媒体对其进行了重点报道。同时也有不少媒体认为本赛季实行"第四节单外援"新政策,让本土球员肩负起更重的担子,发挥了更重要的作用。总决赛第6场,翟晓川的表现堪称惊艳,新华社报道称,"当卫冕路上的北京男篮呼唤城市英雄的时候,翟晓川站了出来。这位夺得27分的小前锋带领球队用'三分雨',浇灭了辽宁男篮冲击总冠军的梦想。"《人民日报》撰文指出,北京首钢男篮本土球员成为总冠军基石,"虽然北京队的马布里无可争议地当选本赛季总决赛MVP,但不得不承认与前两个总冠军征程相比,本赛季北京队的本土球员已经获得了明显的进步,总决赛6场系列赛,一些本土球员已不再是'跑龙套'给两位外援配戏,而是成为比赛的'胜负手'。"

四年三冠,主流媒体盛赞北京首钢男篮已经建立了CBA历史第三个王朝。《北京日报》在23日报纸的头版和16版图文并茂地报道首钢男篮成功卫冕,文章指出,"四年三夺总冠军的优异成绩足以宣告,北京首钢男篮在中国篮坛建立了自己的王朝。"中央电视台《体育资讯》栏目报道称,"四年内3次夺冠,并且每次都是跨过上个王朝球队广东步入巅峰,北京开创了时代,建立了联盟第三个王朝,实至名归!"建立王朝球队,打造城市名片,北京首钢男篮已经开创了一个属于自己的伟大时代,并将继续书写辉煌。

(《首钢日报》2015年3月24日,作者:邵伟)

文　选

◎ 责任编辑：车宏卿、董俊林

坚定不移　深化改革
奋力开创首钢转型发展新局面

——在中共首钢总公司第十七届委员会第九次全体(扩大)会议上的报告

首钢党委书记、董事长　靳　伟

（2015年1月31日）

同志们：

这次党委扩大会，是在全国深入贯彻党的十八届四中全会和中央经济工作会议精神，首钢转型发展进入新阶段召开的重要会议。我受党委常委会委托，向党委(扩大)会议报告工作，请予审议。

一　2014年首钢工作回顾

2014年是首钢面对不断变化的市场形势，深入贯彻中央和北京市委市政府要求，推动转型发展取得新成效的一年。预计集团销售收入1921亿元，实现利润4.35亿元。首钢党委围绕年初党委扩大会提出的九个方面工作思路，组织领导班子和广大党员干部深刻理解、深入思考、积极探索，主要做了以下工作。

（一）自觉学习，自信运用，统一思想认识

首钢党委组织各级领导班子和广大党员干部自觉学习、自信运用新一届中央领导集体的新思想、新观点、新论断、新要求，全年通过党委中心组、专题报告会、周末大讲堂等集体学习四十多次，总公司领导班子带头，把学习的过程作为统一思想、谋划首钢发展的过程。深入学习党的十八届三中全会精神，认清首钢只有做全面深化改革的先行者、实践者、示范者，才能大踏步跟上时代潮流；深入学习习近平总书记视察北京的重要讲话和郭金龙书记、王安顺市长到首钢京唐公司调研讲话精神，认清首钢承担的历史责任，明确发展定位；深入学习先进单位的好经验，组织到中关村、亦庄考察，提出"思想上要进中关村"，认清要站在新的高度、拓宽新的视野推动首钢转型发展；深入学习中央关于组织工作和干部队伍建设的新精神，认清加强新时期首钢干部队伍建设的紧迫性和必要性。举办两期干部特训班、短训班，围绕发展战略、改革创新、党的建设等一系列紧迫和现实课题，从世界的发展趋势讲起、从中国的时代特征讲起、从首钢的历史讲起、从对首钢发展的设想讲起，讲述探索实践、分享成功失败、诠释疑难疑惑、碰撞思想火花、引发深入思考，直接参加学习达上万人次，成为提高领导干部素质的一次大培训，成为共同谋划首钢发展的一场头脑"风暴"。

通过深入学习，增强了广大干部的看齐意识、进取意识、机遇意识、责任意识、交账意识。首钢要永远做一个学习型企业的观念逐步深入人心，是学习使首钢各级领导干部感到本领恐慌、思想作风不再浮躁，是学习使首钢广大干部职工的思想走向统一，是学习使首钢广大干部职工的精神面貌发生深刻变化，我们也同样要依靠学习走向更加美好的未来。

（二）因势而谋，借势而上，确立战略定位

首钢党委组织广大党员干部，深入学习习近平总书记到北京视察时围绕北京市工作和京津冀协同发展的重要讲话，把握讲话中唯一提到的企业就是首钢，指出"首钢搬迁到曹妃甸就是具体行动。要继续坚定不移地做下去"中所蕴含的千载难逢的历史性机遇，充分认识到首钢通过搬迁调整，本身就是京津冀协同发展的先锋队，要在区域协同发展方面更加有所作为，在区域环境治理方面更加有所作为。经反复研究，上报市政府《首钢落实习总书记重要讲话精神开展有关工作的请示》，提出首钢全面深化改革"六个必须"的工作思路；提出"一根扁担挑两头"，通过打造全新的资本运营和金融平台这根扁担，实现钢铁和城市综合服务商两大主导产业协同并重发展的战略定位；提出首钢要积极发挥更重要的作用，成为北京市率先落实京津冀协同发展战略的实施主体，成为实施京津冀协同发展战略的平台和纽带；提出北京首钢园区要成为国际一流和谐宜居之都的示范区，成为首都创新驱动的承载平台及最有活力的区域之一；提出首钢要积极履行社会责任，做新型城市综合服务商。

我们积极寻求社会各方面的认同和支持，力争把我们的思路和建议变成各方共识，见到了成效。4月17—18日，王安顺市长到京唐公司调研，充分肯定了首钢的历史贡献，要求首钢在推动京津冀协同发展中发挥好示范带动作用，用五年的努力再上一个台阶和新水平，再创首钢辉煌。6月29日，郭金龙书记率北京市党政代表团到河北考察时指出，首钢搬迁调整是京津冀协同发展的一个生动范例，北京要特别深化首钢与河北的合作，共同努力，使曹妃甸园区成为带动区域发展的新的增长极。7月31日，北京市政府和河北省政府签署《共同打造曹妃甸协同发展示范区框架协议》，就园区规划、实施主体、京唐股权、京唐二期项目、马城铁矿、矿业后续资源等重要事项提出明确意见。乘势京津冀协同发展，我们既寻求到新的发展空间，又为解决历史遗留问题创造了有利条件。8月22日，北京市"新首钢高端产业综合服务区发展建设领导小组"第二次会议，同意设立首钢京冀协同发展产业投资基金，市政府每年出资20亿元，首钢自筹20亿元，连续5年总规模达到200亿元，打造以首钢为主体的投融资平台，通过吸引社会资本设立若干支子基金，用于支持北京和曹妃甸园区的开发建设；会议通过《推进首钢老工业区改造调整和建设发展的实施意见》，明确了给予首钢按照新规划用途落实供地、专项使用首钢土地收益、创新投融资模式、合作招商选资引智、建立健全工作机制六项政策支持。上述一系列重要进展，对促进首钢转型发展具有里程碑意义。

（三）顶层设计，凝聚共识，明确改革思路

1. 摸清家底，加强管理防控风险。通过大量艰苦细致的工作，摸清集团584家成员单位的基本情况，对首钢股权35%及以上并有实际控制权的332家企业进行了更深入的分析，理清了每家企业的投资关系和股权结构，以及总公司计财、组织、监事、审计、劳资系统的管理范围和幅度。通过摸底调查，大家逐步感受到基础管理工作的重要性、协同管理的紧迫性、建章立制的必要性。同时配合市审计局对首钢原主要领导进行经济责任审计，与市国有企业监事会对部分单位开展联合检查，系统梳理和整改存在的问题。审计和联合检查反映出的部分问题教训深刻、发人深省，整改也是一个痛苦反思和提高认识的过程，一定要不断加强管理、防控风险、举一反三、防微杜渐。

2. 坚持问题导向，制定《首钢全面深化改革指导意见》。把《指导意见》形成过程作为集思广益、不断升华、达成共识、科学决策的过程，从解决制约首钢转型发展的难点问题和职工关心的热点问题出发，深刻认识到解决问题的关键在发展，明确了首钢发展战略定位，提出全面深化改革的指导思想、总体思路、基本原则、改革目标和重点任务，成为首钢全面深化改革的纲领性文件。把握节奏，有序推进，对已形成共识的作出明确规定，对需要继续探索的作出原则性规定，为深入研究留有空间。总公司成立深化改革领导小组，并组织相关单位专题研究各业务板块的发展，围绕做实股份公司，细化实施方案，第一步完成了将运输部划归矿业公司，把矿业公司烧结厂、球团厂划转整合，实施铁前一体化管理，正在推进专业管理职能整合。

3. 加强制度建设，夯实管理基础。全年总公司制定和修订颁发制度47项，按照"谁定制度谁负责、谁定制度谁培训、谁定制度谁检查、谁定制度谁改进"的要求，制度制定之前坚持问题导向，加强调查研究；制度制定之中注重

征求意见质量,反复修改完善;制度制定之后注重宣讲培训,狠抓制度执行。落实教育实践活动整改方案,印发了认真执行有关工作制度严格遵守各项纪律的通知,修订总公司会议、公务接待、业务接待、因公出国(境)等管理办法,对有关制度进行合并和清理。针对领导干部进入退休高峰期的实际,制定领导干部退出现职、退休、返聘管理办法。围绕完善法人治理结构、加强集团运营监管,修订监事会工作制度,制定巡视工作、派出董事工作等管理办法,并建立健全相关机构,适应深化改革和转型发展需要。

4.推进薪酬分配制度改革,激发基层活力。制定《首钢集团深化薪酬分配制度改革的思路方案》,明确指导思想、主要目标、工作内容及实施时间表。改进钢铁业绩效考核方式,将月度考核调整为季度考核,简化了指标,突出了重点;建立起效益指标与单位绩效工资挂钩考核办法,规范了管理,大幅度减少单项奖,建立在岗职工收入增长指导线制度。坚持一线职工先行、在部分单位试点基础上,总公司和四地钢铁企业实施异地工作补贴、年功工资、艰苦岗位津贴、岗位工资套改等工作;领导干部薪酬及中长期激励方案正在研究讨论。

(四)创新驱动,狠抓落实,促进产业发展

1.钢铁业经营状况趋稳,新基地优势进一步显现。通过优化产品结构,全力挖潜增效,全年钢铁业比2014年减亏21.92%,钢产量完成3078万吨。在市场占有率方面,管线钢连续五年列国内第一位,集装箱、家电板连续三年列第一位,汽车板列第四位,镀锡板跻身高端客户市场,高牌号无取向电工钢跃居第三位,取向硅钢实现国内第二家全低温工艺生产。积极推进科技创新,钢铁业全年完成科技成果验收133项,其中15项达到国际先进水平,58项达到国内领先水平,获得上级科学技术奖励10项次;获得授权专利441件,其中发明专利149件。四地钢铁企业8月实现整体盈利,全年比2014年减亏63.23%。特别是京唐公司从5月开始盈利,全年实现投产以来首次盈利,提振钢铁业减亏扭亏信心和决心。APEC会议期间四地钢铁企业做了大量细致工作,作出了贡献。京唐公司被授予中国钢铁工业清洁生产环境友好企业,二期项目纳入《河北省钢铁产业结构调整方案》。向河北省、贵州省、迁安市政府提出"一揽子"解决首钢在地方遇到问题的思路和措施,得到政府认同。总公司向外埠钢铁企业派出技术服务组,加大技术支持力度,通钢公司新高炉投产,水钢公司主动控制规模,贵钢公司新区取得进展,伊钢公司持续盈利。

2.园区开发和非钢产业转型取得新进展。首钢北京园区列入全国城区老工业区搬迁改造试点范围。完成西十筒仓改造项目(一、二期)主体工程及部分配套工程建设,二型材项目、晾水池东路项目开展初步设计,脱硫车间项目正在完善控规,一耐养老项目编制控规并推进方案设计,完成长安街西延线首钢厂区建筑物、首钢广场及古南先期启动地块拆除工作,总拆除建筑面积15.5万平方米,清理地块面积76.2万平方米。首钢水厂项目完成可研、环评、地勘报告编写工作。北京鲁家山生物质能源项目试生产运行顺利,受到社会高度关注和肯定,获得"北京市环境教育基地"称号,同时餐厨垃圾"收运处"一体化项目完成前期工作;建筑垃圾资源化利用项目建成试生产。首建集团、机电公司、国际工程公司等单位也承揽了一批城市综合服务项目。首钢与中关村签署合作备忘录,环境产业公司加入中关村智慧环境产业联盟。总公司成立曹妃甸园区和生态城开发建设筹备组,参与组织有关企业到曹妃甸对接,共同制定园区规划,对产业和城市用地开发进行调研测算,研究产城融合方案,探索园区体制机制和运作模式,提出成立开发建设投资公司的初步方案。

3.产融结合取得初步成效。在国家和北京市政府大力支持下,完成首钢股份公司资产置换,解决了多年困扰首钢转型发展的一个重大难题;设立了"首钢京冀协同发展产业投资基金",并注册成立"北京首钢基金有限公司",首期40亿元已到位;首钢设立财务公司获得中国银监会批准。京西重工国际有限公司在香港成功上市。京西创投先行先试,积极探索"金融+基地"运营模式,北京服务·新首钢基金运行稳健,入选国家发改委战略新兴产业创投支持计划并设立北京移动互联基金,入选市经信委创投合作单位并设立首钢节能环保产业基金,设立和运营了小贷、担保、保理公司;开展了搭建融资租赁平台、PPP融资、发行永续债券等方式的研究和实践。

(五)加强党建,改进作风,激发全员活力

1.坚持能上能下,加强干部队伍建设。根据首钢转型发展需要和干部新老交替实际,总公司党委着力加强各级

领导班子建设,完善干部工作制度,全年对65个单位领导班子进行调整,涉及323人,其中提职82人、交流129人次。一批责任担当意识强、有基层工作经验、群众基础好的年轻干部充实到关键领导岗位,同时制定实施《首钢总公司领导干部问责管理办法(试行)》,对不适应、不合格的干部进行调整,总公司党委降职、免职和撤职8人。把培训和教育好干部作为重中之重,对后备干部人选进行集中考察,加强学习培训,把优良学风贯穿始终、党性锻炼贯穿始终、严格管理贯穿始终,使干部队伍综合素质进一步提高。

2.巩固党的群众路线教育实践活动成果,持续改进作风。全集团党员干部理论学习得到强化,理想信念进一步坚定,党内生活得到规范,边整边改见到成效。总公司领导班子整改方案24条措施中立行立改工作全部落实,中长期工作取得阶段性进展。组织11家外埠钢铁和参股企业开展第二批教育实践活动,在总结大会上民主评议为"好"和"较好"的平均为96.51%,比动员大会时提高7.76个百分点。围绕重点工作开展效能监察76项,加强廉政风险防控体系建设,制定了防控措施;全年查处违纪案件16件,促进了正风肃纪,获得北京市先进纪检监察组织称号。总公司领导班子民主测评和干部选拔任用满意率、满意度比2014年大幅度提高,与总公司开展教育实践活动的总体评价和动员大会时相比大幅度提高。

3.加强基层党组织和党员队伍建设,深入开展创先争优活动。开展基层党支部换届选举,党的基层组织建设得到加强,全年发展党员658人,其中一线职工561人,党员队伍结构进一步改善。加强党员管理,开展民主评议,对不合格党员制定帮教措施或进行组织处理。围绕首钢"两会"确定的目标任务,开展以"遵章守制作表率,夯实基础我带头"为主题的创先争优活动。组织党组织和广大党员提建议、定措施、攻难关、创效益,共创建党员示范岗4033个,提出并实施合理化建议18482个,开展课题攻关3923项,完成急难险重任务5205项,一批先进基层党组织、优秀共产党员受到表彰。

4.持续开展"三创"活动,加强企业文化建设。围绕"全面深化改革,激发发展活力"赋予"三创"活动新的内涵,创新形式召开了"三创"交流会,起到启迪思维、加油鼓劲、激发正能量的作用。做好首钢全面深化改革和转型发展内外宣传,举办"转型发展·钢铁强国之路"高峰论坛暨京津冀协同发展首钢实践研讨会,得到社会各界高度评价和广泛关注。首钢博物馆筹备和工业文物征集保护取得新进展。首钢企业文化建设协会开展了"制造+服务——走访高端用户"等系列活动。弘扬社会主义核心价值观,开展"首钢人的故事"宣传活动,成为体现时代精神、传承优良传统的有效载体。首钢男篮第二次获得CBA联赛冠军,女篮获得WCBA联赛亚军,女乒获得超级联赛第三名。男篮外籍运动员斯蒂芬·马布里获得"北京榜样"称号。首钢被评为市国资委第一批企业文化建设示范单位,3名职工入选市国资委"国企楷模·北京榜样"先进典型。中国企业文化研究会授予京唐公司、迁钢公司、国际工程公司"全国企业文化顶层设计及基层践行优秀单位"称号。

5.坚持把维护职工根本利益放在第一位,激发全员积极性。保障职工民主权利,落实厂务公开、党务公开,广泛征求干部职工的意见建议,发动职工全面参与改革。加强人才队伍建设,完成第六批316名"首钢优秀青年人才"评选表彰,开展第七批"首钢技术专家""首钢技术带头人"选拔工作。全年组织职工参加各类培训23万人次,广泛开展群众性经济技术创新活动,累计建立职工创新工作室265个,一批优秀技能人才脱颖而出,492名职工晋升技师和高级技师,75名职工被命名为"首钢技术能手",3名职工被命名为"全国钢铁行业技术能手",刘宏同志荣获"中华技能大奖",首钢高技能人才培养工作受到国务院领导充分肯定。经过多方努力,职工关心的一些重大历史遗留问题正在积极协调解决。研究建立覆盖全集团的干部职工健康管理体系。各地企业继续采取多种方式改善住房、食堂、物业、交通等条件,千方百计为职工排忧解难。坚持雪中送炭,加大帮困救助力度,帮困资金总额提高70%。集团在岗职工人均收入6.73万元,比2014年增长8.8%。

总结一年来的工作,可以得出以下启示:一是唯有传承首钢改革的基因,弘扬改革创新精神,敢于触及思想、触及利益,不畏困难,才能保证全面深化改革顺利推进;二是唯有坚持依靠发展来解决面临的问题,立足现实,着眼未来,才能做出经得起历史检验的决策,为深化改革赢得时间、创造空间;三是唯有坚持战略思维和世界眼光,坚定必胜信心,冲破思想局限,才能实现首钢转型发展;四是唯有不断加强基础管理和制度建设,精雕细刻、日积月累、持之以恒,才能稳固万丈高楼之基;五是唯有坚持从大局出发,从整体利益出发,凝聚共识、形成合力,才能实现协同高效,提高首钢集团综合竞争力。

首钢2014年的工作,得到党中央、国务院、北京市委市政府及社会各界的高度关注和大力支持,广大干部职工顽强拼搏、开拓创新,付出十分艰苦的努力,我代表总公司党委,对此表示衷心感谢!

二　步入新常态,抓住新机遇,应对新挑战

(一)结合首钢实际认识新常态,适应新常态,引领新常态

2014年12月召开的中央经济工作会议指出,认识新常态,适应新常态,引领新常态,是当前和今后一个时期我国经济发展的大逻辑。我们要按照中央提出的"观念上要适应,认识上要到位,方法上要对路,工作上要得力"的要求,加快首钢转型发展。

一要正确认识新常态。中央经济工作会议指出,必须历史地、辩证地认识我国经济发展的阶段性特征,经济增长速度正从高速转向中高速,发展方式正从规模速度型粗放增长转向质量效率型集约增长,结构调整正从增量扩能为主转向存量与增量并存的深度调整,发展动力正从传统增长点转向新增长点。在此背景下,钢铁行业也进入新常态:一是钢铁生产和消费进入新常态。随着经济发展方式转变,钢铁消费强度不断下降,产量和消费开始进入低速增长时期,2014年我国GDP增长7.4%,而钢产量仅增长0.9%左右,国内钢材表观消费量出现负增长。二是钢铁行业运行进入新常态。经济结构调整是痛苦的,却是不得不过的关口。大宗商品价格大幅下跌,加上长期积累的产能严重过剩,使钢铁企业首当其冲加大竞争力度和生存压力。三是依法规范管理进入新常态。新《环境保护法》、新《安全生产法》及国家有关部门发布的新标准,涉及范围更广,要求标准更高,执法力度更大。四是钢企市场化改革进入新常态。要求企业针对体制机制存在的问题,全力推进改革创新,激活和强化内生动力,重新谋划发展定位,提高生存发展能力。

正确认识新常态,要求各级领导干部保持平常心,必须深刻理解未来几年钢铁市场"长期不变"的是市场的"冷酷变化",在更猛烈的风雨寒冬中要坚持不懈地苦练内功、强身健体;要有忧患意识,要有自信心,爬坡过坎要做最坏的打算、做好最充分的准备、采取最有力的措施,取得更好的效果。

二要主动适应新常态。中央经济工作会议指出,关键是要靠发展来解决问题,主动进行结构调整。习近平总书记指出,经济结构调整要做好"加减乘除法"。加法就是发现和培育新增长点;减法就是压缩落后产能、化解产能过剩;乘法就是全面推进科技、管理、市场、商业模式创新;除法就是扩大分子、缩小分母,提高劳动生产率和资本回报率。这对首钢具有重要指导意义。我们的"加法",就是要在做优做强钢铁业的同时,通过全力打造城市综合服务商,通过园区开发建设,培育新的经济增长板块;我们的"减法",就是要有序退出劣势企业,清理无效低效资产,外埠钢铁企业继续推进搞活机制分离辅助,减轻企业负担等;我们的"乘法",就是要全面推进科技创新、管理创新、金融创新、商业模式创新,打造"首钢服务、首钢品牌、首钢创造"的核心竞争力;我们的"除法"就是要采取多种措施,提高劳动生产率,提高资本保值增值率等,实现人与企业的共同发展。我们要用战略思维和辩证的方法,做好"加减乘除"四则运算,在新常态中促进首钢转型发展。

三要积极引领新常态。关键是在打造新的经济增长点过程中抢占先机。习近平总书记指出,"敢问路在何方,路在脚下",新的增长点就在我们身边,就在党的十八大提出的新型工业化、信息化、城镇化、农业现代化之中。例如,从城市看,公共设施落后,地下设施老化,大量棚户区、城中村需要更新改造;从服务业看,教育医疗、健康养老、体育健身、电子商务等还有很大空间;从生态环境看,急需修复治理,环保技术产品和服务很不到位等。这些方面的差距就是潜在的需求,激发出来就会成为新的增长点。增长点的培育,技术是难点,但更难的是对市场需求的理解,这是一个需要探索和试错的过程。

从首钢转型来看,经济增长点就在我们旁边。一要深刻理解首钢同时承担北京和曹妃甸两大园区建设所蕴含的发展机遇,这是许多同类企业所没有的。北京园区要打造传统工业转型升级和国家绿色低碳示范区,建成世界一流和谐宜居之都示范区;曹妃甸园区要以绿色和智慧园区建设为核心,加强钢铁与石化、汽车、盐化工及其他产业的融合,实现"产产融合""产城融合"。园区开发建设要起引领作用。二要深刻理解首钢有做城市综合服务商的优势和潜力,六个潜力业务板块与中央提出的新增长点高度契合,目前已承揽一些项目,要积极探索把房地产、基础设施、节能环保、健康医疗、文化体育、金融服务打造成为实力板块,并在某些领域起引领作用。三要充分认识发展城市综合服务商面临激烈竞争,原有利益格局基本形成,我们必须解放思想,如果满眼都是客观困难,自身不努力,机遇肯定会丧失;经历探索和试错是个痛苦的过程,潜力板块的形成不可能一蹴而就,必须不断战胜自我,付出比别人更大的辛苦,才能起引领作用。

(二)充分认识首钢面临的问题和挑战:增强工作针对性

从首钢2014年自身经济运行存在的问题看:

一是钢铁业运行质量不高。钢铁业虽然比2014年减亏,但比年计划增亏,其中外埠企业增亏较多。总体产品盈利能力差。外部原燃料价格单边下降,我们预判不足,应对较慢,反映在库存较高,好处没有完全抓住。内部努力没能真实体现在财务报表上,未完成年度降成本计划。推进产品数量超额完成年度计划,但存在高端不高效现象。由于产线保障能力不强,四地全年带出品118万吨,带出品率4.43%,比2014年升高0.97个百分点;受理质量异议939件,比2014年增加296件;重点客户整单合同兑现率77.9%,比2014年降低1.3个百分点;汽车外板数量虽然增加了,但"主机厂"客户抱怨很大,存在取消我们供应商资格的极大风险。外埠钢铁企业事故频发、管理不扎实、资产质量差、人浮于事、效率低下,改革措施滞后、机制不活等。个别企业亏损翻倍,尽管连续多年与兄弟企业对标找差,但差距越拉越大,反映在作风和能力方面有较大差距。

二是非钢产业效益下滑。原口径实现利润22.65亿元,比2014年减利幅度加大。多年来对集团效益支撑有重大贡献的秘鲁矿、迁安矿等受矿产品价格大幅度下降影响,效益转差。其他子公司,有的虽有效益,主要来自拆迁补偿、土地收益等;有的存在潜亏,应收应付大量增加,合同严重不足,发展后劲乏力;有的经营异常困难,矛盾集中,队伍存在不稳定因素。

三是安全环保存在较大差距。发生工伤事故、死亡事故比2014年增加。矿业公司"4·8"生产安全事故、水钢连续3起死亡事故、长钢连续多起事故,给企业声誉造成很大负面影响。在环保方面,四地企业没有完成政府限期治理的部分项目,伊钢、水钢、矿业公司因环保问题被政府和媒体曝光。长钢、贵钢、伊钢还未进入工信部颁布的钢铁行业规范企业名单。

四是资金紧张,经营困难。集团资产负债率比2014年升高0.85个百分点,个别企业已经资不抵债。集团流动资产周转率比计划和上年均降低0.2次。有的企业近几年处于"失血"状态,银行对部分钢铁基地抽贷,资金极度紧张。

从原因分析看,表面上,首钢经历钢厂搬迁、兼并重组、辅业改制等有一定的特殊复杂性,再加上作为传统企业本身转型就存在特殊困难,历史积累的矛盾和新出现的问题多重叠加、错综复杂。但深层次上,主要是责任不落实、工作不扎实、执行不坚持、效率不高、能力不足、作风不硬。管理体系层级过多,界面复杂,协同不足;对单位和领导干部的评价体系不健全,导向性差,激励约束不强;有的制度制定出来就束之高阁,没有认真执行;有的工作缺乏检查落实,没有一抓到底持续改进;有的工作缺乏刚性约束,没有严格考核;个别企业连续亏损,压力没有真正传导到基层;有的领导干部责任意识不强,过分强调客观,不太敢于担当,在眼睛向内自我加压方面没有起到表率作用。

同志们,"穷则变,变则通,通则久"。我们要通过全面深化改革,在破解重点难点问题方面狠下功夫。对于长期得不到解决的问题,要从体制机制方面找原因去解决;对于多年在原地绕圈圈、打转转的问题,要从重视程度、责任落实方面找原因去解决;对于反复出现的问题,要从工作方式方法上找原因去解决。

三　2015 年首钢重点工作

2015 年是首钢全面深化改革的关键之年,是"十二五"规划的收官之年。我们要总揽全局,立足当前,着眼长远,发挥优势,克服困难,以真变、快变、实变来适应新常态。

总体工作思路:深入贯彻党的十八大、十八届三中全会、十八届四中全会、中央经济工作会、市委市政府相关会议精神,在国家京津冀协同发展战略中发挥好示范作用,全面深化改革,着力提高钢铁业综合竞争力,着力打造城市综合服务商,着力建设资本运营平台,坚持从严治党,坚持依法治企,坚持维护职工利益,以更加奋发有为的精神状态开创首钢转型发展新局面。

总体经营目标:销售收入 1700 亿元,实现利润 6 亿元,钢产量 3102 万吨。

根据总体思路和目标,2015 年要做好以下重点工作。

(一)必须在转变思想观念上下功夫

面对经济发展新常态带来的新机遇、新挑战,我们要把新常态思维融入首钢转型发展各项工作中,针对重点难点问题,促进思想观念转变,在以下八个方面提高认识:

一是在深化改革方面进一步提高对"推进国企改革要奔着问题去"的认识,更加注重围绕转型发展面临的突出问题推进改革。不怕伤及利益、动其筋骨,少算自身利益的"小九九",多算改革带来的红利,把握节奏和力度,积极引导正能量。全年 6 亿元盈利任务是在新消化减利因素 22 亿元的基础上,同口径要增利 21 亿元,任务十分艰巨。要针对重点难点问题,把情况摸透,症结号准,凝聚共识,在取得实效方面狠下功夫。

二是在预算体系建设方面进一步提高对"坚持发展、主动作为"的认识,更加注重把健全预算体系作为深化改革的突破口。突出全面预算,以标准成本管理为基础,以现金流量控制为核心;突出价值创造、资产管理、资金管理和经济运行质量;突出真实反映运营结果,向全口径核算过渡;突出眼睛向内,指标硬、措施实,把市场压力传导到内部,激发主动加压的动力,真正体现通过自身努力的新进步。下好先手棋、打好主动仗,守住底线,跑赢大势。

三是在绩效分配方面进一步提高对"在岗职工收入与企业发展质量和效益紧密挂钩"的认识,更加注重导向清楚、激励有效。坚持目标管理,突出短板考核、对标考核,健全衡量自身贡献的刚性尺子和绩效考核体系,建立有利于企业可持续发展的领导干部三年任期激励与约束机制。激励各单位守土有责,守土尽责,敢于跳着够任务、敢于和自己较劲儿;激励部门主动作为、善谋善为,用足心思、办实事出实招;激励干部职工筑牢交账意识,不讲客观,说到做到。

四是在效率管理方面进一步提高对"提高劳动生产率"的认识,更加注重持续推进"瘦身健体"。优化管理体系,建设高效机关,探索板块化管理。改进劳动组织、优化人员结构、规范用工管理,依靠人力资本质量和技术进步提高劳动生产率,实施竞争上岗、培训转岗、转型就业。

五是在基础管理方面进一步提高对"基础不牢、地动山摇"的认识,更加注重跑好基础工作的拉力赛。要狠下功夫、恶补欠账,按照"规范、严谨、真实、有效"的要求,甘于寂寞,拿出铁杵磨成针的精神,以兢兢业业、精益求精、科学求实的态度,细致入微地把责任制、指标、制度、标准、计量、数据、定额、信息化等基础工作做的更好,运用现代技术、方法和手段,不断提升基础管理水平,夯实管理根基。

六是在财务及金融方面进一步提高对"产融结合"的认识,更加注重财务管理在产融结合方面的战略引导和基础作用。突出各种金融工具的组合作用,发挥好杠杆效应,下大力气提高资金和资本的运作能力;突出现金流,充分考虑资金的时间价值和成本差异,实现最优控制;突出价值最大化,关注资产质量、流动资产效率、负债结构、回报水平、发展前景;突出把防范风险放在重要位置,积极应对新常态下首钢结构调整、新产业培育的风险。

七是在能力建设方面进一步提高对"一刻不停地增强本领"的认识,更加注重学习与实践,解决"本领恐慌"问题,不日新者必日退。认识到位,决心下够,下大气力完善知识结构、增长实践才干,在难度更大的挑战中考验水平、衡量担当,既要想干事,更要能干事、干成事。

八是在作风建设方面进一步提高对"严格管理"的认识,更加注重遵纪守法讲规矩,求真务实、真抓实干。严格管理既要守住纪律底线,又要强化规矩的自我约束,使其成为干部职工的一种范式、一种习惯,长期坚持并自觉遵循。干事创业作风不能有落差,干劲不能松懈,工作不能掉挡。千条万条,不抓落实就是"白条"。各级领导干部要带头实干,不允许在贯彻落实上打折扣、做选择、搞变通。

(二)必须在深化改革上下功夫

1. 健全股份公司管理机构,搭建钢铁板块管理平台,倒逼集团管控体系改革。一是3月1日完成股份公司主要职能部门的组建,进一步理顺业务流程,7月1日开始全面运行。股份公司要探索解决原有体制机制存在的问题,按照发展规律、战略定位和专业分工等要求,充分借助信息化,为建立一个运营高效系统协同的优秀钢铁服务商打好基础,在集团全面深化改革中发挥先锋作用。二是下半年建成精干高效集团总部机关,明确职能定位,优化管理体系,做好责权配置,清晰界面规则,完善流程设计,完成机构设置。同步做好北京园区开发建设涉及相关单位和部门的业务整合,打造一个规划开发建设运营一体化平台,真正成为首钢潜力板块的孵化器。三是积极探索板块化管理,按照成熟一个推进一个的方式,确定六个潜力业务板块的战略定位、发展方向、资源配置、实现路径,培育和引导健康发展。研究和处理好业务板块之间的协同关系。四是坚持有进有退,引导和支持现存企业结合自身实际,找准目标定位,明确发展方向,优化资源配置,关键是要做优做强、提高核心竞争能力、实现可持续发展;对内部活力不足、竞争能力不强、发展前景不明的企业通过各种方式有序退出。

2. 建立与集团战略定位相适应的预算体系。把健全预算体系与薪酬分配制度改革和干部中长期激励结合起来,激发领导班子带领职工向着更高目标努力的内生动力。一是从注重生产经营指标和短期财务数据的"工厂式"预算,向系统的经营预算转变,用三年左右的时间健全科学规范的全面预算体系。2015年首先健全系统的经营预算框架,包括财务预算、专项预算、资本预算和主要预算指标,突出核心指标、管住短板指标、跟踪过程指标。二是提高预算管理的导向性,自身工作的实效性,经营成果的真实性。预算管理的全过程要突出进步原则、对标找差原则、自身努力原则、注重长远原则,即每年的工作要比2014年有明显进步,与先进企业的差距要逐步缩小,自身努力的效益要真实地反映在财务账上,短时间难见效的工作要在中长期内显著改善。同时我们要清醒地认识到,多年的习惯,编制预算已成了一个上下博弈的过程,大家关注在数上"较劲",而不是在事上"较真",可今天市场变化之快容不得我们在数上"较劲"了。我们一定要改变原有的思维定势,形成一个约定俗成的规矩,既强化刚性约束又提倡自我约束,把预算实施的全过程变成主动加压、激发内生动力的自觉行动。三是逐步建立预算编制、过程控制、预算考评、预算调整、审计制度、追责制度等在内的完整的预算管理体系。今年开始,每季度要对四地钢铁企业、每半年对外埠钢铁企业、及时对执行偏差大和造成影响的单位进行分析,半年对确因市场重大变化影响预算执行的单位进行动态调整,年底对各单位进行综合评价并挂钩考核。分析要强化主体负责、部门考评、综合评价,要坚持找出原因、找到差距、找准措施。四是完善标准成本规则。今年要加强对成本管理工作的评价和持续改进,要把功夫下在标准成本合理、实际成本真实,能够为经营决策提供支撑上;研究制定降低成本、调整结构增效评价办法和进口矿、产品销售、原燃料采购是否跑赢市场的评价办法。

3. 深化薪酬分配制度改革。一是按照"限高、扩中、调低"的原则,规范分配秩序,理顺分配关系,激发企业活力,实现薪酬水平适当、结构合理、管理规范、监督有效的目标。建立领导干部中长期激励机制,使领导干部更加注重企业运行质量、效益和中长期发展。健全领导干部综合考核评价制度,实施年度考核与任期考核相结合,与干部能上能下相结合。当年超额完成预算的单位可进行新的工改,没有完成预算的已工改增资部分要停发,同时加大对领导班子考核力度;"失血"的单位干部职工的平均收入水平不能上涨;连续三年没有完成预算任务的单位要对班子成员进行调整。二是建立与预算体系相结合的工资总额周期预算制,按照年度预算指标任务和人员结构,合理确定各单位挂钩工资总额,按《经营目标责任书》严格考核,突出导向、强化重点、传导压力、激发活力。鼓励多创多超多得,多挣的工资总额可用于"以丰补歉"。对在岗职工和领导干部分别设立加扣台阶,实施挂钩考核。三是完善三支人才队伍薪酬激励机制,关键是要打通一线高技术、高技能人才职级薪酬晋升通道,激励大家安心一线工作,认同"越到基层越精彩",立足岗位做贡献。四是严格控制单项奖励。单项奖励在以前确实起到一定的激励作用,但必须承认存在着控制不严、本位主义、相互攀比,扰乱了薪酬分配体系的问题,必须敢于碰硬、彻底解决。今后凡实行年薪制的领导干部除个人评先进奖励外,一律不得参与任何单项奖分配。各单位要严格控制单项奖励,确实要发的单项奖要向一线职工和技术骨干倾斜。五是提出建立企业年金方案,提高职工的养老保障能力和分配激励作用。薪酬分配关系到广大干部职工的切身利益,具体制度出台前要广泛听取各方面意见,寻求最大公约数。

4. 深化用工制度改革,提高劳动效率。2014 年,首钢钢铁业全员平均实物劳产率 406 吨/人·年,其中四地钢铁企业 736 吨/人·年,比宝钢股份低 147 吨/人·年,相差 16.6%,与浦项、新日铁相比差距更大。特别是外埠钢铁企业只有 242 吨/人·年,比 2013 年全国 65 家中小钢厂平均水平低 96 吨/人·年,相差 28.4%。北京地区总公司机关及辅助近 2000 人,厂区留守近 4000 人。随着首钢全面深化改革的不断深入和组织机构优化整合的逐步推进,特别是市场激烈竞争的不断加剧,劳动效率低下、历史负担沉重、机关庞大等问题日渐凸显,必须采取有效措施持续推进"瘦身健体"。一是各企业、各单位都要结合实际,全面优化劳动组织,强化定编定岗定员,认真解决机构臃肿、人浮于事、效率不高等问题。二是实行竞争上岗,千方百计做好人力资源平衡工作,严格控制新增人员。三是结合企业转型发展,为干部职工提供新的岗位,并通过全面强化培训,为转型转岗创造条件。四是调整配套政策,引导、帮助富余职工自愿退出企业。五是切实解决好外协、外包用工依法依规管理问题,大幅度减少劳务用工数量。

5. 编制首钢集团"十三五"发展规划。围绕全面深化改革和首钢建厂 100 周年的战略目标,统筹好局部与全局、当前与长远、产业与支撑的关系。坚持问题导向、战略思维,在规划的整体性、系统性、协同性方面下功夫,要统一领导、落实责任、科学求实,做好重大课题研究,把发展目标、重大问题、薄弱环节、支撑措施论证深、研究透,加强统筹平衡,提高规划的针对性、引导性和可操作性。

(三)必须在做优做强钢铁业上下功夫

1. 股份和京唐公司要围绕制造加服务提升竞争力。一是定位要高,瞄准高端客户,做好产品规划。围绕汽车板、电工钢、镀锡板打造一批具有国际竞争力的战略产品,尽快形成差异化产品集群。围绕汽车板三年发展规划,加强工艺攻关和技术研发,解决汽车板生产和服务的瓶颈问题,尤其是进入"主机厂"的生存问题。二是提升精益制造水平。充实产线技术管理和维检力量,强化设备功能精度管理,做实产品质量管控体系,加强生产过程控制,提高产线保障能力,大幅度减少带出品和质量异议。三是树立"产品是领导,用户是最大的领导"的理念,强化用户技术服务、技术研究团队建设,完善客户经理、客户代表、驻厂代表服务体系,巩固现有销售渠道,加大渠道开发力度,缩小与先进企业的差距,提升市场占有率。四是完善出口战略,抓好高端产品出口和高端客户开发及合作,加快境外营销网点和加工中心建设,扩大国际市场份额,在欧美地区有所突破;扩大境外贸易融资规模,实现进出口两头经营增效。五是加强市场预判,优化原燃料结构,降低物料消耗,优化库存管理;销售和采购工作要以跑赢市场为目标,降低成本、调整结构要取得实效。六是高度重视自有矿山企业的经营管理,彻底改变多年来在高盈利下形成的思维惯性,加大降成本力度,做好各类预案,围绕盈亏快速反应,防范经营风险。

2. 首秦和外埠钢铁企业要全面加强管理,提高生存能力。一要切实加强基础管理,提高专业人员素养,落实责任,明确标准,细化措施,强力实施。对照国家和地方安全、环保法律法规,制定整改措施,确保事故大幅度减少。长钢、伊钢、贵钢要采取有效措施尽早进入工信部规范企业名单。二要强化市场意识,加强关键经营环节掌控,确保完成全年预算。结合自然禀赋条件,提高区域竞争能力,利用好周边资源,优化原燃料结构,加大降低成本和扭亏力度。三要传导压力,大刀阔斧推进改革,为生存赢得空间。要全面优化劳动组织,着力解决效率低下问题;妥善解决历史遗留问题,着力盘活无效低效资产;不片面追求规模,着力搞活经营机制。总公司的管理、技术、实力支持,建立在干部职工积极向上的精神面貌、改革措施取得良好进展的基础上。

（四）必须在打造城市综合服务商上下功夫

1.加快首钢北京园区建设和曹妃甸园区前期准备工作。一要强化外部对接机制，促进北京市《关于推进首钢老工业区改造调整和建设发展的实施意见》政策落地。抓住市政府拟在首钢园区推进行政审批制度改革的契机，主动与市区政府部门对接，在具体项目报批中推动政策的落地，加快审批程序。在水电气热等基础设施建设中，确定与各专业集团的业务界面及衔接，明确建设思路。二要加强组织协调及专业技术层面研究，推进西十筒仓改造项目三期、脱硫车间改造、二型材互联网·金融产业园、首钢广场、古南先期启动等11个项目按计划进度落实。同时配合做好长安街西延线等项目的实施。三要加强与市区两级政府协同联动，进一步强化招商力度。推进与招商局集团和中关村软件园的合作，继续推动世界侨商创新中心工作。做好建筑风貌和城市设计，做好各专项规划的深化研究。

落实好京冀两地政府签署的框架协议涉及首钢的各项工作，完成开发建设投资公司的组建工作，运作好首钢京冀协同发展产业投资基金，抓好资本运营，实现以融助产。积极配合政府部门扎实做好每一项工作。创新体制机制，优化区域软硬件环境，按计划稳步推进，促进重大项目落地。

2.推进非钢产业向城市综合服务商转型发展。积极承担京津冀地区和首都难点热点的基础设施建设和管理，按计划进度要求全力推进定向安置房、一耐养老、鲁家山循环经济（静脉产业）基地、餐厨垃圾"收运处"一体化、首钢污染土壤修复、立体车库等项目。各非钢单位要推动已经承揽的城市综合服务项目取得新进展，并努力开拓新的项目。继续推进首钢与中关村的各项合作事宜。充分发挥上市公司、海外金融平台、财务公司和各项基金的作用，今年要明确各上市公司的发展定位、与实体企业的相互关系，真正实现造血功能；要在资本融资、资产重组、资金增效方面有突破，通过产融结合打造新的经济增长点。通过"一企一策"推动改制企业发展，明确未来发展方向，深入研究解决"岗位股"存在的问题，积极推进国际工程公司、首自信公司股权结构调整。总公司有关部门要更加关注改制企业经营，增强服务意识，加大协调力度，帮助解决实际困难。同时，有序推进列入计划的劣势企业股权退出。

（五）必须在从严治党上下功夫

1.落实从严治党责任，加强党组织和干部队伍建设。要深入贯彻习近平总书记在党的群众路线教育实践活动总结大会上的讲话精神，狠抓党建工作责任制落实，对照中央提出的在党组织和党的工作覆盖方面是否存在"有名无实"现象，在党组织发挥作用方面是否存在"有行无效"现象，在党组织负责人队伍建设方面是否存在"有位无为"现象，在党建工作保障方面是否存在"有心无力"现象，开展述职评议考核。强化党委书记第一责任人的职责和领导班子成员"一岗双责"，落实分管单位的党建责任。严格党内生活，开好各级领导班子民主生活会，切实落实整改措施，自觉接受群众监督。对具备条件的单位开展党委换届，组织党支部"达晋创"分类定级、晋位升级，加强党员教育管理，深入开展创先争优活动。加强服务型党组织建设，抓好基层试点。建立适应集团管控体系要求的干部管理体系，理顺干部层级，改进管理方式。加强干部监督管理，认真落实问责制、离任审计、个人事项报告制度、巡视制度等，围绕重点工作加大效能监察力度。落实党风廉政建设党委主体责任和纪委监督责任，完善反腐败体制机制，抓好领导干部严守政治和组织纪律的教育监督，持续纠正"四风"，严肃查办违纪违法案件，促进干部廉洁自律。

2.适应当前新形势，加强宣传思想工作。要把认识新常态、适应新常态、引领新常态和首钢中心工作紧密结合，贯彻到宣传和思想政治工作之中。围绕2015年首钢深化管控体系改革，干部人事制度、薪酬分配制度改革，精简机构、提高劳动效率等重要举措，加强宣传教育和政策解读，及时掌握干部职工思想动态，加强疏导、解疑释惑，激发正能量。围绕提高钢铁业竞争力、发展城市综合服务商，做好充分认识潜在市场需求、培育新的增长点的宣传教育，进一步树立在京津冀协同发展中发挥好示范带动作用的信心。围绕能力和作风建设，强化学习，创新方式，用科学理论和新业务知识指导实践，开展"首钢人的故事"等宣传活动，进一步形成想干事、能干事、干成事的浓厚氛围。围绕思想文化建设,深入调研,发掘典型,赋予"三创"活动新的内涵,总结提炼新时期首钢精神,推进首钢企业文化体系建设。

3.坚持维护职工根本利益,加强人才队伍建设。要坚持把推动企业科学发展和维护职工的根本利益作为出发点和落脚点,强化民主管理,维护职工合法权益,通过企业发展不断满足职工物质需求、学习进步需求、情感需求和事业需求。2015年在全面完成经营目标的基础上,集团在岗职工平均收入按照比2014年增长7%左右安排;完成覆盖全集团的干部职工身体健康管理体系建设工作;北京三期集资建房要抓紧研究分配方案;抓好北京家属区服务设施、老旧楼房节能加固改造;首钢多业多地企业要结合地区和自身情况,进一步改善职工住房和生活服务条件;深入开展送温暖活动,拓展帮扶范围,完善帮扶方式。在总结领导干部特训班、短训班、周末大讲堂经验的基础上,今年要加大青年干部选拔培训、新任职人员应知应会培训、专项业务能力培训;修订人才引进管理办法,加快引进一批首钢转型发展急需的人才;完善派出高管人员管理办法,明确管理职责,提升履职能力。深入开展多种形式的劳动竞赛,激发广大职工的创新活力。加强青年人才培养,带动广大青年建功成才,为首钢转型发展作出更大贡献。

同志们,"天变不足畏,祖宗不足法,人言不足恤"。新常态孕育新机遇,新使命当有新作为。新的一年,面对困难和挑战,我们一定要坚定信心,迎难而上,凝神聚力,钉好每一个钉子,砌牢每一块基石;面对广大干部职工的深切期盼,我们一定要勇于担当,立说立行,主动"交账",把每一项工作、每一个承诺落到实处;面对新的目标和任务,我们一定要心无旁骛,脚踏实地,真抓实干,坚定不移深化改革,奋力开创首钢转型发展新局面!

名词解释:

1.首钢深化改革"六个必须":《首钢全面深化改革指导意见》提出,首钢全面深化改革工作必须与明确首钢集团的战略定位紧密结合起来,必须坚持集团的战略定位服从于创新驱动和京津冀协同发展的国家战略,必须坚持集团的战略定位服从于首都"四个中心"的城市战略定位和"五个之都"的要求,必须坚持统筹首钢综合资源和"有取有舍""有进有退"相结合,必须坚持长远发展和解决当前突出矛盾、历史遗留难题相协调,必须坚持做优做强实体经济和实现产融结合相统一。

2.京津冀协同发展战略:京津冀协同发展战略连同"一带一路"、长江经济带,构成国家重点实施的三大战略。2014年2月26日习近平总书记在视察北京时指出,北京、天津、河北人口加起来1亿多,土地面积21.6万平方公里,京津冀地缘相接、人缘相亲,地域一体、文化一脉,历史渊源深厚、交往半径相宜,完全能够相互融合、协同发展。实现京津冀协同发展,是面向未来打造新的首都经济圈、推进区域发展体制机制创新的需要,是探索完善城市群布局和形态、为优化开发区域发展提供示范和样板的需要,是探索生态文明建设的有效路径、促进人口经济资源环境相协调的需要,是实现京津冀优势互补、促进环渤海经济区发展、带动北方腹地发展的需要。2014年12月11日,中央经济工作会议指出,京津冀协同发展明年要有个良好开局。

3.新常态特征:习近平总书记分析提出我国经济发展九个趋势性变化:一是从消费需求看,模仿型排浪式消费阶段基本结束,个性化、多样化消费渐成主流;二是从投资需求看,基础设施互联互通和一些新技术、新产品、新业态、新商业模式的投资机会大量涌现;三是从出口和国际收支看,我国低成本比较优势发生了转化,高水平引进来、大规模走出去正在同步发生;四是从生产能力和产业组织方式看,新兴产业、服务业、小微企业作用更凸显,生产小型化、智能化、专业化将成产业组织新特征;五是从生产要素相对优势看,人口老龄化日趋发展,农业富余人口减少,要素规模驱动力减弱,经济增长将更多依靠人力资本质量和技术进步;六是从市场竞争特点看,市场竞争逐步转向质量型、差异化为主的竞争;七是从资源环境约束看,环境承载能力已达到或接近上限,必须推动形成绿色低碳循环发展新方式;八是从经济风险积累和化解看,经济风险总体可控,但化解以高杠杆和泡沫化为主要特征的各类风险,将持续一段时间;九是从资源配置模式和宏观调控方式看,既要全面化解产能过剩,也要通过发挥市场机制作用探索未来产业发展方向。

4.试错:是解决问题、获得知识的常用方法,就是根据已有经验,分析各个变因,采取系统或随机的方式,去尝试各种可能的答案。习近平总书记在中央经济工作会议上指出："技术是难点,但更难的是对市场需求的理解,这是一个需要探索和试错的过程。"

5. 产融结合:在我国,现阶段产融结合多为企业集团从事金融业务,即"产业投资金融"。产融结合是企业集团发展到一定程度,寻求经营多元化、资本虚拟化,从而提升资本运营水平的一种趋势,是产业资本与金融资本间的资本联系、信贷联系、资产证券化以及由此产生的信息共享等的总和。

6. 产产融合:即产业融合,是指不同产业或同一产业不同行业间的相互渗透、相互交叉,最终融合为一体,逐步形成新产业的动态发展过程。

7. 产城融合:是我国城镇化建设提出的一种发展思路,要求产业与城市功能融合、空间整合,"以产促城、以城兴产、产城融合"。城市化与产业化要有对应的匹配度,不能脱节分离。产业是城市发展的基础,城市是产业发展的载体,城市和产业共生共利。

8. PPP 融资:PPP(Public-Private-Partnership)是一种公私合营模式。目前我国推广的 PPP,是政府和社会资本在基础设施及公共服务领域建立的一种长期合作模式。一般由社会资本承担基础设施的设计、建设、运营、维护工作,通过使用者付费和必要的政府付费,获得合理投资回报。

9. 永续债:永续债也叫无期债券,是非金融企业在银行间债券市场注册发行的"无固定期限、内含发行人赎回权"的债券。如,永续债以 5 年期设定赎回时间,即发行人有权在第 5 个和其后每个付息日,按面值加上应付利息赎回债券,应付利息包括所有递延支付的利息。而永续债的每个付息日,发行人可以自行选择将当期利息以及已经递延的所有利息,推迟至下一个付息日支付,且不受任何递延支付利息次数的限制。

10. 党风廉政建设党委主体责任和纪委监督责任:习近平总书记在十八届中央纪委三次全会上强调,各级党委要切实担负党风廉政建设主体责任,各级纪委要承担监督责任;党委的主体责任是指:当好党风廉政建设的领导者、执行者、推动者;纪委监督责任是指:切实履行党风廉政建设的监督、执纪、问责的职责。

深化改革　强化管理
全面提高首钢发展质量和效益

——在首钢第十八届职工代表大会第三次会议暨集团工作会议上的报告

首钢党委副书记、总经理　徐　凝

(2015 年 1 月 31 日)

各位代表、特邀代表,同志们:

现在我向大会报告工作,请予审议。

一　2014 年任务完成情况

2014 年,首钢广大干部职工在总公司党委和董事会领导下,深入学习贯彻党的十八届三中、四中全会精神,习近平总书记系列重要讲话精神及北京市工作要求,围绕年初确定的目标任务真抓实干,预计集团销售收入 1921 亿元,比年计划减少 229 亿元,比 2014 年减少 304 亿元;实现利润 4.35 亿元,比年计划增利 0.35 亿元,比 2014 年增利

14.56亿元;上缴税收53.38亿元。

（一）钢铁业整体减亏,运行趋稳

经过上下共同努力,全年钢铁业整体减亏幅度21.92%。其中四地8月首次实现总体盈利,全年减亏幅度达到63.23%;外埠企业比2014年增亏22.38%。

抓好生产运行,集团生铁产量3138万吨;钢3078万吨;钢材2909万吨。全年出口钢材168.9万吨,比计划增加12.9万吨,比2014年增加64.2万吨。

产品结构调整和降成本工作取得新成效。四地完成推进产品1183万吨,超计划58万吨,比2014年增加186万吨。其中高端领先产品420万吨,超计划60万吨,比2014年增加123万吨。完成重点产品861万吨,超计划34万吨,比2014年增加152万吨。推进产品比普通产品增利25.03亿元,超计划5.73亿元。四地降成本15.77亿元,吨钢降成本85元。年末四地存货资金占用120.24亿元,比年初降低24.82亿元,比计划降低12.67亿元。

四地钢铁企业:京唐公司进步明显,通过发挥优势、加强管理,提升系统运行质量,自5月首次实现盈利以来,效益逐月提高,全年实现盈利,比2014年减亏109.4%,为四地钢铁业大幅度减亏发挥了举足轻重的引领作用;迁钢公司全年完成电工钢123万吨,实现了国内第二家全低温工艺生产高牌号取向硅钢,比2014年减亏82.2%;首秦公司比2014年减亏30.2%;顺义冷轧公司比2014年减亏18.3%。

外埠钢铁企业:总公司派出技术服务组,加大技术支持力度。通钢公司新高炉投产,水钢公司主动控制规模,贵钢公司新区取得进展,伊钢公司保持盈利。通钢、长钢比2014年增亏,水钢、贵钢、凯西公司比2014年减亏。

节能环保取得新成效。集团烟粉尘排放总量完成27408吨,比2014年降低1215吨;二氧化硫排放总量完成31683吨,比2014年降低1163吨;完成污染治理项目19项、节能项目12项。京唐公司被授予中国钢铁工业清洁生产环境友好企业。APEC会议期间四地钢铁企业做了大量细致工作,作出了贡献。

（二）园区开发建设取得新进展

总公司认真贯彻习近平总书记到北京视察时重要讲话精神和市委市政府工作要求,提出首钢要积极发挥更重要作用,成为北京市率先落实京津冀协同发展战略的实施主体,成为实施京津冀协同发展战略的平台和纽带,获得国家、北京市、河北省全力支持。4月17—18日,王安顺市长到京唐公司调研,充分肯定了首钢的历史贡献,要求首钢在推动京津冀协同发展中发挥好示范带动作用,用五年的努力再上一个台阶和新水平,再创首钢辉煌。6月29日,郭金龙书记率北京市党政代表团到河北考察时指出,首钢搬迁调整是京津冀协同发展的一个生动范例,北京要特别深化首钢与河北的合作,共同努力,使曹妃甸园区成为带动区域发展的新增长极。按照北京市与河北省政府签署的《共同打造曹妃甸协同发展示范区框架协议》,明确由首钢牵头与相关方共同组建"北京（曹妃甸）现代产业发展试验区"开发建设投资公司和生态城开发建设投资公司,统筹协调开发建设工作。总公司成立曹妃甸园区和生态城开发建设筹备组,积极配合政府部门,参与组织有关企业到曹妃甸对接,共同研究园区建设规划和政策;对产业和城市用地开发进行调研测算,研究融资方案和产城融合方案。

争取政策支持取得重要突破。按照国办9号文件和国家发改委有关文件,北京首钢园区已纳入全国城区老工业区搬迁改造试点范围。北京市政府颁发《关于推进首钢老工业区改造调整和建设发展的实施意见》,明确了给予首钢按照新规划用途落实供地、专项使用首钢土地收益、创新投融资模式、合作招商选资引智、建立健全工作机制六项政策支持。园区开发部组织完成西十筒仓改造项目（一、二期）主体工程改造及部分配套工程建设;完成二型材项目立项并开展初步设计;配合启动长安街西延线首钢厂区工程,完成围挡建设;晾水池东路、脱硫车间改造项目及城市设计导则、地下空间、交通、绿色生态、智慧园区、北区规划等按计划有序开展;一耐养老项目编制控规并推进方案设计;积极配合北辛安路北段、S1线、丰沙线入地等周边基础设施建设项目开展前期工作;特钢绿能港、二通园区建设取得新进展。园区管理部完成二型材、西十筒仓、长安街西延红线两侧、首钢广场地块、古南先期启动地块已腾迁区域等 14 项设备设施拆除工程,完成园区过渡期供电供热改造、高炉区域围挡、古南一期地块围墙等工程;园区资产处置工作取得新进展。园区服务公司承接厂区留守职工 1076 人,并完成一批具体项目。举办中外知名企业投资首钢行、世界侨商创新中心建设战略合作协议签约等活动,参加科博会、第十八届京港洽谈会,对园区项目进行了重点推介。

(三)非钢产业转型取得新成效

非钢产业积极开拓外部市场,按年计划同口径预计,在矿产品价格大幅度下降的情况下,实现利润 22.65 亿元,比 2014 年减利幅度加大。

矿业公司自产粉产量 475 万吨,球团矿产量 324 万吨,烧结矿产量 1016 万吨,完成水厂铁矿新水尾矿库恢复使用工程;拓展发展空间,完成非矿收入 15.9 亿元。矿业投资公司积极探索矿产资源项目管控新模式,加强市场研判与挖潜应对,实现营业收入 11.86 亿元,利润 1.21 亿元,全面完成年度计划任务。首控公司深入挖潜,下属首旺煤业公司提前完成北翼撤出和南翼新建两大任务,实现利润 1200 万元。机电公司搬迁全部完成,实施一批国产化制造项目,实现销售收入 5.7 亿元。京西重工加大市场开发力度,全年新增订单 10.42 亿美元,实现销售收入 54.2 亿元,利润 8670 万元。国际工程公司在做好钢铁技术服务的同时,不断进军非钢新产业市场,实现营业收入 17 亿元,利润 1.53 亿元。首自信公司多项科技成果获北京市和冶金科技成果奖,实现销售收入 10 亿元,利润 1.32 亿元。实业公司创新集成服务商业模式,全力开拓社会市场,实现销售收入 17.8 亿元,利润 4606 万元。首钢医院在医疗安全与质量、服务能力、就医环境等方面有显著提升,全年门急诊量突破 103 万人次,比 2014 年增长 11.2%。医疗投资公司做好药品集中采购工作,实现销售收入 1.4 亿元,利润 4500 万元。体育文化公司组织好各项专业比赛,首钢男篮、女篮、女乒分别获得全国联赛冠军、亚军和第三名,男篮外籍运动员斯蒂芬·马布里获得“北京榜样”称号。源景公司开发工业旅游接待市民 1.8 万人,实现销售收入 1134 万元,利润 100 万元。首建集团积极拓展民建、市政、海外市场,实现销售收入 57 亿元,外部收入占 63%,利润 1.22 亿元。房地产公司做实在手项目,新开工面积 23.32 万平方米,实现销售收入 21.07 亿元,利润 3.65 亿元。中首公司加强境外公司管理,组织秘铁公司扩产项目,实现销售收入 315 亿元,利润 22.5 亿元。香港首控积极为集团内部单位提供新融资渠道,实现销售收入 209.24 亿港元,利润 1.45 亿港元。

总公司党委确立“一根扁担挑两头”的战略定位,通过打造全新的资本运营和金融平台这根扁担,实现钢铁和城市综合服务商两大主导产业协同并重发展。各非钢单位结合自身实际,加大转型力度。环境产业公司鲁家山生物质能源项目运行顺利,餐厨垃圾“收运处”一体化完成工艺论证等前期工作,后续项目规划和可研报告已编制完成,建筑垃圾资源化利用项目 10 月份建成试生产,首钢污染土壤修复项目开始实施。首建集团承揽 APEC 会议灯光网幕工程,并取得立体车库制造和安装许可证。机电公司承揽并完成天安门周边地区部分防撞装置工程,参与北京市道路护栏标准制定。房地产公司在总公司直接推动下,正在积极承揽北京市定向安置房和社会保障房建设项目。绿化公司与社会单位合作或独立开发承揽北京市部分平原造林、公共绿地景观提升、居民区绿化等工程。国际工程公司承揽广东大涌、辽宁盘锦污水处理工程,以及北京顺义、山西和顺的智能交通工程技术服务等项目。首钢与中关村签署合作备忘录,环境产业公司加入中关村智慧环境产业联盟。

(四)打造资本运营平台取得新成果

1 月 29 日,首钢股份公司资产置换获得中国证监会核准,解决了多年困扰首钢转型发展的一个重大难题,首钢股票价格大幅上涨,提升了企业形象。8 月 22 日北京市政府同意设立首钢京冀协同发展产业投资基金,12 月 22 日基金公司正式成立,由母子基金构成,母基金规模五年内将达到 200 亿元,其中政府出资 100 亿元,首钢出资 100 亿元,2014 年首期 40 亿元已到位;子基金拟通过资产证券化等手段,吸引民营资本、保险资金、海外资本进入,将形成千亿以上的基金规模,用于支持北京和曹妃甸园区开发建设。12 月 19 日首钢设立财务公司获得中国银监会批准,并启动公司信息系统建设、人员招聘、治理制度建设等准备工作。通过香港首控积极运作，京西重工国际有限公司在香港成功上市。

研究梳理了京西创投公司工作，先行先试探索"金融+基地"运营模式，北京服务·新首钢基金运行稳健，入选国家发改委战略新兴产业创投支持计划并设立北京移动互联基金，入选市经信委创投合作单位并设立首钢节能环保产业基金，构建了小额贷款、担保、保理的金融服务链条，实现总注册资本规模近15亿元。启动燕郊公司"新三板"挂牌筹备工作；发行60亿元短期融资券和75亿元非公开定向债务融资，启动注册发行永续中期票据工作。完成15家劣势企业退出。结合园区开发盘活处置实物资产4.82亿元，超计划1.32亿元。

继续规范资金集中管理，清理集团银行账户。启动资金管理平台升级项目，对纳入一期实施范围的209家单位、1057个账户进行清理及授权工作。完成资金收付、资金预算编报及审批流程的调研工作，形成《首钢集团资金平台项目需求报告》，银企直联的银行账户管理系统及票据池管理系统实现上线。

（五）深化改革工作全面启动

贯彻党的十八届三中全会和北京市《关于全面深化市属国资国企改革的意见》精神，结合首钢实际制定《首钢全面深化改革指导意见》，确立指导思想、总体思路、基本原则、改革目标和重点任务。总公司成立深化改革领导小组，深入研究推进各项改革。

有序推进集团管控架构和管理体系完善工作。在前期工作基础上，对集团组织机构进行全面调查，对584家单位进行分析，对332家企业进行深入摸底，理清了每一家企业的投资关系和股权结构，理清了计财、组织、监事、审计、劳资系统的管理范围和幅度，成立巡视、派出董事工作机构。围绕做实股份公司，细化实施方案，第一步完成了将运输部划归矿业公司，把矿业公司烧结厂、球团厂划转整合，实施铁前一体化管理，正在推进专业管理职能整合。同时完善了园区管理部和首建投公司机构编制，组建北京园区物资采购供应体系，调整园区保卫武装、资产处置、房地产管理及相关业务。

稳步推进薪酬分配制度改革和绩效考核工作。结合党的群众路线教育实践活动中职工提出的建议，深入调查研究，广泛征求意见，制定《首钢集团深化薪酬分配制度改革思路方案》及12个配套实施办法，坚持一线职工先行，在部分单位试点基础上，完成异地工作补贴、艰苦岗位津贴、年功工资、岗位工资套改工作。同时形成领导干部薪酬制度改革及实施中长期激励机制初步方案。在绩效考核方面，完善效益与绩效工资挂钩考核办法，改进考核方式，规范单项奖管理。

（六）企业基础管理进一步加强

适应深化改革和转型发展需要，推进制度建设取得新成效。坚持制度体系建设与完善业务体系、完成重点任务相结合，总公司新颁发制度47项，废止制度50项，截至年底总公司现行管理制度407项。特别是围绕落实党的群众路线教育实践活动整改方案，印发了认真执行有关工作制度严格遵守各项纪律的通知，修订总公司会议、公务接待、业务接待、因公出国（境）等管理办法，对有关制度进行合并和清理。完善法人治理结构、加强运营监管制定了9项制度；完善领导干部新老交替制定3项制度。

深入推进监察和审计工作。全年实施效能监察76项，提出监察建议631条。组织对房地产公司、国际工程公司、鲁矿公司、特钢公司开展系统监督检查，与市国有企业监事会联合对首秦公司、凯西公司、伊钢公司开展了监督检查，检查资产总额391亿元，提出问题132个，建议196条，重点关注事项18个。集团各级内部审计机构认真履行职责，共完成审计项目411项，提出问题和披露事项1337项（类），提出意见建议1125条。总公司审计部开展经济责任、离任、工程、专项审计42项，做到审计覆盖面广、问题查处深、原因分析透、建议措施实；同时配合市审计局对首钢原主要领导进行经济责任审计，系统梳理和整改存在的问题，已督促各单位完成150项审计问题整改。通过以上工作，对全面加强企业管理，强化风险控制等发挥了重要作用。

（七）人才队伍建设和职工物质文化生活进一步提升

人才队伍建设进一步加强。把培训和教育好干部作为重中之重,精心组织两期领导干部特训班、短训班和周末大讲堂,1.1万人次参加学习。加强职工培训,全年举办各类培训班842个,培训23万人次,其中班组长培训4341人、职业等级培训7392人、特种作业人员培训9002人、业务培训33862人次。完成第六批316名"首钢优秀青年人才"的评选表彰,开展第七批"首钢技术专家""首钢技术带头人"推荐选拔工作。组织职业技能竞赛参赛职工达到2.5万人,一批优秀技能人才脱颖而出,492名职工晋升技师和高级技师,75名职工被命名为"首钢技术能手",3名职工被命名为"全国钢铁行业技术能手",刘宏同志荣获"中华技能大奖",首钢高技能人才培养工作受到国务院领导充分肯定。

保障职工民主权利,落实厂务公开,对全面深化改革方案、重要制度等广泛征求干部职工的意见建议。集团在岗职工人均年收入6.73万元,比2014年增长8.8%。退休人员基本养老金人均增加203元/月,为退休教师申请的补贴发放到位,内退人员退养费人均增加275元/月。落实北京市房改政策对困难居民家庭实施租金减免。北京家属区完成10项服务设施改造。利用北京市政策基本完成123栋住宅楼的节能和抗震加固改造。改善了部分小区交通条件,改进了北京厂区工作餐服务。京唐公司组织1277人团购住房,优化宿舍配置和服务,新建幼儿园投入使用。迁钢公司启动倒班宿舍建设项目。矿业、首秦、冷轧公司及外埠企业都采取多种方式改善住宿、食堂、物业管理、交通条件。更加关注干部职工身体健康,总公司多次研究建立覆盖全集团的健康管理体系。经过多方努力,职工关心的一些重大历史遗留问题正在积极协调解决。广泛开展送温暖活动,加大帮困救助力度,帮困资金总额提高70%,促进了和谐企业建设。

首钢2014年的工作,得到党中央、国务院及北京市委市政府、有关地方政府的亲切关怀和大力支持,广大干部职工拼搏奉献,付出了艰苦努力,我代表首钢总公司,向各级政府和社会各界,向首钢全体干部职工及家属,向始终关心首钢工作的离退休老同志,表示衷心感谢和崇高敬意!

我们既要看到成绩,也要正视存在的问题:

一是钢铁业运行质量不高。钢铁业虽然比2014年减亏,但比年计划增亏,其中外埠企业增亏较多。总体产品盈利能力差。外部原燃料价格单边下降,我们预判不足,应对较慢,反映在库存较高,好处没有完全抓住。内部努力没能真实体现在财务报表上,未完成年度降成本计划。推进产品数量超额完成年度计划,但存在高端不高效现象。由于产线保障能力不强,四地全年带出品118万吨,带出品率4.43%,比2014年升高0.97个百分点;受理质量异议939件,比2014年增加296件;重点客户整单合同兑现率77.9%,比2014年降低1.3个百分点;汽车外板数量虽然增加了,但"主机厂"客户抱怨很大,存在取消我们供应商资格的极大风险。外埠钢铁企业事故频发、管理不扎实、资产质量差、人浮于事、效率低下,改革措施滞后、机制不活等。个别企业亏损翻倍,尽管连续多年与兄弟企业对标找差,但差距越拉越大,反映在作风和能力方面有较大差距。

二是非钢产业效益下滑。原口径实现利润22.65亿元,比2014年减利幅度加大。多年来对集团效益支撑有重大贡献的秘鲁矿、迁安矿等受矿产品价格大幅度下降影响,效益转差。其他子公司,有的虽有效益,主要来自拆迁补偿、土地收益等;有的存在潜亏,应收应付大量增加,合同严重不足,发展后劲乏力;有的经营异常困难,矛盾集中,存在队伍不稳定因素。

三是安全环保存在较大差距。发生工伤事故、死亡事故比2014年增加。矿业公司"4·8"生产安全事故、水钢连续3起死亡事故、长钢连续多起事故,给企业声誉造成很大负面影响。在环保方面,四地企业没有完成政府限期治理的部分项目,伊钢、水钢、矿业公司因环保问题被政府和媒体曝光。长钢、贵钢、伊钢还未进入工信部颁布的钢铁行业规范企业名单。

四是资金紧张,经营困难。集团资产负债率比2014年升高0.85个百分点,个别企业已经资不抵债。集团流动资产周转率比计划和上年均降低0.2次。有的企业近几年处于"失血"状态,银行对部分钢铁基地抽贷,资金极度紧张。

从原因分析看,表面上,首钢经历钢厂搬迁、兼并重组、辅业改制等有一定的特殊复杂性,再加上作为传统企业本身转型就存在特殊困难,历史积累的矛盾和新出现的问题多重叠加、错综复杂。但深层次上,主要是责任不落实、工作不扎实、执行不坚持,效率不高、能力不足、作风不硬。管理体系层级过多,界面复杂,协同不足;对单位和领导干部的评价体系不健全,导向性差,激励约束不强;有的制度制定出来就束之高阁,没有认真执行;有的工作缺乏检查落实,没有一抓到底持续改进;有的工作缺乏刚性约束,没有严格考核;个别企业连续亏损,压力没有真正传导到基层;有的领导干部责任意识不强,过分强调客观,不太敢于担当,在眼睛向内自我加压方面没有起到表率作用。

任何事物都是在不断解决矛盾和问题中向前发展。各级领导干部要牢固树立"改革要奔着问题去"的意识,善于发现问题,敢于直面问题,认真分析原因,在破解难题方面狠下功夫。

二　2015 年工作思路和计划指标

总体工作思路:深入贯彻党的十八大、十八届三中、四中全会、中央经济工作会、市委市政府相关会议精神,在国家京津冀协同发展战略中发挥好示范作用,全面深化改革,着力提高钢铁业综合竞争力,着力打造城市综合服务商,着力建设资本运营平台,坚持从严治党,坚持依法治企,坚持维护职工利益,以更加奋发有为的精神状态开创首钢转型发展新局面。

根据总体思路,全年主要计划指标安排如下:

(一)集团主要指标

销售收入 1700 亿元,实现利润 6 亿元。流动资产周转率 1.54 次。烟粉尘排放量 27035 吨,二氧化硫排放量 31441 吨。

(二)钢铁业指标

销售收入 949.7 亿元,控亏 22.19 亿元。其中四地钢铁业控亏 0.54 亿元,外埠钢铁业控亏 21.65 亿元。四地钢铁业吨钢增效 127 元,流动资产周转率 2.05 次。

生铁 3151 万吨,钢 3102 万吨,钢材 2979 万吨。四地安排高端领先产品 450 万吨;三大战略产品产量,汽车板 220 万吨、硅钢 130 万吨、镀锡板 37.5 万吨。

(三)非钢子公司利润安排

实现利润 8.59 亿元。其中,中首公司 7.2 亿元,房地产公司 1.4 亿元,矿业投资公司盈亏持平,香港首控公司 0.3 亿元,京西重工 0.94 亿元。

(四)控股参股企业利润安排

实现利润 6.09 亿元。其中,首建公司 1.25 亿元,国际工程公司 1.5 亿元,首自信公司 1.32 亿元,实业公司 0.5 亿元,二类改制企业安排 1.25 亿元。

(五)总公司预算安排

实现利润 13.74 亿元。其中,营业收支净额-0.18 亿元,期间费用 24.72 亿元,投资收益 39.89 亿元,营业外净支出 1.25 亿元。

三 2015年重点工作任务

根据总体思路和计划目标,做好2015年的重点工作,各单位必须制定"硬措施",提出细化分解的"硬指标",通过经营目标责任书予以落实,加大考核奖惩力度,确保各项任务的完成。

(一)认清形势,把握机遇,应对挑战

做好2015年的工作,要认真贯彻中央经济工作会议精神,全面落实首钢党委扩大会要求,坚持运用辩证唯物主义世界观和方法论,正确认识新常态、主动适应新常态、积极引领新常态。一要充分认识我国经济发展的阶段性特征,增长速度、发展方式、结构调整、发展动力正在发生新的转变,钢铁行业产量和消费低速增长、强化依法管理、推进市场化改革已进入新常态,要求我们保持平常心,深刻理解钢铁业"长期不变"的是市场的"冷酷变化",既要增强忧患意识,又要坚定信心,做最坏的打算,做最充分的准备,采取最有力的措施,取得更好的效果。二要充分认识关键靠发展解决问题,主动进行结构调整,做好"加减乘除法",努力培育新的经济增长点,有所为有所不为,推进科技创新、管理创新、金融创新、商业模式创新,提高劳动生产效率,提高企业发展质量和效益。三要充分认识关键要在打造新的经济增长点过程中抢占先机,充分发挥首钢同时承担北京和曹妃甸两大园区建设所蕴含的发展机遇,园区开发建设要起引领作用;深刻理解首钢六个潜力业务板块与中央提出的新增长点高度契合,要在某些领域起引领作用。四要充分认识发展城市综合服务商面临激烈竞争,必须解放思想,经历探索和试错的过程,不断战胜自我,付出更大的辛苦,才能起引领作用。五要充分认识首钢面临的问题和挑战,大胆探索,迎难而上,以确保全年集团盈利6亿元为底线,把全面深化改革贯穿于首钢转型发展各个领域,把强化管理贯穿于首钢转型发展各个环节,在新的一年取得更大进步。

(二)全面深化改革,激发发展活力

2015年是首钢全面深化改革的关键之年,要在总公司党委的领导下,按照《首钢全面深化改革指导意见》,深入研究和落实各项改革工作。

深化集团管控体系改革。按照"战略管控型"模式,在钢铁领域构建钢铁、矿产资源两大业务板块,在城市综合服务商领域构建六个潜力业务板块。钢铁板块在第一步改革基础上,3月1日完成股份公司主要职能部门的组建,进一步理顺业务流程,7月1日开始全面运行,实现钢铁板块的高效协同运行。下半年建成精干高效集团总部机关,明确职能定位,优化管理体系,做好责权配置,清晰界面规则,完善流程设计,完成机构设置。通过"两化融合",提升整体管理水平。同步做好北京园区开发建设相关单位和部门的业务整合,打造规划开发建设运营一体化的平台,真正成为首钢潜力板块的孵化器。同时要研究确定城市综合服务商六个潜力业务板块的战略定位、发展方向、实现路径、业务构成,理顺平台公司与板块内企业的管理关系,与其他业务板块间的协同关系,确定总公司对各业务板块的管理职能,条件成熟后开始运行。

大力提高劳动效率。面对当前严峻形势,必须进一步优化劳动组织,深化定编定岗定员工作。总公司机关要通过机构调整、职能转换,进一步精干高效。四地钢铁企业新上项目用人要挖掘潜力,所需人员原则上内部调剂解决。北京园区值守人员要更多地向园区项目和新产业单位转移,走上新工作岗位。外埠钢铁企业要结合企业特定情况,大幅度提高劳动效率。改制企业要控制增加人员,原则上不突破上年人数。大幅度减少劳务用工数量,依法依规管理。调整配套政策,引导、帮助富余职工自愿退出企业。各单位要严把人员进口,没有列入大学生招收计划的不得招收,除紧缺的专业人才外,不得从社会招聘或调入人员。提高装备自动化、信息化、智能化水平,扩大无人值守岗位。

深化薪酬分配制度改革。2015年要启动领导干部三年任期目标责任制的改革。改革的重点是,规范分配秩

序,理顺分配关系,激发企业活力,建立中长期激励机制,实现薪酬水平适当、结构合理、管理规范、监督有效的目标。建立奖罚分明的考核体系,坚持以市场为导向,以效益为中心,以生产顺稳为保障,以结构调整为重点,按照年度经营预算设计挂钩考核指标台阶,根据指标任务完成情况,严格考核,挂钩分配。建立工改与指标任务挂钩考核机制。当年超额完成预算的单位可进行新的工改,没有完成预算的已工改增资部分要停发,同时加大对领导班子考核力度;"失血"的单位干部职工平均收入水平不能上涨;连续三年没有完成预算任务的单位要对班子成员进行调整。建立集团工资总额周期预算制,依据《经营目标责任书》按年度考核结算工资总额,鼓励多创多超,建立工资指导线的指导意见,超额完成任务提取工资总额用于"以丰补歉",进一步激发企业活力。要完善三支人才队伍薪酬激励机制,特别要打通一线高技术、高技能人才职级薪酬晋升通道,激励大家安心一线工作,立足本职岗位成长成才。各单位要严格控制单项奖励,单项奖励在以前确实起到一定激励作用,但也存在一些突出的矛盾和问题,必须敢于碰硬、彻底解决。今后凡实行年薪制的领导干部除个人评先奖励外,一律不得参与任何单项奖分配,确实要发的单项奖要向一线职工和技术骨干倾斜。

要建立与集团战略定位相适应的预算体系。完善全面预算管理制度,提高预算执行力度。在做实2015年预算的基础上,从核心指标、分类指标、改革发展重点任务三个方面,建立科学合理能够真实体现内部经营成果的指标体系。按照集团管控体系改革要求,要逐步实现总公司围绕两大主导产业和各业务板块进行预算管理,侧重于理顺体制、建章建制、规范管理,进行前瞻性研究;各业务板块平台公司负责板块内企业或业务的预算管理。同时要修订集团会计核算、内控和报表制度,提高财务信息披露质量,通过改革达到预期目标。今年首钢集团6亿元的利润计划,包括新消化22亿元的减利因素,在此基础上,同口径要实现增利21亿元,才能完成集团利润计划,任务十分艰巨。各单位要凝聚共识,群策群力,解决重点难点问题,确保取得实效,为集团整体效益目标作出更大贡献。

科学编制首钢集团"十三五"发展规划。围绕全面深化改革和首钢建厂100周年的战略目标,统筹好局部与全局、当前与长远、产业与支撑的关系,在整体性、系统性、协同性方面下功夫,统一领导、落实责任。

(三)树立交账意识,钢铁业大幅减亏扭亏

钢铁业要强调年度预算的严肃性,牢固树立交账意识,建立五把"尺子",即降低成本、调整产品结构、产品销售、国内原燃料、进口矿价格的评价标准,不能靠天吃饭,要眼睛向内做好各项工作。

四地钢铁企业搭建高效生产管控体系。重点抓好铁前、钢轧、物流、生产管控、信息一体化等工作。铁前要改变偏重技经指标、忽视经济效益的现状,依靠技术进步,深入挖掘潜能,优化高炉用料结构,努力降低成本。夯实产品精益制造基础,提高产线保障能力。强化设备功能精度管理,充实产线技术维护力量,改变"以包代管"现象,解决一批影响质量的工艺技术问题。做实TS16949体系,运用六西格玛、TPM、6S等手段,加强质量和过程管控,确定刚性指标,确保带出品率低于3.62%,产品质量异议降低14%,重点客户整单合同兑现率达到80%。进一步缩小产品结算价格与先进企业的差距。要全面加强自有矿山企业的经营管理,彻底改变多年来在高盈利下形成的思维惯性,加大降成本力度,做好各类预案,围绕盈亏快速反应,防范经营风险。同时要积极开展京唐股权调整和马城铁矿相关工作。

供销重在"跑赢大势",提升服务质量。销售要提升市场预判能力,争取好的销售价格;继续完善客户经理、客户代表、驻厂代表服务体系,强化技术服务、用户技术研究能力建设,改进质量异议处理办法,贴近客户快速反应,处理周期缩短10%。原燃料采购要通过加强市场分析预判,加大资源渠道建设。继续完善进口矿制度,优化业务运作流程,发挥中首公司采购平台优势,严格控制库存,按市场波动情况实施灵活的动态管理。完善出口战略,扩大高端产品出口,加强高端客户的开发及合作,加快境外营销网点和加工中心建设,在欧美地区取得突破,扩大国际市场份额;扩大境外贸易融资规模,实现进口和出口的经营增效,全年完成出口204万吨,高端领先产品出口比例达到18.4%。

加强技术攻关,提高产品结构调整的效益。继续强化产销研用一体化,以三大战略产品为抓手,重点解决产品

表面质量、板形尺寸、性能控制等问题。汽车板要实现从汽车内板向外板、自主品牌向合资品牌的转变,全年完成外板35万吨,向合资品牌企业供应汽车板57万吨,高强汽车板64万吨。电工钢要抓住市场机遇,提高高牌号命中率,全年完成高牌号取向硅钢14万吨。镀锡板要加大产品和市场开发力度,全年完成37.5万吨。扩大以家电板、耐候桥梁钢、高强钢、输送用管线钢等为代表的产品集群,对耐候、耐腐蚀、抗疲劳、抗磨损性能开展基础研究和技术攻关。突出产线效益,热轧产品要提高薄规格比例,股份、京唐分别达到10.9%、11.8%;酸洗板着力打造汽车用钢;中板要重点开发高端客户、区域重点客户、重点工程项目,提高直供比例。我们要追求重点产品在战略客户中的市场份额、差异化产品的牌号和数量、与用户共建产品研发应用平台、专项产品的技术领头人和团队体系,并作为三年中长期激励的重要内容。

外埠钢铁企业要加大减亏扭亏力度,牢固树立不"失血"的底线思维,认真分析自身短板,明确一批关键项目、关键环节和关键问题,集中力量限期解决。以"三规一制"为抓手,全面加强基础管理,确保各类事故大幅度减少。加强对关键经营环节的掌控,将预算安排措施细化,进一步建立完善量化的内部考核评价体系,供销运作要跑赢市场,内部成本控制要跑赢同行,经营结果要月月有变化、季季有进步,并坚持严格考核,确保预算任务的执行落实。要充分传导压力,大刀阔斧深化改革,优化劳动组织,着力提高劳动效率;对自身资产进行全面清理,着力盘活无效和低效资产;主动适应新常态,做好辅业分离,着力搞活内部经营机制。长钢、伊钢、贵钢要加快技改步伐,采取有效措施,尽早进入工信部规范企业名单。各单位要以现金流管理为重点,优化财务结构,努力做到自负盈亏、自我发展,为生存发展赢得空间。总公司的管理、技术、实力支持,建立在干部职工积极向上的精神面貌、改革措施取得良好进展的基础上。

加强安全生产和环境保护。从2014年12月1日起,国家实施新的《安全生产法》,从2015年1月1日起实施新的《环境保护法》,从依法治理的高度提出更加严格的要求。我们要严格按照法律法规的要求,严守安全和环保管理的"红线"。认真吸取去年事故较多的教训,以安全生产标准化为基础,强化安全管控体系,把隐患当作事故来处理,切实把安全生产制度落到实处。认真贯彻国家及地方政府对环境治理的新要求,按照污染物排放新标准、完成任务的时限要求等,加大环保工作力度。

(四)落实京津冀协同发展战略,推进两大园区建设

加快首钢北京园区建设。推动市政府《关于推进首钢老工业区改造调整和建设发展的实施意见》确定的任务和各项政策落实,是抓好园区建设的关键。要主动与政府部门对接,加快项目审批程序。积极推进11个重点项目建设,争取二型材互联网·金融产业园项目一季度、晾水池东路项目二季度进场施工,推动脱硫车间改造项目、一耐养老项目、西十筒仓三期项目下半年相继开工,推进二型材周边道路8月份完成立项,首钢广场项目年底完成规划条件申请,绿能港项目年底具备开工条件,做好二通项目、古城南路先期启动地块开发模式研究、首钢水厂项目一期和长安街供水管线、水厂水源线等建设工作。同时继续配合推进长安街西延线建设。要做好园区城市风貌研究和专项规划深化工作(包括地下空间、人防、绿色生态、智慧园区、交通、城市设计导则等规划),做好北区规划工作(包括开放空间景观、石景山景观、红楼改造等)。做好污染土壤治理、园区宣传推广、项目招商合作、园区集中采购供应体系建立、苗木移植及苗木基地建设工作。

做好北京(曹妃甸)现代产业发展试验区和生态城建设前期准备。落实好京冀两地政府签署的框架协议涉及首钢的各项事宜,与有关方面共同完成开发建设投资公司的组建工作,明确开发建设投资公司的运作模式、商业模式、盈利模式,开始前期工作;积极运作好首钢京冀协同发展产业投资基金,完善资本运营平台。

(五)推进非钢产业转型发展,打造城市综合服务商

要按照打造城市综合服务商六个潜力业务板块的发展定位,创新经营模式,整合存量,发展增量。按计划进度要求全力推进一耐养老项目、环保产业链项目等,做好与政府部门和相关企业对接合作,争取承揽立体车库和汽车充电桩项目,并申请专项资金支持;继续推进首钢与中关村的合作,做好首钢相关企业纳入中关村重点服务企业、相关实验室纳入中关村开放实验室等工作。加强政策研究,争取政府对新产业项目的资金支持。

非钢新产业各单位要立足转型发展,强化协同,增强盈利能力。矿业公司要完成马城铁矿交接,加快推进矿权办理、项目核准等工作,严密组织井巷工程建设,确保达到计划要求;调整非矿产业结构,开拓市场,提高发展能力。矿业投资公司要进一步深化体制机制创新,加速打造产融结合的矿产资源平台,加快项目整合,力争获取优质高效资源。首控公司要进一步优化资源配置,加强下属实体运行管理,做实铁矿、煤矿企业"双提升"工作。环境产业公司要高标准组织好生物质能源项目运行,继续推进污染土修复项目建设和厂区开发污染土处理工作,做好厂区拆除建筑垃圾资源化利用,做好残渣暂存场项目、餐厨垃圾项目、普拉斯科合作项目的前期工作,具备开工条件。机电公司要构建精干高效的管理体系,加强核心备件开发,抢占外部市场,大幅减亏扭亏。京西重工要健全完善国内外各企业的内控体系建设,提升总部管控能力,加快房山和上海工厂研发和管理本土化进程,利用上市公司平台改善资本结构,降低融资成本。国际工程公司要以打造城市基础设施服务产业为重点,做优做强市级冶金三维仿真设计工程技术研究中心,联合首钢内外资源,开拓能源环保、民用建筑、园林景观、市政设施等市场。首自信公司要在推进"两化"深度融合方面下功夫,进一步完善钢铁业信息化解决方案和服务,做好园区智慧城市规划建设工作。实业公司要以集成服务市场为重点,多渠道承揽大项目,提升生产性服务项目管理水平和服务质量,推进物业、餐饮、养老、旅游的合资工作。培训中心要围绕首钢转型发展,为加强职工培训体系建设服务,组织好重点项目培训;工学院要明确发展方向,技师学院要完成"国家中等职业教育改革发展示范学校"建设任务。首钢医院要提升精细化管理水平,加强人才梯队建设,实施门诊布局调整和流程优化,继续改善就医环境。医疗投资公司要按照资本运营和产业化发展要求理顺体制机制,抓住市场机遇,发展健康医疗产业。体育文化公司要贯彻国务院《加快发展体育产业促进体育消费的若干意见》,运营好体育场馆和设施,大力开拓市场。源景公司要做实做好现有项目,建设好文化创意产业经营和服务平台。首建集团要培育钢结构住宅、预制混凝土等制品产业,加大资金回收,提升工程总包服务能力,扩大外部市场份额。房地产公司要积极推进定向安置房和社会保障房项目开工建设,做好钢结构住宅应用研究和试点工作。中首公司要抓好秘铁公司经营生产,确保新区项目按期投产;把握海运市场运作规律,做好矿石供应和钢材出口工作。香港首控要强化上市公司管理,大力推进融资租赁与进出口贸易境外融资业务。

"一企一策"推动改制企业发展。创新思路、有进有退,多措并举,制定改制企业深化改革方案。积极推进国际工程公司、首自信公司股权结构调整,着力解决改革中遇到的问题,防范风险,提高运营质量。总公司有关部门要更加关注改制企业经营,增强服务责任意识,加大协调工作力度,帮助解决实际困难。同时有序推进列入计划的劣势企业股权退出。

(六)加强资本运作,逐步打造金融平台

做好首钢京冀协同发展产业投资基金的运作,运用PPP+基金模式,重点打造城市综合服务业、京外落地企业和老工业区重振三个门类的子基金。借助创新金融手段,为集团重点发展的新产业提供综合金融解决方案。其中城市综合服务业子基金要为首钢在城市综合服务产业高端环节布局提供资本支持;京外落地企业投资子基金要用于支持曹妃甸园区开发建设和产业发展;老工业区重振子基金要支持首钢北京园区开发建设和产业集聚。

做好财务公司开业准备和运营工作,推进集团资金平台建设与财务公司业务衔接,清晰职能划分。与合作银行对接,落实基金托管和增值服务。借助金融平台,深化与金融机构的合作。深入研究新型融资工具的使用,进一步优化集团债务结构。

抓好京西创业投资基金、首钢节能环保产业投资基金的运作。高度关注国家和北京市相关政策,抓住机遇,争取政府引导资金支持和社会资金进入,加强基金规范管理,选择好投资项目。发挥好海外融资平台的作用,为转型发展做好服务。

（七）加强制度建设，夯实基础管理

适应改革发展新形势，健全依法治企的制度体系。要适应做实股份公司组建钢铁板块管理平台的新情况，相应修订有关管理和运行制度；适应总公司对各业务板块实施战略管控的要求，相应修订总公司的决策、投资和日常运行制度，完善责权利关系，加强运营风险防控。管理创新部要做好统筹协调，提出制度修订计划。企业各项工作和制度建设都要以依法办事为前提，同时要把改革的措施转变为制度。各单位领导干部不仅要带头执行制度，而且要充分发挥制度在企业运营中的作用，与各项工作更加紧密地结合起来，防止"两张皮"现象。要完善各个岗位的操作规范，强化流程管理，对每个环节、每个细节都要精益求精，抓好落实。要把制度执行情况纳入日常考核，对执行不力者进行责任追究。在职工中加强法律和规章制度的培训学习，形成一切按法律和制度办事的浓厚氛围。

按照深化改革要求完善集团监管体系。计财、组织、监事、审计、劳资等系统要按照已经确定的管理范围和幅度落实好相关工作，认真执行派出董事管理制度，试行并推广专职监事常驻制等工作，抓好日常监督管理。要把法律工作的事前把关、监事工作的事中监督、审计工作的事后监管紧密结合起来；监事和审计工作要在前段全覆盖和做深做透的基础上，向重点整改工作落实倾斜，增强实效性。各单位要加强财务规范管理，严格执行统计法、会计准则，体现财务报表的真实性和完整性，为各项经营决策提供基础依据。

（八）维护职工根本利益，促进企业和谐稳定

要把"推动企业科学发展和维护职工的根本利益作为出发点和落脚点"体现在企业工作的各个方面。坚持和完善民主管理制度，落实厂务公开，保障职工的知情权、建议权、参与权、协商决策和监督检查权。对重大改革发展决策和制度建设，更加注重广泛征求职工意见，更加注重发动基层和职工全面参与改革，多提合理化建议，在实践中及时总结经验，持续改进，不断深化。

继续改善职工生活和工作条件。通过落实薪酬制度改革，完善激励和约束机制，2015年在全面完成经营目标的基础上，集团在岗职工平均收入按照比2014年增长7%左右安排。北京三期集资建房要抓紧研究分配方案，继续开展集体户口职工申请保障房工作，开展租金减免审批工作。抓好北京家属区10个大修改造项目，配合政府部门继续开展老旧小区楼房节能和加固改造。首钢多业多地企业要结合地区和自身情况，进一步改善职工住房、食堂、医疗、交通等条件，完善家属区服务设施，开展丰富多彩的文体活动。要完成覆盖全集团的干部职工健康管理体系建设工作。

同志们，新的一年，目标已经明确，任务十分艰巨。我们要按照总公司党委扩大会的要求，坚定信心，迎难而上，坚定不移深化改革，真抓实干强化管理，全面提高企业的发展质量和效益，确保今年的各项任务全面完成，为首钢的转型发展打下坚实基础！

专　辑

◎ 责任编辑：刘冰清、董俊林

统一思想　坚定信心
全力推进首钢集团管控体系改革

——在2015年首钢"创新创优创业"交流会上的讲话

首钢党委书记、董事长　靳　伟

（2015年9月25日）

同志们：

我们这次"三创"交流会的主要任务是：紧密围绕深化集团总部管控体系改革，建成精干高效集团总部机关，提升战略管控能力，动员广大干部职工深刻认识改革的重大意义，把握改革内容，通过深入研讨，充分交流，达成共识，确保改革措施落地，持续创新创优创业，推进首钢转型发展。

昨天，何书记和闫永志、杨木林同志分别对《深化首钢集团总部管控体系改革思路框架》进行解读和说明；我们还特别邀请新兴重工党委副书记、董事宁春林同志，介绍新兴际华管理体制变革的经验做法；埃森哲公司咨询总监马新安同志为我们讲解《总部关键管控职能设计方法》；刚才，邹立宾同志对领导干部中长期激励机制改革有关制度进行解读，并介绍五个单位试点情况。这些内容大家要认真学习把握。

大家聚焦会议主题，站在全局的高度，深入思考，充分交流，总公司领导带头发言，亲自引导，专业人员面对面答疑解惑，与会同志畅所欲言，相互启发，共同探讨，积极为推进改革建言献策。从与会者仔细认真的态度中，从大家积极踊跃的发言中，从人们务实具体的建议中，从充满热情与渴望的氛围中，可以感受到首钢人敢于挑战、敢于担当的决心和勇气。

在讨论中，大家普遍感到，这次"三创"交流会坚持问题导向，主题鲜明，内容丰富，内涵深刻；既有领导和专业解读，又敞开大门、借助外智，开阔视野，拓宽思路；是一次把握方向、破解难题、明确路径的大会，是一次深入研讨、充分交流、凝聚共识的大会，是一次直面挑战、敢于担当、集聚力量的大会。

大家认为，《改革思路框架》思路清晰，目标明确，措施有力，与中央《深化国有企业改革指导意见》的精神高度契合，体现时代发展要求，符合首钢实际，是企业所需、职工所盼；体现系统性、全面性、发展性，对于首钢管理功能优化、管理效率提升具有重大意义；体现系统思考、顶层设计成果，让广大职工充分感受到首钢党委坚定不移深化改革的决心，再次印证首钢人"敢为天下先"的精神品格。

大家认为，面对经济下行的严峻挑战，面对京津冀协同发展的新机遇，深化集团总部管控体系改革势在必行。有的同志说，多年来总公司沿袭工厂式管理，体制不顺、机制不活、管理不善、效率不高，已经不适应市场经济和首钢转型发展的要求，不改革没有出路。有的同志说，在首钢当前的内外环境下，不改革不行，改革慢也不行，必须增强紧迫感，加快推进，让改革措施尽快落地。有的同志说，新兴际华的经验告诉我们，企业经营越困难越需要坚定不移推进改革。别人能够做到的，首钢人没有理由做不到。

大家认为，集团管控体系改革是一场攻坚战，不可能一步到位、一蹴而就，必须在实践中对改革措施不断丰富完善。有的同志说，这次改革涉及范围广、难度大，啃的都是硬骨头，一定要有持续性，保持恒心、树立信心、下定决心。

有同志说，这次改革是集团总部自己革自己的命，触及思想，触及利益，必须一步一个脚印，把各项工作做实、做细、做到位。特别是要充分发挥好党组织的政治核心、政治引领作用，加强思想发动、宣传引导，及时化解矛盾，防范风险，确保改革顺利推进。

讨论中，大家提出很多建设性的意见和建议。有同志提出，这次改革必然是机构精干、人员精简，建议总公司妥善处理好富余人员分流安置问题，加大转型转岗培训力度，在具体实施当中，培训工作应注意与两大园区开发进度结合起来。有同志提出，在改革方案出台后，应借鉴政府的改革方法，建立集团管控的"权力清单"和"负面清单"，明确权责和业务管控范围。同时，要制定具体实施的时间表和路线图，避免改革过程中出现重大风险。对部门的职能设计要考虑适当的"柔性"，确定不同模块，针对内外环境的不断变化，能做出相应的调整、适应和优化。有同志提出，流程管控要符合集团管控体系的顶层设计，建议建立一套评估、检验体系，确保集团管控取得实效。有同志提出，对"代管"和"托管"的界面要进一步明确，内容进一步细化，真正做到有效管理和价值创造最大化。有同志提出，《改革思路框架》对改制企业的管控模式涉及较少，建议总公司下一步在这方面进行深入研究。改制企业各自情况不同，应采取不同的管控模式，把企业管好、管活。

对大家的意见建议，首钢管控体系改革工作小组整理汇总后，总公司党委将进行认真研究，对《思路框架》进行完善。

下面围绕推进集团总部管控体系改革，我讲三点意见。

一　充分认识首钢集团总部管控体系改革的重大意义

今年首钢"两会"确定："下半年建成精干高效集团总部机关，明确职能定位，优化管理体系，做好责权配置，清晰界面规则，完善流程设计，完成机构设置"。这不是单纯的总公司部门的调整，而是一场深层次的管理变革。

今年初的党委扩大会报告上引用《易经》里的一句话："穷则变，变则通，通则久"。这句简单的话蕴涵着朴素的唯物主义思想，它道出一个真理：事物发展到极点，就要寻求变化；如果一味坚持原来的旧规矩而不思变化，只能僵化致死。反之，如果能适应环境的变化而改变策略，做出相应调整，就可以立于不败之地。我理解这个"穷"有两个方面，一种是相对的，就像当年首钢改革的时候，是想成为国内最大的钢铁厂，实际上是争取国家对首钢承包制的支持。新兴际华在2005年改革的时候也是不错的，但它面临的风险是央企数量的减少。这种企业发展的压力对它内部就产生"穷则变"的现象，必须真正转变来适应未来的发展要求。还有一种是绝对地"穷"，就是最困难的时候。像当年的遵义会议，也是到山穷水尽的地步，没办法了，请毛主席来指挥红军，四渡赤水，弄得国民党也搞不清要干什么，最后置之死地而后生。

今天的首钢是属于后者，今年我们面临的整体形势无论是内部还是外部，确实也到置之死地而后生的阶段，非变不可的地步。昨天晚上看新闻，混合所有制改革的意见出台。其实国家面临的有些问题也跟我们企业类似，只是在我们首钢更突出一些。在学习这些文件之后，我感觉我们从去年到今年总公司党委的一些决策，契合中央的改革精神，我们去年提出的集团深化改革的意见就是提高效率、提升活力，这次中央改革意见中的核心也是这两点，国有企业改革的中心目标也是提高效率、提升活力，我们在讨论过程中觉得还应该有价值提升。混合所有制改革的意见中提出宜改则改、宜参则参、一企一策。我觉得这次在讨论过程中感触是挺深的。特别是在国有企业中，改革要多干水到渠成的事。这次的方案出来后，我觉得大家的聚焦点是围绕着这个稿子之外的第二步、第三步、第四步在讨论，权力清单怎么分权？企业怎么定位等方方面面的事，我觉得这是非常好的现象。

刚才我说现在企业到了最困难的时候，自己也给自己画个问号，这个问题也问问大家，现在首钢是不是最困难的时候？对比新兴际华十年前14家企业的破产，我觉得首钢还没到最困难的时候。昨天在微信上看到一条信息，当时让我吃了一惊，二重是我们国家知名的企业，这次划归中国机械总公司，归完之后启动重组程序。我觉得有时候自己都说服不了自己，大家一定要有一个清醒地认识，要有一个形势的预判，所以从这一形势看这是"穷则变"。

"变则通"，新兴际华变以后走出来了。昨天讨论的时候有人说，新兴际华这十年改革赶上好机会。我们现在可能不是个好机遇，但是不变根本不可能走出来。我觉得"变"一定要眼睛向内，注重内部的变化。回到总公司工作快两年的时间，经常做比较，在迁钢的时候我没有介入到总公司的一些事物，不好拿总公司和迁钢进行比较。但是与我在经信委的时候了解的北京的一些企业作比较，发现我们在集团层面存在的问题是大事没抓住，小事没抓好，每天疲于奔命，效果不理想。这次改革的核心是要解决我们的指挥机关怎么提高效率的问题，解决我们整个集团提升活力的问题。所以这个变革是一种内在的变化。内在的变化重在变，你得做。前年底回来后的第二个会议是让我念群众路线教育实践活动的总结，首钢提出伟大转型之后我们的管控体系到底是什么？需要实践。今天也有人给我发微信说产融结合怎么走？国外的利率也和国内的差不多了；做设备融资租赁也不像以前那么好做；财务公司现在冶金企业都三十几个了，但是你不做更不成。上次我在香港也提到这个事，我们海外有平台，有这种通道，可能不像以前一样3%、5%的利率差异，躺在钢丝床上过日子，现在可能是1%、0.8%、0.5%的利差，那么你现在就去做这0.8%、0.5%。财务公司现在成立，我觉得也是重在变。今天给大家发的材料第三本里最后一篇文章，财务公司原来是宝钢、武钢最牛的，后来沙钢追上来，咱们能不能两三年后首钢跑到前三位，沙钢120元的吨钢财务成本能不能通过我们的努力3年后达到它前三年的业绩，从120元降到60元，降一半的话首钢成本就降低60个亿。所以说把方向选对了，重点在做。昨天中兴的董事长过来找我们，因为首钢现在立体车库做的不错，中兴是搞无线充电的，就希望无线充电和我们立体车库匹配。华为中兴，第一是华为，第二是中兴，中兴的一把手跑到首钢来和你谈什么呢，谈中兴的资源和首钢的资源怎么匹配，那也是因为首钢在实践啊。实际上我们立体车库做多长时间呢？虽然时间不长，原来我也觉得这件事有点吹牛，后来我一看市委的信息都给登了，咱们现在首钢医院的立体车库，455个车位，现在是北京市立体车库最大的，从升上去到最远端用时255秒，我一听还真是有变化，亦庄那儿有一个1000个车位的立体车库。北京现在有一家4S店是个国有企业，国有企业4S店里头有空间，建立体车库最大的问题是没有空间，4S店倒是都有，要跟首钢结合给他建立体车库，外地还有一个是1500个车位的车库。前天晚上看中央台报道国务院开会，李克强总理也在盯立体车库、充电桩，解决位置的问题。我们北京有600多万辆车，我当时想十分之一就是60万辆车，60万辆车如果全让我们来建立体车库，再有十分之一6万辆车是充电桩或无线充电的，相当于我们在北京市建好多加油站，实际上还不是单纯建车库的问题，是带动整个设计、钢结构、建设、自动化包括相关服务的问题，基金一参与把这个产业链就打通了。昨天我跟白总讲，要花一些心思，下功夫把这个市场抓住，做到可复制可推广。

在今天讨论的过程中，大家都在谈管控体系的变革，实际上我们是两句话，除了管控体系的变革还有管理能力的提升。我个人认为管理能力的提升更重要。为什么更重要？因为是人的变化，人是生产力中最活跃最根本的因素。变革的是体系，但关键在人。人的变化、人的适应，要比我们刨个坑、盖个庙、弄个院子难得多。我们看新兴际华的变化可不光是体系的变革，核心还是人的变化，一种能力的变化。所以今天首钢变革的核心，是我们自身要提升这种能力。昨天宁总讲的很清楚，学什么？每个成员都要学什么？今天如果我们还是800万吨的钢厂在生产，那你只学炼铁、炼钢就足矣。但是今天我们要转型，我们得有强大的学习能力，才能适应这种变化。

这次好多同志对下一步提出很多很好的建议，总的看有一点大家认识是统一的，改革不是一蹴而就的，改革是进行时，不是说今天出一个纲要扣儿就解了，这不现实。我们整个班子要把握好一个问题，就是想清楚的事，得到共识的事，马上能做的事，我们这次给大家讲清楚，昨天一上午就是做的这个事。第二个，想清楚的事，方向是对的，但是下一步还得通过大量的调研、细致的工作要点出来，确保这件事能做成，能少遗留问题。我们现在面临的问题很多很复杂，有一些事情，方向已经基本定准，但是还必须要做大量的细致工作。工作不到位，一些复杂的情况，由于你着急，就容易给未来带来更多的问题。这样的情况要避免，这就是我常说的"急不得、慢不得"的问题，对"狠变"和"渐变"怎么把握的问题。有些看准的事，没有问题了，要狠变；有一些事情，看不准要渐变，但是方向要把握好，还要实事求是。第三个，没想清楚的事，没看明白的事，有的要放一放，改革需要寻找机遇。10月份我们还要开改制企业大会，解决改制企业的相关问题。在今天我们怎么客观、公正、准确地来看待改制企业，要把握整个过程。我个人的体会还是要坚持"穷则变、变则通、通则久"。很多干部职工在发言过程中都建议,一定要坚持这么去做。这也是给首钢很多信心,给首钢班子很多信心。今天闫永志报了个数,今年的提高劳动效率工作,人员下来两万,外协八千,自己一万二,大家把做这项工作变成一种内在的追求。昨天宁总讲得很清楚,"高层做势,中层做实,基层做事,上下贯通"。我觉得非常有道理。在认识上,首钢集团总部管控体系改革,大家思想认识上要充分地变,变则通,不变不成。变,一定要眼睛向内盯着自己内部的事,而且要人变,人的观念要变,人的行为要变。

1. 深化集团总部管控体系改革是落实国有企业改革要求的必然选择。深化国企改革是大势所趋,是国家经济体制改革的中心环节。今年5月,国务院批转《2015年深化经济体制改革重点工作的意见》,当前以规范经营决策、资产保值增值、提高企业效率、增强企业活力为重点的新一轮国企改革正在全面展开。今年7月,习近平总书记在吉林调研时强调,推进国有企业改革,要有利于国有资本保值增值,有利于提高国有经济竞争力,有利于放大国有资本功能。为此,我们推进首钢集团总部管控体系改革,就是要贯彻落实中央深化国企改革的总体要求,结合首钢实际,以健全完善现代企业制度为方向,以提高效率、增强活力,建设有世界影响力的综合性大型企业集团为目标,集团通过合理授权,推进业务决策重心下移,释放板块活力;逐步分离总部非战略管控功能,突出总部在战略规划、投资决策、资本运作、风险管控等方面的核心功能,适应首钢转型发展的需要,为国有企业深化改革进行新的积极探索。

2. 深化集团总部管控体系改革是实现首钢战略定位和转型发展的体制基础。我国深化改革的重点是治理体系和治理能力建设,首钢深化改革的重点就是管控体系和管理能力建设。应该看到,首钢在管控体系建设上逐步有了清晰的思路,迈出坚实的一步,规范管理也有明显进步,但与先进企业相比,领导班子和领导干部的管理能力还有很大差距,活力激发不够,效率依然较低。集团总部管控体系改革,就是落实《首钢全面深化改革的指导意见》中关于"建立和完善新型管控体系,不断提升管理能力"的重大举措,改革就是使上层建筑适应经济基础,生产关系适应生产力发展。首钢集团总部管控体系就是内部的"上层建筑",必须适应首钢转型发展的需要。要落实"一根扁担挑两头"的战略定位,发展钢铁和城市综合服务商,要在落实国家京津冀协同发展战略中发挥好示范带动作用,总公司要改组为"国有资本投资运营公司"、实施产业板块化管理等,都必须完善集团总部的战略管控、健全法人治理结构、调整组织机构,不断提升管理能力。

3. 深化集团总部管控体系改革是解决首钢现实管理问题的客观需要。"改革要奔着问题去"。管控模式的调整要从首钢集团现状和转型发展的需要出发,重点解决突出问题。《思路框架》从战略管控、投资管控、人力资源、预算管理、绩效考核、资本运营、资产管理、资金管理、海外业务、内部审计十个方面,分析存在的问题,列举具体表现。这些问题集中体现在集团总部多年来以钢铁业的工厂式管理方式为主,直接管理分布于全国各地和境外的几十家到上百家不同行业的企业,管理幅度过大,而资产经营、资本运营职能较弱,整体运营效率不高,不适应首钢搬迁调整后多业多地、新产业、新园区发展的需要,没有做到"管住、管好、管活";市场经营意识不强、主动转型意识不够、推进改革发展能力不足、基础管理不扎实、整体协调意识不强。所有这些问题,都不适应首钢建设具有世界影响力的综合性大型企业集团的需要,必须通过深化改革逐步加以解决。

二　正确把握首钢集团总部功能的转换

按照首钢"两会"确定的"明确集团总部功能,精简优化管理层级,完成集团总部机关建设"的工作目标,这次集团总部功能转换主要表现为:具有战略规划、投资决策、资本运作、人力资源、运营监控、风险防范、文化品牌、服务保障八个方面的功能,对各类业务板块采用"战略型管控为主的复合型管控模式",集团总部管理重心将发生以下转变:

1. 从生产经营为主向资产经营、资本运营转变。在总公司直接经营钢铁业的经营方式下,总公司对钢铁及关联产业采用工厂式、生产经营型管理方式。这次以股份公司为平台建立集团钢铁业务管理体系,并以此为先导推进集团产业化、板块化管控,倒逼总部功能转换后,产品生产经营将下移到各产业板块管理,总公司按照国有资本投资运营公司的方向,总部功能将转向以资产经营、资本运营为主,其基本功能是强化资本运营,推进国有资产优化配置和提高国有资本效率,重塑有效的产业结构和管控架构,实现产业集聚和升级,确保国有资产保值增值,进一步增强国有资本的活力、控制力、影响力和抗风险能力。

目前我们集团内部的资本市场资源未能充分利用,资本运作、市值管理、资产证券化管理等职能不强,国内外上市公司平台作用发挥不充分,产业资本与金融资本有效协同不够。在资产方面,有形资产、无形资产价值管理都十分薄弱,资产管理分散,资产信息不全,家底不清,缺乏对资产运行状况的分析、评价,资产运行效率不高,距离资产经营差距很大。因此,这次集团总部设置了经营财务部,强化了资产经营职能,并将资本运营、资产证券化等职能整合到经营财务部,完善了相关管控功能,更加突出资本运作与实业运作的结合,使资本流动起来,运动出新价值。

2. 从实物管理向价值管理、投资管理转变。过去总公司对钢铁及关联产业子公司的管理方式以产品经营、实物管理为主要特征,无论是规划、预算、绩效考核,还是工艺技术、供应销售、生产组织、设备运行,都围绕产量、品种、消耗、质量、物流等实施实物管理。集团总部功能转换后,总部的核心功能不再是经营产品,而是经营企业、经营资产。总公司将以新的功能定位重塑架构,打造管控体系,转向以资本投入产出效应为主的价值管理、投资管理,预算管理将更加注重资本预算,业务管理将更加注重面向流程、体现协同,财务管理将更加注重突出价值贡献。

目前,我们的投资行为缺少清晰的战略指导和严谨的前期分析论证,后续管理也缺乏系统性和科学性,对股权投资项目的进退把握和处理不好,一定程度上存在着"重投资轻管理"等现象。在资金管理方面,集团资金集中度不高,资金信息掌握不全,有些下属单位存在资金占用过大、占用不合理、资金浪费等现象。这次把建立与集团战略定位相适应的预算体系作为深化改革的突破口,集团总部设立战略发展部和经营财务部、组建财务公司,就是要突出集团总部价值创造功能,强化投资管理和现金流量管理,在投资项目上优化流程,形成前期策划、项目决策、过程跟踪、效果评价的完整管理链条。

3. 从业务活动控制向战略控制、财务控制转变。工厂式管理采用直接控制具体业务活动为主的方式,集团管控体系改革后,要突出战略+执行,而财务控制是战略管控的核心。宝钢集团管控基本方式就是战略控制+财务控制。这次首钢集团总部功能转换后,也要转向以战略控制、财务控制为主的管控方式。总部集中战略决策,注重投资组合、战略优化、战略协同效应,通过战略规划、投资控制、预算和财务控制、绩效考核等管控手段,突出集团战略导向、战略协同和资源共享。各产业板块协同各子公司自主经营,但业务活动必须服从集团整体战略。

目前,我们的集团战略描述还不完善,对战略实施的策略、路径、方法还缺少设计,对产业板块各单位的战略指导和战略分解还不够清晰,下属单位的发展方向和重点还不够明确,子公司自身还存在多元化倾向,子公司间还存在投资同质现象,资源分散,难以形成整体优势。为此,总部必须强化战略管控体系,通过将总公司董事会定位为战略决策型董事会,提高经理层战略执行能力;重塑战略发展部、经营财务部、系统优化部;优化发展研究院4个战略支撑部门,逐步健全对各产业板块实施有效的战略协同、财务控制、业务指导和绩效考核的管控体系。

4. 从以钢铁产业发展为重心向追求多产业协同发展转变。首钢要实现"有世界影响力的综合性大型企业集团"的战略目标,面对新形势新任务,必须在新的历史起点上,服从京津冀协同发展战略、服从首都城市功能定位,全面深化改革、实现转型发展。我国经历30多年的高强度、大规模开发建设后,传统产业相对饱和,但互联网思维将激发无限的新型业态,基础设施互联互通和一些新技术、新产品、新业态、新商业模式的投资机会大量涌现,为传统产业升级、新兴产业发展提供了千载难逢的机遇。以信息化带动工业化,从资源型经济向资源节约型经济转变,是我国经济发展的必然战略选择。

因此,首钢集团的战略定位也要从"主业做强、多业协同,打造综合服务商",向"一根扁担挑两头"转换,即打造全新的资本运营平台,实现钢铁和城市综合服务商两大主导产业并重和协同发展。这就要求集团总部必须向大型多元化、产融结合的集团总部功能定位转型。《首钢全面深化改革指导意见》已经确立了首钢重点发展的主导产业,以及依托现有产业基础,整合优化资源、提高产业集中度,培育发展优势产业、构建相关业务板块的基本思路。

这次设计集团管控体系，做实股份公司，逐步实现集团总部产业化经营、板块化管理的改革方案，就是要推进从以钢铁产业发展为重心向追求多元化产业协同发展转变。通过清晰主业、明确产业选择，按照中央经济工作会议要求，"更多的靠产业化创新来培育和形成新的增长点"，追求投资的战略组合、优化和协调发展，采取积极措施促进各产业板块产生协同效应。

这里，再说明一下关于首钢集团的定位问题。按照国资委要求，从3月5日开始，我们启动了"十三五"规划的编制工作，遇到的核心问题是对首钢如何分类，是国资委对首钢的分类，而不是首钢自己的分类。最近公布的中共中央、国务院《关于深化国有企业改革的指导意见》中也明确了，就是要"分类推进国有企业改革"。《意见》指出："划分国有企业不同类别。根据国有资本的战略定位和发展目标，结合不同国有企业在经济社会发展中的作用、现状和发展需要，将国有企业分为商业类和公益类。通过界定功能、划分类别，实行分类改革、分类发展、分类监管、分类定责、分类考核，提高改革的针对性、监管的有效性、考核评价的科学性，推动国有企业同市场经济深入融合，促进国有企业经济效益和社会效益有机统一。按照谁出资谁分类的原则，由履行出资人职责的机构负责制定所出资企业的功能界定和分类方案，报本级政府批准。"

就首钢的现实而言，钢铁业仍然是主业，资产占70%，收入占50%。钢铁业本来就是竞争类企业，所以从分类角度来讲，明确首钢仍然是属于北京国资企业中战略性的竞争类企业，这是没有问题的。但问题是一旦分类分为竞争类企业的时候，国家是有要求的。市国资委系统内同一主业涉及企业原则上要求不超过5家；同一企业的主业原则上不超过3个；允许竞争类企业在主业之外设置培育业务，一般不超过3个。这是与中央对国有企业的改革、对国有资本的投向有关联的。

但在去年我们制定首钢深化改革指导意见的时候，我们遇到京津冀协同发展这个机遇，我们也抓住了这个机遇。这个过程大家都清楚。在京津冀协同发展中，首钢承担部分政府部门的责任，加上北京园区的开发，首钢提出"一根扁担挑两头"，明确要通过打造全新的资本运营平台，实现钢铁和综合服务商两大主导产业协同并重发展，划分6个板块。在编制"十三五"规划的时候，在企业定位和主业方案的问题上，应该说，国资委非常认同首钢新的发展战略定位，非常认同我们发展两大主导产业和6个板块，只是要求我们在具体表述上要符合国资委的概念。

8月28日，董事会讨论向市国资委报送的首钢集团"十三五"时期定位和主业方案。具体内容这里也说一下，一是企业定位：打造成为有世界影响力的综合性大型企业，与进行国资委反复沟通，国资委的领导也专门来首钢，给予具体的帮助。二是企业主业：钢铁业、园区开发与运营管理。三是培育产业：节能环保、健康养老、文化体育、投资与资产管理（金融相关）。但是对首钢内部各单位来讲，仍然按照深改指导意见来推动，推动开展这项工作跟上报国资委的内容是一样的，只是表述口径不同而已。这是需要澄清的问题。

5. 从注重短期经营效果向更加注重中长期战略目标实现转变。党的十八届三中全会明确指出，要"完善国有资产管理体制，以管资本为主，加强国有资产监管"。首钢向国有资产投资运营公司转化，必将聚焦价值创造和资源配置效率。而资产经营有别于产品经营，具有持续性和长期性。集团管控的核心任务一是解决发展问题，二是有效防范风险。因此集团总部必须更加强调中长期战略目标的实现，既要把握当前，更要引导长远，既要体现产业板块功能定位和企业特点，更要符合集团发展战略，培育健康和可持续发展能力。

目前，我们的战略规划、战略预算体系尚不健全，规划的可执行性和兑现率较低，预算与战略规划的结合不够紧密，过于关注短期行为，对中长期发展关注度不够。在绩效考核上过于关注对短期经营成果的考核，缺少对中长期目标的考核，面对总部功能转换后指标设计的导向性、系统性需要加强。这次集团总部重塑有关机构，就是要按照资产经营的要求，注重中长期战略目标导向，突出资产投入产出效益和经济运行质量，通过建立领导干部中长期激励机制，抓领导干部的责任制，抓"交账意识"和"追责意识"，引导领导干部关注未来，防止短期行为。

6. 从企业行政隶属关系管理向产权关系管理转变。2014年中央经济工作会议再次强调："要建立产权清晰、权责明确、政企分开、管理科学的现代企业制度"。把产权关系作为国企改革的前提。首钢实施集团化改革，就是要把企业内部的行政管理关系转化为资产纽带关系，但多年来受工厂化管理的惯性、集团化改革不彻底等影响，集团总部还没有真正健全以"资产纽带关系"为基础的现代企业制度及与其相适应的管理体系,法人治理结构不健全,纵向出资关系和出资人权力与义务不清晰,股权管理薄弱,集团内部运用资产、股权实施战略合作、资源整合的运作很少,主要依赖于行政手段。

这次集团管控体系改革,就是要进一步贯彻国务院《关于2015年深化经济体制改革重点工作的意见》,进一步深化集团化改革,为实施国有资本投资运营公司的改革方向奠定基础。国有资本投资运营公司是国家授权经营国有资本的公司制企业,更加强调以资本为纽带的投资与被投资关系,更加突出市场化,更加注重通过股权投资改善国有资本结构和质量,通过资产经营培育产业竞争力,实现国有资本保值增值。这次集团总部职能转换系统体现这方面的功能。

7. 从关注产品结构、培育产品竞争力,向更加关注国有资本结构、培育产业竞争力转变。集团实施战略管控、板块化管理、转换总部功能后,各业务板块要强化产品开发、优化产品结构、打造产品品牌、培育产品竞争力。集团总部重心转向改善国有资本结构和质量,通过资产经营培育产业竞争力上,包括通过资源优化配置,动态调整业务板块股权结构,改善资本结构,推动产业转型升级;通过优化组合业务板块,提高产业集中度、培育发展优势产业、推进产业体系化发展,增强集团核心竞争力;通过资本运作、提高国有资产证券化水平,使业务板块发展成为有社会公众资本参与的上市公司,增强国有资本活力。这是这次集团总部功能转换的重要内容。

8. 从以行政配置资源为主向更加突出市场配置资源转变。党的十八届三中全会把市场在资源配置中的"基础性作用"修改为"决定性作用"。总书记指出:市场经济本质上就是市场决定资源配置的经济。这是在讲政府与市场的关系,不是政府不再发挥作用,而是市场和政府的作用不同,市场在资源配置中起决定性作用。在集团内部也有行政与市场的关系问题。多年来首钢虽然经历了集团化改革和辅业改制,但集团内部行政与市场的关系一直没有很好解决。在集团管理方式上也突出表现为行政型,如在干部管理、人员配置、薪酬激励上,基本是行政化模式,还没有真正形成干部能上能下、员工能进能出、收入能增能减的市场化资源配置机制等。同时半市场化问题仍很突出,一些子公司市场主体意识、市场竞争意识、市场配置资源意识不强,不是积极抢抓机遇、主动作为,而总想着"大树底下好乘凉",习惯于向上伸手,对总公司依赖性较大。近年来多数改制企业经营更加困难,历史积累的矛盾和现实遇到的问题多重叠加、错综复杂,深层次剖析原因,是市场化改革不到位造成的。

这次集团管控体系改革,不是不要行政的作用,而是更加突出市场配置资源的决定性作用。我们既要充分发挥集团的系统调控优势、体系化发展优势、聚合协同优势、共享平台优势、品牌优势等,减少交易成本,这是实施集团化改革必然追求的重要目的之一,但在集团内部更要引入市场机制,优化资源配置。《首钢全面深化改革指导意见》已明确:各业务板块之间要以集团整体利益最大化为前提,按照市场化原则进行协同,同等条件下优先选择集团内的产业板块提供服务。各业务板块内也要按照市场化原则进行协同,同等条件下优先选择业务板块内的资源。

9. 从注重专业管理为主向更加注重战略协同、业务协同转变。集团管控体系改革、总部功能转换后,集团管理重心将更加注重追求集团协同效应。纵向上要弱化上下管理关系,强化战略协同、运作协同和资源共享,集团既要积极促进各业务板块的发展,又要促进集团整体利益最大化。各业务板块要从集团全局出发,坚定不移地朝着目标同向、措施一体、作用互补、利益相连的路子前进。横向上要强化业务协同,包括业务板块之间、企业之间、专业部门之间的系统协同,努力实现一加一大于二的效果。

这次总部功能转换,设置战略管控、战略支撑和业务支持三类机构,分别承担总部的不同功能。其中战略管控部门突出战略协同、运作协同、业务协同和综合平衡功能。同时建立以提供共享服务为基本功能的财务共享中心、资产管理中心、人事服务中心和行政管理中心,这四个中心将按照"承接、整合、优化、共享"的路径,逐步形成集团共享服务平台,通过平台效应,发挥有效服务、促进增值、降低成本、规范管理的作用。

三 坚定不移,持续优化、确保落实

为使首钢深化改革各项工作有序推进、总公司和各有关单位要做好以下工作。

1.抓好组织领导,确保按计划进度落实集团总部管控体系改革工作。我们在总公司领导小组的基础上,增设实施工作小组,要切实承担起责任,推进分步分项具体工作的实施。要在9月底前完成财务共享中心、资产管理中心、人事服务中心、行政管理中心的组建,完成人力资源部、办公厅、经营财务部、战略发展部的调整;年底前完成总公司其他部门的调整。在改革和调整过程中要保证业务不丢、流程不断、管理不乱。要按照进度要求做到"四个同步",同步清理修订规章制度,同步制定和实施管理信息系统调整方案,同步落实新机构的领导人选;同步核定部门的定员编制。

2.抓好持续优化,开展做实股份公司第二阶段工作和组建各产业板块工作。一是持续完善股份公司内部组织机构。除第一阶段已完成整合的部门外,还需要调整完善其他管理部门、作业部门的设置。并且要与京唐公司的资产重组工作结合进来,提高效率,完善管理。二是股份公司对钢铁板块实行有效管控。对内部单位包括球团、烧结、顺义冷轧实行"运营管控"方式;对京唐公司、首秦公司、矿业公司实行"战略管控"方式;对外埠钢铁企业实行"战略设计加协调服务"的管控方式。三是按照首钢"两会"提出的"积极探索板块化管理,按照成熟一个推进一个的方式,确定六个潜力业务板块的战略定位、发展方向、资源配置、实现路径,培育和引导健康发展"的要求,深入研究和落实具体方案。其中园区开发、股权投资、金融服务三个平台的构建与总部改革更加密切,要同步研究推进。

3.抓好试点经验,推进领导干部中长期激励机制改革。这项改革是为首钢深化改革和转型发展建立新的激励和约束机制,是促进各项改革发展措施落实的重要保证。针对原来注重眼前、忽视长远的问题,把领导干部的关注点转移到更加关注企业发展质量和效益、聚焦到企业长远发展上来。去年以来,总公司颁发《领导干部薪酬制度改革及中长期激励机制实施方案》;今年以来,按照国资委要求,结合首钢实际,总公司和有关单位反复研究,8月26日董事会通过《首钢二级单位负责人任期经营业绩考核暂行办法》和5家试点单位(股份公司、京唐公司、矿投公司、环境公司和组织人事部)负责人的"任期目标责任书"。在总体设计上,做到理顺分配关系与完善激励机制相结合,当期经营业绩与中长期发展目标相结合;在任期目标上,不追求数量,每个试点企业只有三项,每一项都有中长期发展的突破性要求;在考核办法上,责权利相统一,业绩好、薪酬上,业绩差、薪酬下,并作为领导干部职务任免的重要依据。这项工作在首钢尚属首次,这次任期目标责任书的时间是从2015年到2017年,特别是在当前市场剧烈变化的情况下,是一项开创性的复杂的系统工程。下一步的关键是抓好落实,对试点单位情况进行跟踪,及时发现和解决问题;其他二级单位要在9月底提出任期目标任务,10月份提交董事会审议以后,在集团范围内实施;为实现三年任期目标,还要与各年度的目标任务相衔接,要制定相应的评价考核细则,按时限要求确保及时兑现。

4.抓好思想宣传工作,正确处理局部利益与全局利益的关系。深化集团总部管控体系改革是广大干部职工期盼已久、势在必行的工作,同时也必然触及部分职工的思想和利益。要加强宣传引导,通过深入细致的思想工作,凝聚共识,寻求"最大公约数",使干部职工真正成为改革的参与者、实践者和推动者,最大限度地汇聚改革的正能量。要克服惯性思维和"一亩三分地"的局限,进一步树立全局观念,局部服从整体、个人服从组织,无论是战略管控部门还是业务支持服务部门,无论单位是否进入产业板块,无论职工调整到哪个部门,都没有高低之分,都是分工不同,都是首钢转型发展的需要。要把贯彻这次"三创"会议精神的过程变成干部职工正确理解改革,主动支持改革,积极投身改革的过程。

5.抓好党建工作,充分发挥党员干部的示范带动作用。推进集团总部管控体系改革,党的思想和组织保证是关键。我们要把党的先进性转化为促进科学发展的保证力,把党的理想信念转化为企业的凝聚力,把党的政治核心作用转化为企业的领导力,把党的工作制度及行为规范转化为企业的执行力,把党的群众工作优势转化为职工的创造力。政治路线确定以后,干部是决定因素。首钢的各级领导干部要自觉践行"三严三实"要求,做改革的领跑者、推动者;广大党员要发挥先锋模范作用,用自己的言行带动周围职工积极参与改革,促进改革的顺利进行。

6.抓好统筹协调,处理好集团总部管控体系改革与其他专项改革和经营生产建设的关系。推进集团总部管控体系改革,工作千头万绪,不可能一步到位。要分步做实、逐步优化,坚定不移地扎实推进。在改革中要统筹好党建、国有资产管理、质量体系建设、投资风险防控、区域管理对接等方面的工作。要处理好与其他专项改革的关系,如三支人才队伍建设,也是今年"两会"确定的重要任务,要从下半年开始,在股份公司、京唐公司试点积累经验,在集团推广。要紧密结合当前经营生产和建设工作,以改革促进各项措施落地,提高应对市场能力,提高劳动效率,促进钢铁业减亏扭亏;提高资金运营效率,做好产融结合工作;抓住历史性机遇,加快推进两大园区建设,抓好重点项目,完善机制,提升能力,在各项工作中取得新成效。

最后,利用这次会议的机会,我再强调一个问题。7月16日,市委第二巡视组向总公司反馈巡视意见,提出明确的整改要求。对此,总公司党委高度重视,迅速组织全面落实整改。这一段时间,许书记带领相关部门、相关单位做大量工作,推进整改取得阶段性成果。这里,我公布一组数据,这段时间,我们全力组织查办市委第二巡视组移交的55件信访件。认真核实处理每一个信访件反映的问题,目前,已完成查办52件,还有3件在进一步核实。落实责任追究40人,其中:党纪处分9人,行政处理27人,诫勉谈话2人,移送司法机关2人。这些情况有的已经发通报,有的正在准备通报。

从目前查实的问题看,确实应该使我们领导干部警醒。特别是市国资委纪委查出中首公司一些领导干部公款打高尔夫球问题,性质非常恶劣,会员卡隐瞒不报,顶风违纪,下一步要作出严肃处理。中央三令五申,总公司党委也反复强调,但我们一些领导干部仍然我行我素,非常任性,不拿中央立的规矩当回事,接着玩、接着乐,"闯灯越线",好像还生活在十八大之前。前期我们通报的党员领导干部档案年龄造假、参与赌博两起违纪案件,也在警醒着我们,党员领导干部要"心有所畏,言有所戒,行有所止"。

中秋节、国庆节马上就到,这也是作风建设的重要节点。今天上午,许书记参加市国资委纪委召开的"两节"期间查究"四风"问题工作部署会,这次会议传达中央纪委监察部落实中央八项规定、纠正"四风"工作座谈会和市纪委党风政风监督工作推进会精神,总的精神是,"两节"期间将加大对"四风"问题明察暗访力度,并从今天下午开始行动,而且是记者跟拍、即时曝光。这次与以往不同的是,对公款吃喝、公车私用等问题,一经发现,既要严肃追究当事人的责任,同时还要追究单位党委书记、纪委书记责任。这个精神要传达到每个党员,让每个党员都知道。总公司党委、纪委也将加大监督执纪问责力度,已经下发通知并作出安排。各级党委要切实担负起主体责任,紧盯"四风"问题,严格要求、严格监督,把纪律立起来、严起来。针对节日中容易出现的参赌涉赌、公款吃喝、公车私用、接受客户安排的旅游、打高尔夫球等问题,要提出明确的纪律要求,开展警示教育,加强监督检查,严肃处理顶风违纪问题。各级纪委要落实监督责任,严格执纪、严肃问责,对违反"十个严禁"的问题发现一起查处一起,既要追究直接责任人的责任,又要追究有关领导的责任,绝不搞下不为例,坚决刹住用公款搞相互走访、送礼、宴请、旅游、健身、高消费娱乐等不正之风。广大党员干部要增强"红线"意识,严守"十个严禁"的纪律规定,守纪律讲规矩,自觉从严遵守中央八项规定精神。

中秋、国庆"两节"就要到了,在这里祝在座的各位、祝全集团干部职工节日快乐,阖家幸福!

谢谢大家!

关于《深化首钢集团总部管控体系改革思路框架》的说明

首钢党委副书记　何　巍

2015年6月8日总公司董事会审议通过《深化首钢集团总部管控体系改革思路框架》,为有利于广大干部职工全面、系统、准确地理解《思路框架》内容,我受总公司委托,就《思路框架》的主要内容向大家作说明。

一 关于集团总部管控体系改革的背景

20世纪80年代,首钢作为我国第一批经济体制改革试点单位,率先实行承包制,成为国有企业改革的一面旗帜。从1995年开始,首钢以建立现代企业制度为目标,实行集团化改革,把单一法人高度集中的管理体制,转变为多法人以资本为纽带的母子公司管理体制。进入新世纪以来,根据北京市承办2008年奥运会对国际社会的承诺,首钢率先实施搬迁调整,通过多业多地快速发展,综合实力明显增强,成为京津冀协同发展的先行者。随着京津冀协同发展上升为国家战略,首钢再次面临重要的发展机遇,正在向着建设成为有世界影响力的综合性大型企业集团的战略目标迈进。可以说首钢快速发展的历史就是一部改革的历史,在每一个关键的历史机遇期,首钢党委都是高举改革大旗,发挥党组织的政治优势,把握机遇,激发活力,赢得快速发展。首钢人的肌体里流淌着改革的血液,改革是首钢的重要文化基因。

首钢集团管控体系改革始终伴随着首钢的改革发展在不断探索前行。在首钢实施搬迁调整后,按照"集中整体,分层能级,分类管理"的原则,实施集团管控体系的调整,对整合优化集团资源,高效完成钢铁新基地建设,以及加强基地间资源共享与战略协同发挥积极作用。但随着首钢向"钢铁与城市服务商并重与协同发展"的战略转型,现行集团管控体系的不适应性逐步凸现出来,集中体现在:集团总部功能定位不够明确,管控模式不够清晰,工厂制管理方式还在沿袭,集团管理效率不高,市场主体活力不足等。对此,广大干部职工的改革呼声也十分强烈。在群众路线教育实践活动中,职工群众针对首钢作为特大型企业集团,尚未形成有效的集团管控模式,体制改革滞后于企业发展等,提出批评意见,希望总公司尽快建立与企业转型发展相适应的管控模式,通过深化集团总部管控模式的改革,推动首钢集团的改革发展。

党的十八届三中全会吹响全面深化改革的号角,北京市委十一届四次全会对首都全面深化改革做出部署,明确要求国资国企改革要率先实现突破。8月24日,中共中央、国务院正式下发《关于深化国有企业改革的指导意见》,明确指出:国有企业改革要坚持和完善基本经济制度,坚持社会主义市场经济改革方向,适应市场化、现代化、国际化新形势,以解放和发展社会生产力为标准,以提高国有企业活力为中心,完善产权清晰、权责明确、政企分开、管理科学的现代企业制度,完善国有资产监管体制,防止国有资产流失,全面推进依法治企,加强和改进党对国有企业的领导,做强做优做大国有企业,不断增强国有经济活力、控制力、影响力、抗风险能力。因此,深化集团总部管控体系改革是时代进步的客观要求,是企业发展的内在需要,也是广大职工的热切期盼。

去年9月首钢党委经深入研究出台《关于首钢全面深化改革的指导意见》,其中,建立和完善新型集团管控体系,不断提升管理能力是全面深改的重要内容之一。一年多来,在深改领导小组的领导下,围绕集团总部管控体系改革的相关工作已全面展开,配套的改革措施陆续开始实施,改革的脚步从未停歇。一是从摸清家底入手,对集团所属的584家单位进行全面调研,重点对首钢持股35%及以上并有实际控制权的企业进行深入细致的分析,理清每家企业的投资关系和股权结构,为下步探索实施板块化管理奠定了基础;二是"三项制度"改革不断深入。按照"规范管理,激发活力"的指导原则,实施了职工薪酬制度改革,建立了领导干部中长期激励机制,对股份公司等五个单位率先建立三年任期目标。深入推动转型发展,提高劳动效率工作有序向前推进,总部机关第一期转型发展培训班已完成培训任务,大部分学员通过竞聘走上新的工作岗位;三是适应首钢转型发展需要,为强化集团管控功能,加强国有资产运营监管、提高战略研究与控制能力、建立党风廉政建设和反腐败斗争常态机制,总公司加强并建立监事、派出董事和研究工作机构,强化审计力量;四是积极推进做实股份公司,构建钢铁板块管理平台的改革。今年3月份,完成第一阶段组织机构调整,铁前一体化、迁顺一贯制、供应系统的深度整合等均取得了明显效果。第二阶段的组织机构调整全面实施,配套的职务职级改革和建立中层领导干部中长期激励机制试点工作也在积极推进。做实股份公司,构建钢铁板块管理平台,为集团构建产业板块化管控体系起到了试点先行的作用,改革取得的初步成果也为集团总部的管控体系改革增添信心。

二 关于《思路框架》的形成过程

今年以来,集团总部管控体系改革工作全面展开。按照首钢"两会"确定的"明确总部功能,精简优化管理层级,下半年完成集团总部机关建设"的工作目标,总公司深改领导小组研究确定今年的总部管控体系改革的计划安排,主要工作分为三个阶段进行:

第一阶段为学习调研阶段。年初总公司要求发展研究院按照《指导意见》精神,研究借鉴外部先进企业经验,结合首钢实际,牵头开展集团总部管控体系的调研工作。发展研究院、办公厅研究室等部门对宝钢、新兴际华、华润等优秀企业的集团管控体系进行了深入调研,撰写了《首钢集团总部职能架构研究》等专题研究报告,为集团管控体系设计提供了重要参考,党委中心组专题组织了学习。针对集团财务转型的需要,总公司专门邀请了国家会计学院的教授来首钢,为企业集团财务转型与财务共享服务中心建设做专题报告,另外,埃森哲咨询公司围绕"大型企业集团管控及组织变革趋势"和"集团管控和机构改革的变革管理"等方面做的专题讲座,使大家开阔了眼界,感受到了行业的快速发展,认识到了自身存在的差距。

第二阶段为《思路框架》的设计与研讨阶段。总公司党委制订的《首钢全面深化改革指导意见》是改革的总纲领,为集团总部管控体系改革确定了基本方向。考虑到集团总部管控体系改革的系统性、复杂性、长期性、渐进性,深改领导小组研究认为,要将顶层设计与专项设计相结合,首先要从顶层设计角度规划总部管控体系改革的总蓝图,即在《指导意见》的指导下,系统规划总部管控体系改革的近期、中期、远期目标,科学考虑总部功能与管控模式,总体设计总部的组织架构与功能定位,合理规划改革路径与实施策略等。作为规划蓝图,需要体现集团总部管控体系改革的系统性、全面性、发展性,需要体现出改革的高度和广度,需要突出关键环节,突出改革重点。其次,在规划蓝图的基础上,再进一步分专项制订实施方案,实施方案要体现出专业性和实操性,深度要到具体业务。《思路框架》正是本着这一思路制订的。

《思路框架》制订的初始阶段,是从总部组织结构设计和总部对板块的管控两个方面进行研究的,但在讨论过程中工作小组提出,目前除钢铁板块平台正在组建落实当中,其他产业板块还尚未形成规模,对板块管控的研究还缺乏具体条件。经深改领导小组确定,《思路框架》先聚集到集团总部组织结构的设计,对板块的管控暂从理论和趋势层面进行研究,先以钢铁板块作为研究试点,其他板块将随着各产业发展再深入开展研究。

总公司深改领导小组研究认为,首钢集团总部管控体系改革既要符合首钢实际,还要符合时代发展趋势;既需要有对首钢历史与文化的深刻理解,也需要有跳出首钢看首钢的冷眼视角。为此,深改领导小组确定了"以我为主,外智支持"的工作方针,引入了全球著名管理咨询公司——埃森哲咨询公司。在深改领导小组统一领导下,由劳动工资部牵头,埃森哲咨询公司提供咨询,有关专业部门参加,成立了《思路框架》制订工作小组。

在认真学习借鉴先进企业经验的基础上,工作小组本着实事求是的原则,深入开展了企业内部调查研究,对总公司主要领导、各职能部门领导以及有关专业负责人等不同层次人员先后访谈了78人次。为保证在组织机构调整过程中业务不丢、流程不断、管理不乱,工作小组对总部现行465项机构职责、569项对外业务等进行了全面梳理,形成专题分析。在此期间,总公司层面先后组织4次专题会进行深入讨论,深改领导小组2次召开专题会议对《思路框架》进行了认真研究。工作小组每天召开例会,研究方案细节。经过反复修改完善,最终于6月8日提交集团董事会审议通过。

董事会在讨论《思路框架方案中》指出:集团总部管控体系改革是职工的期盼,改革必然触及利益格局的调整,必然触动人的思想。要在改革目标、改革思路、关键问题、改革路径等方面,统一思想,寻求凝聚共识的"最大公约数"。同时还要使全体干部职工成为改革的参与者、实践者、推动者,最大限度地汇聚推动改革的正能量。面对工作千头万绪,情况错综复杂的现实,深化改革工作不可能一蹴而就、一步到位,要坚持明确目标、分步做实、逐步优化,坚定不移地扎实推进,确保改革举措落地,全面激发活力。

下一步,集团管控体系的改革将要进入第三阶段——实施阶段。按照《思路框架》方案的安排,年底前要分步骤有序推进总部机构的调整。在此阶段,要进一步开展各部门的专项设计,包括内部机构设置、岗位设置、主要业务界面、关键管控流程等具体内容,并同步制订组织机构调整实施方案,在人事安排、业务交接、制度承转、系统权限调整、对外业务衔接等方面进行详细安排,确保改革平稳有序。

三　关于对《思路框架》总体结构和重点问题的说明

集团的管控体系《思路框架》共包括四个部分:

第一部分:深化集团管控体系改革的指导思想与改革目标。这一部分,主要提出的是改革的指导思想和总目标,分别从总部组织体系、治理结构、管理能力三个方面细化了分目标,使改革目标更加清晰、具体、明确。

第二部分:集团总部功能定位与管控模式选择。这一部分,主要是将《指导意见》提出的总部八项功能定位进一步具体化,对集团管控模式选择进行分析,对不同管控模式下的管控内容和管控深度进行了示例描述。同时这一部分总结归纳了集团总部当前存在的突出问题,提出了集团总部管理重心要实施重大转变的明确要求。

第三部分:首钢集团总部组织结构设计。这一部分是方案的核心内容,主要提出了集团总部组织架构设计的指导原则,从集团治理结构和总部组织机构两个层面进行了框架设计,对各部门组织机构进行了描述,并明确了部门的功能定位与主要职责。

第四部分:集团管控体系改革实施计划安排。在这一部分里,主要对集团总部管控体系改革的时间进度进行了安排,针对变革中的重要风险管控点制订了相关措施。

下面,我就《思路框架》涉及的几个重要问题介绍一下总公司深改领导小组的思考。

第一,关于对集团总部管控体系改革目标的思考。

埃森哲咨询公司在对总公司领导以及专业部门领导的访谈中,大家对集团体制改革目标的认识具有高度的一致性,都将"提高效率,激发活力"作为目标的首要选项。在我国经济步入新常态,首钢进入转型发展的关键期,这一目标的确定具有十分重要的现实意义。董事会在讨论中又进一步指出,从打造价值创造型总部的目标出发,还要把"价值提升"作为集团总部管控体系改革的更长远目标。目标不能只是响亮的口号,还需要分解细化,能够评价考量。为此,工作小组考虑将管控体系的改革目标与实施三年任期目标和制订"十三五"规划工作结合起来,按一年、三年、五年三个时间段,围绕总目标,分别从总部组织架构、治理结构、管理能力三个维度规划了改革的分目标,使总目标更加具体、实在。客观地讲,完成这些规划目标具有相当大的挑战性,敢于明确提出这些具体目标,体现了总公司党委的担当精神和"壮士断腕"的勇气,更体现了一种高度自信。

第二,关于对集团总部功能定位与管控模式选择的思考。

首钢在以钢铁业为主的发展阶段,总部的垂直管理模式发挥了重要作用,集团统筹协调和配置资源、高效运转的功能,为首钢的快速发展、完成史无前例的大型钢铁企业搬迁提供了重要的体制和机制保障。

遵循世界钢铁产业发展规律,适应国家钢铁产业结构调整政策要求,集团提出"一根扁担挑两头"的发展战略,通过打造全新的资本运营和金融平台这根扁担,实现钢铁和城市综合服务商两大主导产业协同并重发展,并围绕两大主导产业,探索构建相关业务板块的总体战略。

总部战略的确定,标志着首钢集团正式进入新的转型发展阶段。集团将进入之前众多没有进入过的业务领域,从管控钢铁主业为主,转变为要管多元产业发展,总部将面临众多全新的需求,主要表现在以下几个方面:

一是集团转型发展需要决策的事项急剧增加。这意味着集团总部需要更为合理地分配宝贵的管理精力,聚焦于具有战略意义的重大问题。

二是集团转型发展将面临更多的战略选择,需要更频繁、更快速地做出更多的战略和投资决策。这意味着集团总部必须大力加强战略规划的方向把控、重大战略投资的决策分析、风险管控等关键能力。

三是集团转型发展需要在战略方向上建立和培养决策的能力建设。这意味着集团总部需要综合利用多种手段,加强资本运营能力,加强培育、吸引和激励关键人才的人力资源能力,强化各板块间的资源配置和战略协作能力等。

四是集团需要更好地管理现有和正在培育的多元产业(板块),充分调动多元产业(板块)的积极性、充分释放活力。这意味着集团总部需要基于不同板块的特点和所处的发展阶段,选择合适的管控模式并动态进行调整,通过合理的授权,推进管控重心下移,适应各板块业务的专业化和集中化管理的客观要求。

五是集团还将更多地面对放权后所导致的潜在风险点及增加的新挑战。这意味着集团总部需要建立更加完善的运营监控和风险管控能力,避免出现"一管就死、一放就乱"的局面。同时,随着集团规模的不断增长,通过对事务性、共享性业务的规范化、标准化调整,在提供共享服务、加强管控、实现规模化效应方面发挥更大作用。

另外,从急迫性来看,集团做实股份公司,率先进行钢铁板块管理的试点,也倒逼总部加快改革步伐,加速调整集团的功能定位和管控模式。

基于上述考虑,在《思路框架》中,工作小组将《指导意见》提出的总部"战略规划、投资决策、资本运作、人力资源、运营监控、风险防范、文化品牌、服务保障"八项功能定位进一步具体化,并在对首钢现状进行认真评估的基础上,提出了集团管控模式。在现阶段,将集团总部管控模式确定为"以战略型管控为主的复合型管控模式",同时在"战略型管控"的总体定位下,根据各类业务板块的特点,集团还将采取"战略偏运营""战略偏财务"的差异化管控模式。

第三,关于加强党委在国企改革中的政治核心地位的思考。

首钢集团在党建方面具有优良的传统,积累了宝贵的经验,总公司党委在企业的改革发展中始终处于政治核心地位。党中央最近在《关于在深化国有企业改革中坚持党的领导,加强党的建设的若干意见》中强调,"坚持党的领导是我国国有企业的独特优势。把国有企业做强做优做大,不断增强国有经济活力、控制力、影响力、抗风险能力,要坚持党的建设与国有企业改革同步谋划、党的组织及工作机制同步设置,实现体制对接、机制对接、制度对接、工作对接,确保党的领导、党的建设在国有企业改革中得到体现和加强。"在集团总部管控体系设计中,深改领导小组和工作小组深刻理解文件精神,并认真贯彻落实,在继承和发扬首钢优良传统和党建经验的基础上,努力在新的历史时期,面对新的课题,进一步探索和加强党的建设,把发挥党委政治核心作用与建立现代企业制度有机结合起来,使党委成为公司治理结构的有机组成部分,确保党委参与重大问题的决策,谋全局、议大事、抓重点,发挥政治保障作用;通过加强监事会办公室建设,规范派出监事履职,强化过程监督保障;在总部机构设计上,从党委领导体系方面,设置党委组织部(统战部、团委)、党委宣传部、纪委等机构。从行政领导体系方面,设置人力资源部、企业文化部、监察部等部门。为强化党的领导,加强党政协同,实现精干高效,实行两套机构合署办公的方式。

第四,关于对健全完善集团治理结构的思考。

工作小组在讨论中,从首钢实际出发,围绕健全完善集团治理结构方面,提出重点解决以下三个方面的问题:

一是提升董事会战略决策能力。将总公司董事会定位为战略决策型董事会,主要功能是:把方向、议大事、防风险、管团队。概括为:公司发展的掌舵人、重大投资决策过程的主导人、预算执行的评价人、重大风险的把控人和经营团队的激励人。坚持企业党组织成为公司治理结构中的有机组成部分,完善"双向进入、交叉任职"的领导体制,形成党委会与董事会、经理层、监事会职责明确、有机融合、运转协调的领导体制和运行机制。结构良好的董事会是集团创造价值的保证,为此要优化董事会成员结构,充分发挥外部董事的作用,逐步实现外部董事占多数,提高科学决策水平;要规范董事履职程序,健全董事会运行机制,建立完善战略与风险管理委员会、薪酬与考核委员会及审计委员会等专门委员会,为董事会科学决策提供支撑;要通过修订公司章程进一步明确总公司与二级公司之间的权责边界,建立健全二级公司董事会。建立派出董事分类分项授权体系,实行评价和问责机制。总公司要加强对二级公司的监督管理,定期开展对二级公司的绩效评价、考核工作的检查。

二是提高经理层战略执行能力。尽量减少董事会与经理班子的重叠,以实现决策层与执行层权责关系的清晰。

总公司经理班子作为执行层,负责落实董事会各项决议,保证集团战略的贯彻实施,主要权责包括实施董事会批准的战略方案,控制战略实施过程,确保年度经营计划的实施,在董事会授权范围内决定集团投资项目和经营事项等。适应"以战略管控型为主的复合性管控"的要求,建设权责明确、精干高效的经理班子。经理层在总经理领导下按照授权分工开展工作。优化经理层人员职责分工,处理好"管职能"与"管板块"的关系,经理层领导可以兼任重要板块主要领导,实现管理重心下移。

三是强化监事会监督能力。监事会定位为依法依规对董事会运作、董事履职、经理层贯彻落实董事会决议等情况进行监督检查,对企业决策过程、决策执行和重要经营活动实施监督。总公司监事会由北京市国资委派驻,集团二级公司要建立健全监事会。集团要不断探索完善监事会对重点企业的监督管理方式,对重要板块和重点企业要派驻监事会主席和专职监事,并实行常驻制。

第五,关于对集团总部价值创造的思考。

工作小组在讨论中认为,集团总部的价值创造十分重要,但总部价值并非通过直接参与生产经营来实现,而是通过战略协同等手段的发挥,实现更高层面的价值创造。这种价值创造一方面体现在对成员企业进行前瞻性的战略引导及全局性的资源配置,从而发挥协同作用,实现业务组合的总体价值大于各企业单独经营所能获取的价值。其次,集团总部也将通过新业务开拓、科技研发、推动商业模式及管理创新等方式,实现增长潜力的深度发掘,并开拓未来的发展空间,布局集团未来价值。

从国内外大型多元化企业的集团总部创造价值的案例来看,这些企业主要是通过战略引导、资源整合、跨业务协同、资源共享、创新及管理输出等多种方式,实现总部价值的创造。

价值创造型集团总部的打造,有赖于总部相关领域的能力建设以及管理机制的创新。工作小组结合集团总部目前的现状提出,要利用此次总部机构调整契机,重点打造集团总部五个方面的能力。

即战略决策支持及研究能力,为集团在推进战略转型、优化业务组合等重大战略举措的实施过程中提供决策支持,并推动业务及管理模式创新。加强对业务板块的战略管控能力,通过规划、投资、计划预算、经营业绩等关键管控手段,使战略目标得到有效的分解及执行。加强集团总部的资本运作能力,推进总部利用资本运作手段推进业务组合的优化及外部资源的整合。加强运营优化及共享服务能力,推动全集团业务运营及管理水平的不断提升,以及人才、技术、信息、管理手段及专业服务能力的共享。加强风险管控能力,提升总部在制定并实施重大战略举措过程中驾驭风险的能力。除此之外,集团总部还需要持续推进诸如法人治理、管控授权、品牌建设、以独立核算的利润中心和以价值创造为导向的经营业绩管理等各领域的体制机制创新。

在集团推进实施战略型管控、逐步下放经营自主权的过程中,进一步强化集团总部的核心能力建设,推动集团总部的功能转型,既是避免总部空心化的必要措施,也是发挥首钢集团总部价值创造能力的必然要求。

第六,关于对总部机构按战略管控、战略支撑和业务支持服务三类部门进行划分的思考。

总部组织结构设计遵循了"以'总公司改组为国有资本投资运营公司'为方向;承载和助推'一根扁担挑两头'发展战略的实施;符合'以战略管控型为主的复合型管控'的功能定位;建设精干高效的总部机关;瞄准先进、结合实际、适度超前、持续优化"的原则,这次对总部机构的设计是按战略管控、战略支撑和业务支持服务三个方面进行划分,主要考虑:

一是从总部功能的完整性看,三类机构均为总部职能正常运转不可或缺的部门,分别承担总部的不同功能。

战略管控部门是构成总部战略管控体系的主要职能部门,主要承担集团战略发展规划、重大投资决策、资源的高效配置、跨产业协同、内部风险管控、集团核心运营团队管理等关键性职能,发挥价值引领功能。

战略支撑部门从技术和管理方面关注和把握发展趋势,开展超前性研究,为总部战略决策提供智力支持,从人才培养方面,依据集团发展战略对人员能力的要求,超前实施能力提升培训,支撑战略实施。

业务支持服务部门同时具有管理与服务双重职能。其管理职能主要面向业务操作层面,重点关注业务的标准化、规范化,增强管理透明度,提高办事效率;其服务职能一方面面向集团成员单位,提供专业支持,提供共享性服务,降低成本,提高效率,另一方面面向企业员工,主要提供更加便捷的服务,提高职工满意度。

二是从部门的业务特点看,三类部门的划分,体现了对不同类型业务的自身运行规律的把握。战略管控部门的业务多具有策划类、决策类、评价类的特点,战略支撑部门的业务具有前瞻性、研究性、冷思考的特点,业务支持服务部门的业务具有规范性、服务性、共享性的特点。分类设置有利于构建符合各自特点的业务运行模式,设置符合各自价值方向的组织目标和绩效指标,按照业务特点配置人力资源并实施有针对性的能力提升培训。

三是从部门间的关系看,三类部门均是总公司的下设机构,由总公司直接管理,在行政隶属关系上不是传统的从属关系;部门之间互为业务协作关系,分别承担和发挥各自的职能,开展相关专业管理工作;部门合并后的有关独立业务,可以对集团继续保留各自直接的汇报链条。

第七,关于对集团总部组织机构设计的思考。

经过前期大量的调研、访谈,工作小组归纳总结出十个方面的突出问题,在进行集团总部组织机构设计时,重点考虑就是坚持问题导向,瞄准突出问题精准发力,从机构设置、功能定位、职责设计、关键流程设计和关键岗位设置等方面给问题的解决在体制上创造条件。

集团总部在战略规划、投资决策、资本运作三大功能方面,设置了战略发展部、国际业务部、经营财务部等职能部门,并加强了人才开发院、技术研究院、总工程师室、发展研究院等企业内部智库建设,为总部战略决策提供管理、技术、人才支撑。战略发展部是集团战略规划、资源配置、新业务布局的主责部门,在战略规划管理上,要重点强化战略分解职能,形成规划、年度计划与预算的有效衔接,推动战略的落地实施。在投资项目管理上,战略发展部为投资职能全生命周期的归口管理部门,组织建立投资分类分级管理体系,当前重点加强投资预算管理。国际业务部的设置主要考虑了首钢要建设成为具有世界影响力的综合性大型企业集团,需着力在海外战略与境外投资方面提高能力,未来随着国际化经营人才成长及能力提升,逐步要与境内战略发展及投资管理形成一体;设置经营财务部,增加资本运营职能,当前聚焦上市公司资本运作和金融投资职能;总工程师定位为集团投资决策提供技术支持,为各产业发展提供技术方向、技术前导的专家机构。技术研究院的研发方向侧重在钢铁领域,机构设置在总公司,日常业务归属钢铁板块。将总公司科技创新体系管理职能暂保留在技术研究院,未来随着集团其他产业科技创新体系的完善,适时将其提升到战略发展层面;将原分散在党校、培训中心的培训资源进行整合,新组建人才开发院,把集团转型发展与管理能力的培训提升作为核心任务及主要目标。

在运营监控功能方面,设置了系统优化部,从组织架构、流程管理、组织绩效评价、信息化建设等方面构建总部运营监控体系。设置了经营财务部,通过建立全面预算管理体系,对集团各企业经营活动进行指导与动态监控。设置了安全环保部,负责策划推进集团职业健康安全管理体系、环境能源管理体系建设。

在人力资源管理方面,新组建了人力资源部,对原组织人事部、劳动工资部人力资源的分块管理进行整合,并明确了对高层管理人员、外派高管管理、集团关键人才梯队建设、领导力提升等职责定位。

在文化品牌方面,设置了企业文化部,主要承担党政理论宣传与思想教育策划、企业文化建设、品牌与公共关系管理等职能。

在服务保障方面,设置了办公厅,重点为党委会、董事会、经理会高效运行提供服务保障。通过组建四个中心和财务公司,为总部职能提供业务支持与服务。

工作小组在设计集团总部组织机构时,充分学习借鉴了先进企业集团管控体系经验。通过对宝钢、新兴际华、华润、武钢、鞍钢、中国建材、国家开发投资公司、中国节能环保公司、中国医药9家央企总部机构设置分析,尽管各企业职能部门的具体称谓不同,职能、职责有所差异,但从总体看,设置的职能部门包括战略、财务、人力资源、法律、审计、监察、安全与环保、企业文化、行政办公、运营改善、信息管理等,与这次的机构设置具有较高的一致性,通过学习借鉴先进企业的通行作法也避免了我们少走很多弯路。

第八,关于对率先组建业务支持服务部门的思考。

首钢集团总部改革不是在一张白纸上绘蓝图,而是要在原架构中寻求蜕变,因此,解决好现实与目标、历史与未来之间的矛盾至为重要。工作小组通过对总部管理现状的分析,认为总部在人事行政服务和财务核算等方面存在着大量事务性、重复性的工作,存在管理分散、手段落后、效率低下的现象。为保证集团总部集中管理资源和管理精力,充分发挥总部的核心功能与作用,《思路框架》设计了财务共享中心、资产管理中心、人事服务中心和行政管理中心等业务支持服务机构,主要目的是使总部从目前繁杂的事务性工作中解脱出来,同时使剥离出来的业务能够得到有效承接,实现总部机构改革的软着陆。四个中心同时具有总公司业务管理职能,将按照"承接、整合、优化、共享"的路径,逐步理顺业务流程,提高工作效率,提升共享水平。

从发展趋势看,大型企业集团建设共享中心已经成为一种趋势。共享中心通过整合相似的业务活动,实行专业化、模块化管理,实现规模经济,降低运营成本,提高响应速度及运作效率,从根本上提高业务部门和员工的满意度。从未来发展看,共享中心实行市场化运营渐成趋势,下一步可以成为总部价值创造的重要平台。

这里需要说明的是,四个中心虽然均为业务支持服务部门,但各自业务特点不同,功能定位与发展方向存在差异。人事服务中心与财务共享中心均向市场化的共享服务方向发展,行政管理中心则要通过推行行政服务的市场化、社会化,逐步缩减企业的直接管理事项,资产管理中心更侧重于对集团资产的管理职能上,当前特别要加强对不动产的管理。

另外,总公司财务公司已于今日正式揭牌营业,《思路框架》把财务公司纳入到业务支持服务部门,总公司要求财务公司要通过内部金融市场的建立,充分发挥筹融资功能,为集团转型发展做好支持服务。

第九,关于对加强集团内部风险管控的思考。

深改领导小组强调,在此次《思路框架》的设计过程中,要积极应对新常态下首钢结构调整、新产业培育的风险,要把防范风险放在重要位置,把国家对于国有企业规范经营决策、确保资产保值增值、防止国有资产流失的要求体现出来。为此,针对首钢集团风险管理,特别是投资风险的全面管控,在总部管控架构及组织设计中进行了系统性考虑。

在企业经营的一般性风险防控方面,设置了系统优化部、监事会办公室、法律事务部、审计部、监察部(纪委)等机构,分别从风险内控体系建设、事前事中事后风险管控等不同层面、不同角度系统强化了总部的风险管控能力。

在体系建设方面,依据国资委提出的"风险管理三道防线"理论,将现由审计部负责的风险管控体系管理调整到系统优化部,从集团层面有效识别和评估风险,并通过规范治理结构、完善授权体系、健全运行机制、加强流程管控、健全规章制度等,系统构建集团风险管控体系;指导监督各板块及二级公司完善内控体系;制定全面风险管理年度工作方案,落实事前、事中、事后的风险防范。

对集团治理结构进行改革,从完善集团董事会机制,强化派出董事和监事的任职及履职职能、强化监事会监督能力,提高经理层战略执行能力三个方面,规范健全董事会、监事会、经理层协调运转、有效制衡的决策、监督、执行机制。

从体系分工上看,法律事务部门要加强重大项目合同的事前法律审查和风险防范;派出监事要加强事中过程的风险控制,建立完善监事会与审计、纪检监察的联动机制;审计部门要加强事后的审计监督,提升整体监督效能,有效防范风险。

在加强投资的战略决策及支撑能力方面,考虑了强化战略发展部、国际业务部、资本运营、总工室、发展研究院等职能,强化立项决策分析与支持、投资研判与方案设计,改变项目前期论证分段管理的现状;组建资产管理中心,通过掌握集团的资源及能力现状,为相关决策提供基础依据,并以资产价值管理为核心,深入挖掘资产潜在价值,实现资产保值增值的目标;要完善集团董事会运行机制,使董事会的精力能聚焦于真正的战略议题,提升董事会对于集团战略方向和决策的把控力度。

在加强战略跟踪及后续决策方面,考虑了加强集团资本运作专业职能和运营能力,优化投资项目的资本运作能力;由集团总部、各大板块、股权投资管理公司分别进行周期性的战略和业务组合评估,制定"保持、增持、减持、退出"等决策,解决以往"重投资,轻风控""只进不退"等问题。另外,在产融结合的背景下,以投资风险、金融产品风险的管理和重要流程的内部控制为重点,通过明确职责,强化事前投资决策和事后经营投资责任追责。

四　关于集团总部组织机构设置简要说明

关于《深化首钢集团总部管控体系改革思路框架》,会前已发给了各位代表,涉及集团总部组织机构方面的内容,在此仅简要说明如下。

集团总部组织机构设置主要包括三个方面:

第一,设立总部战略管控部门(含党群部门)13个,即:战略发展部、国际业务部、经营财务部、系统优化部、安全环保部、办公厅、人力资源部(党委组织部、统战部、机关党委、团委)、企业文化部(党委宣传部)、监察部(纪委)、法律事务部、审计部、监事会工作办公室和工会。

1. 战略发展部:是集团战略规划管理、资源配置与新产业布局的主责部门,并作为首钢董事会战略与风险管理委员会的日常办事机构。

通过设立战略发展部,进一步提升集团总部战略规划、投资决策和产业协同能力,支撑集团和业务板块战略的科学制定和有效执行,确保集团战略目标的实现;重点解决总公司对业务板块战略指导及分解不清晰等问题,并强化集团及业务组合战略决策分析和制定能力;逐步解决集团投资和项目管理分段分块缺乏整合、投资决策支撑能力较弱的问题,有效指导并管控各业务板块发展方向和投资重点,避免板块及子公司之间投资同质化、资源分散等问题,发挥集团总部的资源配置及协同优势。在负责集团战略及投资归口管理的定位下,近中期侧重境内投资业务管理,随着能力提升,远期要实现境内外战略发展及投资管理的整合。另外,为有效支撑创新驱动、转型发展战略,在集团其他产业科技创新体系逐步完善后,适时整合技术研究院负责的科技创新管理职能,将从重点关注钢铁产业提升到全集团跨板块统筹管理的层面,支撑集团多元化发展战略的实现。

2. 国际业务部:是集团海外战略与境外投资管理的主责部门。负责境外投资项目的前期研究、投资决策分析支持、投资过程及投后管理,推动集团国际化发展战略的实施。

通过设立国际业务部,进一步助推集团"建设成为有世界影响力的综合性大型企业集团"战略目标的实现。在战略发展部对全集团战略及投资的归口管理下,重点加强集团境外发展战略研究、境外投资项目研判、投后的专业管理;加强国际合作,推动海外事业发展,助推集团逐步实现国际化运营。

3. 经营财务部:是集团全面预算管理、资金集中管理、资本运营管理、会计信息管理、税务管理的主责部门,并参与公司重大战略制定、投资决策。

通过设立经营财务部,推动集团财务管理由核算型向战略管理型转变,由业务型向决策支持型转变,由工厂式管理向集团化财务管控转变。在夯实基础管理、建章建制的同时,逐步提升财务分析决策能力,并对集团内财务管理业务提供指导和监督;针对目前预算管理与战略规划结合不充分、预算事中控制不足等问题,强化计划预算体系与战略规划的有效衔接,充分发挥全面预算管理资源配置、成本控制、风险防控能力;逐步解决资金集中度不高,资金使用效率不高等问题,强化资金集中管控体系,充分调配资金资源,降低融资成本,控制资金风险;加强资本运作,优先强化上市公司资本运作与金融投资职能,提高资本运营水平。推动首钢集团财务管理和资本运营能力提升,有效支持管理层决策,实现集团总体价值创造。

4. 系统优化部:是集团风险管控体系、组织体系、组织绩效管理体系、信息化建设的策划和推动部门。通过规范治理结构、完善授权体系、健全运行机制、加强流程管控、健全规章制度等,系统构建集团风险管控体系;优化集团管控模式,推动总部职能的转变;加强集团信息化建设,为集团高效管控提供信息化支撑。逐步建立和完善集团总部内控体系、制度体系、业务流程体系、组织绩效管理体系;系统推进信息化与集团管控的深度融合,基本实现集团全面预算管理系统、财务共享服务系统、资产管理系统、人力资源共享服务系统等信息系统建设,全面提升集团总部的管控能力。

5. 安全环保部:是集团安全与环保能源专业的宏观管理部门,主要负责组织贯彻落实国家法律法规,策划推动专业管理体系建设,组织重大安全、环保应急事件处置,重大事故调查分析等。

6. 办公厅:为董事会办、党办、经理办三办合设机构。主要承担文秘、调研、外事联络、信访、派出董事履职管理等职能。

7. 人力资源部与党委组织部和团委合署办公:主要承担党组织、党建工作管理、人力资源规划、领导团队建设、薪酬体系管理、劳动效率管理、培训管理等职能,并作为首钢董事会薪酬与考核委员会的日常办事机构。

8. 企业文化部与宣传部合署办公:主要承担党政理论宣传与思想教育策划、企业文化建设发展规划、品牌与公共关系策划等管理等职能。

9. 监察部与总公司纪委合署办公:主要承担维护党的章程,检查党的路线、方针、政策和决议的执行情况,企业行政效能监察,党风廉政建设,党内纪律检查等职能。

10. 法律事务部:是集团法律事务的归口管理部门,主要承担集团法律体系建设及法律事务管理,参与集团重大经营决策,对相关法律风险提出防范意见,协调处理法律事务,为重大经营决策提供法律支持等职能,通过加强法律事务部在集团经营活动中的事前、事中、事后的全过程参与,有效管控法律风险,维护企业合法权益。

11. 审计部:主要承担集团防范经营风险,保证经济运行质量和提高经济效益等审计职能。

12. 监事会工作办公室:主要承担对集团重点监管子企业国有资产运营的监管职能,向重点二、三类改制企业及合资联营企业委派监事会主席或监事,对总公司党委、董事会各时期的决定决议贯彻落实情况开展监督检查,实现国有资产保值增值。

13. 工会:是总公司党委和北京市总工会领导下的首钢各级工会组织的领导机关和代表机关,主要承担工会系统组织建设,维护职工合法权益、工会资产和会费管理,丰富职工文化生活等职能。

第二,设立总部业务支持服务部门5个,即:财务共享中心、资产管理中心、人事服务中心和行政管理中心、财务公司。

1. 人事服务中心:是总部人力资源业务的集中处理平台,为员工提供各项人事服务的服务窗口,为总部战略管控部门提供专业支持的业务合作部门。通过设立人事服务中心,一方面,疏解总部机关非战略管控核心功能,更加突出总部职能部门的功能定位,另一方面,整合原总部分散的人事业务,建立贯穿员工全生命周期的一体化人事服务流程,推进业务标准化和信息化建设,达到提高运营效率,提高服务水平,提高员工满意度,构建和谐劳动关系的目标。

2. 行政管理中心:是集团总部行政与后勤等专业的职能管理部门,主要具有三方面功能:一是承担政府赋予的社会管理职能;二是管理为总部提供行政办公和后勤保障的服务实体;三是为员工提供的生活服务。通过组建行政管理中心,承接总部机关非战略管控核心功能;积极顺应国家行政审批制度改革的趋势,对总公司承担的众多社会职能进行疏解,按照继承保留、归还社会、向法人单位转移、实行属地管理,取消等多种途径,为企业减轻负担;积极推进行政与后勤服务的社会化、市场化,逐步缩减企业直接承担的行政管理事项。

3. 财务共享服务中心:是为集团和各级子公司战略决策提供财务数据的支持服务部门和共享平台,是集团财务核算、会计处理的中心。通过推进会计核算规则和业务流程的标准化,夯实集团财务管理基础;按照专业化的“数字加工厂”的业务模式,构建中心的业务体系;通过信息化建设,建立财务共享服务平台,实现财务管理的规范化、透明化、高效化。并以此平台为基础,进一步扩展整合人事服务中心等相关业务,形成更大范围内的服务共享;通过财务专业战略管理职能与服务共享性业务的分离,促进集团财务管理由传统核算型向决策支持型转变。

4. 资产管理中心:是集团有形资产和无形资产的归口管理部门,以全面准确掌握集团资产信息为基础,以资产价值管理为核心,加强资产使用效率分析,实现资产保值增值的目标。根据首钢转型发展的战略需要,针对总公司在有形资产和无形资产管理上迫切需要解决的现实问题,中心首先要摸清家底并将土地房屋等不动产作为当前的管理重点;其次,加强集团战略性资源类(矿山、港口等)资产的管理;第三,加强无形资产管理,发挥无形资产的价值。先将商标字号管理划入中心,今后逐步要将专利、知识产权的价值管理纳入中心;第四,加强对固定资产的管理,特别是钢铁企业的固定资产管理。

5.财务公司:是集团内部的金融机构,按照"一根扁担挑两头"的发展战略目标,发挥集团内部筹融资功能,盘活集团内部资金,增强集团的融资能力,为集团在钢铁和城市综合服务商两大领域快速、健康发展提供资金保证,为总公司重大战略投资决策提供资金保证。下一步,结合集团金融板块建设,再深入研究和完善集团金融管理体系,实现产融结合的目标。

第三,设立战略支撑部门4个,即:总工程师室、技术研究院、人才开发院、发展研究院。

1.总工程师室:定位为围绕集团创新发展战略,为集团各产业发展提供技术先导,确定技术方向的专家机构,同时为集团重大投资决策提供技术支撑。

2.技术研究院(首钢技术中心):定位为钢铁技术领域的研发机构,对外称首钢技术中心,机构设置在总公司,实质业务划归钢铁板块,日常管理归属钢铁平台,以加强技术研发与产线的紧密协同。代行总公司科技创新体系的管理职能,未来随着其他产业科技创新体系的完善,将其划归战略发展部。

3.人才开发院:是首钢各类人才的培训基地,整合原党校、培训中心等培训资源,系统规划,形成涵盖管理、技术、技能人员的分类分层培训体系。为集团管理能力提升,加快转型发展提供能力上的保障。

4.发展研究院:为集团发展战略研究咨询机构,承担集团战略性、全局性、超前性发展问题的研究,为集团领导决策提供智力支持。

需要说明的是,目前《思路框架》将重点放在总部的组织机构设计上,对集团产业板块的形成尚未进行深入研究,集团总部管控内容与管控深度需要针对各板块进行详细设计,《思路框架》尚未达到这一设计深度。其中园区开发、股权投资、金融服务三个平台的构建与总部组织架构改革关系密切,需在功能定位、目标方向、实现路径等方面进行更深入地研究,总公司已将三个平台的构建列为下步专项课题,与总部管控体系同步研究。

五　关于积极稳妥推进集团总部管控体系的改革工作

集团总部机构改革是一项十分复杂的系统工程,时间紧、任务重,既要有系统完善的组织机构设计方案,还要有周密细致的改革推进实施方案。因此总公司将本着稳步、稳妥、稳定的总体原则,有序推进各项工作的开展:

第一,在后续的方案细化设计上,要加强主要业务部门的深度参与。集团总部改革方案的设计,要建立在充分借鉴行业发展趋势和成功实践的基础上,努力实现管理水平和运作效率的提升;同时,随着设计方案的逐步细化,各项工作将深入到各部门的业务细节中,需要各主要业务部门的深度参与,在业务细节、岗位职责,及人员编制现状梳理等环节,都要紧密参与到方案的制订中,确保具体的实施方案能够紧密结合各部门的业务实际,做到可落地、可实施。

第二,在具体的行动推进方案上,要紧密结合实际,分步实施,有序推进。改革永远是进行时,不能一蹴而就,需要实事求是,把握改革的客观规律,有步骤地推进。一是率先组建承担总部业务支持服务功能的四个中心,使剥离的非总部战略管控核心功能得到有效承接;二是以保证明年预算编制为前提,将围绕负责明年预算编制的主要部门先期调整完成;三是在年底前陆续完成其他部门的调整工作。具体业务的调整,要按照业务之间的关联关系以及实际工作需要,分步调整到位。除此之外,随着机构的设立和业务的稳定开展,需持续推进部门流程优化,并开展管理体系和人员能力建设,从而逐步实现机构的精干高效。

第三,要深入做好宣传和思想发动工作。集团管控体系改革是一场深层次的管理变革,涉及每个部门和每名干部职工的切身利益。改革需要广大干部职工的共同参与,集团将充分利用各种宣传、培训、座谈等途径开展宣传工作,使管理者和员工在认识上保持一致认同,充分理解和接受改革的意义和目标,并积极参与到改革中来。此次三创会是一次思想发动的宝贵契机,会议研讨的过程将变成广大干部职工深度介入、引发思考、形成共鸣的过程。广大干部职工将一起成为改革的参与者,积极投身改革,正确理解改革,主动支持改革,并在改革中体验到获得感。

第四,加强组织领导。进一步强化领导力和责任,实现领导班子思想统一,并形成推动变革的核心力量。在目前总部机构方案设计小组的基础上,根据机构改革进度安排,适时组建实施工作小组,明确小组负责人,具体负责机构调整的筹备与实施工作。并加强改革过程的全面管理,全面组织和管理改革实施过程,确保组织改革目标的实现。

第五,要做好改革前的各项准备工作,确保业务不丢、流程不断、管理不乱。为确保在总部机构改革过程中各项业务的有效衔接和平稳过渡,要提前做好以下各项准备工作:一是全面清理现有各项规章制度。对制度要先承接延续,待新机构运行一段时间后,结合优化业务流程,再进行全面修订;二是同步制定 ERP、OA、eHR 等管理信息系统的调整方案,保证机构调整后的业务畅通。支撑总部新的管控体系运行的信息系统建设总体规划工作随后启动;三是全面清理核对办公用房、办公用品、办公家具、办公设施等办公条件;四是按进度落实新机构各部门领导人选;五是核定部门定员编制,组织开展"六对六清"工作,拟定和实施新机构人员配备方案,做好职工转型发展培训工作等。

深化集团总部管控架构改革是首钢的一次深刻的管理革命,既需要在宏观层面上达成共识,也需要在微观层面上具有可操作性;既要打破旧的管理体制,也要进行管理创新;既要面向未来,也要兼顾现实;既要追求总部的精干高效,也要组织好职工的转型发展,这就需要集团上下同欲、坚定信念、协调联动、迎难而上,用过硬、过细、过实的工作保证改革目标的实现。

首钢集团管控模式选择与业务板块构建的说明

总公司《深化首钢集团管控体系改革思路框架》(以下简称《思路框架》)提出,"集团管控模式确定为以战略管控为主的复合型管控模式,即在战略型管控的总体定位下,根据各类业务板块的特点,采取差异化的管控模式"。首钢党委关于《首钢全面深化改革的指导意见》(以下简称《指导意见》)提出,"围绕两大主导产业,探索构建相关业务板块。在钢铁领域构建钢铁、矿产资源两大业务板块;在城市综合服务商领域,探索构建城市基础设施、节能环保、健康医疗、文化体育、金融服务、房地产等六个潜力业务板块。"

集团选择"以战略管控为主的复合型管控模式",涉及集团总部与业务板块之间的权责设计,涉及未来集团总部如何构建管理各业务板块,这些问题大家都十分非常关心。下面,我就在《思路框架》设计过程中,总公司领导小组和工作小组对这些问题的一些思考与大家进行分享交流。

一　关于对集团管控模式选择的思考

(一)集团管控的内涵及管控模式的类型

1. "集团管控",简单来说就是集团如何对成员单位进行有效的管理与控制。对于不同的集团、在不同的阶段,管控的方法是不相同的,但"整体持续利益最大化"的核心原则应该是一以贯之的。基于这一核心原则,总部在设计集团管控时重点关注了两个关键点:一是集团总部的价值创造定位,二是集团内部的协同效应发挥。集团总部创造价值的方式更多体现为内部有效整合的间接创造形式,有效实现"1+1>2"的价值增值效果。同时,集团管控还要努力发挥内部的多方面协同效应,包括战略协同、管理协同、业务协同、文化协同等。

同时总部在强调集团管控时还强调了要注意做好三个平衡,即控制与自主的平衡、管理与治理的平衡、稳定与变革的平衡。

调整集团管控是为了实现集团整体利益最大化。因为任何一种控制手段在带来"保障"效应的同时,都会带来"钳制"的负效应。因此领导小组特别强调,要认真处理好对集团成员控制与让其自主发展之间的平衡,该集中的权利要集中,需要赋予下属单位、让其自主决定的权利一定要下放,真正做到"集权有道、分权有序、授权有章、用权有度"。

集团管控的对象,是众多独立法人单位,都有其相应的公司治理体系。所以,集团管控要有效处理好管理与公司治理的平衡。既要基于整体持续利益最大化设计相应的管理关系,又要兼顾子公司各治理主体的法定权利。

由于集团规模相对较大,在集团管控方面需要保持必要的稳定,以保证内部各主体的正常与持续运作,避免内部由于管控体系频繁变化导致的无可适从。同时,由于企业生存环境的日益复杂与多变,集团管控又必须能够始终保持变革的动力,真正实现"稳定与变革"的平衡。

2."集团管控模式",是指为实现集团管控目标,对成员单位形成的不同管控策略。按照集团总部对成员单位的集权分权程度,把集团管控分为"运营型""战略型""财务型"三类常见的管控模式。

运营型管控模式,以追求企业经营活动的统一和优化为主要目标。其总部往往作为日常的经营决策中心和生产指挥中心,管控范围涵盖了从战略制定到业务实施的各环节,考核指标也深入到业务运营层面,是较为集权的一种管控模式。

战略型管控模式,以成员单位自主运营,并充分发挥集团总部战略方向引领及协同作用为主要目标。集团总部主要通过战略、投资、资金、人事任免等领域的重大决策,以及实施风险防控和共享服务等管控手段,主导战略方向、资源配置及跨板块协同,使板块的业务活动服从于集团整体战略,而日常业务管理及运营决策的重心更多放在业务板块层面。

财务型管控模式,以追求投资回报,资本价值最大化为目标,定位为投资中心,职能主要集中于股权投资等资本运营和财务管理领域,对各业务板块的管控主要以投资回报类财务指标控制为主,并通过董事会参与必要的经营决策。

除上述三种基本模式外,集团管控还存在"战略偏运营"和"战略偏财务"两种过渡模式:

战略偏运营型管控模式,是介于运营型管控与战略型管控之间的"过渡模式"。是在战略管控的前提下,部分采取了偏重于运营型管控的管理手段。集团总部在发挥战略型管控的主要职能外,可以根据管控目的不同,选择性参与业务板块的部分经营管理和业务运作领域。

战略偏财务型管控模式,是介于战略型管控与财务型管控之间的"过渡模式"。在战略管控的前提下,部分采取了偏重于财务型管控的管理手段,业务板块被授予了更多的经营管理和业务决策权。集团总部对业务板块的管理,既重点关注投资回报等财务目标的实现,也注重通过管控重大战略决策实现对其战略方向的引领。

以上不同的管控模式反映了集团的集权和分权程度,针对不同业务板块选择合理的管控模式至关重要。

3.集团管控模式选择的因素,总公司在讨论选择集团管控模式时认为,应主要考虑以下几个方面因素:

首先是集团整体业务规模及复杂程度:当集团规模较小、业务相对单一的时候,集权有利于资源的快速分配和高效运作,较多采取运营型的管控模式。当集团规模逐渐扩大,业务逐步多元化之后,决策事项更加频繁和专业化,协调、沟通及控制日趋复杂,应逐步向战略型管控方向发展。

其次是业务板块自身的发展阶段:在业务不同的发展阶段,集团的管理模式有很大的不同。在一项新的业务发展初期,总部为了集中力量进行培育和发展,可能会倾向于集权管理,采取偏运营型的管控模式。随着业务的不断扩大与渐趋成熟,相应的管理体系不断建立完善,管理团队的能力和管理水平大幅提升,会逐步加大对业务板块的管控授权,向完全的战略型管控模式过渡。

再次是考虑板块自身在集团战略中的定位和业务特点。当某一板块在集团整体业务组合战略中,对战略协同效应的发挥或集团价值的贡献具有重要意义,或被定义为对未来发展具有重大战略意义的潜力业务时,集团往往对其采取战略型管控或偏运营型管控;而在业务组合中以股权投资回报为主要目标定位的板块,集团对其较多采取偏财务型的管控模式。此外,板块内部的多元化程度、地域分布,以及股权结构等特点,也会对其管控模式的选择产生重要的影响。

从发展趋势看,多元化集团的管控总体上趋向于战略型管控,同时体现出各自不同的个性特点。产业多、企业多、地域分布广的大型企业集团,一般采取了以战略型为主的管控模式,并根据自身业务组合战略,同时采取战略偏运营、战略偏财务等多种管控模式的组合。总部强化战略、业务组合、资源配置以及服务能力,并逐步赋予板块更多的经营决策权力及运营管理的职能。

在这里应当着重说明的是,管控模式的选择是一个动态调整的过程。必须及时配合集团战略在业务重心上的调整,以及板块自身的发展阶段等因素,进行管控模式选择和管控体系的动态调整,从而持续促进企业的健康发展。

(二)关于集团管控模式选择的思考

总公司《指导意见》提出,按照"管住、管好、管活"的原则,对各业务板块主要采取"战略控制型"的管控模式。《思路框架》根据《指导意见》精神,进一步提出:在现阶段,集团总部管控模式确定为"以'战略型管控为主的复合型管控模式',即在'战略型管控'的总体定位下,根据各类业务板块的特点,采取差异化的管控方式"。对集团管控模式的定位,可以从以下两个方面来理解:

第一,集团管控模式由目前的以运营型管控为主,向以战略管控型为主转变是首钢转型发展的必然要求。

客观地讲,集团现有的管控模式和管控体系,是在以钢铁业为主的历史背景下形成的一种偏运营型的管控模式。按照《指导意见》:首钢要通过打造全新的资本运营平台,实现钢铁和城市综合服务两大主导产业并重和协同发展,构建"2+6"业务板块。这一产业结构和产业布局的变化,带来了总部职能的变化,也对与之相应的管控模式和管控体系变革提出了新的要求。

一是总部功能将从生产经营为主向资本运营、资产经营转变。《指导意见》提出:"积极争取政府授权,逐步将总公司改组成为国有资本投资运营公司。"作为国有资本投资运营公司,要履行投资人的职责,搞好资本运作,做好产业发展和投资决策,做好资本运作和投资决策的风险防范,确保国有资本的保值增值。

二是由一业为主向多产业并重转变。这就意味着总部的管理重心要从以钢铁业为主,向追求多产业协调发展转变。不断加强跨业务的战略协同作用和资源配置作用的发挥。

三是由总部直管企业向板块化管理转变。《指导意见》提出:"各业务板块原则上确定一个平台公司作为总公司的二级公司,负责该板块的经营管理。板块平台公司按照行业发展规律、战略地位和专业化分工,对板块内企业采取相应的管理方式。"随着业务板块的逐步形成和发展,目前总部直接管理二级公司的管控形式将逐步转变为总部对业务板块进行战略管理,对板块下子公司的日常经营管理主要由业务板块负责的模式。

因此,集团管控模式向战略型管控转型必须适应集团转型发展的需要。

第二,"复合型的管控模式"体现了集团在多元化发展模式下,对不同业务板块的管控意图。

战略型管控是总体改革方向,但针对不同业务板块,集团对其采取的具体管控模式仍然存在差异。具体而言,集团对不同业务板块采取差异化管控模式的总体思考如下:

一是钢铁产业作为首钢的传统主业,其专业运营和管理能力相对成熟,集团将对其采取战略型的目标管控模式。管控重点是其重大战略及投资方向,并为钢铁向"制造加服务"的转型提供业务协同及创新支持。股份公司作为板块平台公司,主要目标则是负责钢铁板块运营管理,并持续推动钢铁板块产业链的业务整合,实现运营优化。

二是北京园区和曹妃甸园区开发,这是首钢落实国家京津冀协同发展战略的重大举措,实行由政府主导,首钢作为开发主体的开发模式。两个园区开发政策性强、周期长、投资强度大、涉及面广,目前仍处于起步阶段,各项任务十分艰巨,需要总公司统筹规划,充分协调集团内部和社会资源来推进开发工作。集团总部对园区开发业务拟采取战略偏运营型管控,总部将重点关注开发规划、产业布局、重大战略合作及招商引资、投资决策以及内部协同等关键领域。

三是城市综合服务领域的其他各类潜力板块,集团将按照《指导意见》精神,逐步构建推动各潜力板块的形成。在业务板块构建初期,总部对有关管理事项会深度介入,要"扶上马、送一程"。随着各业务板块的发展成熟、班子健全、制度体系完善,总部将完全实施战略管控,以发挥各板块的专业化经营能力,并予以充分授权,释放活力。总部则重点在战略协同和资源整合等方面发挥作用。

四是正在组建中的金融板块,对实现集团产融结合的发展策略至关重要,集团将以几大股权投资基金为基础,逐步发展并整合具备产融结合战略地位的各类金融资产,搭建可充分发挥产融协同效应的金融板块。目前金融板块处于起步期,各类金融服务业务需进一步开发培育,因此需要集团深度参与板块的构建和金融资源的培育及整合,对其将采取战略偏运营型的管控模式。

五是对于部分经济体量大、发展前景好,以及个别具有特殊功能的二级企业,暂由总公司按照战略管控型进行管控,管控重点放在加强其在集团多元化发展中的战略协同,今后要逐步向专业化板块进行调整,承担板块的平台职能,也可以随着集团板块发展情况进入相关专业化板块。

六是对与各业务板块相关性较小,同时集团股权比重比较小的参股企业,拟通过组建股权投资管理平台进行管理。集团对股权投资平台采取战略偏财务型管控:重点管控股权投资平台的投资组合策略、总体投资回报目标和重大资产处置决策,同时授予股权投资平台更加灵活的经营自主权,推动内部资源优化配置,盘活存量资产,实现投资组合的价值最大化目标。要在"有进有退"的大原则下,对发展前景差,缺乏市场竞争力的企业要适时退出,对发展良好的继续持股或增股。

综上,集团是根据业务组合策略,以及各企业自身的特点,对不同板块采取从战略偏运营到战略偏财务等管控力度不一的差异化管控模式。同时,对采取同一管控模式的各板块,总部对其具体的管控授权界面也会因管控目的和业务特点的不同而存在差异,要在进一步梳理的基础上,形成授权清单。

需要说明的是,从集团的管理现状到目标管控模式不是一蹴而就的,需要一定的过渡期。通过过渡期推进板块自身的能力建设,并逐步将管控权责赋予板块,以确保业务的稳定运作。另外,管控模式的选择也并非一成不变,将会随着集团业务组合策略的调整和板块自身的发展进行动态调整。

二 关于对集团管控权责体系设计的思考

清晰明确的权责体系是落实集团管控模式的重要保障,战略型管控模式的主要特点是集权与分权相结合,因此,在集团"以战略型管控为主"的管控模式下,权责体系设计的核心原则是要处理好总部对板块有效管控与激发板块活力的平衡问题。《指导意见》提出,"按照'管住、管好、管活'的原则,对各业务板块主要采取战略型管控模式。"深刻理解"管住、管好、管活"的内涵,对指导集团总部与业务板块间的权责设计具有重要指导意义。工作小组在设计讨论时认为:

"管住"——是指集团总部要管住风险,要求集团要建立完善的运营监控和有效的风险管控体系,在尽可能向业务板块放权的同时,避免出现"一放就乱"的局面。

"管好"——是指集团总部要成为价值创造型总部,充分发挥集团的协同效应,为成员单位提供共享服务,追求集团整体利益最大化。

"管活"——是指让各业务板块成为市场竞争主体,成为独立的利润中心,授予板块更多的经营决策自主权,更为合理的风险承受和收益分配机制,以全面调动各业务板块经营的积极性、充分释放板块活力,全面提高经营效率。

在以战略型管控为主的复合型管理模式下,集团总部应该管什么、管多深、怎么管? 业务板块应该管什么、管多深、怎么管？工作小组在讨论中认为应该通过逐步健全完善《集团总部权责清单》的方式来明确，即先界定清楚总部的权责范围，未来除清单内总部权责外，其他权责都应属于业务板块。

按照《指导意见》和《思路框架》确定的总部八大核心功能定位和实行以战略型管控为主的复合型管控模式，集团总部主要关注集团公司的战略规划、投资管理、预算管理、资本运作、资金管理、资产管理、人力资源、风险内控及审计等关键管控点，相应主要权责为：制定集团发展战略，指导并审定板块业务规划；制定集团投资规划，决定板块重大投资项目；开展集团全面预算管理，下达板块计划目标；开展集团资本运作，决定兼并购及股权处置决策；负责集团资金集中管理，统一管理全集团实物资产及无形资产的使用；建立集团财务管理体系，审核板块财务制度；建立集团人力资源管理体系，制定人力资源规划；负责外派董事监事等高管管理，板块领导班子建设；建立集团内控体系，开展全集团内部审计等。

当然《集团总部权责清单》不是一个通用清单，还要结合首钢实际和复合型管控模式的要求，细化每一项权责在总部和不同业务板块之间的详细权责界面切分，突出总部应强化的职能，以及应授权给板块的职责，既要解决好管什么的问题，还要解决好管多深的问题。

下面，我将结合战略规划、投资管理、人力资源管理等几个核心专业领域的权责划分问题，对未来的管控深度和主要的改进方向，做一些示例性的介绍。

（一）战略规划管控的权责设计

战略规划管理是总部将重点强化的权责，要重点改善目前总部规划职能较弱，规划对年度经营目标和计划预算的指导和衔接作用不明显的现实差距。要实行相对集权的战略规划管理，保证集团战略发展目标的协同一致。

一是集团总部将进一步加强在战略制定环节的主导作用。在战略规划编制环节，采取总部牵头组织，各业务板块深度参与的模式，形成集团中长期战略规划。同时，总部将加强对各业务板块规划的指导和专业审核审批作用，对板块的规划编制提出具体内容要求，同时细化为可执行的行动方案和阶段性目标，确保规划围绕集团战略聚焦并具备可落地性。尤其对采取战略或战略偏运营型管控的业务板块，总部对其业务规划编制的内容要求，以及对其规划的专业性审核更为细致。板块平台公司则需要负责组织板块企业围绕集团战略细化板块的业务规划。

二是进一步加强规划的滚动修订，以及规划与计划和预算之间的顺畅衔接。通过滚动规划不断修订战略目标，将每年的经营目标、计划和预算与规划紧密衔接。真正发挥规划对各业务板块年度工作重点的战略引领作用，提高全集团的资源配置效率。因此，未来总部将牵头组织各板块进行滚动规划的调整和年度经营目标的设定，下达各板块年度经营目标和预算目标。对战略偏运营型的板块，其年度经营目标和预算指标涵盖的领域和分解的细粒度将更为细致。

三是集团总部将作为战略制定与评价机构，负责集团公司的战略制定、规划分解，实施监控及效果评估，评估板块的运营目标是否偏离；而板块作为战略实施机构，负责在集团整体战略的指导下细化本板块业务规划，执行集团战略要求；组织实施年度经营计划和预算目标；分析规划的实施效果并及时向总部反馈。

（二）投资管控的权责设计

在战略型为主的管控模式下，集团总部对各板块的投资管理的控制将进一步明确，将强化集团总部在投资方向的引导，以及重大投资项目决策上的管控权利，并根据投资项目的分类分级管理的原则，实现对业务板块在投资项目决策上的适度授权，提高投资决策效率。

一是要加强对各业务板块在投资规划和投资计划环节的管理，组织并指导各板块在战略规划编制的基础上，编制投资规划和计划，通过此环节，明确投资方向。总部在对各板块投资规划和计划的审核上，重点关注投资方向的战略契合度、战略优先级和当年的资源约束，从而在投资项目的形成环节上，实现与集团战略和业务规划的衔接。

二是建立更加符合集团多元化发展策略的投资分级分类授权体系。对投资进行精细化分类，改变集团在投资项目的管控授权上相对粗放的现状,从分段分块管理向分级分类管理模式转变。针对固定资产类、股权投资类、矿权投资类、园区开发类、金融类等不同投资类别,要结合投资项目所处板块的业务规模、行业特点等业务属性,设定合理的授权审批权限。同时,在投资分类分级管理到位的基础上,对于计划预算内和预算外的投资管理进行改革,板块计划预算外的追加投资须经总部决策和严格控制;计划预算内投资适度放权,简化审批流程,提升决策效率。

(三)人力资源管控的权责设计

对人力资源领域的管控权责设计,总部将重点定位为管总体规划和效能、管领导班子、管关键人才、管制度体系,在薪酬激励、职业发展、人才引进等专业领域,对各业务板块逐步放权,推动板块平台公司建立适合自身行业特点和发展要求的人才管理体系,实现人力资源管理对业务发展的战略支撑作用:

首先,总部将重点管控各板块核心领导班子的建设,负责板块平台公司、二级企业领导班子以及重点企业的部分关键部门负责人的选拔和任免。随着板块平台公司逐步做实,管理关系逐步理顺,管控能力逐步提升,集团总部将进一步下放人事管理权,逐步扩大对板块平台公司的授权。

其次,集团总部将进一步加强全集团的人力资源规划职能,以及人力资源领域的制度体系建设,推动在人才队伍管理等领域建立更加规范、统一的政策与标准。同时,逐步授权板块在集团统一的制度标准下,在薪酬激励、职业发展等领域建立适合板块自身特点的人力资源管理细则,以满足不同板块自身的差异化要求,激发板块管理活力。

随着板块化管理模式逐步做实,总部也将逐步通过工资总额、人工成本预算等管控手段,引导各板块的人员效能提升,并授权板块自身建立更加灵活的人员配置和调整策略。同时,集团总部仍要在领导力建设、核心人才引进、职业经理人制度、派出董事监事管理、人力资源共享服务等关键领域,发挥牵头组织和机制创新等引领性作用。带动全集团人力资源管理的战略转型和人才竞争力的大幅提升。

综上,我们分别在战略规划、投资、人力资源管理等管控领域,对集团下一步的管控权责体系进行了方向性的介绍。下一步,工作小组将以总部对股份公司领导人员管理和投资管理两个当前矛盾较为突出的问题作为突破口,详细研究细化权责清单,理顺管理界面。

需要强调的是,管控权责的真正有效发挥,是建立在专业能力的基础上的。只有真正具备了上述提及的诸如战略制定、投资决策分析等各项专业管理能力,才能真正有效的履行所赋予的权利和责任,发挥战略管控的功能定位。因此,此次机构改革,在部门机构调整的基础上,各部门、各板块应重点加强相应权责领域的关键能力建设,确保真正履责,实现"管住、管好、管活"的目标要求。

三 关于对板块化管理的思考

去年总公司以摸清家底和职能管理全覆盖为目的,组织对集团成员单位进行了全面调查。当时的调查结果显示,总公司管理范围内的企业,包括总公司全资企业,控股企业和参股企业。其中由总公司直接管理的单位为51家。工作小组在深入分析后发现,一是集团现产业结构是以钢铁业为主的相关多元化,总公司对二级企业主要采取垂直管理模式,没有按照产业实施分类管理,直管企业过多、过散,企业发展也很不均衡。二是从集团战略管控层面,对部分成员单位的战略发展方向不够明确,二级公司自身存在多元化的倾向,子公司之间也存在投资同质化现象。三是"散弱小"的情况比较突出,很多企业缺乏核心竞争力,集团内部协同不够,资源分散,难以形成整体优势。四是对股权投资项目的进退把握处理不好,一定程度上存在"重投资轻管理"等现象。五是部分存在投资级次过多,委托代理链条过长,存在较大的投资风险等。

从企业集团的发展趋势来看,随着涉及的产业越来越多,如何协调管理好这些产业迫在眉睫。在集团化改革的进程中,按产业集群进行整合是趋势所在。按照集团发展的多元化和产业的关联度,将各产业集群调整为几大业务板块,让各个板块根据自己的发展目标和行业竞争战略,明确自身的定位,寻求符合自身发展的商业模式,形成各自的行业领先地位。通过这种资源的再分配，再加以符合市场需求的组织架构，提升集团整体的竞争力。

此次集团管控体系改革，围绕如何构建业务板块，集团以做实股份公司，构建钢铁板块管理平台也进行了板块化管理的先行尝试。在改革方案制订过程中，总公司聘请埃森哲公司先期对园区开发体制进行了系统咨询，对构建金融板块和构建股权投资平台两个专项课题进行了研究。从前期调研访谈的情况看，大家谈论比较多的问题主要有：集团确定选择"2+6"的业务板块中谁可以成为板块平台公司？企业自身应该划入哪个业务板块？业务板块管理与股权投资关系以及法人治理的关系如何处理？对企业内部的多元化产业，如何划入相应的业务板块？板块平台公司内部组织体系应当如何搭建等等。

实事求是的讲，这些问题确实十分复杂，不是一句话两句话能够解释清楚的，也不能就问题说问题，需要站在不同的层面去深刻理解和思考。在这里我想把领导小组和工作小组讨论中的一些观点介绍一下，希望能够给大家一些启示。

第一，为什么要构建业务板块？集团实行业务板块化管理的过程首先是业务单元专业化的过程，即"做优"。实施板块化管理，体现了集团发展多元化与业务板块专业化的各自战略发展定位。总部需要对各二级公司产业发展方向进行清晰定位，要克服多而不专的局面。各多元化子公司对存量的非主业的多元化业务要采取调整、分拆式重组、退出等措施，逐步向专业化方向调整；对增量业务，即新业务开发必须符合专业化的产业发展定位，不允许再进行非相关的多元化发展；其次，板块化是为了打造产业集群，实现产业规模化，即"做大"。通过板块化归并同类项，按照产业链，将分散的资源逐步集中，以打造企业的综合竞争优势；第三，板块化是为了打造核心竞争力，实现价值最大化，即"做强"。板块化是资源的重组，而不能只是"物理上"的机械整合，还要实现"化学上"的聚变，要真正通过业务重组、流程再造、文化整合，产生聚合效应。

第二，如何选择业务板块？集团设置哪些业务板块？各业务板块如何进行业务组合？这是集团战略规划的重大问题。《指导意见》提出：未来首钢集团要实现钢铁与城市综合服务商并重与协同发展，打造"2+6"业务板块，如何来理解这一战略选择？从业务组合的观点看，第一种叫核心业务，这类业务占集团的销售比重高，是集团目前的业务支柱，是现金流的重要来源，能够为其他产业发展提供资源支持。对这类业务要维持市场地位，巩固战略控制点，通过成本降低、流程优化、管理能力提升来发掘利润潜力。目前集团的钢铁业、矿产资源业均属于这类业务；第二种叫战略业务，这类业务成长迅速，具有成形的业务模式，但目前尚未成为行业的领导者，是集团明天的核心业务。对这类业务要在关键成功要素上加大投入，要追求收入增长以及市场份额的提升，以迅速抢占行业领先地位。现在的园区开发、金融产业就属于这类业务；第三种叫新兴业务，这类业务有巨大的成长潜力，但市场尚未明确，风险较高，没有成形的业务模式，可能是集团明天战略发展中的一个核心业务。对这类业务要进行广泛的项目筛选、业务模式尝试，寻求市场机遇。如环境能源产业、文化体育产业等。所以，"2+6"的业务板块选择体现了集团对核心业务、战略业务和新兴业务的科学组合。未来随着各类业务的成长，新兴业务将逐步转化成集团的战略业务，战略业务也可以逐步成为集团的核心业务。

对于三种不同类型的业务，集团要确定不同的管理重点与方式。对于核心业务，管理目标是维护行业地位，提升利润率。管理重点在于生产力提升、成本降低和客户满意度提升。管理方式主要有年度计划、预算管理等。绩效评价的重点为财务绩效、现金流状况及利润贡献，关键绩效指标主要有利润、资产回报率、成本控制、生产效率等；对于战略业务，管理目标是追求迅速成长，形成竞争优势。管理重点在于提升销售收入，扩大市场份额，培养核心能力。管理方式主要有战略及业务计划引导、专项的投资预算、核心能力的差距分析等。绩效评价的重点为经营绩效，关键绩效指标主要有销售收入成长、市场份额提升、客户发展数量、预期净现值等；对于新兴业务，管理目标是形成新的增长点，管理重点在于提出与筛选新项目、阶段目标的达成、业务模式的完善和核心能力的培养。管理方式主要有项目规划、核心能力差距分析等。绩效评价的重点为成功概率、回报大小，关键绩效指标主要有新项目数量、项目实施进程、客户发展数量、收入及份额提升等。

综上，从业务组合的角度来看待集团管控，是从下向上的视角，前面介绍的集团管控模式的选择，是从上至下的视角,综合这两个角度,会使我们对集团管控的认识更加全面、更加深刻。

需要说明的是,对业务板块的选择也是动态的,要根据战略评估结果进行动态调整。总公司领导多次指出,对经过一段时间的发展,确实没有取得突破的产业也要坚决退出。因此,潜力板块能否形成实力板块?谁又能够成为潜力板块的管理平台?需要靠产业的自身发展水平来决定,需要靠实力来说话。

第三,如何管理业务板块?《指导意见》提出"各业务板块原则上确定一个平台公司作为总公司的二级公司,负责该板块的经营管理"。从业务板块的成员构成看,有些业务板块可能是由一个或少数几个法人单位组成,如大部分潜力板块,也有可能是多个法人单位组成的子集团,如钢铁板块。从股权关系上,有的业务板块内部股权关系比较顺畅,股权关系与管理关系相一致。有的业务板块股权投资关系与管理关系则不一致。同时考虑各业务板块的行业特点、发展阶段等因素,各业务板块的组织形式不可能是一个模式,需要根据实际情况进行合理设置。

在这里需强调以下几个观点,一是业务板块从根本上要按照行业属性、产业链条进行组合,而不是企业"拼盘";二是无论采取哪一种组织模式,业务板块都要形成利润中心;三是业务板块在组织层级设置上,需要尽可能实行扁平化的组织结构,压缩管理层级,追求精干高效。通过整合,对业务流程进行再造,消除原来企业分治形成的重复、浪费现象,提高效率;四是业务板块管理平台的能力也要有一个培育的过程,集团向板块管理平台授权也要采取逐步授权方式,不能一股脑将总部业务都甩给业务板块,也不是原来总部没有解决好的问题,成立业务板块就自然解决好了。业务板块也需要根据成员构成,科学做好战略定位,选择合适的内部管控模式。如钢铁板块,内部对迁顺线实行运营型管控,对四地核心企业采取战略型管控,对外埠钢铁企业则采取"战略+服务"的管理方式。

第四,做实股份公司,构建钢铁板块管理平台的启示。从去年下半年以来,总公司率先启动了做实股份公司,构建钢铁板块管理平台的工作,拉开了集团管控体系改革的序幕。第一步先行整合了生产部等七个部门,将原总公司、股份公司、迁钢公司三层机构压为一层机构,同时推动了矿业球烧铁前一体化整合和迁顺线一贯制的优化。今年6月份启动了第二步机构调整工作,对其余机构进行了整合优化。期间,总公司先后将原直管的凯西、运输部、氧气厂等单位分别调整为由京唐公司、矿业公司和股份公司托管,逐步将集团涉钢业务向钢铁板块归集。同时在股份公司开展了干部职务职级和中长期激励机制的改革试点,为集团总部改革摸索经验。健全完善了技术服务组管理办法,充实技术力量,为外埠钢铁企业提供技术服务与支持。一季度集团改变了经济活动分析会的形式,体现了总部与钢铁板块权责关系的调整,基地的市场主体意识进一步增强。股份公司通过加强铁前一体化管控,实现了从过去注重局部效益、工序指标向发挥协同效应,体现系统效益的转变,大力压缩料场,减少库存,降低资金占用和运行费用,外矿运作效益明显。在市场持续恶化的严酷形势下,二季度比一季度取得了较大进步。8月4日首钢股份公布了重大资产重组预案,将业绩亏损的贵州投资从上市公司剥离,将优质资产京唐公司注入上市公司。这一系列改革措施的实施,成效已初步显现。

下一步股份公司要在发挥四地协同效应上继续深化改革,如推行备品备件的联采联储,大力降低备件资金占用;整合四地检修资源,提高资源利用效率;深入做好产线分工与产线协同,提高产品差异化水平;强化产销研用一体化管理体系,全面提高服务水平等。同时,股份公司要尽快完善对钢铁板块的管理职能,提升对钢铁板块的管理能力,真正履行起板块的管理责任,总公司要形成授权清单,逐步向钢铁板块授权。

在做实股份公司,构建钢铁板块管理平台的过程中,总公司一直秉持着"顶层设计、分步推进,试点先行、典型引路,先易后难、持续优化,领导重视、群众参与"的工作方法。在改革推动过程中,总公司党委高度关注干部职工的切身利益,无论是对转移到迁安地区工作的同志还是对参加转型发展培训的同志,组织开展了逐人的"六对六清",在此基础上,制订了周密的实施细则,并向职工进行了详细的讲解,赢得了广大干部职工的理解与支持,确保了改革的顺利进行。

从做实股份公司,构建钢铁板块管理平台的改革实践中,我们深刻体会到:深化集团管控体系改革是系统性的改革、深层次的改革、持续性的改革。所谓"系统性",是指集团管控体系改革是完整的战略布局,蕴含了深刻的战略思想,需要从顶层进行设计,而不是局部的改革,不是就事论事,头痛医头,脚痛医脚,需要用系统的思维、全局的观点来理解,改革不能靠"一招制胜",而要靠一套"组合拳";所谓"深层次",是指集团管控体系改革是一场触动思想、触动利益的深刻变革,是改革的深水区。如股份公司实施扁平化机构设置,取消干部原有的职务行政级别,既是对原有制度的破除,也是对各方利益的调整;所谓"持续性"是指改革只有进行时,没有完成时。集团管控体系改革是跑一场"马拉松",需要咬定目标不放松,需要坚持执着,不是拼速度,而是拼耐力,不要追求一蹴而就,而是坚持不懈。

深化集团管控体系改革,做好变革管理,是改革成功的关键。变革的最大挑战永远是自己,对变革心理的把握、思想理念的沟通、权责调整的步骤、利益分配的调整,都是改革成功与否的重要环节。只要我们坚定信心,脚踏实地,一定会实现集团有效管理和激发企业活力的改革目标。

业务支持服务类机构组建方案的说明

按照《深化首钢集团总部管控体系改革思路框架》(以下简称《思路框架》)的设计,未来集团总部将按照战略管控、战略支撑和业务支持服务三类部门设置组织机构,并指出总部管控体系改革将"优先剥离总部非战略管控核心功能,先期组建业务支持服务类部门"。

一 方案的形成背景

(一)集团支持服务类业务管理现状

工作小组对总部非战略管控核心职能进行了全面系统的梳理,对现行的管理模式、业务特点与管理手段等进行了深入的分析。总体来看,目前集团总部非战略管控核心职能主要集中在财务核算、资产管理、人事服务、行政后勤等业务操作层面职能,普遍具有基础性、事务性、服务性的业务特点,同时带有部分相关专业管理职能,并承担了较多的社会管理职能。这些业务占用总部人力资源和时间精力较大,影响总部战略管控核心功能的发挥。在管理模式上,以分段、分块式管理为主,大量同质化业务分散在不同部门管理,在业务协同与信息共享方面存在不足,人力资源存在重复配置现象。在管理手段上,业务规范化、流程标准化不够,现代管理方法、信息技术应用水平较低,管理效率不高。从总体运行效果看,集团总部对成员单位的价值创造未能得到充分体现。

(二)组建业务支持服务类部门的必要性

第一,组建业务支持服务部门是集团总部向战略型为主的复合型管控模式转型的必然要求。根据首钢"实现钢铁和城市综合服务商两大主导产业协同并重发展"的战略规划,首钢进入新的转型发展阶段,总部需要决策的事项急剧增加,需要更频繁、更快速地做出更多的战略和投资决策,总部需要更为合理地分配宝贵的管理精力,聚集于具有战略意义的重大问题。总部原有的以工厂化管理为主要特点的运营型管控模式已难以适应未来大规模、多元化、集团化运营的业务需要,总部必须从日常大量的事务性工作中解脱出来。

第二,组建业务支持服务部门是集团建立价值创造型总部的有效手段。业务支持服务部门对集团的价值创造主要体现在以下几个方面:一是通过组建业务支持服务类部门,使战略管控部门能够聚焦于高附加值的管理领域;二是通过业务规范化、流程标准化、管理信息化,提高管理透明度,加强集团管控、有效防范风险;三是为集团成员单位提供更多的共享服务,提高业务处理效率,提高员工满意度,降低运营成本,实现规模效益;四是为集团的兼并重组提供管理输出;五是提供面向社会的共享服务。

第三,组建业务支持服务部门是紧跟大型企业集团管控及组织变革趋势,追赶时代发展步伐的迫切要求。共享服务为企业发展起到了巨大的战略促进作用。诸如安赛乐·米塔尔、蒂森克虏伯,以及国内的宝钢等优秀钢铁企业均采取了在集团总部组建共享服务中心的模式,并被广泛应用于不同行业的集团企业。从本质上讲,共享服务是由信息及网络技术推动的运作管理模式的变革和创新,代表了集团管理的发展趋势。

第四,组建业务支持服务部门是兼顾首钢现实及发展,推进总部变革的优先途径。此次集团管控体系改革是适应首钢向钢铁和城市综合服务商转型发展的要求,考虑到总部目前存在的很多与转型发展不相适应的管理问题是长期历史积累形成的,解决问题不可能一蹴而就,而要结合实际,聚集重点,先易后难。率先组建业务支持服务机构,有效承接由总部分离出来的非战略管控核心职能,是一条积极稳妥的变革途径,既可以推动集团总部功能与管控模式的转型,又可以保证在组织变革过程中业务的有效衔接,从而尽可能降低变革风险。

(三)新组建的业务支持服务机构面临的管理转变

一是从行政管理为主向服务为主转变:从原来行政管理理念转变为面向部门及员工的服务导向理念,培养客户服务意识,将逐步缩小与客户期望的目标之间的差距作为主要工作方向,通过建立服务水平协议,将服务效率与客户满意作为主要的绩效衡量指标,促进服务绩效的持续提升。

二是从分散独立向集中共享转变:从同类业务分散并独立运作的分块分段管理转变为业务的集中和专业化管理,并在集中的基础上推进流程优化,实现服务共享,从而实现效率提升、成本节约的目标。

三是从强调分工向关注流程转变:在机构设置和业务操作上,从偏重强调岗位及部门分工转变为以流程为导向设计组织机构与岗位,优化流程环节,提高流程效率,精简机构及人员配置。

四是从事务操办向价值创造转变:从原有简单的事务操办到通过流程高效及数据共享等手段为部门及员工提供高价值的专业服务,并通过规范化、标准化和信息化等手段帮助企业提高透明度,加强管控,降低风险,发挥规模效益,实现价值创造。

二 方案的主要内容

根据《思路框架》的总体规划,首钢集团总部设置战略管控部门、战略支撑部门、业务支持服务部门三类组织机构。三类机构均为总部职能正常运转的不可或缺部门,分别承担总部的不同功能。

其中,业务支持服务部门同时具有管理与服务双重职能。其管理职能主要面向业务操作层面,重点关注业务的标准化、规范化,提高管理透明度及办事效率。其服务职能一方面面向集团成员单位,另一方面面向企业员工:对集团成员单位主要功能是提供专业支持,提供共享性服务,降低成本,提高效率;对企业员工主要是提供更加便捷的服务,提高职工满意度。

总部机构按扁平化原则设置,尽量缩短汇报链条。战略管控部门与业务支持服务部门对上均形成各自直接的汇报链条,部门间为业务链条上的协作关系,而非行政从属关系。

业务支持服务类部门主要由财务共享中心、人事服务中心、资产管理中心、行政管理中心四个机构组成。四个中心在具体的方案设计上遵循下述主要原则:

(1)符合趋势,适度超前:方案的设计和目标的设定体现适度超前的理念,深入分析并充分借鉴行业的发展趋势和成功实践,在集团现有管理模式和能力现状基础上实现突破,充分体现方案的先进性。通过中心的成立,实现管理水平和运作效率的显著提升。

(2)结合实际,体现特色:机构的设计也将紧密结合首钢自身的业务实际,使各中心的设计方案既充分体现专业性,又确保方案符合总部自身的业务特点、能力现状和企业文化,做到可落地、可实施。

（3）统筹规划，分步实施：机构的组建需采取统筹规划，分步实施的策略，设置阶段性的能力建设和组织机构设置目标，在中心的业务整合范围及服务范围上、能力建设目标上采取分阶段逐步推进的原则，避免因片面追求一步到位导致业务无法衔接或能力难以支撑的问题。

（4）持续优化，精干高效：中心的建设是持续优化的进行时，初期需确保业务的顺利划转和稳定运作，因此一定程度上需兼顾业务现状，适度优化业务流程。随着业务开展，需要进一步整合归并中心内部同类职能，精简流程环节，压缩汇报链条，实现机构扁平化和人员精干，并从推进信息化建设入手，逐步实现机构的精干高效。远期中心的组织机构仍需随业务发展的需要进行动态调整，乃至组建综合性的大型共享组织。

由于四个中心自身业务特点及面临问题各不相同，因此在功能定位及发展目标上存在差异。财务共享中心与人事服务中心定位为集团专业共享服务的提供主体，并随着能力建设实现协同，未来向集团大共享中心以及市场化运营的方向发展；资产管理中心定位为资产的价值管理部门，首先将不动产作为管理重点，在摸清家底的基础上，开展价值管理，深入挖掘资产潜在价值，实现保值增值的目标；行政管理中心以"分离、继承、收缩、社会化"为发展路径，重点推动各类行政后勤服务的市场化改革，以及社会服务职能与园区城市建设的逐步融合，实现行政管理的精干高效。

各专项设计方案分别从部门定位、近中远期的发展目标、业务整合范围、内部机构设置与主要职责、近期业务整合安排以及主要业务分工界面等方面进行了详细设计。其中业务整合范围以及机构职责设计，是按照到明年6月份的时间点进行设计的。

（一）财务共享中心

（1）中心定位及目标

中心定位：财务共享服务中心是为集团和各级子公司战略决策提供财务数据的支持服务部门和共享平台，是集团财务核算、会计处理的业务中心。通过推进会计核算规则和业务流程的标准化，按照专业化的"数字加工厂"的业务模式，构建中心的业务体系，夯实集团财务管理基础；通过信息化建设，建立财务共享服务平台，实现财务管理的规范化、透明化、集约化，加强管控、降低风险。

近期目标（1年）：组建集团总部财务共享服务中心，实现总公司范畴内财务核算的支持共享。

中期目标（3年）：具备条件的战略板块单位财务核算业务逐步进入财务共享中心，以服务水平协议的形式进行内部结算，从成本中心向利润中心转变。

远期目标（5年）：推动覆盖集团核心单位财务核算业务的支持共享。未来以财务共享中心为依托，整合其他相关性共享业务，向集团"大后援共享"方向发展；并向园区入驻企业及社会提供增值服务。

（2）主要业务整合计划安排

将环境公司、园区服务公司等正常运营的法人单位财务业务移交各单位自行管理（待共享中心建设和运行成熟后，再把其核算业务纳入）；总公司计财部各专业处现有核算业务划入共享中心；整合、划转计财部全员派驻机构财务业务，取消停产处、技研院财务中心、机关财务派驻站、动力厂财务派驻站编制；原计财部派驻机构代管，非正常运营或正在清撤的9家单位财务业务，暂由共享中心代管。

（3）机构设置（初期）

财务共享中心成立初期下设总账报表室、会计核算室、费用核算室、资金结算室、资产核算室和数据信息室6个管理室。

主要业务范围：总部会计核算、费用核算、资产核算以及集团资金结算、会计报表、统计报表编制等。

主要服务范围：初期进入共享中心核算范围的业务单位共30家，其中在总公司ERP线上的非法人单位共21家，其他非正常运营法人单位9家。

（4）内部主要业务界面

与经营财务部：财务管理领域的战略管控职能、制度体系建设、决策审批类业务由经营财务部牵头负责；事务操作类、信息管理类业务由财务共享中心承担。

与总部职能部门及各中心：纳入财务共享中心服务范围的总部职能部门和其他各中心，向财务共享中心提出服务需求并提供中心需要的各类财务统计信息；财务共享中心受理各类服务需求，提供各类财务核算共享服务。

与集团下属各被服务单位：共享中心负责业务单位的核算业务，各单位负责自身的预算、分析等管理性工作；纳入财务共享中心服务范围的下属单位，提供中心编制合并财务报表所需的各类财务统计信息；中心受理各类服务需求，负责为各单位提供各类财务核算共享服务。

与财务公司：在资金内部结算领域，财务共享中心负责所辖范围内单位的日常资金结算，财务公司作为集团内部银行接受财务共享中心委托办理日常资金收付。

（5）对外主要业务接口

成立财务共享中心后，由经营财务部负责对口政府部门、行业协会，报送或沟通所需的财务报告、统计报告及相关数据信息。财务共享中心负责统计并提供相关报告及数据至经营财务部。

（二）人事服务中心

（1）中心定位及目标

中心定位：人事服务中心是总部人力资源专业操作性业务的集中处理平台，为总部战略管控部门提供专业支持的业务协作部门，为员工提供各项人事服务的服务窗口。通过设立人事服务中心，一方面，分离总部机关非战略管控核心功能，更加突出总部职能部门的功能定位，另一方面，整合原总部分散的人事业务，建立贯穿员工全生命周期的人事服务流程，推进业务标准化和信息化建设，达到提高运营效率，提高服务水平，提高员工满意度，构建和谐劳动关系的目标。

近期目标（1年）：实现总部范围内人事服务类职能的划转与集中，并在相关职能业务运作现状基础上，实现业务管理模式和操作流程的局部优化。

中期目标（3年）：中心稳定运作后，着手推进业务流程和内部机构的深度优化，逐步形成有效的共享服务能力，并适时开展信息系统建设，拓展服务范围，逐步将下属钢铁、城市综合服务等集团各板块下属业务单位纳入服务领域。

远期目标（5年）：逐步发展成为领先的集团企业人力资源共享服务中心，并依托人事服务中心服务能力，择机开展人力资源服务外包业务（如为园区入驻企业等社会机构提供可能的人力资源外包服务）。

（2）主要业务整合计划安排

2015年9月底前，承接劳动工资部和组织人事部划转出的主要人事服务职能；2015年年底前，整合园区管理部退休人员管理服务办公室机构及相关业务。改善原有的分散管理现状，实现各类员工社会保险的统一管理。整合老干部服务机构，将老干部活动站和老干部管理服务中心合并为老干部服务中心；2016年上半年，接收分散在总公司机关各部门的工资、奖金、补贴计算发放、社会保险、办理人事调动手续、统计等服务性工作。加快推进人事档案电子化管理进程（首先实施领导干部人事档案电子化管理，在过渡阶段，为便于使用者的频繁查阅，领导干部人事档案暂由人力资源部管理）。进一步整合出国（境）人员外事手续办理等其他各类服务性业务至人事服务中心。未来随业务的稳定开展，还将持续推进其他人事服务业务的优化整合，使得员工服务的效率和体验实现明显的提升。

（3）机构设置（初期）

人事服务中心成立初期下设薪酬统计室、社保业务室、员工服务室、职业资格管理室、退休人员服务室、老干部服务中心6个基层机构。

主要业务范围：主要包括员工薪酬福利计算与发放、社会保险管理、员工档案管理、劳动合同管理，以及其他各类人事服务类业务办理、职业资格及职业技能鉴定管理、退休人员及老干部服务、人力资源数据统计等各类业务。

主要服务范围:在各类人事服务业务领域,初期主要面向集团总部各机关单位的员工及离退休人员;在人力资源数据统计及信息支持方面,面向全集团。

(4)对内主要业务界面

与人力资源部:人力资源管理领域的人才发展、能力提升、团队建设、薪酬体系等方面的战略设计、制度体系建设、组织决策审批等管理职能由人力资源部牵头负责;人事服务中心负责的制度制定及管理职能主要涉及诸如事务操作类和国家政策执行类,并负责各类事务性业务的具体操办。人事服务中心负责制定的通用性制度(如人事档案管理等制度)面向全集团,部分具体服务业务的制度针对服务对象;对各项业务办理环节中的程序性审批职责,在规则清晰的前提下,由人事服务中心负责。

与总部各机关单位及员工:总部各机关单位及员工是人事服务中心的服务对象,向中心提出服务需求,并提供中心需要的各类人事统计信息。人事服务中心负责受理各类服务需求,办理各项服务业务,并为各机关单位提供各类人力资源信息共享服务。

与基地及其他基层单位:对从原劳动工资部和组织人事部分离到人事服务中心的政策性、服务性、共享性业务,由人事服务中心为集团成员单位提供相关专业指导与服务。人事服务中心负责提出统计口径要求并负责汇总统计人事信息,并提供各类人力资源信息共享服务。基地及其他基层单位负责向中心上报本单位人事统计信息及相关专业报表。

(5)对外主要业务接口

成立人事服务中心后,由人力资源部负责对接北京市国资委,落实首钢负责人薪酬制度及考核管理、领导干部年度考核及任期经营业绩目标制定、集团工资总额预算管理等业务事项。并对接北京市人社局,落实最低工资标准调整、工资支付办法等政策转发业务事项。

在党委组织部下保留"老干部处"机构名称,对口北京市老干部局及国资委老干部处,贯彻国家老干部管理方针政策及规定。人事服务中心内的老干部服务中心在业务汇报链条上对口党委组织部的老干部处。

在技术职称评审和职业资格鉴定领域,由人事服务中心下设的职业资格管理室负责受托开展北京市工程技术系列冶金评委会工作,开展冶金类职称评审。并对口医疗卫生、教育、科研、体育等专业领域北京相关专业评委会,委托开展其他相关专业职称评审。对口北京市委组织部政工职称办及国资委政工职称办,开展中级政工师评审和高级政工师初审及推荐工作。对口北京市人社局职业能力建设处,北京市职业技能鉴定管理中心及石景山区职业技能鉴定管理中心,冶金工业职业技能鉴定指导中心等外部机构,以北京市第80职业技能鉴定所、冶金行业特有工种职业技能鉴定站(20站)、北京市冶金行业工人技师考评委员会等授权资质,开展各类面向社会的职业资格鉴定及技师考评等工作。

(三)资产管理中心

(1)中心定位及目标

中心定位:资产管理中心是集团有形资产和无形资产的专业管理部门,以全面掌握集团资产信息为基础,以资产价值管理为核心,加强资产使用效率分析,深入挖掘资产潜在价值,实现资产保值增值的目标。

根据首钢转型发展的战略需要,针对总公司在有形资产和无形资产管理上迫切需要解决的现实问题,首先,要将土地房屋等不动产作为当前的管理重点;其次,加强集团矿山、港口等战略型资源的管理;第三,加强无形资产管理,发挥无形资产的价值;第四,加强对设备资产的管理,特别是钢铁企业的设备资产管理。

近期目标(1年):承接整合范围内各部门分散的资产管理业务,搭建资产管理体系;全面开展资产清查工作,摸清家底;重点关注不动产价值潜力,收集存量资产信息及市场价格信息,初步提出优化策略。

中期目标(3年):重点开展北京地区不动产资源价值优化工作;全面开展资产效率评价,逐步将战略资源类资产、无形资产等作为优化提升重点。

远期目标（5年）：持续提升存量不动产资源价值；借助信息化手段实现集团资产信息全面共享和动态更新，充分整合集团资源，发挥集团总部资源配置能力。

（2）主要业务整合计划安排

初期业务整合范围：原由规划发展部房地产管理处负责的开发管理、权属及地籍管理、房地产管理、征地拆迁、总图管理；园区管理部资产管理处房地产管理科负责的房产管理、地产管理，资产管理科负责的区域停产资产管理、工业建筑综合管理，资产处置科负责的园区资产处置交易、综合统计；计财部资产管理处负责的固定资产实物管理、价值管理、实物资产评估管理、商标字号管理；资本运营部资产处置处负责的资产处置交易管理；建工部负责的闲置工程物资专业管理等业务划入资产管理中心。

（3）机构设置（初期）

资产管理中心成立初期下设不动产管理室、资产运营管理室、资产处置管理室3个管理室。

主要业务范围：一是从资产全生命周期管理角度出发，资产管理中心负责资产形成后的资产运营、处置管理；投资决策及项目前期管理由战略发展部和各资产权属单位负责。二是从资产管理类型出发，资产管理中心负责有形资产和无形资产管理。

（4）对内主要业务界面

与经营财务部：经营财务部负责集团总体的资本运作、资产证券化工作，资产管理中心配合经营财务部相关工作，并提出资产证券化优化建议。在资产处置、评估等环节，经营财务部需提出专业建议。

与财务共享中心：资产管理中心负责集团资产专业管理，收集及维护资产实物信息，财务共享中心负责所辖范围内资产相关的会计核算业务。

与各产权单位：对各产权单位所辖资产，资产管理中心为资产实物归口管理，负责建章建制、监督检查、业务指导、资产处置归口管理等。各产权单位负责配合资产管理中心的管理，并具体负责所辖资产权限范围内购置、日常维护、授权范围内资产处置等职责。

对于超出权限的资产处置，资产管理中心负责专业审核工作，并根据授权报相关领导审批，针对对外盘活业务，办理北交所交易手续；各产权单位负责提出资产处置申请，经批准后办理资产转让、利旧、报废的具体工作。

（5）对外主要业务接口

资产管理中心负责定期收集资产信息，向中国钢铁协会、北京市设备管理协会等组织报送资产基础数据，并配合经营财务部对接国资委资产评估备案或核准。

（四）行政管理中心

（1）中心定位及目标

中心定位：行政管理中心是集团总部行政与后勤的专业管理部门，主要具有三方面职能：一是承担政府赋予的社会管理职能；二是管理为总部提供行政办公和后勤保障的服务实体；三是为员工提供生活服务。

通过组建行政管理中心，对总公司承担的众多社会职能进行疏解，按照继承保留、归还社会、向法人单位转移、实行属地管理、取消等多种途径，减轻企业负担；积极推进行政与后勤服务的社会化、市场化，逐步缩减企业直接承担的行政管理事项。

近期目标（1年）：承接总部职能部门剥离的服务保障类业务，完成行政管理中心机构的初步组建。

中期目标（3年）：积极推进行政后勤服务社会化，逐步缩减直接管理的服务事项；根据国家行政审批制度改革以及园区开发建设进程，清理总公司承担的社会职能，逐步削减社会职能事项。

远期目标（5年）：持续推进政府及属地管理职能的回归与下放；实现后勤服务类业务的全面社会化外包管理；逐步实现集团事务性、服务性、共享性业务整合，纳入集团大服务共享体系。

（2）主要业务整合计划安排

初期业务整合范围主要包括：办公厅行政处、档案处、生活管理办公室、保卫武装部（治安保卫、交通、人民武装）、信息部（电信管理），以及从属于总部其他部门的行政、后勤类业务等。

（3）机构设置（初期）

行政管理中心初期下设行政管理室、档案管理室（档案馆）、保卫武装室以及生活管理室四个管理室。

主要业务范围：行政管理中心负责全集团范围的档案专业和卫生专业归口管理；属地范围的绿化管理、计划生育、爱国卫生、治安保卫、交通、人民武装、生活后勤等专业管理。

（4）对内主要业务界面

与总部各部门：行政管理中心作为总部行政办公和生活后勤的专业管理与服务部门，承担总公司相关专业管理职责，如制定总公司行政专业管理制度，审核行政管理业务事项，并代表总公司对各类提供行政后勤服务的内外部单位进行外包业务管理等。中心根据各部门的需求计划，为总部机关的正常办公提供必要的服务。

与安全环保部：将集团总部的安全管理定位为宏观管理，主要负责国家法律法规及相关政策的贯彻落实，从广义安全角度，将原保卫武装部负责的消防安全管理职责并入安全环保部。

与办公厅：加强维稳工作的组织领导，将原保卫武装部负责的社会综合治理、610办公室职责调整到办公厅，与信访、维稳整合为一套机构，改变原来的专业分治局面，形成各专业的协调联动。对外仍保留各自原名称。办公厅信访处负责对接市区综合治理办公室，组织贯彻社会综合治理相关要求，行政管理中心保卫武装室负责具体组织落实。

与人事服务中心：根据员工入职、离职信息，行政管理中心负责办公用房、办公设备、办公文具、劳保用品等配备与收回。

与资产管理中心：行政管理中心负责按照总公司固定资产管理的相关规定，落实总部办公资产实物的建账、统计、汇总、上报，新购置办公资产的转固，以及总公司相关资产和生活类资产的管理等。

与财务共享中心：按照办公用品预算安排，行政管理中心负责组织相关办公设备、用品的集中采购等工作，财务共享中心审核办理费用结算及资产转固记账等工作。

（5）对外主要业务接口

行政管理中心组建后，根据职责调整，由办公厅负责对接区社会综合治理办公室的综合治理业务；由安全环保部对接区消防支队的防火、消防管理业务，由人事服务中心负责对接市、区公安局、派出所的集体户口管理业务。

除此之外，进入行政管理中心的行政、档案、治安保卫、人民武装、电信、生活后勤等对外业务，由行政管理中心的相关部门负责对接相关政府部门。

三　成立四个中心的近期实施步骤

四个中心的组建将遵循总体规划、分步实施的原则，按照集团总部机构改革的总体时间进度安排，设定分阶段实施目标。近期（至明年6月底）计划分为三个阶段，按照业务之间的关联关系，以及实际工作需要，分步将职责及业务调整到位。第一阶段：2015年9月30日前，完成财务共享中心、资产管理中心、人事服务中心、行政管理中心的初期组建，主要承接由总部职能分离出来的非战略管控业务，并实现业务的初次整合与优化；第二阶段：2015年12月底前，随着总部其他机构的陆续调整，四个中心进一步扩大业务整合范围，将总部更多同质化业务纳入中心；第三阶段：2016年6月底前，实施中心内部机构、业务流程、岗位编制的二次优化，启动中心信息系统建设，形成相对稳定的业务运行模式，并实现服务水平和业务运作效率的明显提升。

各中心根据自身业务整合涉及的业务范围及难易程度、实施重点的不同，分阶段的业务整合安排如下（到2016年6月份）：

（1）财务共享中心

第一步：将环境公司、园区服务公司等正常运营的法人单位财务业务移交各单位自行管理（待共享中心建设和运行成熟后,再把其核算业务纳入)。总公司计财部专业处现有核算业务划入共享中心。此阶段重点做好初期组织机构搭建工作,形成中心的主要职能,做好业务有效衔接,实现平稳过渡。(2015年9月底)

第二步:整合、划转计财部全员派驻机构财务业务。组建项目团队,全面开展业务流程梳理、中心管理体系搭建、制度建设等工作。在集团总体信息规划下,启动财务共享中心信息化系统建设。(2015年12月底)

第三步:在现有共享服务范围内,初步完成信息化系统调整优化,实现财务共享中心稳定运行,启动进一步整合北京地区财务共享业务的筹划工作。(2016年6月底)

(2)人事服务中心

第一步:承接劳动工资部和组织人事部划转出的主要人事服务职能,做好业务的有效衔接,实现平稳过渡。(2015年9月底)

第二步:整合园区管理部退休人员管理服务办公室机构及相关业务,将退休人员和不在岗人员管理服务工作,生活办负责的集体户口管理业务划归人事服务中心。整合老干部服务机构,将老干部活动站和老干部管理服务中心合并为老干部服务中心。(2015年12月底)

第三步:在上述职能基本调整到位,确保业务稳定衔接的基础上,继续接收分散在总公司机关各部门的工资、奖金、补贴计算发放、社会保险、办理人事调动手续、统计等服务性工作。加快推进人事档案电子化集中管理进程。进一步整合出国(境)人员外事手续办理等其他各类服务性业务至人事服务中心进一步整合出国(境)人员外事手续办理等其他各类服务性业务至人事服务中心。着手推进流程的优化梳理,简化操办流程,推进相类似职能的进一步归并整合,使得相对于成立中心前,员工服务的效率和体验实现明显提升。(2016年6月底)

(3)资产管理中心

第一步:承接现有业务,搭建管理组织。整合计财部资产处、资本运营部资产处置处、规划发展部地产处、园区管理部资产处等涉及实物资产管理的业务,组建资产管理中心。另外,先将商标字号管理划入中心,今后逐步要将专利、知识产权的价值管理纳入中心。在保证现有专业管理不乱、业务不丢的基础上,优化资产管理中心内部业务流程。(2015年9月底)

第二步:开展资产清查,实现重点突破。牵头组织资产清查,初步摸清家底,夯实资产管理信息基础。以集团不动产资源(土地、房屋)、战略性资源为重点,收集信息。(2015年12月底)

第三步:夯实管理基础,推动资源优化。启动集团资产管理体系搭建,进行制度及流程梳理,并进行资产管理信息平台建设前期准备,常态化不动产资源优化工作,提出不动产资源优化策略及具体方案,并推动落实。(2016年6月底)

(4)行政管理中心

第一步:将办公厅行政处和档案处、生活办以及保卫武装部的治安保卫、交通、人民武装管理业务划入行政管理中心,同步将保卫武装部的社会综合治理以及610办公室业务划入办公厅,完成中心组建。(2015年9月底)

第二步:业务扩展,一是对中心各项专业管理业务进行梳理、分析,提出调整意见,对业务流程进行优化;二是将信息部电信专业管理和机关各部门行政办公和后勤保障工作等相关业务集中到行政管理中心统一管理;三是将电视台网络部划入行政管理中心;四是随着安全环保部的组建,将防火安全管理职责调整到安全环保部;五是将生活管理办公室负责的集体户口管理业务调整到人事服务中心。(2015年12月底)

第三步:业务整合,根据行政管理中心内部职责业务梳理情况,继续推进中心内部职责和机构的深度整合;根据行政管理业务流程,结合总部信息系统总体建设规划,配合行政办公等数字化信息系统平台的建设实施工作。(2016年6月底)

业务支持服务部门的成立将标志着总部机构改革的正式启动,虽然第一步的改革重点放在对现有事务性业务的剥离与承接上,但由于整合的业务面宽、涉及的部门与人员众多,且这些业务大都是经常性的热线业务,要保证整合过程中业务不丢、流程不断、管理不乱,其难度可想而知。迈出改革的第一步已充满挑战,而真正的挑战还在后边。无论是建立共享服务中心,还是建立资产管理中心,都不是简单的业务组合,而是管理功能的重新定位,管理理念的重大创新,管理模式的深刻转型。下步流程再造、业务标准化、信息系统建设、服务管理体系建设以及资产价值管理体系建设等都是极具挑战性的工作。"远行者,无大步,不疾而速",只要我们本着卓越运营的理念,踏踏实实,一步一个脚印地走下去,我们的目标就一定会实现。

建立中长期激励机制　促进首钢持续健康发展

根据首钢深化改革的要求,围绕建立二级单位负责人中长期激励机制,总公司进行多次研究,形成了"任期经营业绩考核管理办法"和5家试点单位《任期目标责任书》。为全面推进这项改革,现对建立中长期激励机制的意义、制定过程、考核管理办法和5家试点单位责任书内容进行说明。并对其他单位提出编制要求。

一　建立领导干部中长期激励机制,是促进企业持续健康发展的重要保障

去年,总公司颁发了《首钢全面深化改革的指导意见》,明确了改革的指导思想、总体思路、基本原则、改革目标。围绕深化薪酬分配制度改革,总公司明确提出:完善干部职工收入调节机制,实现领导干部收入与企业中长期发展挂钩、职工收入与企业发展质量和效益挂钩。完善领导干部年薪制,调整领导干部年薪结构,实行三年任期目标责任制。今年初的首钢"两会"再次明确,建立领导干部中长期激励机制,就是要把各级领导干部的关注点转移到更加关注企业发展质量和效益,聚焦到企业长远发展上来。

自去年以来,为扎实推进以建立领导干部中长期激励机制为重点的薪酬分配制度改革,实现规范管理、激发活力,促进企业持续健康发展。总公司党委高度重视,先后多次专题听取汇报,进行专题研究、系统筹划,努力提高改革的针对性、科学性、可行性。总公司颁发了《领导干部薪酬制度改革及中长期激励机制实施方案》,以建立领导干部中长期激励机制为重点,深化领导干部薪酬制度改革。明确提出要制定领导干部中长期激励机制的任期目标及考核办法,各单位要与总公司签订《任期目标责任书》。《实施方案》的颁发,标志着首钢深化薪酬分配制度改革进入实施阶段。

实现企业持续健康发展,必须进行战略思维,明确战略定位和发展目标。建立中长期激励机制,就是要使各单位负责人更加关注企业的发展质量和效益,聚焦企业长远发展。建立中长期激励机制,目标就是要解决好责权利相统一、目标追求与激励机制相统一的问题。这是首钢薪酬分配制度改革上的重大突破,必将对首钢转型发展产生深远影响。建立领导干部中长期激励机制,前提就是要制定好"二级单位负责人任期经营业绩考核管理办法"和"企业负责人任期目标责任书"。

二　认真学习、凝聚共识,把握方向、积极探索

此项改革是一项复杂的系统工程,同时首钢对二级单位制定任期目标责任书尚属首次,是一项开拓性、探索性的工作。为做好此项工作,总公司选定股份公司、京唐公司、矿投公司、环境产业公司、组织人事部5家不同类型、不同特点的单位或部门先行试点。各单位、各部门之间相互配合、协同工作、上下互动,有序推进。

(一)计财部、劳动工资部围绕建立二级单位负责人中长期激励机制进行了调查研究,组织对"国家及北京市对企业负责人考核管理现状"和"首钢负责人考核管理现状"进行了分析、梳理。

1.国家及北京市对企业负责人考核管理现状

自2004年始,国务院国资委和北京市国资委分别颁发了《中央企业负责人经营业绩考核暂行办法》和《北京市国有及国有控股企业负责人经营业绩考核暂行办法》。考核办法均分四章:总则、任期经营业绩考核、奖惩、附则。

总则包括4项内容:制定考核办法的目的、被考核对象、考核的组织者以及考核遵循的原则。

任期经营业绩考核包括6项内容:一是明确考核周期为三年。二是明确责任书内容:双方单位名称、职务、姓名,考核内容及指标,考核与奖惩,责任书的变更、解除和终止,其他需要规定的事项。三是明确考核指标。分为基本指标和分类指标。基本指标:国务院国资委为"国有资本保值增值率、总资产周转率";市国资委为"国有资本保值增值率、主营业务收入平均增长率或利润平均增长率"。分类指标:根据企业所处行业特点,综合考虑反映技术创新投入和产业情况、经营管理水平、风险控制能力及资源节约和环境保护水平等因素确定。四是责任书的签订程序。五是跟踪监控。六是考核程序。

奖惩包括6项内容:一是考核分为A、B、C、D、E五级。二是奖励分为年度奖励和任期激励。三是年度薪酬分为基薪和绩效年薪,并明确绩效年薪的挂钩办法。四是绩效年薪的70%当期兑现,其余30%任期考核结束后兑现。五是明确企业董事长、党委书记、总经理分配系数为1,其他负责人由企业在0.5—0.8之间确定,报国资委备案。六是明确任期经营业绩考核是企业负责人奖惩与任免的重要依据。

附则包括三项内容:一是特殊事项的说明和工作要求,二是解释权,三是执行日期。

2.首钢负责人考核管理现状

在市国资委规范企业负责人经营业绩考核期间,首钢正值搬迁调整。市国资委针对首钢实际,年度评价采取实现利润加重点工作考核。任期评价2011年至2013年,采取实现利润加重点工作考核;2014年至2016年,采取经济增加值加重点工作考核。

另外,市国资委要求企业建立健全内部经营业绩考核体系,加强对二级企业负责人经营业绩考核与薪酬管理工作。目前,首钢对二级单位年度经营业绩考核,采取签订《经营目标(管理)责任书》的形式,内容主要包括:挂钩指标、考核指标和重点任务。

3.对比分析

从国务院国资委和市国资委的考核办法看:在考核管理上:既有年度业绩考核,也有任期业绩考核,且任期与年度考核相结合。在考核指标上:侧重于关键财务指标。制定办法的目的是:履行出资人职责,维护所有者权益,促进企业落实国有资产保值增值责任,实现可持续发展。

从首钢情况看:在考核管理上,对二级单位负责人只有年度业绩考核,没有任期业绩考核。在考核指标上,首钢对二级单位负责人的年度业绩考核主要是与利润指标挂钩。

4.市委、市政府《关于深化市属国有企业负责人薪酬制度改革的意见》主要规定

2015年9月11日,中共北京市委、北京市人民政府印发《关于深化市属国有企业负责人薪酬制度改革的意见》的通知。通知明确:

适用范围:适用于市属国有企业中由组织推荐或任命管理的企业领导班子成员。

薪酬结构及水平:薪酬结构:由基本年薪、绩效年薪、任期激励收入三部分构成。薪酬水平:年薪最高不超过上年度市属国有企业在岗职工平均工资的8倍。其中:基本年薪一般不超过上年度市属国有企业在岗职工平均工资的2倍,副职按主要负责人的0.6至0.9倍确定。任期激励收入在不超过任期内年薪总水平的30%以内确定。

薪酬支付:基本年薪按月支付。绩效年薪按先考核后兑现的原则,考核后,年度一次性兑现。任期激励收入依据考核结果,当期兑现80%,其余20%依据经济责任审计结果兑现。对经审计确认,因经营决策出现重大失误、给企业造成重大损失的,根据责任大小,追索扣回部分或全部已发绩效年薪和任期激励收入。追索扣回办法适用已离职或退休的负责人。

（二）各试点单位根据本单位所处的发展环境、面临的难点、存在的突出问题，认真学习总公司《领导干部薪酬制度改革及中长期激励机制实施方案》，站在首钢全面深化改革的高度，充分认识建立领导干部中长期激励机制的目的、意义，积极落实本单位中长期发展目标和重点任务的制定工作。

股份公司高度重视此项工作，在着重分析企业现状，开展与行业、钢铁板块上市公司对比找差的基础上，提出了领导干部三年任期目标责任书建议；

京唐公司主要领导组织认真研究，在设定战略发展目标，确定任期目标任务的前提下，制定了具体细化措施作为支撑；

矿投公司根据矿产资源市场变化及首钢矿产资源业现状，认真研究、系统谋划，为确定战略发展目标奠定坚实基础；

环境公司主动工作，对产业发展趋势进行认真分析，结合实际有针对性地研究、提出了三年任期目标任务建议；

组织人事部通过调研分析，提出了加强组织人事和人力资源体系建设，为首钢钢铁和城市综合服务商领域各业务板块发展提供坚强的战略支撑和组织保障的战略发展目标。

在《任期目标责任书》的制定过程中，各单位始终坚持问题导向，找出当前企业的短板、难点、关键点，聚焦制约企业中长期发展的关键问题，按照首钢发展战略、全面深化改革的总目标，以及总公司转型发展的要求，坚持"抓得准、做得实、跑得赢、可衡量"的原则，结合本单位实际情况，提出三年任期目标建议。

（三）在调研分析中把握方向，在修改中不断完善。总公司分管领导先后多次组织有关单位对企业负责人任期目标任务进行研究，计财部、劳动工资部等专业部门加强指导、严格把关，并提出修改意见。一次又一次地修改、完善、优化，大家不断深化认识，统一思想，凝聚共识，思路也逐渐地清晰起来。

在各单位提出任期目标建议的基础上，总公司先后 4 次组织召开专题会进行了深入研究，并进一步修改完善。参照市国资委的有关规定，紧密结合首钢实际，形成了《首钢总公司二级单位负责人任期经营业绩考核管理办法（试行）》。同时，为了使 5 家试点单位起到示范引领作用，按照可复制、可推广的原则，编制了 5 家试点单位任期目标责任书，并已于 8 月 28 日通过总公司董事会审议。

三　二级单位负责人任期经营业绩考核管理办法

（一）"管理办法"的主要内容

"管理办法"共四章 17 条。第一章总则、第二章任期经营业绩考核、第三章奖惩、第四章附则。

"总则"主要包括办法制定的目的、原则和适用对象。

目的：为贯彻落实首钢《领导干部薪酬制度改革及中长期激励机制实施方案》，按照"水平适当、结构合理、管理规范、监督有效"的薪酬改革目标，建立企业负责人中长期激励机制，激发企业活力，把各单位负责人的关注点转移到更加关注企业发展质量和效益，聚焦到企业中长期发展上来，全面落实国有资本保值增值责任，参照《北京市国有及国有控股企业负责人经营业绩考核暂行办法》，结合首钢实际，制定本办法。

制定原则：

1. 坚持问题导向。以解决问题为目标，对本单位的现状进行评估，找出存在的问题，明确改进方向，坚持改革奔着问题去。

2. 聚焦短板、难点。对问题进行具体分析，指标设计坚持抓关键、不求全。围绕制约企业发展的短板、难点确定提升目标。

3. 增强管控力和执行力。对任期目标任务，明确实现路径和分阶段安排。坚持责任落实，建立内控体系，增强管控力和执行力。

4. 建立责任追究制度。按照责权利相统一的要求，建立任期经营业绩同激励约束相结合的考核制度。业绩好、薪酬上,业绩差、薪酬下,并作为单位负责人职务任免的重要依据。

适用范围:本办法适用于首钢全资子公司、控股子公司的董事长、党委书记、总经理,以及总公司职能部门正职领导。

"任期经营业绩考核"主要包括考核周期、任期目标考核的基本内容、《任期目标责任书》的签订程序、动态监督和考核程序。

考核周期:任期经营业绩考核以三年为一个周期。本任期自 2015 年至 2017 年。

任期目标考核的基本内容:

1. 提升企业运行质量的硬实力指标。主要围绕制造能力提升、工艺技术突破、产品结构调整、新产业开发、重大项目推进、资本运作和资产运行质量改善等内容确定。

2. 提升企业运行质量的软实力指标。主要围绕服务能力提升、利用科学管理工具能力增强、管理体系建设突破、体制机制改革、人才队伍和企业文化建设等内容确定。

3. 解决重大历史遗留问题。对制约企业发展、沉积多年、悬而未决的重大问题,明确解决时限。

4. 指标设置要求:任期指标的设置要结合企业特点,突出关键矛盾,解决重大问题,原则上每个单位不超过三项。任期指标必须具有挑战性和突破性,实现后企业竞争能力有明显提升,与先进企业对比或行业排名有明显进步。任期指标重在反映竞争能力的提升,能用相对数的不用绝对数,能用质量指标的不用数量指标。

《任期目标责任书》的签订程序:

被考核单位提出任期目标任务建议,经总公司专业部门审核后,提交首钢董事会审议,董事会审议通过后由首钢总经理同各单位的董事长(或总经理)、总公司职能部门的部(厅、直属处)长签订《任期目标责任书》,实行任期激励。审议未通过,修改后再次提交首钢董事会审议,仍未通过不实行任期激励。

建立动态监督机制:

1. 被考核单位每年度结束后 60 日内将任期目标阶段性任务落实情况上报总公司。

2. 建立预警制度。总公司考评小组对各单位的任务落实情况进行认真分析,于 30 个工作日内提出意见,向总公司专题报告。对影响任期目标实现的突出问题,发出警示通知单,提醒被考核单位重视,督促采取应对措施。

考核程序:

1. 被考核的单位负责人在三年任期届满后 90 日内,对任期业绩考核目标的完成情况进行总结分析,自检评价,并上报总公司。

2. 考评小组在各单位自检评价的基础上,对各单位的任务完成情况进行分析、审核,形成考评与奖惩意见。

3. 考评小组向被考核的单位负责人反馈考评与奖惩意见。被考核人对考评与奖惩意见有异议的,可向总公司考评小组提出。考评小组再组织复议。

4. 考评小组将沟通后的奖惩意见提交总公司薪酬委员会讨论后,向董事会汇报,董事会审定后,落实对单位负责人的任期考核。

"奖惩"的主要内容包括考核评价、收入兑现和否决机制。

考核评价:坚持目标设计与过程努力相结合。目标任务全面完成,得满分;部分完成,根据完成的进度、水平、效果等适度得分;工作未开展或成效不明显,不得分。

收入兑现:对于任期业绩考核结果为 A、B、C 级的单位负责人,按期兑现 100%—80% 的任期激励收入;D 级的单位负责人兑现 70% 的任期激励收入,兑现前需提报整改措施;E 级的单位负责人,兑现任期激励收入最高不超过 50%。差距过大的可按更低比例兑现,直至取消任期激励收入。

建立否决机制:在安全生产、节能环保、党风廉政等方面出现重大问题、造成重大影响时,按相关制度规定,扣减或取消任期激励收入。

"附则"主要包括特殊事项的说明、解释权和执行日期。

（二）"管理办法"的主要特点

一是在整体方案的设计上,坚持问题导向,聚焦短板、难点,领导干部收入分配既要与企业当期经营业绩挂钩,又要与企业中长期发展目标挂钩。

二是在任期目标的制定上,侧重于企业"硬实力、软实力"的提升和历史遗留问题的解决。条款不追求数量,追求实现重大问题的重大突破、见实效。

三是在考核办法上,按照责权利相统一的要求,坚持激励与约束相结合。任期考核结果作为单位负责人职务任免的重要依据。

四是在方案的实施上,任期目标任务由各单位自报建议,经总公司专业部门审核后,提交首钢董事会审议,董事会审议通过后实行任期激励。

四　试点单位任期目标责任书

（一）股份公司

总体发展战略目标:全面提高企业盈利能力和融资能力,建立健全产供销研用一体化运行协同体系,实现从产品制造商向综合服务商转变;打造钢铁精品基地,形成一批具有国际竞争力的产品,将首钢股份建设成为国内一流钢铁上市公司。

任期目标任务:

1. 全面提升盈利能力。任期末净资产收益率由2014年市值前十名的国内钢铁上市公司中排名第九,进入到前五名。[权重40%]

2. 优化产品结构,提升产品档次,与宝钢产品综合价差由2014年的1126元缩小至826元,累计缩差300元。[权重40%]

3. 任期末年产电工钢达到145万吨,其中取向15.5万吨,取向薄规格(0.23mm、0.27mm)高磁感比例60%。综合竞争力达到全国第二。[权重20%]

（二）京唐公司

总体发展战略目标:坚持创新驱动,加快推进以汽车板为重点的高端产品开发认证,持续优化品种结构,提升"制造加服务"核心竞争力,实现汽车板供应能力的突破性提升,不断缩小与先进企业的产品价差,推广应用六西格玛等先进管理工具,提高京唐公司的软实力和综合竞争力,为建成最具世界影响力的钢铁厂打好基础。

任期目标任务:

1. 优化产品结构,提升产品档次,与宝钢产品综合价差由2014年的1221元缩小至921元,累计缩差300元。[权重40%]

2. 实现汽车板供应能力的突破性提升,汽车板国内市场占有率排名由前七进入前五。[权重40%]

3. 推进精细化、精益化管理,实现运用六西格玛工具解决问题常态化,累计实施项目达到400个、通过黑带资格考试人数达到40人。[权重20%]

（三）矿投公司

总体发展战略目标:由生产经营管理向投资运营管控层面提升,打造集投资、运营、管理及具备融资能力为一体,能够自我滚动发展的首钢矿产资源业平台。

任期目标任务:

1. 围绕产业平台建设,夯实基础,实现自我滚动发展。丹东硼铁项目对照上市要求完成相关工作,符合上市条件。[权重40%]

2. 推动项目投资有进有退,进一步提升掌控能力。通过资本市场运作或引入第三方战略投资者,盘活宁夏阳光

项目资产。[权重30%]

3.为战略发展提供支撑保障,增强市场竞争力。水曹铁路建设前期手续、开工建设等工作,按进度要求完成。[权重30%]

(四)环境产业公司

总体发展战略目标:全力推进鲁家山循环经济基地建设,不断拓展业务领域,延伸产业链,打造"首钢环境"企业品牌,努力提升在行业内的综合影响力,构建首钢环境产业"技术研发、资源利用、装备集成、工程承包、运营管理"一体化体系,进入城市固废处理类环保企业第一梯队。

任期目标任务:

1.推进国家级鲁家山循环经济(静脉产业)示范基地建设,按进度要求完成复制建设新的生活垃圾焚烧处理、污染土壤修复、残渣暂存场、建筑垃圾资源化利用、餐厨垃圾收运处五项产业化项目。[权重40%]

2.获取两项专业化资质,为进入社会市场创造条件。2016年完成"北京市高新技术企业"认定。2017年获得"环保工程专业承包资质"。[权重30%]

3.筹备新三板上市,提升"首钢环境"品牌形象。对照新三板上市要求完成相关工作,符合上市条件。[权重30%]

(五)组织人事部

总体发展战略目标:以中央和北京市委关于党的建设和加强组织工作的一系列文件精神为指导,以满足首钢转型发展对干部和人才需求为总目标,创新党建、干部和人才工作思路,推进党管干部、党管人才与企业人力资源管理有机融合,深化干部人事制度改革,不断激发企业领导班子和人才队伍活力,加强组织人事和人力资源体系建设,为首钢钢铁和城市综合服务商领域各业务板块发展提供坚强的战略支撑和组织保障。

任期目标任务:

1.加强和完善企业领导人员管理,形成"权责明确、满足需求、活力充沛、务实高效"的管理体系。每年35岁左右的优秀青年干部培训不少于50人。2017年末,企业领导人员平均年龄从2015年的49.41岁降低至47岁以下,45岁以下的比例从2015年的24.42%提高至40%以上,40岁以下的从2015年的10.14%提高至25%以上。[权重40%]。

2.落实全面从严治党要求,构建与首钢全面深化改革相适应的党建工作责任体系。把政治优势与现代企业制度的体制优势有机融合,组织体系与法人治理结构有机融合,2017年末,形成适应首钢集团化管控的党建工作责任体系。指导二级单位党委总结推广5—10个有特色的首钢党建创新项目。[权重30%]。

3.建立健全人才开发管理体系,形成适应首钢新时期转型发展的人才培养和评价机制。每年组织一期首钢干部海外研修班,每年选派15人以上中高层管理人员和技术骨干赴海外学习进修,三年达到50人以上;到2017年,提职干部中10%以上接受过海外进修学习或短期培训。三年内,从行业排名前50企业引进行业专家级人才不低于10人。[权重30%]

从五个试点单位负责人任期目标责任书看,主要体现以下特点:

一是发展战略目标具有挑战性。比如,用三年时间股份公司建设成为国内一流钢铁上市公司;矿投公司构建能够自我滚动发展的首钢矿产资源业平台;环境产业公司进入城市固废处理类环保企业第一梯队。

二是软、硬实力提升指标的量化、刚性和迈上新台阶。比如,京唐公司对优化产品结构、提升产品档次的目标追求,集中用"综合价格与宝钢缩差"的刚性指标来衡量。

三是着力解决制约企业发展的难题。比如,环境产业公司围绕进入社会市场,对如何克服困难、创造条件、推动发展,确定了具体的资质、项目等方面的目标。矿投公司重点盘活宁夏阳光项目资产。

四是着重强化体系、制度建设。如组织人事部,加强和完善企业领导人员管理,强化体系建设,确定了2017年末企业领导人员平均年龄目标和45岁、40岁以下结构比例。

五个试点单位负责人的任期目标任务条款不多,只有三项,但每一项都是关系企业长远发展的重点,每一项都有突破性的要求,每一项都有明确的考核权重。任务实现绝非易事,必须付出艰苦努力。但是,只要实现这些目标任务,必将促进企业健康发展。

五　全面做好《任期目标责任书》的编制工作

总公司董事会决定,要认真总结试点单位经验、做法,根据《首钢总公司二级单位负责人任期经营业绩考核管理办法(试行)》,其他二级单位参照试点单位《任期目标责任书》模式,于9月底前提出任期目标任务,10月份总公司专题研究后,提交董事会审议。

为了全面做好《任期目标责任书》的编制工作,安排如下:

(一)编制的原则

任期任务的制定要坚持"抓得准、做得实、跑得赢、可衡量"的原则。"抓得准":就是要在深入研究企业现状的基础上,找到制约企业发展的关键问题,确定企业后三年的战略发展定位;"做得实":就是要制定硬措施、设置硬指标,并有分阶段的时限要求,这些措施和指标要对战略发展目标确实起到支撑作用,只要常抓不懈就能收到成效;"跑得赢":就是要体现进步性。具体是:跑赢自己体现自身工作进步,跑赢市场提高应对市场能力,跑赢同行加快缩差步伐,跑赢政策推进战略发展;"可衡量":就是指标和措施的设置要具体,落实情况做到可评价。

(二)编制任期任务内容的要求

领导高度重视、精心组织。认真学习"二级单位负责人任期经营业绩考核管理办法",参照"试点单位负责人任期目标责任书"和"试点单位任期目标汇报材料(样板)",做好本单位任期任务的制定工作。

各单位提报的任期任务由两部分组成:一是现状分析,立足于找出关键问题;二是任期任务建议。任期任务分战略发展目标和任期目标任务两个层次。战略发展目标是一个三年后达到水平的定位;任期目标任务是对需要解决的关键问题提出的具体目标要求。

(三)工作开展时间安排

1. 自报建议。9月18日前各单位完成任期任务的制定,并报总公司分管领导,同时报总公司计财部、劳动工资部。

2. 总公司分管领导研究审议。各单位提交任期目标任务汇报材料后,总公司分管领导召开专题会,组织提交单位和专业部门进行研究,确定各单位的任期目标任务。

3. 做好向总公司汇报的准备工作。总公司分管领导组织研究后,各单位要立即组织修改完善,9月25日前将修改后任期目标任务制定建议经分管领导审阅后,报计财部和劳动工资部。计财部、劳动工资部将各单位的任期目标任务进行整理,10月份经总公司专题会研究后,提交董事会审议。

依靠科技进步　深入挖掘潜能
努力开创首钢转型发展的新局面

——在 2015 年首钢科技大会上的报告

首钢总公司副总经理　赵民革

（2015 年 4 月 27 日）

同志们：

本次大会主要任务是：全面落实总公司"两会"精神，以深化改革，强化管理，全面提高首钢发展质量和效益为目标，激发集团全体科技工作者勇于引领新常态的创新热情，全面完成 2015 年科技创新工作的目标任务。下面，我向大会报告工作。

一　2014 年科技创新工作回顾

2014 年首钢面对严峻市场形势，坚持依靠科技进步，调结构、降成本、抓质量、攻难关，科技创新工作取得新成效。

（一）依靠科技进步优化钢铁产品结构取得实效

2014 年坚持以市场需求为导向，加强新产品开发和用户服务工作，着力提升产品开发能力和产线制造能力，完成年度产品推进任务。

一是高端领先产品产量同比大幅增加，增利提升。高端领先产品完成 420 万吨，超计划 60 万吨，占钢材总量的 25.3%；推进产品增利完成 25.0 亿元，超计划 5.8 亿元。

三大战略产品中，汽车板完成 194 万吨，汽车板国内市场占有率达到 13.8%，居国内第四，其中镀锌板 56 万吨、高强板 50 万吨、汽车外板 29 万吨、供合资品牌 49.5 万吨；电工钢完成 126 万吨，国内市场占有率 15.5%，其中取向电工钢 8.2 万吨、高牌号无取向电工钢 22.7 万吨；镀锡板完成 12 万吨，产品由初期的试制实现量产。

二是研发储备产品取得长足进步。全年完成 66 项研发储备产品开发任务，其中 35 项进入供货阶段，累计供货 16 万吨。输送泥煤矿浆用耐磨 X65MJ 已应用于陕西煤业工程；完成高屈强比 HC500/780DP 开发并应用于一汽大众新捷达和新速腾车型；高强钢美标 ASTM A514S 成功打开北美市场；高性能桥梁板 Q370qE 实现同江桥整桥合同中标，使首秦成为国内首家高性能 Q370qE 供货钢厂。

三是高端用户认证取得新进展。汽车板开展 991 项认证，已通过认证 576 项，部分产品通过奔驰、通用汽车等高端用户材料认证。800 兆帕级冷轧集装箱钢通过青岛太平认证；X90 管线钢通过中石油小批量认证；9Ni 钢通过国家容标委认证。

四是产品强度等级继续提升，产品大纲进一步丰富。汽车板产品实现退火 1000 兆帕、镀锌 800 兆帕及以下级别全覆盖。掌握了取向电工钢低温生产工艺。镀锡板二次冷轧材最薄规格已拓展至 0.15 毫米。集装箱 2.0 毫米及以下薄规格比例达到46%。150毫米厚规格610兆帕级水电钢中标海外工程。

从今年一季度运行情况看,高端领先产品完成125万吨,比计划增产16.97万吨,同比增加24.3万吨。三大战略产品中汽车板完成52.2万吨,比计划欠产3万吨;电工钢完成34.2吨,比计划增产4.4万吨;镀锡板完成7.6万吨,比计划增加0.3万吨。重点客户整单合同兑现率四地达到77.39%,比计划低2.61%,比上年降低0.51%。四地带出品率完成3.34%,比计划和上年同期分别降低0.28%和1.09%。虽然主要产品产量指标和技术指标总体完成了计划,但从产品的盈利能力看,在同行业中无论从单利还是利润总额看,都处于下游水平,整体处于亏损状态,说明产品结构对盈利能力支撑不足,经营形势异常严峻。

(二)强化工艺技术攻关,降本增效取得新成绩

一是四地钢铁业开展重大工艺攻关,瓶颈环节取得突破。根据公司生产工艺技术方面存在的主要问题,通过整合研发、技术和管理力量,启动13项工艺技术重大专项攻关,并取得实效。

在炼铁领域,通过开展高性价比原燃料资源应用技术研究,使南非、马萨杰、秘鲁等高性价比铁矿资源在京唐、矿业、首秦使用量达到287.4万吨。莱克沃、布坎南等高性价比炼焦煤资源在京唐和迁焦两地的使用量达到219.1万吨;京唐球团配加含钛精粉7.7万吨,降低护炉料成本。

在炼钢领域,通过优化钙处理工艺研究,迁钢焊瓶钢、高强钢、低级别管线钢等钙处理喂线量降低为200米—400米,钢液中夹杂物粒径明显降低,X60、X65系列管线钢夹杂物评级不合格率降低至1.67%。迁钢集装箱用钢转炉工序通过采用高磷出钢工艺,石灰消耗从吨钢25.65公斤降低至16.17公斤,磷铁消耗从吨钢2.97公斤降低至2.70公斤,炉渣全铁含量从19.33%降低至17.82%。

在轧钢领域,京唐1800毫米以上宽幅汽车板实现稳定生产,跑偏率由63%降低至12.8%,炉内平均速度由150米/分钟提升至173米/分钟。通过开展板形控制模型、辊形、边部加热和平整工艺研究,迁钢1580产线薄规格集装箱板的二次平整率从25%降低到10%以内。通过轧制模型优化,提升了道次压下率,首秦宽厚规格管线钢纵轧阶段道次压下率由15%—18%提高到18%—25%。

在用户技术领域,通过为宝马、长安福特、一汽、北汽等7款车型提供EVI技术支持,解决了宝马F18侧围外板的冲压起皱问题;为北汽C52车型后门外板零件进行了可制造性分析,材料利用率提高10.92%,零件减重7.14%。通过开展冷热轧产品表面耐腐蚀技术攻关,解决了制约福特认证软钢连退板及镀锌板涂装后耐盐雾腐蚀不合问题。

二是外埠钢铁企业科研能力与技术水平得到提升。水钢全面完成省级重大专项《高性能钢筋产业化及在高墩大跨径桥梁中的示范应用》项目,准备验收;通过加大技术攻关、降本增效力度,吨钢成本节约30元以上。贵钢承担的省级"十二五"科技重大专项"高品质中空钢及制品产业化关键技术的研发"按期通过结题验收;成功开发φ46/R32和φ56/R38导向钻杆2个新产品。长钢通过烧结工序熔剂结构优化,烧结矿成本降低5元/吨以上;开发的DPCHW8.8双相冷镦钢、G4Si1合金焊线等新产品已开始投放市场。通钢通过采用配矿与配煤结构优化、钢产品成分优化、负差轧制与低温控轧等技术措施,降成本成效显著;精品棒材线新开发钢种16个,品种钢产量达到20.17万吨。伊钢重点通过铁前技术攻关达到降成本的目的,炼铁厂入炉焦比年平均463.97公斤/吨,同比上年降低约27公斤/吨。

(三)利用现代科技推进园区开发建设取得进展

新首钢高端产业综合服务区进入国家智慧城市2014年度试点名单。园区利用新技术新工艺改造老旧厂房,西十筒仓一期工程在保留原有工业建筑外部空间形态下,采用光伏发电、太阳能热水、光纤照明、雨水收集利用等绿色环保技术以及BIM(建筑信息模型)、GIS(地理信息系统)、照明控制等多项技术,在第三届亚太商业地产建筑设计效能高峰论坛上获得"亚太商业先锋大奖"。有序推进生态环境治理,在已开展主厂区场地调查及风险评估基础上,进行实验室土壤检测分析及土壤样品的生物可给性测试及修复技术研发,已形成场评报告。

（四）非钢产业创新能力得到提升

非钢产业通过狠抓科技成果转化，推进企业科技进步，并取得实效。矿业投资公司开展技改项目13项，全年实现效益5000万元以上；机电公司完成天安门广场防护栏及长安街沿线防碰撞装置的设计和制造任务；首钢国际工程公司通过"北京市级企业技术中心""北京市冶金三维仿真设计工程技术研究中心"认定，挂牌成立了"海水淡化与水处理工程研究中心"；首自信公司组织开展了"智慧城市顶层设计""社区电子商务平台"等5项新产业信息化项目，"酸连轧机组模型系统优化及开发"成功应用于迁钢硅钢产线；环境产业公司自主集成创新的首钢建筑垃圾资源化处理项目建成投产，成为北京市第一座建筑垃圾资源化处理设施。围绕鲁家山生活垃圾焚烧发电项目，自主设计建成国内第一条炉渣干法分选生产线；实业公司在参加北京市旅游商品大赛中参赛展品主打"科技牌"，获得市旅游委举办的第十一届"北京礼物"旅游商品大赛金奖；首建公司完成机械式立体停车库研发，取得了特种设备制造许可资质；北冶公司成为国内唯一掌握4J72锰基合金宽板轧制技术的生产厂家，形成了年产1000吨的生产能力；吉泰安公司"汽车尾气净化铁铬铝高性能新型材料"项目通过北京市科委高新技术成果转化项目的认定；首钢医院开展的"基因多态性检测"项目投入临床使用；房地产公司形成集集团规划设计、加工制造、施工建设、部品部件生产的钢结构住宅产业化的产业链，已建成两栋钢结构住宅楼。

（五）科技创新综合实力进一步增强

一是科技成果数量稳步增长。全年完成科技成果验收评价133项，其中15项成果达到国际先进及以上水平，58项达到国内领先水平；10项成果获得上级科技奖励，"留渣+双渣转炉炼钢新工艺技术创新"等3项获得冶金科学技术一等奖。完成专利申请625项，获授权专利461项，其中发明专利157项；"一种提高热轧钢板控制冷却温度均匀性的方法"获中国专利优秀奖。牵头或参与制修订国家、行业标准51项。合理化建议提出17040项，实施12228项，为公司产品开发和降本增效发挥了积极的作用。

二是获得多项国家科技项目支持。全年申请国家和北京市科技计划项目6项，包括"5万吨/天水电联产与热膜耦合海水淡化研发及示范""1200—1500兆帕超高强热成形钢研发"等，预计获国拨资金2000余万元。"北京市能源用钢工程技术中心"获北京市科技创新基地培育与发展工程专项支持。加入了"海洋工程用钢产业技术创新战略联盟"。申报的"绿色钢铁制造技术国家重点实验室"通过了科技部的第一轮评审。

2014年首钢科技战线成绩的取得，是广大职工和科技工作者付出艰辛劳动的结果，是你们心血和汗水的凝结，我代表总公司向大家表示衷心的感谢和崇高的敬意！

当然在肯定成绩的同时，我们必须正视存在的差距和问题：

一是总体产品盈利能力差，产品结构调整力度有待加强。作为三大战略产品代表的汽车板仍然存在着内板多外板少、软钢多高强产品少、供自主品牌用户多合资品牌少等问题。产品缺乏差异化和独有性，盈利能力不强，推进产品中盈利产品只占54%，存在高端不高效现象。

二是产品质量一致性差，科学管理水平有待提高。产线瓶颈技术问题不能及时攻克，产品板形、表面质量等问题长期得不到有效解决，产品质量一致性差，用户抱怨多。技术管理中过程管控标准不够完善，缺乏执行力，使用科学管理工具的有效性有待提高。

三是集团科技创新体系需要优化完善。集团尚未建立起层级清晰、职能明确的科技管理体系，缺乏统一的科技信息资源共享平台；依靠科技进步，增强内生动力、促进发展的意识还不强；在国内外享有知名品牌的攻关团队和"领军式"专家仍然较少，新产业人才储备不足；科技经费占主营业务收入比例的稳定增长机制还不完善。

针对以上不足，我们要坚持问题导向，对标找差，认真分析存在问题的深层次原因。坚持用改革的方法和创新思维解决问题，促进首钢转型发展。

二　2015 年科技创新工作思路和目标

（一）总体思路

围绕国家创新发展及京津冀协同发展战略,全面贯彻落实国家、北京市科技工作会议及总公司"两会"精神。主动适应经济发展新常态,以经济效益为中心,依靠科技创新,挖潜增效;把握行业发展新机遇,加快提升集团科技创新能力;深化改革,激发创新活力,提高协同效率,确保完成 2015 年科技进步目标任务。

（二）科技进步主要目标任务

一是科技项目安排。科技项目安排 395 项,计划资金 5.6 亿元。其中:四地钢铁业科技项目 348 项,计划资金 5.2 亿元;外埠钢铁业科技项目 47 项,计划资金 4162 万元。

二是产品结构和质量目标安排。四地高端及领先产品 450 万吨,重点产品 911 万吨。汽车板 220 万吨,其中镀锌汽车板 69 万吨、高强汽车板 64 万吨、汽车外板 39 万吨、合资品牌 57 万吨。硅钢 130 万吨,其中取向硅钢 15 万吨、无取向高牌号硅钢 19 万吨。镀锡板 37.5 万吨。全年完成 70 项研发储备产品开发任务,其中 37 项实现供货。四地产品带出品率低于 3.62%,质量异议降低 14%,重点客户整单合同兑现率达到 80% 以上。

三是园区建设和非钢产业技术进步工作安排。以科技创新为驱动,强化协同效应,充分发挥首钢同时承担北京和曹妃甸两大园区建设所蕴涵的发展机遇,打造新的经济增长点;推进非钢产业转型发展,打造城市综合服务商。

三　2015 年首钢科技创新重点工作

（一）主动适应新常态,把握机遇迎挑战

2015 年钢铁业继续面临宏观经济下行、资源、环境与生态、市场等多重压力,结构性产能过剩和微利运行的局面将持续。我们要充分认识钢铁行业严峻形势,也要看到钢铁行业发展的新机遇。国家实施的"一带一路"发展战略,为能源、交通运输、建筑、海洋工程等领域的用钢需求释放了空间,为钢铁产品走出去提供新机遇;"中国制造2025"战略的实施,为钢铁产业信息化和工业化深度融合提供新的发展契机;"京津冀协同发展"战略的实施,为北京及曹妃甸两大园区建设和发展提供广阔的空间。主动适应新常态,牢牢把握国家实施经济发展新战略的历史机遇,练好内功,增强竞争意识、经营意识和应变能力,依靠科技进步,拓展企业生存与发展空间。广大科技人员要有充分的紧迫感和责任感,要善于创新思路,抢占先机,发扬科学求实、严谨细致、勇于担当、锲而不舍的精神,通过创新产品、创新工艺、拓展产业链,成为首钢转型发展的排头兵。

（二）依靠科技进步,促进钢铁业减亏扭亏

大幅减亏扭亏是钢铁业的核心任务。四地钢铁业要强化"制造+服务"能力,通过科学管理、强化过程能力控制和用户技术研究,提升产品质量一致性,打造一批技术含量高、经济效益好、市场占有率高的优势产品集群,提高市场竞争能力。外埠钢铁企业要坚持以经济效益为中心,以强化经营能力建设和市场化改革为主线,实现大幅减亏。

1. 以三大战略产品为抓手,打造优势产品集群

四地钢铁业要完善"产销研用"产品推进体系,提高协同效率,以创新驱动,挖掘行业新需求,着力开发中高端差异化产品,建立优质客户群,通过做实产品基础设计和研究、产品成本管理、产品质量改进、用户服务技术、设备功能精度管理,提升产线制造能力、用户服务能力及产品盈利能力。

汽车板通过落实三年规划,实现由内板向外板、软钢向高强、连退向镀锌、自主品牌用户向合资品牌用户转变,成为奔驰、宝马等高端客户的稳定供应商。2015年重点做好1000兆帕级以下高强钢及合金化高强产品开发,推进合资品牌外板、高强钢及GA板认证及扩充产线认证,解决卷渣、面翘皮、锌灰锌渣等表面质量问题及卷取隆起、镀锌板光整浪形等板形质量问题,持续改进BH钢时效性、合金化镀层质量控制技术。

电工钢要优化产品结构,加快推进配套完善项目,打造"制造+服务"的核心竞争力,不断为用户创造品牌价值和产业链价值。2015年重点提升取向电工钢超高压变压器业绩,产品进入国网、南网供应商序列,逐步缩小与对标钢厂产品的价格差距;无取向电工钢重点开展四个产品的研究:高效率变频无取向电工钢研究,提升变频压缩机效率;经济型高效电机用无取向电工钢开发,降低制造成本;高磁感无取向电工钢研究,提升产品磁性能;中频薄带用无取向电工钢研究,进入新能源汽车领域。

镀锡板重点开展中粮包装、奥瑞金等高端客户的开发与认证,推进15家用户、4种材料、12种用途的产品认证,尽快实现批量供货;重点开发DR二次冷轧材,质量命中率由78%提高至90%;逐步拓展产品厚度规格极限,退火产品厚度覆盖0.16—0.50毫米,DR材厚度最薄拓展到0.13毫米。

通过三大战略产品开发,以产品规格、强度等级、质量等级、交货状态、产品使用环境等覆盖能力为主要标志,实现产品开发与制造能力的显著提升。打造管线钢、集装箱板、汽车结构用钢、能源用钢、桥梁钢、海工钢、家电板等一批产品集群,并形成市场竞争优势,促进四地钢铁业减亏。

2.以产品质量一致性为抓手,提升"制造+服务"能力

针对存在的产品质量一致性差,合同兑现率无法满足用户要求等问题,要强化科学管理,利用科学的管理工具加强定量分析与过程控制分析,提高管理水平,提升钢铁业"制造+服务"能力。

强力推进TS16949质量管理体系,提升产线保证能力。一是按照TS16949管理体系的要求,完善原辅材料、设备功能精度、能源介质、标准化作业等管理体系。二是持续改善过程控制能力,完善CP控制计划、产品质量先期策划,建立APQP五大工具网络平台。三是实现集中一贯管理,在基层实施以作业长制为中心的"五制配套"模式,在强调作业标准化的同时,注重管理标准化。

做实用户服务体系。一是强化客户技术服务和用户技术研究两支团队建设,形成客户代表面向客户,用户技术研究后台支撑的服务体系;二是对战略客户建立大客户通道,实现直供用户贴身服务;三是打造全流程EVI服务能力;四是推进加工中心的选点和布局,加快服务网络建设;五是研究零部件产业布局,拓展激光拼焊等后续加工服务手段。六是加强焊接、耐腐、成型、涂装等技术研究,提升技术服务水平。

产线装备完善升级。结合首钢产品的发展与定位,针对制约产品质量提升的工艺瓶颈实施一批技术改造项目:顺义、京唐镀锌产线短平快改造,拟提升退火炉快冷能力、增加切边剪和表检系统、光整机扩大辊径、提高GA高强钢生产能力。迁钢电工钢产线连退机组退火炉耐高温碳套辊改造,由十字型改造为单侧键固定式,控制带钢氧化,提高连退机组生产中高牌号无取向电工钢能力与产品质量。首秦ACC层流冷却水系统改造,增加冷却塔、常化炉后增加弱水冷设备,提高水冷能力,降低合金成本。

3.依靠科技进步降本增效,实现绿色发展

工艺技术要通过全流程低成本制造技术研究,在能源与资源利用、工艺与装备优化等方面形成突破,促进效益提升。炼铁领域围绕劣质资源使用、高炉炉料结构优化、高炉长寿及智能化等方面,重点开展"首钢高炉顺稳降成本的技术攻关""资源开发及降成本研究"等工艺技术攻关。炼钢领域围绕高效率、低消耗洁净钢生产技术,提高精炼过程自动控制水平,连铸生产智能化技术改善铸坯质量等方面,重点开展"洁净钢炼钢持续攻关""厚板坯连铸关键技术及特厚板心部性能控制"等工艺技术攻关。轧钢领域围绕新一代控轧控冷技术、清洁化轧制技术、高精度轧制及轧后热处理技术等方面,重点开展"高等级汽车板表面控制技术""薄板板形控制模型及相关工艺优化""中厚板控轧控冷及淬火关键技术攻关"等工艺技术攻关。用户技术领域围绕用户个性化需求及产品特殊性能要求,重点开展"高强镀锌汽车板耐蚀性研究""高强汽车板成形特性研究""无涂装桥梁板的锈层稳定化技术"等工艺技术

攻关。节能环保领域围绕单体节能、工序节能、系统节能技术,排放物资源化利用、污染物无毒化处理等方面开展研究,既要重视满足达标排放的要求,又要重视产产融合与产城融合技术研究,实现绿色发展要求。重点开展"高效清洁燃烧关键技术的研究与应用""矿业公司和迁钢污水集中处理""冶金渣资源化利用技术""氮氧化物、二噁英控制基础研究"等工艺技术攻关。

4.外埠钢铁企业要依靠改革激发创新活力,实现大幅减亏

外埠钢铁企业要坚持以经济效益为中心,以强化经营能力建设和市场化改革为主线,实现大幅减亏。水钢要结合区域钢丝绳、合金焊丝、汽车零配件的市场需求,加强产品结构调整力度,逐步建立"产销研用"产品推进体系,实现"双高"产品效益最大化。贵钢以中空钢、易切钢等传统优势产品为基础,以新区装备为依托,加强技术研发工作,实现齿轮钢、军工钢、工模具钢等传统特殊钢产品的部分恢复与验证。长钢要结合国家中部地区崛起规划及区域市场需求,大幅降低生产成本,做强建筑用材及冷固件产品。通钢要结合东北老工业区振兴计划及区域汽车零配件市场需求,加大市场开拓力度,全力组织品种开发与结构调整,提升品种创新能力,同时为降成本、增效益提供全方位技术支撑。伊钢要充分利用国家"一带一路"战略发展机遇,加快技术设备改造,完成850中宽带项目的投产,在产品升级换代的同时,实现带钢产品品种的全覆盖。

(三)落实京津冀协同发展战略,提升园区开发创新能力

园区开发方面,北京园区以智慧园区和生态园区建设为核心,继续推进现代信息技术、绿色环保技术等新技术新工艺在工程建设项目和园区规划中的应用;深化地下空间、人防、交通等专项规划,要求落实到街区层面和先期启动项目地块层面;深化园区内电力、热力、燃气规划方案研究及能源综合研究;完成北区开放空间景观项目、石景山景观项目等北区规划研究深化工作;完成绿色生态园区申报和绿色生态指标体系研究;启动搭建智慧园区建设管理云平台;初步形成园区BIM(建筑信息模型)和GIS(地理信息系统)规划建设运营平台;完成场评手续,因地制宜开展土壤局部治理。

曹妃甸园区要借势而为,利用京津冀协同发展的机遇,研究构建"产业协同、功能融合、资源循环、节能减排、生态环保"的绿色、生态、循环的体系。通过二氧化碳回收利用、煤气发酵制乙醇、烧结余热补燃发电配套海水淡化、垃圾焚烧、污水处理等项目实施,实现产产融合、产城融合,成为曹妃甸协同发展示范区。

(四)利用高新技术引领非钢产业转型发展,提升城市综合服务能力

非钢产业各单位要立足转型发展,强化协同,进一步提高自身科技创新能力。矿业投资公司要稳步推进硼铁公司高压辊磨超细碎工艺、硼镁联产、顺达采区扩帮等重点工程项目,力争早投产、早见效。机电公司要重点完成京唐钢坯高温防氧化喷涂作业线研制开发、结晶器成套生产、轧机开卷、卷曲主轴修复和辊类零件表面修复及再生技术应用等项目,同时努力拓展首钢外部市场,完成安防系列产品、粮食装卸设备等的开发制造。国际工程公司实施"双轮驱动"发展战略,结合市场逐步打通科技开发项目从技术到产品到产业的路径,通过掌握自主知识产权核心技术,获取工程设计项目、生产技术服务等合同定单,同时做优做强冶金三维仿真设计工程技术研究中心,提高设计能力和水平。首自信公司要以"智能制造"为主题,在如何提高产品质量、提升生产效率、降低制造成本上下功夫。同时在钢铁业打造"制造+服务"综合竞争力方面,进一步完善面向钢铁行业的信息化、软件产品和信息服务。环境产业公司要组织好生物质能源项目的开发运行,继续推进污染土修复项目建设和污染土处理工作,开展厂区拆除建筑垃圾资源化利用研究。实业公司要重点扶持产业研究所的建设,提高自主研发能力和水平,组织完善幼教、养老、旅游等产业科研体系建设,逐步强化三优产业科研实力。首建公司要做好钢结构住宅产业化、园区旧有建筑物综合利用、BIM(建筑信息模型)信息化施工技术、园区绿色施工、超高层建筑施工等十大技术攻关课题的研究和实施。北冶公司要进一步完善高温合金生产线建设,加强高温合金、高性能软磁合金等生产工艺技术研究,突破合金浇注、表面质量控制等方面的技术难题。吉泰安公司要完成成立新产品开发室工作,重点推进电陶炉用电热带等产品开

发,赢得市场。首钢医院要加强医院科研平台建设,做好与北京大学医学部、北医临床研究所、北大流行病学研究室等单位的合作,提升医疗科技水平。房地产公司要继续加快钢结构住宅产业化工作,推进行业有关标准的制定,并寻求与社会科研机构的合作,形成首钢地产主导的研发团队。

(五)深化机制改革,推进科技创新能力建设

2015年是首钢改革发展的关键之年,要落实好《首钢全面深化改革的指导意见》,推进科技创新能力建设,释放发展活力。

1. 搞活科技创新机制,增强企业内生动力

各单位要积极探索建立适合本单位行业特点和内部发展阶段的科技创新机制,完善创新制度保障,上下同欲,全员创新,丰富创新要素,盘活创新资源,增强内生发展动力。各单位要善于利用区位优势,借助"一带一路"战略、京津冀协同发展战略、中部地区崛起战略、振兴东北老工业区政策等国家发展战略与政策,结合各自区域市场特点和需求,充分融入中国经济转型发展大潮,以创新的思维、创新的机制,释放创新活力,打造核心竞争力,加速企业发展。

2. 优化科技创新体系,提高协同效率。

结合"十三五"规划的制定,按照钢铁与城市综合服务两大领域,打造协同高效、要素齐全、功能清晰、充满活力的科技创新体系。进一步优化研发体系、持续改进体系、工程化集成体系及新产业孵化体系,并实现协同高效。进一步明晰各体系边界,凝心聚力加速推进各体系的能力建设;在"2+6"板块创新体系方面,建设国家级、省部级、公司级若干创新平台;制定加速科技成果工程化的有效机制,实现钢铁业、钢铁服务业及新产业的互为促进,协同发展。要建立规范的研发经费管理机制,加大科技研发投入,促进创新发展。

3. 深化开放合作,调整合作重心

加强与钢铁产品下游用户的合作,采取共建实验室、先期介入、技术合作开发等方式,与用户建立紧密联系,合作共赢,协同发展。非钢和新产业各单位要积极加入国家和北京市建立的各种产业创新联盟和研发平台,开放合作,促进快速发展。

4. 完善科技人员激励机制,打通科技领军人才成长通道

要保持集团科技队伍稳定,提高科技队伍的创新、创优、创业热情。做好相关专业人才配置和储备,培养出具有行业影响力的专项产品技术领头人和团队。各钢铁生产基地要尽快培养出一批懂技术、善管理、会经营的高层次、复合型科技人才;园区开发要充分利用地处北京的地域优势,善于利用优势社会资源,引进一批熟悉高新技术领域、引领首钢新产业发展的领军人才;非钢产业要尽快培养一批具有工程经验、善于市场营销的工程技术人才,提升产业发展质量。

5. 提高科技创新综合能力

坚持高水平科研目标定位,敢于突破、敢于领先,创造各种有利条件,力争在重点工艺技术瓶颈问题攻关、相关领域技术前沿研究与应用等方面形成突破性创新成果。2015年完成科技成果验收100项,获得上级科技奖励8项。完成专利申请620项;形成企业技术秘密240项。结合国家科技计划体制改革,整合首钢科技资源,力争申请成功纵向科技计划项目4—5项;申请国家级技术创新平台1项。

同志们,首钢发展,科技先行,站在近百年新首钢发展的起点上,科技工作任务艰巨,责任重大,我们要牢牢把握自主创新的主线,认清形势,攻坚克难,以创新科技成果提升首钢的核心竞争力,把每一项工作、每一项任务落到实处,坚定不移深化改革,打好钢铁业和城市综合服务商两个攻坚战,为开创首钢转型发展的新局面而努力奋斗!

2014 年度首钢科学技术奖获奖项目

序号	项目名称	主要完成单位	获奖等级
1	地面远程遥控井下电机车运输系统研发与应用	首钢矿业公司	一等奖
2	首钢京唐高炉氧煤枪富氧技术研究与应用	首钢京唐钢铁联合有限责任公司 北京首钢自动化信息技术有限公司 首钢技术研究院	一等奖
3	首钢秘鲁铁矿资源在京唐合理利用研究	首钢技术研究院 首钢京唐钢铁联合有限责任公司	一等奖
4	首钢京唐倒角结晶器的应用研究	首钢京唐钢铁联合有限责任公司	一等奖
5	炼钢成分精准控制技术研究	首钢股份公司迁安钢铁公司	一等奖
6	首钢迁钢冷轧取向硅钢高温环形退火炉集成创新与应用	北京首钢国际工程技术有限公司 首钢股份公司迁安钢铁公司	一等奖
7	4J72 锰基合金冷带批量生产的研究	北京北冶功能材料有限公司	一等奖
8	迁钢公司酸连轧机组模型系统优化及开发	北京首钢自动化信息技术有限公司 首钢股份公司迁安钢铁公司	一等奖
9	首钢京唐公司七万五制氧机组节能增效综合应用技术	首钢京唐钢铁联合有限责任公司	一等奖
10	首钢水厂铁矿露天采场设计优化	首钢矿业公司	二等奖
11	京唐烧结 580 平方米环冷机风量优化研究	首钢京唐钢铁联合有限责任公司	二等奖
12	首钢迁钢高炉煤气零放散技术开发	首钢股份公司迁安钢铁公司	二等奖
13	京唐降低烧结矿氧化镁技术研究及应用	首钢技术研究院 首钢京唐钢铁联合有限责任公司	二等奖
14	京唐高炉应用低还原性南非块矿资源的技术研究	首钢技术研究院 首钢京唐钢铁联合有限责任公司	二等奖
15	首钢高性价比炼焦煤资源研究及应用	首钢技术研究院 唐山首钢京唐西山焦化有限责任公司 首钢京唐钢铁联合有限责任公司	二等奖
16	连铸结晶器铜管镍钴硼代铬镀层技术	秦皇岛首钢长白机械有限责任公司	二等奖
17	首钢京唐公司转炉汽化冷却系统稳定运行技术研究	首钢京唐钢铁联合有限责任公司	二等奖
18	迁钢倒角结晶器技术开发及应用	首钢股份公司迁安钢铁公司 首钢技术研究院	二等奖
19	迁钢硅钢酸溶铝高精度快速检测系统的研发与应用	首钢股份公司迁安钢铁公司	二等奖
20	迁钢炼钢动态钙处理技术开发	首钢股份公司迁安钢铁公司 首钢技术研究院	二等奖
21	基于钢包过程系统的高效节能工艺及装备技术的集成创新	秦皇岛首秦金属材料有限公司	二等奖
22	高钛低铝、低硅铝脱氧等小方坯难浇钢种稳定生产技术研究	首钢技术研究院 首钢股份公司迁安钢铁公司	二等奖
23	钢中偏析与元素分布的微观表征技术研究	首钢技术研究院	二等奖
24	首钢京唐热轧 2250 轧制节奏控制研究	首钢京唐钢铁联合有限责任公司	二等奖

序号	项目名称	主要完成单位	获奖等级
25	首钢迁钢冷轧1450UCMW轧机横向厚差控制优化与技术开发	首钢股份公司迁安钢铁公司	二等奖
26	大型热轧支撑辊堆焊修复技术研究	首钢技术研究院 秦皇岛首钢长白机械有限责任公司 首钢股份公司迁安钢铁公司 首钢总公司设备部	二等奖
27	首钢590兆帕及以下强度级别热镀锌双相钢产品开发	首钢技术研究院 北京首钢冷轧薄板有限公司 首钢股份公司迁安钢铁公司	二等奖
28	浅海油气输送用海底管线钢的研制与开发	首钢技术研究院 秦皇岛首秦金属材料有限公司	二等奖
29	TG系列高强套管用热轧卷板的研制和开发	首钢技术研究院 首钢股份公司迁安钢铁公司	二等奖
30	首钢SGH系列汽车传动轴管用热轧卷板的研制与开发	首钢技术研究院 首钢股份公司迁安钢铁公司	二等奖
31	高碳低合金锯片钢75Cr1和65Mn的研制	首钢技术研究院 首钢股份公司迁安钢铁公司	二等奖
32	通钢航星移动商务办公软件	吉林通钢自动化信息技术有限责任公司	二等奖
33	首钢迁钢1580平整机组自动轧制控制系统	北京首钢自动化信息技术有限公司 首钢股份公司迁安钢铁公司	二等奖
34	首钢迁钢1580平整分卷机组自主集成和技术创新	北京首钢机电有限公司 首钢股份公司迁安钢铁公司	二等奖
35	冷轧环形退火炉内罩国产化制作技术	北京首钢机电有限公司 首钢股份公司迁安钢铁公司	二等奖
36	首钢迁钢2×50兆瓦燃气—蒸汽联合循环发电技术研究开发与创新应用	北京首钢国际工程技术有限公司 首钢股份公司迁安钢铁公司	二等奖
37	迁钢30万立方米高炉煤气柜工程研究开发与创新应用	北京首钢国际工程技术有限公司 首钢股份公司迁安钢铁公司	二等奖
38	多媒体教学对幼儿绘画学习的作用	北京首钢实业有限公司	二等奖
39	代谢综合征和男性前列腺疾病相关性及临床干预的系列研究	北京大学首钢医院	二等奖
40	首钢矿业公司水厂铁矿北区东端帮挂帮矿回收技术研究与实践	首钢矿业公司	三等奖
41	首钢杏山铁矿北排土场稳定性研究及减载设计优化	首钢矿业公司	三等奖
42	首钢杏山铁矿床矿体赋存形态及分布地质特征研究	首钢矿业公司	三等奖
43	低品位含铀硼铁矿资源选矿工艺技术研究与应用	辽宁首钢硼铁有限责任公司	三等奖
44	硼精矿制硼砂和硼酸工艺技术	辽宁首钢硼铁有限责任公司	三等奖
45	选矿系统改造,提高精矿质量,满足球团生产	通化钢铁集团股份有限公司	三等奖
46	一种防止喷补反弹料结块快速恢复炉况的方法	首钢水城钢铁(集团)有限责任公司	三等奖
47	提高京唐干熄焦炉斜道区耐火材料使用寿命的研究	唐山首钢京唐西山焦化有限责任公司 首钢京唐钢铁联合有限责任公司 首钢技术研究院	三等奖

序号	项目名称	主要完成单位	获奖等级
48	焦化固废高效利用的研究与实践	唐山首钢京唐西山焦化有限责任公司 首钢京唐钢铁联合有限责任公司 首钢技术研究院	三等奖
49	首钢京唐铁钢界面"一包到底"工艺优化	首钢京唐钢铁联合有限责任公司 首钢技术研究院	三等奖
50	迁钢高炉应用高碱资源控制、应用的冶炼技术研究	首钢股份公司迁安钢铁公司 首钢技术研究院	三等奖
51	迁钢炼铁冲渣水系统应用技术研究	首钢股份公司迁安钢铁公司	三等奖
52	首秦冲渣工艺改造与优化应用	秦皇岛首秦金属材料有限公司	三等奖
53	首钢矿业公司烧结厂环境除尘风量匹配优化	首钢矿业公司	三等奖
54	长钢高炉经济炉料联动模型的开发与应用	首钢技术研究院 首钢长治钢铁有限公司	三等奖
55	降低迁钢 3 号高炉瓦斯灰碳含量的技术研究	首钢技术研究院 首钢股份公司迁安钢铁公司	三等奖
56	长钢降低球团膨润土配比技术研究	首钢技术研究院 首钢长治钢铁有限公司	三等奖
57	迁钢 3 号高炉降低高炉返矿技术研究	首钢技术研究院 首钢股份公司迁安钢铁公司 首钢矿业公司	三等奖
58	提高 20 钢轧制坯穿管合格率攻关	通化钢铁集团股份有限公司	三等奖
59	钢包烘烤器烧嘴	首钢水城钢铁(集团)有限责任公司	三等奖
60	转炉炼钢烟尘环保治理技术研究	首钢京唐钢铁联合有限责任公司	三等奖
61	迁钢可快换式转炉滑板挡渣技术应用研究	首钢股份公司迁安钢铁公司	三等奖
62	首钢长钢顶吹转炉中高磷铁水脱磷炼钢工艺研究	首钢技术研究院 首钢长治钢铁有限公司	三等奖
63	国内外先进炼钢生产技术研究	首钢技术研究院	三等奖
64	首钢京唐冷轧高强钢关键工艺技术优化攻关	首钢京唐钢铁联合有限责任公司 首钢技术研究院	三等奖
65	消除薄规格铝镇静钢和高强钢斜纹技术研究	首钢京唐钢铁联合有限责任公司 首钢技术研究院	三等奖
66	京唐热轧板边部翘皮缺陷控制技术研究	首钢京唐钢铁联合有限责任公司 首钢技术研究院	三等奖
67	首钢京唐热轧 1580 卷取缺陷控制研究	首钢京唐钢铁联合有限责任公司	三等奖
68	京唐热轧普通碳锰钢降低铸坯加热温度及轧钢工艺技术研究应用	首钢京唐钢铁联合有限责任公司 首钢技术研究院	三等奖
69	首秦 4300 毫米中厚板轧制过程头部变形机理及其控制技术的研究与应用	秦皇岛首秦金属材料有限公司 首钢技术研究院	三等奖

序号	项目名称	主要完成单位	获奖等级
70	首秦 4300 产线工艺能力及产品提升研究与应用	秦皇岛首秦金属材料有限公司 首钢技术研究院	三等奖
71	板材公司 3454 毫米四辊轧机机架在线修复技术的研究与应用	秦皇岛首钢板材有限公司	三等奖
72	镀锌光整延伸率稳定控制技术	北京首钢冷轧薄板有限公司 首钢技术研究院	三等奖
73	首钢迁钢 2160 热轧超快冷技术开发	首钢股份公司迁安钢铁公司 首钢技术研究院 北京首钢自动化信息技术有限公司	三等奖
74	热轧轧制润滑技术的开发和应用	首钢股份公司迁安钢铁公司	三等奖
75	迁钢无取向电工钢毛边轧制工艺技术的开发与应用	首钢股份公司迁安钢铁公司	三等奖
76	迁钢高牌号无取向电工钢低本高效生产技术	首钢股份公司迁安钢铁公司	三等奖
77	基于应变分布不均的客车蒙皮缺陷分析与研究	首钢技术研究院	三等奖
78	锌液流动优化控制技术	首钢技术研究院 北京首钢冷轧薄板有限公司	三等奖
79	特厚高强钢关键焊接技术研究	首钢技术研究院	三等奖
80	顺义冷轧平整机启停车轧制力一级系统及二级模型优化	首钢技术研究院 北京首钢冷轧薄板有限公司	三等奖
81	首钢 GI 汽车板点焊工艺窗口研究	首钢技术研究院	三等奖
82	基于应变状态分析的轿车侧围外板冲压成形质量关键技术研究	首钢技术研究院	三等奖
83	首钢迁钢 IF 钢低温出炉轧制技术研发	首钢技术研究院 首钢股份公司迁安钢铁公司	三等奖
84	棒材在线温度闭环及组织性能预报系统开发	首钢技术研究院 北京首钢自动化信息技术有限公司 首钢长治钢铁有限公司	三等奖
85	热轧平整工艺技术优化研究与应用	首钢技术研究院 首钢京唐钢铁联合有限责任公司	三等奖
86	供信质电机用 0.45 毫米系列高效无取向电工钢研制与开发	首钢股份公司迁安钢铁公司	三等奖
87	HGH625 合金研制与开发	北京北冶功能材料有限公司	三等奖
88	高韧性海底管线 X65MO 热轧卷板的研制和开发	首钢技术研究院 首钢股份公司迁安钢铁公司 首钢京唐钢铁联合有限责任公司	三等奖
89	铁路货车用耐候钢板的研制与开发	首钢技术研究院 首钢股份公司迁安钢铁公司	三等奖
90	日标汽车结构用热轧酸洗板的研制与开发	首钢技术研究院 首钢股份公司迁安钢铁公司	三等奖
91	国标 GB/T 14164—2013《石油天然气输送管用热连轧宽钢带及钢板》的制定	首钢技术研究院 首钢股份公司迁安钢铁公司	三等奖

续表

序号	项目名称	主要完成单位	获奖等级
92	首钢590兆帕级冷轧相变诱发塑性钢产品开发	首钢技术研究院 北京首钢冷轧薄板有限公司 首钢股份公司迁安钢铁公司	三等奖
93	首钢精密焊管用钢开发	首钢技术研究院	三等奖
94	风机用高强钢F400、F500的开发	首钢技术研究院 首钢京唐钢铁联合有限责任公司	三等奖
95	重载钢圈止裂技术攻关及高疲劳寿命轮辐钢系列化开发	首钢技术研究院 首钢京唐钢铁联合有限责任公司	三等奖
96	首钢700兆帕及以上级别成型性能优良的高强大梁钢的开发	首钢技术研究院 首钢股份公司迁安钢铁公司	三等奖
97	Ti、Nb在铸坯加热过程中作用机理的研究	首钢技术研究院	三等奖
98	首钢京唐1580生产线主传动系统直接转矩控制模式研究与应用	首钢京唐钢铁联合有限责任公司 北京首钢自动化信息技术有限公司	三等奖
99	迁钢热轧自动仓储系统构建与实现	首钢股份公司迁安钢铁公司 北京首钢自动化信息技术有限公司	三等奖
100	长材销售管理系统自主研发与应用	北京首钢自动化信息技术有限公司 首钢长治钢铁有限公司	三等奖
101	PROFIBUS-DP网络诊断平台的开发与应用	北京首钢自动化信息技术有限公司 秦皇岛首秦金属材料有限公司	三等奖
102	首欣物业信息管理系统自主研发与应用	首钢实业有限公司 北京首钢自动化信息技术有限公司	三等奖
103	捣固焦炉双U型导烟管除尘车研发技术	北京首钢机电有限公司	三等奖
104	新型下悬挂转炉设备设计及制造技术	北京首钢机电有限公司	三等奖
105	首钢激光在线修复技术研究及应用	首钢总公司设备部 秦皇岛首秦金属材料有限公司 北京首钢设备技术有限公司	三等奖
106	大型高炉透平压缩机安装技术	北京首钢建设集团有限公司	三等奖
107	首钢京唐公司大型能源系统对时技术研究及应用	首钢京唐钢铁联合有限责任公司	三等奖
108	首钢迁钢高含盐废水深度脱盐回收技术开发	首钢股份公司迁安钢铁公司	三等奖
109	首秦公司煤气资源优化利用研究与实践	秦皇岛首秦金属材料有限公司	三等奖
110	冷轧废水处理站经济稳定运行的创新实践	北京首钢冷轧薄板有限公司	三等奖
111	顺义冷轧降低电耗综合技术的研究与应用	北京首钢冷轧薄板有限公司	三等奖
112	基于氧化机理研究的加热炉温度均匀性及烧损控制技术应用	首钢技术研究院 首钢股份公司迁安钢铁公司	三等奖
113	迁钢炼钢厂精炼渣处理工程废钢切割除尘系统研究开发与创新应用	北京首钢国际工程技术有限公司 首钢股份公司迁安钢铁公司	三等奖
114	首钢迁钢公司炼钢工程主厂房电气工程创新设计研究与应用	北京首钢国际工程技术有限公司 首钢股份公司迁安钢铁公司	三等奖

管理创新

2015 年首钢第十六届管理创新成果获奖项目

序号	主创单位	成果名称	获奖等级
1	京唐公司	大型钢铁企业循环经济运营体系的实践创新	一等奖
2	京唐公司	建设最具世界影响力钢铁厂发展战略的管控体系构建	一等奖
3	计财部	基于战略实施的特大型钢铁企业集团资金动态管理体系的构建与实施	一等奖
4	矿业公司	大型矿山企业职工健康管理体系的构建与实施	一等奖
5	首矿投	在"一业多地、混合所有制"背景下构建新型企业审计监管模式	一等奖
6	建设工程管理部	首钢生物质能源项目建设全过程管控实践	一等奖
7	劳动工资部	大型国有企业薪酬分配制度改革的创新与实践	一等奖
8	首钢医院	大型企业医院非医疗物资采购模式创新与实践	一等奖
9	审计部	大型国有跨国企业境外审计模式的构建与实践	一等奖
10	资本运营部	"创业基地+股权基金"双基产业模式的构建与实施	一等奖
11	技术研究院	首钢高端板材"制造加服务"五大体系的建设与实践	二等奖
12	办公厅	创新工作方法 探索实践首钢转型发展时期信访维稳管理新机制	二等奖
13	能源环保部	首钢开展碳排放工作的探索与实践	二等奖
14	首自信	适应企业转型发展的科学管理体系的创新与实践	二等奖
15	首秦公司	企业全维度量化驱动创新体系的构建与实践	二等奖
16	京唐公司	大型高炉经济高效运行的实践	二等奖
17	实业公司	建设标准体系,打造养老服务品牌	二等奖
18	总工程师室	大型钢铁联合企业重大生产科技攻关及管控机制的探索与实践	二等奖
19	计财部	推动成本分析与标准成本应用信息化的深度融合	二等奖
20	发展研究院	首钢发展体育文化产业的创新与实践	二等奖
21	监事会办公室	首钢集团加强国有资本运营监管的探索与实践	二等奖
22	能源环保部	首钢大气污染细颗粒物排放控制管理方法研究与应用	二等奖
23	国际工程公司	工程公司构建科技创新体系的研究与实践	二等奖
24	迁钢公司	大型钢铁企业作业区标准化管理的构建与实施	二等奖
25	首建集团	创新建筑业技术研发体系,助推企业转型发展	二等奖
26	培训中心	北京市首席技师工作室建设问题分析与对策研究	二等奖
27	京西重工	京西重工国际并购与管理	二等奖

序号	主创单位	成果名称	获奖等级
28	矿业公司	水厂铁矿老尾矿库恢复使用的研究与实践	二等奖
29	办公厅	首钢深化改革完善集团管控体系的探索实践	三等奖
30	组织人事部	推进首钢高端人才培养工程的探索与实践	三等奖
31	首矿投	投资项目"集中管理,独立经营"管控体系的构建与优化	三等奖
32	园区管理部	新首钢高端产业综合服务区设备设施拆迁与基础设施开发建设管理的研究、实践	三等奖
33	矿业公司	矿业公司主流程设备检修管理信息系统的构建与实施	三等奖
34	中首公司	开发高性价比新资源,降低集团原燃料成本	三等奖
35	信息部	构建采购电子商务平台实现高效管理及运行	三等奖
36	矿业公司	杏山铁矿转段期间稳定供矿生产模式的研究与实践	三等奖
37	迁钢公司	大型钢铁企业固体二次资源的开发与利用	三等奖
38	供应公司	首钢国内外炼焦煤资源运作机制的实践与研究	三等奖
39	顺义冷轧	冷轧产品汽车厂二方认证审核体系的构建与实施	三等奖
40	首钢医院	基于战略导向的企业医院绩效考评体系的构建与实施	三等奖
41	销售公司	细分市场,深化专用板开发,实现渠道终端化	三等奖
42	长钢公司	"二重一特保"设备管理	三等奖
43	资本运营部	在首钢转型发展中创新改制企业管理的探索和实践	三等奖
44	首秦公司	中厚板优化交货期管理的创新与实践	三等奖
45	首建集团	全面介入北京市政基础设施建设市场,为打造城市综合服务商奠定基础	三等奖
46	矿业公司(运输部)	运用安全评价系统实现闭环管理的探索与实施	提名奖
47	首自信	以"创新工作室"为平台的技术创新和人才培养模式的构建和实施	提名奖
48	迁钢公司	基于差异化模型的硅钢产品用户服务模式研究与实践	提名奖
49	通钢公司	建立销售价格与边际成本动态排序体系	提名奖
50	实业公司	加强科研管理,引领服务创新推动企业转型驱动发展	提名奖
51	水钢公司	降低铁成本的配矿优化模型	提名奖
52	伊钢公司	优化烧结配料结构,变含铁废料为宝	提名奖
53	劳动工资部	首钢退休人员集中管理的实践	提名奖
54	设备部	大型钢铁企业资源共享及备品备件联合储备的探索与实践	提名奖
55	通钢公司	以掌控资源为目标的矿山勘查规划管理	提名奖
56	生产部	首钢钢材产品交付物流质量管控体系的建立与完善	提名奖
57	园区管理部(动力厂)	优化劳动组织,挖潜内部人力资源,建立精干、高效的巡检队伍	提名奖
58	新产业开发管理部	首钢介入市政基础设施,打造城市服务商的思考与对策	提名奖
59	实业公司	以首钢幼教六十年为契机不断提升办园品质	提名奖

2015 年荣获冶金企业管理现代化创新成果奖

序号	主创单位	成果名称	获奖等级
1	京唐公司	大型钢铁企业循环经济运营体系的实践创新	一等奖
2	计财部	基于战略实施的特大型钢铁企业集团资金动态管理体系的构建与实施	一等奖
3	技术研究院	高端板材"制造加服务"五大体系的建设与实践	二等奖
4	能源环保部	钢铁企业开展碳排放工作的探索与实践	二等奖
5	京唐公司	大型高炉经济高效运行的实践	二等奖
6	京西重工	京西重工国际并购与管理	二等奖
7	首秦公司	企业全维度量化驱动创新体系的构建与实践	三等奖
8	国际工程公司	工程公司构建科技创新体系的研究与实践	三等奖
9	迁钢公司	大型钢铁企业作业区标准化管理的构建与实施	三等奖
10	矿业公司	大型选矿企业废弃尾矿库恢复使用的研究与实践	三等奖
11	监事会办公室	大型钢铁企业加强国有资本运营监管的探索与实践	三等奖
12	总工程师室	大型钢铁联合企业重大生产科技攻关及管控机制的探索与实践	三等奖
13	计财部	推动成本分析与标准成本应用信息化的深度融合	三等奖

2015 年荣获北京市企业管理现代化创新成果奖

序号	成果单位	成果名称	获奖等级
1	京唐公司	建设最具世界影响力钢铁厂发展战略的管控体系构建	一等奖
2	建设工程管理部	首钢生物质能源项目建设全过程管控实践	一等奖
3	首矿投	在"一业多地、混合所有制"背景下构建新型企业审计监管模式	一等奖
4	劳动工资部	大型国有企业薪酬分配制度改革的创新与实践	一等奖
5	首钢医院	大型企业医院非医疗物资采购模式创新与实践	一等奖
6	审计部	大型国有跨国企业境外审计模式的构建与实践	一等奖
7	资本运营部	"创业基地+股权基金"双基产业模式的构建与实施	一等奖
8	矿业公司	大型矿山企业职工健康管理体系的构建与实施	一等奖
9	首建集团	创新建筑业技术研发体系,助推企业转型发展	二等奖
10	培训中心	北京市首席技师工作室建设问题分析与对策研究	二等奖
11	发展研究院	首钢发展体育文化产业的创新与实践	二等奖
12	首自信	适应企业转型发展的科学管理体系的创新与实践	二等奖
13	实业公司	建设标准体系,打造养老服务品牌	二等奖
14	能源环保部	首钢大气污染细颗粒物排放控制管理方法研究与应用	二等奖
15	办公厅	创新工作方法,探索实践首钢转型发展时期信访维稳管理新机制	二等奖

党建与文化创新

首钢第十三届党建和思想文化创新成果获奖项目

实践类成果获奖项目(65项)

序号	申报单位	项目名称	获奖等级
1	首钢总公司人力资源部(党委组织部)	精心组织,动真碰硬,首钢党的群众路线教育实践活动取得实效	一等奖
2	首钢总公司监察部(纪委)	以正风肃纪为抓手,全面履行纪检监察职责	一等奖
3	首钢总公司办公厅	创新工作载体,发挥好参谋助手作用	一等奖
4	首钢党校	首钢转型期领导干部培训工作的创新探索	一等奖
5	首钢股份公司党委	讲好首钢人故事,培育典型群体,实现首钢优秀文化的传承与发展	一等奖
6	首钢矿业公司党委	传承首钢和矿山优良传统文化,为企业改革发展增添动力	一等奖
7	首钢总公司企业文化部(党委宣传部)	弘扬社会主义核心价值观,首钢人的故事凝聚正能量	一等奖
8	首钢京唐公司党委	构建尺子文化和曲线文化,不断增强企业加快发展的软实力	一等奖
9	水钢公司党委	增添新动力,激发新活力,"十讲十重十做到"助力企业打赢"三大战役"	一等奖
10	长钢公司党委	首钢长钢学习型党组织建设考评体系的探索与思考	一等奖
11	首钢总公司企业文化部(党委宣传部)	在新的起点上继续推进"创新创优创业"为首钢改革发展不断注入正能量	二等奖
12	首钢总公司人力资源部(党委组织部)	首钢领导干部任职试用期的探索与实践	二等奖
13	首钢总公司人力资源部(党委组织部)	运用互联网思维,构建全媒体覆盖体系,推进共青团创新发展	二等奖
14	首钢总公司监察部(纪委)	首钢权力结构科学化配置体系建设的探索与实践	二等奖
15	首钢京唐公司党委	以"三创"精神凝聚正能量,生产经营实现历史性突破	二等奖
16	首钢日报社	率先打造新媒体平台,实现首钢新闻宣传工作跨越式发展	二等奖
17	通钢公司党委	创新基层领导班子优化配置模式,为通钢后续发展提供人才保证	二等奖
18	首钢矿业公司党委	探索构建"五位一体"的全员创新体系,推动矿业公司攻坚克难持续发展	二等奖
19	首钢国际工程公司党委	强化企业文化顶层设计,深入推进企业转型发展	二等奖
20	首钢总公司工会	充分发挥女职工组织的作用努力培养新时代的首钢新女性	二等奖
21	首钢总公司经营财务部	树立问题意识,交账意识,提高计财专业转型发展能力	二等奖

序号	申报单位	项目名称	获奖等级
22	首钢股份公司冷轧公司党委	发挥新媒体作用,深入推进思想政治工作	二等奖
23	首钢矿业公司党委	加强党委中心组学习,提升引领企业改革发展能力	二等奖
24	首钢发展研究院党委	以能力建设和文化升级为载体,为首钢深化改革发挥"智库"作用	二等奖
25	首自信公司党委	坚持问题导向,努力建设务实高效的班子文化,为实现首钢转型发展提供坚强保证	二等奖
26	首钢销售公司党委	加强基层服务型党组织建设,实现首钢营销转型新发展	二等奖
27	首钢京唐公司党委	把创新工作室打造成为团队共享平台和企业创新引擎	二等奖
28	首钢总公司人力资源部(党委组织部)	首钢服务型党组织建设主要做法及思考	二等奖
29	水钢公司党委	"基层故事会"打造水钢思想政治工作创新品牌	二等奖
30	首钢股份公司党委	推进党员量化考核的实践探索	二等奖
31	首钢总公司企业文化部(党委宣传部)	以有效的宣传思想工作推进首钢转型发展	三等奖
32	首钢党校	以首钢领导干部特训班为契机,加强精细化管理,提高党校研究式教学效果	三等奖
33	首钢总公司监察部(纪委)	构建"抓早抓小"长效机制,深化企业案件检查工作	三等奖
34	首钢矿业公司党委	坚持群众路线,建设和谐社区,全力服务首钢改革发展大局	三等奖
35	首钢技术研究院党委	通过党建创新推动科技创新	三等奖
36	首钢培训中心党委	加强校园文化建设,增强凝聚力感染力	三等奖
37	首钢文化公司博物馆筹备办公室	"首钢人口述历史"的创新与实践	三等奖
38	首钢总公司人力资源部(党委组织部)	构建首钢高端人才评审机制的探索与实践	三等奖
39	首钢矿业公司党委	以职工创新工作室为抓手,推动职工学习创新活动深入开展	三等奖
40	通钢公司党委	坚持"送温暖、送文化、送稳定、送问候"为打赢生存攻坚战提供强大动力	三等奖
41	首自信公司党委	实施党的先进性建设与企业品牌建设"双轮驱动"策略的探索与实践	三等奖
42	首钢文化公司	文化创意产业项目的培育方式	三等奖
43	首钢总公司资本运营部党委	强化政治思想引领,为深化改革保驾护航	三等奖
44	首钢国际工程公司党委	混合所有制企业党建工作的创新与实践	三等奖
45	首钢京唐公司炼铁作业部党委	建立"三个体系"打造"精"字文化	三等奖
46	首钢总公司企业文化部(党委宣传部)	做实做细活动,善待善用媒体,宣传首钢落实京津冀协同发展战略"先锋队"形象	三等奖
47	首钢电视台	贴近职工,服务基层,大力加强电视深度报道,努力创作电视专题精品	三等奖

序号	申报单位	项目名称	获奖等级
48	首钢京唐公司党委	把党建工作抓在手上、落在实处,为京唐公司扭亏为盈和加快发展提供保证	三等奖
49	首钢医院党委	加强全媒体时代对外宣传工作,助推医院品牌的提升	三等奖
50	首钢环境产业有限公司党委	抢抓机遇,创新思维,树立形象,实现首钢环境产业转型发展	三等奖
51	首钢矿业公司党委	创建特色党支部的探索与实践	三等奖
52	中首公司党委	树立"三个意识",强化"五有"措施,为企业转型发展提供强力支撑	三等奖
53	首钢房地产公司党委	围绕做实房地产板块目标创建学习型企业	三等奖
54	首钢矿业公司党委	实施三项机制加强作风建设,打造务实廉洁高效机关	三等奖
55	首钢总公司园区管理部党委	探索园区过渡期思想政治工作的实践	三等奖
56	首钢总公司人力资源部(党委组织部)	探索首钢转型发展时期加强统战工作的有效途径	三等奖
57	通钢公司党委	把握三个环节,落实党建主体责任,打造创先争优长效机制	三等奖
58	首钢京唐公司炼钢作业部党委	常态基层走访,打造一流炼钢	三等奖
59	首建集团党委	抓住机遇,励精图治,加快首钢建筑业的转型发展	三等奖
60	首钢京唐公司党委	创建学习型党组织,建设最具世界影响力的钢铁厂	三等奖
61	水钢公司党委	七条路径明方向,五常要求促扭亏	三等奖
62	首秦公司党委	"浅阅读"时代下加强企业宣传教育平台建设	三等奖
63	首钢特钢公司党委	真抓实干,务实求真,特钢公司在创新发展中前行	三等奖
64	首建集团党委	探索新时期改制企业宣传工作的新途径	三等奖
65	首钢实业公司党委	创新企业文化建设,助推改制企业转型发展	三等奖

研究类成果获奖项目(6项)

序号	申报单位	项目名称	获奖等级
1	首钢党校	构建基于胜任特征的首钢干部分层分类培训体系	一等奖
2	中首公司党委	以习近平总书记系列重要讲话精神为统领,奋力开拓中首公司工作新局面	二等奖
3	水钢公司党委	"五步联动"推进核心价值观落地深植	二等奖
4	首钢党校	党校教育如何提升领导干部的法治思维	三等奖
5	水钢公司党委	利用网络优势构建企业思想文化工作新格局	三等奖
6	首钢党校	加强班组长培训,在基层传承首钢文化	三等奖

组织机构

◎ 责任编辑：刘冰清

首钢（集团）总公司组织架构示意图（2015.8）

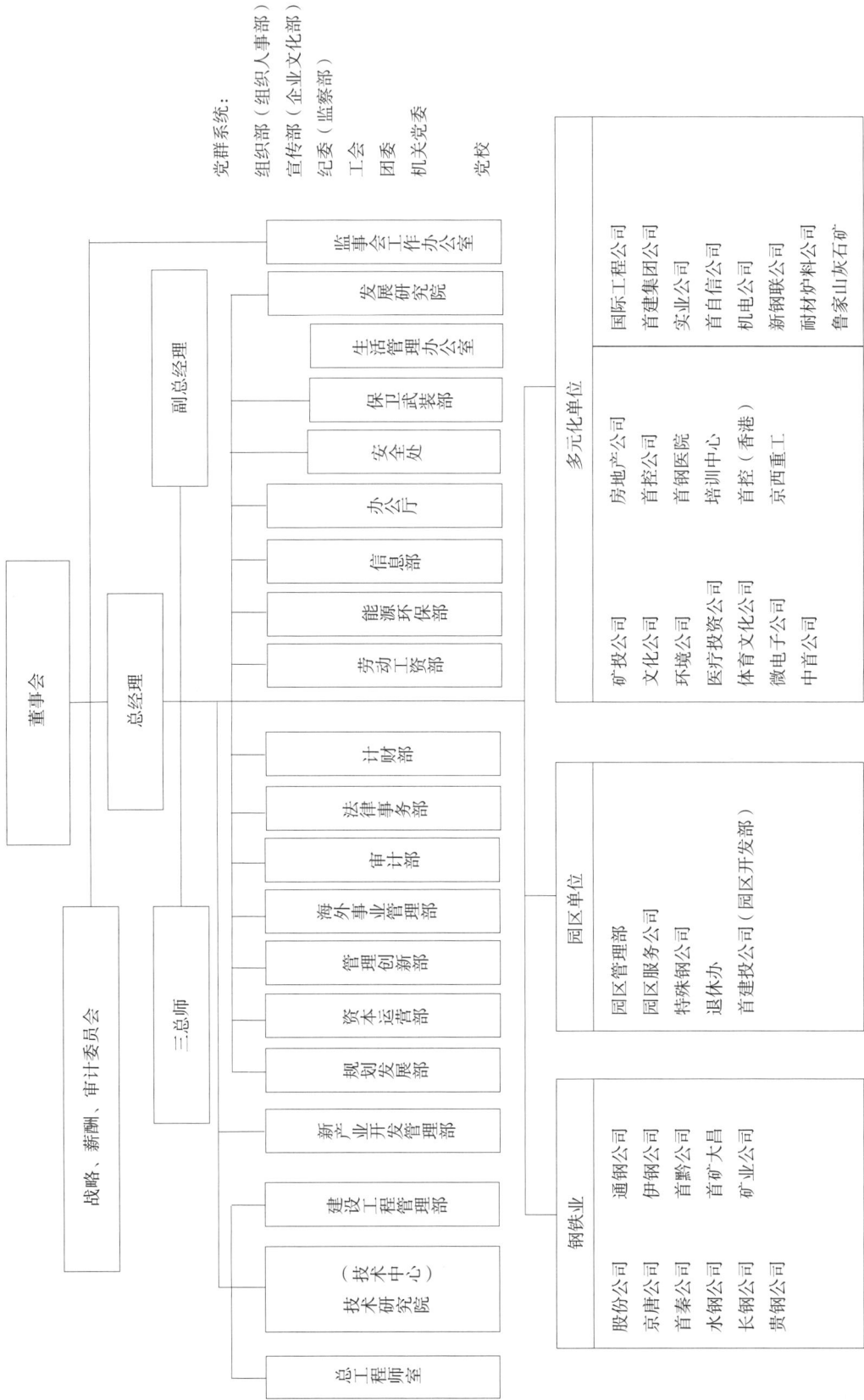

党群系统：
组织部（组织人事部）
宣传部（企业文化部）
纪委（监察部）
工会
团委
机关党委
党校

董事会

战略、薪酬、审计委员会

总经理

三总师

副总经理

总经理 直属部门：
计财部
法律事务部
审计部
海外事业管理部
管理创新部
资本运营部
规划发展部
新产业开发管理部
建设工程管理部
技术研究院（技术中心）
总工程师室

副总经理 直属部门：
劳动工资部
能源环保部
信息部
办公厅
安全处
保卫武装部
生活管理办公室
发展研究院
监事会工作办公室

钢铁业
股份公司
京唐公司
首秦公司
水钢公司
长钢公司
贵钢公司
通钢公司
伊钢公司
首黔公司
首矿大昌
矿业公司

园区单位
园区管理部
园区服务公司
特殊钢公司
退休办
首建投公司（园区开发部）

多元化单位
矿投公司
文化公司
环境公司
医疗投资公司
体育文化公司
微电子公司
中首公司
房地产公司
首控公司
首钢医院
培训中心
首控（香港）
京西重工
国际工程公司
首建集团公司
实业公司
首自信公司
机电公司
新钢联公司
耐材炉料公司
鲁家山灰石矿

2015 年首钢总公司领导

中共首钢总公司委员会

党 委 书 记：靳 伟

党委副书记：张功焰　何　巍

纪 委 书 记：许建国

党 委 常 委：靳 伟　许建国　张功焰

　　　　　　梁宗平　赵民革（5 月任职）

　　　　　　白　新　孙永刚

首钢总公司董事会

董 事 长：靳 伟

副董事长：徐　凝（5 月离任）

董　　事：许建国　何　巍　赵民革（5 月任职）

　　　　　张功焰　梁宗平（职工代表）　孙永刚

首钢总公司

总 经 理：张功焰（4 月任职）　徐　凝（4 月离任）

副总经理：赵民革　白　新　张功焰　孙永刚

　　　　　王世忠　胡雄光　韩　庆　王　毅（2 月离任）

　　　　　孙伟伟（9 月离任）

工会主席：梁宗平

财务总监：王洪军（9 月任职）

总经理助理：赵天旸　刘　桦　顾章飞　王　涛

总法律顾问：孙永刚

企业管理

◎ 责任编辑：董俊林、车宏卿

规划发展部

【规划发展部领导名录】

副部长:朱启建(主持工作) 张国春

(陈　宏)

【综述】

首钢总公司规划发展部(以下简称"规划发展部")负责组织编制集团中长期发展规划,组织研究、论证、审核子公司及各专业中长期发展规划;负责组织实施战略规划,定期检查规划落实情况,跟踪分析产业发展趋势;负责编制首钢发展战略课题研究计划,负责组织有关咨询论证及首钢发展战略咨询委员会、董事会战略委员会日常办公业务;负责组织首钢产品、成果展览宣传工作;负责首钢须经政府审批的重点项目方案前期审查、对外立项报批、建设期对外协调工作;负责首钢搬迁调整与国家、北京市等上级主管部门的业务联系及内外协调组织工作;负责首钢境内对外非金融类投资项目的市场调研分析、可行性论证、立项、合同章程审批、办理登记注册等前期管理;负责首钢投资的联合重组项目方案论证、前期手续报批协调工作;按照首钢管理制度规定,办理子公司、改制企业非金融类重大对外投资项目方案的审查、论证等前期工作;负责相关区域土地规划与开发、规划建设、拆迁补偿等组织协调工作;负责组织首钢工业厂房、办公用房及经营用房的房地产权属、房地产登记、国有土地纳免税、房地产租赁等管理工作;负责首钢新建项目的用地及拆迁管理,闲置土地、房屋的综合利用管理,处理土地权属纠纷和违章占地等,组织编制集团发展用地规划,建设工程规划许可证核发、总图位置审批、规划申报、现场巡视、总图更新等管理工作。规划发展部下设规划发展处、项目管理处、房地产管理处,职工19人,其中高级职称5人,中级职称12人。

(陈　宏)

【"十三五"规划编制】

规划发展部组织开展首钢集团"十三五"规划编制工作,负责编写集团规划和产业投资专业规划。3月5日,印发《首钢集团"十三五"规划编制工作方案》,组织推进规划编制工作。坚持问题导向,对标行业先进企业,借助外脑智库,理清发展思路、明确发展目标、解决关键问题、确定保障措施。提出包括集团规划纲要、专业发展规划、产业发展规划、园区发展规划和企业发展规划在内的首钢"十三五"规划体系,设置规划目标滚动调整、年度预算跟着规划走的衔接机制。

(陈　宏)

【京津冀协同发展】

规划发展部开展首钢曹妃甸园区和生态城开发建设筹备工作。1月29日,按照北京市、河北省签署的《关于共同打造曹妃甸协同发展示范区的框架协议》,首钢与曹妃甸发展公司共同注册成立京冀曹妃甸协同发展示范区建设投资公司,推进增资扩股工作;完成两个先行启动区和现代产业发展试验区100平方公里地形测量、测绘工作,有序开展相关基础设施建设;确定PPP为主的开发建设模式,获得特许经营权;配合政府招商引资,引导产业落地;获得国家专项建设基金20亿元支持,设立曹妃甸发展基金,为曹妃甸开发建设提供金融支持。

(陈　宏)

【京唐股权调整及马城铁矿交接】

规划发展部开展京唐股权调整和马城铁矿相关工作。1月30日,河北省政府取得《国土资源部关于变更马城铁矿采矿权协议出让主体的复函》;4月21日,取得北京市国资委关于京唐公司股权调整批复;5月27日,河北省国资委做出关于唐钢集团协议转让所持首钢京唐公司49%股权批复;5月29日,京唐公司完成股权变更手续,变更为首钢总公司持股100%的法人独资公司。完成马城铁矿现场及资料交接,注册成立新公司。

(陈　宏)

【战略合作】

规划发展部监督管理以首钢总公司名义对外签署的97项战略合作协议执行情况,审核新签订战略合作协议,组织审核首钢总公司与中国钢铁股份有限公司关于上下游产业链建设,与周大福企业关于首钢两个园区建设及多元领域合作,与美国绿色建筑委员会等关于园区绿色建筑的交流合作,与世茂集团、百度公司等就推进世界侨商创新中心建设等战略合作协议,规范战略合作协议审核、签订及管理流程。

(陈　宏)

【房地产管理】

规划发展部完成2014年首钢集团房地产年报统计上报,截至2014年底,首钢集团使用土地面积15218.7万平方米,开展土地确权工作,土地面积比2013年增加25.8万平方米。首钢集团房屋总建筑面积1390.1万平方米,比2013年增加33.4万平方米。

(陈　宏)

计 财 部

【计财部领导名录】

部　长：邹立宾（12月离任）

副部长：米良君（12月离任）

（高永生）

【综述】　首钢计财部（以下简称"计财部"）主要职责是负责编制预算计划及预测、控制、分析、考核等。负责组织制定集团成本核算规程，制定成本竞争、控制策略。负责成本预算、预测、控制、核算、分析、考核等管理。负责集团合并报表范围内单位按要求编报月度财务快报、月度财务决算报告、年度财务决算报告、年度财务预算报表。负责集团战略规划和重大经营决策税务影响分析，制定价格政策、价格管理工作。负责国有资产产权登记和年检、资产划转、并购、清产核资及资产处置管理与组织。负责资金管理，编制资产保全、投资回报计划。负责项目资金管理，项目概算及预算审查。编制统计年报，发布集团统计公报。负责企业登记、注册及标识代码、商标管理。

计财部设预算处、成本处、资金处、结算处、会计处、利税处、资产处、项目处、统计处、综合处。实行财务委派制和派驻制，管理供应、销售、技术研究院、环保、设备等财务中心和机关、动力厂等派驻站及停产资产管理处（临时机构）。

自2015年12月起，根据首钢管控体系改革推进方案，取消首钢计财部，成立首钢经营财务部，岗位设置包括预算管理总监、资金管理总监、财务管理总监、资本运营管理总监、税务管理总监。定员暂编25人，部长1人，副部长1人，总监5人。邹立宾改任经营财务部长、米良君改任经营财务部副部长。

（高永生、张宝华）

【机构改革】　计财部参与集团改革顶层设计。协助梳理集团管理现状，研讨集团总部功能定位，选择集团管控模式，设计管控体系改革，提出深化首钢集团总部管控架构改革思路方案。落实集团总部管控架构改革精神，推进计财部机构变革，按照推进步骤和时间点，安排当前任务，梳理现有业务，设定未来业务，确保新机构运行后，业务界面清晰、工作有序衔接。完成经营财务部和财务共享中心组建，做到岗位职责确定，岗位人员到位，业务工作衔接到位。

（高永生）

【经济运行管理】　计财部组织编制首钢集团2016年预算。加强分析与计划调整。按照月度召开钢铁业经营例会，季度召开四地钢铁业全面系统分析会，半年召开外埠单位经济活动分析会。以效益为中心开展降低成本工作。在对消耗、固定费用和修理费等"显性成本"控制基础上，重点对采购环节直供与中间商价格差异、外委外包、物流等"隐性成本"加大控制力度。推动成本管理与标准成本应用信息化融合，重点分析产品实际成本与标准成本偏差、品种间梯度关系，寻找成本管控内在潜力。加强园区费用管理，重点完善系统核算、降低外委费用、费用分析、年度预算审定等环节。组织年度标准成本编制，按照编制计划安排，协调各基地及专业部门工作。

（赵进平、郭冬全）

【业绩考评】　计财部通过分析梳理国家和北京市对企业负责人考核管理现状和首钢负责人考核管理现状，形成《首钢总公司二级单位负责人任期经营考核管理办法（试行）》，按照可复制、可推广原则，编制5家试点单位任期目标责任书，到2015年底，44家单位任期目标责任书通过总公司董事会审议。组织提出"五把尺子"评价标准：钢材销售以钢协月度国内钢材价格指数为标尺、国内采购以钢协发布40多家钢铁企业平均采购价为标尺、进口矿采购以普氏62%品位粉矿平均指数为标尺、内部工作增效以财务账上效益为标尺、产品结构调整以年度预算安排为标尺。组织提出跑赢市场、跑赢同行、跑赢自己"三个跑赢"评价方法，根据行业1—11月数据，系统分析钢铁板块和各单位"三个跑赢"效果，形成2016年预算编制参照材料。

（赵进平）

【资金管理】　2015年，集团资金预算编制首次将外埠钢铁业纳入年度资金预算范围，月度资金收支安排明确到旬。建立系统、科学、刚性的现金流预算体系，严格按照预算安排资金收支，严格考核预算完成情况，保证预算严谨性。统筹组织资金平衡，合理匹配经营、投资、筹资收入支出结构，确保刚性资金支出需求。

加深与金融机构合作关系。截至2015年末，总公司合作银行数量18家。与总公司18家存量业务合作银行在贷款、结算、承兑、保函、信用证等基础业务方面扩大沟通交流,探索在债券承销、外币贷款等方面的合作。合理制定倒贷计划,完成到期银行贷款倒贷及到期债券刚性兑付工作。组织完成债券发行,先后纳入海通证券、建行、兴业银行等新承销团成员参与总公司债券发行,完成私募中票、永续中票、短期融资券发行工作。推动股份公司资本运作,协助股份公司在银行间市场交易商协会注册70亿元中期票据,完成首期中期票据发行工作。组织平衡外埠单位资金,配合外埠钢铁单位做好维持存量信贷规模稳定、拓宽融资渠道等工作,协调银行、融资租赁公司等金融机构落实外埠钢铁单位新增融资。

强化外汇管理。组织研究并协调开展跨境人民币资金集中运营政策和相关申请工作,人民银行批准首钢获得跨境人民币资金集中运营资格。为保证首控公司对南方租赁增资资金需求,6月,通过跨境资金集中运营主账户划拨第一笔资金,也是中国银行北京分行第一笔跨境资金运作业务。按照首钢钢材出口收汇流程,从生产组织、发运港、出口、收汇进行全流程跟踪,通过与中首香港公司联动,业务有效衔接,密切关注汇率变化,合理选择收汇时点。为保障钢铁业多地进口矿资金需求,应对进口原燃料价格波动和外汇收支失衡,根据生产耗用和港存,合理匹配船期,加强进口矿信用证管理控制工作。

(刘同合)

【会计核算】 计财部完成2014年度决算和审计。修订完善集团报表体系85张、审核及运算公式3000条,完成国资委监管及内部管理两套报表编制和审核。确定集团单位各级次合并户数,2014年集团对外报出户数比2013年净增加18户。完成改制单位低评、漏评整改工作。通过国资委决算会审。

完成2015年度财务预算。组织集团所属子企业开展2015年度财务预算报表编制工作,按照2015年度集团合并范围全级次审核、上报首钢集团2015年度预算报表,通过国资委验收工作。编写预算说明书。

完成财务绩效分析和评价。组织集团三级以上单位开展企业绩效评价工作。分析集团2014年总体资产负债结构、运营指标、资金流状况;揭示首钢集团盈利能力、资产质量及经营增长等指标排名,提出加强成本费用管控力度、加强往来款项管理、优化资产负债结构、提升经营增长能力等提升绩效措施。

加强会计管理工作。在集团范围内组织开展资产质量检查工作;组织外埠钢铁企业开展资产效能调查;开展涉企收费调查,组织集团全级次分、子公司,开展行政事业性收费、强制垄断性经营服务性收费及其他利用行政权力或资源开展涉企收费情况调查清理工作;组织各单位整改损益不实问题,跟踪整改结果。

(王 健、李圆博)

【税务筹划】 计财部相继解决新钢股权吸收合并及清撤注销过程中欠所得税和欠缴增值税款滞纳金、北京钢铁业停产厂区内房产税和土地使用税减免退税、迁钢与迁焦供电业务补缴税款后损益转往总公司等问题。组织提出收购马城铁矿税务方案,落实股份置换和迁钢公司税务承继事项,研究园区开发财税政策并提出税务筹划思路,配合税务机关做好税务系统升级工作。

(高 静、田 原)

【价格管理】 价格信息管理方面,完善钢材及原燃料市场信息数据管理平台和铁矿石价格日报信息平台,实时监测市场价格,为价格制定、成本控制,为公司生产经营决策提供支撑。价格专题工作方面,完成运费、水、电、蒸汽等能源价格内部协调制定。价格信息分析方面,完成钢材订货价格及结算价格会议材料分析,完成钢铁工业协会、冶金价格信息中心价格信息报送。

(高 静、田 原)

【概预算审核】 计财部完成总公司、股份公司、京唐公司、特钢公司、房地产公司及园区建设改造等35项概算审查,核减4.96亿元。处理公文报告34份,核减1089万元;检修预算237份,核减493万元;拆除预算60份,核减17701万元。编制完成总公司年度项目资金计划,完成总公司(含北京地区开发)、股份公司和首秦公司项目资金支出预算编制工作。按照投资原则组织公司有关单位完成《首钢2015年投资计划》报告;组织有关单位完成首钢总公司2014年企业投资完成情况调查表及文字说明等材料准备工作;完成每月统计上报首钢集团所承担市属重点建设任务投资完成情况;参与完成《首钢园区开发财务架构设想方案》;完成首钢集团在京投资完成情况分析;编制完成上半年项目资金完成情况及下半年项目资金需求计划;提出总公司及北京厂区开发1000万元以下项目及前期费用审批建议;提出《关于2016年总公司投资项目计划编制工作安排的意见》;组织完成全国注册造价师延期注册及行业造价师年检工作。

（张连生）

【资产管理】 计财部按照总公司关于厂区资产处置和拆迁工作要求,结合计财专业,组织开展资产清理、上市交易、内部利旧以及资产评估等工作。完成厂区停产资产评估项目 60 项,对外盘活上市项目 43 个,盘活成交项目 17 个。制定薄板厂、电力厂等 5 家单位清撤工作方案。提出京唐利旧二炼钢和中板资产具体方案。组织评估丰沙线涉及拆迁资产,确认绿化公司拆迁补偿费用。

投资管理工作。组织处理投资预算、投资收益、项目调研、合同章程审查、资产重组、股权转让及公司清撤等工作。完成马城铁矿公司设立相关合作协议、出资协议及公司章程审核,提出首钢控股比例及注册资金支付方式方案。组织修订、审核武汉首钢达辉汽车材料公司设立相关合作协议、公司章程等。完成哈尔滨首钢武中钢材加工配送有限公司可研、合作协议及公司章程核审。处理海尔彩板项目、曹建投公司项目、郎泽公司无形资产出资及增资事项等。梳理首钢宝业公司资产、负债、合同,提出清算方案。完成天津通钢立业公司审计评估。组织提出燕郊公司在新三板上市规划,完成评估工作。组织完成长白公司股权转让审计评估机构进驻开展工作,按照工作安排,开展股权退出工作。

规范产权管理工作。全年办理新设公司占有登记 25 家,变动登记 29 家,注销登记 6 家。组织完成福田空调器、宝业公司、首建六安房地产公司产权登记证办理工作。

专项资金管理工作。申请资金 29380 万元。组织申报 2015 年国有资本经营预算资金,将"京冀曹妃甸协同发展示范区建设投资有限公司"项目作为 2015 年国资预算支持产业类项目。将脱硫车间改造工程、创新型服务业乐享平台、氧气厂离子级氙气开发三个项目申请 2015 年国资预算支持创新类项目。组织申报 2016 年国有资本金预算,确定二型材互联网金融产业园项目作为申请 2016 年国有资本经营预算资金科技创新项目。

固定资产管理工作。组织总公司相关单位核查固定资产、在建工程、无形资产、长期待摊费用。组织核查停产资产变动情况。清理集团钢铁业（四地及外埠）固定资产、在建工程管理现状。组织分析首钢目前固定资产折旧情况。

（付建忠、何 俊）

【统计核算管理】 计财部完成国务院国资委、国家统计局、中国钢铁工业协会、北京市统计局、北京市国资委和石景山区统计局等部门布置工业、建筑业、商业、服务业及固定资产投资年度统计年报任务,完成首钢集团、首钢总公司（四地）两套口径年报编制上报任务;组织申报世界 500 强;向钢铁工业协会、中国企业家协会、中国企业联合会递交首钢参加中国制造业企业 500 强材料。2015 年,首钢连续四年入围世界 500 强,营业收入 1828 亿元,排第 402 位。

统计专业基础管理。依据总公司对职能部门新职责定位,修订《首钢总公司统计管理制度》《首钢总公司统计数据质量控制办法》,调整、完善和规范各专业部门统计业务分工,明确新增部门统计业务。按照总公司对集团钢铁主业管控原则,结合首钢各钢铁基地主要产品产量统计实际情况,依据中钢协《钢铁工业生产统计指标体系》规定,补充、完善《钢铁业产品产量管理办法》通用条款。

统计指标体系建设。按照集团预算调整情况,组织修订增减《首钢集团主要统计指标手册》各项指标,手册涵盖财务效益、产值产量、能源消耗、税收、价格、成本、库存、出口及宏观经济指标等 19 个方面内容。《首钢集团主要统计指标手册》成为公司领导及时全面掌握公司生产经营状况"口袋书"。组织收集整理首钢 1949 年—2014 年历史数据资料,确保重要统计指标数据历史延续性。组织各法人单位对已上报 2014 年统计年报及 2015 年上半年定期报表报送情况,统计报表各项数据来源、计算依据、数据汇总流程、基础台账及原始记录设置情况,工业总产值、增加值指标核算基础及数据上报情况等进行自查。

（袁 琳）

【做实股份公司】 计财部协助搭建钢铁板块管理平台。按照《首钢全面深化改革的指导意见》规定,组织专业人员与股份公司对接业务,将近年所有与钢铁预算有关资料移交股份公司。组织开发预算分析初步模型,为股份公司全面负责钢铁板块经营管理奠定基础。在过渡期与股份公司全面合作,确保钢铁板块月度、季度预算和经营活动分析顺利开展。与股份公司合作,在将原钢铁业三个预算管理层级压缩整合为一个层级,确保预算业务不丢、管理不乱、工作不断；优化流程，提高效率，引领集团管控体系改革。

与股份公司对接钢铁业统计具体工作，落实股份公司做实中钢铁业统计业务衔接事宜。钢铁业统计工作9月与股份公司并行，四季度帮助股份公司理顺钢铁业统计报表数据收集渠道，审核数据上报质量，确保钢铁业统计工作平稳移交。

组织整理2011年—2015年成本报表、成本核算规程、标准成本预算、招投标资料等，做好成本移交工作。

（赵进平、袁　琳、郭冬全）

【指导思想与战略定位】　首钢计财"十三五"规划指导思想：围绕京津冀国家发展战略和新时期首都城市战略定位，促进北京首钢园区和曹妃甸园区开发建设，围绕首钢全面深化改革的总目标，促进钢铁和城市综合服务商两大主导产业稳健发展。围绕集团组织机构改革，全面系统推进计财管控方式转型，为实现首钢改革发展目标提供全面支撑。规划发展目标：建立战略预算与经营预算有机结合的预算管理体系；扩大资金覆盖范围、完善资金预算、优化融资渠道、优化资金结构；与税务机关建立会商机制；建立符合首钢转型发展的资产管理体系；建立成本对比机制；推进财务大数据体系建立；建立反映城市综合服务商等新产业的统计管理制度。

首钢金融服务业"十三五"规划战略定位：按照集团总体发展战略和各业务板块布局，依托资金与资本结合、境内与境外结合、资金管理与基金管理结合、传统业务与创新业务结合，推动产融结合进程，搭建以财务公司和基金公司为核心多业态、综合性金融服务体系，成为实现集团各产业板块协同发展"支点"和"纽带"。发展目标：通过"对内资源整合、对外控参结合"方式丰富金融业态，创新金融服务领域。通过资本运作和产业培育打造境内外上市平台，提高集团资产证券化比例。充分利用国家和北京市政策支持，推动向国有资本投资运营公司转型发展。

（刘同合）

【"三严三实"活动】　计财部组织处级以上领导干部参加"三严三实"专题教育活动。制定下发专题教育活动通知，对处级以上领导干部提出总体要求。组织处级以上领导干部学习中央、市委和总公司党委关于开展"三严三实"专题教育活动的文件与讲话。定期召开生活会，相互交流学习体会。召开座谈会，领导干部与职工交流共同关心的焦点、难点、热点话题。组织处级以上领导干部撰写专题教育活动各阶段体会文章，查找存在问题原因，提出改进措施。

（郭晓民）

【教育培训】计财部组织开展在岗会计人员和高会人员继续教育培训工作，重点讲解财政部2014年发布准则，针对巡视组提出违规借款和担保问题，在继续教育课程中宣讲《首钢总公司内部借款管理办法》，规范内部借款业务。完成北京地区及矿业、迁钢公司会计人员继续教育工作。组织冶金行业全国造价员486人继续教育工作，聘请北京市监理协会、冶金定额站、造价咨询公司、建设公司等单位老师进行专业培训。组织完成全国注册造价师延期注册及行业造价师年检工作。组织参加冶金定额站行业造价人员继续教育会议。统计专业继续教育培训以2015年北京市统计指标改革要点及统计执法检查重点内容解析和典型案例剖析为主题，帮助统计人员扩增视野，了解环保指标内涵，550人参加培训。

（王　健、张连生、袁　琳）

【制度建设】　计财部完善内部借款审批流程，组织修订《首钢总公司内部借款管理办法》并颁发执行。加强首钢专项资金管理，制定《首钢总公司专项资金管理办法（试行）》。加强首钢字号和商标管理，修订完善《首钢总公司字号和商标使用管理办法》。加强首钢业务活动费用管理，合理控制费用支出，组织编制《首钢总公司业务活动费用管理办法（试行）》并颁发执行。强化资金集中、统一管理，提升资金管理集团化运作水平，提高资金使用效率，实现资金运作整体效益最大化，防范资金风险，制定首钢总公司资金管理制度（试行）。

（刘同合、何　俊、郭冬全）

审　计　部

【审计部领导名录】
　　部　　长：乔裕奎（6月离任）　郭丽燕（7月任职）

（吴雅楠）

【综述】　首钢总公司审计部（以下简称"审计部"）是首钢集团独立设置履行审计职责部门，是首钢风险防控体系重要组成部分。审计部认真贯彻落实总公司"两会"精神，围绕总公司全面深化改革工作要求，坚持"以

企业管理 S

财务为基础、以业务为导向、以防范风险为目标"审计工作思路,将全资、控股以及实质性控制企业全部纳入审计监督范围,同时强化审计问题整改,促进被审计单位提高经营管理水平。审计部下设审计一处、审计二处、工程审计处、风险管理处,定员编制33人(含股份公司3人)。年内主要开展经营目标责任审计、领导干部任期经济责任审计、工程建设项目审计、专项审计工作。审计部主要职责包括通用职能、审计体系管理和审计实施管理。通用职能包括负责本专业管理制度和专业工作标准、规范制定、修订与指导、监督、检查;负责组织建立健全专业管理体系和专业评价体系,开展指标评价,并推进持续运营改善;负责策划专业管理能力体系建设,组织推进能力培育与提升;负责完成上级部门和上级领导交办工作。审计体系管理包括统筹制订集团审计工作计划;负责推荐平台公司和直管单位审计负责人;负责统筹调动平台公司和直管单位审计资源;负责组织集团审计专业培训。年底前向股份公司、矿投公司及中首公司派驻审计负责人。11月,根据总公司战略管控部门职责与岗位编制,审计部定员编制18人,其中部长1人,经济责任审计总监、财务审计总监、工程投资审计总监、审计复核总监、内控评价及管理审计总监各1人,审计经理12人。

(吴雅楠)

【经营目标责任审计】 审计部组织完成经营目标责任审计项目9项,分别是首钢地质勘查院、首钢总公司培训中心、北京首钢自动化信息技术有限公司、北京首钢耐材炉料有限公司、首钢凯西钢铁有限公司、通化钢铁集团股份有限公司、北京首钢铁合金有限公司、首钢长治钢铁有限公司、北京首钢园区综合服务有限公司。审计资产总额545.3亿元,指出问题事项47项,披露重大经济事项及风险提示86项,提出审计建议63条。审计内容包括经营成果真实性、财务核算合规性、内部控制制度完整性和有效性、经营与财务状况分析,以及经营发展趋势分析等。

(吴雅楠)

【工程审计】 审计部组织完成工程审计项目31项,分别是矿业公司利用烧结机余热发电项目、2160热轧生产线增设超快速冷却系统项目、首钢板材一体化质量管理信息化项目、首钢板材在线质量判定信息系统项目、首钢厂区自备井水源改造配套项目、迁钢冷轧信息化项目、京唐一期工程球团竣工结算项目、京唐一期供电设施竣工结算项目、京唐一期白灰窑竣工结算项目、京唐公司能源中心项目、京唐公司铸铁机项目、京唐公司废品加工处理项目、矿业公司球团高压辊磨项目、矿业公司烧结办公楼食堂项目、矿业公司质检中心自动取样项目等。共审计工程报审额104.32亿元,审减报审额4393.72万元,提出审计建议50条。

(吴雅楠)

【离任审计】 审计部根据《首钢经济责任审计管理办法》和总公司党委组织部委托,组织完成领导干部10人离任和任期经济责任审计,分别是北京京西重工有限公司原总裁王中、北京首钢冷轧薄板有限公司总经理邱银富、北京首钢耐材炉料有限公司原副总经理(主持工作)许福山、北京首钢自动化信息技术有限公司原总经理关绍博、葫芦岛首钢东华机械有限公司原董事长刘庆生、迁安首钢设备结构有限公司原董事长兼总经理诸葛卸梅、首钢地质勘查院原院长赵宪敏、首钢长治钢铁有限公司原董事长郭士强、首钢总公司培训中心原主任王传雪、通化钢铁集团股份有限公司原总经理王涛的离任审计。

(吴雅楠)

【专项审计】 审计部开展专项审计7项,分别是2014年总公司国有资本经营决算审计、首钢矿投公司投资的隆化新村矿业公司和隆化顺达矿业公司财务及经营状况审计;铸造厂、矿业公司两家单位2000年清产核资非实物资产损失审计;市审计局审计报告及2010年至2014年内审报告中问题及披露事项的审计整改检查;首钢国际(新加坡)有限公司和卓航海运(新加坡)有限公司经营及资金状况审计;配合纪委对2015年业务招待费使用情况审计检查工作。

(吴雅楠)

【审计管控】 审计部推进审计管控体系建设,先后向股份公司、矿投公司及中首公司派驻审计负责人。审计部安置12人到适合发展的审计工作岗位,推进集团审计管控体系建设。

(吴雅楠)

【巡视整改工作】 审计部组织专人梳理2010年—2014年完成的114份内审报告和巡视整改涉及市审计局的报告。要求有关单位及时组织整改,完成的整改事项提交证明材料,未完成整改的上报情况说明并制定整改措施进度。审计部汇总整改情况,12月9日经总公司批准后上报市国资委。

（吴雅楠）

【监督联动】 审计部根据总公司"加强监督联动,协同高效"要求,提出强化监督联动,促进审计成果应用的工作建议。审前向纪委了解被审计单位信访件及违规违纪线索,到组织部获取离任领导干部考评情况,做到带着问题审计;审中定期参加总公司监督联席会,通报审计监督检查情况;审后对审计报告中的突出问题及违规违纪事项移交纪委,促进问责追责,落实考核。

（吴雅楠）

【工程审计】 审计部组织制定颁发《首钢总公司建设项目审计管理办法(试行)》(首发〔2015〕67号)。管理办法规范了相关单位、部门的职责,明确了审计范围、审计方式和审计费的计取方式等内容,为强化审计监督提供制度保障。

（吴雅楠）

【管理成果奖项】 审计部提报的《大型国有跨国企业境外审计模式的构建与实践》管理创新成果,获第三十届北京市企业管理现代化创新成果一等奖和首钢第十六届管理创新成果一等奖。

（吴雅楠）

【业务培训】 审计部聘请北京市内部审计协会、市审计局专家到首钢讲解内部审计工作规范及做法、审计底稿复核工作以及在审计业务中的质量控制,使审计人员了解和掌握审计质量标准、审计管理工作以及审计业务工作的目标和规定程序,提升审计工作质量,提高工作效率。年底,审计部集中组织集团内部审计人员开展业务培训,聘请北京市审计局、北京市国资委审计工作处、中介机构的专家以及基金公司的管理人员授课,讲解当前审计工作形势、工作任务,审计案例,企业会计准则,法律实务,私募股权投资基金运营及相关法律问题,提升内部审计人员综合素质。

（吴雅楠）

监事会工作办公室

【监事会工作办公室领导名录】

常务副主任:张福杰(12月任职)

（王素玲）

【综述】 首钢总公司监事会工作办公室由首钢总公司董事会领导,负责董事会派驻全资子公司监事会、委派监事等日常管理工作,履行总公司对监管企业的监督管理职责。监事会负责监督检查重点监管企业执行国家法律法规、首钢规章制度的情况,掌握企业重大决策、改革方案落实情况,监督检查企业中长期规划、年度计划完成情况和"三重一大"决策及执行情况、企业生产经营的重大问题及财务活动,定期向总公司董事会提出监督检查报告;监督检查企业董事会经营决策和领导班子、主要负责人的履职行为,向总公司董事会提出业绩考评、任免、奖惩意见及建议。监事会工作办公室设有5个检查组、1个管理组,职工25人,均为大学以上学历,其中高级职称14人。

（王素玲）

【工作思路】 2015年,监事会工作办公室践行总公司党委提出的"六实"要求,引导培养监事树立激情工作、创新监督、依规检查、敢于担当、勇于亮剑"五种意识",从健全完善制度、加大监督检查和整改复查力度、规范强化整改帮促等多方位入手,强化对所属重点企业的监管工作。监督检查坚持以问题和风险为导向,以强化国有资产日常监管为重点,以促进国有资产保值增值为核心,以助推监管企业提高效率与效益为主线,围绕服务于首钢集团总体发展战略目标与中心任务,发挥内部监事会价值创造作用,依法依规履行监管职能,基本实现了监事会专业管理"四化"目标。通过制度建设、集中检查、整改复查、动态监督、整改帮促,首钢国有资产监管工作取得新成效。监事会工作办公室《首钢集团加强国有资本运营监管的探索与实践》荣获钢协三等奖、首钢第十六届管理创新成果二等奖。

（王素玲）

【制度建设】 2015年,监事会工作办公室强化制度建设,建立"刚性尺子"标准,在全员树立"交账意识"和监督检查报告就是"产品"的新理念,先后研究制定、修订完善、正式颁发管理制度、办法12项,其中总公司级6项、监事会工作办公室管理办法4项、内部管理规范2项,为促进实现内部监事会管理常态化、工作规范化、业务程序化、报告标准化目标奠定制度基础。一是对总公司级6项内部监事会制度颁发试行一年情况进行总结分析,遵循强化集团管控功能,完善首钢内部监事会制度体系的思路,结合制度试行过程中出现的新情况,日常监管过程中遇到的新问题，以及总公司修订制度的新规范，重点围绕落实中央国企深化改革精神、总公司党委和董事会的对内部监事会工作的新要求、专职监事常驻制的总体部署、明晰监事会主席职责与义务、强化整改帮促工作等8个方面，对《首钢总公司内部监事会管理制度》《钢铁企业监督管理办法》《专职监事管理办法》《监事工作专员管理办法》《内部监事会行使职权规定》《监管企业日常监督实施细则》6项管理制度的160处内容进行修订完善，使制度从43章200条调整完善为43章209条，以总公司董事会文件正式颁发执行；为提高监督检查质量与效率，监事会工作办公室还制定《企业内部监事会监督检查报告编报办法》《企业内部监事会监督检查报告及领导班子评价报告评比管理办法（试行）》《监事会工作办公室绩效考核与奖励分配实施细则（试行）》《监事会工作办公室档案管理办法（试行）》等内部管理制度，形成监督检查报告格式模板及编制规范、领导班子和主要负责人履职评价模板、专项报告参考格式、现场监督检查及报告编制要点、内部监事会监督检查业务流程、整改复查报告格式模板及编制要点，设计了评比打分规则、程序和标准，在监事会工作办公室内部建立奖勤罚懒、奖优罚劣的激励考核机制。

（王素玲）

【集中检查】 监事会工作办公室对机电公司、首自信公司、吉泰安公司、首建集团、实业公司、钢贸公司进行系统集中检查，完成对特钢公司联合监督检查收尾工作。通过监督检查，揭示受检企业存在的风险与问题。期间，先后与各层次人员谈话880余人次，检查资产总额约186.25亿元，查阅相关资料、台账、记录6250余份，揭示受检企业存在问题172个，有针对性提出建议178条，提出需总公司关注事项29个、建议41条，分别形成监督检查报告，经总公司董事会审议通过。

（王素玲）

【整改复查】 监事会工作办公室组织开展对通钢、长钢、水钢、伊钢、首秦、凯西6家企业整改复查。针对6家企业在财务风险、运营质量等12个方面存在的264个具体问题复核验证整改进展。经复查，至检查时已整改137个，占总数的51.89%；正在持续整改116个，占总数的43.94%；受条件限制未能整改的问题11个，占总数的4.17%；复查过程中，先后与各层次人员谈话580余人次，检查资产总额约803.97亿元，查阅相关资料、台账、记录4900余份，组织各检查组运用"五把尺子"等管理工具，针对钢铁业从"寒冬期"进入"冰冻期"的实际，对照总公司党委、董事会提出的"跑赢市场、跑赢同行、跑赢自己"的总体要求，提炼出在新常态下受检企业取得的17个方面成绩，对检查发现的25个新问题提出相应建议，分别形成整改复查报告，经2015年总公司第十次董事会审议通过。

（王素玲）

【整改帮促】 监事会工作办公室落实首钢"两会"关于"监事工作要向重点整改工作落实倾斜，增强实效性"的新要求，针对北京市巡视组指出的"对监督发现的问题解决不力"的反馈意见，加大帮促整改力度，提高监管效能。监督检查中及时与受检单位沟通情况，针对企业具备整改条件的33个问题，责令立行立改或限时整改，突出检查过程帮促整改特色，提高整改时效；在每次监督检查报告提交总公司董事会审议后，召开监督检查通报会，传达董事会决议精神，通报检查主要情况，明确提出整改要求。总公司主管领导、受检单位分管领导参会并讲话，组织召开监督检查通报会7次；抓好特钢、钢贸等10家企业落实监督检查揭示问题整改工作，下发整改及督促整改通知，与受检企业沟通存在的问题，按季度实时跟踪、收集了解进展情况，促进监督检查成果转化为管理效益；做好市巡视组进驻首钢巡视检查落实整改与跟踪帮促工作。调研分析2010年—2014年度37家受检企业整改情况，分年度编制报告汇编，对揭示的524个问题、785条建议筛选梳理，摘编汇总139个重点问题，调研6个重点案例并转纪委追究责任；逐项梳理2010年—2014年检查报告揭示问题与巡视反馈问题相对应事项，提炼涉及21家企业167个重点问题并汇总归类分析，指导制定整改方案与措施，向17家企业下发《整改方案》文件，涉及改制企业33个问题、涉及土地16个问题转专业部门会知处理；逐个筛分、按月跟踪整改问题，建立台账。

（王素玲）

【推进常驻制】 监事会工作办公室按照顶层设计、整体布局、分步实施原则，研究制定、修改完善"实施专职监事常驻制工作方案"。围绕做实监管企业监事会，实现事中监督、过程管控，从确定工作思路、制定工作安排、明确工作方向、研究分析37家重点监管企业监事会人员现状、细化人员需求与责任分工、制定培训方案与教学安排、研究设计监事会工作办公室整体机构设置与定员方案、梳理分析23家企业股权结构及《公司章程》有关监事会设置条款并提出修改建议、与总公司多个专业职能部门反复沟通磋商，形成专职监事常驻制工作方案。7月2日，总公司召开专题会，认为《落实总公司5.14专题会精神实施专职监事常驻制工作方案》已具备实施条件，可先行启动相关工作。

（王素玲）

【参与机构改革】 监事会工作办公室围绕监事会管控体系改革、监管职能转型，完成本部门机构改革工作：落实《任务单》，研究梳理部门职责，由4项调整补充完善为9项；对应主要职责，编制部门权力清单、撰写情况说明；设计研讨监事会主席等4个层次人员的岗位能力素质标准，编制各层次岗位说明书；研究撰写《管控体系改革情况汇报》，编制《深改过渡期实施专职监事常驻制工作方案》《对重点企业实施常驻制有关情况的说明》；根据监管需要、目标定员和集团管控要求，梳理37家重点监管企业与总公司确定的板块平台归属关系，形成定岗定编方案；按《首钢集团总部部门职责编写规范》，梳理分级职责与管控事项，其中，一级职能9项，二级职能23项，管控事项47项，撰写《部门职责、权力清单及岗位设计情况汇报》《关键权力事项情况说明》，提出需总公司决策事项，为落实战略管控部门职责奠定基础。经总公司研究决定，监事会工作办公室在深改过渡期目标定员从18人调整为30人，其中12人为过渡定员。

（王素玲）

【调研与汇报】 监事会工作办公室配合市国资委监事会赴凯西公司、房地产公司隆教湾项目、贵钢公司、房地产公司的贵钢老厂区土地开发项目、首黔公司等4家企业的5个项目开展调研，向总公司领导做《关于市国资委驻首钢监事会领导赴福建、贵州等地外埠企业开展调研情况的汇报》。

（王素玲）

【队伍建设】 监事会工作办公室注重持续抓好队伍和作风建设，以规章制度为标尺，以检查组新老交叉组合开展分组实践培训、以老带新培训为途径，以奖罚分明为手段，将监事工作专员讲课、组长现场检查指导、传授方法相结合，把培训与实战检查相关联、白天现场检查调研与晚上横向交流沟通相协同，通过检查实践培育新人，既落实检查任务，又提高人员素质，提升了团队战斗力和成员个人能力；搭建学习进步的平台，组织购买工具书，参加市国有企业监事会监事实务培训，开展"学习新产业知识，拓宽监管思路"参观调研活动，利用监事资讯微信平台，开展网络在线培训，全年围绕国资监管等重点工作内容，收集编发监事工作资讯140余条，为监事提高履职能力，储备知识，提升"短板"创造条件。

（王素玲）

【"三严三实"】 监事会工作办公室根据厂处级以上领导人员多的结构特点，下发《关于在处级以上领导干部中开展"三严三实"专题教育的工作方案》，组织听党课、学理论，开展"严以修身，加强党性修养，坚定理想信念，把牢思想和行动的'总开关'""严以律己，严守政治纪律和政治规矩，自觉做政治上的'明白人'""严以用权，真抓实干，实实在在谋事创业做人，树立忠诚、干净、担当的新形象"三个专题的学习教育，组织查摆自身存在的不严不实问题，撰写个人发言提纲；通过召开专题民主生活会，对照检查分析，揭摆不严不实问题并落实整改，提高大家的政治敏感性和基本道德素养，强化廉洁自律教育，杜绝"四风"问题，凡事以"严"的精神去推进，以"实"的作风去落实，培养全体成员从严从实的过硬作风，解决工作中存在的不严不实的问题。

（王素玲）

【支部建设】 1月初，监事会工作办公室党支部召开支部党员大会，选举新一届党支部班子。经总公司机关党委研究，同意监事会工作办公室党支部委员会第一次会议选举结果，2月16日下发批复（首机党发[2015]11号）。党支部书记为张福杰，支部委员分工为：组织委员刘章英，宣传委员王素玲，纪检委员刘相玉，统战委员丁建国。党支部全面组织完成职责任务，做好一人一事思想工作，组织对退休、生病及住院人员做好家访、慰问，全年走访慰问30余人次。

（王素玲）

信 息 部

【信息部领导名录】

部　长：董　钢

副部长：高福文

（温立文）

【综述】 首钢总公司信息部成立于2004年5月,前身是2002年4月成立的首钢管理信息化工程建设办公室。该部是首钢信息化管理的专业职能机构。信息部负责组织制定和贯彻实施集团信息化建设规划和首钢自动化信息系统、计量、电信专业管理制度和工作规划,并对执行情况进行监督、检查、考核。负责总公司及迁钢、首秦、顺义冷轧、京唐等钢铁企业信息化项目管理,审查各单位信息化项目实施方案,对可行性、合理性提出意见,对技术方案进行专业把关;制定项目规则,组织项目招投标和项目实施,控制项目范围、投资、工期、质量;组织验收和编写竣工报告等。指导或承担重组企业信息化项目的建设与管理。负责信息系统运行维护管理,包括变更需求的统一管理、组织涉及跨公司或一二级流程的业务需求及系统变更,对各基地系统变更进行指导监督、问题协调、组织测试和投运前准备工作,下达四级系统或跨公司一二级流程的系统变更启用的通知。负责总公司信息系统安全管理,组织制订总公司信息系统安全管理制度;组织落实首钢信息系统安全等级保护工作;负责制定首钢企业专网内各信息系统及使用国际互联网的安全策略、控制技术方案,负责用户及访问权限的分类,督促安全策略的执行、技术方案的落实等。负责首钢管理信息化系统中四级主数据的归口管理,负责组织相关专业制定主数据管理流程,统一制定主数据编码规则,组织主数据的审计工作等;负责三级系统主数据组织协调和检查的工作等。负责集团管理信息化系统业务流程的归口管理。组织制定信息化系统业务流程管理方面的有关规章制度、管理规范等,对制度和规范执行情况进行检查、指导。负责组织对流程管理理念、方法、工具等进行系统培训;组织业务流程优化的管理工作,对执行效果进行跟踪;协调跨专业流程的有关问题,提出解决流程落实的技术解决方案等。负责组织制定和落实首钢集团计量专业中长期规划、规章制度并监督、检查、考核执行情况;负责组织集团各公司建立完善物资和能源计量检测设施,组织制定并实施计量器具配备和评定标准及工作程序、计量异议处理规范、计量结算数据管理原则规范、计量检测标准、计量收费标准体系和量传溯原体系等,并监督、检查、考核执行情况。负责组织相关部门处理销售中的计量异议,对集团内部计量异议进行仲裁;负责组织和监督、检查各单位开展计量检测设备检定校准;组织协调集团各基地建立和完善ISO10012《测量管理体系测量过程和测量设备的要求》体系等。负责首钢电信专业管理,行使首钢无线电管理委员会办公室职能。下设信息化项目管理处、信息化运行管理处、信息化流程管理处和计量管理处4个处级机构。定员编制22人,在册职工19人,研究生以上学历5人,大本6人,大专7人;高级职称7人,中级职称7人。

2015年信息部贯彻落实总公司党委扩大会、职代会、干部大会和"三创"会议精神,以促进信息化和工业化深度融合为目标,推进信息化项目建设工作,加强信息系统的运维工作,加强专业管理工作。

(温立文)

【绩效考核信息化项目】 信息部组织2015年考核指标需求调研、规则梳理,完成11个新增或变更指标的开发、测试及上线。组织增加京唐三冷轧数据的指标变更,完成模板调整、开发、测试及上线。配合股份公司机构调整,协调新老用户交接,组织运维团队跟进新用户的系统操作培训,保证熟练应用系统平台,整体协调用户权限撤销及新用户权限配置,组织梳理指标责任体系变更及文档更新。经各专业管理部门确认,项目实施成果及质量达到合同要求,完成第二阶段项目验收,完成2015年考核指标专业签认,评估项目实施效果,了解用户应用情况,组织项目竣工验收准备工作。组织日常及月度平台运行维护,优化平台页面展示,检查数据应用情况,根据业务需求,组织指标规则、展示方式及调整等变更,组织更新指标说明、系统运行文档,发布系统变更及上线公告。

(梁丽亚)

【职工健康管理信息系统项目】 信息部组织完成系统开发、测试和上线准备工作,建立了与总公司人力资源管理系统、北京大学首钢医院体检系统及首钢股份迁安钢铁公司、首钢京唐钢铁联合有限责任公司、首钢矿业公司体检系统的数据接口,实现了职工体检信息的自动采集;建设职工入口、企业入口和医生入口,实现职工健康管理、职业健康管理两大功能,4月1日,系统上线试运行。系统上线后,继续组织系统功能开发和完善提升,系统具备支撑12万职工应用的承载能力,具备与外埠企业相关系统对接功能,具备体检信息导入、企业版和个人版应用的系统条件。2015年末,系统累计使用用户数量67202人次。

(刘 京)

【迁顺在线订单评审项目】 信息部负责系统用户权限、变更审核批准、故障处理及运行维护。由于业务主管部门发生改变，由技术研究院转交给股份公司技术质量部负责，因而出现新的需求。组织对业务职责变动后提出的15项新需求进行评估讨论、确定解决方案，推动系统持续优化。完成为京唐相关人员演示、讲解订单评审系统的功能、系统解决方案、业务操作流程等内容。

（汪国栋）

【营销服务平台项目】 首钢营销服务平台功能扩展及优化项目完成系统开发、测试，完成资源查询、模板下载、资源预报、资源导入、硅钢订单提报、订单复制、订单确认（签章）、意向订单后台管理、合同管理、发货明细查询等功能。组织与客户接洽，推进大客户通道建设工作。12月末，系统上线试运行。

（汪国栋）

【进口矿信息化项目】 首钢集团进口矿信息化项目主要包括进口矿物流平台、计划平台和展示平台三部分。其中物流平台和展示平台，3月基本完成。计划平台初期根据首钢生产工艺和所用原燃料的运行特点，开发出一套用料测算模型。但由于钢铁职能部厅和股份公司进行了整合做实，原有计划平台的最初开发设计思想已不能满足现在的实际现状，股份公司生产部对进口矿计划平台提出新的修订方案，对进口矿计划平台业务需求重新进行调整和优化。计划平台已经按照新的调整内容开发完成，10月，组织用户进行用户权限的配置和系统测试，完成上线培训和系统配置。11月，按照计划要求组织上线试运行。展示平台功能原开发的报表，由于业务发生较大调整，数据展示有较大的变化，股份公司生产部组织调研收集需求。

（汪国栋）

【财务公司信息化项目】 按照公司统一安排，信息部组织推进首钢财务公司信息化项目建设，搭建资金管理系统，覆盖结算、信贷、风险控制、计划财务等开业初期的核心业务。按照金融监管要求，建成高安全性、高可靠性的独立机房，建成业务与办公物理隔离的网络，完成与中国工商银行、中国农业银行、中国银行和华夏银行等系统的直联，顺利通过金融监管机构验收，为首钢财务公司9月开业，实现"当年申请、当年批筹、当年筹建、当年开业"奠定基础。

（方红华）

【信息系统运维管理】 信息部组织首钢总部、顺义、迁钢、首秦、矿业五个局域网，在互联网出口实施上网行为系统的更换安装工作。完成首钢主网站的优化和管理工作。组织完成集团邮件系统的优化调整和相关管理工作，年共处理邮件系统账号1661个。组织完成陶楼装修改造、销售公司、财务公司等7个单位装修和搬家的信息化网络调整工作。组织完成2015年度信息化各项维护合同的签订工作。组织ERP系统软硬件升级方案的制订工作。完成虚拟化平台以及应用系统的优化调整工作。组织完成UPS设备双机切换、电池充放电测试工作。组织完成ERP系统的双击切换演练测试工作。每月组织重要应用系统的数据备份工作。

（哈铁柱）

【信息安全管理】 信息部组织完成对上网行为管理系统的更换相关工作，制定全集团统一的上网安全策略并下发至各单位。并依照具体情况，制定北京地区各单位相关网络流控管理措施。组织新到网御防火墙的更换工作；完成漏洞扫描系统的采购、测试工作；组织完成对北京总部DMZ区域应用系统的漏洞扫描和危险评估、漏洞修复等具体工作，并总结修复经验，通报集团其他单位，指导各地的漏洞修复工作。组织完成DMZ区域按照应用系统划分不同VLAN的工作；完成首钢信息系统等级保护相关管理工作；为提高集团安全设备、系统的整体安全防御能力，就总公司局域网系统的信息安全管理工作做出统一交付、统一管理的维护模式的尝试，并就此组织同天融信公司商谈一揽子安全运行维护的解决方案。落实市政府关于两个重要活动期间信息安全工作；监督落实和执行信息安全"零"报告制度。

（哈铁柱）

【视频会议系统管理】 信息部针对近年视频会议管理出现的新情况，梳理视频会议管理的问题点，起草并下发《关于规范使用总公司视频会议系统的若干要求的通知》，明确各方责任，制定明晰的组会流程；针对组会不规范提出新的解决方案，建立视频会议相关资源网站，及时准确发布集团现有视频资源列表以及联系人；建立视频管理联系群，及时沟通处理视频会议组会过程中出现的问题。全年共组织公司级各专业视频会议（不包括早调会和各种例会）938场次，其中公司级大会285场次；同时每月发布《总公司视频会议系统使用评价》，督促各单位规范使用视频系统。

（哈铁柱）

【信息化专业管理】 信息部组织完成系统变更、权限管理和用户数量控制工作。对四地系统需求变更进行把关，共组织审批系统变更 283 项。按照北京市正版化软件联席会议办公室工作安排，组织集团软件正版化工作。完成市国资委和经信委要求的工控系统信息安全基本情况调查工作。参加公安部组织的关于互联网网站整顿治理会议，转发国家公安部等四部委整顿互联网网站的通知，并提出网站管理的要求和开展网站调查工作。

（哈铁柱）

【两化融合管理体系贯标】 按照工业和信息化部部署，组织迁钢、矿业、京唐三家企业开展两化融合管理体系贯标试点工作，通过贯标，建立两化融合管理体系的整体架构和运行机制，规范两化融合相关过程，并使其持续受控，以形成获取可持续竞争优势所要求的信息化环境下的新型能力。4 月 30 日，迁钢公司基于数据自动分析与决策的质量全过程保证能力，京唐公司产销协同能力，通过现场评估审核、合规性审查、专家复核和公示等环节，成为全国首批通过两化融合管理体系评定企业。矿业公司完成相关评定工作。

（温立文）

【国资预算资金支持信息化项目】 按照北京市国资委"关于申报 2015 年度国有资本经营预算资金支持企业信息化项目的通知"，信息部组织完成申报材料的起草、提报和答辩，包括提交项目申报书、项目可行性研究报告、JIO 软件报表、申请项目资金的请示等材料。通过初审、专家评审和北京市国资委审定等环节，首钢剧本孵化产业网络虚拟平台项目获得 180 万元资金支持，首钢集团绩效考核信息化项目获得 200 万元资金支持。9 月，两个项目计 380 万元资金到账。

（温立文）

【编制集团"十三五"信息化规划】 3 月，信息部结合业务目标、信息化需求和信息技术发展趋势，启动首钢集团"十三五"信息化规划编制工作。成立工作组，制订计划安排，拟定规划提纲，组织开展专题调研、考察交流和规划起草与修改工作。12 月，形成首钢集团"十三五"信息化规划，提出首钢集团信息化指导思想、发展原则、发展目标、规划蓝图、主要任务、投资估算、保障措施等。

（温立文）

【开展信息化水平测评】 信息部组织首钢总公司及首钢股份迁安钢铁公司、首钢矿业公司、首钢京唐联合有限责任公司、通化钢铁集团股份有限公司开展信息化水平测评。通过测评，找出差距，明确提升计划和提升任务，促进信息化整体水平提高。根据《2015 年度北京市属国有企业信息化水平测评报告》，首钢总公司（集团）2015 年度信息化水平得分 72.67 分，评定级别 C 级，列北京市属 55 家企业第 11 名，列北京市属 12 家工业企业第 3 名。

（温立文）

办 公 厅

【办公厅领导名录】

主　任：梁宗平（兼）

董事会秘书、副主任：杨　鹏

（韩　乐）

【综述】 首钢总公司办公厅是首钢党委和行政日常办公的综合协调部门。负责总公司党委、董事会、经理层重要文件的起草、印发和会议组织工作；负责决定事项的催办反馈、综合调研、党政系统信息收集、编报和大事记管理；负责总公司领导公务活动、商务活动、大型会议和重要活动的安排协调和组织落实，日常公文处理，党委、董事会、总公司印鉴管理，总公司机要管理工作；负责总公司对外联络接待；负责总公司派出董事管理。办公厅下设党委办公室、董事会办公室、经理办公室、秘书处、联络接待处，定员 28 人。

（桑娟喜）

【文稿起草】 办公厅完成各类文稿的起草工作，主要包括：围绕"三严三实"专题教育活动，起草总公司领导班子对照检查材料、民主生活会整改方案等；围绕集团重大会议，起草工作报告或领导讲话；根据上级有关部门要求，完成《2015 年度工作总结及 2016 年工作计划》《首钢总公司董事会 2014 年度工作报告》《首钢总公司对监事会 2014 年度监督检查报告反映企业问题整改方案》等材料的起草；围绕总公司领导对外交往、调研等活动，起草领导致辞、讲话等；围绕加强内部管理，制定并下发《首钢总公司领导班子成员履职待遇、业务支出管理暂行办法》等制度性文件。

（桑娟喜）

【会议管理】 总公司召开党委书记办公会47次、党委常委会14次、董事会10次、经理办公会16次、专题会272次、经营例会6次，编发会议纪要191期。完成总公司党委扩大会、职工代表大会、经营活动分析会和"三创"交流会、党风廉政建设工作会等重大会议的组织工作。加强会议管理，按照《首钢总公司会议管理办法（试行）》落实会议计划、审批、组织等工作。

（桑娟喜）

【督办工作】 围绕总公司各类会议决定事项、总公司领导批示，强化总公司决策事项的监督检查，做好总公司部署的各项工作任务执行情况的跟踪、检查、反馈等工作，向总公司领导报送《催办与反馈》第48期。

（桑娟喜）

【信息工作】 向市委办公厅、市国资委报送《首钢信息》第55期，向市政府办公厅、市国资委、钢铁协会报送《首钢总公司信息》第57期；向市国资委、钢协报送首钢年鉴。编写向总公司党委领导报送基层党委书记《汇报摘编》第37期；编发《首办通报》48期；编发首钢大事记4期。全面、准确、及时地报送信息，全年信息数量和质量达到北京市、行业协会和总公司的要求。

（桑娟喜）

【文秘与保密工作】 全面处理总公司收文1773件，办公厅文件4850件。全年办理首发文件351件；首党发文267件；首董发文47件；首函67件；首办发文12件，原件清样归档100%；全月办理总公司印章使用1617项30586件；党委印章使用254项3089件；法人名章使用251项1208件；办公厅印章使用229项1005件，秘书处印章132项552件，公司领导机要文件批阅315件。全年下发核文清单113件，催办公文上千次，废止印章4枚，启用印章11枚。总公司公文处理及时准确率100%。

（韩　乐）

【派出董事管理】 按照派出董事管理办法，加强派出董事统筹管理；根据集团管控要求，提出专职董事设置方案和工作方案，组织专职董事履职；完善公司法人治理结构。

（桑娟喜）

【对外交往】 办公厅接待内宾165起2633人次；接待外宾23起230人次。接待内宾主要有：中共中央政治局委员、北京市委书记郭金龙，北京市委副书记、市长王安顺，北京市市委常委、常务副市长李士祥，北京市副市长张建东，北京市副市长隋振江，北京市政府秘书长李伟，全国政协常委、北京市政协副主席王永庆，北京市人大常委会主任杜德印，北京市政协副主席闫仲秋，北京市国资委党委副书记、主任林抚生，北京市规划委主任黄艳，北京市经信委主任张伯旭，北京市纪委副书记、监察局局长王海平，北京市国税局党组书记、局长李亚民，北京市地税局局长杨志强，北京市人民政府侨务办公室主任刘春锋，北京市发改委副主任张国洪，北京市安全生产监督管理局局长张树森，北京军区副政委王健，北京卫戍区政委姜勇（少将），国家发改委振兴司司长周建平，国家工信部原材料司司长周长益、副司长骆铁军，工信部装备工业司副司长李东，国家环境保护部环境监察局副局长曹立平，国务院侨办经科司巡视员张健青，中国驻秘鲁大使贾桂德，中国工程院常务副院长徐德龙，中国科学院和中国工程院院士吴良镛，中国工程院院士张锦秋，中国工程院院士程泰宁，中国工程院院士何镜堂，中国工程院院士马国馨，中国工程院二局副局长阮宝君，清华大学党委副书记邓卫，河北省副省长张杰辉，河北省人大常委会党组书记、常务副主任宋恩华，河北省委常委、唐山市委书记焦彦龙，河北省工信厅厅长邹平，河北省环保厅副厅长殷广平，河北省国土资源厅（海洋局）副局长王保民，唐山市委副书记、代市长丁绣峰等。外宾主要有：埃森哲公司董事长兼首席执行官 Pierre Nanterme（南佩德），宝马集团董事 Dr. Klaus Draeger（德雷格博士），意大利达涅利集团公司执行副总裁 Carboni Andrea 和 Ximeris Giorgio，美国朗泽科技公司首席执行官 Jennifer Holmgren（郝珍妮），新日铁住金工程技术株式会社社长高桥诚，法国摩泽尔省经济发展局代表 Martine Weltzer，马来西亚协德公司董事长丹斯里拉曼，天成公司总裁丹斯里刘天成，三菱商事株式会社常务董事、东亚区总裁松井俊一，普锐特冶金技术有限公司董事会成员、首席运营官 Roehrl（赫尔），美国绿色建筑委员会首席运营官 Mahesh Ramaujam（马晗），西马克集团董事 Rosenthal（罗森涛），秘鲁政府能矿部副部长 Guiiermo Shinno（西诺）等。

（徐　蕊）

首钢环境产业有限公司

【环境公司领导名录】

董事长：白　新（8月兼任）　姜　林（8月离任）

董　事：白　新（8月兼任）　朱伟明

　　　　姜　林（8月离任）

监事会：张福田　曹　阳　宛　贞（职工监事）

副总经理：朱伟明（主持工作）

　　　　贾延明　王向安　马刚平

党委书记：姜　林（8月离任）

党委副书记：李　浩（8月任职）

纪委书记：姜　林（8月离任）

纪委副书记：史玉琢（12月任职）

工会主席：李　浩（8月任职）　姜　林（8月离任）

（郭宝全）

【综述】　2014年1月，经国家工商总局名称预核准，首钢环境产业有限公司（以下简称"环境公司"）注册成立。同年7月9日，总公司下发《首钢总公司关于成立首钢环境产业有限公司的通知》（首发〔2014〕205号），以能源环保产业事业部为基础组建"首钢环境产业有限公司"，环境公司为独立法人企业，按部厅级二级公司设置，直属总公司管理。同时，撤销首钢总公司能源环保产业事业部，原能源环保产业事业部的全部业务和职责由环境公司承继。环境公司下属单位包括北京首钢生物质能源科技有限公司、北京首钢资源综合利用科技开发公司、北京首华科技发展公司、唐山曹妃甸盾石新型建材有限公司、北京首科兴业工程技术有限公司、北京首同致远节能环保科技有限公司、首钢总公司环境检测中心。环境公司职能部门包括投资规划处、工程管理处、财务处、设计技术中心、办公室（党群办公室）。年末在岗职工369人，其中硕士研究生39人，本科104人，大专121人；高级职称13人，中级职称31人，初级职称30人。

按照首钢发展城市综合服务商战略，近几年环境公司一是建设实施首钢生物质能源项目，作为世界单体一次投运规模最大的垃圾焚烧发电厂，以"绿色、环保、创新"的先进设计理念，整合了世界上先进的垃圾焚烧技术，2013年底投产试运行，2014年并网发电，2015年垃圾处理量达104万吨，发电量达到2.94亿度；二是通过自主研发和集成创新，形成了具有首钢自主知识产权的建筑垃圾资源化处理工艺技术，建设了首钢建筑垃圾资源化处理项目，这一再生产品的市场化应用在北京尚属首次；三是实施首钢污染土壤修复项目，工程建设已初具规模，2016年上半年建成试生产；四是"北京市鲁家山循环经济（静脉产业）基地"园区起点高、标准高，规划设计达到国际领先水平，经过国家发改委、北京市各委办局和相关领域专家论证，2013年8月获批成为首家国家级城市固废处理循环经济示范园区；五是科研、技术创新工作稳步推进，申请专利35项（授权10项），发表科技论文21篇，完成科技成果鉴定7项，获得国家环境保护部环境保护科学技术奖1项、首钢科学技术奖7项，承担3项国家科研课题、3项北京市科技项目，建成了固体废弃物综合利用实验室，并获得中国合格评定国家认可委员会试验室认可证书，国有资本经营预算资金支持优秀科技创新团队。

（郭宝全）

【主要指标】　2015年，环境公司实现利润计划1200万元，完成1462万元，比计划增加262万元，超额21.83%。销售收入计划3.55亿元，完成4.15亿元，比计划增加6000万元，超额16.93%。

（郭宝全）

【环境公司大事记】

3月6日，环境公司召开2015年工作会议。

3月19日，国家发改委资环司领导一行到鲁家山基地检查工作。

4月9日，中国电促会、国家能源局华北监管局领导一行到鲁家山基地参观。

5月29日，环境公司举办红五月歌咏比赛。

6月9日，首钢独立董事到鲁家山基地参观。

6月12日，北京市副市长陈刚调研生物质项目。

6月29日，总公司召开七一表彰大会，环境公司获得六好班子荣誉称号。

8月6日，环境公司召开干部大会，总公司党委宣布环境公司干部调整。

11月11日，环境公司召开一届一次党代会，选举出席首钢总公司党代会代表。

（郭宝全）

【生物质项目】　生物质能源项目是首钢承接的北京市重大民生工程，也是首钢发展城市综合服务商的标志性项目。全年生产运行稳定,提前 15 天完成全年垃圾进厂计划,全年达到 104.33 万吨。取得了发电作业许可证,完成了环保验收手续,CCER 项目取得国家发改委批复。坚持把各项环保指标达标排放作为重中之重的工作,国家、市、区环保部门多次对生物质项目开展环境监测,全部合格。

（郭宝全）

【污染土修复项目】 环境公司组织完成污染土项目建设区域清腾和配套区域利旧改造工作;完成天然气引气设计和施工;完成铸造厂污染场地清挖、运输和暂存工作;组织推进气膜大棚施工,建成 1 号、2 号气膜大棚工程,具备使用条件;热脱附生产线正在抓紧施工,目前已完成土建施工。

（郭宝全）

【建筑垃圾资源化利用项目】 首钢建筑垃圾资源化处置项目作为北京市重点项目,受到北京市和总公司的高度关注。环境公司组织建筑垃圾再生产品生产并首次实现市场应用,结合再生产品应用情况,举办研讨会,提升市场影响力;再生骨料、再生路基混合料被授予"绿色建筑节能推荐产品证书";开发建筑垃圾生态砌块,建设了实验线,生产的生态砌块成功应用于西十筒仓项目,一期、二期共使用 4.3 万块,铺装面积达到 8300 平方米;首钢建筑垃圾项目作为北京市目前唯一建成投产的建筑垃圾资源化项目,人民日报、北京日报、北京电视台等相继报道,引起社会各界密切关注。

（郭宝全）

【飞灰试验项目】 环境公司与有资质企业合作,开展飞灰异地处置和资源化应用试验,相关工作解决了生物质项目保产问题,为进入危废处置领域奠定基础。

（郭宝全）

【鲁家山基地和新项目】 环境公司完成残渣暂存场项目、餐厨垃圾收运处一体化项目支撑文件的编制和批复工作,残渣暂存场项目已取得立项审批文件;开展生活垃圾焚烧发电项目二期方案编制工作;鲁家山基地整体规划、整体环评工作已经北京市有关部门多次论证;对外开拓市场取得实质性突破,长治市生活垃圾焚烧发电项目前期工作启动。

（郭宝全）

【技术创新】 环境公司开展垃圾焚烧炉渣建材化应用技术研究;建成固废综合利用实验室,并完成了中关村开放实验室挂牌和中国合格评定委员会(CNAS)复评审工作;球烧烟气脱硫除尘一体化、炉渣干法分选两个项目获得市科委科研项目;"建筑垃圾资源化处理及再生产品应用技术"和"生活垃圾焚烧炉渣资源化利用干法分选技术"两项技术创新成果通过鉴定。获得首钢科学技术奖 2 项,申报专利 12 项。

（郭宝全）

【党群工作】 环境公司开展"三严三实"专题教育,党建工作取得新成绩;加强学习型班子、学习型企业建设,完善党委中心组理论学习制度;加强党风廉政建设工作,落实反腐倡廉任务分工方案和党风廉政建设责任书;围绕产业发展,强化宣传工作,编制宣传册、建立微信平台;多次接待国家、市级媒体采访,在社会媒体及首钢内部宣传报道量达 20 余篇;组织爱国主义基地参观、职工联谊会、登山、球类、歌咏比赛等数项活动,丰富职工活动,增强企业活力。

（郭宝全）

能源环保部

【能源环保部领导名录】

副部长:刘丙臣(主持工作)　穆怀明

（张永林）

【综述】 首钢总公司能源环保部(以下简称"能源环保部")归口集团能源环保专业管理工作,负责指导、监督、检查、协调集团相关单位开展能源环保专业工作。负责组织贯彻国家和地方能源、环保管理有关方针、政策、法律法规,制定落实集团能源环保专业管理制度,并检查落实情况;负责组织编制集团能源环保专业规划和计划,并组织贯彻实施,开展专业分析;负责集团能源环保专业数据统计分析及数据、报表汇总上报。负责指导开展环保"三同时"、清洁生产、污染防治管理,协调解决环保方面的重点问题;指导相关单位制定突发环境事件预案,配合政府部门对突发环境事件进行调查、处理;负责监督、指导集团各单位完成地方政府下达的重点环保项目、污染物排放总量,参与项目方案论证和竣工验收。负责集团动力能源的归口管理,组织重大能源问题平衡、协调,组织跟踪、研究新能源应用、节能技术、产品的推广应用;组织落实政府部门下达给总公司的节能目标任务,监督、指导、服务各重点用能单位落实政府下达的节能目标任务;负责集团碳排放权交易管理。首钢总公司能源环保部下设环保管理处、能源管理处两个管理处和环境监测中心一个实体,截至 2015 年底,员工 41 人。

(张永林、吴　刚)

【超额完成污染物排放总量指标】　2015 年,首钢集团烟(粉)尘排放总量计划≤27035 吨,完成 22510.8 吨,比计划降低 4524.2 吨,比 2014 年降低 4897.4 吨;二氧化硫排放总量计划≤31441 吨,完成 25745.8 吨,比计划降低 5695.2 吨,比 2014 年降低 5937.5 吨;氮氧化物排放总量计划≤39398 吨,完成 33901.5 吨,比计划降低 5496.5 吨;化学需氧量排放总量计划≤1607 吨,完成 1078.7 吨,比计划降低 528.3 吨;氨氮排放总量计划≤186 吨,完成 121.11 吨,比计划降低 64.89 吨。

(穆怀明、张永林)

【环保管理】　2015 年,能源环保部贯彻国家生态文明建设新思想新要求,以落实新环保法为主线,强化环保专业管理工作。推进环保治理项目建设,共完成 29 项治理项目,投入资金约 1.93 亿元,实现削减烟粉尘 585 吨/年、二氧化硫 1727 吨/年。全力推进环评手续办理及环保验收工作,京唐公司二期项目环评报告书获得河北省环保厅批复,《新首钢高端产业综合服务区(首钢石景山主厂区)场地环境调查与风险评估报告》获得北京市环保局批复,首钢生物质能源等 6 个项目通过竣工环保验收。严格落实重污染日减排措施,确保应急预案执行到位,共削减二氧化硫排放量约 119.59 吨、氮氧化物约 309.3 吨、烟粉尘约 82.37 吨,在启动重污染日预案期间未发生被政府部门处罚、被媒体曝光的情况。加强环保日常监督检查,集团共开展环保检查约 4039 人次,查出环保问题全部落实整改。践行经济环保理念,争取政府资金,共获得环保专项补助资金 1742.98 万元。加强环境监测工作,首钢环境监测中心完成京唐公司、迁钢公司、顺义冷轧公司等单位重点污染源点监测任务,共计报出环境监测数据 13951 个,促进环保管理水平提升。

(穆怀明、张永林)

【绿色行动计划】　能源环保部坚持问题导向,对照新环保法及国务院办公厅印发的《关于加强环境监管执法的通知》(国办发〔2014〕56 号)等政府要求,从环保治理项目建设(满足污染物达标排放及政府要求)、环评手续办理及环保验收、排污许可、信息公开及其他环保问题等方面梳理环保问题,组织制定、实施《首钢集团绿色行动计划(2015—2016)实施方案》(首发〔2015〕142)。2015 年末,完成绿色行动计划项目 28 项(其中环保治理项目 20 项、环评手续办理及环保验收 6 项、信息公开 1 项、其他 1 项)。

(穆怀明、张永林)

【环境质量保障】　能源环保部做好世界田径锦标赛及抗战阅兵纪念活动(2015 年 8 月 22 日—9 月 3 日)期间空气质量保障工作,组织集团各有关单位层层制定空气质量保障工作方案,全天候、无缝隙监管,确保各项环保措施落实到位;加强与政府相关部门沟通,随时掌握环保信息动态,及时应对和处置各种突发情况,遏制各类污染现象,圆满完成重要活动期间的空气质量保障工作。

(穆怀明、张永林)

【节能管理】　能源环保部面对国家节能减排工作严峻形势以及对节能目标任务的硬约束,履行节能减排社会责任,狠抓节能目标任务落实,通过强化目标管理、加强过程管控、实施技术改造等措施,首钢总公司能源消费总量完成 71.69 万吨标准煤,矿业烧结工序能耗完成 46.22 千克标准煤/吨,矿业球团工序能耗计划完成 19.82 千克标准煤/吨,全面完成北京市下达的节能目标任务。面对严峻的经营形势,以科学用能经济用能理念为引领,深化能源管理工作,延伸钢铁业能源产业链,提升能源系统的运行经济性,助力企业降本增效,推进节能项目实施,提高能源利用效率和效益。2015 年集团钢铁业吨钢综合能耗比 2014 年降低 2 千克标准煤/吨,钢铁业主要单位能源外销创收 2.66 亿元,共完成重点节能项目 15 项,年可节约标准煤 9.275 万吨。

(刘军利、吴　刚)

【能源管理体系建设】　能源环保部持续推进重点用能单位开展能源管理体系标准化建设,构建改进能源绩效的良性机制,提升精细化管理水平。2015 年股份迁钢、氧气厂、微电子公司及机电公司 4 家单位通过能源管理体系标准化认证。

(刘军利、吴　刚)

【碳排放权交易】　履行节能减碳社会责任,提升企业绿色低碳形象。集团旗下北京地区重点排放单位及报告单位全面完成碳排放报告报送、履约等政府要求的相关工作。股份冷轧公司、氧气厂、微电子公司及机电公司4家重点碳排放单位注重碳排放管理体系建设。北京地区重点排放单位参与碳市场交易,通过出售富余配额取得经济效益838.2万元。能源环保部组织完成的《首钢开展碳排放工作的探索与实践》管理创新成果荣获中国钢铁工业协会冶金企业管理现代化创新成果二等奖,首钢总公司获得"2015年度北京环境交易所优秀碳资产管理单位"称号。同时开发国家核证自愿减排项目(CCER)。股份迁钢150MW CCPP发电项目开发碳减排项目,2015年底取得国家发改委减排量备案函,年均减排二氧化碳约80万吨,作为钢铁行业第一个CCER项目,对推动行业运用市场化手段减少温室气体排放起到示范作用;环境公司组织生物质能源项目进行碳减排项目开发,年均减排二氧化碳约35万吨,提升企业绿色低碳形象。

(刘军利、吴　刚)

总工程师室

【总工室领导名录】

副总工程师兼总工程师室主任:李　杨

副总工程师:许晓东　陈汉宇　王全礼　刘英杰

董　钢(兼职)　胡　军(兼职)

杨春政(兼职)　曾　立(兼职)

王新华(外聘)

返聘专家:由文泉　苏显华　张　英　李永东

滑铁钢　杨安时　付建国

邱世中(5月解聘)　吴文溪(5月解聘)

梅　苏(3月解聘)

(魏松民)

【综述】　首钢总公司总工程师室(以下简称"总工室")于1995年5月成立,是首钢重大技术决策参谋部门,负责组织首钢重大项目技术方案审查,对重大项目方案实施进行技术指导;负责集团科技发展规划、科技工作计划、科技项目方案审查,组织、指导、协调重点科技项目研究攻关和技术开发;开展工艺技术运转情况、技术改造情况调研,针对关键、疑难重大技术问题组织专题研究,推进工艺技术进步和节能、降成本、增效;组织或参与重大生产技术问题的处理和攻关。2015年年底总工室在职全职副总工程师5人,返聘专家10人;下

设技术室配备技术专家成员3人,办公室配备调研员4人;正高级职称12人、高级职称7人、中级职称3人。

2015年,总工室围绕首钢钢铁业发展及园区开发,组织重大工程项目技术方案研究审查,总公司科技项目立项审查;围绕集团工艺技术进步、品种开发、重大生产技术问题处理进行专题调研和指导;推进北京地区园区开发专项工作开展;为首钢建设及生产经营发展做出努力。

(魏松民)

【钢铁工程项目】　2015年,总工室组织首钢钢铁业技术方案研究审查项目30余项,在开展调研、交流基础上,组织方案讨论审查提出大量修改完善意见和建议,促进项目方案的完善和优化。参加总公司董事会、经理办公会、专题会对相关项目的审议,提出建设性意见和建议。主要情况如下:

组织首钢迁安地区水系统优化及新增废水处理工程可行性研究报告及初步设计、首钢迁钢公司利用1、3号高炉冲渣水余热为首钢矿业公司南区供暖项目初步设计、首钢迁钢冷轧配套完善项目可行性研究报告、迁钢炼铁作业部物资北煤场封闭工程初步设计、迁钢一炼钢一次除尘半干法改造工程初步设计、迁钢一热轧3号加热炉燃烧系统改造初步设计审查。组织迁钢新建360平方米烧结选址方案研究,通过现场考察和专题研讨提出选址方案共总公司决策。

参与总公司关于京唐二期专题研究及项目启动会;参加京唐二期产品大纲、总图布置、能源平衡及原料烧结、焦化、炼铁、炼钢、精炼、轧钢、公辅等工序技术方案研讨,参加中板、连铸方案的制订和研讨;参加薄板坯连铸连轧技术交流、标书起草、技术谈判;组织审查京唐二期可行研究报告。对京唐二期利旧二炼钢设备、首秦铸机进行现场考察,研究改造方案;组织现场考察确定利旧二炼钢厂房结构清单并进行测算,预计降低投资1000万元;参加京唐二期球团项目建设方案及与秘铁对接保障球团粉平衡专题研究。组织京唐铁水运输线延长方案研究;参与京唐二期热风炉设计分工讨论。组织首钢京唐公司原料场(全部)封闭工程技术方案讨论;组织京唐公司石灰石料场封闭项目技术方案审查,提出降低封闭厂房高度可行性、厂房内部考虑采用喷淋方式以降低投资等建议,降低投资约900万元。组织京唐球团烟气脱硫工程初步设计、球团烟气脱硫工程调整

方案初步设计审查,提出修改完善意见。组织京唐二氧化碳回收利用项目初步设计审查,建议按照回收二氧化碳作为食品加工原料利用方向对初步设计进行调整。

组织矿业公司首钢矿山机械制造厂捆带生产线项目可行性研究报告及初步设计、马城铁矿采选工程项目可行性研究报告、水厂铁矿尾矿高效浓缩工艺技术升级改造项目可行性研究报告审查。对马城项目初步设计编制及优化完善进行指导。对矿业公司杏山勘查区矿产资源储量登记申报、马城铁矿采矿权申请变更、马城铁矿项目立项和相关事宜、矿业公司与温州二井就大石河铁矿二马采区地采回收矿石项目进行善后处理等有关工作请示进行审查和会签。

组织对首钢水钢公司4号132平方米烧结机烟气脱硫工程可行性研究及修改完善稿进行多次审查和指导完善;在前期审查基础上对水钢干熄焦运输皮带除尘系统改造可行性研究报告进行再次审查确认。对水钢公司6号、7号烧结机烟气脱硫系统工程建设存在问题进行研究,提出意见建议。

对首钢长钢公司焦化一期工程富余煤气发电项目立项方案进行审查,提出方案选择建议;审阅长钢4号、5号烧结环冷机余热发电初步设计方案并与长钢公司就有关问题进行沟通,提出修改完善指导意见。

与首钢伊钢公司就120万吨/年工艺配套、方案调整、能源综合利用进行交流和研讨,结合区域市场情况、国家钢铁行业规范条件变化、伊钢今后发展进行分析,提出推进伊钢技术改造和调整技术改造方案意见建议。赴伊钢对伊钢技术改造方案实施情况进行现场考察和指导。对伊钢厂区铁水铁路运输线路存在问题组织交流和指导。

2015年初,组织首矿大昌项目专题研究,围绕首矿大昌项目开展情况、首钢三炼钢设备利旧有关问题、项目整体能源平衡进行深入研讨,通过现场考察提出针对项目技术方案有关问题的意见和建议,对首矿大昌提出的"关于霍邱300万吨/年钢铁项目初步设计方案及概算审查的请示"进行审查和会签。针对首矿大昌提出的《首矿大昌公司霍邱项目总体投资控制及效益分析情况汇报》《首矿大昌公司关于范桥铁矿运营成本与进口粉采购成本对比情况的汇报》组织内部讨论,提出相关意见。

组织马来西亚东钢一期二步工程方案专题研究,重点对一期二步铸机配置及利旧、发电系统建设等问题进行研讨。通过组织现场考察,对东钢项目利旧首钢三炼钢及迁钢方坯铸机进行对比和测算,组织提出具体方案建议并向总公司进行专题汇报。通过现场考察,提出利旧二炼钢检化验设备、三炼钢铸机大包回转台可行性;组织研究东钢一期二步建设线棒材生产线可行性。

开展秘铁扩建项目技术方案优化工作,通过组织中首公司、国际工程公司与中冶北方充分交流和结合,赴矿山设备制造厂家实地考察交流,对原有选矿厂初步设计进行系统优化;组织对优化后初步设计进行讨论、审查并完善;就优化完善后的选矿厂初步设计及公辅系统补充设计向总公司进行汇报并得到确认。初步估计通过优化完善降低项目概算1亿美元以上。针对秘鲁铁矿含盐分过高问题,组织矿业公司进行洗矿试验,为采用淡水洗矿工艺提供依据。

参加总公司关于水曹铁路专题会议,协助与合资单位和设计单位进行工作对接;负责水曹铁路迁安地区、曹妃甸首钢区域微循环方案工作,通过组织现场调研、讨论,提出微循环具体方案建议并向总公司进行汇报。

对顺义冷轧5号重卷机组改造项目方案进行审查,与通钢公司就通钢板石铁矿18号矿组开拓项目方案进行交流讨论,提出调整方案建议;对中首安徽首文高新材料有限公司填平补齐项目可行性研究报告审查、销售公司哈尔滨首钢武中钢材加工配送中心工程初步设计审查,提出修改完善意见建议。

参加总公司董事会、经理办公会、专题会对钢铁基地项目审议30余项,提出相关意见和建议。

(魏松民)

【钢铁科技项目】 2015年,总工室对技术研究院、京唐公司、迁钢公司、冷轧公司50余项科技项目立项方案进行审查论证,提出项目调整、方案修改完善意见,对39项科技项目进行正式审批会签。参加迁钢液态保护渣技术研究、中间包全保护浇铸技术研究、京唐公司高比例球团矿应用研究等研究攻关工作。对132项科技成果验收评估报告进行审查和会签,参加相关成果的验收评估;参加对迁钢、首秦、冷轧公司11项短平快项目结题验收。参加集团年度科技进步奖评审工作。

(魏松民)

【钢铁技术专题调研】 总工室围绕集团工艺技术进步、品种开发、重大生产技术问题处理进行专题调研和指导。具体情况如下：

组织首钢大型高炉热风炉炉皮开裂问题课题研究，通过试验检测对炉皮开裂问题产生机理进行系统分析；组织召开首钢大型高炉热风炉炉壳开裂原因及预防措施研讨会，对课题研究阶段性成果进行交流和讨论。现场对迁钢3号高炉热风炉开裂修复及投运讨论和指导。

组织利用迁钢烧结机处理冶金固废生产炼钢造渣剂工艺试验研究，以解决冶金固废因有害成分含量高无法直接使用大量堆存问题。通过组织工业试验对处理工艺可行性及存在问题进行探索，计划通过改进试验方案进一步工业试验。

年内对迁钢1号、2号高炉顺稳状况及指标偏差和不稳、迁钢1号、2号高炉炉缸问题、迁钢2号高炉炉喉钢瓦变形问题、京唐1号高炉炉况问题、水钢因炼钢系统问题导致4号高炉炉况波动、通钢炉缸温度升高问题进行探讨和技术指导；对迁钢高炉检修方案、迁钢3号高炉热风炉煤气预热器改造方案、迁钢限产炼铁生产组织方案、迁钢球团制粉系统改造方案、首秦1高炉停风检修方案进行现场讨论，提出指导意见和建议。对迁钢高炉降低炉渣氧化镁攻关进行跟踪和交流讨论。

参与京唐根据二期建设方案采用大比例球团炉料结构研究，参与研究方案讨论及赴欧洲技术考察和交流；参与京唐高炉使用大比例球团试验和对试验结果总结分析。

组织迁钢中间包全保护浇铸、结晶器液态保护渣开发及攻关，对项目开展进行跟踪协调。中间包全保护浇铸项目已进入总结分析阶段。

现场对伊钢方坯铸机改矩形坯改造投产调试发生问题进行现场指导，提出调整方案，通过调整解决了漏钢问题、拉速低等问题。对首秦钢渣外委处理改内部处理进行指导；组织首秦利用自产坯头轧制钢板焊接制造钢渣渣罐代替外购减少费用。

组织产品推进工作。组织汽车板、镀锡板、电工钢等重点产品三年发展规划及年度、月度计划制定，组织产品及工作计划推进和阶段总结分析；组织产品质量攻关及新产品试制；组织对产品用户及重点用钢项目进行调研和交流，拓展产品销售渠道；组织重大产品质量问题分析及整改；组织产品认证等。完成中俄管线、中石化新浙粤工程的市场开发，与两大公司，九个钢管厂建立合作，并根据输送介质不同进行产品设计和试制；推进高钢级420、500qE和耐蚀桥梁板开发，Q700、Q960在汽车轻量化的应用，复合板产品开发，轧辊修复技术开发和推广应用等。

推进集团钢铁产品结构调整，在市场形势严峻情况下，高端领先产品、重点产品、汽车板、电工钢、镀锡板分别完成451.6万吨、825.9万吨、204万吨、133.0万吨、30.7万吨，与2014年相比分别增加31.6万吨、-14.3万吨、9.8万吨、9.4万吨、18.7万吨。通过提升产线制造能力攻关，带出品、整体合同兑现率、质量异议情况均不同程度改善（重点客户整单兑现率稍微降低）；产品结构调整增效全年预计完成15.9亿元。

组织首钢轧材品种生产及分工方案调研，提出建议并向公司领导进行汇报；组织研究确定各基地线材重点产品方案；组织外埠企业产品结构调整专题工作，落实外埠企业产品推进计划，推进对外埠企业技术支持。参加通钢产品结构优化专题研究，开展通钢品种结构改善支持工作。

对通钢能源平衡问题进行研究，赴通钢协助通钢技术服务组就能源充分利用有关问题进行座谈、研究和指导；赴长钢就烧结余热发电等项目进行现场考察和交流，对项目技术方案进行讨论，提出修改完善指导意见；协调京唐高炉TRT故障更换转子事宜。

参加总公司关于首钢环保有关问题专题研究，落实会议要求组织京唐、首秦、迁安地区料场封闭方案工作。

参加总公司关于首钢与中集集团战略合作项目有关工作专题会议，按照专题会议决定负责组织与中集集团物流合作工作。与京唐公司就与中集集团合作事宜进行内部讨论和沟通，赴中集集团芜湖基地进行考察并对合作方案进行初步交流。

结合京唐二期项目、水曹铁路项目，组织对京唐物流、码头方案优化研究，提出京唐公司码头建设及优化建议。赴秦皇岛与设计院及长白厂对高蓄能电池运输车项目方案进行研讨。

组织首秦、水钢、通钢技术服务工作，开展现场服务和指导。与股份公司赴通钢调研技术服务组工作情况，对调研中发现问题向总公司领导进行汇报。

（魏松民）

【园区开发专项研究审查】 总工室组织开展电力体制改革试点、园区电力规划、首钢水厂项目推进等专项工作；组织园区开发项目方案审查，涉及项目13项；组织参与曹妃甸园区、长安街景观提升护栏更换项目等工作。具体情况如下：

组织首钢电力体制改革试点工作，开展首钢集团能源业务体系建设方案研究。组织对国务院关于进一步深化电力体制改革的若干意见进行研究和分析；与九州方圆公司进行咨询交流，组织提出首钢申请电力体制改革试点的请示报北京市发展和改革委员会，提出首钢电力体制改革试点初步方案，完成首钢电力体制改革试点策划书。组织配售电业务架构、首钢集团能源业务体系建设方案等具体方案研究。参加北京市发改委领导到首钢调研接待活动，并就首钢电改工作开展情况进行汇报，组织对北京市提出的《鼓励社会资本投资电网建设的指导意见（征求意见稿）》进行讨论并提出修改完善意见。

组织园区电力规划及电力基础设施建设方案研究工作。组织园区供电系统方案研讨、石龙站110千伏方案研究、石景山220千伏变电站建设三方协议有关问题研究和协调；组织与北京市电力公司、石景山供电局座谈交流；参加北京市发改委、石景山发改委关于涉及首钢相关电力设施建设推进和协调会议；组织智能电网技术研究，赴上海、南京进行智慧电站技术及三联供考察。

组织首钢水厂项目推进工作。组织项目可行性研究报告编制、研讨和审查；参加北京市南水北调配套工程专题会议，与市自来水集团等就南水北调河西支线水源管线穿丰沙线及永定河方案、长安街西延配水管线同步实施问题协调和讨论，确定首钢水厂采用南水北调来水取水方案；组织首钢水厂项目可行性研究报告外部专家审查，促进项目初步设计工作。目前项目进度主要受选址问题影响。组织园区供水工程可行性研究方案、供水系统过渡期生活供水管网改造方案研究。

推进自备井供水水质改善二期工程工作。按照北京市要求与园区管理部就北京市城区自备井供水水质改善二期工程首钢项目开展及选址进行沟通，提出项目选址及实施意见并得到总公司同意；组织对项目初步设计进行审查；参加北京市水务局关于自备井供水水质改善二期工程促进会并对会议精神进行落实。

组织二型材厂房改造项目初步设计进行审查，由于初步设计中存在问题较多，初次审查提出140多项意见，要求修改完善初步设计；根据设计部门回复意见，经与园区开发部、设计部门多次沟通，对局部完善后的初步设计进行再次审查，在对厂房利旧和新建部分结构寿命统一等关键问题进行强调的同时，要求初次审查提出问题在施工图阶段完善。组织园区开发其他项目方案审查，包括：新首钢高端产业综合服务区南侧SG-S-3-014/SG-S-3-018地块前期工程初步设计、新首钢高端产业服务区长安街西延首钢市政工程初步设计、首钢老区西十筒仓改造二期工程增补项目初步设计、晾水池东路拆改移方案、丰沙线铁路改建工程引起首钢段入地管线切改移工程初步设计、S1线管线45—46输电线路切改移及地下综合管线工程方案、特钢首特绿能港科技中心15号地项目初步设计、首钢办公厅大院基础设施改造工程方案、首钢办公厅大院基础设施配套完善改造工程方案、铸造村三期集资房初步设计、首钢模南28号楼走廊修复方案，提出方案修改完善意见和建议。

组织、参与曹妃甸循环经济园项目工作。组织完成曹妃甸循环经济园方案报总公司主管领导；研究京唐二期项目及曹妃甸循环经济园与百万吨海水淡化项目衔接工作；与北控集团就曹妃甸百万吨海淡进京项目合作问题进行交流和探讨；组织曹妃甸海水淡化二期项目方案。参加北京曹妃甸现代产业发展试验区生态城先行启动区规划定位研讨。

对园区管理部、园区开发部、特钢公司提出的园区开发其他有关工作请示报告进行研究和审查会签，主要包括：园区管理部关于开展首钢园区生活水系统过渡期改造项目的请示、首钢北京园区过渡期给排水工程首钢园区供水系统过渡期改造项目初步设计提请公司专题会审议的请示、关于重新启动动力厂新打5眼深井迁移工程的请示、关于首钢一线材管理处110千伏电站退运35千伏电站减容的请示、关于运输管理处使用石南站铁路设备设施费用的请示、关于《首钢北京园区停产资产处置暂行管理办法》审批的请示；关于园区开发部调整西十筒仓二期工程建设范围的方案审批的请示、关于关于西北热电中心配套热网首钢厂区内施工问题的函的复函；特钢公司关于协助解决首特绿能港科技中心15号地项目市政自来水供水工作的请示、关于签署《石景山220千伏变电站建设三方协议》的请示等。

参加长安街景观提升护栏更换项目工作，参与项目工作开展专题研究、护栏加工场地考察，对护栏设计、改进护栏加工工艺、提高加工质量、护栏运输及现场安装等提出系列建议。

参加总公司董事会、经理办公会对园区开发项目审议 10 余项,提出相关意见建议,落实相关工作。

（魏松民）

【园区开发研究及交流】 总工室参与总公司、相关部门组织的园区开发相关工作专题研究,参加首钢园区开发工作对外协调、相关技术交流。主要情况如下。

参加总公司组织的园区开发建设专题研究,主要内容包括:园区建设管理模式、园区基础设施规划建设、园区市政基础设施规划建设工作、园区电力基础设施建设、园区过渡期水系改造、首钢水厂建设相关工作、能源设施及生活区管理、城市照明规划、智慧园区、园BIM/GIS 相关工作、人防专项规划、长安街西延首钢市政工程、北辛安道路工程规划市政管线随路实施、M6/S1 轨道交通枢纽一体化设计、S1 线相关工作、丰沙线项目、晾水池东路设施拆除及景观方案、规划二路景观、4 高炉区域地块方案、石景山景观方案、北区开放空间景观、焦化厂生态公园建构筑物保留与拆除、二型材景观设计、二型材室内设计、脱硫车间改造方案、脱硫车间北二地块建筑拆除保留方案、筒仓展厅设计、红楼改造方案、厂东门拆迁方案、新厂东门方案、基础设施板块“十三五”规划及 2016 年预算安排、园区工程管理办法、基础设施投资基金方案、基础设施公司初步方案、首钢家属区供电系统改造。

参与园区开发部等组织的专题研讨,主要包括:园区电力专项规划研究、首钢北京权属土地电力规划及其他能源需求研讨、供水规划深化研究协调、园区三联供技术交流、首钢园区三维 GIS 数据标准体系讨论、园区绿色生态规划、园区智慧平台与能源综合规划、园区LEED 认证合作洽谈、首钢无线通信基础设施规划、长安街西延输配水管线相关问题协调、长安街电力隧道通风井方案讨论、北辛安路规划市政上水电信电力管线投资主体及随路施工研讨、S1 线工程石景山段穿山施工准备、S1 线工程临时占地范围研讨、晾水池东路道路景观及附属设施方案设计汇报、晾水池东路箱涵工程方案评审会、首钢水厂及秀池周边市政设施相关工作、二型材改造项目智慧和弱电专题研讨、二型材项目智能化设计研讨、二型材项目空调选型布控方案论证及立面显示屏研讨、西十筒仓改造项目二期消隐整治工程 N3-2 和 N1-2 转运站加固方案专家评审。

参加政府部门有关工作协调、推进会,主要包括:参加北京市市政府组织的南水北调配套工程协调会、北京市水务局北京市城区自备井供水水质改善二期工程建设工作会、北京市发改委推进首钢老工业区调整转型和周边地区建设发展的实施计划工作协调会、北京市发改委鼓励社会资本参与北京市电网发展交流研讨会、石景山区住建委高端体系实施第一阶段重点项目研究会、石景山区发改委涉首钢相关电力设施建设推进工作会;参加首钢与石景山区区企对接第四次会议,就电力设施规划进行汇报和讨论;参加北京市副市长隋振江、国家发改委、北京市发改委、北京市规划委、北京市环保局、北京市园林局到首钢调研活动接待工作,就涉及工作进行汇报。

参加技术合作及交流,主要包括:与法国电力集团就园区能源服务规划交流、与北京三京节能节电科技公司节能综合解决方案技术交流、与奥雅纳绿色生态合作;参加首钢园区城市风貌课题研讨;参加未来科技城、天津爱琴海项目、中新天津生态城参观交流等。

（魏松民）

【资产处理及污染土壤治理】 2015 年,总工室参加首钢北京园区停产闲置实物资产处置管理办法、北京园区停产资产处置实施细则制定讨论;参加总公司对园区加快资产处置相关工作、园区资产利旧拆解工作、铁区焦化二烧资产相关工作、一线材厂污水站拆除等专题研究;对园区管理部等提出的涉及轧区、动力、电力等 34 项资产处置请示有关内容进行审查核实和会签;参加总公司董事会、经理办公会对二烧区域资产处置、焦化区域资产处置、二线材停产资产处置、动力厂大除盐站盘活资产上市交易、首钢超群电力汽轮发电机组设备资产对外拍卖处置等汇报的审议;参加停产资产拍卖流拍后资产降价专业评定。

对园区开发部关于首钢二型材厂房内部环境补充调查报告报审请示、二型材项目绿化景观用地环境补充调查及风险评估报告报审的请示、关于首钢国际生态健康产业园先期启动区用地场地环境调查与风险评价报告报批的请示,特钢公司关于首特绿能港科技中心 15号、16 号地申报污染场地修复工程实施方案的请示、关于首特绿能港科技中心 15 号、16 号地项目申报场地环境评价报告的请示进行审查会签;参加铸造厂南区污染土治理专题会议、园区绿轴区域原位修复技术方案测试研讨会;参加经理办公会对二型材项目污染土治理立项汇报的审议。

参加总公司对氧气厂发展规划、石景山厂区氖氢稀有精制装置升级改造项目专题研究；参加总公司经理办公对石景山厂区氖氢稀有精制装置升级改造项目立项汇报的审议。

（魏松民）

【其他工作】 2015年，总工室组织参与首钢"十三五"规划研讨、钢铁工艺技术规程审查、技术交流等工作。具体情况如下。

参加首钢钢铁板块"十三五"规划、首钢城市基础设施板块"十三五"规划、首钢集团"十三五"技术创新规划、首钢集团能源环保专业"十三五"发展规划研讨。参加集团钢铁业经济活动季度分析会。

对迁钢公司《210吨转炉自动化炼钢工艺技术规程》、京唐公司《300吨转炉炼钢工艺技术规程》、京唐《No.8重卷机组工艺技术规程》等22个工艺技术规程进行审查。

组织对修订后《首钢总公司重大技术方案审查管理办法》进行颁发和解读；审阅《首钢总公司土壤污染防治管理办法》等10余项相关制度制定、修订征求意见稿，提出修改完善意见。

组织对国家工业和信息化部原材料工业司《钢铁行业规范条件》《钢铁工业转型发展行动计划》等征求意见稿讨论，结合首钢实际提出回复意见。对河北省钢铁产业结构调整和化解过剩产能攻坚行动计划征求意见稿提出修改建议。参加总公司对照新环保法梳理首钢集团环保问题专题讨论。

参加首钢技术专家和技术带头人评审、迁钢公司技师和高级技师考评、职称评审等工作；参加首钢2015年"京唐杯"职业技能竞赛组织工作，对竞赛试题进行审查，参加竞赛选手优秀论文评审。

参加申报科技部"十三五"重点研发计划优先启动重点研发任务建议安排工作并组织相关项目申报。对北京市第十四届人大会第三次会议0956号建议（关于石景山区域水厂建设问题）进行研究和沟通，提出回复和办理意见建议。对首钢总公司参与山西海鑫集团战略投资招募项目问题进行研究讨论提出建议。

参加第十届中国钢铁年会暨第六届宝钢学术年会、冶金行业总工程师协会、北京金属学会第十届会员代表大会、大高炉炼铁年会等专业技术会议、第六届国际炼钢大会、中国充填法采矿专业会、金属学会低合金钢分会年会、钒铌微合金化技术委员会年度工作会议。

组织、参与与西门子公司技术交流、西马克集团客人接待、法国电力集团客人接待交流、与三菱公司燃气轮机技术交流、与PRIMETALS公司转炉渣处理新工艺进行技术交流、与美国物理声学公司无损检测技术交流、能源环保部组织的与壳牌公司焦炉烟气脱硫脱硝技术交流。与迁钢公司赴莱钢、济钢、宝钢进行考察交流；组织赴沙钢考察学习成本管理及信息化建设经验。参加钢铁协会组织的"十三五"规划钢铁产品与工艺部分讨论，参加国家发改委节能示范项目评审工作。

（魏松民）

技术研究院

【技术研究院领导名录】

院　　长：张功焰（兼）

第一副院长：王立峰

副院长：王　庆　刘晶志　张卫东

副总工程师：孙　佳（10月离任）

　　　　　　罗家明（5月任职）

院长助理：章　军　李　飞　田志红

党委书记：刘力军

党委副书记：王立峰

（张树根）

【综述】 首钢技术研究院是1995年国家认定的国家级企业技术中心，是首钢科技创新的组织管理中心、研发推广中心和高素质人才培养输送基地。首钢技术研究院负责全面推进集团公司科技进步和技术创新，负责新技术、新产品、新工艺，新材料和新装备的研究开发与成果转化；首钢技术研究院下设科研规划处、技术贸易处、产品推进处、信息化管理处等职能处室，设有钢铁技术研究所、薄板研究所、宽厚板研究所、特殊钢研究所、用户技术研究所、冶金过程研究所、信息研究所、检测中心。在股份公司、首秦公司、首钢京唐公司等基地派驻支撑技术进步的研发力量，按照多地生产和研发的需要，在长钢、水钢、贵钢成立首钢技术中心分中心，统一组织科技研发工作，提供技术支持。随着首钢钢铁业"一业多地"的发展布局，形成"一级研发、多地分布"的研发体系。技术研究院在岗543人，拥有首钢专家61

人、专业技术带头人 76 人,博士 98 人、硕士 260 人、本科 109 人,高级工程师 155 人。

2015 年,技术研究院坚持依靠科技进步进行产品开发和降本增效,加速推进高端领先产品,优化产品结构。强化工艺技术攻关,支撑降本增效。高端领先产品全年完成 451.6 万吨,比 2014 年增加 31.6 万吨。重点产品全年完成 826 万吨。耐候钢、管线钢、汽车结构钢市场占有率国内第一;电工钢市场占有率国内第三;冷轧汽车板市场占有率居国内前列。全年完成 155 项新产品开发,其中 39 项完成千吨验收,累计供货 8.1 万吨。组织 87 项重点任务攻关,其中 54 项是与基地对接项目。2015 年,首钢技术中心在 1098 家国家认定的企业技术中心中排第 54 位,冶金行业排第 6 位。

(付百林)

【公司领导调研】 北京市副市长隋振江、市科委副主任张光连、市经信委副主任王学军、中关村管委会副主任宣鸿及市发改委产业处、高技术处有关领导等到首钢调研。总公司领导靳伟、张功焰、赵民革、白新及有关部门负责人陪同调研。实地考察首钢总公司技术中心实验室及中试基地,听取相关单位负责人的工作汇报。隋振江指出,一是首钢园区要进一步做好规划,不仅要做好空间布局,还要在形成资本链、产业链、创新链上下功夫。要依托首都优势,依托企业自身的全产业链、全服务链构建的优势,在首钢园区形成活性要素的集聚,铸造产业链创新平台,走"高精尖"发展之路。二是牢固树立市场意识,深入挖掘企业在新材料研发、装制造、建筑等领域的发展潜力,从制造向服务延伸,加强城市服务业的创新,带动企业转型。三是首钢园区的开发建设要继续坚持创新,明确创新方向,聚焦自身和社会的创新力量,搭建信息化的市场创新平台,为园区发展注入活力。

(付百林)

【重要会议】

1 月 16 日,技术研究院组织院班子成员、副处级以上领导、处所负责人、处(所)长助理、首席工程师、助理首席工程师、主任师、党代表、人大代表、政协委员等 130 人,学习五矿何文波总经理报告,探讨技术研究院转型发展之路。

2 月 10 日,技术研究院召开领导班子 2014 年度民主生活会,总公司领导靳伟带领总公司党委第五指导组

以及党委组织部、纪委、党办有关负责人全程参加。

2 月 13 日,技术研究院召开第五届职工代表大会第三次会议,会议由刘力军书记主持,王立峰作题为《潜心研究,迎接挑战,努力建设充满生机和活力的技术研究院》的工作报告。

3 月 5 日,技术研究院党委、工会召开庆"三八"座谈会,表彰"三八"红旗手、红旗集体、全国巾帼建功标兵。

4 月 3 日,技术研究院召开干部大会,院班子成员、院处级领导干部、各单位负责人、办公室党群专业等参加会议。

4 月 20 日,技术研究院召开一季度总结大会。院领导、各单位处所长、部分专业首席工程师及主任师参加大会。大会由院长王立峰主持。

4 月 23 日,技术研究院与股份公司全面深入合作讨论会在股份公司(迁钢)召开。

6 月 5 日,技术研究院召开"三严三实"专题学习会议,院领导班子、处级领导干部、各政工专业人员参加会议。

6 月 30 日,第五届首钢总公司与中钢公司技术交流会召开,双方签订《战略合作协议》。

7 月 6 日,技术研究院召开先进表彰暨"三严三实"专题党课报告会。

8 月 24 日,技术研究院召开"三严三实"专题教育活动第二专题"严以修身"研讨会。

10 月 26 日,技术研究院召开 2015 年三季度总结大会。

11 月 9 日,技术研究院召开"严以用权"专题学习研讨会。

11 月 13 日,技术研究院召开中国共产党首钢技术研究院第三次代表大会。

12 月 21 日,技术研究院召开干部大会。

(付百林)

【新产品开发和短平快项目】 技术研究院全年完成 155 项新产品开发,其中 39 项完成千吨验收,累计供货 8.1 万吨。ERW 低屈强比 X70 板卷制管后成功出口秘鲁,高硅管线钢 K52 打入俄罗斯市场,天津 LNG 输送站用 21.6 毫米 L485MB 管线钢和保 CTOD 性能的 25.96 毫米 X65M 管线钢均实现万吨级供货。成功试制热镀锌 CR650/980DPD+Z 双相高强钢,成为国内第二家具

备生产 1000MPa 镀锌双相钢的企业。高端领先产品全年完成 451.6 万吨,比 2014 年增加 31.6 万吨。重点产品全年完成 826 万吨,其中汽车板 204 万吨,电工钢 133 万吨,镀锡板 30 万吨。全年开展短平快项目 81 项,已完成实施 33 项,促进产线保障能力的提升。

(付百林)

【科技成果】 技术研究院全年完成科技成果验收评价 128 项,其中 4 项成果达到国际先进及以上水平;9 项成果获得上级科技奖励,"超大型高炉高风温关键技术研究与应用"获得冶金科学技术一等奖。完成专利申请 643 项,获授权专利 469 项,其中发明专利 224 项;一项获中国专利优秀奖。获"国家知识产权优势企业"称号。主持和参与制修订国际、国行标准 53 项。合理化建议提出 15216 项,实施 10387 项,企业技术秘密完成 247 项,其中企业绝密级 6 项,机密级 54 项,秘密级 187 项。

(付百林)

【降本增效】 技术研究院通过工艺技术攻关降本增效全年组织 87 项重点任务攻关,其中 54 项是与基地对接项目。在炼铁领域,开发了含钛含镁球团矿生产工艺,京唐球团 TiO_2 含量从 0.79% 提高到 1.12%;迁钢球团秘鲁细粉使用比例从 30% 提高到 50%,球团 SiO_2 由 4.8% 降到 3.8%,品位由 65.3% 提高到 65.8%;在炼钢领域,实现了国内首家椭圆形浸渍管的工业应用;开展镀锡板微钙处理工艺研究,镀锡板 T.O ≤ 20ppm、N ≤ 25ppm 的比例从 57% 提高到 65%。在轧钢领域,自主开发了迁钢 1580 产线高精度超平材板形控制技术,全品种 C40(±15um)命中率由 93% 提高到 97.3% 以上。开发京唐极薄规格镀锡基板冷轧技术,成功试制 0.14 毫米镀锡基板,突破 0.15 毫米的轧机设计能力。首秦开发了非对称低压缩比复合板轧制和热处理技术,成功应用于 X60 管线钢复合 316L 不锈钢、A516 容器板复合 410S 不锈钢等复合板产品。

(付百林)

【用户技术领域】 解决了华晨宝马 5 系上隔板横梁 HC260XD+Z 冲压回弹、北汽福田欧曼纵梁 SAPH400 冲压开裂等问题,在东风小康 F507 降成本项目中实现前围板等 20 个零件平均降成本 7%;完善首钢汽车板离线数据库,增加了 IF 钢、低合金高强钢和双相钢等 19 个牌号的成形性能数据,补充 12 个牌号的高速拉伸数据

和 6 个牌号的疲劳性能数据;完成 800MPa 级水电钢配套焊材的开发,创造了产品加焊材同步开发的服务模式。754 个冷轧汽车板零件通过认证。其中热镀锌 CR440/780DPD+Z 双相钢通过德国奔驰本部认证,获得奔驰全球采购资质;合金化镀锌 SGACEN 两个厚度规格通过北京现代认证;神龙世嘉后门外板通过零件认证;热轧高强钢 CPW800 通过奔驰认证;酸洗板 SAPH440、22MnB5 通过东风日产认证;高强大梁钢 S750L 通过联合重卡车架成型认证;集装箱面板用冷轧高强耐候钢 S800NQ 通过胜狮集团青岛太平货柜认证。

(付百林)

【技术支持效果明显】 在通钢新开发应用了伊拉瓦拉主焦煤,使用比例达 15%;在长钢开展了低碱度(1.5 以下)烧结矿的研究,烧结矿入炉比例从 78% 提高到 88%;转炉采用"两步法"炼钢,在高 P 铁水(0.13%—0.15%)条件下实现成品 P ≤ 0.012%;线材精轧前和吐丝前实现温度闭环控制,精轧前控制精度达 ±10℃;ER70S-M 等特种焊线产品质量得到神钢焊材等重点用户的认可,实现高强锚杆钢 MG600 稳定批量生产。

(付百林)

【国家重点新产品计划项目】 2015 年承担国家及北京市科技计划项目 7 项,首钢获得财政资金支持额度 1887 万元,项目包括国家科技支撑计划项目"5 万吨/天水电联产与热膜耦合研发及示范"和北京市科技计划项目"1200—1500MPa 超高强热成形汽车钢开发"等。

(付百林)

【对外开放合作】 技术研究院稳步推进三个联合研发中心合作,27 项在研项目进展顺利。与北汽在 EVI 领域进行合作,建立共享汽车用钢材料高速拉伸性能数据库,开展新车型研发全周期材料技术及汽车用防护钢板等合作;与正兴车轮成立了联合研发实验室,针对 590CL 等产品在结构设计及新型原材料开发应用等方面展开合作;与南京小原机电有限公司共同组建的"首钢—小原焊接联合实验室"挂牌成立。

(付百林)

【科技信息工作】 技术研究院围绕"中国制造 2025""一带一路"等国家重大战略对钢铁企业转型发展的影响,完成"德国工业 4.0 对钢铁行业的影响和启示""一

带一路战略下首钢走出去的思考"等39项调研报告;推送《钢铁信息》等4个信息专刊93期;采集并发布信息6000条,信息系统访问量2万余人次,为科研人员提供科技信息支持。

(代云红)

【国内外学术交流】 技术研究院举办和参加学术交流99场次,被国内外学术会议录用征文107篇,宣讲40篇。组团赴德国、美国、加拿大等9个国家参加国际技术研讨等共计14人次;先后邀请澳大利亚卧龙岗大学、瑞典皇家工学院、北京科技大学等国内外25位专家学者到技术研究院围绕节能减排、产品研发等领域进行专题技术研讨。组织完成第五届首钢—台湾中钢在宽厚板产品开发和信息化建设方面的技术交流。

(代云红)

【科研条件改善与科研基地建设】 技术研究院加强实验室规章制度建设,完善设备采购和招标管理流程,完成实验室三规一制修订。重点完善了试样加工条件,开发了镀锡板钝化膜中Cr3+的定量分析、BH钢固溶碳的内耗测量等十几项试验方法。新增LIMS系统功能9项,更新会议室投影设备。

(付百林)

【人才队伍建设】 技术研究院全年引进硕士、博士27人;在岗培养博士研究生2人;23人被评为"首钢专家",38人被评为"首钢技术带头人";技术研究院在聘首席(含助理首席)工程师83人。国家人力资源和社会保障部在技术研究院挂牌成立"刘宏技能大师工作室";"首钢低合金耐蚀钢开发及腐蚀控制技术"成为国资委资助的北京市优秀科技创新团队。

(付百林)

【凝聚力工程建设】 教育引导广大科研人员传承"敢闯、敢坚持、敢于苦干硬干"、发扬"敢担当、敢创新、敢为天下先"的首钢精神;通过院局域网宣传技术研究院在课题开发、体制机制创新、科研条件建设、后勤保障服务中的先进人物和先进事迹,其中14篇报道在首钢日报和首钢电视台宣传,传播了正能量。全年在职职工重大疾病住院办理医药费报销2人,合计金额为2619元,发生意外伤害理赔8人,理赔金为3540元,为在职职工住院医药费办理报销28人次,合计金额为14994元。

(付百林)

销 售 公 司

【销售公司领导名录】
　　总经理:李　明
　　副总经理:陈　益(9月离任)　王中华
　　　　　　邹　召　郗　钊
　　总经济师:赵　炬
　　党委书记:王传雪

(王京华)

【综述】 首钢总公司销售公司是首钢钢铁产品的主要销售机构,负责市场拓展、销售、发运、收款工作。公司下设11个处级机构,5个区域销售分公司。在册职工612人,其中管理人员417人,操作人员195人;劳务人员125人。本科以上357人,大专64人;高级职称32人,中级职称105人;高级营销师38人,营销师19人;高级物流师11人,物流师11人。

(王京华)

【主要经销指标】 2015年,首钢四地产品销量1897.03万吨,比计划减少10.87万吨。其中,高端领先产品销量424.72万吨,占总销量的22.38%。销售公司负责的板材产品销量1336.65万吨,比计划增加34.55万吨。其中,高端领先产品销量276.03万吨,比2014年下降3.77万吨,占总销量的20.65%。京唐高端领先产品销量204.82万吨,比2014年增加46.59万吨。

(王京华)

【区域公司管理】 销售公司推进"营销前移",全年由本部转移至区域公司6家用户,转移销量26万吨。全年区域公司完成销量646万吨,高端领先产品比例19.3%,累计新开发用户277户。重庆、天津、哈尔滨、武汉等项目按进度建设。9月,哈尔滨项目开工,安排2016年9月具备汽车板加工配送服务条件。

(王京华)

【拓展服务内涵】 坚持探索创新,为客户提供便捷服务。采取定金订货,缓解客户资金紧张。通过钢贸平台,为部分客户实现质量异议先期赔付;运用一票制结算模式,提升客户财务结算效率;全年定金订货150余户;先行赔付21件,金额83万元;实现一票制结算261万吨,占总销量的20%,其中钢贸一票制结算117万吨。
　　质量异议处理效率稳步提升。本年质量异议处理周期 11.32 个工作日,比 2014 年缩短 1.28 个工作日,轻微异议处理周期由 5.4 个工作日缩短至 4.32 个工作日,各区域公司处理异议的比例占比由上年的 62% 提升到本年的 72%,强化区域公司的服务职能。

信息化建设助力客户服务水平提升。测试并上线 CRM 二期各功能,通过 CRM 系统维护客户档案 623 家,实现质量异议处理 CRM 上线查询,通过 CRM 开展用户满意度调查,全年共计收集 409 份问卷,综合满意度评分 95.5 分。

(王京华)

【优化物流管控机制】 以保质增效为主线,在物流费用、运输周期、质量管控能力上下功夫,提高物流服务水平。通过实施压缩固定材料费用、降低倒库仓储费用、加大迁钢集港卷自有码头运输、推进迁钢外销卷固定支架火运增量及顺义返程汽运竞价运输等多项措施,全年共计降低物流费用 3030 万元,比 2014 年多降 2106 万元。

(王京华)

【夯实内部管理】 全年组织修订销售专业制度 39 个。

落实"五把尺子"标准,开展对标找差。针对价格完成情况,组织专题分析,采取提高价格倒挂幅度、加大品种合同组织、优化区域流向、创新营销模式等措施,把"跑赢市场"落在实处。

加强日常协调组织,确保产销运衔接顺畅。组织对合同的落实意向、录入量和下传量进行汇总分析,与基地沟通各条产线的生产情况,协调处理存在的问题,保证有交货期要求的合同兑现,控制减少合同结转,确保产销衔接顺稳运行。

加强投资企业风险管理。借助总公司监事会监督检查,开展对投资企业的印章、应收款预付款、资金拆借、三会一层等专项、系统的监督检查和督促整改工作,明确管理要求,确保投资企业风险管理工作有效实施。

完善薪酬分配激励机制。坚持奖励政策向承担重要销售任务的部门和一线岗位职工倾斜,合理调整各层级人员绩效工资分配关系,绩效工资实行按岗位系数考核分配;细化区域公司奖励办法,加大汽车板、酸洗板等重点推进品种的奖励力度,区域公司激发活力。

优化人员结构,提高劳动生产率。2015 年末,在册职工人数同口径与上年相比净减 103 人,减少比例 12.52%,优化人员结构目标实现。上海分公司制定实施《上海分公司优化人才评价管理办法》,全面开展半年一次的测评机制,根据测评结果,实现末位淘汰。

树立安全红线意识,以新《安全生产法》为基础,通过开展全方位的安全宣传及培训教育、不间断的安全生产大检查和隐患排查等工作,从规范操作行为、严格执行各项安全生产规章制度等方面入手,确保安全顺稳。

(王京华)

【党建工作】 开展"三严三实"专题教育,推进作风建设。制定《销售公司党委关于加强领导班子民主生活会和基层组织生活会管理实施细则(试行)》,召开 2015 年度销售公司领导班子"三严三实"专题民主生活会,征求到对领导班子及成员意见建议共 15 个方面 49 条,在此基础上撰写好班子对照检查材料和个人发言提纲,认真开展批评与自我批评,严和实的作风得到巩固加强。加强党的领导,推进党的组织建设。召开销售公司第三次党代会,明确建设"经营服务型营销组织"的新目标。制定《强化市场观念 建设服务型营销组织的工作意见》和《销售公司党委联系基层党支部工作安排》,实施"党员意识提升行动",提升党组织凝聚力。制定《首钢销售公司党委中心组 2015 年理论学习安排意见》,全年组织党委理论中心组学习 14 次。制定领导干部退休返聘、退出现职和《关于加强对处级领导班子成员日常考察评评考核管理的工作安排》等管理制度,全年共调整科级以上领导干部 54 人次,按季度完成对在岗处级单位领导班子成员的测评,形成从严管理干部的新常态。弘扬"三创"主旋律,推进思想文化建设。以"首钢服务、首钢品牌、首钢创造"核心价值追求为引领,推进企业文化建设。全年《首钢日报》、首钢电视台等内部媒体刊物报道销售公司典型事迹 98 篇,《中国冶金报》头版头条刊登《用服务换取参与激烈竞争的资格》。本年,销售公司被评为"首都文明单位",荣获全国"十二五"企业文化建设优秀单位。销售公司职工当选"首钢之星"。巩固全员廉洁从业防线,推进党风廉政建设。召开销售公司党风廉政建设工作会议,部署落实 2015 年党风廉政建设工作。组织科级以上领导干部及有业务处置权人员 80 余人参观"国有企业领域警示教育展览"。制定《销售公司反腐倡廉主要任务分工方案》《销售公司领导干部任职前廉政法规知识测试工作办法》,强化"一岗双责"。组织处级以上领导干部 37 人签订首钢党员领导干部廉政承诺书。与 184 个客户和 13 个汽运车队签订廉政共建协议。关心职工,推进职工队伍建设。制定《销售公司 2015 年职工素质提升培训方案》,全年邀请原宝钢客户技术代表等专家学者授课 6 讲,围绕技术营销、服务创新和京津冀协同发展等方面进行讲解。开展职工谈心和多层面的冬季送温暖、夏季送凉爽等活动,走访慰问外派职工、困难职工、部分离退休职工家庭 49 户,全年共发放 15 人次困难党员和职工补助 34600 元。组织开展登山、游泳、球类比赛等职工活动,丰富职工业余文化生活。组织青年团员开展"我是团员我光荣"系列活动,引领广大青年岗位建功。

（王京华）

【重要会议】

1 月 19 日,销售公司召开安全生产工作会。

2 月 13 日,召开第四届职工代表大会第三次会议。

3 月 9 日,召开党风廉政建设工作会。

3 月 27 日,销售公司召开领导班子民主生活会通报会暨领导班子及成员民主测评会。

4 月 28 日,组织召开廉政教育大会。

4 月 30 日,销售公司召开庆"五一"暨先进表彰大会。

5 月 5 日,销售公司团委在石景山上举办"青春之旅 俯瞰钢城"五四表彰典礼。

5 月 21 日,销售公司召开先进职工及青年骨干座谈会。

6 月 18 日,销售公司举办"京津冀一体化与北京新功能定位"辅导讲座。

7 月 10 日,销售公司组织召开上半年经营活动分析会暨"三严三实"党课报告会。

7 月 24 日,召开"严以修身"第一专题学习交流会。

8 月 21 日,销售公司召开党委中心组学习扩大会,集体研读《习近平关于党风廉政建设和反腐败斗争论述摘编》《习近平谈治国理政》等有关"严以律己"的重点篇章。

8 月 28 日,销售公司党委中心组开展"严以律己"专题第三次集体学习。

9 月 11 日,销售公司党委中心组召开"严以律己"第二专题学习交流会。

10 月 14 日,销售公司党委中心组开展"严以用权"专题第一次集体学习。

10 月 27 日,销售公司党委中心组开展"严以用权"专题第二次集体学习。

10 月 27 日,销售公司组织召开 9 月份营销指标分析会。

11 月 10 日,召开中共首钢总公司销售公司第三次代表大会。

10 月 18 日,召开"三严三实"第三个专题"严以用权"学习交流研讨会。

12 月 23 日,销售公司召开党委中心组学习扩大会。会上观看了首都师范大学马克思主义学院李松林教授就"全面从严治党的重大举措——全面准确理解《廉洁自律准则》和《纪律处分条例》"专题辅导讲座视频。

（王京华）

发展研究院

【发展研究院领导名录】

党委书记:徐建华

副院长:徐建华　张明臣

（张立新）

【综述】　首钢总公司发展研究院(以下简称"发展研究院")为首钢集团发展战略研究咨询机构,承担集团战略性、全局性、超前性发展问题研究,为集团领导决策提供智力支持。出版《企业改革与管理》杂志、《首钢发展研究(内刊)》(电子版)和《首钢年鉴》等。发展研究院设钢铁产业研究所、多元产业研究所、企业成长研究所、情报信息研究所、《企业改革与管理》杂志社、史志年鉴办公室、科研处、办公室及海研宾馆。在册员工 58 人,其中博士(后)6 人,硕士 26 人,本科 15 人;高级职称 9 人,初中级职称 12 人;高级技工 1 人,中级技工 2 人。

（刘　爽）

【参与企业深化改革】　2015 年,发展研究院组织开展对首钢总部职能架构研究;3 月,向总公司报送《首钢集团总部职能架构研究报告》,包括《宝钢、新兴际华总部职能对比分析》等 9 份附件资料。参与《深化首钢集团总部管控体系改革思路框架》《首钢集团财务管理方案》《组建首钢经营财务部方案》等方案的研究制定。配合完成《关于组建首钢股权投资平台基本思路的汇报》《首钢房地产潜力业务板块深化改革方案》等。

（刘　爽）

【参与编制"十三五"规划】 发展研究院参与首钢集团《集团"十三五"规划纲要》编制工作。组建专项小组9个，明确专项小组职责分工、主要任务和节点进度。完成集团"十三五"规划纲要中的发展环境分析，6家企业对标分析，首钢30项业务SWOT分析。对各板块发展规划、重点子公司发展规划及专业规划提出完善建议。配合修改完成《首钢集团"十三五"时期定位和主业方案》。

（刘　爽）

【科研成果】 发展研究院完成《2015年宏观经济及钢铁行业运行分析及预测》（季度分析报告）《未来两年铁矿石供需分析》《我国汽车行业发展及用钢需求研究》《首钢全面深化改革新时期思想文化建设研究》《工业4.0和中国制造2025环境下首钢钢铁工业智能化战略研究》《完善首钢集团及下属公司法人治理结构的研究》《纽柯钢铁公司竞争力研究》等课题。联合完成国家科技部委托课题《科技创新推动重点领域体制改革研究》。发展研究院牵头完成的《首钢发展体育文化产业的创新与实践》获第三十届北京市企业管理现代化创新成果二等奖。完成《专题报告》18期，《每日信息》249期，《国内主要钢铁企业动态》12期，《国内大型钢铁集团2014年经营情况及2015年目标跟踪比较》《财富全球500强企业排行榜》和《数字世界钢铁》等资料。

（刘　爽）

【换届选举】 11月3日，发展研究院召开党员大会，通过徐建华代表中共首钢总公司发展研究院委员会所作工作报告和纪委工作报告；选举产生党委、纪律"两委"委员和出席首钢十八次党代会代表。

（郭　峰）

【业务划转】 总公司机关深化改革后，部分业务划转发展研究院，原由总公司党委组织部承担的"首钢党史研究"业务划入首钢史志年鉴办公室；原由管理创新部承担的管理创新成果评选工作划入发展研究院科研处。

（郭　锋）

【杂志与内刊工作】 《企业改革与管理》杂志社超额完成总公司核定的经营预算任务，全年实现收入35万元，利润18万元；编辑完成《企业改革与管理》杂志24期；编辑完成《首钢发展研究》（内刊）6期。

（刘　爽）

【史志年鉴工作】 史志年鉴办公室承担《首钢年鉴》材料收集、编纂工作；承担《石景山年鉴》《北京工业年鉴》及北京市工业志首钢部分写作编纂任务；出版费用比2014年降低2万元；《首钢年鉴2015》比《首钢年鉴2014》提前2个月交付出版社；完成《石景山年鉴》及《北京工业年鉴》供稿；获中国出版协会年鉴工作委员会颁发"明鉴春秋"银质奖章。

（刘　爽）

【经营服务】 海研宾馆经营收入246万元，可利用资产出租率、合同兑现率100%。

（郭　峰）

【队伍建设】 发展研究院与11人解除劳动合同；3人调入首钢其他单位；吸收首钢内部6人到科研和管理岗位；组织5人到京唐公司实习。

（刘　爽）

【效能监察】 发展研究院成立效能监察工作小组，按内容分项落实、逐级管控的原则加强管理，实现动态管理。2015年，办公费、差旅费（会务费）比2014年降低2万多元；业务招待费比2014年降低80%。

（张立新）

【管理联检】 发展研究院制定"管理联检"有关要求，组成助理级以上干部参加管理联检小组，开展全院安全防火和劳动纪律等内容检查，对出现问题单位落实考核，并限期整改；对违反规定人员，分别给予绩效考核。

（张立新）

【信息化建设】 发展研究院推进信息化网络系统优化升级。对入网设备进行实名制备案，将办公网络和移动网络进行有效隔离，优先保障科研工作开展。实现新华社卫星专供系统全新升级。加强对局域网内网安全的监控，对病毒、大流量下载等行为进行有效防范；企业健康档案系统、人事软件和财务软件有效运用。

（郭　峰）

管理创新部

【管理创新部领导名录】
　部　长：郭　伟

（张焕友）

【综述】 管理创新部是首钢总公司职能管理部门，主要职能包括：管理评价管理，企业规章制度管理，管理创新成果管理，推进企业先进管理系统创新方法。2015

年,按照总公司全面深化改革的实施意见,配合调整完善总公司战略管控部门、支持服务部门以及股份公司组织机构,协同筹备财务公司,继续组织规章制度清理整顿,组织开展管理创新活动,参与资金平台、采购平台、职工健康平台的建设。管理创新部下设企业管理处、管理评价处,定员11人,现在册7人,其中本科以上学历7人,高级职称6人,中级职称1人。

(张焕友)

【推进管理创新】 管理创新部贯彻落实总公司"两会"精神,结合总公司重点工作任务,落实《2015年管理创新专业工作计划》,加强内部协同,提高工作标准,树立"交账"意识,做好各项专业工作,提升专业管理能力。一是按照两级党委要求,落实《首钢关于在处级以上领导干部中开展"三严三实"专题教育的实施方案》,组织本部处级以上领导学习北京市委书记郭金龙和总公司主要领导的党课报告、领导干部违纪违法典型案例警示录、优秀领导干部先进事迹、"信仰"影像资料和《红绸》选编等学习资料,领会"三严三实"的重大意义、本质内涵和总体要求,提高自我教育、自我约束、自我监督、自我完善的能力。二是按照《市委第二巡视组对首钢巡视情况反馈意见整改工作方案》(首党发〔2015〕149号),跟进相关制度的制(修)定工作,针对首钢巡视情况反馈问题及整改措施、完成时限等内容,整理汇总首钢巡视反馈意见涉及规章制度的整改工作,按责任分工方案及完成时限安排,跟进修订完善规章制度的落实情况;对征求意见、或送审的相关制度,按制度要求严格进行审核把关,并与责任单位进行沟通交流。先后参与对《首钢总公司党委中心组理论学习管理办法》《首钢总公司监督工作联席会制度》《首钢总公司二级单位负责人履职待遇、业务支出管理暂行办法》《首钢总公司境内对外投资管理制度》《首钢总公司内部借款管理办法》等8项制度的研讨、制(修)定和审核把关。落实总公司党委决定在全集团组织处级以上领导干部签订廉政承诺书、领导干部廉政责任制、廉政风险点、风险等级、防控措施,完成管理创新部处级以上领导签订廉政承诺书、廉政责任制等工作。三是从专业基础工作抓起,夯实管理基础。坚持精细化管理,统筹专业工作,学习总公司有关规定,规范内部工作程序,严肃工作纪律,实现协同高效工作目标,按月下达专业工作计划,树立"交账"意识,组织各岗位落实;按月总结重点工作完成

情况,发扬成绩,克服不足。上半年组织专业会议3次,经验交流会1次,现场调研2次,到先进企业学习1次,下发月计划9期,完成月工作总结9期。管理创新部根据部门开展专业工作需要,下发13项部门专业工作文件,其中关于制度清理、制度划转9项,外埠钢铁企业指标管理2项,内部管理制度1项,部门重点工作1项。针对管理创新工作完成情况、制度清理整顿工作进展的过程管理,下发管理创新工作动态13期,其中制度管理3期,部门管理创新工作进展情况9期,企业管理成果获奖情况1期。

(张焕友)

【贯彻落实深化改革指导意见】 一是全程参与《深化首钢集团总部管控体系改革思路框架》设计。贯彻落实《中共首钢总公司委员会关于首钢全面深化改革的指导意见》,按照"明确集团总部功能,精简优化管理层级,完成集团总部机关建设"的工作目标,在全面深化改革领导小组的领导下和埃森哲咨询公司的协助下,管理创新部作为工作小组成员,派专人参与此项工作。按照工作小组分工,重点负责集团系统优化、办公厅、行政后勤服务职能架构的设计。在学习借鉴宝钢等央企集团管控经验,深入分析研究首钢集团发展战略和总部管理现状的基础上,以问题导向为出发点,从顶层设计角度,系统研究提出深化首钢集团总部管控架构改革思路方案。二是围绕做实股份公司,参与管理创新业务的界面划分和职责设计,做好业务衔接工作。根据总公司做实股份公司组建钢铁业务管理体系的思路方案要求,按照总公司理顺集团管控关系、做实股份公司的部署,结合业务开展现状,系统分析了目前集团分子公司管理创新专业机构职责设置情况,并借鉴国内主要钢铁企业经验,提出管理创新职责界面划分的总体思路和意见建议,形成《集团和股份公司管理创新专业机构设置建议》《股份公司运营改善部主要职责建议》《集团和股份公司、代管公司管理创新专业工作界面、工作流程建议》等相关业务文档,为总公司钢铁板块管控体系建设方案的形成提供支撑。三是组织总公司机构、职责调整涉及的规章制度划转工作。组织有关部门对现行的规章制度提出初步处置意见;先后组织梳理生产部、设备部、计财部、劳动工资部等24个部门的制度527项次;对各单位提报的制度划转意见,与相关单位进行专题讨论研究,指导帮助、解决制度划转工作中的有关问题,提

出专业意见建议,征求劳动工资部及有关单位的意见;共组织办理划转交接现行制度108项,其中,在总公司部门之间划转的制度有73项;划入股份公司管理的制度有30项;由股份公司代行管理的制度有5项。四是参与财务公司筹建工作。组织制定财务公司规章制度管理办法,协助计财部制定总公司层面资金集中管理制度,结合总公司现行的行政办公、费用报销、信息化管理等相关专业制度内容,梳理出未来财务公司需要修订并遵循的制度40项,其中重新修订的制度19项,专业遵循的制度21项。财务公司对外报审75制度全部修订完成。主动服务,与财务公司相关人员进行深入细则的沟通、交流。财务公司依照监管部门的法律法规要求,从"法人治理、综合管理、业务管理"三个层面制定了94项公司经营、业务管理制度,经股东会、董事会审议通过后报银监局备案。首钢集团财务公司于7月21日完成公司注册手续,9月1日已经正式运行。

(张焕友)

【制度管理体系建设】 围绕首钢集团管控体系建设和管理能力提升,加强制度体系建设。

一是结合总公司"两会"明确的重点工作任务及落实首钢全面深化改革的各项工作,按照总公司规章制度管理要求,拟定下发《关于开展2015年制(修)定制度立项工作的通知》(首创发〔2015〕3号),围绕"紧紧抓住基础工作不放松、重点抓住制度管理不动摇"的要求,站在"全面加强企业管理、推进首钢全面深化改革"的高度,按照"管住、管好、管活"的原则,从制度建设入手,深入研究本部门的管理业务,根据国家法律法规的调整和政策变化、集团改革发展和管理的需要,对部门分管的现行规章制度进行分析的基础上,提出制度制(修)订计划,纳入2015年专业重点工作。按季度对制度制(修)定计划进行调整。树立"交账"意识,加强组织,结合实际,落实制度制(修)定工作。为做好制度的修订工作,提升制度修订工作的质量,在年初提出制(修)定制度计划40项的基础上,结合首钢全面深化改革的进程,做实股份公司、落实首钢集团总部管控体系改革的要求及市委巡视组对首钢巡视情况整改工作方案等重点工作,补充调整了制度计划,增加8项,全年应制(修)定制度48项。

二是按照"谁制定谁负责、谁制定谁培训、谁制定谁检查、谁制定谁改进"的要求,继续加强制度出台全

过程管理,严格制度管理流程。坚持把握重点、深入研讨、主动服务,审核把关。先后对《首钢总公司职工内部退岗休养实施细则》《首钢总公司二级单位负责人任期经营业绩考核管理办法(试行)》进行重点审核、把关。在日常制度审核工作中,对各单位在制度制(修)定过程提出的各类问题及事项,能够给予解答、帮助与指导。对送审的《首钢总公司北京地区工程管理办法》《首钢总公司职工内部退岗休养实施细则》《首钢总公司业务活动费用管理办法(试行)》等48项制度进行审核,按制度征求意见、提交审核、会知等不同形式共审核88稿,审核制度2732条,提出各项审核、会知意见建议615条。其中,提出审核、会知意见,提交经理办公会(董事会)审议后颁发制度25项;对19项制度提出专业审核意见,待经理办公会审议;按征求意见通知要求对4项制度提出意见建议,并与主办单位进行沟通交流,组织对制度修改完善。全年废止制度22项。通过对各项制度的严格审核、把关,满足了管理需要,提升了制度质量。截至12月,总公司现行制度共有410项。

三是结合总公司管控要求和重点工作,落实制度主办单位责任,坚持按季度组织制度执行情况的监督检查。重点监督检查主管单位制度文件的发放到位、制度的学习培训及制度的执行等情况,形成检查报告并及时通报,以指导专业管理工作的开展。拟定下发《关于公布2015年一季度总公司颁发、废止制度文件目录的通知》等文件4个。一是对制度主办单位,重点对制度文件的发放到位、学习培训、业务建设、执行效果等情况进行监督检查;二是对制度执行单位,重点对制度的接收、领导批示、结合实际对制度的补充完善及落实等情况进行跟踪检查。先后抽查《首钢总公司字号和商标使用管理办法》《首钢总公司职工内部退岗休养实施细则》《首钢总公司对外战略合作协议管理办法》《首钢总公司二级单位负责人任期经营业绩考核管理办法(试行)》等31项制度。对制度执行情况的检查形成报告,编写工作动态四期,以指导专业管理工作的开展。

四是按照《首钢总公司规章制度管理制度补充规定》(首发〔2014〕210号)规定,依据总公司已经颁发的机构调整的有关文件,结合总公司目前集团成员管理关系的实际,在过渡期内,为保证规章制度的有效执行,对规章制度适用范围单位名录进行调整更新。下发《关于发布总公司规章制度适用范围单位名录的通知》(首

创发〔2015〕13 号），以指导专业工作的开展。

（张焕友）

【管理创新成果】 围绕总公司重点任务，开展管理创新活动，注重源头把关，从立项、内容、数量、质量上严格控制、坚持原则、保证质量。

2015 年，完成评审、表彰首钢第十五届管理创新成果 60 项（其中，一等奖 8 项、二等奖 19 项、三等奖 21 项，提名奖 12 项）。

组织第十六届管理创新成果评审。组织动员全体职工参与管理创新活动，将管理创新活动作为首钢全面深化改革、激发企业活力，增强综合竞争力的重要措施和提升企业管理水平的重要手段，全集团共有 41 家单位上报 97 项成果。其中，京唐公司《大型钢铁企业循环经济运营体系的实践创新》获得第二十二届全国企业管理现代化创新成果二等奖；13 项获冶金企业管理现代化创新成果奖（一等奖 2 项、二等奖 4 项、三等奖 7 项）；15 项获北京市企业管理现代化创新成果奖（一等奖 8 项、二等奖 7 项），首钢总公司被北京市评为管理创新优秀组织奖。首钢第十六届管理创新成果奖 59 项，其中，一等奖 10 项、二等奖 18 项、三等奖 19 项，提名奖 12 项。

组织第十七届管理创新课题立项。结合钢铁行业和北京市的发展趋势，关注管理创新活动的"亮点"和"创新点"选题立项。共收到全集团 44 家单位 115 项立项，确定 102 项管理创新课题项目，其中 32 项为重点推进项目。结合实际，突出重点，组织实施，把管理创新活动与经营生产活动紧密结合起来，切实解决经营生产的实际问题，严格按照《立项申请书》进度安排，对项目实行动态管理，明确课题的具体目标，落实责任，采取月度小结、季度跟踪总结的方式，总结提升管理创新成果水平。

（张焕友）

【推广应用管理新方法】 按照各单位 2014 年六西格玛项目进度计划，对京唐、迁钢、首秦和冷轧的 220 个六西格玛项目完成及进展情况进行调研和信息收集。完善六西格玛管理台账，将项目内容在开展六西格玛的单位之间进行共享；通过多次与长钢、水钢等外埠钢铁企业进行联系，对于开展管理新方法应用推广情况进行了解，收集和提供了 6S 推行手册、管理标准、实施方案等资料，针对现场改善等方法和工具提供专业建议；加强交流，促进资源共享。在分析首钢各单位目前围绕精益生产开展的工作基础上，收集钢铁板块各单位开展 6S、TPM 活动的图片以及视频材料，编辑《6S、TPM 活动改善成果集》，建立管理新方法交流应用平台，通过网络云盘、交流软件等方式，分享和发布专业信息以及相关资料。

（张焕友）

【外埠钢企管控】 管理创新部组织各有关部门分析现有管控指标，提出增加部分财务运行指标、环保指标和营销情况分析的优化完善意见。形成《外埠钢铁企业管控指标体系优化完善项目（第三批）》，在原有指标的基础上，新增管控指标 6 项，增加表样 3 张，数据 334 条。涉及各外埠钢铁企业计财、环保和销售三个专业。自 5 月 1 日起开始报送，全年累计上传报表 1294 张，数据项 413 项，数据量 97357 条。

（张焕友）

【客户满意度调查】 首钢板材生产的一贯制管理，需要建立与之相对应的客户服务体系。由迁钢、中首、销售公司、技术研究院等单位的客服部门对首钢产品用户进行问卷调查，每季度组织一次，共涉及 15 项指标，主要有：产品的实物包装质量方面、售前服务、售中服务、售后服务。经管理创新部进行汇总统计，并上传首钢经营管理平台，其中，一季度满意度为 94.49%；二季度为 94.21%；三季度 94.92%；四季度 93.82%，均符合 90% 的客户满意度指标要求。

（张焕友）

法律事务部

【法律事务部领导名录】

部　长：腾亦农

副部长：张　清

（张　清、韩　蕾）

【综述】 法律事务部是首钢总公司法律事务的管理部门。负责执行国家法律、法规，负责对集团重大经营决策提供法律支持，提出法律意见；负责起草或者参与起草、审核集团重要规章制度；负责集团法律事务专业管理制度的制定、修订并监督检查执行情况；负责集团法律顾问网络体系的建设，指导集团所属单位开展法律事务工作；负责集团合同管理专业的归口管理，对总公司重大合同进行法律审核,参加总公司重大合同的谈判和起草工作;参与总公司及其控股公司的分立、合并、破产、解散、投融资、担保、租赁、产权转让、招投标及改制、重组、兼并、公司上市等重大经济活动,处理有关法律事务;负责办理总公司法人授权委托等法律事务;负责选聘外部律师,并对其工作进行监督和评价;负责集团内部经济纠纷处理的组织协调;受总公司法定代表人的委托,参加企业的诉讼、仲裁、行政复议和听证等活动;开展集团法律风险防范工作,对违反法律、法规的行为提出监督意见,协助整改;负责提供涉及生产经营有关的法律咨询;负责总公司商标、专利、商业秘密等知识产权保护工作的法律支持;配合宣传部门对职工进行法制宣传教育;办理其他法律事务。法律事务部下设法律保障处、合同管理处、风险管理处,在岗职工 10 人。

（张　清、韩　蕾）

【参与决策】　法律事务部始终坚持参与集团战略性经营管理事项的决策,参与公司重大经营决策的审核、论证,参与董事会、经理办公会、各级各类专题会议的讨论,参与集团重大投资、改制重组、股权转让、技术引进等项目评审工作。2015 年度,法律事务部参加总公司各类会议 306 次,其中,董事会 14 次、经理办公会 12 次,各类专题会议 280 次,参与各项议题的决策讨论,履行法律审核、监督职责。

（张　清、韩　蕾）

【参与谈判】　2015 年,法律事务部参与京唐公司股权变更、股份公司重大资产重组和非公开发行、海尔收购、改制企业高管退股、马城铁矿收购、六秦、宝业、曹建投、铸造村 14 号楼等项目,参加企业清撤、两违治理等项目。参加重大项目专题会议,参与谈判,就重大项目决策事项的合法合规性出具论证意见,从项目尽职调查、可行性研究、法律文件起草、商务谈判、项目文件审查到出具法律意见书等提供全过程的法律服务。

（张　清、韩　蕾）

【合同审查】　2015 年,法律事务部共计审查各类合同、协议及授权申请等 629 项,出具法律意见书。集资建房、绿节创投增资、技师学院改造、基金公司关于京西创投资金整合等多个项目合同及相关文件,都是一稿多审,或者多稿多审,确保项目文件的合法性 100%。总公司重点项目、重点事项的授权文件经法律事务部审查,2015 年,法律事务部共计审查授权文件 184 项,占所审查文件总量的 29%,充分做到对下把关、对上负责,有效防范法律风险。

（张　清、韩　蕾）

【案件管理】　2015 年,法律事务部加强法律纠纷案件的管理工作,定期对集团内部单位的法律纠纷案件情况进行统计汇总分析,并对重大案件纠纷跟踪指导,专项向总公司主管领导报告,提供第一手的法律资料。法律事务部负责跟进督办厦门俊同案、西四房产案、山西宇晋案、郝振华诉首钢总公司财产损害赔偿纠纷案、毛洪泉诉首钢总公司拆迁合同纠纷案、闻笑阳诉首钢总公司侵权纠纷案、李鸿峻和李洪敏诉首钢总公司侵权责任纠纷案等多件重点案件,为总公司避免挽回损失计 2598.88 万元。

（张　清、韩　蕾）

【评审工作】　法律事务部开展年度法律顾问职业岗位等级资格评审工作,成立以总法律顾问为组长、由法律专业部门、组织人事部门专业人员参加的评审小组,下发"首钢总公司关于开展企业法律顾问职业岗位等级资格评审工作的通知"。按照"自愿申请、分级把关"原则,开展企业法律顾问职业岗位等级资格评审工作。经过评审、评议,10 人获得企业法律顾问等级资格,其中 1 人获得三级企业法律顾问职业岗位等级资格,8 人获得法律顾问助理资格,并向国资委推荐 1 名申请人参加二级企业法律顾问职业岗位等级资格的评审。

（张　清、韩　蕾）

四个中心

◎ 责任编辑：关佳洁

财务共享中心

【财务共享中心领导名录】

主　任：王　健（11月任职）

副主任：高　静（11月任职）

（高永生）

【综述】　首钢总公司财务共享中心（以下简称"财务共享中心"）是集团财务核算、会计处理中心，是为集团和各级子公司战略决策提供财务数据支持服务部门和共享平台。主要职责：负责编制集团合并报表，完善报表核算体系，出具年度财务报告。更新事务所备选库，组织决算审计。配合内、外部审计，负责非标报告整改追踪及会计档案归口管理等。负责收入、成本等账务处理，负责税务核算及纳税申报管理，负责进出口业务核算及共享中心会计档案归档、保管等。负责总公司费用预算编制和控制，负责备用金借款、相关费用核算及报销（核销）等。负责集团收付款结算，承兑汇票开立与结算，财务费用、内部借款本金及利息，进出口业务结算等。负责总公司股权等长期资产核算；负责政府各类支持资金、市政工程拆迁补偿费及园区开发前期费用核算；负责国有资本金及其他权益核算。负责园区停产资产、开发项目工程核算；负责技术研发费核算；负责代管独立法人单位会计核算等。负责集团统计专业归口管理，组织集团和总公司统计核算，实施各项统计调查，编制及对外披露统计年报和定期统计报表。负责编制集团生产经营指标快报和月度统计公报；按公司要求提供相关管理口径数据或报表，统计资料管理等。

财务共享中心机构设置：总账报表室、会计核算室、费用核算室、资金结算室、资产核算室和数据信息室6个业务部门。定员暂编78人，主任1人，副主任1人，部门经理6人，专业技术70人。

（高永生）

【任期目标责任书】　任期目标任务。一是提高共享数据质量，提升财务共享数据支撑能力。统一财务核算体系。2016年底，实现总部及四地钢铁业财务报表集中申请，统一开发；2017年底，建立集团合并报表、统计数据平台，从源头确保数据准确。建立共享业务体系信息平台。2016年底，实现财务、统计数据直报系统搭建和使用，深度挖掘数据资源，提供数据支持服务；建立总部各非法人单位费用报销系统，实现无纸化、不见钱报销模式；2017年底，建立费用预算控制系统，全面启动共享信息系统搭建工作。

二是建立标准化核算规则，实现业务处理流程化。2015年底，梳理总部各非法人单位核算业务流程，启动流程优化、整合工作。2016年底，实现费用报销流程化操作。2017年底，提供共享业务技术支持，实现股份公司上市板块财务共享，推进其他钢铁企业财务共享工作。

三是财务共享服务人才梯队建设。建立与总部、板块财务部门双向交流机制，到2017年底交流人数达到财务中心总体人员10%以上；开展调研学习和全员培训，强化标准化和规范化要求，强化业务操作技能，做好员工素质提升工作。

（袁　琳）

【制度建设】　财务共享中心制定《财务共享中心内部管理制度》，内容涵盖作风建设行为规范、中心例会议事制度、内部保密工作制度、请假考勤管理、奖励分配管理、印章管理、公文管理、办公费支出管理和附则。修订《首钢总公司业务活动费用管理办法（试行）》，涉及国内差旅、因公临时出国（境）、接待、会议、费用预算管理等方面。制定《关于规范财务共享中心SAP系统操作的通知》《财务共享中心关于营改增后对现行业务规范的通知》等相关制度。

（袁　琳、杨　巍、郭冬全）

【信息化建设】　财务共享中心启动集团报表直报系统项目，确保财务、统计数据共享，以实现数据表单化、表格图形化展示方式及历史数据趋势展示，为公司决策和战略管控做好支持。筹备财务共享平台项目，学习财务共享建设理论知识，学习外部企业财务共享成功案例，请具有财务共享实施经验的企业，传授共享平台信息化建设经验。优化ERP系统，完成客户、供应商、员工、会计科目等主数据系统变更创建、维护和归档工作。根据集团总部机构改革后机构设置，梳理完善ERP系统业务范围。

（李圆博、杨　巍）

【业务梳理】　财务共享中心梳理业务界面，做好衔接工作。针对各室职责分工以及核算流程变化，完善ERP核算流程以及规范各岗位人员制单要求。在完成铁区、钢区、轧区等非正常经营单位业务现状调查基础上,做好业务流程、界面、职责、制度依据、专业支撑梳理,编写成资产核算基础业务内容。重点完成科研项目核算业务接手工作,保证业务运转。

(杨 巍、张 鹏、袁 琳)

【财务报告及财务预算】 集团 2015 年财务决算工作。组织召开集团 2015 年度决算工作会,完成两套决算报表任务转换,完成集团及总公司 2015 年决算报告编制,完成市国资委、财政局及钢协决算会审及中介机构复审工作,通过市国资委对集团 275 户子企业会审。

集团 2016 年财务预算工作。组织集团全级次子公司开展 2016 年度财务预算预报及编报工作,完成子企业预算报表审核,集团及总公司预算报表编制工作,完成财务预算表及预算报告现场审核工作。

集团 2014 年度财务绩效评价及报告工作。组织子公司完成 2014 年财务绩效评价,对评价结果问题做好解释说明,完成集团绩效评价报告撰写工作,与钢铁行业成员单位情况对比找差,与集团自身对比变化趋势。

(李圆博)

【统计管理】 组织开展集团统计业务工作。完善与集团改革相适应的统计指标体系建设,提高统计数据质量,夯实统计基础工作,明确新部门统计业务。结合各钢铁基地主要产品产量统计实际,依据钢铁工业生产统计指标体系规定,会同股份公司对钢铁业产品产量管理办法进行修订,并根据集团管控改革方案对统计管理办法各条款进行修订。

(袁 琳)

【会计与资产核算】 一是完成总公司增值税、印花税、个调税、教育费附加等日常核算、代扣代缴工作。二是完成总公司 2015 年所得税汇算清缴工作。三是结合金税三期变化,加强与国地税部门业务沟通,掌握税种变化、软件变化,确保业务顺稳衔接。四是做好代管单位及代管账户核算、报表报送、对账等工作。五是组织集团 58 家单位完成国税总局千户数据 2011 年—2015 年财务数据采集和上报工作。六是贯彻落实公司资产管理制度,配合实物管理部门对停产资产处置,组织开展资产核算工作。自 2010 年厂区全部停产以来,停产资产原值 260.4 亿元,累计处置资产原值 34.02 亿元,占全部停产资产原值 13.06%,处置资产收入 2.01 亿元,扣除拆除、评估等处置费用 1.52 亿元,实际处置收益 0.49 亿元,处置收益约占资产原值 1.45%,尚未处置资产原值 226.38 亿元,占全部停产资产原值 86.94%。

(杨 巍、张 鹏)

【资金结算】 一是资金归集工作。根据公司资金集中管理要求,组织向财务公司归集资金,完成归集总公司资金 45.8 亿元,协助财务公司完成资金归集年末达到 155.82 亿元。二是资金调配及票据管理工作。组织办理收入、支出、倒贷、贴现以及内部借款、外汇业务等。三是账户管理及对账工作。组织对中首外汇 2015 年银企账户开展对账工作,配合财务公司开展银行账户清理等有关工作。四是解合备案工作。组织对各单位解合汇总表、明细表进行审核、登记、加盖计财部公章。

(苏 红)

【费用管理】 组织 2016 年总公司费用预算编制与分解落实。完成总公司战略发展部等 25 个部门、园区管理部等 8 个停产单位及供应公司等 3 个代管单位费用预算编制核定。按照总公司对行政费用压缩 30% 精神,编制总公司 2016 年度部门费用预算,将单项费用纳入预算。向总公司 21 个部门下发《首钢总公司 2016 年度部门费用预算表》,并组织分解落实。

(郭冬全)

人事服务中心

【人事服务中心领导名录】
中心主任:吴 涛(11月任职)

(张英明)

【综述】 首钢总公司人事服务中心(以下简称"人事中心")是集团人力资源领域行政事务类工作集中处理和员工服务提供单位,是人力资源信息集中管理单位。业务范围包括薪酬、社保、招聘、劳动合同、人事档案管理等人事服务业务;通过构建专业人力资源信息系统,为集团总部及各单位提供人力资源数据信息集中统计及专业共享服务。具有管理与服务双重职能,直属总公司领导。负责汇总各部门薪酬分配方案,负责服务范围内员工岗位工资、绩效工资、津补贴计算发放及规范化运行管理;负责个人所得税相关业务;负责总部机关外派高管人员日常薪资核发;负责调转员工工资关系等审批。负责职工人数、工资总额、人工成本、劳动生产率、人才资源、劳务用工等数据统计分析;负责 EHR 系统功能开发、优化管理。负责社会保险缴费基数核定,社会保险待遇初审及待遇落实;负责伤残鉴定、工伤待遇申请,特殊工种业务处理,退休手续办理、历史遗留问题处理和落实等。负责企业补充保险规章制度建立、完善及待遇落实工作;负责集团内单位参加社会保险情况监督检查与协调。负责制定人事调动、人事档案、劳动关系等管理制度以及劳动合同范本。负责院校毕业生需求计划管理及招聘工作,归口办理集团需求信息发布及院校对接业务。负责办理员工调动、劳动合同签订等手续;办理军转干部及退役士兵接收业务;负责集体合同管理、劳动争议调解处理、残疾人就业安置及残保金缴纳;总公司下属法人单位劳务用工管理;员工信息与人事档案管理、查阅服务等。负责总公司集体户口归口管理,总部机关及不具备设立集体户口单位集体户口管理。负责北京市第八十职业技能鉴定所、冶金行业特有工种职业技能鉴定站(020)、北京市冶金行业工人技师考评委员会职业技能鉴定、考试、办理职业资格证书等组织工作;负责北京市工程技术系列(冶金)专业技术资格评审委员会管理。负责中级政工师评审及高级政工师初评、推荐;负责集团医疗卫生、教育系列专业技术人员办理职称评审委托。负责总公司退休人员管理,包括制订规章制度,相关费用报销及其他费用管理;退休人员人事档案管理,解决历史遗留问题;负责总公司机关及园区管理部所属单位内退、长病、长伤等不在岗人员集中管理。负责组织离休及退休处以上干部学习、参观,开展文娱活动及服务等;负责老干部政治、生活、医疗待遇具体落实。

2015年7月1日,人事中心组建筹备。通过与劳动工资、组织部"双轨运行",顺稳承接相关业务,10月9日,总公司正式授牌,落地启动,进入独立运行阶段。人事中心以"深化改革、凝心聚力、服务高效、变中求新"为己任,树立"提高服务质量,提升服务水平,提速服务效率"服务理念,打造"为员工服务的窗口,为总部机关乃至社会服务的平台"。

12月31日,首钢总公司下发《关于剥离总部机关实体单位和业务事项的通知》(首发〔2015〕350号),《通知》内容如下:将工会职工互助保险和京卡,会员档案管理等业务委托人事中心提供服务;将博士后管理、留学回国人员工作站和引进人才等业务划归人事中心管理;将安全处负责总公司职工工伤认定手续办理和特种(设备)作业人员证件考核管理等业务划归人事中心

管理;将海外事业管理部负责外事职能划归人事中心管理,单独设立"首钢总公司外事办公室";将总公司总部机关综合管理事务工作涉及劳资人事服务类业务划归人事中心管理;自2016年1月1日,各项业务按新管理关系运行。

人事中心下设薪酬统计室、员工服务室、社保业务室、职业资格管理室、退休人员管理室、老干部服务中心、外事办公室7个业务管理服务室。职工79人,其中高级职称10人,中级职称15人。

(张英明)

【薪酬统计】 人事中心承接财务、资产和人事三个中心工资和奖金计算发放业务。为做好前期准备,人事中心制定工作流程,按制度和标准逐人核对涉及职工薪资项目,调整完善HR系统程序参数,开发职工社保缴费统计和人员增减统计新功能,收集汇总录入职工信息数据,保证财务、资产和人事三个中心职工薪酬按时集中统一计发,提供财务部门代扣个税及社保缴费数据准确无误,提高工作效率,规范薪资管理,迈出总部机构改革第一步。

组织首钢35家单位完成2015年度工资内外收入自查工作。在单位自检报告审核分析基础上,会同计财部抽查微电子、实业公司、国际工程、房地产和氧气厂5家单位,通过核对台账、报表等资料数据,查找存在问题,督促限期整改,整理首钢工资内外收入自检报告报送北京市人力保障局和国资委。

贯彻国家《统计法》,扩大首钢劳动统计管理覆盖面,统计口径范围内新增朗泽公司、矿投公司等单位。组织首钢集团相关单位完成国家和北京市人力社保部门布置职工薪酬调查,抽取调查样本9.45万人;完成《第33届全国冶金大钢企业劳动工资信息交流资料》数据调查工作;在集团范围组织职工带薪休假情况跟踪调查分析,向总公司党委会作专题汇报。全年累计向国家和北京市有关部门报送劳动统计调查数据资料20项,编辑《2014年首钢劳动统计资料汇编》。

(朱 军)

【员工服务】 人事中心整合组织人事部大学生招聘、管理人员调配和高级人才引进,劳动工资部技校生招聘、操作人员调配、人事档案管理、劳动关系管理、劳务用工管理,总公司生活办集体户口管理业务,原机构各部门公积金管理等业务。

人事中心做好业务梳理、摸清底数和界面切分。理顺业务流程和汇报关系,中心59个岗位、179条业务职责(其中成建制相对完整业务交接159项,涉及业务界面切分20项),分解落实到各业务管理室,按照切分衔接、执行依据、管理范围、协作关系和流程审批五个维度理顺、落实到岗位,形成岗位说明书48份。分析整理《人事服务中心关键管控业务事项权力清单》,逐项明确111项主要业务管控范围,按照业务管控事项提案、组织审核、决策、备案、执行、执行监督六角色分工分别说明。

人事中心组织人事档案管理清理,清理12934份职工人事档案,其中,下放职工人事档案12037份,死亡职工人事档案245份,遗存档案73份,在册职工人事档案579份,入档材料2000余份,转出人事档案145份。新建"转出人事档案管理台账""转入人员管理台账",使人事档案管理系统化。

人事中心组织摸底首钢33个集体户口单位情况,调查集体户口职工2000人,形成整改方案。

人事中心组织做好各项承接业务,审核、审批解合人员2112人,及时办理相关手续,实现首钢集团提高减员提效目标。

人事中心组织运输部、供应公司、股份公司等机构调整人员划转,办理1436人,其中,管理251人,操作1185人。为满足新项目和岗位缺员需要,为首钢医疗公司、园区服务公司、宣传部、总公司工会、环境公司等单位组织双选,调剂配备96人,保证有关单位经营生产正常开展。

在节假日期间开展专项检查工作,抽检管理范围内单位劳动纪律及职工违规行为管理情况。

人事中心组织首钢集团2016年人才获取工作。依据首钢发展战略对各类专业人才需求,制订毕业生需求计划。组织技术研究院等10单位,赴北京科技大学、东北大学、吉林大学、哈尔滨工业大学等高校,参加2016届毕业生"供需见面、双向选择"招聘会及举办"首钢专场招聘会",确保首钢集团获取专业类人才数量和质量。

人事中心深入股份、京唐、矿业公司调研,协助各单位组织技术测定和岗位测评,制定劳务用工清退措施方案。

人事中心组织残疾人就业岗位补贴申报,政府支付岗位补贴91.5万元;组织2014年度首钢北京地区内退人员信息审核、申请市政府"两家抬"支持资金工作。

(韩立功)

【职工保险业务】 人事中心执行北京市社保政策,做好社会保险政策宣传、解释及保险关系转移,按照石景山区社保要求完成各项保险缴纳业务。完成4000余人保险关系转移接续工作。完成2015年度企业、职工社会保险缴费基数核定。按照北京市上年度社会平均工资,完成2015年7069人职工缴费基数上下限重新核定、调整。根据《关于北京市2015年调整工伤职工及工亡人员供养亲属工伤保险定期待遇的通知》及《关于北京市2015年调整工伤人员护理费的通知》,调整总公司44人1—4级工伤职工伤残津贴待遇,月人均增加328元。调整31人享受供养亲属抚恤金人员待遇,月人均增加160元。调整45人1—4级工伤职工护理费,月人均增加225元。落实北京市《关于失业保险支持企业稳定岗位有关问题的通知》,组织各单位做好稳岗补贴申请培训,完成首钢稳岗补贴申请,为首钢总公司申请2014年稳岗补贴255万元。

人事中心协调解决历史问题,维护职工权益。分10批次办理868人非京户籍农民合同制职工转制后补缴养老保险,维护职工群体稳定;完成首钢职教幼教机构2014年生活补贴申请发放,维护教师职工队伍稳定;与国家人力资源与社会保障部沟通,为首海船员申请特殊工种,享受提前退休待遇提供专业支持;完成企业补充医疗保险报销工作,减轻患病职工医疗负担。

(郭 伟)

【职业资格管理】 人事中心围绕"优秀鉴定所建设"和"首钢技能人才建设",制定首钢80所2015年行风诚信建设实施方案,确立"资质诚信、标准诚信、信息诚信、服务诚信、质量诚信"指标,树立廉洁自律形象。修订《首钢80所日常公出管理办法》《首钢80所公务、业务招待费管理办法》《首钢80所财政拨付考务费使用管理办法》《首钢80所公务用车管理细则》《首钢80所考务费核发实施细则》《职称经费管理办法》《异地答辩评审实施细则》等内部管理制度,推进"五制""四公开""三亮明",提升管理水平,改进服务作风。组织首建集团、实业公司、园服公司、绿化公司开展鉴定实操场地设备设施改进评估,首钢390个鉴定场地保留388项,实现保持资质和提升质量预期效果。修订《鉴定考务管理控制程序》，完善质量记录管理，提升鉴定机构质量管理体系运行水平。

首钢职称办是北京市唯一设在企业的高、中级职称评审机构。人事中心以"优秀评委会建设"和"优化技术人才队伍"为目标，开展冶金评委会建设创新。全市征集 272 人进入专家库，优化职称评审专家队伍。组织细化冶金 9 个专业的分级工作，提升评审专业科学性。强化一线工程师实践能力，优化职评量化打分机制。完善异地评审实施细则，方便首钢异地职工职称晋升。全面升级冶金评委会网站，方便职工学习申报。改进工作方式、优化服务流程、强化专家培训、科学调配资源，持续完善"职称评审辅助程序"，实现冶金高、中级职称"当天答辩和当天评审"的"紧凑型"职称评审模式。组织首钢医院、技师学院等单位 45 人完成外委评审信息备案。为首钢医院、矿山医院、首钢幼教中心、技师学院等 6 家单位 93 人职称办理教育、医疗系列外委评审手续。2015 年，北京市首次启动技工院校教师正高级职称评审工作，技师学院纳入首批五所试点院校，共有教师 3 人申报教师系列正高级职称，首钢职称办做好指导服务工作。

组织首钢政工职评，推进教师职评改聘。经首钢政工专业中级职务评审委员会研究，推荐 5 人参评高级政工师，审定 7 人取得政工师任职资格，1 人取得政工专业初级职务任职资格。根据市人社局和市教委《关于在北京市高等职业学院、成人高等学校推行教师职务聘任制改革工作部署》，推进工学院开展教师职称评审改聘任工作。

2015 年，组织技能鉴定 5595 人，共有 3821 人通过资格认证，优化首钢四地高技能人才队伍结构，其中，初级工合格 1157 人；中级工合格 962 人；高级工合格 1044 人；技师合格 534 人；高级技师合格 124 人。组织专业技术骨干 205 人参加冶金高、中级职称评审，其中，申报高级 118 人、中级 87 人。经过评审、答辩和评议，高级通过 52 人，中级通过 58 人，优化了首钢专业技术队伍结构。

（刘经耀）

【退休人员服务和不在岗管理】　人事中心负责首钢总公司范围内 43 家单位、退休 11741 人、园区范围内各单位及股份公司北京地区不在岗 509 人集中管理和平稳过渡。其中，3 月完成园区范围内不在岗 513 人实施集中管理工作，完成华禹铸造厂退休 585 人和不在岗 54 人集中管理工作；4 月完成动力厂（原电力厂、超群）退休 248 人集中管理工作；9 月完成生产部、设备部、供应公司、股份公司原在京机关等单位不在岗 9 人集中管理工作。

建立完善退休人员基本信息库，利用现代化办公软件，将企业补充养老金发放、独生子女一次性奖励、供暖费报销、档案管理、工伤人员管理、企业补充医疗报销等业务纳入信息库，提高服务工作效率。全年接收总公司范围内工伤人员 289 人，为退休工伤 22 人办理工伤辅助器具鉴定，办理伙食费和医药费报销 103 人次；为死亡退休人员家属 270 人申请丧葬费 135 万元，为遗属 18 人申请救济金 18.6 万元；为异地养老退休 174 人进行生存认证；全年办理急诊、计生、异地、丢卡、一次报销医药费、变更医院、比对养老金账户等 413 人次；为 6684 人办理取暖费报销费用计 927 万元；为 979 人发放煤火费计 52.24 万元；为退休 207 人办理独生子女一次性奖励，共计费用 20.7 万元，为不在岗 24 人办理协商一致解除劳动合同手续，支付经济补偿金 522.2 万元。

树立服务意识，在解决退休人员实际问题上办实事、见实效。把传统交单报销模式，改为集中到社保提取职工医疗信息进行计算报销并将费用直接打入个人账户，避免职工往返交单，减少单据丢失造成不必要损失，提高工作效率，受到退休和在职职工欢迎。完善基础管理，规范费用支出，发现过去在费用支出上不规范问题及时纠正，为公司节约费用支出 91.2 万元。针对因工伤等生活困难的特殊人员，设立专人，每名特殊人员逐一制定服务计划，定期走访，对个别人员，派专人上门反复做工作，协调解决特殊人员问题 100 余人次。定期召开退休人员座谈会，将发现问题和退休人员平时关心问题进行沟通交流；为提高退休人员生活质量，组织退休人员象棋、书画、摄影、乒乓球比赛、疗养等活动；为工伤退休人员或退休人员中孤寡老人打扫卫生、理发等义务服务；把总公司党委、领导班子的关怀，体现到实际工作之中，为他们解决生活困难、办实事。采取定期与不定期相结合，走访劳模、工伤、困难职工，为家庭生活困难职工 11 人建立困难职工档案，为 8 名困难职工子女申请助学捐款 19360 元。按规定为不在岗女职工 44 人安排体检。为抗战老兵 12 人发放抗战胜利 70 周年奖章、慰问金和晚会光盘。

全年接待退休人员 3.3 万人次,实现业务无差错,服务无投诉。

(张连永)

【老干部服务】 人事中心负责首钢总公司离休干部 339 人(老干部服务中心直管 137 人)服务管理工作。离休老干部局级 1 人,享受局级待遇 26 人,离休干部平均年龄 86.3 岁。服务管理总公司级退休老领导及部厅级和总公司机关处级退休干部。

围绕学习贯彻全国离退休干部"双先"表彰大会精神,结合首钢深化改革、开创转型发展新局面战略部署开展工作。以党组织放心、老干部满意为宗旨,提高为老干部服务热情和管理标准,老干部队伍保持稳定。

落实老干部政治待遇,满足老同志政治需求。举办 4 期老干部党支部书记培训班,组织党支部书记和退休局级干部参加市老干部局培训班、读书班。组织支部书记进行党方针政策和新形势新任务学习,引导老干部为党的事业增添正能量。落实老干部工作领导责任制,定期向老同志通报首钢改革发展情况。总公司召开座谈会,党委书记靳伟向老领导通报情况,征求意见,共谋首钢转型发展。发挥老干部作用,传递正能量。长万春等 9 名参加抗战离休干部讲述抗战经历和浴血奋战革命故事。《首钢日报》设专题刊登 9 位抗战老战士革命经历《首钢人——在抗日战争的岁月里》。抗战老战士魏立仁参加老干部携手团员青年传承革命精神活动。

落实老干部生活待遇,解决实际困难。总公司党委关心老同志生活,春节前,总公司领导分别到老干部家走访、慰问、祝福,通报首钢全面深化改革情况,向老同志征求意见;慰问老红军遗孀和有困难离休干部遗孀;法定节日或老干部生病,到医院看望;为因病造成生活困难老干部,向市老干部局困难帮扶机制申请困补;为去世离休干部办理后事。

组织纪念抗战胜利 70 周年纪念活动,老干部合唱团在北京第三届百姓森林合唱大赛获三等奖,组织老干部 22 人撰写文章 26 篇、10 幅书画、10 幅摄影作品,参加北京市老干部征文和市国资委老干部书画摄影作品展。组织老干部参观首秦等新钢铁基地、APEC 会址,丰富老干部生活。

申请争取财政支持。为北京首钢特殊钢有限公司、北京华禹铸造厂、首钢总公司三家企业申请财政拨款 2200 万元,向市财政争取去世离休干部一次性抚恤金,

为企业减轻负担。

(孙玉霞)

【外事服务】 首钢总公司外事办公室成立于 1991 年,是北京市大型国有企业中唯一一家具有外事审批权企业。负责对总公司出访团组进行出国(境)计划管理,制订总公司年度计划,指导、监督各单位出国计划有效执行;对总公司因公出国(境)团组进行审批管理,办理护照签证手续及出国人员教育;负责总公司 APEC 商务旅行卡申办;领事保护工作;负责总公司邀请外商来华工作;总公司因公护照、港澳通行证保管等工作。首钢总公司外办秉持为企业服务理念,为首钢经济发展提供外事服务支持。

打造绿色生态示范区,提高首钢园区影响力。2015 年 11 月 17 日美国绿色建筑委员会、绿色建筑事业认证公司与首钢集团在 2015 年国际绿色建筑大会上签署战略合作协议,与美国绿色建筑委员会合作,加快首钢园区绿色生态建设,此次合作不仅关系到园区绿色建设和首钢集团"新型城市综合服务商"转型,更是助推北京市建设和谐宜居之都和开创世界老工业区绿色改造新典范重要举措;与美国恩福斯环境管理软件公司合作,开展首钢园区污染场地修复治理;与法国多美公司洽商,加快推进首钢一耐养老项目。围绕京津冀协同发展战略,促进联动招商。按照国家发改委颁布京津冀一体化发展战略纲要,围绕首钢以产业结构优化升级和创新驱动合作重点,首钢北京园区与曹妃甸园区结合机制,联动招商,协同发展战略部署,赴香港参加第十九届北京·香港经济合作研讨洽谈会,介绍新首钢高端产业综合服务区整体规划及启动项目,大力开展招商工作,加强京港两地投资项目对接力度,为吸引符合首都城市战略定位高精尖项目落户首钢奠定基础。利用外事渠道,促进国际交流合作,提高首钢国际影响力。参与国际重大活动,服务保障申办冬奥代表团,在马来西亚吉隆坡招待晚宴等筹备工作中,集团董事长靳伟一线指挥,以严谨的工作态度和一流的服务水平,赢得代表团高度评价和各界人士好评。北京市外办给首钢总公司发来感谢信。北京市 2022 年冬季奥林匹克运动会申办委员会颁发荣誉证书。参加国际会议提高首钢国际影响力,开拓科研人员视野。2015 年首钢作为 ISO/TC17/SC17 盘条钢丝副主席单位,代表中国参加第 23 届国际标准化工作年会,在大会上作主旨发言,参与盘条、钢丝国际化

标准的制定、审核标准立项及会议组织工作。在巴西举办"矿业用耐磨材料国际研讨会"上，首钢发布的研发成果，受到国际专家一致好评。在第十届锌及锌合金镀层钢板国际大会上发表4篇论文。首钢医院搭建国际交流平台，成功与德国组织护理交流研讨会、感染学术交流会，提升国际学术交往能力。促进体育文化事业发展，为表彰北京首钢篮球俱乐部男子篮球队美国外援斯蒂芬·马布里突出表现，在北京外办大力支持下，为马布里办理永久居留权。协助市外办宣传2015年北京外语游园会。

10月20日，接待国务院港澳办副巡视员陈平司长等20人，赴京唐公司参观学习。12月7～8日，北京市政府外事办党组成员、副主任张海舟一行到首钢京唐公司参观调研，受到首钢总公司领导梁宗平、顾章飞及有关部门负责人接待，双方座谈外事工作。12月30日，北京市外办推出北京市因公出入境管理工作试点交流机制，首钢外事办作为试点单位向全市推广外事经验。

认真落实外事工作制度，严格政审，逐级把关。2015年完成办理出国（境）团组122批402人次，其中，出国团组92批342人次，港澳团组12批40人次，办理任务延期团组18批20人次。邀请外国人来华2批6人次。没有发现违法违纪事件，因公护照上缴率100%。

（郝　玉）

资产管理中心

【资产管理中心领导名录】

中心主任：卢贵军（11月任职）

（杨明娟）

【综述】　首钢总公司资产管理中心（以下简称"资产中心"）是集团有形资产和无形资产专业管理部门，通过掌握集团资产信息，以资产价值管理为核心，加强资产使用效率分析，深入挖掘资产潜在价值，实现分散式管理到高效集约转变、事务性管理到价值管理转变和资产保值增值目标。负责不动产价值与业务管理，负责集团新建项目用地专业审核、土地征购工作，办理北京市政及外单位拆迁补偿工作，处理土地权属纠纷和违章占地等。负责指导、监督集团不动产使用和各单位房地产权属、登记、资产产权转移登记等专业管理。负责总公司

国有土地纳免税、对外租赁项目管理。负责总图管理。负责资产管理体系建设；负责提出存量资产管理优化建议或方案、配合提出资产证券化和固定资产投资规划建议或方案；负责集团资产数据收集及持续更新，组织集团资产盘点。负责办理总公司相关实物资产验收、转固、登记录入等工作，负责总公司运营资产实物资产异动、调配调拨、投资租赁等实物核实和审批工作，配合财务共享中心进行资产核算。负责首钢商标、字号等无形资产管理，负责收集首钢商标、字号、资质等无形资产数据信息。负责资产处置管理，包括审核资产处置申请备案，组织开展资产处置统计、分析及评估，制定资产处置计划方案，配合建立、更新资产评估机构备选库，组织集团资产评估工作，负责内部利旧、对外交易、投资、调配、置换、出让、转让、报废管理，办理北交所交易手续，组织办理停产资产利旧盘活、对外转让、报废等相关手续，负责总公司待盘活、处置工程物资专业管理。资产中心设不动产管理室、资产运营管理室和资产处置管理室，职工21人，其中高级职称5人，中级职称11人。

（杨明娟）

【资产清查】　资产中心组织集团固定资产和无形资产清查工作，做到数据真实，分析全面，摸清家底。完成清查方案和具体工作指引编制，根据总公司领导要求调整计划时间节点。将表格下发园区管理部、行政管理中心、股份迁钢公司、首自信四家单位，组织试查试填。与技研院等无形资产管理部门进行专业沟通，组织无形资产管理专题会，为无形资产清查打下基础。建立五级职责体系，其中中心定位目标1项、中心主要职责8项、部门主要职责14项、岗位主要职责80项、岗位主要职责细化331项。通过2016年集团范围资产清查工作，将集团低效资产，特别是钢铁业板块低效资产彻底清查，通过利旧盘活等形式，为总公司减轻经营压力。结合资产清查出土地、房屋权属证明等手续不全问题，组织产权单位或使用单位补齐手续，为北京园区开发和板块上市做好准备。

（杨明娟）

【治乱、疏解、建高端】　资产中心组织首钢石景山地区治乱、疏解、建高端工作，制定下发《首钢石景山治乱疏解建高端工作方案》，成立领导小组和工作小组。组织首钢石景山地区各组员单位负责同志及专业人员参加"两违"及大院治理工作动员会。完成10处大院和违

建治理拆除。组织石景山区首钢地界内大杂院(42个)等"两违"治理,以总公司名义给市严厉打击违法用地违法建设专项行动指挥部发函,商请免于处理,以资产中心名义向市国资委综合处报告机电公司违建处理情况。完成向市国资委填报2016年两违拆除计划表编写。资产中心加强社会综合治理,为企业发展创造稳定环境,为冬奥组委入驻首钢创造良好环境。

(杨明娟)

【资产处置】 资产中心组织开展集团资产处置专业工作,组织园区停产资产处置,办理资产评估、交易手续等工作。完成10个标的上市交易工作,成交2项,成交额513万元;事项审核9个资产处置项目,提出会知意见;现场展示4个标的盘活资产;现场核实3个报废事项。通过首钢报、OA发布8个资产处置项目闲置资产信息;完成集团公司闲置资产盘活数据统计,1月份首钢集团闲置资产处置金额完成1182.20万元。其中,上市交易成交513万元;废旧物资出售变现345.51万元;集团内部利旧调拨116.36万元;报废回收残值188.59万元;电子废弃物回收0.14万元;房屋出租18.60万元;开展京唐二期工程利旧总公司资产协调工作,组织完成利旧资产拆除费用测算、资产价值预估,向总公司专题汇报。按专题会议精神组织资产清点、分项评估、拆除费用概算、预算等工作,汇总上述工作情况,形成利旧方案,修订颁发《首钢集团实物资产处置工作指引》,完成《实物资产转让合同》修订工作,加大前景不明、效益不好资产的退出,综合开发利用集团闲置低效资产,实现集团闲置低效资产处置金额2亿元。

(杨明娟)

【土地房屋经营管理】 资产中心组织首钢北京地区土地房屋日常租赁经营管理工作,出租土地房屋严格审批把关,坚持集体讨论决策,严控出租期限。清理首钢北京地区房屋土地出租情况,建立租赁管理台账,强化过程监控,及时调整差异。清理集团房屋、土地近5年对外租赁经营情况,加强北京园区开发涉及约70万平地上物拆除管理。调查统计首钢外埠单位房屋土地租赁项目。组织协调占地拆迁工作,完成S1线占地拆迁补偿工作,收取5587.69万元补偿费。会同行政管理中心到门头沟信园小区了解占地情况,与门头沟市容委洽谈门头沟信园小区土地征占事宜,要求对方到区国土局弄清土地权属,再谈征占手续。完成实业公司北京地区

21宗土地情况统计工作。配合园区开发部办理西十筒仓资产转换手续。

(杨明娟)

【资产管理信息系统建设】 资产管理信息系统是总公司2016年信息化建设的重要组成部分,资产中心在梳理权力清单、主业务流程基础上,初步形成资产中心信息化需求框架方案。埃森哲咨询公司和系统优化部对资产中心信息化需求进行调研访谈后,系统优化部制订《集团管控类2016年信息化工作计划(讨论稿)》。资产中心2016年信息化工作计划与系统优化部进行对接,建议资产信息系统2016年实现北京地区不动产业务和集团闲置实物资产信息公示业务上线。

(杨明娟)

行政管理中心

【行政管理中心领导名录】

主　任:韩瑞峰(11月任职)

副主任:陈　波(12月任职)

薛　伟(11月任职)

(董晓明)

【综述】 贯彻落实《中共首钢总公司委员会关于首钢全面深化改革的指导意见》和总公司董事会《深化首钢集团总部管控体系改革思路框架》,经总公司研究决定,成立首钢总公司行政管理中心(以下简称"行政中心")。行政中心是集团总部业务支持服务类部门,具有管理与服务双重职能,直属总公司领导。

行政中心是集团总部行政与后勤等专业职能管理部门,承担政府赋予企业的社会管理职能,管理为总部提供行政办公和后勤保障的服务实体,为员工提供生活服务管理。主要职责为:行使总公司绿化管理职能,承担"首钢总公司绿化委员会办公室"日常业务;负责组织贯彻计划生育、爱国卫生、红十字、献血等政策与工作,负责食品和饮用水卫生及公共场所安全管理;负责归口集团卫生专业工作管理等;负责电信专业管理制度及相关标准的制定与修订,负责总部机关领导及办公通讯管理,负责无线电委员会业务管理等;负责总部办公用房、家具、用品等专业制度的制定修订,总公司车辆归口管理;负责总公司办公类(含代管)固定资产管理;负责集团总部会议服务管理;负责对总部提供行政后勤服

务单位(供应商)管理;负责总部办公用车管理制度与使用、服务标准制定修订;负责总公司领导日常用车、值班车辆及对外接待用车的调度管理等工作;负责集团档案集中管理、开发、利用规划与实施计划;负责集团档案专业制度的制定与修订;负责制订档案归集、归档、存储等业务流程、工作标准和相关规定等;负责对各板块实施专业监督检查、业务指导和档案查阅服务;负责监督、指导总部专业档案管理工作;接收总部机关文书档案与分类、组卷、存储、保管等;负责首钢总公司档案馆管理,开展馆藏档案研究开发与利用工作;负责档案信息系统开发使用管理;负责总部机关OA系统运维管理;负责总公司治安保卫专业制度管理;负责治安保卫、交通安全、危险物品等管理;负责重点部位防范,配合公安部门处理治安事件;负责民兵组织和预备役部队建立,落实武装部、营连部规范化建设与整顿、训练工作,负责适龄青年兵役登记及征兵组织工作,负责组织开展"双拥"活动,落实优抚政策;负责开展人民防空管理,地下空间管理及重点经济目标防空;履行首钢总公司双拥工作领导小组办公室职责,负责交通战备、分管区域(永定河首钢区段)防汛抢险组织;负责武器装备检查、保养及日常管理工作;负责总公司生活服务专业归口管理;负责总公司生活类固定资产产权管理;负责总部员工生活、后勤服务规划、年度计划与管理制度、标准的制定修订;负责职工生活后勤服务引入市场服务管理;负责制订总公司房改、物业管理费改革等政策;负责住宅房屋、土地、设备、设施等资产管理;负责家属区工程管理;负责职工个人房产证办理、售房款、住房专项维修基金存储业务、职工住房档案管理和接访纠纷处置等;负责分管小区内部有线电视网络巡检、维护及用户终端故障处理等。

行政中心设置三室一部,即行政管理室、档案管理室(档案馆)、保卫武装部(人民武装部、信访处、维稳办,610办公室)和生活管理室。授权管理北京首钢劳动服务管理中心。行政中心定员暂编136人,截至2016年1月1日,行政中心实有人员129人(不含授权管理劳服3人),专业技术岗位55人(主任1人,副主任2人,部门经理6人),操作岗74人。

2015年,行政中心根据总公司定位,以近期保平稳、中期强优化、远期做高效为原则,结合总公司党委《指导意见》形成管控体系目标,简化流程、调整优化业务,确保业务不乱,职责不丢,流程不断,实现行政中心初期平稳运行,为推进首钢全面深化改革提供业务支持和服务保证。

(董晓明)

【行政管理室概述】 2015年,行政管理室经历办公厅行政处和行政中心行政管理室两个阶段,落实总公司"两会"精神,发挥总公司领导参谋助手作用,围绕总公司领导、总公司机关和基层单位做好服务、降低各项费用、减少支出等方面开展工作,取得成效。

(陈丹伟)

【修订制度】 2015年3月,按照总公司要求,行政管理室加强企业专业化、规范化管理,保证日常办公需要,控制费用支出,制定《首钢总公司日常办公设备和办公用品配置标准》《首钢北京地区办公用品管理规定》《2015年首钢北京地区日常办公设备及办公用品采购目录》《办公厅客车队关于越野车使用管理(暂行)规定》。9月,制定《首钢总公司领导班子成员履职待遇、业务支出管理暂行办法》《首钢总公司二级单位负责人履职待遇、业务支出管理暂行办法》。

(陈丹伟)

【专业工作】 行政管理室完成财务公司办公用房、办公家具等开工准备工作。2014年10月至2015年5月,组织完成办公厅大院整体改造修缮和组织总公司机关260人搬回办公大院办公,工程历时7个月,总投资4172万元。10月初,修缮利用原有办公家具、办公设备,完成新组建的四个中心办公场所的安置。12月底,整合、调整13个管控部门办公场所,满足正常办公需求。组织完成月季园、文馆、陶楼、红楼等供暖改造和房屋修缮工作。与车管总所联系建立移动车管所,进行三次上门服务,累计为200人办理驾照业务,受到职工好评。全年组织54个基层单位参加无偿献血11次,完成无偿献血768袋受到市、区献血办好评。组织全公司开展环境卫生治理活动14次,60760人参加卫生清扫,出动汽车1590辆、清除卫生死角1076处、清运垃圾6059吨。完成137人《北京市生育服务证》《再生育一个子女申请》《独生子女父母光荣证》审批;完成独生子女家庭一次性奖励审批474人。客车队全年安全行驶145万公里,执行长途任务423次,长途天数750天,执行出车任务11878台次。

(陈丹伟)

【档案管理室概述】 2015年,档案管理室(档案馆)贯彻执行档案法律法规,完善首钢档案管理制度,做好文件收集归档工作,加强档案安全管理,开发档案信息资源。

按照总公司建立集团化管理规章制度要求,加强集团档案工作管控,2015年3月2日,颁发《首钢总公司档案管理制度》(首发〔2015〕56号)。

完成首钢集团机关文件归档工作,2015年归档8756件,接收首钢ERP备份磁带77块。加强子公司档案管理工作,在地产公司、首建集团、实业公司等单位开展数字档案室建设。加强档案安全管理,开展档案库房安全检查,做好防火、防水、防虫等防护措施。

围绕企业改革、生产管理、企业文化等开展档案查阅工作,提供利用档案1739件、294件,实物档案219件,照片档案786张。开展档案宣传、编研工作。6月9日"档案馆日",档案管理室(档案馆)编辑出版宣传专刊,将馆藏1921年建厂初期工程建设照片、1943年日本侵占石景山钢铁厂遗留工程照片、1958年首钢"三大工程"建设照片、首钢篮球俱乐部发展照片做全面展示,大部分照片是第一次对外公开,得到公司领导、职工好评。

为纪念中国人民抗日战争暨世界反法西斯胜利70周年,档案管理室(档案馆)发掘历史档案材料,整理馆藏日本侵略者遗留近千张历史照片和168卷工程资料,编纂《档案新证据——日军侵占下的石钢》,文字15000字,使用照片60幅,展现首钢前身——石景山钢铁厂以及中国劳动人民在被日军侵占期间所遭受的压迫、掠夺和苦难,是日本军国主义实施国家犯罪行为的铁证,向世人揭示了日本侵华新证据。

完成《首钢搬迁调整文件汇编》2001年—2010年文件材料编制,包括《国家发展改革委员会关于首钢实施搬迁、结构调整和环境治理方案的批复》等搬迁调整文件材料810件,扫描数字化文件3000页。

做好OA系统服务工作。落实《深化首钢集团总部管控体系改革思路框架》OA系统保障工作,完成劳动工资部与人事服务中心、资产管理中心用户部分调整,调整撤销设备部机构及用户设置,涉及用户50个。配合信息部完成集团总部信息化建设方案调研,提交OA及档案信息系统功能需求书,对建设方案提出合理化建议。

(武志辉)

【保卫武装部概述】 保卫武装部是首钢保卫及武装工作管理职能部门,主要负责首钢集团保卫、人民武装、人民防空、双拥等专业管理工作,制定专业管理制度、工作计划和措施;负责治安防范管理,协助公安机关调查处理破坏事故;负责总公司危险物品管理,治安危险人员、重点防范部位、公共场所和单身宿舍等治安管理;配合公安机关完成重大活动保卫工作;负责总公司交通安全管理;负责搜集掌握总公司社情动态和不稳定因素等信息,制订保稳定工作方案,协助国家安全机关侦破危害国家安全案件和反奸防特工作;负责治保会建设,协助公安机关管理本企业暂住人口和其他外来人员;负责对集团保卫专业工作检查、监督、指导工作;掌握、协调、处置政治保卫、治安防范、交通安全等专业重大事项。

人民武装部是首钢党委的军事参谋部,是首钢民兵、预备役部队、人民防空工作的职能管理机构,负责贯彻落实人民武装、人民防空政策法规,执行石景山区人民武装部下达的任务;负责民兵和预备役部队建设,民兵武器装备管理和战备工作;负责兵役登记和征兵工作;负责组织民兵完成急难险重突击性任务;负责首钢总公司拥军优属,国防教育领导小组办公室日常工作;组织开展拥军优属、军民共建、国防教育活动;负责人民防空防灾管理工作。

保卫武装部现有在岗人员7人。

(秦 巍)

【荣誉称号】 2015年,首钢总公司获北京市交通安全管理先进单位、北京市民兵预备役基层建设先进单位、石景山区先进武装部、石景山区征兵工作先进单位等荣誉称号。

(秦 巍)

【专业管理与中心筹备】 2015年,首钢集团总部管控体系改革,保卫武装部划入首钢总公司行政中心。保卫武装部做好专业日常管理和筹备新机构工作,通过一手主营保卫武装工作,一手筹备向行管中心转换,推进改革落到实处,聚焦保安全、保稳定和强军兴武建设,分阶段、分步骤、分环节完成各项工作任务。

(秦 巍)

【基础管理】 2015年,保卫武装部针对集团保卫工作形势及机构变化情况,调整"首钢总公司社会治安综合治理领导小组""首钢总公司防火安全委员会""首钢总公司交通安全委员会",分别成立以总公司党委副书记为组长、副总经理、工会主席为副组长，主要部厅领导为成员的"首钢总公司社会治安综合治理领导小组""首钢总公司防火安全委员会""首钢总公司交通安全委员会"。完善组织、制度和机制，推动治安、消防、交通工作开展，为维护公司内部稳定和搞好保卫工作提供保证。排摸完善全公司保卫专业基础信息情况，设置一级保卫机构 1 个，二级保卫机构 48 个，三级保卫机构 71 个；专、兼职保卫人员 723 人；治保会 35 个，治保员 1034 人，夯实治安基础管理工作。

（秦 巍）

【治安管理】 2015 年，保卫武装部治安工作以群防群治为主，发挥人防、物防、技防"三防"保障能力。结合不同时期和季节特点，以及公司内部重点部位、易发案部位、公共场所、出租房屋以及危险物品等，开展治安防范大检查 5 次，检查单位 40 家，检查部位 203 处，整改隐患问题 41 项。制定针对 254 名精神病患者的监护措施，掌握每人病情，联系患者居住地派出所，确保不发生出丑闹事事件。在节日和重大活动期间，组织各单位加强防范工作力度，有效控制各类案件发案，公司整体防范能力得到提高。

（秦 巍）

【消防安全管理】 2015 年，首钢消防安全管理坚持"预防为主、防消结合"方针，围绕公司实际和季节特点，加强宣传教育、强化专业管理，确保消防安全工作跟上公司发展步伐。集中组织开展"法定节假日、重点时期、两大安保"防火安全检查工作，发现、治理火灾隐患 120 项。组织开展 119 防火演练，确保组织机构、防范措施、应急处置三落实，减少火灾隐患和火灾危害，增强单位自身火灾防控能力。

（秦 巍）

【消防安全"四个能力"】 2015 年，保卫武装部指导基层单位强化施工现场消防安全管理，在落实动火管理"四个一律"基础上，提出检查消除火灾隐患、组织扑救初起火灾、组织人员疏散逃生、组织消防宣传教育培训等消防安全"四个能力"的教育培训工作，教育施工人员提高消防安全认识，确保施工现场消防安全。清理秋冬季节厂区枯草落叶，降低火险隐患。做好职工教育培训演练工作，提高职工消防应急技能。

（秦 巍）

【交通安全】 2015 年，保卫武装部落实"安全第一、预防为主"方针，按照"宣管结合、防堵结合"思路，为厂区拆迁改造和新厂区建设提供交通安全保障。召开交通安全专业会 10 次，举办交通安全培训班 10 期，协调组织讲授安全课 36 次，巡展 8 次，播放交通安全视频 60 场，首钢报刊登交通安全提示 5 篇，在职受教育率达到 100%。结合总公司机构调整，召开交通安全调研、交流会 3 场，出板报 60 块，悬挂标语 60 条，印发宣传材料 3 类 1000 份。跟进厂区开发施工进度，开展路口优化工程，通过调整导向车道设置、动态交通流向、行人二次过街、专用停车场等综合措施 50 项。交通安全检查 3 次，检查机动车 360 辆，非机动车 100 辆，解决交通隐患 20 项、专业管理漏洞 5 项，停驶违法车辆 30 辆，落实整改 55 项。

根据市交管局"2015 年北京国际田联世界锦标赛及中国人民抗日战争暨世界反法西斯战争胜利 70 周年纪念活动交通安全宣传监管工作方案"通知要求，制定《关于全力做好"两大安保"活动期间交通安全工作方案》，逐级签订"两大安保"活动专项责任书；落实北京市政府通告要求，首钢总公司在"两大安保"期间组织完成 895 辆单位车辆停驶，超额完成北京市政府要求公车停驶 80% 工作要求。厂区发生一般性交通事故 16 起，同比减少 65%。全年未发生甲方责任交通死亡事故，履行了"甲方责任交通死亡事故不超标"的承诺。

（秦 巍）

【三支队伍建设】 2015 年，保卫武装部组织整顿民兵队伍、预备役部队、民防特种救援队，继承发扬首钢"四个多编、四个少编、二个优先、一个确定"编组模式基础，推行跨地域编组，民兵、预备役、民防三支队伍实现全额满员独立组队、兵员无交叉，兵员素质提升，全部通过上级验收。编组民兵 696 人，预备役 604 人，计 1300 人。

（马长江）

【政治建设】 2015 年，保卫武装部坚持党管武装，践行政治工作的时代主题，加强军魂教育，用强军理论武装头脑，打造强军文化，确保部队高度集中统一和纯洁巩固；坚持把学习贯彻党十八届四中、五中全会精神作为首要政治任务，按照确定主题、自学研读、授课辅导、考核答卷步骤，抓好学习理解，促进四个全面和"十三五"规划进入民兵预备役官兵思想；开展"学习践行强军目标，做新一代国防后备军"主题教育活动，培育社会主义核心价值观和当代革命军人核心价值观,夯实民兵预备役官兵绝对忠诚、绝对纯洁、绝对可靠的思想政治根基;以纪念抗日战争胜利70周年为契机,铭记历史、珍爱和平、缅怀先烈;开展全员国防教育和民兵预备役部队政治教育常态化,每月2期自编《国防教育》专刊,结合订刊、学刊、用刊,编发12期政治理论学习教材;加强预任军官和专兼职武装干部管理,每年进行一次政治考核和工作考评,办理调整和人员出队46人,政治审查预备役官兵和应征青年1000人,确保部队纯洁。通报表彰35个单位和80人。年内首钢武装部、预备役一营获先进武装部、基层建设先进单位,5人获区、师、市表彰,武装部长出席国防部在人民大会堂举办八一招待会。

(马长江)

【国防教育】 2015年,保卫武装部利用自办《首钢国防教育网》播发涉军活动、情况,转载典型报道。为突出各级领导干部在国防教育中主体作用,自编《国防教育》专刊,通过首钢OA办公系统进行网络传播。全年编24期近28万字,配图片240幅,内容涉及国防理论、教育课件、军事要闻推荐、抗战主题宣传、国防参考、尚武文化、模范事迹、兵器知识等19个项目。首钢各级干部万余人次点击阅读,受到大家喜爱和好评,形成特色国防宣传形式和阵地。

(马长江)

【双拥月活动】 2015年,保卫武装部组织全集团在春节、八一期间开展双拥月活动。与北京军区、北京卫戍区、38集团军等7家单位进行互访座谈。召开新春座谈会、联谊会、国防教育报告会50场;走访慰问首钢现役军人家庭、烈军属、荣残军人、复员转业军人等优抚对象75人,送2.6万元慰问品;出资30万元为部队办实事解难题。

(张 燕)

【兵役工作】 2015年,保卫武装部根据北京市和石景山区两级征兵办公室命令,组织首钢驻区单位开展2015年夏秋季征兵工作,7月中旬,经过宣传发动,组织适龄青年通过体格检查、政治审查等准备、实施、总结阶段,适龄青年32人应征入伍。其中,在职青年3人,工学院在校大学生29人。首钢工学院被石景山区人民政府评为征兵工作先进单位。

(马长江)

【军事训练】 6月,99式双35毫米牵引高射炮首次列

装预备役部队。按照预备役高炮四团下达任务,武装部从首钢9单位抽调预任骨干32人,6月1日至7月13日,参加预备役四团双35高炮训练及实弹射击考核比武。7月1日,赴河北乐亭北京军区靶场,接受预备役师领导实弹射击考核,综合考核成绩评为第一,预任战士1人被评为预备役师先进个人、6人被评为团先进个人。

9月,根据石景山区武装部年度民兵训练工作安排和《北京石景山区民兵高炮分队训练实施方案》(石武发〔2015〕66号)通知要求,从首钢13个单位抽调民兵35人,参加区武装部高炮连科目训练。完成高炮基础知识、专业理论、单兵操作、班协同、连协同等训练,经过考核验收,达到良好以上水平,受到区武装部首长表扬,其中,民兵10人被石景山区武装部评为先进个人。

(宋国云)

【防洪抢险】 2015年,保卫武装部结合首钢北京地区转型发展变化,调整承担永定河防汛任务单位机构,制定《首钢总公司2015年度民兵防汛抢险任务分配方案》,组建防洪抢险民兵第一梯队410人、二梯队1120人,计1530人抢险队伍。

(宋国云)

【"两防一体化"建设】 2015年,保卫武装部结合"国际民防日"及"防灾减灾日"开展首钢防灾、减灾一体化宣传活动。普及防灾、减灾基础知识、技能,提高应对灾害意识能力,提升首钢民防救援队专业水平。通过授课、培训、集中训练,与区(县)救援队、市级浩天救援队、国家级救援队联合组训,丰富队伍经历,锻炼协调作战能力,50人获《国家地震救援训练合格证》。救援队历次活动被13家媒体、报刊采访报道。

(张 燕)

【民防工程建设】 2015年,为保证首钢区域内施工项目工程建设,保卫武装部与北京市民防局、区民防局等部门协调,针对长安街西延工程、首钢科技大厦工程、丰沙铁路改造工程前期、地铁S1线工程前期、园区开发等涉及人民防空工程建设,提出意见。

(张 燕)

【地下空间整治】 2015年,保卫武装部按照市、区地下空间综合整治工作要求,检查首钢北京地区所属人防地下车库、物资库、生产加工车间、娱乐场所、人员住宿场所、人员掩蔽部等189处人民防空工程。关停违法使用

人防工程 3 处,保证人防工程使用安全,消除安全隐患,保证地下空间安全。

（张　燕）

【信访工作】 2015 年,信访维稳部门发挥信访维稳工作机制,保稳定,促和谐,在党十八届五中全会、全国"两会"和"9·3 大阅兵"等敏感时期没有出现重大稳定问题。首钢总公司被北京市国资委评为 2015 年度信访维稳工作目标管理考核优秀单位。2015 年,首钢总公司信访总量 1754 件。其中,来信 93 件（含联名信 10 件,188 人签名）;接待来访 730 批、1851 人（含群体访 61 批,791 人）;受理党委书记、总经理热线电话 930 件。信访总量与上年同期相比上升 10%,其中,集体访和热线电话数量比去年有上升。初访化解率达到 97%,为历史最好水平。

（吴　冰）

【维稳工作】 2015 年,总公司维稳办组织矛盾纠纷排查 5 次。其中,年度排查 2 次,梳理全公司各类矛盾纠纷;专项排查 3 次:为抗战胜利 70 周年纪念活动涉稳排查;涉众型经济利益群体等缠访群体中组织串联及骨干人员和长期上访且有过激言行人员排查;理财产品、基金等涉稳情况专项排查。

领导包案工作:制定《总公司关于做好反映历史遗留户口问题矿区退休群体疏导和稳控的工作方案》上报市国资委。组织首钢医院制定《首钢医院军转干部生活补助问题包案工作方案》;组织机电公司制定《关于机电公司部分职工因买断政策问题产生不稳定问题的稳控化解方案》。

制度建设工作:12 月底,在全公司下发《中共首钢总公司委员会关于成立首钢总公司重大决策社会稳定风险评估工作领导小组及办公室的通知》、中共首钢总公司委员会关于印发《首钢总公司重大决策社会稳定风险评估实施细则（试行）》通知。

维稳责任制工作:6 月,筹备组织全公司信访维稳大会,组织集团 32 家单位党政一把手与总公司签署维稳责任书,将"党政一把手是信访稳定问题第一责任人"落实到书面。

重大事件协调处置工作:组织协调相关单位研究处理铸造村 14 号楼问题、矿区户口历史遗留问题、金二区居民反映物业费问题、培训中心退休教师住房补贴问题、任宝兰长期信访问题、杨金叶长期缠访问题、二通厂拆迁问题、韩文斗家属上访问题、刘秀芬长期信访问题等。组织相关单位对以上问题梳理历史情况,分析风险点、制定稳控化解措施。

市委巡视组服务工作:市委第二巡视组 3 月下旬至 5 月上旬对首钢总公司进行巡视。巡视期间,总公司维稳办在巡视组现场办公地万商酒店派驻干部,负责派驻期间信访维稳工作,集中办理市委第二巡视组转办 18 件信访件。

"百日会战"工作:11 月初,按照国家信访局统一部署和北京市信访办、北京市国资委会议精神,集中办理 30 件涉及首钢信访件,按要求规范办理程序和行文格式,受到市国资委口头表扬。

（吴　冰）

【生活管理室概述】 生活管理办公室 2015 年 10 月 20 日划入行政中心,更名为生活管理室。负责总公司房改实施方案立项报批和组织实施工作;负责审核子公司、自管房单位房改方案,指导和协调首钢一业多地单位开展房管、房改业务工作;负责组织首钢家属区房屋建筑以及小区设备设施大修改造等工程项目。负责住房分配、调整及迁出迁入管理,开展公有住房租金管理和租金减免审批工作。负责食品卫生安全、饮用水卫生、各类公共场所卫生管理;负责首钢北京市集体户口职工申请北京市保障房受理、初审、调查和上报工作。负责首钢生活区土地和房屋产权产籍等资产管理,办理国有土地使用证书和房屋公有权属证书,负责总公司生活类设备设施资产管理,办理资产盘活、调拨、报废手续;负责组织制订完善职工餐饮、浴室、物业管理、班车管理办法;监督、检查、考核和评比服务单位服务质量,做好生活后勤保障。负责家属区有线电视网络运行维护工作。生活办在岗职工 32 人,其中大本学历 11 人,大专学历 9 人。

（陈四军、毛　波）

【维修改造】 生活管理办公室改善提高首钢北京地区家属区生活条件和居住环境,大修更新改造家属区住宅建筑及配套设备设施、生活环境 13 个项目,包括环境综合治理、板缝修漏及公共设施修复、防雨大修、模南 28 栋维修、模西交通整治、信园公共设施维修、信园小区阳台修理、电梯更新、首钢家属区电梯大修技防系统更新、首钢家属区消防系统更新、首钢家属区供配电系统更新、家属区排水管道及供水泵站装修、首钢家属区上水管道及泵站设备更新项目。疗养院委托管理移交园区服务公司、修缮疗养院公共设施。签订《家属区电费代收代缴协议》及《家属区有偿服务费协议》。

（毛　波、徐建利）

【生活服务】　生活管理办公室每周组织检查家属区物业服务、厂区职工食堂、浴室等服务情况，做好家属区供电、供水、电梯、消防、监控等设施运行保障，小区道路畅通、环境良好。开展跟踪住户零维修报修情况、电话回访280余住户，征询职工物业服务满意度。完善首钢家属区用地施工管理，减少施工对住户生活和出行影响。做好职工浴室服务工作。完成厂区就餐职工4621人每月工作餐充值工作。全年新办、补办就餐卡125张，处理就餐卡充值故障和问题25起。每月完成与园区综合服务公司、实业公司工作餐消费结算。首钢电视网络维修部处理用户报修12351个，前端客服电话解决1336个，上门为用户更换标清盒132台、更换高清盒1135台、更换终端盒、分配器、接线1737次。

（徐建利、董林迎）

【老旧小区综合整治】　生活管理办公室利用北京市政策，以市区两级政府投资为主，在首钢模式口西里、古城北路等8个住宅小区开展老旧小区综合整治改造工作，改造93栋住宅楼，其中，1990年以前建成79栋住宅楼、建筑面积42.48万平方米，采取节能改造措施；1980年以前建成14栋住宅楼，建筑面积5.33万平方米，实施抗震加固和节能改造。

（翟　艳、时卫东）

【公共卫生管理】　生活管理办公室开展食品安全、生活饮用水卫生、各类公共场所卫生专业管理工作。确保夏季食品卫生安全和职工身体健康，杜绝食品安全事故发生，开展"春季食品卫生达标"活动，检查验收北京及河北地区106个食品经营单位。预防性卫生审查新建、改建、扩建龙烟厂史馆餐厅等6个集体食堂、西十筒仓二次加压泵站、培训中心加压泵站、厂区生活水厂等3个生活饮用水供水泵站，协助部分单位办理"餐饮许可证"或"卫生许可证"。首钢矿业公司属北京市管理，为满足矿区职工、家属食品、药品安全管理需求，经生活管理办公室沟通协调，7月，北京市石景山区食品药品监督管理局在矿业公司设立"首钢矿山街道食品药品监督管理办公室"。对总公司大型会议、活动进行食品安全保障，全年进行食品安全卫生、生活饮用水卫生、各类公共场所卫生检查368户次。

（宋立宁）

【房改房管工作】　生活管理办公室完成首钢家属区金顶街二区集资建房1—5号楼房产证领证工作。办理职工房改购房、标准价改成本价等房改手续，发放职工个人房屋所有权证。截至年底办理业务件743套，其中，标准价改按成本价132户，发证93户，办理房屋登记备案405户，产权登记64户。接待住户和公检法司1200人次，为购房人提供证明材料500人次。开展金顶街二区集资房私有产权证办理工作。4月底，具备条件的405户购房人全部完成备案审核报至房屋登记中心，10月，首批60户房产证领取完毕。梳理房改售房专项维修金和售房款管理。为全面启用专项维修资金，清理专项维修资金和售房款，经与计财部、公积金中心协调，初步摸清房款、专项维修资金实际金额和应收金额。办理公有住房承租人变更。按照房改政策，为困难和特殊职工家庭办理租金减免手续，有108户符合条件家庭享受租金减免政策。

（王迎武、李燕红）

党群工作

◎ 责任编辑：关佳洁

党委组织部
（组织人事部、党委统战部）

【党委组织部领导名录】

部　　长：吴　平（1月任职）　郭　荣（1月离任）

副部长：吴　平（1月离任）　郭　庆（7月离任）

　　　　孙　炜（7月任职）

（闫　琳）

【综述】　首钢总公司党委组织部（组织人事部、党委统战部）（以下简称"党委组织部"）是首钢总公司党委的组织职能部门、统战职能部门，首钢集团组织人事职能部门，负责干部队伍建设和领导班子、直管干部、后备干部管理；负责党组织、党员队伍建设和基层党委、支部、党员、党费管理；负责专业技术队伍建设和技术业务岗位人员管理，高校毕业生接收归口管理，首钢技术专家、专业技术带头人评选表彰，科技干部调配平衡，人才开发资金使用管理；负责专家和人才的引进、聘任、服务和管理；负责首钢留学回国人员工作站、博士后工作站管理和引进国外智力工作；负责领导干部和专业技术人员培训、职称评定聘任的组织管理；负责统战工作和党外代表人士队伍建设，做好民主党派、民族团结、党外知识分子有关工作和人大代表、政协委员参政议政的服务工作；负责因公出境人员和处级以上干部因私出境的政审；负责首钢党史资料征集编纂和党建研究会日常工作；负责老干部专业管理和总公司局级以上离休干部、改制企业离休干部管理和服务工作。下设干部处、组织处、科技干部处、统战处、老干部处，在岗职工48人，其中，研究生学历14人，大学学历22人，大专学历4人；高级职称13人，中级职称13人。

根据首钢集团深化管控体系改革工作总体安排，2015年末组建首钢总公司人力资源部（党委组织部、党委统战部），按照新的部门定位，对人力资源系统的服务性、事务性工作进行梳理，把部分职能业务划转到人事服务中心等部门，形成领导人员管理、党群工作、薪酬绩效和人才发展4个核心业务模块，整合创新总公司机关党委、团委机构职责，完成新部门组建，形成新时期优化战略管控职能的工作思路。新部门设部长1人、副部长兼总监2人，其他人员17人，年内关键岗位及管理人员配备齐全。

2015年，党委组织部认真学习贯彻党的十八大、十八届三中、四中、五中全会和习近平总书记系列重要讲话精神，围绕集团全面深化改革战略定位和首钢确定的目标任务，落实总公司党委指示要求，开创组织工作新局面，为推进首钢全面深化改革提供组织保证。

（闫　琳）

【干部交流调整】　党委组织部学习贯彻党的干部路线方针政策，以总公司党委新思路、新要求为统领，深化干部人事制度改革，形成以"五好干部"为目标的选人用人工作机制。优化干部人事工作流程，加大干部选拔调整配备力度，为首钢新时期转型发展提供干部人事保证。全年向总公司党委常委会汇报干部交流调整配备事项14次，涉及直管领导人员变动628人次，调整基层单位主要领导56人次，调整总公司部门主要领导19人次。

（闫　琳）

【人事制度改革】　党委组织部严格把好领导人员选拔任用中的民主推荐、资格审查、民主测评、组织考察、查阅档案、征求纪委意见、廉政法规知识测试、集体决定、任前公示等重要关口，确保工作严密合规。落实北京市委巡视组整改工作要求，立行立改、完善制度，制定实施《中共首钢总公司委员会任免领导干部票决制办法（试行）》，自8月起，新任职人选全部经民主推荐产生、常委会投票表决。严格执行到龄退出现职岗位、退休规定，直管干部11人改任调研员。推动干部能上能下，调整不适应、不合格的干部，全年降职、免职和撤职17人。

（闫　琳）

【市场化选人用人】　党委组织部根据集团新产业、新事业需要，综合运用组织选拔和社会招聘方式，为新成立的基金公司、财务公司选拔一批领导人员，满足企业创建初期的人才需求。印发《首钢部分单位职业经理人试点管理办法》，职业经理人管理机制改革起步。加强与专业人力资源咨询公司的战略合作，通过市场化引进形式开展关键空缺岗位领导人员配备工作。

（闫　琳）

【干部培训】　根据集团管控体系改革要求和培训管理机构、业务调整优化思路，党委组织部形成系统加强干部培训工作的建议。完成第二期首钢领导人员特训班、短训班收尾工作，会同党校、基层单位党委，对前两期特训班学员185人有关情况进行跟踪调查，形成改进培训工作指导意见。会同中首公司、培训中心，完成为期7个月的首钢国际贸易培训班，为筹办专项业务培训班积累经验。按照总公司党委部署，加大年轻干部培养力度，会同有关单位研究提出2016年青年干部特训班教学方案。

（闫　琳）

【"三严三实"专题教育】　党委组织部组织做好群众路线教育实践活动整改落实情况"回头看"和首钢"三严三实"专题教育工作，坚持问题导向，从思想上、标准上、落实上严格要求。组建检查组专项检查10个单位领导班子教育实践活动整改方案及上一年度民主生活会整改方案落实情况，运用问卷调查、座谈会、个别谈话、深入一线等方式了解情况，了解职工群众关心的热点难点问题，发挥监督指导作用，确保首钢"三严三实"专题教育强势启动、有的放矢。制定下发首钢"三严三实"专题教育实施方案，明确重点工作进度安排、学党课讲党课日程安排、学习研讨日程安排，监督指导基层单位党委开展专题教育活动。

（闫　琳）

【基层党组织建设】　党委组织部开展基层党委党建工作述职评议考核活动，召开基层党委书记会，3家基层单位党委书记作党建工作述职，组织与会领导及一线党代表进行民主评议，为党委书记开展党建工作述职评议考核常态化、建立健全党建工作责任体系奠定基础。

（闫　琳）

【创先争优主题活动】　党委组织部贯彻落实首钢"两会"精神，组织开展"夯实基础我带头、提质增效做贡献"创先争优主题实践活动，引导各级党组织和广大党员围绕首钢转型发展和本单位经营生产重点难点任务，提建议、订措施、攻难关、创效益。组织完成年度评选表彰工作，评选出"六好"班子7个、模范基层党委18个、模范共产党员84人、优秀共产党员357人，激励集团各级党组织和全体党员建功立业。

（闫　琳）

【筹备首钢第十八次党代会】　党委组织部结合首钢全面深化改革和构建业务板块需要，调整首钢基层党组织。制定实施《关于首钢基层党委换届选举工作的实施方案》，具备条件的20个二级单位完成党委换届，为首钢第十八次党代会召开提供组织保证。以统一思想、坚定信念、明确任务、团结鼓劲为目标，以总结回顾十七次党代会以来的工作成果和经验体会、研究部署"十三五"规划和今后几年的重点工作任务、选举产生新一届首钢党委、纪委为大会重点任务，开展首钢第十八次党代会各项筹备工作。

（闫　琳）

【人才培养和引进】　党委组织部实施高端人才培养工程，完成第七批77名首钢技术专家、153名技术带头人表彰工作。首秦周德光获国务院政府特殊津贴；国际工程公司张福明当选"北京学者"，入选2015年国家百千万人才工程，被授予"国家有突出贡献中青年专家"称号；国际工程公司张建当选北京市有突出贡献人才。与北京"双高"、外企人力资源服务公司、科锐国际人力资源公司等猎头公司深化战略合作，在相关网站、北京青年报等媒体刊登招聘启事，先后为园区开发运营管理和金融等新产业引进高端人才17人，其中留学回国硕士以上人才3人、高层次专家8人、博士7人。

（闫　琳）

【人员配备与安排】　党委组织部根据深化集团管控体系改革要求，按照新机构、新岗位完成人员配备，统筹做好转型发展人员安排工作。组织完成总公司、股份公司、迁钢公司三级机关人员安排，安置困难职工59人，组织开办转型发展培训班，帮助60人走向新岗位。四季度，按照总公司部门组织机构改革要求，超前谋划、加强沟通，完成4个中心和13个战略管控部门管理人员的配备。与多个单位沟通，本着工作需要、双向选择精神，协调安排需要转型发展的管理人员。

（闫　琳）

【统战工作】　首钢贯彻中央统战工作会议精神，加强对统战人士的政治关心和生活帮助，建立、健全党外代表人士数据库，培养党外代表人士队伍。落实归侨和少数民族职工政策，为石景山清真寺捐赠价值约1万元的物资，参加开斋节庆祝活动。组织做好人大代表、政协委员参政议政活动及日常联络服务工作，依法依规开展出国（境）政审，做好备案人员因私护照收缴等工作。

（闫　琳）

【老干部工作】　党委组织部贯彻落实北京市关于全市离退休干部理论学习的通知精神，组织做好老干部理论学习工作，采取适合老同志特点的方式方法，举办离休干部党支部书记培训班，确保老干部深刻理解中央和市委有关政策，深入了解总公司党委各项决策精神。开展老干部送温暖活动,为离休干部购买慰问品,对生活困难的老干部或遗属给予补助,统筹做好老干部医疗、住房、用车等各类服务工作。寻求政策支持,向市国资委、市财政局申报离休干部医疗统筹金和去世一次性补助金费用,减轻企业资金压力。

(闫　琳)

党委宣传部
(企业文化部)

【党委宣传部(企业文化部)领导名录】

部　长:承　伟(7月离任)　郭　庆(8月任职)

副部长:撒元智　贺蓬勃(12月任职)

(郑　昕)

【综述】 首钢总公司党委宣传部(企业文化部)(以下简称"党委宣传部(企业文化部)")是首钢集团宣传部门,兼有首钢思想政治工作研究会、企业文化建设协会办公室职能,负责宣传贯彻党和国家方针政策,组织党委中心组学习,分析员工思想动态,开展形势任务教育,组织宣传报道、开展企业文化建设和政研会工作。党委宣传部(企业文化部)下设宣传处、理论处、企业文化建设处、新闻信息处、首钢网络管理办公室、首钢博物馆筹备办公室、首钢日报社、首钢电视台,在岗职工109人,其中直属处19人,报社41人,电视台49人。2015年11月,首钢集团总部管控体系改革,名称改为首钢总公司企业文化部(党委宣传部),岗位编制:部长、副部长兼新闻中心主任、品牌与公关管理总监、宣传教育处长、企业文化建设处长、宣传教育主任、企业文化建设主任。

2015年,党委宣传部(企业文化部)围绕党委中心工作,服务大局,开展宣传思想工作,为首钢转型发展提供精神动力、舆论支持和思想保证。

党委宣传部(企业文化部)通过媒体做好舆论引导和宣传报道工作,总结宣传典型200个;全年编发《情况通报》10期,《宣传工作》12期;首钢日报社出版《首钢日报》正刊263期,全年刊登文章9900篇,图片2000幅,文字4800000字。首钢电视台播出节目3900小时,播出文艺节目987部/集。制作《首钢新闻》255期、新闻条数1647条,《京唐新闻》49期、新闻条数440条,《一周新闻综述》48期,采编系列新闻报道11部33集。制作专题节目73期,其中《首钢人的故事》18期、《园区

热点》1期、《家庭周末》25期、《健康访问》2期、《首钢体育》27期,自制专题片25部;组织《首钢纵横》联动播出12期48部专题片。

(郑　昕)

【党委中心组理论学习】 党委宣传部(企业文化部)制定颁发《首钢总公司党委中心组理论学习管理办法》,规定学习内容、学习形式、学习组织和学习管理,推进党委中心组理论学习制度化、规范化。在学习内容上,根据中央和北京市委、市国资委党委部署,把党重大创新理论和习近平总书记系列重要讲话精神、党方针政策、法规制度作为重要内容。根据北京市委、市国资委党委部署,结合企业改革发展需要和企业实际情况,学习市委、市国资委党委重要会议精神与重要工作部署、上级领导重要讲话精神等内容。全年组织总公司党委中心组集中学习26次。

(郑　昕)

【"三严三实"专题教育】 党委宣传部(企业文化部)围绕首钢发展战略和首钢"两会"目标任务,按照总公司党委要求,落实从严治党,开展"三严三实"专题教育宣传,把认识新常态、适应新常态、引领新常态贯彻到宣传思想工作中,采取观看教育片、听专家辅导、学原著读原文与开展学习交流研讨会相结合,组织12次集体学习,引导干部职工把思想和行动统一到中央决策部署和首钢党委工作要求上。

(郑　昕)

【三创交流会召开】 9月24—25日,2015年首钢"创新创优创业"交流会在首钢文馆召开,大会主题为"深化管控体系改革,激发转型发展活力"。首钢总公司全体领导,各子公司、控股及参股企业党政一把手,直属单位负责人,总公司各部门及部分处室负责人,首钢参加党的十八大和北京市第十一次党代会代表共175人参加会议;市国资委派驻首钢监事会领导出席会议。首钢总公司党委书记、董事长靳伟主持会议。会上,首钢总公司党委副书记何巍对《深化首钢集团总部管控体系改革思路框架》进行解读。总公司劳动工资部负责人就《深化首钢集团总部管控体系改革思路框架》设计过程、"业务支持服务类机构组建方案"等内容作解读。邀请专家介绍先进企业集团管理体制变革经验做法;埃森哲公司咨询总监、首钢管控体系改革工作小组成员马新安介绍总部关键管控职能设计方法,对首钢管控体系

改革工作提出意见建议。总公司领导参加六个代表小组讨论。首钢总公司总经理张功焰提出传达贯彻"三创"会精神要求。

（郑　昕）

【"首钢人的故事"宣传活动】　党委宣传部（企业文化部）贯彻总公司党委关于"培育和践行社会主义核心价值观、继续开展'首钢人的故事'宣传活动"要求，组织"首钢人的故事"宣传活动，发动基层单位推荐人物故事线索，首钢日报、首钢电视台宣传报道196个典型故事。在讲好故事基础上，宣传表彰践行首钢精神人物，评选出首钢之星15人，其中担当之星、创新之星、争先之星各5人。各单位层层举行演讲报告会，共组织23场报告会，109人参加演讲。

（郑　昕）

【形势任务宣传】　首钢"两会"后，党委宣传部（企业文化部）运用报纸、电视、网络，围绕首钢转型发展重点工作开展宣传。起草下发通知，明确各单位学习贯彻会议精神要求。首钢日报做好舆论引导，刊发5篇系列评论员文章。首钢日报、首钢电视台开设专栏，报道各单位动态情况和典型，刊（播）报道380篇（条）。

（郑　昕）

【经营生产建设宣传】　面对严峻市场形势，按照总公司党委部署，党委宣传部（企业文化部）组织首钢日报、首钢电视台做好舆论引导，首钢日报围绕贯彻一季度经济活动分析会暨转型提效动员会精神编发5篇系列评论员文章，首钢日报、首钢电视台在"坚定信心保生存、攻坚克难求发展""立足岗位念好成本经""生产最前沿""博弈市场"等专栏中刊发首钢硅钢系列报道、首钢京唐公司业绩逆势飘红、冷轧公司宝马汽车板连续两月实现零缺陷等报道200篇（条）。

（郑　昕）

【宣传专业会议】　4月13日，首钢总公司召开宣传工作会议，学习贯彻全国、北京市委和市国资委宣传部长会议精神、首钢"两会"精神，部署宣传工作重点任务。首钢总公司党委副书记何巍出席会议并讲话，党委宣传部（企业文化部）各部门负责人、首钢在京单位党委书记、各单位党委宣传部长参加会议。党委宣传部（企业文化部）领导从十方面部署2015年宣传思想工作；京唐公司、迁钢公司、水钢公司、国际工程公司、中首公司宣传干部交流做好宣传工作经验做法；与会人员分四个讨论组，研讨推进宣传工作创新，各小组代表进行交流发言。

（郑　昕）

【对外宣传报道】　1月，《人民日报》以"京津冀协同发展·特刊"形式，介绍首钢推动京津冀协同发展成果；新华社报道《首钢京唐公司2014年逆势飘红实现盈利1.23亿元》；中国冶金报头版《行进中国·精彩故事》刊发《赢得"红牛"青睐的背后——首钢京唐公司抢占高端产品市场纪实》文章；首都建设报刊发《首钢机电设计研究院研制本市第二代充电桩》。

2月，新华社报道《首钢首座海外综合钢厂投产　年产能力达300万吨》；中国冶金报头版头条刊发《北京城里的"首钢元素"》；首都建设报头版头条刊发《首钢老厂区转型方案或年内出台》和《首钢首座海外综合钢厂投产》。

3月，北京日报头版先后刊发《"新首钢"逆势飘红》和《11项重点工程启动　首钢老厂区将获新生》；北京青年报整版刊发《首钢搬迁：京津冀一体化先锋队》《新首钢："零排放"工厂的曹妃甸样板》。

4月，新华社报道《高级技师刘宏：二十五年不穿裙子的女"焊花"》；中央电视台新闻频道"共同关注"播出《劳动者之歌　首钢首席焊接工程师刘宏》；光明日报、经济日报、中国妇女报报道刘宏先进典型事迹。

5月，围绕首钢北京园区开发建设、厂东门迁建项目，邀请人民日报、新华社、北京日报、北京电视台、北京人民广播电台、北京晚报、北京青年报、北京晨报、首都建设报、新京报、京华时报等媒体集体采访，人民日报《首钢厂东门，为何要保存》、新华社《首钢厂东门异地迁建工作25日启动》和《首钢启动厂东门迁建项目助力京西区域经济发展》、北京电视台《共同关注　北京首钢厂东门新闻》等受到社会关注。

6月，配合《京津冀协同发展规划纲要》颁布，组织接待人民日报记者赴京唐公司采访，人民日报头版头条刊登《首钢搬迁　里外一新》。北京电视台纪实频道播出专题片《让路》；首都建设报纸头版刊登《"三严三实"为推动首钢转型发展提供坚强保证》。

7月，北京青年报刊发《首钢京唐：老首钢人的光荣与梦想》；中国冶金报头版头条刊发《市场这么差，首钢京唐靠啥盈利》，展示京唐公司经营生产业绩和持续盈利能力。

8月，组织人民日报、新华社、北京日报、北京电视台等13家社会主流媒体到机电公司大厂基地集体采访，宣传报道首钢制作长安街金色护栏、打造城市综合服务商新亮点、新成果，社会反响好。组织人民网、经济参考报、北京日报及多家财经媒体采访京唐公司，几家媒体分别刊发《首钢京唐公司业绩逆势飘红》《循环经济下诞生的钢企新贵 京唐钢铁股权注入首钢股份》等重点报道。

9月，组织人民日报、新华社、北京日报、北京电视台、首都建设报等媒体参加首钢园区城市风貌课题研讨会，采访总公司领导和多位专家、院士，媒体分别刊发《首钢拟建工业遗存主题园》《首钢老厂区织补"整容"》《新首钢打造工业遗存美丽街区》等报道；组织人民网、北京日报、中国冶金报、首都建设报等媒体报道首钢与周大福签订战略合作协议。

10月，人民日报刊发《大洋彼岸的扎根与开拓——首钢在秘鲁坚韧成长23年》；中国冶金报刊发《首钢开启集团管控新模式》《首钢股份资本运作方案获股东大会通过》。

11月，北京日报刊发《首钢老厂区将示范转身》；首都建设报刊发《建筑废料变身铺路建材》；新华社记者撰写内参动态清样《首钢北京园区转型走"重塑文化自信、建设美丽中国"路子》。

12月，组织新华社、人民网、北京日报、北京电视台、首都建设报记者参加华侨创新中心座谈会和建筑垃圾研讨会，宣传报道首钢园区开发和打造城市综合服务商新进展、新亮点；新华社北京分社撰写关于秘鲁铁矿分析报告《从首钢秘鲁项目看"一带一路"投资如何本土化运营》。

（邵　伟、刘　娜）

【企业文化活动】　1月，组织参加北京市国资委开展"国企楷模·北京榜样"优秀人物摄影大赛，两幅作品分别获一等奖、优秀奖；冶金文学艺术学会"钢铁情·中国梦"全国冶金美术作品展，三幅作品获最佳作品奖；八幅作品获优秀作品奖。

2月，首钢企业文化建设协会获市社会组织3A称号。组织优秀作品参加第二届"新国企·中国梦"影像大赛，首钢电视台创作《京唐鸟瞰》和迁钢电视台创作《迁钢在路上》60秒微视短片获"最佳人气奖"，贵钢公司宣传部创作《"三过硬"所向霹雳》获优秀奖。

3月，首钢总公司被评为北京市国资委系统首批企业文化建设示范单位。

4月，组织集团各单位贯彻落实《关于在首钢集团开展"首钢人的价值观"和"京华英雄"职工宣讲活动实施方案》，向市国资委推荐网络微故事宣传线索21个。

5月，在首钢企业文化建设协会会员单位开展"读好书 写感受"活动，为干部职工购341本书，收到读后感文章20篇。

6月，围绕首钢厂东门拆建，组织开展"情系厂东门 唱响新首钢"征文、"我和厂东门的故事"征文、拍摄"我眼中的厂东门"影像、"为职工拍摄留念"等活动；围绕首钢题材长篇小说《红绸》入围中国茅盾文学奖评选，为会员单位赠书、开展"读好书、写感受"活动，文创分会、记者分会、电视分会组织对作家专访、对读者访谈，刊发读后感文章30篇。

7月，组织起草印发《中共首钢总公司委员会关于组织开展纪念中国人民抗日战争暨世界反法西斯战争胜利70周年群众性主题教育活动的通知》，指导全集团各单位开展群众性主题教育活动。

8月，落实市国资委关于《组织参加"弘扬抗战精神，共铸复兴梦想"学习杯读书竞赛活动的通知》和《关于组织参观抗日战争暨世界反法西斯战争胜利70周年主题展览的通知》要求，组织首钢日报开设"讲述——首钢人在抗日战争的烽火岁月里""纪念抗日战争胜利70周年"专栏；首钢电视台在新闻栏目《勿忘国耻 圆梦中华》，推出"口述历史 我与抗战"专题系列报道。

9月，组织落实市国资委《北京市国资委系统微电影大赛LOGO征集的通知》，向市国资委推荐上报10件作品。完成长篇报告文学《大海上的钢城》书稿审阅工作。

10月，总结提炼"首钢精神"表述语内涵，上报首钢总公司党委。邀请北京市思想政治工作研究会、捷盟管理咨询公司等单位领导研讨首钢企业文化建设"十三五"规划。

11月，做好"首钢之星"评选工作，初步遴选出60人；组织参加"国企楷模 北京榜样"评选表彰文艺节目演出。

12月，组织参加市国资委"国企楷模 北京榜样"表彰会，首钢京唐公司热轧作业部精轧工荣彦明获市国资委"国企楷模 北京榜样"十大人物荣誉称号。

（郑 昕）

【宣传专业培训工作】 4月17日，党委宣传部（企业文化部）与首钢工学院继续教育学院联合举办"首钢人的故事"文学创作培训班开班，首钢文学创作协会及各基层单位宣传干部70人参加5次共计20学时培训，业内资深专家授课，内容包括首钢历史与文化、文学线索发现、文学写作技巧等知识。

（郑 昕）

【首钢十大新闻评选】 1月份，2014年度"首钢十大新闻"评选揭晓，分别是：首钢坚持改革创新激发活力实现集团盈利目标；首钢总公司党委加强中心组学习，举办周末大讲堂，自觉学习自信运用习总书记系列重要讲话精神；首钢股份公司重大资产重组圆满完成；郭金龙、王安顺等领导到京唐公司调研慰问干部职工，勉励首钢在促进京津冀协同发展上作出更大贡献；首钢京唐公司首次实现扭亏为盈；推动京津冀协同发展，首钢基金公司成立，打造资本运营平台；首钢总公司党委颁发全面深化改革指导意见；首钢召开"三创"交流会，为全面深化改革激发发展活力；首钢高端领先产品开发生产创好水平；首钢北京园区开发找准定位稳步推进。

（李 敏）

【首钢网络宣传管理】 首钢网络管理办公室加强网络舆情信息监测，全年编辑《网络信息》52期。加强网络正面宣传，编发网文1680条，发帖4095次；利用网络开展"首钢人的价值观"和"京华英雄"网络宣讲，发布宣讲网文2154条。加强网络宣传管理员队伍建设，每季度编发学习材料，开展学习交流。

（郑 昕）

【博物馆筹建及工业文物征集】 首钢博物馆筹备办公室全年收集登记奖牌类、生活类、仪器类、锦旗类、书籍类、史料类、民兵类、安全警示牌类、工具类等文物2000件。完成大型油画《小平在首钢》、比利时线材轧机、厂东门首钢厂牌、厂东门国旗杆等重点文物迁移入库；开展首钢可移动文物普查工作，填报12件符合标准文物；开展首钢历史影视资料收集复制工作，完成建国以来中央新闻纪录电影制片厂拍摄20部关于首钢发展新闻纪录影片、日本NHK拍摄纪录首钢购买美国加州钢厂大拆迁工程电视专题片数字化转换复制工作；在职工中开展文物征集捐献工作，征集到首钢LOGO设计图手绘

稿、六十年代首钢帆布工作服、石钢笔记本和中苏友好会员证、大跃进时期首钢照片底片资料等文物。

（魏 澜）

【获奖与荣誉】 2015年，北京市委对北京市第十二届思想政治工作优秀单位、优秀思想政治工作者进行表彰，首钢京唐公司获"北京市思想政治工作优秀单位"；市国资委党委宣传部对2014年国资委系统申报的学习型党组织建设示范点和品牌活动进行认定，评选产生学习型党组织建设"双十佳"，首钢京唐公司党委被认定为市国资委系统学习型党组织建设"十佳示范点"。

2015年冶金行业思想政治工作论文评选中，首钢总公司1篇论文获一等奖、4篇获二等奖，1篇获三等奖。

在企业党委书记联谊会研究成果评选中，首钢总公司党委书记靳伟、党委副书记何巍研究成果均获一等奖。

首钢职工宣讲团被评为北京市国资委十佳宣讲团，首钢获优秀组织单位，李山松、徐然被评为优秀宣讲员。

首钢总公司《发扬敢为天下先精神 谱写首钢转型发展新篇章》被评为全国企业文化优秀成果。

党委宣传部（企业文化部）推荐首钢京唐公司炼钢作业部作业长王建斌当选2015年度全国"百姓学习之星"。

党委宣传部（企业文化部）向市国资委推荐先进典型人物10人，首钢篮球中心男篮主教练闵鹿蕾被评为2015年度"北京榜样"提名人物；京唐公司热轧作业部2250分厂精轧工荣彦明被评为市国资委10大"国企楷模"。

党委宣传部（企业文化部）调研成果《弘扬社会主义核心价值观 首钢人的故事凝聚正能量》，被中国企业文化研究会评为一等奖，首钢京唐公司《构建曲线文化和尺子文化不断增强企业加快发展的软实力》等7个成果获二等奖。

首钢获全国"十二五"企业文化建设标杆单位称号，首钢京唐公司等8个单位获全国"十二五"企业文化建设优秀单位称号。

《首钢日报》获中国企业报协会最高奖"中国20强企业报"荣誉称号。

（郑 昕）

总公司纪委（监察部）

【纪委（监察部）领导名录】

纪委书记：许建国

纪委副书记、监察部部长：石淳光

监察部副部长：王永海

（郭　凡）

【综述】 首钢总公司纪委与首钢总公司监察部合署办公（以下简称"纪委（监察部）"），负责企业党风廉政建设、党风党纪教育、领导干部廉洁自律工作；负责总公司直管干部违纪案件及企业重大违纪案件的查处和审理，党组织、党员违犯党纪案件审理及归口管理；负责效能监察工作；负责纪检监察专业信访工作归口管理；负责纪检监察机构设置及纪检、监察干部归口管理。纪委（监察部）下设办公室（信访室）、案件检查（审理）处、党风检查处、监察处。在岗人员 19 人，其中大学以上学历 18 人，大专学历 1 人；高级职称 5 人，中级职称 8 人；平均年龄 43 岁。2015 年底，按照总部机关改革要求，纪委（监察部）取消内部处室设置，岗位及人员设置为纪委副书记、监察部部长兼案件审理处长 1 人，监察部副部长 1 人，党风检查处长 1 人，纪律审查处长 1 人，案件审理处长 1 人，监察处长 1 人，党风检查员 2 人、纪律审查员 2 人、案件审理员 1 人、监察员 1 人。

2015 年，纪委（监察部）学习贯彻习近平总书记系列重要讲话精神，落实上级纪委和首钢"两会"工作部署，强化监督执纪问责，各项工作取得成效。纪委（监察部）被授予 2015 年首钢三创先进集体。

（郭　凡）

【党风廉政教育】 纪委（监察部）落实中央《关于加强领导干部反腐倡廉教育的意见》和《首钢反腐倡廉教育培训制度》要求，组织开展"守纪律讲规矩、明底线做表率"主题教育活动，编发《严明纪律严守规矩，为深入推进首钢转型发展提供有力保障》党课材料。开展有业务处置权岗位人员培训 16 期，1492 人。制定下发《关于开展首钢领导干部廉政法规知识测试活动的通知》，组织副处级及以上领导干部开展各类测试 125 场，参加人员 2779 人。

（郭晓兵）

【廉政建设】 纪委（监察部）组织开展"廉洁颂——我身边的好规矩"创作征集活动，征文 160 篇。同石景山检察院、首钢日报社共同开办《反腐倡廉教育专栏》，每周刊发一期党风廉政建设内容，2015 年共刊发廉政知识、故事、案例等 46 期。以北京和首钢典型案例为重点，同石景山区人民检察院共同编辑制作警示教育展板，在总公司文馆展览，总公司北京地区 27 家单位共 2097 人参观学习；并在股份公司、矿业公司等单位巡展。

（郭晓兵）

【监督预防】 纪委（监察部）制定《首钢总公司党委贯彻落实建立健全惩治和预防腐败体系 2013—2017 年工作规划的实施意见》《首钢 2015 年反腐倡廉主要任务分工方案》《首钢总公司党风廉政建设责任制检查考核办法》《首钢总公司党风廉政建设约谈制度（试行）》《2015 年首钢党风廉政建设责任制迎检工作方案》《关于开展 2015 年党风廉政建设责任制检查的通知》等，强化落实党委主体责任和纪委监督责任检查考核。在京唐公司组织召开检企共建联席会，京、冀四地人民检察院联手服务首钢转型发展。组织处级以上领导干部 1844 人自查自纠关联交易和利益输送问题、签订廉政承诺书。完成总公司领导班子成员 17 人、21 家重点单位、部门负责人廉政风险点的梳理排查工作，梳理廉政风险点 269 个，制定防控措施 315 项，其中排查"四风"类廉政风险 112 项。

（郭晓兵）

【效能监察】 纪委（监察部）围绕总公司"硬指标"任务，在钢铁业降本增效、两大园区建设、非钢产业转型发展等方面开展效能监察。纪检监察组织围绕党委、行政决策部署和转型发展重点任务，立项监察 72 项。全集团纪检监察组织通过加强效能监察，增加经济效益 6677 万元，避免和挽回经济损失 2200 万元，提出改进管理建议 319 条，建立和完善规章制度 148 项。根据纪委（监察部）建议，总公司直管领导干部 22 人受到行政处理，其中撤职 1 人、免职 4 人、降职 1 人、行政警告处理 8 人。

（郭　凡）

【责任追究】 纪委（监察部）健全监督检查三级联动工作机制，抓住重要时间节点，申明纪律要求，加强廉洁教育，以明察暗访等形式开展执纪监督。严肃查处公款打高尔夫球、公车私用、公款吃喝、违规操办婚丧喜庆事宜等顶风违纪问题,给予党纪处分8人,行政处理14人,并予以通报曝光。组织开展领导干部高额补贴和兼职取酬问题专项清理,退缴薪酬规定以外收入。开展违规办理和持有因私护照出国(境)证件专项治理,下发通报15人,对35人次违规问题限期纠正。抽查领导干部个人事项报告、干部档案,强化纪律意识和组织观念,对领导干部1人档案年龄造假问题给予党纪处分和组织处理。

(郭　凡)

【专业培训】 纪委(监察部)邀请上级纪委授课辅导,开设内部讲堂言传身教,选派骨干参加上级业务培训班和案件调查,抽调基层干部到纪委(监察部)"以案代训",提高监督执纪能力。累计有280人纪检监察干部参加上级纪委组织的各类专业工作培训,占纪检监察干部总数85%。

(郭晓兵)

【调研工作】 纪委(监察部)围绕党风廉政建设和反腐败工作,以推动落实"两个责任"、强化正风肃纪、严格纪律审查、深化效能监察、加强队伍建设为重点,加强专业工作研究,取得一批调研成果。承担市纪委专项调研课题2项,4项调研成果在中钢协纪委第11次年会上受到表彰,3项调研成果获首钢党建和思想文化创新一、二、三等奖。

(郭晓兵)

【巡视整改】 纪委(监察部)在北京市委第二巡视组开展专项巡视期间,切实履行监督执纪问责职责。对巡视组移送反映首钢信访问题及问题线索,专题研究制定工作方案,成立由总公司主要领导总负责,总公司纪委书记任组长的信访查办领导小组。纪委(监察部)组织抽调纪检监察干部38人组成15个调查组,明确总指挥、副总指挥及调查、审理、协调、综合等分工,将具体任务、标准要求、工作时限以责任制的形式落实到组到人。调查组历时3个月对涉及首钢33个单位239个问题进行调查核实,给予15人党纪处分,34人行政处理,2人诫勉谈话,2人移送司法机关。总公司领导多次听取汇报,4次组织专题研究,每周召开例会听取进展情况;调查组深入78个单位,查阅并取得相关资料6705份,开展调查谈话316人次。纪律审查审计披露、监事发现问题,依规依纪作出严肃处理。

(王爱武)

工　会

【首钢工会领导名录】

工会主席:梁宗平

副主席:陈克欣

常　委:王建民(退二线)　王　薇

姚晓青(退二线)

(金志先)

【综述】 首钢总公司工会(以下简称"工会")是依法维护职工合法权益群众组织。负责全系统工会专业管理制度和专业工作标准、规范的制定、修订指导和监督检查。负责集团工会系统组织建设;负责职代会组织工作和闭会期间民主管理、厂务公开工作;依法维护职工合法权益;开展劳动争议调解管理、劳动法律监督管理、劳动法律普法与职工法律援助。负责策划集团困难职工帮扶、职工生活服务保障方案,指导监督实施;负责组织平台公司和直管单位职工素质教育;策划集团职工文化体育活动,开展全民健身活动;代管冶金体协相关业务。代行集团工会职能,负责联系沟通水钢、长钢、贵钢、通钢等外埠企业工会。

2015年底,完成机构调整,原俱乐部、艺术团、篮球俱乐部、篮球中心划归首钢体育文化发展有限公司。撤消四部一室,整合为6人管理团队。首钢集团工会系统共有基层以上工会组织136个,按属地管理原则,管理基层工会126个,专职工会干部42人,会员56000人。

(金志先)

【荣誉称号】 首钢劳动争议调解中心被北京市劳动争议调处工作领导小组评选为北京市先进劳动争议调解组织、第十届首都职工文化艺术节活动优秀组织奖。

(金志先)

【厂务公开民主管理】 工会落实职代会制度,按时召开职代会。2015年1月30日,首钢第十八届三次职工代表大会在文馆召开,全集团职工代表423人出席,按照民主程序,听取首钢集团工作报告,审议《首钢2015年预算安排》《首钢2014年业务招待费使用情况报告》《首钢十八届二次职代会代表提案和2014年职工建议受理情况的报告》,通过大会决议,党委书记、董事长靳伟作总结讲话。会后做好职代会代表提案受理工作,召开会议梳理分析35件职工代表提案,监督提案受理落实情况。总结首钢国际工程公司"公开解难题、民主促发展"材料,在北京市总工会交流会作经验交流;参加第28届全国大型钢铁企业保障工作会,《浅谈新形势下钢铁企业工会如何进一步做好职工权益保障工作》获论文一等奖;参加第25届全国钢铁企业工会女职工工作理论研究会,《充分发挥女职工组织的作用,努力培养新时代的首钢新女性》获论文一等奖。组织修订《首钢总公司劳动争议协商调解工作制度》,在京唐公司举办劳动争议调解培训班,劳动争议调解员102人参加培训;组织调解员20人参加北京市总工会劳动争议调解员培训班;首钢北京及河北地区建立劳动争议调解组织115个。开展职工劳动经济权益检查、调查、排查活动。调研首钢所属混合所有制企业和京外企业劳动关系状况和工会工作。

(金志先)

【群众性劳动竞赛】 工会围绕首钢十八届三次职代会提出的目标任务,以"钢铁业大幅减亏扭亏,推进两大园区建设,打造城市综合服务商"为主线,以"激发发展活力,提高劳动效率,钢铁业大幅减亏,推进两大园区建设"为主题,开展职工群众性劳动竞赛活动。2015年共表彰劳动竞赛标兵551人,每季度在《首钢日报》发布,为劳动竞赛标兵颁发奖金和荣誉证书。组织股份、京唐、矿业、水钢、通钢等单位参加中国机冶建材工会与中国钢铁工业协会联合开展"全国重点大型耗能钢铁生产设备节能降耗对标竞赛"活动,首钢获2个冠军炉、2个优胜炉、2个创造炉称号。

(金志先)

【搭建职工创新平台】 工会落实北京市总工会《2014年在职职工职业发展助推计划实施方案》,开展职工创新工作室活动,命名表彰10个职工创新工作室,卫建平创新工作室被命名为全国机械冶金建材系统示范型职工(劳模)创新工作室;给予首建公司工会5万元资金支持。首钢有494人得到"职业助推"资助;选派2人赴德国参加"北京·埃尔福特"职工国际焊接对抗赛,分别获第二、三名,取得欧盟国家认可的德国焊接协会焊接证书。

(金志先)

【劳模评选表彰】 工会完成2015年全国劳模、北京市劳模和北京市模范集体推荐评比表彰工作。徐凝、闵鹿蕾、胡亮学获"全国劳动模范"称号;徐凝等17人获北京市劳动模范称号;首钢股份公司迁钢公司硅钢事业部

冷轧一作业区酸轧乙班、首钢京唐公司冷轧作业部、北京首钢篮球俱乐部男子篮球队获北京市模范集体称号。4月27日首钢召开庆"五一"先进表彰暨科技创新大会,表彰首钢劳动模范95人,首钢三创标兵220人,首钢三创先进集体101个。

(金志先)

【纪念抗日战争胜利70周年】 工会组织纪念抗日战争胜利70周年主题教育活动。7月开始分别在园区服务公司、首建集团、京西重工、股份公司、矿业公司举办职工书画摄影展,展出抗战题材职工摄影作品150件,绘画、书法作品60幅,精选出13幅作品参加北京市首都企业家俱乐部诗书画展览;9月5日,组织首钢职工京剧协会在北京湖广会馆剧场演出现代京剧《红灯记》等16个抗日爱国剧目;举办纪念抗战胜利电影展映活动,2000人观看;9月18日举办纪念抗日战争胜利70周年演唱会,演出歌舞、抗战歌曲合唱《黄河大合唱》。组织劳模开展纪念反法西斯胜利70周年爱国主义活动,劳模及家属90人参观抗战遗址。

(金志先)

【扶贫帮困】 春节前夕,工会组织干部职工捐款294万元,比2014年增加34万元。组织开展困难职工调查工作,建立困难职工档案,动态管理307户困难职工(包括43户特困职工)。通过节日慰问金、专项医疗救助金、送温暖包、免费提供医疗互助保障等措施帮扶困难职工。为困难职工子女286人发放助学金68.5万元;因意外事件、重大疾病等造成生活困难职工83人,发放帮困基金48.2万元;为家庭生活困难职工12000人,发放困难补助金400万元,做到精准帮扶。完成在职职工重大疾病保险、在职职工意外伤害保险、在职职工住院医疗保险续保工作,全公司有63000人续保,保费达811万元,职工参保率95%以上,一年为职工3025人理赔互助保险405.26万元。

(金志先)

【送温暖活动】 工会制定《首钢2015年元旦春节期间送温暖工作方案》,先后完成中华全国总工会机冶建材工会领导、北京市国资委领导、北京军区首长、首钢总公司领导走访慰问首钢职工活动。两节期间组织筹集送温暖资金580万元,比2014年送温暖资金327万元增加256.8万元。组织对多业多地职工双慰问,困难职工、伤病职工入户走访,困难职工子女帮困助学等16种

方式开展送温暖活动。开展暑期送凉爽活动,制订《首钢总公司 2015 年暑期送凉爽活动方案》,工会拨付 60 万元慰问金,用于基层工会购买慰问品慰问生产一线干部职工。"两节"期间发放劳模慰问金、劳模补助金和劳模帮扶金 778506.93 元;为退休全国劳模 4 人申报全国劳模专项补助;推进落实劳模各项政策待遇,为符合条件的退休劳模 5 人办理劳模退休荣誉津贴,为去世省部级以上劳模 8 人办理抚恤金 26000 元。

（金志先）

【业余文体活动】 春节期间,工会聘请中国书法家协会、北京市书法家协会、美术协会会员 10 人及首钢职工书画家,在古城、苹果园、老山、模式口等职工文化活动站,为职工写春联、送福字、送书画约 80 幅;书画院为基层一线职工写春联、送书画,在京唐公司迎新春联欢会上,创作 27 幅书画作品。举办"增强素质走向健康"首钢职工健步走,干部职工 2000 人参加;与团委联合举办"青春杯"2015 年职工电子竞技对抗赛,200 人参加。作为主席单位协助冶金体协完成五届一次会议筹备工作。由首秦公司组队代表首钢参加第五届全国冶金职工运动会"包钢销售杯"五人制足球比赛获四名,首钢代表队获"体育道德风尚奖";由矿业公司组队代表首钢参加第五届中国冶金职工运动会"武钢杯"羽毛球比赛;股份公司代表冶金体协参加国家体育总局、全国总工会在广州举办的职工篮球比赛获第四名;组织参加北京市总工会第十届首都职工文化艺术节活动,工会获优秀组织奖。7 月 2 日,举办"弘扬劳动精神,唱响时代强音"为主题的首钢职工歌咏比赛。7 月 14 日,在首钢园区举办 2015 年首钢职工摄影作品展览第一站巡展,展出作品 130 件。10 月 21—28 日,在首嘉篮羽空间篮球馆以"开展全民健身,共建和谐企业"为主题,举办 2015 年首钢职工篮球比赛。8 月 22—30 日,2015 年北京田径世锦赛在北京举行,按照总公司党委要求,组织 4100 人观看 16 场田径世锦赛比赛。组织 2014—2015 年全国篮球联赛,男、女篮总决赛主场比赛球迷啦啦队工作,组织球迷为首钢男女篮主场加油近 50 场。北京首钢男篮再获总冠军。3 月 31 日,工会牵头组织首钢篮球队荣获男子联赛冠军、女子联赛亚军庆功活动。

（金志先）

【组织建设】 工会按照总公司党委关于颁发《深化首钢集团总部管控体系改革思路框架》通知精神,按时按

要求完成工会总部机构改革任务。调研首钢二级公司及其下属 136 个基层工会组织、干部、会员情况,摸清工会系统组织状况。4 月 17 日,工会在首钢篮球馆召开第十六届委员会第十二次(扩大)会议。北京地区工会委员会委员和工会主席 40 人参加会议。陈克欣副主席作《团结动员广大职工为开创首钢转型发展新局面做出新贡献》工作报告,总结 2014 年工会工作,部署 2015 年工会重点任务,梁宗平主席作总结讲话。组织工会系统干部 100 人参加市总工会专业培训。开展职工之家、职工小家规范化建设等情况调研,坚持工会经费向一线倾斜,给予 5 个单位职工之家建设经费支持,投入 17 万元为股份公司建立户外活动场。3 月 6 日,召开纪念"三八"妇女节座谈会,表彰京唐公司能源与环境部安全质量处理化检验作业区等 22 个首钢"三八"红旗集体、首钢技术研究院青格勒等"三八"红旗手 58 人;首钢京唐公司焦化作业部生产技术室化验站煤焦组被全国妇联授予"巾帼文明岗";首钢技术研究院王凤琴被全国妇联授予"巾帼建功标兵"。加强经费、资产审查审计。2015 年检查 23 家工会经费使用情况及预算执行情况,针对发现问题提出整改意见和建议,监督指导基层落实。

（金志先）

团 委

【团委领导名录】

    团委书记:吴　岩(12 月离任)

    团委副书记:张芳芳(5 月任职)

（高鹏飞）

【综述】 首钢总公司团委(以下简称"团委")是首钢青年工作组织机构,围绕党委中心任务,以思想、组织、作风建设为基础,结合青年职工特点开展活动。负责基层团委、团干部、团员、团费管理,组织达标创优、推优入党、推优荐才工作;负责团组织理论学习、思想教育、调研宣传;了解掌握青年思想动态;办好首钢青年杂志、网站、微博、微信平台;组织青年"创新"双争活动、"降本增效青年先行"活动、青年岗位成才行动计划、青年创新创效、青年岗位能手、青年文明号、青年突击队、青年安全示范岗活动;开展青年志愿者工作;组织文体活动。首钢集团 35 岁以下青年 34849 人,团员 14151 人(含学

生团员 5262 人）。集团共有二级团委 29 个，三级团委（总支）135 个，团支部 814 个，团干部 1058 人。团委设组织部、宣传部、职工 4 人，均为大学本科以上学历。

（高鹏飞）

【团建基础】 团委利用互联网平台在全集团范围开展首钢青年成长调研，全集团青年广泛参与。6 月 25 日—7 月 25 日，组织北京地区各单位团干部 10 人分批次参加 2015 年北京市国有企业二级单位团干部轮训班，培训以"学习'四个全面'战略布局，推动团青工作创新发展"为主题，围绕"学习贯彻习近平总书记系列重要讲话精神""深刻领会'四个全面'战略思想和战略布局"、推进团青工作扎实开展等内容展开。7 月 13—24 日，组织股份、京唐、首秦、矿业公司等团干部 5 人参加团市委"深入学习贯彻'四个全面'战略布局做践行'三严三实'团干部"主题教育培训班，包括"四个全面"战略思想和战略布局专题学习和辅导、"三严三实"专题学习、群众工作专题学习、各领域重点工作培训等。8 月 17—21 日，践行"三严三实"2015 年首钢团干部培训班在党校举办，首钢总公司党委副书记何巍、党校、团委领导，以及各单位团委负责人、团支部书记 80 人参加开班仪式。

（高鹏飞）

【青年创新双争工作】 团委组织开展"争创青年创新团队争当青年创新先锋"活动，为青年搭建成长成才平台。2012 年至今，按照活动方案，组织各基层单位共创建青年创新团队 568 个，参与青工 11300 人，培养了一批"品德优良、技术精湛、贡献突出"优秀青年人才。

（高鹏飞）

【抗战胜利 70 周年活动】 团委组织首钢各级团组织万余名青年党、团员纪念中华民族抗战胜利 70 周年。7 月 7 日，团委组织北京地区各单位青年党员、团员 60 人到"一二·九"运动纪念亭，开展参观学习和纪念活动，观看"铭记抗战历史，传承爱国情怀"主题展览，重温入党、入团誓词，共同宣誓："铭记历史、缅怀先烈、珍爱和平、开创未来"。

（高鹏飞）

【首届安全管理大师赛】 首届北京市青年安全生产管理大师赛由北京团市委、北京市安全生产监督管理局主办，团委承办，面向全市 35 岁以下安全生产宣传、管理人员，分为实践大师、理论大师、宣传大师三部分。经过

宣传发动、选手培训、选手创作、作品收集、作品预审、网络投票、复赛评审、决赛培训、决赛评审、表彰宣传环节，评选出金奖 3 个、银奖 6 个、铜奖 10 个和优胜奖 15 个。本次赛事覆盖面广、参与人数多、作品多，文字资料近 800000 字。大赛采用 O2O 模式进行评审，搭建官网和微信平台，增强大赛影响力。

（高鹏飞）

【第一届最美青工评选】 团委组织第一届首钢"最美青工"评选从学习进取、岗位行家、创新实践、先锋示范、精神风尚、公益志愿、职能服务、协力发展八个类别进行评选，历时一年时间，经宣传发动、寻找发现、材料初审、网络投票、评委会审核评定，通过组织推荐、个人自荐和推荐他人三种方式推荐优秀青年 667 人，经初审筛选，产生青工 307 人进入到"最美青工"候选名单，并将候选人事迹材料在青春首钢微信公众平台、首钢青年网站进行展示宣传，开启网络投票功能。

投票期间，青春首钢微信公众平台评选文章阅读量达到 720000 次，首钢青年网站累计点击率 540000，网友评论留言 2000 条，提高了活动覆盖面和影响力。在现场评审环节，北京团市委、总公司组织部、宣传部、纪委、工会、党校、劳动工资部等部门领导和青年代表组成评审委员会，结合候选人事迹材料、网络投票情况及单位推荐意见，评选出第一届首钢"最美青工"和"特别关注最美青工"。

（高鹏飞）

【青年网络文明志愿行动】 3 月 2 日，首钢青年网络文明志愿行动主题活动在冷轧公司举行，组建首钢青年网络文明志愿者队伍，启动青年网络文明志愿行动，倡导首钢各级团组织和广大青年开展青年网络文明志愿行动。团中央书记处书记汪鸿雁、团中央城市青年工作部副部长马兴民及团中央宣传部理论处领导；北京团市委副书记郭文杰及团市委企业工作部领导；总公司领导靳伟、许建国、顾章飞与首钢各单位岗位能手、青年骨干、团干部、团员代表参加主会场活动。

团委负责人介绍运用互联网及新媒体，创新共青团活动载体、打造共青团产品等情况；青年代表交流青年网络文明志愿行动并提出建议；青年网络文明志愿者代表宣读网络文明倡议书，与会者通过扫描二维码转发倡议书，发表网络文明宣言；与会领导为青年网络文明志愿者代表颁发证书，为首钢青年网络文明志愿者团队授

旗。京唐公司、迁钢公司、首秦公司、矿业公司、长钢公司、水钢公司、贵钢公司、通钢公司等单位团员青年通过视频参加分会场活动。

（高鹏飞）

【青年志愿者】 团委号召各基层团委响应团市委发起"温暖衣冬"实名捐赠活动，捐赠冬衣 800 件，迁钢、矿业、京唐等各地青年通过来往班车，途径 300 公里将 300 件衣物送到北京。3 月 21 日—4 月 4 日，来自首钢各单位青年志愿者 23 人作为今年首批北京企业系统志愿者，完成由团市委、毛主席纪念堂管理局联合推出 2015 年毛主席纪念堂志愿服务活动，在为期 15 天志愿服务当中，他们克服工作、生活困难，在外围引导、扶老助残、团队预约、展室讲解等岗位上细致周到服务，向社会各界人士展现首钢青年风采。根据"9·3"市活动办部署和团市委要求，团委选拔志愿者 29 人，完成参加专业培训及志愿服务累计 1073 小时任务。8 月 14 日，组织召开动员培训会；8 月 15 日，组织参加在北京会议中心为期一天工作培训；8 月 19 日，邀请中国志愿者协会资深志愿者授课；8 月 21 日，组织去天安门广场实际踏勘，熟悉岗位环境；8 月 23 日，进行全流程、全要素实战演练。认真对"9·3"志愿工作进行经验总结，把志愿者优秀事迹通过团属媒体、《首钢日报》等平台做好宣传，发挥首钢志愿者正能量影响力。

（高鹏飞）

【青春有约幸福绽放】 11 月 8 日，团委组织开展第三季"青春有约幸福绽放"青年交友联谊线下活动，来自 10 家大型国有企业单身青年 300 人相聚在一起，寻找自己另一半。"青春有约幸福绽放"活动是由团委、公交集团团委、一轻控股团委、京城机电团委、同仁堂团委、京煤集团团委、工美集团团委、环卫集团团委、北勘院团委、纺织集团团委和保障房中心等 11 家团组织共同发起，旨在为企业单身青年搭建联谊交友平台。

（高鹏飞）

【青年主题活动】 团委先后组织"青春杯"首钢青年三人制篮球交流赛、首钢电子竞技对抗赛、"青春杯"首钢青年羽毛球交流赛。"青春杯"首钢青年三人制篮球交流赛，分为北京赛区、迁安赛区和京唐赛区，包括三人制篮球对抗赛和团体篮球技巧交流赛两个部分，共有 47 支队伍参加三人制对抗赛，24 支队伍参加技巧赛。首钢 2015 年电子竞技对抗赛，共设有穿越火线、斗地主、

实况足球、连连看、拳皇 97 等项目，共吸引股份公司、京唐公司、首秦公司、矿业公司、长钢公司、水钢公司、贵钢公司、首矿大昌等 10 余家单位 200 人报名参赛。组织北京地区各单位开展"青春杯"首钢青年羽毛球交流赛，比赛包括混合团体赛和男、女单打个人赛，共有 14 家单位 100 人参加。

（高鹏飞）

【纵横交流】 1 月 9 日，京城机电公司团委到首钢参观交流，参观首钢生物质能源科技有限公司、北京市能源环保宣教中心，围绕京津冀一体化格局下共青团工作如何开展和利用互联网思维创新团建工作进行交流。5 月 29 日，中建二局团委组织基层团干部及青年骨干 50 人到首钢生物质能源科技有限公司参观学习。6 月 11 日，北京公交集团组织团干部及青年骨干 30 人到首钢生物质能源科技有限公司、首钢篮球中心参观学习。11 月 27 日，北京一轻控股团委 35 人来首钢参观交流，参观首钢生物质能源科技有限公司，交流新形势下如何开展共青团工作。

（高鹏飞）

机 关 党 委

【机关党委领导名录】
书 记：杨 鹏（兼）

（邰克农）

【综述】 首钢总公司机关党委（以下简称"机关党委"）负责管理总公司机关不设党委部厅和直属处、室，部分总公司直管单位共 28 家单位党群工作，包括 5 个党总支，54 个直属支部和分支部，其中 10 个离退休党支部。在岗职工 1304 人，党员 980 人，35 岁以下 397 人。机关党委设办公室、工会，在岗职工 5 人。处级以上干部 1 人，主管师 4 人。

2015 年，机关党委贯彻落实总公司党委决策部署，学习党十八大、十八届三中、四中、五中全会精神，深入开展"三严三实"专题教育，学习习近平总书记系列讲话，学习北京市委和总公司党委会议精神，落实总公司党委《关于全面深化改革指导意见》、党委扩大会和职代会、"三创"会精神，做好监督，服务机关职工，服务首钢深化改革大局，各项工作取得新进展。

（邰克农）

【"三严三实"专题教育】 机关党委按照总公司党委关于《首钢关于在处级以上领导干部中开展"三严三实"专题教育的实施方案》要求,制定下发《首钢总公司机关党委关于在处级以上领导干部中开展"三严三实"专题教育的实施方案》和《关于召开2015年度党总支、支部组织生活会的通知》,对机关各支部处以上党员干部开展专题教育进行安排,对"严以修身""严以律己""严以用权"三个阶段专题教育提出具体要求,紧扣"三严三实"主题,查摆不严不实突出问题、增强党员领导干部践行"三严三实"思想自觉和行动自觉,提高发现和解决自身问题能力,协调推进"四个全面"战略布局、京津冀协同发展和首钢全面深化改革、转型发展各项工作,做到两手抓、两促进。

（邵克农）

【创先争优】 机关党委开展"创先争优"评选表彰、党员民主评议工作。评选总公司级模范党员2名,模范党支部2个,先进党支部5个,先进党小组7个,公司级优秀党员17名,机关级优秀党员35名。23个党支部在"达晋创"等级评定中评为一级党支部,评出11个党员示范窗口、19个党员示范岗,机关党务工作热心人50名。

（林星华）

【组织建设】 机关党委对所属7个党总支61个党支部构成情况分析基础上,组织具备条件的党总支、支部进行换届选举工作,19个单位的1个党总支、25个支部完成换届选举。完成机关党员代表大会代表选举,选举出席总公司党代会代表30人,组织推荐总公司新一届党委和纪委委员人选。开展党内"夯实基础我带头,提质增效做贡献"创先争优主题实践活动;做好发展党员和入党积极分子培养工作,发展新党员5人,转正18人;组织开展机关"一报告,两评议"和党建工作评议工作;保证老干部"两个待遇"落实;出国政审因公105人,因私3人;组织机关职工60人参加天安门阅兵式。

（林星华）

【党风廉政建设】 机关党委落实党风廉政建设责任制,开展廉政风险防范教育,建设精干高效干净机关。在机关党员、干部中开展"守纪律讲规矩、明底线做表率"主题教育活动。组织全体机关副处级以上领导干部签订"首钢领导干部廉政承诺书",在严格执行中央八项规定、自觉抵制"四风"、用"三严三实"标准要求自己、管好自己、带好队伍、做好表率等十方面做出承诺。

组织机关党员干部400人参观总公司纪委和石景山区检察院举办"国有企业领域警示教育展览"。组织6人参加总公司纪委和党校联合举办2015年有业务处置权岗位人员培训班。对两个所属单位党员2人进行违纪立案调查处理。

（邵克农）

【表彰先进】 机关党委评选表彰首钢劳动模范4名,首钢三创标兵5名,首钢三创先进集体1个,机关先进职工38名,机关先进集体2个。

（林星华）

【文体活动】 "五一"期间,机关党委28个单位共组织庆祝活动37场。组织机关部分干部职工参加石景山区2015年春季植树活动。组织机关600人到鸟巢观看世界田径锦标赛、200人参加首钢第一届"健步走"活动、800人参加春季健身登山踏青活动。

（林星华）

【送温暖活动】 两节期间,机关党委对28个单位离退休老同志、劳模先进、一线干部职工、病困职工270人(户)进行走访慰问,送去慰问金和慰问品61000元,为因病和困难职工30人发放困难补助金28000元。组织机关干部职工参加2015年总公司"献爱心"募捐活动,机关28个单位451人在文馆进行现场捐款,共捐善款217530元。为机关职工及家庭成员因突发事故,造成家庭生活困难,申请困难补助,做好家访和到医院看望。完成职工1792人信息核实。办理职工互助保险会员退会、出险补助金发放50余人。

（林星华）

【表彰先进】 组织完成机关先进评选表彰工作,评选表彰首钢劳动模范4人,首钢三创标兵5人,首钢三创先进集体1个,机关先进职工38人,机关先进集体2个。

（林星华）

党　校

【首钢党校领导名录】

校　长:何　巍(兼)

常务副校长:张乃山

党委书记:张乃山

（师　兵）

【综述】 首钢总公司党校(以下简称"党校")于1958年成立,是首钢总公司党委干部培训机构,承担领导干部、后备干部和管理人员培训工作,为干部竞聘和人才选拔进行人才素质测评。2001年9月成立"首钢管理干部学校",实行一套机构两块牌子。党校下设教研室、培训处、办公室,职工26人,其中专职教师5人,培训管理6人,其他岗位15人;博士1人,硕士10人;具有高级职称和高级职业资格12人、中级职称和职业资格9人;党员23人。

2015年,党校贯彻总公司党委决策,把转型期干部教育培训作为重点任务,第二期特训班、短训班和领导干部周末大讲堂先后举办。培训方向、培训规模、培训内容、培训方式和培训质量等方面全面创新,探索首钢转型期干部教育培训新模式,初步形成新形势下首钢干部培训工作新格局。党校还面向基层开展培训服务。年内共培训学员3712人,组织人才素质测评800人。

(师 兵)

【干部培训】 2月,第二期首钢领导干部特训班101人结业。党校把握"强化理论武装、增强党性修养、提升领导能力"办学目标,安排军训、政治素养与党性修养、首钢改革发展、工作方法与领导艺术"四大模块",形成新教学布局。围绕教学单元和专题,邀请五矿、通用电气、联想、华为等公司高管与学员进行对话交流;组织当代世界经济、当代世界政治、当代世界科技等高端报告;邀请总公司和相关部门领导授课,参与双向交流,进行训练指导;组织学员到北京市规划展览馆、中关村、优秀企业学习考察;组织学员到京唐、迁钢、矿业、生物质能源基地等企业现场教学;组织开展党性分析,加强党性修养和作风锻炼;开展课题调研,提出首钢深化改革意见建议,综合检验学员学习效果。探索学员自主管理新方式,制订修改完善学员管理和纪律规定,成立学员临时党总支,创新学员班级管理,坚持军事化管理,加强学员作风建设。同期举办第二期领导干部短训班,培训学员71人。学员利用短期脱产时间,集中进行"十八届三中全会和习近平系列讲话精神研读"及"作风建设和党性锻炼"两个教学单元学习。开设周末大讲堂,带动全集团干部学习。

(师 兵)

【转型发展培训班】 4月9日—7月6日,党校举办首钢转型发展培训班,培训学员95人;学习训练分形势任务与首钢转型发展、企业管理与法律法规、通用职业技能三阶段,计62学日。通过竞聘,43人转型转岗到首建投公司、京西重工、体育公司、园区服务公司、发展研究院、环境公司、园区管理部、物贸公司、矿投公司、监事会工作办公室10个单位,15人在首钢外部找到岗位。

(师 兵)

【党支部书记示范培训班】 8月3—14日,党校根据北京市国资委《关于开展基层党组织书记集中轮训工作的通知》和首钢实际,与党委组织部共同研究制定《首钢集团基层党支部书记培训方案》。举办两期集团基层党支部书记示范培训班,培训学员87人。

(师 兵)

【基层培训服务】 2015年,党校为专业部门和基层单位开展干部培训班、新任厂处长培训班、作业长培训班、入党积极分子培训班、有业务处置权人员培训班、党支部书记培训班、团委书记培训班等30期,培训学员1952人,党校指导矿业公司分校、迁钢公司分校、贵钢公司分校、长钢公司分校及各二级单位开展党政一把手培训、中层干部管理技能提升培训、青年骨干培训、党支部书记培训、入党积极分子培训等,指导完成办班28期,提供授课和训练服务312学时,培训学员1477人。

(师 兵)

【培训调研】 11月—12月,党校完成特训班学员回访调查。调查选取特训班学员覆盖面大的股份、矿业、京唐、首秦、首建、首自信、水钢、长钢公司作为访谈调查对象,召开学员直管领导及各单位党委和组织人事部门负责人座谈会8场,发放回收调查问卷49份。组织上述单位及北京地区学员80人座谈,占两期学员总数43.2%,发放回收调查问卷71份。撰写《特训班办学效果及完善建议调查汇报》报总公司党委。开展特训班学员回访调查活动,属于柯氏四级培训效果评估三级行为层评估,在党校尚属首次。

(师 兵)

【科研工作】 党校开发《发扬优良传统,做好支部工作》《学习遵守党章,增强党章意识》等新课程,用于支部书记培训。《思想工作中的心理学原理》获北京市党校系统精品课程二等奖,科研文章参加中国钢协论文评选1篇,在市职教协会年度论文评选中获奖5篇,"三严三实"科研文章在《首钢日报》发表3篇。

(师 兵)

【**筹备人才开发院**】 10月—12月,党校参加首钢人才开发院筹备。参与人员学习靳伟"三创"会讲话精神、筹备组成立时谈话精神及总公司深化管控体系改革文件精神,明确工作要求。通过研究《宝钢培训》、与宝钢人才开发院院长座谈、研究标杆企业大学等方式,摸清企业大学目标定位和运作规律。参与完成首钢人才开发院组织机构设计方案。

(师　兵)

钢 铁 业

◎ 责任编辑：车宏卿

北京首钢股份有限公司

【首钢股份领导名录】

1. 董事、监事和高级管理人员

姓 名	职 务	任职状态	性 别	任期起始日期	任期终止日期
靳 伟	董事长	现任	男	2014 年 4 月 11 日	2016 年 5 月 15 日
张功焰	副董事长	现任	男	2001 年 1 月 9 日	2016 年 5 月 15 日
赵民革	董 事	现任	男	2013 年 5 月 16 日	2016 年 5 月 15 日
韩 庆	董 事	现任	男	2011 年 6 月 28 日	2016 年 5 月 15 日
刘建辉	董 事	现任	男	2014 年 9 月 19 日	2016 年 5 月 15 日
邱银富	董 事	现任	男	2014 年 9 月 19 日	2016 年 5 月 15 日
唐 荻	独立董事	现任	男	2014 年 6 月 27 日	2016 年 5 月 15 日
杨 雄	独立董事	现任	男	2009 年 11 月 30 日	2016 年 1 月 7 日
张 斌	独立董事	现任	男	2014 年 9 月 19 日	2016 年 5 月 15 日
樊 剑	独立董事	现任	男	2013 年 5 月 16 日	2016 年 1 月 7 日
许建国	监事会主席	现任	男	2014 年 9 月 19 日	2016 年 5 月 15 日
张福杰	监 事	现任	男	2014 年 9 月 19 日	2016 年 5 月 15 日
王志安	职工代表监事	现任	男	2014 年 9 月 19 日	2016 年 5 月 15 日
崔爱民	职工代表监事	现任	女	2014 年 9 月 19 日	2016 年 5 月 15 日
刘建辉	总经理	现任	男	2014 年 8 月 29 日	2016 年 5 月 15 日
邱银富	副总经理	现任	男	2013 年 5 月 16 日	2016 年 5 月 15 日
王建伟	副总经理	现任	男	2014 年 8 月 29 日	2016 年 5 月 15 日
李 明	副总经理	现任	男	2015 年 1 月 27 日	2016 年 5 月 15 日
马金芳	副总经理	现任	男	2015 年 1 月 27 日	2016 年 5 月 15 日
魏国友	副总经理	现任	男	2015 年 10 月 28 日	2016 年 5 月 15 日
李百征	总会计师	现任	男	2015 年 10 月 28 日	2016 年 5 月 15 日
陈 益	董事会秘书	现任	男	2015 年 8 月 26 日	2016 年 5 月 15 日

2. 公司董事、监事、高级管理人员变动情况

姓 名	担任的职务	类 型	日 期	原 因
徐 凝	副董事长	离任	2015 年 3 月 24 日	因工作变动主动辞职
乔裕奎	监 事	离任	2015 年 8 月 17 日	因退休主动辞职
张凤文	总会计师	离任	2015 年 7 月 30 日	因个人原因主动辞职
章 雁	董事会秘书	离任	2015 年 8 月 26 日	因退休主动辞职

（杨国光）

【综述】 北京首钢股份有限公司(以下简称"首钢股份")是由首钢总公司独家发起,以社会募集方式设立,在深圳证券市场上市的股份有限公司。

1999年10月15日,经北京市工商行政管理局核准,首钢股份公司正式设立。12月16日,首钢股份(000959)股票在深圳证券交易所上市。

2010年底,公司位于石景山区的钢铁主流程停产后,与首钢总公司进行的北京首钢股份有限公司重大资产置换及发行股份购买资产暨关联交易的相关事项,经2013年1月16日中国证监会重组委审核,并获得无条件通过。2014年1月29日,首钢股份收到中国证券监督管理委员会《关于核准北京首钢股份有限公司重大资产重组及向首钢总公司发行股份购买资产的批复》文件。2014年4月25日,重组工作完成。

2015年4月23日,首钢股份公司股票停牌,启动重大资产置换。置换方案主要内容:以贵州投资100%的股权置换京唐钢铁51%股权,不足部分以现金形式补足。截至2015年底,重大资产置换交割完成。

首钢股份公司建立股东大会、董事会、监事会的法人治理结构,目前设有董事会秘书室、计财部、生产部、营销管理部、人力资源部、技术质量部和办公室等职能部门,同时还设有物资供应公司、迁钢公司等下属生产厂,以及技术中心等辅助生产部门。拥有北京首钢冷轧薄板有限公司等两家子公司。

2015年,在两级公司党委的坚强领导下,全体干部职工围绕股份公司做实深化改革,经营提升突围生存等工作,奋力拼搏,不懈奉献,最大程度克服最难处、化解最坏处,争取最好处,确保股份公司在钢铁寒冬中顽强屹立、良性发展。虽然大家付出很多努力,但由于市场急剧变化,钢铁产品降价明显高于原燃料降价,且两头"剪刀差"逐月扩大,同时内部工作没有完全消化市场变化带来的影响,主要经营目标未达到预算要求,全年完成营业收入178.9亿元,比2014年减收61亿元,整体效益呈亏损状态。

(杨国光)

【主要指标】 首钢股份全年完成铁产量744.2万吨;钢产量733.5万吨(其中,方坯6万吨,板坯727.5万吨);钢材产量完成704.9万吨,其中,热卷515.7万吨(含供顺义冷轧176.6万吨),开平板10.5万吨,热轧酸洗板39.4万吨,冷轧硅钢132.9万吨,线材完成6.3万吨。入炉焦比332.44千克/吨,喷煤比134.88千克/吨,转炉钢铁料消耗1075.25千克/吨,吨钢综合能耗555.27千克标煤/吨,钢材综合成材率96.2%。

(王 娟)

【重要会议】

1月13日,迁钢公司举办2014年度TPM管理暨全优润滑总结大会。

1月14日,迁钢公司召开两化融合管理委员会第一次会议。

2月12日,迁钢公司隆重召开第三届职工代表大会第三次会议。

3月3日,北京首钢股份有限公司召开干部大会。吴平和邱银富宣布首钢股份公司七个职能部门领导干部的任职决定。

4月28日,首钢股份公司隆重召开庆"五一"暨先进表彰大会。

7月9日,首钢股份公司召开2015年上半年经营工作会议。

9月8日,首钢股份公司召开安全生产大会。

10月27日,首钢股份公司召开提高劳动效率专题大会。

10月29日,迁钢公司召开ISO27001管理体系认证启动会。

11月4日,北京首钢股份有限公司召开党员代表大会。

12月25日,北京首钢股份有限公司工会第一次代表大会隆重召开。

(包建蕾)

【做实股份公司及启动板块管理】 按照总公司《关于完善股份公司机构组建钢铁板块管理平台实施方案》的总体思路和进度安排,快速完成原总公司涉钢专业、股份公司机关、迁钢公司机关三个管理层级的系统整合。3月1日,首钢股份公司第一阶段先期组建的七个部门正式运行。3月9日,第一阶段涉及的337名干部职工赴迁报到。7月1日,第二阶段整合部门正式运行,到2015年末,公司设置中层机构34个,基层机构205个;与做实股份公司前同口径相比,减少中层机构15个,核减基层机构65个,精简比例分别为31%和23%。

履行板块代管业务,充实技术服务组,参与各基地生产经营重点难点攻关,6月份完成钢铁板块预算管理交接,7月份开始对钢铁板块绩效考核进行统一管理。同步对529项制度文件进行修订完善,其中,修改280项,保留执行132项,废止117项;根据业务扩展,新建制度58项,股份公司实体化运营较为完备的制度体系基础初步构建。

(杨国光)

【资产重组顺利推进】 在总公司指导帮助下,首钢股份抓住窗口期,完成第一阶段中期票据发行和银行并购贷款;实施非公开发行股份,引入战略投资者,预计实现融资110亿元,成为2015年国内钢铁行业和首钢历史上最大规模的直接融资;将京唐公司51%股权注入股份,市场信心提振。

(杨国光)

【降本增效】 首钢股份年初制定降本增效工作推进方案并全面组织实施,针对钢铁市场价格持续下跌的严峻形势,进一步提高降本增效方案各项指标水平,及时制定下发季度、半年降本增效措施安排及9—12月制造费用、管理费用和营业费用降低方案,全年降成本7.09亿元。

(王 娟)

【技术开发】 2015年,首钢股份公司产品市场影响力和竞争力提升,汽车板完成93.2万吨(供汽车外板15.3万吨),实现为合资品牌汽车厂供货29.5万吨,整车供应能力持续提高;酸洗板完成39.5万吨,其中汽车结构酸洗板完成8.85万吨;不断挑战产品规格,Q235B实现1.2×1100毫米的极限规格轧制,薄规格集装箱挑战1.45毫米生产极限,700MPa高强车厢板实现1.5毫米轧制;X65管线钢实现2.5毫米极限规格稳定轧制;抢占高端高效产品市场,2015年新开发5大类11个牌号4万余吨,管线钢开发海底抗酸X60MOS、正火态抗酸J55NS、抗挤毁TG26T、军工野战X65共计约3855吨;锯片钢开发40CrBP等100吨,美标A414GrG容器钢400吨,新开发Q345-GZ钢板桩用酸洗板、50-P优碳钢酸洗板等10牌号共3万余吨;与胜利钢管联合完成美国管道市场认证,被审核专家推荐为首选供应商;完成供中石油21.4毫米X80的千吨试制;高强度复相钢CPW800先于宝钢通过奔驰在德国的台架试验;加快产品推进,2015年实现SQ960E在宝骏达专用车大梁上的小批量试用,实现专用车轻量化;开发24.8毫米厚度

X70管线钢,实现供货250吨;成功开发特殊需求管线钢,如海底管线X65MO、煤浆输送管线X65NM、高水压保压X70管线钢、高Cr体系X52MS等;实现供神龙汽车、东风汽车的高扩孔钢FB60的批量稳定供货;结合迁钢烧结厂除尘器改造项目,完成耐酸钢Q295NS的小批量生产,实现改进型耐大气腐蚀结构钢S355J0W小批量供货,为新加坡EW3电缆隧道工程项目批量供货做好准备工作。

(周 娜、吴 耐)

【推进全优润滑管理】 2015年,首钢股份台套设备润滑综合治理达标治理2993台套,完成全年任务(2750台套)的108.84%;油品采购种类由2014年的241种降至199种,减少国产油品20种,减少进口油品22种;月均现场油品库存215.9吨、732万元,比2014年月均310吨、999万元分别降低94.1吨、267万元。开展胶管存放及使用规范治理及"光桶行动"等活动,减少浪费。

(胡 荣)

【开展电商采购】 为降低采购成本,首钢股份自3月开始实施网上电商采购,与京东商城达成销售联盟,网上采购办公用品、电脑耗材、后勤系统、电器备件等。截至12月底,网上采购量814项、13764件、332.69万元,比2014年减少采购资金支出286.47万元。

(胡 荣)

【CCER项目开发】 2013年11月4日,迁钢公司150兆瓦CCPP发电项目在中国温室气体自愿减排交易信息平台进行审定公示;2014年8月12日,取得项目备案函;2015年11月4日,本项目第一监测期148万吨二氧化碳当量和第二监测期158万吨二氧化碳当量减排量获备案签发;作为中国钢铁行业第一个CCER项目,其成功开发对推动中国钢铁行业通过市场化手段减少温室气体排放起到示范效应。

(张 磊)

【技改工程】 1号、3号高炉冲渣水余热回收工程:7月20日,工程开始施工,11月7日,1号换热站送蒸汽,启动1号供热循环带矿业龙山采暖管道试运。11月11日,启1号冲渣水提升泵、1号渣水过滤器换热器组换热,龙山家属区供暖。11月14日11点20分,3号换热站投入使用,滨河村家属区供热。

一炼钢干法除尘环保改造工程5月5日开始施工,西马克7月27日开始设备组对,11月30日主体设备安

装完,12 月 7 日 2 号除尘器开始冷调,12 月 28 日正式投入生产使用。

一炼钢套筒窑成品间增建除尘器工程 3 月 5 日开始施工,8 月 31 日土建施工完,10 月 15 日设备安装完,12 月 30 日预验收完,具备投入条件。

职工运动场工程,9 月 15 日开工建设,11 月 24 日完工,具备使用条件。12 月 17 日,股份公司职工运动场正式投入使用。

（孟少得）

【劳动效率提升】 按照公司要求,认真对比行业先进水平,查找差距和不足,明确发展方向,坚持"集中一贯扁平化""精简高效满负荷"原则,全面优化业务流程,配套各项机制,破旧立新,统筹协调,系统优化,稳步推进,持续提高劳动效率。年末控制人数 13901 人,实际完成 13605 人。比 2014 年末的 16035 人（核心 12702 人,劳务用工 3333 人）净减少 2430 人,精简比例 15.15%,其中核心减少 1537 人,精简 12.1%;劳务用工减少 893 人,精简 26.8%。

（孟少得）

【球烧划转工作】 为做实股份公司,1 月 1 日矿业公司球团厂、烧结厂及相关业务划入股份公司。将球团、烧结划入炼铁作业部,从体制上实现利益主体统一,为股份公司打开进口矿运作新局面提供基础。铁、烧、球部门整合,共核减科室 11 个,作业区 5 个,精简定员 761 人,划入职工 1642 人。整合后一季度炼铁成本由 1784 元/吨降至 1595 元/吨,烧结成本由 660 元/吨降至 592 元/吨,球团成本由 628 元/吨降至 568 元/吨。

（孟少得）

【人才队伍建设】 迁钢公司着力塑造敢于担当、决策科学、作风扎实、执行高效的领导干部队伍;着眼于增强领导班子整体功能,注重干部的岗位匹配和年龄、知识、专业互补性,全年调整基层以上干部 540 人次,涉及 486 人;其中交流和提职 65 人,免职 37 人,因股份做实、机构调整,重新聘任 384 人。选拔 8 人到基层干部岗位挂职锻炼。组织炼铁作业部等 7 个部门 26 个基层领导岗位的竞聘工作,30 人成功竞聘到基层领导岗位,基层干部 26 人转到管理序列。推行干部退出机制,基层领导 18 人改为部长专员,中层领导 6 人改为调研员。

（孟少得）

【建设项目安全"三同时"】 2015 年,股份公司先后完成电力 2×50 兆瓦循环发电（CCPP）、动力 30 万高炉煤气柜和硅钢事业部氨气站建项目安全、职业卫生"三同时"预评价、设计专篇评审和竣工验收评价,履行备案手续。

（陈追勤）

【营销前移】 股份公司推进"营销前移",全年由本部转移至区域公司 6 家用户,转移销量计 26 万吨。全年区域公司销量 646 万吨,高端领先产品比例 19.3%,累计新开发用户 277 户。重庆、天津、哈尔滨、武汉等项目均按进度建设中。哈尔滨项目 9 月开工建设,要求 2016 年 9 月具备加工配送服务条件。

（王京华）

【拓展营销服务内涵】 2015 年,股份公司以强化服务为重心,持续聚焦用户需求,提供差异化、个性化服务。质量异议处理效率稳步提升。本年质量异议处理周期 11.32 个工作日,较 2014 年缩短 1.28 个工作日,轻微异议处理周期由 5.4 个工作日缩短至 4.32 个工作日。信息化建设助力客户服务水平提升。测试并上线 CRM 二期各功能,通过 CRM 系统维护客户档案 623 家,实现质量异议处理 CRM 上线查询,通过 CRM 开展用户满意度调查,全年共计收集 409 份问卷,综合满意度评分 95.5 分。

（王京华）

【供应工作】 2015 年,供应公司以跑赢市场为主线,以降低库存资金占用为目标,研判市场环境,应对生产变化,完成保供、降本任务。全年原燃料采购成本比年计划降低 25.89 亿元。其中原燃料计划到货 1867.5 万吨,实际到货 1823.84 万吨,采购计划兑现率 97.66%。全年供应公司负责采购的原燃料库存总计 93.48 万吨,比 2014 年下降 35.76 万吨,降低 27.67%,完成基地降库存要求。

按照炼钢生产需要组织废钢供应和渣钢返吃,累计收废钢 64.52 万吨,供料 66.62 万吨;渣钢返吃 11.87 万吨,脱硫渣铁回吃 1.65 万吨。累计接卸钢渣资源 107.5 万吨,回收脱硫渣坨 13.9 万吨,外排中间包渣土 0.9 万吨、外倒脱硫渣土 1.25 万吨;南、北区倒运废钢 5.05 万吨。

（肖 斌）

【党群工作】 2015 年,股份公司加强党组织建设,组建炼铁作业部等 12 个单位的党委和纪委,开展基层党委换届和党代表选举工作,产生新一届公司党委和纪委;组织召开党员代表大会,选举产生出席总公司第十八次代表大会代表。围绕干部人事制度改革、劳动组织优化等开展系列宣讲,在内网开辟"新常态、新跨越、新动力、新作为"专栏,及时总结推广各单位典型经验。组织召开工会代表大会,选举产生第一届工会委员会和经费审查委员会。首钢股份公司举办第一届青年集体婚礼,15对新人步入婚姻殿堂。首次组织首钢迁安地区迎新年联欢会,加强区域文化融合。参加中国机冶建材工会全国委员会与中国钢铁工业协会联合开展的"全国重点大型耗能钢铁生产设备节能降耗对标竞赛"活动;董晟、南宁创新工作室获总公司命名,周立武和赵祥牛被评为北京市劳动模范。7月1日成立监察部,全年确立效能监察项目37项,监察部对7个项目进行重点跟踪。

(赵发益)

【专家领导指导工作】 1月10日,国家环保部华北督查中心主任刘长根一行到迁钢公司核查污染物减排工作。

3月12日,中石化新粤浙项目专家组郭红军、姚爱国、辛萌一行三人来迁钢公司考察。

4月11日,河北省工信厅厅长邹平一行5人到迁钢公司调研。

4月24日,安阳钢铁股份有限公司总经理李利剑、常务副总经理刘润生一行20余人来迁钢公司对标交流。

5月19日,LG电子韩国昌源工厂总经理朴定铉一行5人到访股份公司。

6月16日,北京现代有限公司现代汽车烟台研究院技术部长郑在圭、现代海斯克投资(中国)科长金一龙一行8人来股份公司参观交流。

6月24日,中山中粤公司副总经理陈国基、中粤浦项公司总经理朱大苏、中山中粤采购储备部部长庄晋忠一行3人到股份公司交流访问。

8月18日,河北省委常委、唐山市委书记焦彦龙一行到股份公司视察指导工作。

9月2日,国家环保部副部长翟青一行到股份公司视察。

12月1日,唐山市委常委、副市长李忠娟到股份公司调研。

12月2日,宝钢股份梅钢公司总经理王强民一行到股份公司交流访问。

12月10日至11日,首钢总公司党委书记、董事长靳伟、党委副书记、总经理张功焰、财务总监王洪军到股份公司调研。

12月24日,无锡普天铁心股份有限公司董事长蔡子祥、总经理王向阳一行5人到股份公司交流访问。

(包建蕾)

股份公司炼铁作业部

【领导名录】

部　长:焦光武(11月任职)

副部长:杨金保(8月任职)　龚卫民

刘占江(8月任职)

焦月生(11月任职)　万　雷　毛松林

党委书记:邓友旺(11月任职)

(陈俊生)

【概况】 炼铁部2003年3月开工建设,现拥有三座大型高炉,设计年产铁825万吨。拥有1台360平方米和6台110.5平方米烧结机,烧结矿产能1150万吨。拥有2条氧化球团生产线,设计年产球团矿300万吨。炼铁部下设综合办公室、政工室、生产技术室、设备管理室、安全管理室5个科室和1号高炉、2号高炉、3号高炉、一烧结、二烧结、一焙烧、二焙烧、供料、烧结原料、球团原料、制粉、冲渣、动力、白灰等14个作业区106个班组,职工2122人,其中在册职工1892人,外协职工230人;研究生学历25人,大专以上学历1112人;岗位操作人员2007人,其中高级技师17人,技师122人,高级工894人。

(陈俊生)

【铁前系统整合】 1月1日,矿业公司烧结厂、球团厂和物资料场与股份公司炼铁作业部整合,通过转观念、抓管理、保稳定、促融合,完成在册职工划转1562人,规范统一制度40项,梳理协议96项,精简科室10个、作业区5个,专业管理合署办公,实现铁前全流程、全系统一体化管控。

(陈俊生)

【主要技术指标】 炼铁部全年生铁产量744.18万吨,烧结矿产量915.14万吨,球团矿产量345.15万吨。高炉利用系数 2.19 吨/(立方米·天),入炉焦比 332.20 千克/吨,煤比 139.56 千克/吨,燃料比 513.80 千克/吨,累计焦炭负荷 4.86,铁水一级品率 81.80%。

（郑敬先）

【停炉检修】 为落实纪念世界反法西斯战争和中国抗战胜利 70 周年重大活动期间环保工作要求,炼铁部三座高炉自 9 月 1 日开始陆续停炉检修,在公司统一安排和部署下,全员共同努力,完成各项任务。

（李君平）

【荣誉称号】 3 号高炉在全国重点大型耗能钢铁生产设备节能降耗减排对标竞赛中荣获 2015 年度冠军炉称号,连续四年保持行业先进水平。二烧结 360 平方米烧结机被中国机冶建材工会全国委员会评为"全国工人先锋号"。

（龚 鑫）

【炉缸长寿攻关】 2015 年,通过严格执行《首钢股份公司高炉护炉标准》,3 座高炉水温差总体处于可控状态。1 号高炉全年有 5 次炉缸水温差波动,水温差最高 0.7℃,炉缸热电偶温度最高点 TE33137,最高 400℃;2 号高炉有 3 次炉缸水温差波动,水温差最高 0.7℃,炉缸热电偶温度最高点 TE3138,最高 398℃;3 号高炉炉缸热电偶温度最高点 TE31304,最高 352℃。

（赵京雁）

【球团增配秘细粉攻关】 炼铁部结合提铁降硅工作要求,开展增配秘细粉的技术改造和实验室研究,实现秘细粉稳定配加及球团质量的稳定。球团一、二系列秘细粉配比分别最高达到 50%、60%。球团品位 65.71%,比 2014 年升高 0.34%;二氧化硅 4.06%,比 2014 年降低 0.68%。

（刘长江）

【含钛球团矿工业试验】 炼铁部改造工艺设施,满足低钛粉小比例配加需要。对钛粉上料、热工参数等进行过程控制。生产的含钛球团矿二氧化硅含量 0.42%—0.54%,满足大型高炉入炉要求,高炉护炉效果改善。

（刘长江）

【高炉低冶炼强度攻关】 根据安排,12 月,炼铁部 1 号、2 号高炉日产由 6150 吨降至 5500 吨,3 号高炉日产由 9100 吨降至 8600 吨。三座高炉根据实际情况,通过调整基本制度及控制参数,1 号高炉 20 日、2 号高炉 14 日、3 号高炉 14 日完成限产任务,达到"限产、降

耗"目的。

（张海滨）

【专利技术及科技成果】 2015 年,炼铁部申请专利 11 项,其中发明专利 7 项,实用新型专利 4 项,其中已被国家专利局受理 3 项。全年获得专利授权 7 项,其中实用新型专利 7 项。完成 3 项科技成果"首钢股份公司高炉炉体长寿技术研究""首钢股份公司 360 平方米烧结机大烟道废热资源化利用研究""球团烟气脱硫除尘一体化技术的研究与应用"和 1 项专利成果"高炉风口组合砖修补方法"验收评估及科技奖申报工作。其中"首钢股份公司 360 平方米烧结机大烟道废热资源化利用研究"获得首钢总公司科技成果二等奖,"球团烟气脱硫除尘一体化技术的研究与应用"获得首钢总公司科技成果三等奖。

（郑雅青）

【科研项目】 年内,炼铁部开展"高炉钛煤混喷护炉技术""首钢股份公司 1、3 号高炉炉顶料罐振动检测""炼铁三高炉热风炉自动燃烧项目"等 12 项科研项目。截至年底,4 项完成,6 项继续实施,2 项取消。

（郑雅青）

【配合硅钢冶炼】 炼铁部本着"工序服从、硅钢优先"生产组织原则,对不同牌号品种对铁水质量的不同需求,控制好铁水中钛、硫、锰等元素的含量。在严格执行《铁水质量周计划》的基础上,高炉停钛 24 次、减钛 6 次,烧结停配渣钢粉 13 次,确保硅钢冶炼计划的准确执行。全年共配合冶炼硅钢 6400 炉(约 134.4 万吨)。

（赵京雁）

【烧结工序配吃固废】 为降低铁前成本,炼铁部努力增加固废配加量,并根据不同固废烧结性能及其对烧结实物质量和冶金性能指标的影响,合理安排一烧、二烧配加品种和配比,全年累计配加固废 38.3 万吨。另外,6 月 17 日 9:00—19:06 在一烧作业区 1 号烧结机组织造渣剂生产工业试验,为后期固废处理提供技术储备。

（张志东）

【设备全优润滑】 炼铁部油品国产化 1 项,油品替代 1 项;油品存放点由之前的 8 个优化到 6 个,三座高炉油品存放点合并成 1 个;2015 年比 2014 年油品库存同期平均降低 60.67%,润滑管路缺陷治理 48 个,"两源"及液压、润滑系统的跑冒滴漏治理 231 个,开展"光桶行动"大约能节省润滑脂约 0.8 万元,软管安装缺陷治理

6 处,周期更换液压站内胶管 60 支,统一 1 号高炉炉顶设备胶管 30 支,液压站专项活动治理 1 次,润滑基准书完成 891 套,台套设备综合治理 539 台套,液压站治理 50 套,油品净化节约费用约 43.4 万元,2015 年炼铁部共消耗各类油品 62.12 吨,比 2014 年同期 67.25 吨降低 5.13 吨,油耗总费用 144.98 万元,比 2014 年同期降低 61.11 万元,油品总耗吨铁指标计划 0.0118 千克/吨,实际 0.0091 千克/吨,比 2014 年同期降低 0.0007 千克/吨。

(崔金钢)

【工程改造】 年初开始启动 2 号高炉新增旋风除尘器工程,8 月,利用 2 号高炉 5 天检修安排旋风除尘器工程接点,检修完成后正式投入使用。1 月,3 号污水处理站高炉冲渣水及炼钢焖渣水排水回收工程启动,5 月,完成并投入使用。4 月,1 号、3 号高炉冲渣水余热回收工程正式启动,11 月 13 日,开始倒用冲渣水进行换热及调试试运行,11 月 14 日,正式投入使用为矿区供暖。烧结老系统点火器改造项目按 1 号、2 号、5 号、6 号、4 号、3 号顺序完成点火器改造,6 月 17 日,全部改造完并投入使用。永磁涡流柔性传动装置推广项目,8 月 28 日,完成 6 号改造,11 月 23 日,完成 1 号改造。烧结 6 台 99 平方米烧结机机头电除尘器材质升级改造项目,9 月 2 日,完成 6 号机,12 月 2 日,完成 1 号机,改造后除尘器外排粉尘浓度满足国家标准要求。球团脱硫系统增加无线遥控无扬尘卸灰机,一系列 3 月、二系列 11 月完成安装并投入使用。

(崔金钢)

【优化劳动组织】 炼铁部贯彻落实总公司"加快转型发展,努力提高劳动效率"的指导意见,采取多种形式优化劳动组织。共核减 2 个厂级组织机构,减少 5 个作业区组织机构,核减定员 679 人,其中核心定员 486 人(中层 4 人,基层 9 人,一般管理 14 人,操作 459 人),外协定员 221 人。办理协商一致解除劳动合 236 人,办理内退 9 人。按照业务划转、内部调剂等渠道对富余人员进行安置。

(陈俊生)

【TPM 管理】 炼铁部坚持以"现场管理"为主线,分区域、有重点地开展各阶段推进工作,炼铁区域顺利导入"4"阶段,烧结、球团区域顺利导入"0"阶段;将金牛奖、优秀小组、优秀亮点等评比活动纳入常态化管理,提高全体职工参与的积极性。年内累计开展小组活动 831 次,查找问题点 10533 项,完成整改 10428 项,整改率 99%;完成改善亮点 987 个、合理化提案 191 个、制作 OPL 课件 816 件、制作三现地图 220 件,有效改善职工工作环境。

(陈俊生)

【安全管理】 2015 年,炼铁部全面落实安全生产责任和措施,持续强化安全基础管理。开展转动和传动部位、皮带通廊、浴室安全专项整治等活动,作业部级安全检查 53 次,作业区级检查 230 次,对责任单位及相关责任人员落实考核 3.1 万元,对隐患整改情况落实跟踪检查。对炼铁部全体职工进行安全知识、新安全法等培训 3219 人次,并定期组织应急预案演练,大力推进安全文化建设,全年杜绝因工死亡事故、重伤事故、重大火灾事故、甲方责任交通事故、压力容器爆炸事故,千人负伤率 0。

(王凤海)

【组织建设】 炼铁部深入开展组织工作,不断完善党建基础。一是召开"中国共产党北京首钢股份有限公司炼铁作业部第一次代表大会",选举新一届党委和纪委委员会、党委书记及纪委书记、副书记,以及出席股份公司党代会代表。二是扎实开展"三严三实"主题教育活动,组织处级以上领导干部按进度做好每个专题学习阶段的集中学习、交流研讨等工作。三是精心组织,确保以"严格党内生活,严守党的纪律,深化作风建设"为主题的 2015 年民主生活会高质量开展。四是在基层党组织和全体党员中开展"创先争优"活动、季度党员创"六优"评比活动、"降本增效当先锋,我为党旗添光彩"主题活动等,共评选出季度"六优"党员 157 人。五是抓好党员发展、转正基础工作,发展党员 15 人,按期转正党员 14 人。同时重新组建、完善党组织架构,完善后共有党支部 16 个,党小组 77 个,党员 869 人,其中预备党员 14 人。

(王雪冬)

【企业文化建设】 炼铁部一是面对铁前整合的新形势,组织编辑《炼铁人》电子杂志,以降本增效、技术创新、典型人物、重大检修宣传为重点,把党委的声音传达给职工,把创新发展的成果展现给职工,鼓舞职工牢记使命,务实创新,锐意创优,激情创业,为作业部全年任务目标的完成提供思想保障。二是组织职工参加在职职工住院医疗、意外伤害和重大疾病三项互助保险,为职工减轻因疾病和意外伤害所造成医疗负担,确保作业部在册职工全员投保;同时认真做好职工三项互助保险报销、首钢帮困基金申请、职工健康体检等工作,全年共上报住院保险报销 50 人次,意外保险 5 人次。三是做好帮扶工作,深入开展"心系职工,共筑和谐"为主题的送温暖活动,合计捐款 93940 元,为困难职工 65 人发放慰问金和慰问品,为退休劳模 2 人、在职劳模 2 人、骨干发放 20 人慰问品。四是举办"我的炼铁、我的家"主题参观、迎新春棋类比赛、趣味运动会、乒乓球比赛、台球比赛、青年志愿者爱心服务、双争课题攻关等系列活动,为炼铁部大家庭进一步融合注入活力。同时,组织职工参加股份公司的文体活动,获得优异成绩的同时,充分展示炼铁人风采。

(王雪冬)

【廉政建设】 炼铁部一是加强节前党风廉政教育工作,营造风清气正的氛围,要求各级领导干部和有业务处置权人员要算好政治账、经济账、名誉账、家庭账、亲情账、自由账、健康账等人生这"七笔账",牢固树立纪律和规矩意识,在党风廉政建设上始终保持清醒头脑。二是严格落实党风廉政建设责任制。把党风廉政建设工作纳入全年整体工作,与生产建设工作同安排、同部署、同落实、同检查、同考核,并明确党政"一把手"是责任目标制定、检查、考核和实施责任追究的第一责任人。三是针对节日等特殊时期,加大节前教育力度,坚持制度与自律相结合,确保干部行为规范。四是发挥效能监察作用,全年确定降低高炉焦炭消耗、降低炼铁工序原料消耗、烧结工序增加回吃首钢股份公司固废三个效能监察项目,并做好监察、审核和指导、结项等工作,其中烧结工序增加回吃固废项目被总公司党委评为优秀效能监察项目。

(王雪冬)

股份公司炼钢作业部

【炼钢作业部领导名录】

书　记:张　涛(11月任职)

副部长(主持工作):彭开玉(11月任职)

副书记:吴广丰(11月离任)

副部长:黄怀富

首席电气工程师:郝殿国

(王 磊)

【概况】 股份公司炼钢作业部(以下简称炼钢作业部)始建于 2003 年 6 月,2010 年配套项目全面投产稳定运行,具有 800 万吨生产能力。2015 年,面对"实现迁钢二次创业新跨越"新任务新要求,炼钢作业部认真贯彻两级公司职代会精神,以全年工作预算目标为导向,坚持全面部署、多点突破、重点管控的工作思路,完成公司下达的各项生产经营任务,尤其在生产成本管控、产品质量提升、提高劳动效率等方面均取得成效,作业部全年保持安全顺稳态势。

炼钢作业部设有 5 个专业科室、13 个作业区。截止到 2015 年年底,共有在册职工 1701 人,处级 5 人,科级 46 人,一般管理 174 人,生产操作 1476 人。在册职工中有党员 615 人、团员 59 人,党团员占在岗职工的 39.62%。

(潘冬梅)

【产量和指标】 2015 年,公司钢产量计划 730.7 万吨(预算 755.4 万吨),全年实际 733.46 万吨。一炼钢完成 399.62 万吨;二炼钢完成 333.84 吨。在重点指标的管控上取得显著效果,钢铁料消耗 1086.39 千克/吨,达到较好水平。副枪自动化炼钢在铁水、原料条件恶化的情况下,保持去年整体水平,BH 钢过剩碳合格率 90.28%,比目标升高 25.28%,比 2014 年升高 31.28%。恒拉速指标继续保持在 97.8% 以上,全年平均每月进行插隔板 33 次,调宽 43 次,异断面连浇 52 次。板坯一检查合格率一、二炼钢分别完成 99.41% 和 99.64%。综合合格率一、二炼钢板坯分别完成 99.79% 和 99.87%,2015 年管线钢热轧板卷夹杂物一检不合比例平均 2.06%,高级别管线钢氮含量平均 32.11ppm,夹杂物控制较好,高级别管线一检不合比例 0.88%。整体控制水平较好,铸坯 O5 板判成率 85.91%,中包全氧平均 19.61ppm,GA 板成品碳含量 11.29ppm,表明迁钢已经具备高档 O5 板生产能力。

(张立国)

【降成本工作】 面对市场持续低迷、成本压力进一步加剧的局面,2015 年度围绕迁钢公司年预算安排,为降低炼钢工序成本,年初制订并深入推进《2015 年炼钢系统降本增效工作方案》,作业部开展少渣冶炼、降低中包铸余、降低钢包剩钢、增加渣钢、降低耐材、调整外购废钢比例等措施,并按照每季度目标稳步推进各项措施,2015年实际降低工序成本完成20.5元/吨,降本总额14989万元。

（贾　毅）

【品种钢生产情况】　2015年,炼钢作业部形成钢种牌号齐全的产品集群,实现电工钢、汽车板、管线钢、高强钢、焊瓶钢、热轧酸洗板、耐候钢、车轮钢、船板等在内计19个系列400多个牌号的稳定生产,全年共完成不同系列的35个新牌号的试制、冶炼工作。冷轧用钢以迁顺产线汽车板钢种、家电板新品种开发为主,2015年随着汽车外板产量的增加和用户要求的提高,针对宝马、一汽、长城、吉利等重点用户的汽车外板进行单独组织,大力推进控制计划,加强原料、设备、工艺和操作管理。通过与宝钢对标,转炉终点氧400—650ppm、BH钢过剩碳合格率和中包氧≤23ppm合格率达到宝钢水平。管线钢受市场影响订单量严重不足,2015年总产量仅约20万吨,与年预算50万吨的目标相差较大。新产品方面成功开发军工用2.6毫米X65管线钢、海底抗酸X60MOS、正火态抗酸J55NS及含Mo X65MS等;产品认证方面,进行中俄东线21.4毫米X80的小批量认证试制、新粤浙18.4毫米X80单炉认证试制及与胜利联合开发美国管线市场。高强工程机械钢完成供宝骏达的SQ960E完成批量使用,质量良好;专用板系列高碳锯片钢实现品种牌号的系列覆盖,针对该品种订单小、规格杂、铸坯裂纹敏感性强的特性,在扩大异断面连浇方面开展攻关。为适应市场变化,调整产品结构,2015年5月,方坯停止生产。

（郝丽霞）

【6σ管理】　2015年,炼钢作业部有11个六西格玛项目申请结题,参加评审。4人通过六西格玛注册黑带考试。

（杨晓艳）

【规程管理】　2015年,炼钢作业区下发规程更改通知单27个,涉及工艺、设备和安全方面的补充。11月启动所有规程梳理修订计划,12月所有规程审核完毕。除外围天车规程,炼钢作业部重新修订所有规程,新制定12个规程。所有规程新增联系确认部分,规程变为"三规两制"。

（杨晓艳）

【专利、专有技术】　2015年,炼钢作业部申报专利10项,2014年申报的专利授权3个;2014—2015年申报项目共受理专利7个。2015年专有技术由全员管理创新平台申报,作业部共申报2个专有技术。

（杨晓艳）

【取向硅钢生产】　2015年,炼钢作业部取向硅钢总产量突破20万吨,增至20.24万吨,较2014年提升5.78万吨,实现低温HIB稳定放量生产。2015年取向硅钢综合炼成率98.33%,较2014年97.77%提高0.56%。2015年取向硅钢浇次总兑现率98.39%,较2014年94.44%提高3.95%。窄成分攻关进展显著,HiB取向硅钢铝满足±10ppm的比例由2014年的84.7%提高至2015年的90.99%,HiB取向硅钢氮满足±3ppm的比例由2014年的84.6%提高至2015年的91.05%,HiB取向硅钢Ti≤20ppm的比例由2014年的85.08%提高至2015年的91.54%。

（赵艳宇）

【无取向硅钢生产】　2015年,炼钢作业部共生产无取向硅钢123.77万吨,月均产量10.31万吨,与2014年基本持平。2015年无取向硅钢炼成率99.84%,较2014年99.65%提高0.19%。2015年无取向硅钢的浇次兑现率96.37%,较2014年93.69%提高2.68%,全年无取向硅钢异常终浇发生18次,较2014年34次降低16次,生产稳定性整体较好。在新产品开发方面,2015年根据客户的个性化需求,综合考虑制造成本,将无取向硅钢钢种牌号进行细分,较2014年新增3个新钢种,并配合硅钢部开展成分调整试验,开发多个以低牌号钢种生产高牌号冷卷成品的产品,降低成本提高市场竞争力。

（赵艳宇）

【转炉煤气掺烧焦炉煤气】　炼钢作业部在3号套筒窑中修期间,现有转炉煤气热值不能满足1号、2号套筒窑生产需求,严重影响作业部的产能,经研究采用转炉煤气掺烧焦炉煤气方式,提高燃气热值。此项目走技改工程给1号、2号套筒窑铺设直径273×8高压焦炉煤气管道,经减压阀站减压后供1号、2号套筒窑使用,此项目从电子版来图至具备掺烧条件,前后总计用时37天。掺烧后从设备使用、工艺条件、工艺控制等方面满足使用要求;500TPD套筒窑日产能500吨以上,满足作业部生产所需白灰量;窑底出灰排出的温度下降6℃,有利于成品皮带运行安全。炼钢作业部1号、2号套筒窑完成掺烧焦气后,三座套筒窑都具备掺烧条件,通过更改转炉煤气回收条件,提高转炉煤气回收量。

(田玉刚)

【套筒窑成品间新增除尘设施】 套筒窑成品间改造后,增加多处产尘点,原有除尘设施风量不能满足改造后除尘要求,现场粉尘污染严重。为此新建一套总处理能力为 270000 立方米/小时的除尘设施。2015 年底投入使用,除尘效果良好。

(刘 勇)

【除尘器升级改造】 原炼钢转炉二次除尘设计排放浓度 30 毫克/立方米,为使颗粒物排放浓度达到特别排放限值 15 毫克/立方米的标准,对一炼钢二次除尘 1—4 号除尘器进行升级改造,经过增高除尘箱体、加长除尘布袋、优化进风口等改造,2015 年底完成 1—4 号除尘器升级改造工程,排放浓度达到要求。

(刘 勇)

【机构变革】 6 月 3 日,炼钢作业部举行方坯停产仪式。公司领导李景超、办公室主任朱景利出席;炼钢作业部领导、科级管理人员、相关专业人员、方坯作业区干部职工计百余人参加仪式。仪式由炼钢作业部部长张涛主持。

(耿 翔)

【企业文化】 7 月 16 日,炼钢作业部第五届主题合唱晚会在迁钢小区多功能厅上演,由各单位职工及家属组成的 15 支合唱队伍,来自各个岗位的干部职工近 400 人观看演出。

(耿 翔)

【党建工作】 10 月 21 日,中国共产党北京首钢股份有限公司炼钢作业部第一次代表大会在炼钢办公楼召开,炼钢作业部各支部党员代表 94 人,为作业部改革发展新阶段的党建与思想政治工作建言献策,选举产生炼钢作业部第一届党委会、纪委会及出席股份公司第一次党代会代表。

(耿 翔)

股份公司热轧作业部

【热轧作业部领导名录】

副部长(主持工作):于洪喜

党委副书记:陈小伟

副部长:谢天伟　李　彬

首席工程师:江　潇

部长助理兼设备管理室主任:李晓磊

(陈小伟)

【概况】 迁钢公司热轧作业部拥有两条热连轧生产线。一热轧主体设备是 1 套德国西马克、西门子公司与首钢合作设计制造,辊身长 2250 毫米的半连续热轧带钢轧机(简称 2160 轧机),2006 年 12 月 23 日建成投产;二热轧主轧线设备设计及制造为中国一重集团,主轧线电气自动化系统、高温感应加热炉、边部加热器设计及供货为 TMEIC 公司,加热炉蓄热式烧嘴、燃烧控制系统及二级系统设计及供货为 ROZAI 公司,侧压机设计及供货为德国西马克公司,其他设备及配套设计和供货均为首钢国际工程公司,2009 年 12 月 14 日投产。

热轧作业部下设综合办公室、政工室、生产技术室、设备管理室、安全环保室、一热轧轧钢作业区、二热轧轧钢作业区、精整作业区、生产准备作业区、天车作业区。在册职工 676 人,协力职工 301 人。在册人员中,男职工 581 人,女职工 95 人,35 岁以下职工 526 人,占职工总数的 77.81%,全厂职工平均年龄 33 岁。管理岗位 151 人,其中作业部领导 6 人、科级 25 人,一般管理 120 人,平均年龄 34 岁;操作岗位 525 人,平均年龄 33 岁。大专以上学历 540 人,占职工总数 79.88%,其中博士 1 人、硕士 43 人,硕士以上占职工总数 6.51%;中级职称以上人员 78 人,占职工总数 11.54%;持有技能证中级以上 364 人,占操作岗位职工总数 69.33%,其中高级技师 5 人、技师 24 人。党员 246 人,团员 58 人,35 岁(含)及以下青工 526 人,占在册人数的 77.8%。全年完成协商一致解合在册 36 人、劳务用工 49 人。

(邓海宾、尹海霞)

【主要指标】 2015 年,热轧作业部产量 712.31 万吨(计划 705 万吨),其中一热轧 378.566 万吨,二热轧 333.743 万吨,较 2014 年提高 8.15 万吨。平整机产量 79.42 万吨,其中 1 号平整线 46.32 万吨,2 号平整线 33.1 万吨。截至 2015 年底迁钢热轧已累计轧钢 4965 万吨。酸洗板轧出 48.7 万吨,较 2014 年增加 9 万吨;硅钢 142.4 万吨,较 2014 年增加 4.9 万吨,其中取向硅钢 19.2 万吨;汽车板 177 万吨,其中外板 16.4 万吨。

(刘杏荣)

【品种钢开发】 2015 年,热轧作业部进行 24 项新钢种开发,包括管线钢、酸洗板、高强钢、高扩孔钢等。汽车板方面,完成新钢种 60AA1、71AA2、M4A11、68AU1、69AA1 轧制;硅钢方面,实现 Q21G 等薄规格化生产,进行新钢种 Q91G、S18Y、S28 的试制;管线钢方面,进行海底抗酸 X60MOS、正火态抗酸 J55NS、抗挤毁 TG26T、军工野战 X65 的开发;在酸洗板方面,进行 SPHF - P、370LS - P 的开发以及 QS420 - P、QS460 - P、QS500 - P 的稳定化生产;在高强钢方面,完成酸洗高强 S600MC - P、650MC - P、700MC - P、改进型耐候钢 1.6 毫米规格 S355J0W、先进高强钢(AHSS)FB45 和高强钢 SQ960E 试制及小批量供货。

(王学强)

【质量管理】 热轧作业部按照"作业区日总结、生技室周分析、作业部月推进"质量管控方式,日清日结、闭环控制。作业区分解缺陷指标、细分"上墙"(30 余种),每天早调会就轧线成材率、一检、切损等指标进行汇报;每周生技室发布、讲评、布置;每月作业部组织质量例会,持续推进、落实奖惩。通过技术攻关,减少待处理切损以及平整小卷外销等手段,2015 年综合成材率完成 97.35%(2015 年第 4 季度清理库存,集中检废 2013 年到 2015 年试验、试制品钢卷及板坯亏重影响约 0.18%,核减后完成成材率 97.53%,完成 2015 年预算 97.45%),其中 6 月达到最高水平 97.74%。

(于 千)

【技术进步】 热轧作业部在规格拓展方面,成功实现 1.2 毫米极限规格、1.45 毫米集装箱、1.5 毫米 700MPa 高强工程机械用钢、25.4 毫米 X70 管线钢等极限规格拓展,提高整体接单能力;在低温轧制方面,1.6 毫米薄规格集装箱由 1290℃ 降低到 1240℃、2.0 毫米由 1280℃ 降低到 1220℃、低碳铝镇静钢出炉温度由 1200℃ 降低到 1130℃、IF 钢出炉温度由 1260℃ 降低到 1150℃、德标 QS420 - P、QS500 - P 等由 1270℃ 降低到 1240℃;在指标提升方面,高强汽车板楔形命中率由 78% 提高到 86%、取向硅钢毛边率由 42% 提高到 84.4%、一热轧实现 11 个钢种批量投入西门子"U"型冷却功能开发且头尾命中率达到 83% 以上、二热轧宽度命中率由 98.5% 提高到 99.8%、平整两线平均质量合格率由原 88.9% 提升至 98.7%。

(王学强、曹瑞芳)

【降本增效】 热轧作业部实行从作业部领导到科级单位再到责任人逐级负责制,围绕成本指标、带出品、结构调整以及工序协同等四个方面,制定计 82 项控制措施,将措施层层分解到人;制定严格的管理推进制度和奖惩措施,确保降本增效按计划推进。2015 年,热轧加工费预算 241.1 元/吨,实际 235.06 元/吨,比预算降低 6.04 元/吨。

(李金保)

【订单兑现】 2015 年,热轧作业部以订单兑现为核心,克服小批量多品种现状,优化计划编排,加强生产组织,加强质量管控,推进订单兑现率提升。2015 年热轧工序外销订单(含顺义冷轧)总体兑现率 97.84%,重点客户订单兑现率由 2014 年的 82.5% 提高到 91.32%。

(贺春地)

【提升质量服务意识】 2015 年,设备系统从转变意识、快速响应、立即行动、沟通协作、持续攻关、建立标准六方面建立产品质量服务体系,为热轧新产品试制和产品质量提升奠定基础。全年一热轧进行设备改进及优化工作 156 项,其中用于改善和改进产品质量项目 57 项,占比 36.5%;二热轧进行设备改进及优化工作 114 项,其中用于改善和改进产品质量项目 42 项,占比 36.8%。2015 年,热轧作业部持续推行关键质量设备管理,重点围绕和产品质量相关的设备功能精度、数字化关键质量设备评价系统攻关。全年通过生产、工艺、设备三方持续攻关,并通过评价方向生产转移的管理深入,全年轧机整体刚度保持率稳定,一热轧平均刚度保持率 89%、二热轧平均刚度保持率 93%。

(东占革、周广成、高 伟、马夫明)

【维护区域及资源整合】 年初、年中,一热轧维护和检修业务两次进行优化改进。减员增效方面,核减设备管理室定员在册职工 14 人、劳务用工 6 人;核减六家维检单位约 65 人,年产生效益 567 万元。

(李晓磊、崔 鹏、高 伟、马夫明、东占革、周广成)

【质检业务整合】 为优化管理流程,提高管理效率,12 月 1 日起,质检热轧区域 75 人人事关系划入热轧,完成质检人员划转及减员增效任务。

(尹海霞、赵 阳)

【组建轧钢工学习团队】 2015 年 1 月,热轧作业部创建轧钢工学习交流团队,制定详细的团队活动方案,分别由获得 2014 年全国"宝钢杯"第十名的张月林和获得 2012 年北京市轧钢工职业技能竞赛第一名的赵祥牛作为团队带头人,同时邀请作业部内参加过多次职业竞赛的裁判员王学强、李炎龙为团队教练,共同促进团队素质提升。全年组织 10 期团队活动。

（尹海霞）

【党群工作】 2015 年,热轧作业部开展"过好政治生日,发表优秀提案,为支部增光,为党旗添彩"主题实践活动,结合党员量化考核,全年评选产生季度"党员之星"32 人。开展"争创青年创新团队,争当青年创新先锋"活动,全年申报 40 项"双争"课题,全年评选产生季度"青年创新先锋"32 人。成立 16 个创新攻关团队,每季度召开一次创新攻关成果汇报会,推动技术进步。16 个作业区、68 个班组、16 个岗位参加小指标劳动竞赛活动,累计奖励 374300 元。开展职工谈心 1819 人次,入户巡访 278 户,慰问困难职工 13 人次,慰问骨干职工 18 人次,一线劳模 2 人,退休劳模 1 人,发放慰问品 24 份、慰问金 25600 元。强化纪律和作风建设,开辟《滴水见太阳——作风透视镜》栏目,全年累计发布 12 期,正能量案例 84 项、负面典型案例 82 项,通过案例,发现问题,提出警醒,营造"沟通团结、精细严格、学习创新、拼搏进取"的文化氛围。

（陈小伟、牛　科）

【安全生产】 热轧作业部通过各级培训与综合培训相结合方式,拓宽培训方式、方法,持续改进提高培训质量,全年组织各类培训近 30 场次,总数 2200 余人次。全年进行安全生产大检查 9 次,组织专业检查 179 次,检查作业区 392 个次、班组 851 个次、抽考 4731 人次,检查压力容器 172 套次、天车 91 台次,抽查检修安全措施 421 份;全年签发落实安全专业考核单 8 份,安全考核 20500 元,落实 7 人次效益工资考核 100%,1 人 50%;签发内部罚款通知书 26 份,累计罚款 51000 元。全年累计处理各类安全隐患 146 项。在重大节假日、重点时期、"安全月"等时间段,开展知识竞赛、专项培训等,推动安全文化建设。

（崔国忠）

【TPM 管理】 热轧作业部各单位组织 TPM 管理各小组开展小组活动 879 次,发现不合理问题点 12830 项,解决 12827 项。制作 OPL 教材 462 份,提报改善亮点 1251 项。

（陈小伟、杨春明、韩　瑞）

股份公司硅钢事业部

【硅钢事业部领导名录】
　部　长:孙茂林(10 月任职)
　副部长:张广治　张连福　龚　坚
　首席工程师:赵东林　翁晓羽　白昆军
　　　　　　　梁　元　夏兆所　张琼予
　部长助理:蒋本君　员大保　齐杰斌
　党委书记(兼):孙茂林(11 月任职)
　党委副书记:唐东育

（张　扬）

【概况】 首钢股份公司硅钢事业部是集研发、制造、销售、服务为一体的硅钢产研销基地。事业部下设综合办公室、政工室、生产管理室、质量一贯室、技术一贯室、营销管理室、安全管理室、设备管理室 8 个职能基层机构,一作业区、二作业区、三作业区、精整作业区、动力作业区、生产准备作业区 6 个作业区。从业人员 1362 人,平均年龄 32 岁,其中在册职工 1143 人,协力人员 219 人,管理人员 306 人,操作人员 1056 人;博士 6 人,硕士 61 人,本科 378 人,大专学历 557 人,高级工程师以上 15 人,助理工程师 62 人,工程师 98 人。

2015 年,硅钢事业部围绕"质量提升、制造能力提升、研发水平提升、服务水平提升",首钢电工钢总产量突破 130 万吨,取向电工钢实现 15 万吨目标,产品质量持续提升,实现 24 台 500 千瓦高电压等级变压器的应用,首钢电工钢市场影响力持续提高。

（张　扬）

【生产情况】 2015 年,硅钢产量 133 万吨,其中无取向中低牌号硅钢产量 95.5 吨,无取向高牌号硅钢产量 22 万吨,取向硅钢产量 15 万吨。

（赵运攀）

【销售情况】 2015 年,电工钢销售 129.2 万吨。其中无取向电工钢共计销售 118.5 万吨,较 2014 年增长 4.9%,市场占有率达到 17.9%。取向硅钢共计销售 10.72 万吨,较 2014 年增长 29%,市场占有率达到 8.8%。全年现货共销售 7.5 万吨,占总销售量的 5.8%。2015 年全年签订出口合同量 5.2 万吨,比 2014 年增长 20.1%;其中取向硅钢增加 0.2 万吨,增长率 1060.7%;无取向增加 0.6 万吨,增长率 13.32%,共计出口 17 个国家和地区。2015 年,晓星、特变、保变等企业使用首钢取向产品制造 24 台 500 千瓦级变压器,全部完成认证,各项性能指标检测均优于设计值。

(员大保、吴　磊)

【技术开发】　无取向电工钢全年新开发 8 个钢种 19 个新成品,通过 14 家新用户或新产品认证工作,3 个产品 50SW400、35SW440、50SW470 获得 2015 年"金杯奖"认证。取向产品全年新开发 31 家用户,通过 23 台 500 千瓦电压等级变压器产品认证。针对在产品制造、性能提升、工序稳定性等方面存在的问题,共开展攻关项目 32 项,解决制约高牌号高效提质增量、取向钢正品率偏低、一次酸洗等 62 项问题,固化 CP 及控制附件 167 项。

(胡志远)

【质量提升】　2015 年,无取向中低牌号成材率 95.41%,高牌号成材率 89.89%,无取向综合成材率 94.65%,取向成材率 78.30%,无取向中低牌号一检合格率 98.55%,高牌号一检合格率 97.92%,取向一检合格率 81.55%,指标较 2014 年均有明显提升。2015 年,组织开展激光刻痕攻关工作,刻痕速度由每分钟 60 米提升至每分钟 90 米,提升产能 50%。开展 0.30 毫米/0.27 毫米钢种励磁功率研究,降低 15% 左右,在铁损最优状态下励磁功率接近国内先进企业水平。为确保双环形炉生产,轧制毛边卷 1878 卷。完成毛边卷工艺摸索、板面磁性能分析、毛边卷带钢边裂分析等。

(商光鹏)

【设备隐患排查】　为消除设备隐患,保设备运行稳定,按照硅钢事业部提出"五导向、三零、两消除"的工作目标,其中两消除指的是消除设备隐患和消除安全隐患,为落实消除设备隐患这一工作,硅钢事业部设备室建立设备隐患排查闭环管理工作机制,2015 年,设备系统实时排查整改设备隐患问题 2877 项,通过发动设备系统、维护单位、生产岗位全员对设备隐患及时发现及时处理,全年有效保证各机组生产顺稳。

(杨建文)

【设备检修、改造】　2015 年组织检修 234 次,完成检修项目 33066 项;设备改造和工艺升级项目共有 87 项,已完成项目 48 项,已完成项目占 41.2%。其中"APL1 余热回收工程"是 2015 年硅钢事业部降本增效的一个重点项目,计划 2016 年投入使用。

(李冠良)

【冷轧配套项目】　4 月 29 日,总公司董事会决策该迁钢冷轧配套完善项目立项。截止到 12 月底,完成 9 个国内重点采购合同的签订,其他国内合同招标准备工作基本完成;涉及国内的设计交流工作已全部完成。

(王承刚)

【安全管理】　2015 年,硅钢事业部安全管理工作以安全隐患排查工作为核心,完成管理规定的制定、明确各级行政领导和各级系统进行职责分工;完成事故隐患排查工作从排查与确认—整改实施—复查验收—整改评价—统计上报闭环管理流程的疏通;并根据实际情况制定隐患排查奖惩办法并实施。截至 2015 年底,硅钢事业部提报、整改安全隐患 392 项,已经全部完成整改。

(郝志强、车　峰)

【环保管理】　2015 年,硅钢事业部持续完善硅钢事业部环保管控体系。按照《GB/T24001—2004/ISO14001:2004 环境管理体系》目标控制要求,结合硅钢事业部生产实际情况,修订完善并分布各类废气、废水的排放指标,全年实施开展全过程环保检测、监督、管控等一系列工作。全年共组织环保专项联合检查 10 次、综合大检查 2 次,查出典型环保问题 13 项,均已完成整改,保证事业部良好稳定的环保状态,完成全年环保综合达标率 100% 的目标。

(郝志强)

【降本增效】　2015 年,公司下达硅钢事业部降本增效任务 12907 万元,其中无取向 3744 万元,取向 9163 万元。事业部围绕工艺降本、降低辅材及动力能源消耗、降低制造费用等方面全面开展降本工作,全年累计完成降本 10085 万元,其中无取向累计完成降本 7163 万元,吨钢降本 60.71 元,超额完成无取向降本任务;取向累计完成降本 6459 万元,吨钢降本 194.77 元。

(胡志坤)

【用户技术服务】　2015 年,硅钢事业部开展用户技术研究 10 项,完成用户档案 10 份,用户需求改善与识别 65 项,用户服务 689 人次,实现 3 个区域长期派驻式服务,解决制约用户各类典型问题 46 项,与特变沈变、保变天威、无锡普天 3 家用户建立联合实验室。全年通过 14 家新用户或新产品认证工作,新开发 31 家用户,通过 24 台 500 千瓦电压等级产品认证,进行 0.23 毫米产品在节能配变领域的推广。

(员大保、于海光)

【TPM 管理】 硅钢事业部全年共开展清扫活动 1224 次,处理不合理问题点 13157 个,提报改善亮点 1087 个,完成焦点课题 24 个。全年两次获得公司 TPM 推进"金牛奖",获得"2015 年第一期股份焦点课题推进优秀组织单位"。全优润滑推进实现润滑油润滑脂费用下降 29%,点检管理推进完成点检卡 206 份,修改点检标准 46 份,完成点检困难部位治理 100 项。51 个活动小组中,完成四阶段验收 14 个,其余小组全部完成三阶段验收,全面进入四阶推进工作。

(祝伟纲、张冶)

【人才培训】 2015 年,硅钢事业部共组织在职班组长和后备班组长培训 132 人次、特种作业取证复审培训 492 人次、职业技能等级鉴定培训 276 人次。继续开展《感受市场、感知用户》"取向硅钢基础知识"等系列培训》《钢材轧制与表面处理》专业弹性学制班等各类培训共计 665 场,累计参训 13802 人次,共覆盖工艺技术、安全生产、规章制度、设备管理、事故案例、TPM 管理等类别培训内容,努力做到"夯实基础能力攀升"。

(祝伟纲、王菁建)

【党群工作】 2015 年,硅钢事业部党委围绕生产经营工作为中心,不断完善组织建设,全年发展党员 17 人,发展对象逐步向基层骨干倾斜,进一步壮大基层党员队伍;组织青年骨干开展青年"双争"课题攻关活动 43 项;开展纪念中国人民抗日战争暨世界反法西斯战争胜利 70 周年系列活动、纪念硅钢项目投产五周年系列活动等,为硅钢事业发展攻坚克难提供思想保证。

(王冬冬、李 哲)

股份公司钢材加工作业部

【钢材加工作业部领导名录】
　副部长:蔡耀清(主持工作)
　首席工程师:兰代旺
　党委书记:张东明

(林立伟)

【概况】 钢材加工作业部是迁钢公司的配套工程,2010 年 7 月成立,有热卷开平生产线 2 条、罩式炉生产线 1 条、热轧酸洗生产线 1 条、酸洗卷破鳞拉矫生产线 1 条、酸洗卷开平生产线 1 条。其中 1 号热卷开平生产线为进口生产线,年设计产能 45 万吨;2 号热卷开平生

产线为国内设计制造,年生产能力 20 万吨。罩式退火线 2011 年 6 月 28 日投产,年设计产能 12 万吨;热轧酸洗生产线 2012 年 9 月 28 日正式投产,年设计产能 77 万吨。酸洗卷破鳞拉矫线年设计产能 30 万吨;酸洗卷开平线年设计产能 12 万吨。钢材加工作业部设有 3 个科室,1 个作业区,在册职工 166 人,外协职工 99 人。其中:研究生 6 人,本科 22 人,大专 49 人,中专 8 人;高级职称 2 人,中级职称 13 人,助理工程师 5 人;高级技师 2 人,技师 7 人,高级工 27 人,中级工 17 人,初级工 44 人。

(林立伟、张玲会、陈国燕)

【主要指标】 2015 年,钢材加工作业部生产热轧开平板 10.45 万吨,其中品种钢 9.35 万吨,占总产量 89.44%;普碳、低合金 0.61 万吨,占总产量 5.86%,法兰 0.49 万吨,占总产量 4.7%。综合成材率 98D11%,比 2014 年降低 0.15%,其中毛边成材率完成 98.96%,切边成材率 97.42%。2015 年生产酸洗卷 39.81 万吨,综合成材率 97.04%,比 2014 年降低 1.39%,其中毛边成材率完成 97.88%,切边成材率 95.67%。

(陈 波、刘恩庆)

【品种钢开发与认证】 2015 年,钢材加工作业部酸洗板以汽车钢、家电钢开发为主线,1—12 月酸洗板累计生产 39 万吨,其中汽车钢、家电钢 10.03 万吨,占酸洗板订单总量的 25.2%。在 2014 年基础上,实现对美芝、郑州日产、青岛五菱等重点客户的稳定供货。2015 年通过迈纳拓、海立美达等汽车厂认证并开始批量供货。2015 年根据客户个性化需求制定 2 个新牌号,优化 5 个汽车结构牌号。主要针对长城汽车(主机厂)、一汽轿车、神龙汽车、五菱汽车四家汽车企业以及三洋、广东美芝两家家电客户开展认证。

2015 年,加大直供户和三方直供户开发,1—12 月直供户渠道数量 52 家,比 2014 年增加 10 家;订货数量 18.6 万吨,比 2014 年增加 8 万;三方直供户渠道数量 54 家,比 2014 年增加 12 家,订货数量 16.6 万吨,比 2014 年增加 11.7 万。直供户和三方直供户订货量占合同总量的 64.71%。

(赵志刚、李景庆、宋春华、陈 军)

【设备管理】 钢材加工作业部全面推行标准化工作,完成部分台套设备的润滑基准任务书、设备清扫任务书等标准化文件的制定工作。完成点检标准的修订完善

工作,利用 TPM 管理平台开展设备台套综合治理及全优润滑工作,设备卫生改善,设备稳定运行水平提高。完成机旁库房的综合治理工作,库房管理水平提高,部分机旁备件上线,已完成所有备件的上线工作。完善"零"目标值管理奖惩机制;通过建立"七个零"管理目标责任制度,现场责任事故发生频率降低,有效保证现场设备稳定顺行,并降低各类消耗。"9·2"事故后,规范四家维护单位及设备室安全管理台账,完善专业技术管理台账、检修安全管理细则、操作牌管理规定、特种设备管理档案,综合治理现场各类设备设施隐患。

(于建升)

【安全环保工作】 2015 年,钢材加工作业部开办班长以上人员培训班,培训 38 人次;开办安全教育安全知识培训;组织职业健康体检 28 人;检查治理安全隐患51 项;下发隐患整改通知书 5 份,下发安全简报 6 期,安全部对作业部考核 4200 元,作业部对单位和个人罚款 9300 元;与施工单位 6 次签认安全施工协议,并按安全协议检查监督。全年开展季节性和节假日安全大检查活动;杜绝死亡、重伤以及各类事故发生。全年办理临时动火证 480 份、迁钢携出证 166 份,废票 5 张,更换即将到期的瓶灭器 308 瓶,酸洗线防火封堵完成。

(赵志刚、李国越)

【党建工作】 钢材加工作业部发挥党支部战斗堡垒、政治核心和党员先锋模范作用,推进基层党支部建设和党员队伍建设,强化基层党支部建设和党员队伍建设,确保生产顺稳、保持队伍稳定。2015 年,机关党支部获首钢先进党支部称号,开平作业区党小组获首钢先进党小组称号,酸洗作业区党支部获股份公司先进党支部称号,于建升等 3 人分获首钢和迁钢优秀共产党员称号。

(林立伟、王小军)

【培训工作】 钢材加工作业部培训管理本着提升员工安全意识,杜绝安全事故,提高设备操作技能,减少事故发生为目标,组织作业部内部培训 172 学时、1017 人次涉及设备管理、规章制度、工艺技术、安全管理和 TPM 管理等方面。完成在职班组长培训 9 人/次的培训工作,清华班组长培训学习 2 人/次。2015 年,84 人参加取证、复审培训班,其中岗位技能等级取证 15 人,电气焊取证 5 人,信号指挥取证 27 人,特种作业证复审37 人。

(林立伟、王小军、巩刚伦)

【设备持续改进项目】 2015 年,钢材加工作业部拉矫机组投入运行;酸洗线新增焊机项目;酸洗横切机组投入运行;两台天车改地面遥控操作,劳产率提高。

(于建升)

股份公司动力作业部

【动力部领导名录】

  部 长:程 华

  部长助理:许国峰

(曲英传)

【概况】 首钢股份公司动力作业部是水、压缩风、煤气、蒸汽等动力产品的生产供应单位,有 8000 立方米/分钟高炉鼓风机 1 台,7000 立方米/分钟高炉鼓风机 3 台,集中空压机站 4 座,喷煤空压机站 2 座,20 万立方米高炉煤气储气柜 1 座,15 万立方米焦炉煤气储气柜 2 座,15 万立方米转炉煤气储气柜 1 座,8 万立方米转炉煤气储气柜 2 座,30 万立方米高炉煤气储气柜 1 座,煤气干法除尘站 3 个,联合泵站 3 个,联合变配电站 1 个,配水泵站 1 个,除盐水站 2 个,污水处理站 2 个,综合水处理中心 1 座。动力作业部设生产技术室、设备管理室、综合办公室和供风、燃气、一供水、二供水、污水处理、管道运行作业区。在册人员 657 人,外协工 66 人。中层 1 人,基层 16 人,管理技术 40 人,操作 666 人;大专及以上文化程度 583 人;高级技师 2 人,技师 11 人,高级工 233 人,中级工 271 人;女职工 180 人;中共党员208 人。

2015 年,动力作业部落实"安全稳定保全局,优质低耗增效益"方针,实施精细化管理,完善设备工艺,提高技术经济指标,降低成本,全面完成动力产品供应任务。

(曲英传、李志杰)

【主要指标】 2015 年,动力作业部供应高炉鼓风 76.28亿立方米,压缩风 11.06 亿立方米。高炉鼓风电单耗76.9 千瓦时/千立方米,压缩风电单耗 116.6 千瓦时/千立方米。供应工业新水 2375.7 万立方米,处理工业废水 1945 万立方米,供应除盐水 869.87 万立方米,回用水 1739.29 万立方米,吨钢耗新水 2.78 立方米/吨,工业水循环率 98.4%。回收高炉煤气 120.19 亿立方米,转炉煤气 7.29 亿立方米,输送焦炉煤气 6.9 亿立方米。高炉煤气放散率 0.23%,转炉煤气吨钢回收 99.43 立方米/吨在满足生产的前提下控制总成。

(谢红艳、杨进许)

【管理创新】 动力作业部梳理岗位业务流程,优化岗位设置,通过破解设备操作、点检、维护人员各司其职的分工禁锢,摸索实践"操检合一"生产组织方式。制定《操检合一具体实施项目》《操检合一工作方案》。优化岗位操作人员到点检,扩充点检队伍,使点检人员在原工作内容的基础上承担起维护单位负责的项目,清理外包维护人员 335 人。通过岗位和点检人员培训,职工承担起设备运行操作、日常点检、维护保养、简单故障处理等多方面职能,实现"一岗多责"。

(李红月、曲英传)

【增收节支】 动力作业部从技术改造、工艺优化等方面入手,开展降本增效工作。2015 年,完成新接手的空压机六站改造,降低电费 104 万元;完成 2 号除盐水站 C 系统成品水供水方式优化改造,降低电费 20.72 万元;优化水系统中化药投加量,节约化药费 36.71 万元;完成水泵节能改造 6 台,每年节约电费 112 万元。

(谢红艳、杨进许)

【"9·2"事故】 9 月 2 日,葫芦岛市东华炉窑有限公司在热轧作业部中修过程中,在氧化铁皮渣沟内清渣作业时,在未对冲渣水泵是否开启进行确认且未采取安全防护措施的情况下作业,作业人员被冲渣水冲至旋流沉淀池发生淹溺事故,造成 7 人死亡。动力作业部作为冲渣水的供出部门,存在联系确认方面的问题,基础管理未落到实处,对岗位职工日常教育不到位,执行力存在偏差。事故责任人处理:动力作业部二供水作业区一热轧水处理丙班正值班工窦宝杰,对事故发生负有直接责任,移送司法机关追究刑事责任;动力作业部二供水作业区一热轧水处理丙班值班工李雅茹,对事故发生负有直接责任,给予记大过处理,扣减 4 个月效益工资;动力作业部二供水作业区一热轧水处理班长净晓星,对事故发生负直接班组管理责任,给予行政记过处理,扣减 3 个月绩效工资;动力作业部二供水作业区技术员张亮亮,对事故发生负专业管理责任,给予行政记过处理,扣减 3 个月绩效工资;动力作业部给排水专业技术员高江华,对事故发生负专业管理责任,给予行政警告处理,扣减 2 个月绩效工资;动力作业部二供水作业区首席副作业长杨亚辉,对事故发生负直接领导责任,给予党内严

重警告处分,扣减 4 个月绩效工资;动力作业部生产技术室副主任(主持工作)姜文豪,对事故发生负专业领导责任,给予行政警告处理,扣减 2 个月绩效工资;动力作业部部长助理许国峰,对事故发生负行政警告处理,扣减 2 个月绩效工资;动力作业部部长程华,对事故发生负重要领导责任,给予党内严重警告处分,给予撤职处理,扣减 6 个月绩效工资。

(曲英传、杨进许)

【环保管控】 2015 年,动力作业部完成脱硫渣场使用二级浓盐水改造项目,减少二级浓盐水外排量;在公司外排口加装氨氮在线监测装置,实现数据实时上传;在公司外排口加装自动取样装置,定时监测水质变化;完成公司 1 号、2 号、3 号高炉冲渣水及一炼钢、二炼钢焖渣水回收治理项目,保证在高炉、炼钢检修期间排水对污水外排和除盐运行的影响;对干法除尘卸灰区域进行封闭,避免扬尘污染空气;规范现场废油回收管理,减少污染;摸索电吸附除盐工艺,开展中试实验,探索新的污水处理工艺。

(杨 靖、杨进许)

【检修改造】 2015 年,动力作业部完成检修项目 663 项,其中机械项目 330 项,电气项目 132 项,计控项目 201 项。年内,完成公司厂区内蒸汽管网绝热改造项目;冲渣水回收再利用项目;水泵节能改造项目;15 万立方米转炉煤气柜皮膜漏点处理;优化改造 2 号除盐水站成品水供水方式;电力 CCPP 排水管道优化改造;空压机六站出口管道节能改造等项目。

(于俊波、杨进许)

【合理化建议】 2015 年,动力作业部围绕动力设备稳定运行、优化生产工艺、提高系统效率,提出并实施合理化建议 45 项。其中,"高炉冲渣及炼钢焖渣排水回收利用""关于二级除盐水送至综水区域的改造""3 号高炉鼓风机增容改造""一号高炉干法除尘卸灰封闭改造""高压焦炉煤气系统运行调整"等项目在节能降耗和环保控制方面具有显著的效果。

(杨 靖、杨进许)

股份公司电力作业部

【电力作业部领导名录】
党委书记:杨志勇(10 月任职)

副部长(主持工作):李双全(7月任职)

副部长:杜　斌(7月离任)

（杨　佳）

【概况】　股份公司电力作业部负责迁钢公司发电、供电、供汽工作。电力作业部下辖110千伏变电站8座、150兆瓦燃气蒸汽联合循环发电机组1台、50兆瓦燃气蒸汽联合循环发电机组2台、各25兆瓦汽轮发电机组2台、15兆瓦背压发电机组1台、30兆瓦高炉炉顶煤气压差发电机组1台、15兆瓦高炉炉顶煤气压差发电机组2台、6000千瓦饱和蒸汽发电机组2台以及26兆瓦烧结余热发电机组1台。电力作业部下设生产技术室、设备管理室、综合办公室、供电作业区、热电作业区、压差发电作业区、循环发电作业区共7个部门。职工485人,其中操作岗427人,管理39人,科级17人,处级2人。初级工12人,中级工142人,高级工167人,技师84人,高级技师28人。2015年,全厂大专以上学历职工436人,具有中级以上职称职工26人。

（杨　佳）

【主要指标】　2015年,电力作业部供电量38.17亿千瓦时,供电系统功率因数累计0.95;实际发电22.77亿千瓦时,其中余热发电4327万千瓦时,自发电61.26%(不含焦含轧),厂用电率计划7.3%,完成6.95%;吨铁发电量计划38.2千瓦时/吨铁,完成39.86千瓦时/吨铁;度电水耗计划3.0千克/千瓦时,完成2.7千克/千瓦时;外供次高压抽汽145839吨,低压抽汽(纯外供)536803吨。

（杨　佳）

【机构变动】　7月,电力作业部优化组织机构,余热发电作业区划归压差发电作业区,一循环发电作业区与二循环发电作业区合并,成立循环发电作业区。10月,按照股份公司党委批复,成立中共北京首钢股份有限公司电力作业部委员会及纪律检查委员会。杨志勇任北京首钢股份有限公司电力作业部党委书记、纪委书记、工会主席。

（杨　佳）

【电网改造】　8月26日,烧结总降电源由150兆瓦CCPP110千伏站供电,烧结变电站110千伏电网优化改造工程完成,年电费支出减少700余万元。从供电系统安全角度考虑,电网优化改造后,烧结总降增加一路电源,分别来自唐山供电公司两个220千伏变电站(驿南府220千伏站,郝庄220千伏站),提高烧结厂、余热发电机组供电安全性和内部电网的抗风险能力。系统改造减轻驿大线供电负荷,为矿业公司驿大线两条线路定期检修创造条件,缓解供电压力。

（杨　佳）

【成本掌控】　2015年,电力作业部综合发电成本计划316.29元/千千瓦时,通过合理调整机组运行方式,有效分配利用有限的二次能源,精准操作,全年综合发电成本累计完成299.53元/千千瓦时,比年计划降低16.76元/千千瓦时。

（杨　佳）

【增收节支】　电力作业部在保证生产顺稳基础上,通过合理安排生产及检修,峰期少用电,平、谷期多用电,降低电费开支,全年节省电费690万元;根据循发电作业区发电工艺自身需求结合动力作业部焦气加压机实际运行状况,将循环水系统改为3台循环泵运行,降低自用电。7月8日,动力加压机正式取消加压机冷却水压力联锁,与动力专业协定完成二循环循环水系统临时运行规定,二循环正式实施三台循环泵运行,可实现效益76.04万元。

（杨　佳）

【机组检修】　2015年,电力作业部全年编制检修计划78份,安排检修项目3002项,其中机械1487项,电气990项,自动化525项。涉及3号CCPP汽轮机上下缸体返厂进行维修;热电1号汽轮机转子第9级叶片断裂1片,返厂进行修复,更换第9级叶片(110片);完成热电两台锅炉炉前DN1800水封闸阀及DN1800电动蝶阀更换工作。

（杨　佳）

【安全工作】　电力作业部落实现场安全管理工作,全年抽查检修安全措施136份,有限空间危险作业审批表35份,检查劳保用品穿戴130多人次,检查特种作业人员持证上岗60多人次,检查临时电源敷设架接50多处,对查出的隐患问题严格落实"三定四不推"整改要求,由责任单位进行整改。2015年,电力作业部实现安全生产事故为零。

（杨　佳）

【队伍建设】　电力作业部选拔优秀青年人才充实干部队伍。2015年,2人挂职科级岗位,1人挂职部长助理岗位,作业部班子成员平均年龄从51岁降到48岁。截至 2015 年底，中共党员 185 人，其中大专以上学历党员 165 人，40 岁以下党员 106 人，实现干部队伍年轻化、专业化。

（杨　佳）

股份公司制氧作业部

【制氧作业部领导名录】

副部长（主持工作）:洪　君

党委副书记:周凤明

（倪海东）

【概况】 北京首钢股份有限公司制氧作业部承担着为炼钢、炼铁、热轧、硅钢等提供合格氧气、氮气、氩气，为迁钢公司的稳产、顺产保驾护航的任务。一期工程即一套 23000 立方米/小时机组，2003 年 8 月 20 日开工，2004 年 10 月 1 日正式投产;二期工程即一套 35000 立方米/小时机组，2005 年 8 月 22 日开工，2006 年 12 月 5 日投产;配套完善工程即三套 35000 立方米/小时机组，其中 3 号、4 号制氧机组 2008 年 3 月 31 日开工，分别于 2010 年 1 月 3 日、4 月 25 日投产;5 号制氧机组 2010 年 4 月 30 日开工，2011 年 11 月 20 日投产。目前已拥有一套 23000 立方米/小时和四套 35000 立方米/小时制氧机组。五套制氧机组均采用低温精馏原理，规整填料塔、全精馏（无氢）制氩、内压缩流程，是集法国、瑞士、德国等国家的先进技术于一体的制氧设备。总生产能力:氧气 162500 立方米/小时;氮气 188000 立方米/小时（含中压氮 59000 立方米/小时）;氩气 6425 立方米/小时。产品纯度:氧气≥99.6%;氮气≥99.99%;氩气≥99.99%。

制氧作业部在册职工 157 人，研究生学历 7 人，本科以上 61 人，专科 79 人，专科以下 10 人;高级职称 4 人，中级职称 7 人，初级职称 30 人;高级技师 7 人，技师 27 人，高级工 54 人，中级工 53 人。

（倪海东）

【主要指标】 2015 年，制氧作业部生产纯度为 99.60% 的氧气 71474.39 万立、液氧 4096.59 万立，纯度为 99.99% 的氮气 88603.77 万立、液氮 2184.92 万立，纯度为 99.99% 的液氩 2441.62 万立。在保供的前提下降低总成本 1834.8 万元，圆满完成各项生产任务。全年氧气放散率 3.86%;去除检修因素的影响完成 2.25%，完成计划指标。全年氮气放散率 5.48%;标准状况下每立方米制氧单电耗 0.64 千瓦时;标准状况下每立方米制氧综合电耗 0.79 千瓦时;新水单耗 1.4 吨/立方千米;蒸汽单耗 0.014 吨/立方千米;外销液氧 48761 吨、液氮 14257 吨、液氩 11819 吨。实现液体外销收入 2706.6 万元。

（马永进）

【安全工作】 制氧作业部推进班组安全标准化达标、重大危险源管理、液体槽车和有限空间作业、隐患排查和治理等工作、维护单位打分评价、安全可视化作业等工作;开展安全标准化建设、班组工作日志规范填写、安全生产法、典型事故案例、全员警示教育、特殊作业规范等各类安全教育培训或考试 27 次，累计培训 42 学时、647 人次。组织开展特种设备、打非治违、隐患排查、落实责任、百日攻坚专项整治活动 13 次，加大各类检查和考核力度，落实各项问题考核及嘉奖 44 项，累计考核 18200 元。吸取"9·2"等事故教训，加强检修维护单位安全管理，组织排查各类安全隐患 424 项，累计投入 46.4 万元。组织各科室、作业区、班组细化各类应急预案演习计划和方案，开展有限空间、氧气泄漏、火灾等应急演习 18 次。落实公司各项工作部署，完成各项基础管理工作，制氧作业部安全文化氛围改善。确立 2016 年为制氧作业部"安全年"。

（张悦、倪海东）

【降本增效】 制氧作业部制定降本增效措施 52 项，节约成本 1834.8 万元。其中，采用运行"两大一小"空分机组模式运行半年，节约成本 208 万元。条件允许时，投运一台 21000 立方米氮压机以取代 27000 立方米氮压机，实现节能降耗 230 万元。11 月 1 号高炉系列检修后，根据公司生产情况，在高炉减产铁水产量月计划 59 万吨和 1 号高炉停用富氧的条件下，运行两套 35000 立方米/时机组即可满足生产用气需求，节约生产成本 640 万元。优化分子筛加热冷吹控制峰值，可减少三至四组电加热器，每小时可降低电耗 500 千瓦时，4 号机组运行 9 个月，降低生产成本 77.4 万元。

（马永进、倪海东）

【工艺过程控制】 2015 年，制氧作业部总结分析生产及空分机组运行过程中出现的各项问题，解决多项技术难题:分子筛吸附效率改善;5 号空分板式液氩送出管线修复;液化装置投入使用;优化改善后备液氧泵 1 号

P41 控制工艺条件,确保空分机组稳定运行。

(田勍、马永进)

【TPM 推进及成绩】 2015 年,制氧作业部 TPM 管理工作获公司年度优秀组织单位。7 月和 11 月两次获得骏马奖。2014 年第二期焦点课题和 2015 年第一期焦点课题优秀组织单位。2014 年第二轮焦点课题上报两项,分别获得一等奖和二等奖;2015 年度第一轮焦点课题上报 4 项,获得一等奖 1 个,二等奖 3 个。设备目视化:在公司评比中获二等奖 1 个,三等奖 2 个。点检困难部位治理区域:制氧作业区获二等奖。点检困难部位优秀改善点:一等奖 1 个,二等奖 1 个,三等奖 2 个。

(邱雪飞、倪海东)

【检修】 2015 年,制氧作业部组织 5 号机组中修,从 7 月中修开始至 9 月底试车成功,历时 3 个月,完成项目 265 项,其中机械项目 168 项,电气项目 40 项,自动化项目 57 项。通过检修发现并处理大量设备隐患。编制检修技术要求 27 台套(含通用技术要求),检修技术指导书 15 台套(均已涵盖绝大部分机组),加强预检预修,包含各种气动、手动阀门,设备探伤等,预修过程中发现重大隐患 4 项(包括气体膨胀机快切阀、气体膨胀机喷嘴环、冷冻机等问题)。

(沈安武、倪海东)

【人才队伍建设】 制氧作业部制定并颁发《制氧作业部全面推进三支人才队伍建设的实施方案》,明确常规性人才选拔,管理岗位选聘的规范流程,对班组长、一般管理岗位、技师、高级技师,高技能人才等的评价和选聘,上下机制,根据评价结果进行奖金系数调整机制等作出详细规定,使人才培养和流动常态化,确保人员素质不断提升,不断适应新要求。10 月,7 人奖金系数上调 0.1,3 人到班组长、调度、政工员岗位学习锻炼。张建家等 4 人转为正式管理岗位。焦焱入选"科技之星",刘聪壮入选"希望之星"。

(邱雪飞、倪海东)

【培训工作】 2015 年,制氧作业部结合教学双方的培训内容,合理安排培训课程,制定培训计划,组织落实培训。2015 年 5—6 月,组织开展第三期集中脱产培训,制定培训效果评估表,对授课老师进行评比打分,整理培训课件,发布在作业部内网学习园地专栏及作业区培训电脑上,及时更新,便于职工学习。共组织专业培训讲课 40 次,参加人数达到 800 人次,累计培训学时 1400 学时。

(邱雪飞、倪海东)

【党群工作】 制氧作业部发展党员 6 人,完成预备党员 2 人转正。10 月 22 日召开党员大会,通过公开投票,选举产生中共北京首钢股份有限公司第一次代表大会代表 2 人。

(邱雪飞、倪海东)

【劳动效率优化】 2015 年,制氧作业部办理在册职工解除劳动合同 7 人,退休 1 人。截至 12 月底,完成警士人员 8 人协商一致解合工作,按期完成劳务工清退任务,可节约劳务费用 32.95 万元每年。

(邱雪飞、倪海东)

股份公司质量检验部

【领导名录】

部　　长:崔全法

部长助理:顾红琴

党委书记:崔全法

党委副书记:林海涛

(杨海东)

【概况】 质量检验部负责股份公司进厂原燃(辅)料取制样及检测;出厂及工序间钢铁产品表面质量检查、判定及质量证明书的签发;热轧产品性能检验及金相、ASPEX 夹杂物检测、电镜分析、腐蚀试验;炼铁、炼钢炉前自动化分析检验;水质、油品、耐材、煤气检验以及环保监测、低倍印检验;并承担公司新产品研发、技术攻关等试验任务。配有仪器设备 739 台套,包括原燃料自动取制样装置、全自动矿石冶金性能综合测定仪、全自动分析中心、一炼钢自动化系统、二炼钢低倍自动检测系统、ASPEX 大型夹杂物分析仪、Z3 自动取样系统等 25 台套自动化检测设备。下设生产技术室、综合办公室、政工室、原料质检作业区、化学分析室、物理检测室、钢轧质检作业区。年末在册职工 412 人,其中管理人员 57 人,操作人员 355 人;硕士 22 人、本科 135 人、大专 215 人;高级工程师 2 人、工程师 38 人、助理工程师 28 人;高级技师 6 人、技师 33 人、高级工 154 人、中级工 114 人;党员 144 人、团员 82 人。

2015 年,质检部以服务生产为目标,严把进厂原燃料和出厂产品质量关;围绕公司重点产品研发,加强检验技术攻关,增强实验室检测能力;夯实质量管理、设备管理、过程能力控制、六西格玛、TPM等专业基础管理,全面提升整体管理水平;抓好三支人才队伍和党风廉政建设,实现职工与企业共同成长,圆满完成各项工作任务。

（张凤荣）

【机构整合】 为适应公司经营管理及发展需要,保证生产经营正常运转和有关职能业务有序衔接,6月13日,质量检查站更名为质量检验部,12月1日,钢轧质检作业区按照公司业务整合方案分别划归炼钢作业部和热轧作业部。

（孟金林）

【主要指标】 2015年,质检部完成原燃料检验23097批次;炉前样品分析437265批;耐材检验319批,油品检验2048批,水质检验28595批;板坯检验153519块;板卷外观检验296368卷;开卷检验292200卷;板卷物理性能检验44586批;板坯低倍检验2457块,腐蚀试验466组;围绕公司新品种钢研发,完成原燃辅料、合金及耐材等科研样品检验9465批;金相、力学性能、扫描电镜、ASPEX夹杂物检测等检验分析48106批。

（王 浩）

【质量扣罚】 质检部严把进厂原燃料质量关,2015年,外购原燃料扣罚共56.92万吨2149.29万元。其中,煤扣罚17.60万吨2093.76万元,原料扣罚39.32万吨55.53万元。进厂原燃料因质量不合退货10批,其中合金仲裁退货10批,避免经济损失,维护公司利益。

（王 浩）

【科技创新】 4月,《迁钢硅钢酸溶铝高精度检测系统的研发与应用》获首钢科学技术创新二等奖。提报专利2项,其中《一种快装夹具》已被专利局受理。提报合理化建议56项,直接经济效益19.4万元。提报科技论文16篇,其中《提高ASPEX对夹杂物自动识别的检测准确率》《ICP-MS法测定管线钢中痕量砷、铅、锡、锑、铋》等9篇在《现代测量与实验室管理》《第十届中国钢铁年会暨第六届宝钢学术年会》等权威领域发表。

开展取向硅钢提桶样氮分析精度的攻关,氮分析极差满足5ppm的检验过程能力Ppu由0.27提高到1.06;开展汽车板TOS样分析时间攻关,分析时间由2500秒缩短到1009秒;开展提高压片法分析炉渣中TFe检验的攻关,使烘烤硬化钢炉渣TFe检验偏差由

0.85%以内缩小到0.35%以内;推进实验室SPC统计过程控制攻关,实现单台仪器、多台仪器总体的过程能力监控,一、二炼钢18个元素,共122个过程能力控制指标运行稳定,全年Ppk>1.33的比例均保持在90%以上。

（张秀丽、杜士毅）

【质量体系建设】 5月24日,迁钢理化检测中心通过中国实验室合格评定委员会复评审。根据评审专业建议,结合硫化氢应力腐蚀试验检测任务需求,11月27日通过对GB/T 15970.2—200《金属和合金的腐蚀应力腐蚀试验第2部分:弯梁试样的制备和应用》等三个硫化氢试验标准的扩项。认可范围全面涵盖公司检验需要,共10大类83个检测项目123个检测方法。2015年,参加能力验证项目24项57个元素,检测结果全部为满意。

（张秀丽）

【基础管理】 2015年,质检部参加总公司级季度比对4次45项257个元素,主要包括烧结矿、球团矿、焦炭、萤石、合金等原燃辅料和钢铁样品,检验数据稳定,未出现超差现象。梳理和修订取制样、化学分析、物理性能检验等24个岗位作业规程,制定生产联系确认及设备检修联系确认制。新增《迁钢公司质量检查站视频监控管理规定》和《迁钢公司质量检查站质量记录存档管理规定》两项管理规定。推进TPM管理,查出并整改问题点4764项,形成改善亮点324个,参加公司焦点课题评比,获得一等奖1个,三等奖2个。

（张希静、张凤荣）

【六σ管理】 2015年,质检部组织申报六西格玛项目3项,完成预定目标。其中《提高取向硅钢提桶样氮分析的过程能力》项目使取向硅钢氮分析两粒极差的过程能力Ppu由0.27提高到1.20。《缩短汽车板TOS样分析时间》项目使汽车板TOS样分析时间1小时缩短到17分钟。《提高镶嵌类试样电镜试验的成功率》项目目前使镶嵌类试样电镜试验一次成功率由62.2%提高到96.6%。质检部2人担任公司六西格玛培训讲师。

（张希静）

【设备管理】 质检部强化维护、点检、标准化操作,保障设备稳定运行。推动全优润滑工作,以TPM小组为依托全员参与,完成全部297台套设备润滑基准书的编制工作,累计159台套设备通过公司综合治理验收。

2015年质检部设备运行整体稳定,全年设备完好率保持在98%以上,月均完好率99.5%,全自动分析中心、Z3自动取样系统等25台套自动化检测设备自动运行率99.68%。

(白银锁)

【降本增效】 2015年,质检部通过科研试验收费、进口备材国产化、修旧利废等措施开展成本管控,实现增收节支408.99万元,其中实验室具备对外承担独立检测能力,科研试验收费199.12万元;公司内部临时样品检测收费118.03万元;接收外委抗硫化氢腐蚀试验样品收费49.44万元;通过样盒国产化及修复、自制标样、滚刷转国产化等措施累计节约资金42.4万元。

(张明超)

【人才队伍建设】 质检部加大人才开发与培养力度,全面提高人才队伍整体素质。2015年化学分析、取制样、产品质量检查、物理性能检验、环保监测5个工种报名参加技能等级取证50人。选拔青工1人到管理岗上岗锻炼;推荐3人为"首钢优秀青年";1人被评选为迁钢公司"迁钢之星",1人被评选为迁钢公司"科技之星"。

2015年,质检部办理在册职工解除劳动合同60人,退休1人;完成钢轧质检业务划归热轧、炼钢工作。

(孟金林)

【党风廉政建设】 质检部加强党员队伍建设,发展新党员4人,预备党员转正4人,3人参加入党积极分子培训;组织开展"强化检验过程管理,把好合金进厂质量关"和"自制粘结剂 消除进口依赖"两项效能监察项目;加强对有业务处置权岗位干部职工进行廉洁自律、廉洁执法专题教育,干部职工300人参加专题教育学习,涉外岗位有班组长2人、岗位职工12人进行岗位轮换。全年无违法违纪案件发生,无职工群众信访。

(林宝财)

首钢京唐钢铁联合有限责任公司

【京唐公司领导名录】

董事长:王青海(5月离任) 张功焰(5月任职)

总经理:王 涛(2月任职) 王 毅(2月离任)

常务副总经理:王 涛(2月离任)

副总经理:曾 立 杨春政 吴 峥

    杜朝辉(2月任职) 陈克欣(1月离任)

总工程师:朱国森

总经理助理:周 建 高志平(3月离任)

党委书记:顾章飞(2月任职) 王 毅(2月离任)

党委副书记:王 涛 顾章飞(2月离任)

纪委书记:顾章飞

(刘志民)

【综述】 首钢京唐钢铁联合有限责任公司(以下简称"京唐公司")作为首钢搬迁的载体,2005年10月9日成立。京唐公司位于河北省唐山市曹妃甸工业区,2005年2月,国务院批准首钢搬迁后,开始围海造地;2006年3月,该项目被纳入国家"十一五"发展规划纲要;2007年2月,围海造地形成陆域面积21.05平方公里;2007年3月12日正式开工建设;2009年5月21日,项目一期一步工程竣工投产;2010年6月26日,一期二步工程竣工投产,形成年产生铁898万吨、钢970万吨、钢材913万吨的综合生产能力,是具有21世纪国际先进水平的钢铁联合企业。

党中央国务院高度重视首钢京唐钢铁基地建设,中央领导指示:要坚持高起点、高标准、高要求;要把首钢京唐钢铁厂建设成为"产品一流、管理一流、环境一流、效益一流"的现代化大型企业,成为具有国际先进水平的精品板材生产基地和自主创新的示范工厂,成为节能减排、发展循环经济的标志性工厂;要实现低成本生产高附加值产品。以中国工程院、重点科研单位和院校的院士专家为主体,主要依托京唐公司开发的"新一代可循环钢铁流程工艺技术",是国家"十一五"科技支撑计划重大项目。

2015年末,京唐公司下设计财部、制造部、设备部、供应管理部、销售管理部、安全管理部、保卫部（武装部）、工程部、人力资源部、信息计量部、办公室、党委组织部、党委宣传部（企业文化部）、纪委（监察部）、工会、团委等 16 个职能部门，焦化作业部、炼铁作业部、炼钢作业部、热轧作业部、冷轧作业部、供料作业部、彩涂板事业部、镀锡板事业部、能源与环境部、运输部、质检监督部、钢轧项目筹备组等 12 个单位，在册职工 8145 人，其中技术和管理人员 2381 人；博士 26 人、硕士 590 人、本科 2354 人；高级职称 261 人，中级职称 796 人；初级职称 651 人；女职工 629 人。

京唐公司拥有唐山首钢京唐西山焦化有限责任公司、唐山首钢京唐曹妃甸港务有限公司、唐山曹妃甸盾石新型建材有限公司、唐山中泓炭素化工有限公司、唐山唐曹铁路有限责任公司、唐山国兴实业有限公司 6 家合资企业；代管北京首宝核力设备技术有限公司、首钢凯西钢铁有限公司、北京首钢朗泽新能源科技有限公司 3 个总公司合资企业。

2015 年，京唐公司干部职工认真贯彻落实总公司各项工作要求，以"打赢提质增效攻坚战"目标为引领，全面深化改革工作稳步推进，"制造＋服务"能力实现新提升，降本增效持续推进，精细化管理不断加强，和谐企业建设不断深入，生产经营保持良好态势。

（石韶华）

【领导视察】 6 月 14 日，全国人大常委会副委员长、农工党中央主席陈竺，全国政协副主席、农工党中央常务副主席刘晓峰，全国政协常务委员、副秘书长、农工党中央专职副主席何维等一行 120 余人到京唐公司参观考察。河北省常委、唐山市委书记焦彦龙等陪同，京唐公司领导顾章飞等参加接待。顾章飞向陈竺一行详细讲解京唐公司的建设规模、生产流程、技术装备和生产经营情况及下一步建设发展情况。

（石韶华）

【京津冀协同发展】 6 月 19 日，北京市委常委、组织部部长姜志刚，市国资委党委书记、主任林抚生，市国资委党委副书记赵林华及市委组织部、市国资委有关部门领导调研京唐公司，总公司、京唐公司领导靳伟、张功焰、何巍、梁宗平、赵民革、顾章飞、王涛等参加接待。靳伟从"关于首钢京唐公司建设和运营情况""关于推动曹妃甸园区开发建设情况""关于首钢京唐公司党建工作开展情况"三方面汇报首钢在曹妃甸地区发展情况。

6 月 24 日，北京市市委常委、常务副市长李士祥，副市长隋振江，市政府秘书长李伟；河北省省委常委、常务副省长杨崇勇，省委常委、唐山市委书记焦彦龙，副省长张杰辉等领导深入京唐公司生产一线实地调研考察。北京市政府办公厅、市编办、经信委、规划委、交通委、卫计委、国资委、政府研究室，西城、朝阳、丰台等区政府，北控集团、北京市城市规划设计研究院、北京国际城市发展研究院、北京天坛医院、北京中医医院、首都儿科研究所领导；河北省编委办、环保厅、发改委、教育厅、工信厅、人社厅、国土厅、住建厅、交通厅、卫计委、国资委、沿海办，石家庄、唐山、保定、沧州、廊坊、曹妃甸等市区，河北燕达医院等领导参加调研。总公司和京唐公司领导靳伟、梁宗平、韩庆、顾章飞、王涛、曾立、杨春政、杜朝辉、朱国森陪同。京冀领导召开工作座谈会，共同研究加快曹妃甸协同发展示范区建设、轨道交通项目建设等工作，表示首钢搬迁调整，在曹妃甸展现出一个现代化、国际化大工业的形象，不仅产业发展得好，而且为循环经济发展打下良好基础，是京津冀协同发展的典范，希望首钢紧抓战略机遇，为加快曹妃甸协同发展示范区建设、推动京津冀协同发展作出新贡献。

8 月 6 日至 7 日，"2015 北京企业联合会暨北京市企业家协会年会"在曹妃甸召开。会议以"推进京津冀协同发展，首都企业和企业家的责任"为主题，商讨如何在推进京津冀协同发展中实现企业间的融合，探索企业家责任的发挥和联谊活动机制的建立，为推进京津冀协同发展作出贡献。中国企业联合会、中国企业家协会常务副理事长于吉，唐山市委副书记、曹妃甸区委书记王立彤，北京市经信委党组成员、副主任段润宝，唐山市委常委、副市长税勇等领导；北京市经信委、市发改委、市民政局社会团体管理办公室和曹妃甸区委区政府及有关部门，北京市女企业家协会、北京企业发展促进会、北京企业家俱乐部等 70 余家企业领导和代表；首钢总公司、京唐公司领导靳伟、梁宗平、王涛出席会议。会前，与会企业家参观京唐公司沙盘模型和高炉主控室、2 号高炉出铁场、1420 毫米冷轧产线、海水淡化等现场。会上，于吉、段润宝、王立彤先后致辞；北京企业联合会会长、总公司党委书记、董事长靳伟作题为《肩负起推动京津冀协同发展的光荣使命》的主旨报告；京唐公司总经理王涛作题为《实施搬迁调整、发展循环经济，推进京津冀协同发展》主题演讲；北京住总集团董事长王宝申、首都农业集团有限公司董事长张福平分别作题为《战略引导、创新驱动,在京津冀协调发展中抢占先机》和《京津冀协同发展的都市型现代农业》主题演讲。

12月3日,"落实京津冀协同发展要求,加强检企共建预防职务犯罪座谈会"在京唐公司召开。总公司、京唐公司领导许建国、顾章飞、杜朝辉,北京市石景山区人民检察院检察长王春风、副检察长杨秀莉,河北省人民检察院党组成员、唐山市人民检察院检察长曲波、副检察长刘玉国,秦皇岛市人民检察院检察长杨浩、副检察长兼反贪局局长王希金,曹妃甸区人民检察院检察长周春林、党组副书记、副检察长刘东海及检察机关相关部门负责人,首钢有关企业领导出席座谈会。许建国主持会议。

（石韶华）

【专家领导调研】 5月18日,国务院发展研究中心副主任刘世锦率资源与环境经济研究所、社会部、宏观经济研究部、对外经济研究部等相关单位负责人一行8人到京唐公司参观调研,唐山市委副书记、曹妃甸区委书记王立彤陪同。

6月10日至12日,总公司领导靳伟、张功焰、梁宗平、赵民革到京唐公司调研,深入一线了解生产经营及职工生活、工作情况。

7月14日,邯郸钢铁集团有限责任公司总经理助理任志刚带队到京唐公司交流。

8月8日,河北省委书记赵克志,河北省委常委、唐山市委书记焦彦龙,河北省发改委、工业和信息化厅、环境保护厅、住房和城乡建设厅、商务厅等部门领导,唐山市及曹妃甸区主要负责人到首钢京唐公司调研。

8月11日,国家发改委党组成员、副主任林念修一行参观考察京唐公司,唐山市委副书记、代市长丁绣峰等领导陪同。

8月12日,山东时风集团总经理刘成强一行6人到京唐公司参观交流,首钢销售公司副总经理郗钊陪同。

8月13日至14日,原冶金部副部长、中国工程院院士、钢铁研究总院名誉院长殷瑞钰,原中国金属学会秘书长、中国金属学会专家委员会副主任李文秀,原中国金属学会副秘书长、中国金属学会专家委员会委员苏天森等一行9人到京唐公司调研。

12月7日,北京市政府外事办党组成员、副主任张

海舟一行到京唐公司参观座谈,交流如何做好外事安全风险防控等话题。

12月18日,总公司领导张功焰、梁宗平、王洪军、刘建辉及有关部门领导,围绕京唐公司生产经营、2016年预算安排、"十三五"规划编制,调研京唐公司,并检查指导京唐公司党风廉政建设和反腐败工作。

（王　萍）

【京唐二期项目】 4月16日、5月29日、6月12日、6月25日,唐山市委常委、常务副市长王久宗在唐山市政府分别主持召开4次专题会议,听取京唐公司关于二期项目前期工作进展情况汇报,研究协调京唐二期项目产能置换、煤炭消耗、环保排放、用海用地等前期问题。唐山市政府相关领导,市发改委(沿海办)、工信局、财政局、国土局、规划局、环保局、曹妃甸区、乐亭县等主要负责领导和总公司、京唐公司有关领导参加会议。

7月2日,河北省发改委下发《河北省发展和改革委员会关于首钢京唐钢铁联合有限责任公司二期工程项目备案的通知》(冀发改产业备字〔2015〕102号),批准该项目备案。

7月21日,唐山市曹妃甸区行政审批局下发《关于首钢京唐钢铁联合有限责任公司二期项目三通一平工程备案的通知》(唐曹审批投资项目备字〔2015〕第38号),同意京唐二期项目三通一平工程备案,并于7月22日批复同意京唐公司按照环评报告所列建设项目的性质、规模、地点、采取的环保对策措施等进行项目建设。

8月21日,京唐公司举行二期工程项目启动会。河北省委常委、唐山市委书记焦彦龙,北京市副市长隋振江,河北省副省长张杰辉,中国农业银行副行长蔡华相,北京市经信委主任张伯旭,河北省工信厅厅长邹平,河北省国土资源厅党组副书记、副厅长王保民,中国钢铁工业协会副会长屈秀丽,唐山市委副书记、曹妃甸区委书记王立彤;国家发改委、工信部、中国国际工程咨询公司,北京市发改委、经信委、国资委,河北省发改委、环保厅、交通厅,中国建设银行、国家开发银行、中国工商银行、中国银行等有关负责人;唐山市、曹妃甸区有关领导;总公司、京唐公司领导靳伟、张功焰、梁宗平、赵民革、韩庆、顾章飞、王涛、曾立、吴峥、杜朝辉、朱国森、周建,以及有关部门干部职工等出席活动。唐山市委副书记、代市长丁绣峰主持活动。王涛介绍京唐二期工程规

划建设总体情况。焦彦龙宣布项目启动。

8月26日，河北省发改委下发《关于首钢京唐钢铁联合有限责任公司二期工程项目变更投资和部分建设内容的函》（冀发改函〔2015〕279号），批准该项目变更备案。将原500平方米烧结机变更为600平方米烧结机，原棒线材5套轧机变更为1套薄板坯连铸连轧生产线，原2座200吨转炉变更为3座200吨转炉，将3座300吨转炉变更为2座300吨转炉。

9月28日，京唐公司召开二期工程廉政教育专题会，听取工程招标及廉洁从业共建工作、设备及物资采购廉政风险防范管理情况，进一步严明纪律要求，严防工程建设过程中的廉洁问题；纪委开展题为"落实'阳光工程'确保首钢京唐公司二期工程廉洁高效的建设"的专题教育。京唐公司领导顾章飞、王涛、杨春政、吴峥以及各单位负责人及二期筹备组相关人员参加会议。

10月27日，京唐公司二期工程项目正式取得河北省环境保护厅出具的《关于首钢京唐钢铁联合有限责任公司二期工程项目环境影响报告书批复的函》（冀环评〔2015〕359号）。

（邵文策、刘正发、张延凤）

【全面深化改革】 京唐公司调整优化产品推进组织模式。改变传统的按专业分工管理的模式，转变为按产品序列集中一贯管理，组建汽车板、热轧板、家电板等产品处室，成立彩涂板事业部和镀锡板事业部，做到直面市场、紧贴用户、紧贴产线。

实施内部管理架构改革。在原扁平化一贯制管理模式基础上，以冷轧作业部为试点，压缩管理层级、取消分厂建制、下移管理重心，积累全面推广经验。应对外部市场形势，将供应管理部一分为二，成立供应管理部和供料作业部，实行外部采购与内部料场运行分开管理，促进采购协调管理向采购经营管理转变。

推进设备维检体系改革。打破"各自为战"的维检模式，推进区域性整合、优化。截至2015年底，维检人员由5968人减至3957人。推动与集团"一业四地"检修力量协同、备件联合储备等工作，压缩检修费用和备件资金占用，提高资金使用效率。

推进提高劳动效率工作。做好政策宣传引导，用好解合政策，优化劳动组织，做好岗位人员平衡。全年办理解合549人，正式职工、劳务用工合计比2014年减少812人。

推进薪酬分配制度改革。按照总公司总体部署，完成京唐公司领导班子年薪制及中长期激励机制改革；严格规范单项奖管理，且单项奖励仅适用于一线职工和技术骨干，使分配关系更加合理。对于优秀科技人才，实行任期内津贴奖励政策。实施第二批"双示范"技能型职工岗位评价体系，全年推进岗位171个，占岗位总数的47.7%。

（刘志民、王贵阳）

【股权变更】 5月29日，首钢总公司与唐山钢铁集团有限责任公司就京唐公司股权调整工作进行完毕，京唐公司变更为总公司全资子公司。12月30日，首钢总公司与首钢股份有限公司就京唐公司51%股权置换工作完成工商变更登记，北京首钢股份有限公司持有京唐公司51%股权，首钢总公司持有49%股权；京唐公司住所由"唐山路北区建设北路81号"变更为"曹妃甸工业区钢铁电力园区"。

（石韶华）

【重要会议】 2月9日，京唐公司党委围绕"严格党内生活、严守党的纪律、深化作风建设"主题，召开领导班子2014年度民主生活会。首钢总公司党委第一指导组成员到会指导；京唐公司领导顾章飞、王涛、杨春政、吴峥、曾立、杜朝辉、朱国森、高志平、周建参加；党委组织部、纪委、宣传部、办公室负责人列席会议。会议由顾章飞主持。顾章飞代表公司领导班子作对照检查，通报教育实践活动整改落实情况。班子成员开展批评和自我批评。

2月12日，京唐公司召开第一届职工代表大会第三次会议，审议总经理王涛题为《锐意改革、攻坚克难，奋力实现"十三五"良好开局》的工作报告，及《首钢京唐公司2015年预算安排》《首钢京唐公司领导班子廉洁自律情况的报告》《首钢京唐公司2014年业务招待费使用情况的报告》《首钢京唐公司一届二次职代会代表提案受理情况的报告》《首钢京唐公司关于连续生产作业岗位延续综合工时制度的报告》，与会代表分成9个代表团11个代表组，讨论通过《首钢京唐公司第一届职工代表大会第三次会议决议》。

3月26日，京唐公司自有码头推介会在首实京唐大厦召开。京唐公司、总公司相关部门、曹妃甸海事处等有关领导，自有码头客户、船务代理公司代表及相关部门领导共90余人参加推介会。会议期间，京唐公司作自有码头业务推介报告,表彰年度优秀服务商和最佳合作伙伴,并与客户进行深入交流、互换意见。

7月1日,京唐公司召开庆祝中国共产党成立94周年暨先进党组织、优秀共产党员表彰大会,全体公司领导、各单位党政领导、受表彰的先进集体和优秀党员代表、一线和新党员代表共240人参加会议。会议传达总公司党委书记、董事长靳伟在首钢庆祝建党94周年表彰大会上的重要讲话精神,举行新党员入党宣誓、与会人员重温入党誓词仪式,对2014年度先进基层党组织和优秀共产党员进行表彰。顾章飞作大会报告;受表彰的先进党组织代表作典型交流发言。

11月12日,京唐公司召开第一次党员代表大会,共同回顾公司党委成立以来的工作,共商京唐公司未来五年的发展目标。全体公司领导、党员代表143人出席,部处级领导干部60人旁听会议。会议审议通过《中国共产党首钢京唐公司委员会工作报告》《中国共产党首钢京唐公司纪律检查委员会工作报告》和大会决议;选举产生中国共产党首钢京唐公司第一届委员会、中国共产党首钢京唐公司第一届纪律检查委员会以及京唐公司出席中国共产党首钢总公司第十八次代表大会代表。党委书记顾章飞作题为《勇于担当,迎接挑战,为全面实现"四个一流"目标而努力奋斗》的党委工作报告。

12月23日,公司召开2015年6S现场管理总结表彰暨2016年6S/QTI启动大会,部署2016年6S/QTI设备及现场精益管理工作。公司领导王涛、曾立、朱国森、周建,深圳华天谋管理咨询公司董事长岳华新及咨询顾问,各基层单位6S工作主管部处级领导及相关职能部门领导,各单位6S专业员及维检、餐饮、物业等单位代表共计230余人出席会议。会上,咨询顾问作京唐公司2015年6S管理总结报告;热轧部、炼铁部作经验交流;对2015年度6S推进先进部门和先进厂处级单位进行表彰;王涛与各单位签订2016年6S/QTI管理推进承诺书;冷轧部作为部门代表作表态发言。

(王 萍)

【生产情况】 京唐公司2015年生产保持高水平。全年产生铁898.3万吨,比2014年增加7.8万吨;钢坯869.1万吨,比2014年增加2.5万吨;热轧卷851.9万吨,比2014年增加0.5万吨;成品钢材821.7万吨,比2014年增加3.5万吨;自发电61.75亿千瓦时,比2014年增加3.38亿千瓦时,均创出投产以来的最高水平。主要技术经济指标改善,炼铁焦比完成299.78千克/吨,比2014年降低11.15千克/吨;吨钢综合能耗632.75千克,比2014年降低9.17千克。

生产纪录不断刷新。全年创月产纪录3次,其中3月份铁水、钢坯、热轧卷产量分别完成80万吨、78万吨、76.2万吨。创日产纪录3次,其中1月17日2250毫米热轧产线轧制703块、18105吨;11月17日1580毫米热轧产线轧制627块;1月23日热轧卷产量完成29868吨。高炉负荷连续创出新高,其中1号高炉负荷于4月14日、4月20日、9月23日分别达到5.56、5.61、5.70;2号高炉负荷于4月23日、9月22日、10月21日、11月11日分别达到5.56、5.61、5.67、5.71。

(王鹤更)

【增收节支降成本】 京唐公司成立18个降本增效攻关组,细化分解任务,层层传导压力,通过推进技术进步、优化生产组织、优化资源配置、改进管理方式等措施实现降本增效。优化高炉操作制度,开展喷煤降焦攻关,高炉负荷稳定在5.5以上,全年少用焦炭18万吨,降低铁水成本62元/吨。优化工艺操作实施少渣冶炼,降低提温剂消耗4255万元。开发新资源,优化炉料结构增效9697万元。开发高端领先产品,优化品种结构增效1.68亿元。打破思维禁锢,强化库存经营,年末进口矿库存比年初降低53.82万吨,达到历史最低点;板坯、成品销售库存降低11.06万吨;备件库存资金占用降低30.5%,资金使用效率明显提高。开展钢包铸余和钢渣回收再利用,节约废钢采购费1497万元。优化物流组织,整合运输外委项目资源,实现市场换效益,降低内部运费1086万元。加大设备直采力度,取消169家代理商,降低采购成本1210万元。开展职工创新活动,新建创新工作室20个,总数达到50个,全年完成攻关课题216项,解决现场难题580个,有效支撑降本增效工作;发动职工提合理化建议3445条,采纳实施1295条,实现效益1.95亿元。

(王鹤更、别业武)

【优化产品结构】 京唐公司加快完善制造服务体系,产品结构进一步优化。推进产品完成553.3万吨,比2014年增加33.3万吨。其中,高端领先产品产量完成206.4万吨,比2014年增加46.3万吨,比例达到25.1%,比2014年提高5.6个百分点。汽车板完成

110.7万吨,比2014年增加26.89万吨;镀锡板18.6万吨,比2014年增加10万吨。2015年,家电板国内市场占有率22%,行业排名第一;车轮钢市场占有率28%,排名第一;高强钢市场占有率20%,排名第二;集装箱板市场占有率12%,排名第三;管线钢、汽车板均排名前六。

产品开发取得新进展。全年新开发品种钢45个牌号,截至2015年底,可生产热轧产品14大类、26个类别、183个牌号,冷轧产品6大类、18个类别、161个牌号。热系产品,管线钢成功开发出口土耳其TANP项目小回弹高级别X70,累计供货10万吨;成功试制膨胀套管用钢PZ801,通过中石油评定,并完成壳牌荷兰总部扩口实验。车轮钢成功开发供马可迅土耳其、德国工厂的500兆帕级别车轮钢,拓展车轮钢海外市场;成功开发供正兴的高碳HC600LF,满足客户高强度、轻量化需求。冷系产品,汽车板实现连退、热镀锌产品780兆帕级别以下全覆盖,并成功试制超产线设计能力的出口西班牙980兆帕级别双相钢。家电、专用板成功开发液晶电视机模组背板用钢SLCDA替代电镀锌材料;开发具备良好抗鳞爆性搪瓷钢并通过美的实验室认证;开发供松下电器、LG等高强度彩涂家电板用钢;开发出50号钢,实现连铸工序浇注高碳钢的重大突破。镀锡板已覆盖一次冷轧连退MR T-3 CA、T-4 CA、T-5 CA和罩退MR T-1 BA、T-2 BA、T-2.5 BA、T-3 BA,二次冷轧材MR DR-8 CA、DR-9 CA已具备批量接单能力;二次材最薄规格拓展至0.14毫米。彩涂板开发出澳柯玛冰箱侧板用白色高光泽彩涂家电板。

产品认证实现新突破。全年开展认证项目104项。其中,汽车板完成28家车企457个零件认证,认证用户、产品档次向高端迈进,包括完成宝马产线和福特、通用、一汽大众等零件认证。车轮钢完成正兴车轮、厦门日上590兆帕级别轮辐、轮辋用钢认证。家电板完成青岛太平货柜冷轧高强集装箱用钢S800NQ整箱认证。镀锡板开展中粮包装、北京奥瑞金、福贞集团、嘉美集团等17家企业的制罐用钢认证。

完善用户服务体系。组建区域用户服务和技术支撑团队,形成用户服务快速响应机制。建立走访用户机制,全年走访用户207家,用户满意度较上年有所提高。京唐公司被战略用户中粮包装授予年度大奖"技术服务奖"。加强交货期管理,建立订单兑现日跟踪机制,针对影响交货的问题深入剖析,从管理和现场查找原因落实责任,合同兑现率较上年提高2.42个百分点。

(郭 亮、朱余秋)

【工艺稳定攻关】 京唐公司持续推进工艺稳定攻关工作。以2014年平均先进水平作为评价指标的60分基准线,调整形成公司级97项、作业部级179项工艺稳定性评价指标体系。定期与宝钢开展技术质量指标对标分析,实施改进措施200余项,工艺稳定得分由年初的57分提升至年末的80分,完成一届三次职代会提出的目标。其中,焦炭M10合格率、硫分合格率、炼钢、冷轧、镀锡重点缺陷带出品率等指标达到历史最好水平。开展重点工艺技术攻关,铁水一级品率比2014年提高13.7个百分点,裂纹敏感钢种角横裂发生率控制在4%以内,1420毫米轧机极薄镀锡板板形控制能力达到宝钢同规格产线的控制标准。启动"蓝精灵"项目,首批3个项目——"铁水'三脱'与高效生产洁净钢的技术研究""热轧氧化机制及控制技术研究"和"冷轧产品极限规格的开发与拓展"进入实施阶段。

(刘建华)

【技术委员会】 京唐公司成立技术委员会,下设铁前、炼钢、轧钢、能源、设备信息自动化5个专业委员会,对京唐公司或部门科技发展规划、重大科研项目和技术改造项目等进行技术咨询、把关、指导和评审。第一届技术委员会由京唐公司总工程师朱国森担任主任。

(朱立新)

【精益管理】 京唐公司按照"规范、真实、有效"的要求,强化基础管理工作。结合实际,修订完善专业管理制度15类42项。

按照总公司"服从基地管理,理顺优化生产关系,降低生产成本"的原则,白灰窑的管理方式由北京首钢耐材公司总体承包调整为京唐公司自行管理。成立京唐公司北京服务站,负责长期在京办理相关业务。

推进精益六西格玛管理。实施第三期50个公司级、76个部门级精益六西格玛项目,产生优秀项目7个、良好项目41个,成功探索项目群和流程设计项目的组织方式,项目实施期间取得经济效益2.99亿元。组织首批12人参加中质协注册六西格玛黑带考试,11人通过。通过三年精益六西格玛项目培训和实施,71人取得黑带课程培训合格证,730人取得绿带课程培训合格证。

深化6S现场管理。全面完成"前期成果巩固、精品车间打造、班组自主管理、全员素养提升、粉尘油水治理、检修现场提升"六项工作内容。其中,打造炼铁部2号高炉出铁平台、炼钢部脱碳转炉平台等29个精品车间。成立自主管理小组122个,挖掘现场不合理事项24319项,实施改善22689项,输出改善亮点13671个,改善提案684件。开展"规范着装、规范出行、文明就餐、岗位作业、盥洗清洁"为主题的全关素养提升活动,建立日、周、月督导检查机制。推进专项治理,打造粉尘泄漏样板点66处,治理漏油点6681项、水汽泄漏点194项。推行"三不落地、三不见天、三条直线、三项要求"的检修现场管理标准,检修现场标准化工作取得初步成效。

规范企业运行管理。通过"移动式压力容器充装许可"资格审查,为开展气体、液体副产品外销创收提供合法保障。通过"两化"融合管理体系评定,京唐公司成为全国首批200家通过"两化"融合管理体系评定的企业。

（朱立新、关　锴）

【安全保卫管理】　适应安全生产工作新要求,调整优化安全管理机构,完善安全体系建设。将隶属安全管理部(武装部)的武装部职能和保卫处职能成建制划出,单独成立首钢京唐钢铁联合有限责任公司保卫部(武装部);安全管理部专门行使安全生产专业管理职责。在炼铁、炼钢、热轧、冷轧作业部和镀锡板、彩涂板事业部设置安全管理组,由部长直接领导;100人以上人员规模的作业区设置专职安全员,不足100人的明确兼职安全员;京唐公司批准设立的班组均明确兼职安全员。

创新制定《领导干部安全生产工作量化标准》和《领导干部履行安全生产职责考核管理办法》并抓好落实,领导人员尽职尽责抓安全的自觉性增强。推广冷轧作业部安全生产"八大禁令",开展"将隐患当事故处理"工作,实施事故隐患举报奖励制度,全年职工举报隐患1079项,促使安全管理成为全员管理。将自有人员插入维检单位,实行插入式管理,延伸管理触角,强化对维检单位人员的安全管理。

（王俊杰、郑　斌）

【节能环保】　京唐公司认真贯彻落实节能目标责任制,全面完成"十二五"政府指定节能任务,获得国家节能环保专项资金支持2686.9万元。严格落实国家重大

活动期间各项环保要求,认真执行唐山市重污染天气应急响应预案,履行国企社会责任。大力推进环境治理,完成灰石料场封闭、炼钢屋顶除尘系统、2号300兆瓦机组超低排放等改造项目。推进环境自律体系建设,一期项目环评落实情况受到国家环保部委托的民间机构组织"好空气保卫侠"高度认可。年内,二期项目顺利取得环评批复。全年烟(粉)尘排放量3672吨,比2014年降低22吨;二氧化硫排放量3505吨,比2014年降低29吨。

（刘正发）

【校企合作】　11月16日,京唐公司与北京科技大学联合培养研究生项目签约仪式在北京科技大学科技楼举行,京唐公司总工程师朱国森,北京科技大学研究生院常务副院长杜振民、冶金工程研究院党委书记陈雨来等领导,京唐公司有关单位负责人和部分师生出席仪式。

（刘志民）

【项目建设】　4月,钢材深加工中心建成投用,成为新的效益增长点。8月,1580毫米热轧至1700毫米冷轧托盘运输项目投用,钢卷运转效率提高。12月,石灰石料场封闭项目竣工,料场扬尘现象改善。全年完成技改项目99项。其中,高炉联合泵站A系统闭式冷却塔改造项目完成后,闭塔运行温度较去年同期温度降低5℃—8℃,降温用除盐水消耗和设备损耗减少。全程自动钢包加盖项目节能效果明显,转炉出钢温度降低5℃,减少焦炉煤气耗用,取消钢包覆盖剂,综合效益达1200万元/年。热轧2250毫米产线1号、2号加热炉自动化烧钢改造项目,煤气单耗降低3.18立方米/吨,烧损率降低约0.03%,年创直接经济效益350万元。DCR湿平整系统改造项目,实现对两个机架的平整液单独控制,满足了双机架平整机不同平整条件工艺要求,平整液消耗降低。

（邵文策、刘建华）

【学习培训】　京唐公司加强新任职干部应知应会和专项业务能力培训。强化思想理论武装,全年开展党委中心组学习36次。与首钢党校合作,联合举办2013—2015年新提职领导人员培训班,对46人领导人员进行脱产培训。组织4期作业长培训班,201人参加培训;举办干部大讲堂,分层级举办干部培训班,组织观摩新一代钢铁工艺流程;举办青年骨干培训班,3人参加培训学习;举办支部书记系列培训班,各基层党委书记、支

部书记、党群部门职工和党群专业人员参加学习。加强职工队伍建设。以"学习、转化、创新、提升"为主线,按照"搭平台、强服务、助发展"的总体工作要求,构建基于岗位能力提升的全员分层分类培训体系,推进员工素质能力提升工程。全年累计组织各类培训 2736 期次,培训 15.15 万人次,人均培训 89 学时;编发《学习与交流》13 期,刊载论文成果 376 篇;组织完成技师岗位研修课题成果 114 个,一线员工申报专利 34 个,已授权 13 个;171 人晋升技师和高级技师,技师(高级技师)人数达到 616 人,占操作岗位职工比例达到 10.4%。

（刘志民、马　晓）

【干部人才队伍建设】　制定《领导人员退出现职领导岗位实施细则(第一版)》,形成"干部能上能下,职务能升能降"的工作机制,全年调整领导人员 107 人。其中,提职 36 人,平动交流 59 人,免职解聘 5 人,调出退休 7 人。完善科技人才选拔和管理制度,评选首钢京唐技术专家 4 人,首钢京唐技术带头人 36 人和 2015 年度"科技标兵"11 人。对进入转岗中心的 148 人进行转岗培训,118 人实现竞聘上岗。组织承办和参加首钢 2015 年"京唐杯"职业技能竞赛的 9 个工种决赛,获得 6 项冠军,29 人获得"首钢技术能手"荣誉称号,45 人获得"京唐技术能手"称号,京唐公司被评为优秀组织单位。

（刘志民）

【党建工作】　2015 年,京唐公司按照总公司党委统一部署,制定《首钢京唐公司领导班子"三严三实"专题教育重点工作进度及日程安排》,有条不紊推进"三严三实"专题教育,从 6 个方面查找出 15 项突出问题,明确努力方向,制定 5 个方面 16 条改进措施。持续开展"走基层、转作风、强服务"活动,各部门开展调研 540 次,解决问题 606 项。

推进党风廉政建设和反腐败工作。召开年度反腐倡廉工作会议,总结部署党风廉政建设和反腐败工作,并制定《2015 年反腐倡廉主要任务分工方案》。京唐公司党委与 14 个基层单位党委签订党风廉政建设责任状,处级以上领导干部 208 人签订"廉政承诺书"。开展"守纪律讲规矩、明底线做表率"主题教育活动,组织签订党风廉政建设责任书 512 份、廉洁从业共建协议 848 份。举办"有业务处置权人员廉洁从业培训班",120 人参加培训。围绕生产经营重点难点、薄弱环节及廉政建设重点部位,开展效能监察 22 项,促进重点工作

落实。

加强党组织建设。结合京唐公司实际,完成京唐公司党委和 9 个基层党委换届改选工作。落实党组织工作管理制度要求,加强对各单位党建工作和落实党内"三会一课"制度执行情况的检查。全年培训入党积极分子 97 人,发展党员 74 人,其中一线职工占 93.2%,党员队伍结构得到改善。开展党内"创先争优"、党支部"达晋创"活动,评选京唐公司先进党支部 4 个、先进党小组 25 个、优秀共产党员 139 人;24 个先进集体、先进个人 54 人受到总公司表彰。

（刘志民）

【宣传和思想文化建设】　2015 年,《人民日报》、中央电视台等主流媒体组织到京唐公司采访 61 次,社会新闻媒体共刊发有关京唐公司的报道 73 篇,京唐公司品牌形象得到提升。《首钢日报》刊登宣传京唐公司的报道 236 篇。编发《首钢京唐报》51 期、京唐报微信 153 期,编播首钢京唐电视新闻 51 期。《首钢京唐报》开辟"打赢提质增效攻坚战系列访谈"专栏,刊登部长访谈 20 篇。针对钢铁行业信息动态,编发《网络信息》32 期;针对职工关注的热点问题,编发《贴吧信息》《OA 论坛区讨论热点》10 期。

京唐公司举办建厂十周年系列活动,包括"十年沧桑·纪录京唐""激情演讲·点赞京唐""各展才华·唱响京唐""强身健体·活力京唐""人文关怀·和谐京唐"五大板块共 23 项,干部职工反响热烈,达到激发广大干部职工爱厂爱岗、干事创业热情和增强企业凝聚力的效果。组织开展第二届"京唐榜样"评选工作,10 人受表彰。广泛开展"京唐人的故事"宣传活动,向总公司推选 27 个典型故事;热轧作业部职工荣彦明获评总公司"首钢之星"。

（马　晓）

【改善职工生活】　京唐公司不断深化"家园""心田""鹊桥"工程。组织职工团购 3+区域蓝海嘉苑和昱海澜湾住房,总数已达 1777 套。组织慰问劳模先进、退休和伤病困难职工 380 人,发放送温暖慰问品及补助金 25.45 万元。开展 2015 年首钢"献爱心"募捐活动,全体职工捐款 44.24 万元。京唐公司困难职工 22 人得到帮困基金 9.4 万元。办理各类保险 1700 人次。新建职工洗车房,解决职工洗车难的问题。厂前区多功能运动场建成投用,改造职工练歌房 2 间,组织放映当期热映

电影 28 部,丰富职工业余文化生活。开展"走进曹妃甸·感受新京唐"活动,组织百余名先进职工家属参观钢铁生产全流程、曹妃甸工业区商务区、职工生活小区,了解职工生活、工作环境。组织四批先进、模范职工及配偶 152 人到首钢绥中疗养院休养。组织庆"三八妇女节"表彰会暨趣味运动会、"魅力京唐我的家·展示幸福好妈妈"评选和女职工孕期保健知识讲座等活动。开展"亲近自然·收获甜蜜"采摘联谊、"牵手之约"青年联谊活动,多渠道解决青年婚恋问题。举办"爱在曹妃甸·携手建家园"青年集体婚礼,37 对新人喜结良缘。

(石韶华、别业武、马　晓、蔡　爽)

【创新成果】　京唐公司承担的"十二五"国家科技支撑计划项目——"钢铁企业关键界面物质流、能量流协同优化技术与工程示范"课题进展顺利,年内已具备验收条件。

推进科技创新。全年申请专利 84 项,专利授权 70 项,其中发明专利 20 项,实用新型 49 项,外观设计 1 项;申请软件著作权 5 项。共有 10 个项目获得国家、冶金行业、北京市、河北省科技成果奖。其中,"高效化微合金化钢板坯表面无缺陷生产技术开发与工程化推广应用"项目获国家科学技术进步二等奖。"超大型高炉风温关键技术研究与应用""适应 5500m³ 高炉生产的 7.63m 焦炉低成本配煤技术研究与应用""京唐 2 号高炉双装大矿批技术研究与应用"分获冶金科学技术一、二、三等奖。"高品质热镀锌、合金化镀锌汽车板质量性能控制关键技术及应用"获北京市科学技术二等奖。"首钢京唐公司 2230 连退宽幅 IF 钢生产控制技术研究"获河北省冶金科学技术一等奖,"首钢京唐热轧 2250 轧制节奏控制研究"获二等奖,"300T 复吹转炉全炉役低碳氧积控制技术研究""高炉炉体水温差无线监测及在线更换技术研究与应用""煤气柜群集中布控技术实践及应用""焦化酚氰废水深度处理的工艺研究"4 项成果获三等奖。共有 4 项成果通过国家、冶金行业标准审定。其中,《钢铁行业海水淡化技术规范第 1 部分:低温多效蒸馏法》通过国家标准,《钢铁行业海水淡化技术规范第 2 部分:低温多效水电耦合共生技术要求》《钢铁行业海水淡化技术规范第 3 部分:低温多效蒸发器酸洗要求》《钢铁行业空分能耗分摊计算方法》通过冶金行业标准,填补了行业空白。

推进管理创新。全年共有 3 个项目获得冶金行业、北京市企业管理现代化创新成果奖。其中,"大型钢铁企业循环经济运营体系的实践创新""大型高炉经济高效运行的实践"分获冶金企业管理现代化创新成果一、二等奖;"建设最具世界影响力钢铁厂发展战略的管控体系构建"获北京市管理现代化创新成果二等奖。共有 10 个项目获得河北省冶金行业质量管理优秀成果奖。其中,"高炉联合泵站炉体 A 系统冷却性能优化""减少耐候钢铜脆缺陷降级品率""降低 2250 毫米热轧卷取机切换时间""减少 2250 毫米热轧 1 号加热炉均热段上下温差""提高 1580 毫米热轧主传动设备运行稳定性""连退表面粗糙度控制""增加氮气产量"6 项成果获一等奖;"提高除尘灰配入量""降低高炉料仓粉尘排放浓度""提高高炉干湿焦冶炼转换稳定性""稳定热轧混合煤气热值"4 项成果获二等奖。

推进产品质量创优。"冷轧低碳钢板及钢带(DC01)""冷轧低碳钢板及钢带(DC04)""连续热镀锌钢板及钢带(DX51D+Z)""汽车车轮用热连轧钢板和钢带(S380LF、S380LW)""集装箱用热连轧钢带(SPA-H)"五项产品被认定为 2015 年度冶金产品实物质量"金杯奖",其中 SPA-H 被认定为"特优质量奖"。

(孟令功、魏志军)

【荣誉称号】　首钢京唐公司党委被评为北京市国资委系统学习型党组织建设"十佳示范点";

京唐公司被评为"唐山市工业转型升级先进企业""'十二五'企业文化建设优秀单位",获得"第九届中华宝钢环境奖";

京唐公司团委被评为"全国钢铁行业五四红旗团委";

冷轧作业部获北京市总工会授予的"北京市模范集体"荣誉称号;

焦化作业部被河北省委宣传部和河北省发改委授予"河北节约之星——能效领跑企业"称号;

炼铁作业部刘胜歌、供料作业部宿光清创新工作室被命名为北京市级职工创新工作室;

热轧作业部陈铎创新工作室获评河北省百优创新工作室;

炼钢作业部王建斌被评为全国"百姓学习之星";

热轧作业部荣彦明被评为北京市国资委系统 2015 年"国企楷模·北京榜样"十大人物。

(别业武、马　晓、蔡　爽)

【京唐公司部门负责人】

计财部
部　长:黄明启
副部长:王鹤更
制造部
部　长:朱立新
副部长:刘建华　林绍峰　王晓朋
　　　　苏震霆(1月任职,8月离任)
　　　　范　军(1月离任)
设备部
部　长:王贵阳(1月任职)　邵文策(1月离任)
副部长:谢启川　李　鹏(1月任职)
　　　　张　扬(1月离任)
党委副书记:李春风
纪委书记:李春风
供应管理部
部　长:周　波
副部长:王育奎　王吉航(8月离任)
党委书记:薛万青(11月离任)
党委副书记:周　波
纪委书记:薛万青(11月离任)
销售管理部
部　长:李　越
副部长:赵继红(3月离任)
安全管理部
副部长:王俊杰
党委副书记:吴宝田(5月离任)
纪委书记:吴宝田(5月离任)
工程部
部　长:邵文策(1月任职)　杜朝辉(1月离任)
副部长:刘庆云
人力资源部
部　长:刘志民
副部长:关　锴
信息计量部
部　长:高　莉
办公室
主　任:杜朝辉(1月任职)
副主任:石韶华
党委组织部

部　长:刘志民
党委宣传部(企业文化部)
副部长:王明江
纪检(监察)办公室
主　任:张延风
工　会
副主席:别业武(4月任职)
团　委
副书记:蔡　爽
机关党委
党委书记:别业武
纪委书记:别业武
焦化作业部
部　长:杨庆彬
副部长:王贵题　李　鹏(1月离任)
党委书记:韩致洲
党委副书记:杨庆彬
纪委书记:杨庆彬
炼铁作业部
部　长:张贺顺
副部长:张保顺　任立军　熊　军
党委书记:张贺顺
党委副书记:安　钢
纪委书记:安　钢
炼钢作业部
部　长:李金柱(1月任职)　罗伯钢(1月离任)
副部长:苏震霆(1月离任)　曾卫民　张丙龙
党委书记:李金柱
党委副书记:苏震霆(8月任职)
纪委书记:苏震霆(8月任职)
热轧作业部
部　长:赵继武
副部长:王松涛(8月离任)艾矫健(8月任职)
　　　　张　扬(8月任职)
党委书记:焦建峰
党委副书记:赵继武
纪委书记:焦建峰
冷轧作业部
部　长:周　建(兼)
副部长:尹显东(8月离任)

张　扬(1月任职,8月离任)

　　王贵阳(1月离任)　王松涛(8月任职)

党委书记:孙建民

纪委书记:孙建民

彩涂板事业部

部　长:汪万根(3月任职)

副部长:赵继红(3月任职)　冷艳红(3月任职)

　　王大川(3月任职)

党委书记:赵继红(3月任职)

纪委书记:赵继红(3月任职)

镀锡板事业部

部　长:周　建(3月任职,8月离任)

　　尹显东(8月任职)

副部长:周　淳(3月任职,8月离任)

　　张召恩(3月任职)

莫志英(11月任职)

党委书记:孙建民(兼,3月任职)

纪委书记:孙建民(兼,3月任职)

能源与环境部

部　长:刘正发

副部长:王树忠　吴礼云　汪洪涛

党委书记:刘正发(5月任职)　陈晓萍(5月离任)

党委副书记:吴宝田(5月任职)　刘正发(5月离任)

纪委书记:吴宝田(5月任职)　陈晓萍(5月离任)

运输部

部　长:范　军(1月任职)

副部长:张海云　冯　超　张　英

党委书记:郭大林

纪委书记:郭大林

质检监督部

部　长:魏　钢

副部长:于学斌　艾矫健(8月离任)

党委书记:魏　钢

党委副书记:曾德辉

纪委书记:曾德辉

钢轧项目筹备组

组长:罗伯钢(8月任职)

　　　　　　　　　　　　　　(刘志民)

【首钢京唐2015年大事记】

1月6日,经河北省企业档案工作目标管理认定考评组委托唐山市档案局评审,京唐公司获评"4星级"档案管理单位。

1月19日,京唐公司召开2015年安全生产大会。

1月19日,京唐公司召开第二期精益六西格玛项目总结交流暨第三期项目启动大会。

2月9日,京唐公司党委围绕"严格党内生活、严守党的纪律、深化作风建设"主题,召开领导班子2014年度民主生活会。

2月12日,京唐公司召开第一届职工代表大会第三次会议。

2月15日,"首钢2015年包装用钢工作年会"在京唐公司召开。

3月18日,京唐公司组建彩涂板事业部。

3月23日,京唐公司组建镀锡板事业部。

3月26日,京唐公司自有码头推介会在首实京唐大厦召开。

3月30日,京唐公司指挥中心楼前唐钢旗帜降下,升起安全生产旗。

4月,钢材深加工中心建成投用。

4月3日,京唐公司通过两化融合管理体系评定,成为全国首批200家通过两化融合管理体系评定的企业。

4月23日,京唐公司成立北京服务站。

4月26—28日,首钢外部董事,中国兵器设备集团公司重庆长安工业集团有限责任公司原董事长、党委书记、总经理、工会主席时玉宝;首钢外部董事,信永中和会计师事务所合伙人刘景伟一行到京唐公司参观调研。

5月11日,京唐公司将武装部职能和保卫处职能从安全管理部成建制划出,单独成立保卫部(武装部)。

5月18日,国务院发展研究中心副主任刘世锦一行8人到公司参观调研。

5月29日,京唐公司股权调整工作进行完毕,京唐公司变更为首钢总公司全资子公司。法定代表人(董事长)由王青海变更为张功焰。

6月10—12日,总公司党委书记、董事长靳伟到公司调研。

6月14日,全国人大常委会副委员长、农工党中央主席陈竺,全国政协副主席、农工党中央常务副主席刘晓峰,全国政协常务委员、副秘书长、农工党中央专职副主席何维等一行120余人到公司参观考察。

6月15日,京唐公司举行庆祝成立十周年活动启动仪式暨全国低碳日绿色出行倡议活动。

6月18—19日,北京市委常委、组织部部长姜志刚,市国资委党委书记、主任林抚生,市国资委党委副书记赵林华一行到京唐公司调研。

6月24日,北京市市委常委、常务副市长李士祥,副市长隋振江,市政府秘书长李伟;河北省省委常委、常务副省长杨崇勇,省委常委、唐山市委书记焦彦龙,副省长张杰辉等领导一行深入京唐公司生产一线调研考察。

6月25日,白灰窑的管理方式由北京首钢耐材公司总体承包调整为京唐公司自行管理。

7月1日,京唐公司召开庆祝中国共产党成立94周年暨先进党组织、优秀共产党员表彰大会。

7月1日,职工洗车房正式开业。

7月2日,河北省发改委下发《河北省发展和改革委员会关于首钢京唐钢铁联合有限责任公司二期工程项目备案的通知》(冀发改产业备字〔2015〕102号),同意京唐公司二期项目备案。

7月14日,邯郸钢铁集团有限责任公司总经理助理任志刚带队到京唐公司座谈交流。

7月15日,京唐公司组织职工创新工作室负责人35人,到北京奔驰汽车有限公司"赵郁创新工作室"参观学习。

8月,1580毫米热轧至1700毫米冷轧托盘运输项目建成投用。

8月8日,河北省委书记赵克志,河北省委常委、唐山市委书记焦彦龙一行到京唐公司调研。

8月10日,京唐公司成立技术委员,下设铁前、炼钢、轧钢、能源、设备信息自动化5个专业委员会。

8月11日,京唐公司成立钢轧项目筹备组,撤销二期筹备工作组和长材部机构。

8月11日,国家发改委党组成员、副主任林念修一行到京唐公司参观考察。

8月12日,山东时风集团总经理刘成强一行6人到京唐公司参观交流。

8月13—14日,原冶金部副部长、中国工程院院士、钢铁研究总院名誉院长殷瑞钰,原中国金属学会秘书长、中国金属学会专家委员会副主任李文秀,原中国金属学会副秘书长、中国金属学会专家委员会委员苏天森一行9人到京唐公司调研。

8月19日,河北省军区司令员邵亨一行9人到京唐公司参观考察。

8月21日,公司举行二期工程项目启动会,二期工程项目建设正式启动。

8月26日,北京市国税局党组书记、局长李亚民,北京市地税局党组书记、副局长刘江平等领导一行到京唐公司调研。

8月27日,由曹妃甸区委、曹妃甸区政府主办的"唱响时代强音·助力协同发展"将军后代合唱团慰问演出在京唐公司厂前区广场举行。

9月22日,京唐公司与曹妃甸区委、区政府举办"爱在曹妃甸·携手建家园"2015青年集体婚礼。

9月23日,首钢2015年"京唐杯"职业技能竞赛决赛在京唐公司开赛。

9月28日,京唐公司召开二期工程廉政教育专题会。

9月29日,京唐公司多功能运动场投入使用。

10月21日,首钢朗泽工业煤气制清洁能源商业化项目启动暨曹妃甸(国际)招商宣传推介会在渤海国际会议中心举行。

10月22日,"十年激情创业·京唐点燃梦想"庆祝首钢京唐公司成立十周年职工文艺晚会在文体中心篮球馆内隆重举行。

10月27日,京唐公司二期工程项目正式取得河北省环境保护厅出具的《关于首钢京唐钢铁联合有限责任公司二期工程项目环境影响报告书批复的函》。

11月4日,京唐公司将供应管理部一分为二,分别成立供应管理部和供料作业部。

11月12日,京唐公司召开第一次党代会。

11月16日,京唐公司与北京科技大学联合培养研究生项目签约仪式在北京科技大学科技楼举行。

12月3日,"落实京津冀协同发展要求,加强检企共建预防职务犯罪座谈会"在京唐公司召开。

12月7日,北京市政府外事办党组成员、副主任张海舟一行到京唐公司参观座谈。

12月9—10日,首钢京唐钢铁项目配套码头工程(一期)通过初步验收。

12月12日,京唐公司顺利通过"移动式压力容器充装许可"资格审查。

12月17日,石灰石料场封闭项目顺利竣工,正式储料倒装,彻底改善料场扬尘对周边环境的影响。

12月18日,总公司领导张功焰、梁宗平、王洪军、刘建辉以及总公司有关部门领导到京唐公司调研。

12月23日,京唐公司召开2015年6S现场管理总结表彰暨2016年6S/QTI启动大会。

12月30日,京唐公司股权结构发生变更,北京首钢股份有限公司持股51%,总公司持股49%。

（闵 亮）

首钢凯西钢铁有限公司

【首钢凯西公司领导名录】

董事长:韩 庆(11月离任) 顾章飞(3月任职)

副董事长:黄亚河

总经理:瞿 标(3月离任)

常务副总经理:张庆春(主持工作;3月任职)

副总经理:叶松仁 李 众(3月离任)

吴 辉 王光峰(12月任职)

财务总监:钱 伟(3月任职)

（黄紫云）

【综述】 按照国家钢铁产业调整和振兴规划以及国务院关于"海西战略"发展的要求,首钢总公司与福建凯西集团有限公司于2011年5月30日合资设立首钢凯西钢铁有限公司,公司注册资本15亿元,其中首钢总公司、福建凯西集团有限公司分别持股60%、40%。公司位于福建漳州招商局经济技术开发区,总占地面积1220亩。主要产品为冷轧薄板、镀锡板、镀铬板,产品销售市场以福建、广东为主,辐射江浙、江西、台湾地区及东南亚、欧美等海外市场。包括2条推拉式酸洗生产线、1条八辊五机架全连续冷连轧生产线、1条四辊五机架全连续冷连轧生产线、2套二十辊森吉米尔可逆薄板轧机、2套四辊单机可逆薄板轧机、1条钢带连续光亮退火生产线、1套废酸焙烧再生机组、16台光亮罩式退火生产线、1条脱脂线、3条拉矫线、1条电镀铬生产线、1条电镀锡生产线、1条马口铁剪切线。部分生产线逐步进行升级改造,不断优化产品结构,提升产品质量水平,提高产品市场竞争力。与首钢京唐、首钢迁钢等紧密衔接,除钢铁制造板块外,利用首钢整体优势和凯西自身区位优势,做好产业链延伸,发展钢材加工配送,为首钢集团在华南地区战略布局服务。根据首钢总公司要求,

自2014年9月1日起,由首钢京唐公司代管。首钢凯西设生产管理部、技术质量部、设备管理部、销售部、采购部、计财部、综合管理部、办公室、轧钢一分厂、轧钢二分厂、马口铁分厂、公辅分厂,在职职工485人,平均年龄33岁,其中本科及以上学历71人,女职工114人。

首钢凯西综合首钢集团资源、管理优势,结合自身特点,坚持以"打造国内专业镀铬生产基地"为使命,丰富首钢集团钢铁产品序列,提升首钢马口铁系列产品综合竞争力。2015年,首钢凯西在首钢总公司和京唐公司领导下,克服宏观经济下行、行业需求萎缩、产品价格下跌等不利影响,眼睛向内,奋力拼搏,完成年度经营目标任务。

（黄紫云）

【主要指标】 2015年,首钢凯西公司自轧产品产量24.26万吨,其中马口铁产品入库量10.75万吨,占比43.96%,比2014年提高12.38个百分点;自轧产品销量24.78万吨,其中马口铁产品10.36万吨,占比41.81%,比2014年提高11.32个百分点;镀铬板产量5.59万吨,比2014年增加2.43万吨,增幅达43%。全年比2014年减亏7070万元,减亏幅度28.59%;投资回报率比2014年提高4.71个百分点,经营情况有所改善。期间费用比2014年降低5515万元,降幅35.9%,其中财务费用降低4893万元,降幅43.01%。

（陈鹏举）

【降本增效】 首钢凯西强化管控、挖掘潜力,围绕控制成本、提高效率、增加效益做文章,全年降本增效完成828万元。通过加强物料供应商研究,拓宽采购渠道,强化议价能力,优化结算方式、供货周期及售后服务等商务条款,降低采购成本500万元(其中辅料物资450万元、原料物资50万元)。循环利用京唐原料自带的套筒、镀锌护板等包装材料,节约成本110万元。对用电二回路高压无功补偿进行改造,节约电费22万元。加强物流运输环节管理,优化运输方式,降低物流费用45万元。设备部等通过压减外委外包项目,实现费用降低。

（林斐凡）

【新产品开发】 首钢凯西针对冷轧板、轧硬板等价格持续走低,有针对性地调整产品结构。5月份和8月份相继关停单机架轧机、酸洗线、八辊五连轧和连退产线,普通冷轧和冷硬产品产量大幅降低,减少直接亏损。成功开发罩退偏硬冷板,供货量达200吨/月,售价比普通

冷板增值300元/吨—500元/吨。与京唐公司联合,加大饮料底盖、油墨罐、易开盖、皇冠盖等马口铁产品生产开发力度,供货量达3000吨/月。成功开发覆膜铁,实现与奥瑞金、苏州华源等用户合作,供货量达1500吨/月。突破连退产线设计能力,0.18毫米极薄马口铁基板成功生产,为连退机组改造及自产连退BP板提供技术参考。将镀铬板作为重点产品,根据客户需求开发高端产品。

(万方潜)

【技术攻关】 首钢凯西制定下发《首钢凯西技术攻关管理办法》,推进镀铬小黑点、平整液斑等重点产品缺陷攻关,镀锡和镀铬一级品率分别比2014年提高11.97和15.08个百分点。加大质量缺陷攻关力度。对前处理段清洗能力、工艺段药液配方调整、电镀阳极板等进行改造升级,黄斑、蓝边等板面缺陷基本解决,小黑点缺陷改善明显,得到下游客户认可,产品逐渐打入高端制造企业。强化质量缺陷攻关管理。针对缺陷成立攻关小组,确定任务目标,明确负责人,建立激励机制,强化过程跟踪分析。优化八辊配辊工艺,连轧批量压印问题得到解决。1250毫米机组通过提高乳化液喷射压力、流量,DR材白条纹问题得到改善;通过优化平整液喷嘴排布和流量,平整液斑基本得到解决。两辊机组通过设备改造,转向辊辊径增大至直径457,折痕问题得到改善。拉矫机组通过优化设备,增加刮刀,拉矫压印问题得到解决。

(吕翔宇)

【设备改造】 2015年12月29日,首钢凯西镀锡改镀铬技改项目完成工程热负荷调试,第一卷镀铬产品成功下线,可检测参数和性能均达到改造设计要求。该项目自2015年7月11日与北京机械工业自动化研究所签订技术协议,至12月29日成功试生产,工程历时132天,比原计划提前2天。改造项目将原有150米/分电镀锡生产线改建成180米/分电镀铬生产线,并按照日本工艺技术对生产工艺进行全面升级。项目改造中,首钢凯西公司自行负责电镀段、钝化段、软熔段、排风系统设备和管路的整体性拆除及绝大多数改造设备的安装工作,通过充分利用原有设备和系统,项目改造费用大幅降低。

(林斐凡)

【自由贸易】 首钢凯西落实总公司战略要求,充分利用自身在福建地区市场深耕的经验和渠道,加大首钢热轧、冷轧、镀锌、彩涂和镀锡产品在福建地区的营销力度。10月份设立专门营销机构,采用灵活经营模式,开发终端用户,做好渠道建设,销量从月均不足0.2万吨,提高至12月份的0.97万吨。全年自由贸易销量比2014年增加0.96万吨,增幅52%;销售收入比2014年增加1530万元,增幅24%。

(林斐凡)

【管理优化】 首钢凯西推进机构改革。撤销车间建制,整合成立生产分厂,生产现场管控能力提高;取消主管、助理职位,优化管理层级,中层干部职数减少近50%;完善各项规章制度,强化预算管理,优化质量体系,夯实管理基础,保障日常工作顺利开展。

(林斐凡)

北京首钢特殊钢有限公司

【特钢公司领导名录】

董事长:李兵役

总经理:焦亚伏(6月任职)

副总经理(主持工作):焦亚伏(6月离任)

副总经理:王 敏 段武涛(6月任职)

　　　　王明信(4月离任)

总经理助理:梁玉洁 许 良 段武涛(6月离任)

党委书记:李兵役

纪委书记:李兵役

工会主席:李兵役

(乔春海)

【综述】 北京首钢特殊钢有限公司(以下简称"特钢公

司")是首钢集团下属独立法人子公司,位于北京市石景山区杨庄大街69号,总占地面积89.87公顷,特钢厂区已纳入北京市中关村科技园区石景山园南区。经北京市规划委员会批准,特钢公司先期启动15、16号地项目开发,吸引有发展潜力的高新技术企业入驻。特钢公司将以打造城市综合服务商为核心,建设首特钢绿能港科技园区,转型成为园区开发、运营、管理、服务公司。特钢公司下设开发部、招商运营部、工程部、园区管理部、投资管理部、经营部、办公室、计财部、人力资源部、党群工作部、生活管理部11个等职能管理部门。全资及控股子公司6家、参股改制公司5家、对外投资企业8家。2015年特钢公司在册职工751人,其中在岗525人;大学本科及以上学历107人,大中专学历128人;中高级职称87人;技师、中高级技工199人。

2015年是特钢公司转型发展打好基础的攻坚之年,干部职工面对特钢生存发展的新形势、新任务、新挑战,稳步推进深化改革,完成提高劳动效率工作任务;推进首特钢园区15、16号地项目开发,外部手续办理和内部前期准备等工作取得新进展;开展创收增效,完成年度经营指标计划任务;汽车园区收益和管理水平提高;职工队伍建设和物质文化生活水平提升。

(郝占起)

【主要指标】 2015年,特钢公司实现利润25万元,比计划增加25万元;销售收入29451万元,比计划增加9451万元;销售收入劳动生产率每人每年56.1万元,比计划提高18万元;期末控制人数769人,比计划减少41人;已出租房屋土地收费率97%,完成计划。全年未发生安全、环保、火灾等事故,职工队伍稳定,经营环境良好。

(徐 剑)

【工作思路】 2月13日,特钢公司召开十一届三次职代会,审议通过焦亚伏副总经理《深化改革,开创特钢转型发展新局面》工作报告。明确2015年工作思路:深入贯彻首钢十七届九次党委扩大会和十八届三次职代会暨集团工作会议要求,全面深化改革,加快首特绿能港科技中心项目建设并取得实质性形象进展,抓好日常经营、满足企业生存需求,加强党建、企业管理和人才队伍工作,坚持依法治企,维护职工利益,开创特钢转型发展新局面。会议号召干部职工,认真贯彻落实职代会精神,迎难而上,深化改革,真抓实干,确保完成今年各项

任务,奋力开创特钢转型发展新局面。

(郝占起)

【首特钢园区开发】 2015年,首特钢园区开发主要围绕首特绿能港科技中心15号、16号地项目和两个地块周边大市政工程,开展外部手续办理、内部前期准备和项目融资及招商工作。

外部手续办理工作。首特绿能港科技中心15号地项目,2月13日取得北京市规划委员会关于首特绿能港科技中心15号地项目规划条件;3月27日取得调整后的项目备案通知书;4月1日取得项目用地预审意见;4月3日取得北京市规划委员会关于项目设计方案审查意见;4月24日取得北京市交通委员会关于首特绿能港科技中心15号地项目交通影响评价审查意见;5月20日完成项目土地权属审查告知书;6月取得项目用地地质灾害评审意见;7月23日取得项目社会稳定风险评估报告审核意见;8月市政府同意项目以协议出让方式供地;11月取得项目外电源方案;12月30日项目通过总公司董事会,同意内部立项。

首特绿能港科技中心16号地项目,2月13日取得北京市规划委员会关于首特绿能港科技中心16号地项目规划条件;4月14日首特绿能港科技中心16号地项目取得调整后的项目备案通知书;4月28日取得项目用地预审意见;5月20日完成项目土地权属审查告知书;5月18日特钢公司与光大银行签订《中国光大银行研发中心项目开发建设意向书》;6月取得项目用地地质灾害评审意见;7月23日取得项目社会稳定风险评估报告审核意见;8月市政府同意项目以协议出让方式供地;11月取得项目外电源方案。

首特钢园区15、16号地周边道路,5月取得雨污水排除规划方案、再生水规划方案、电信管道规划方案、有限广播电视网络规划方案;7月取得天然气供应规划方案;11月首特钢园区15、16号地周边道路设计方案上报市规委审查,已取得批复意见。

内部前期准备工作。完成15号地项目方案设计优化、建筑设计方案审查,以及幕墙工程方案和招标图设计、地基工程内部招投标。项目用地地上物已全部拆除,达到"三通一平"标准。完成15号地项目施工用水、用电、临时道路改造及围挡施工。待污染土治理实施方案获得批复后,正式启动基坑工程。

园区项目融资及招商工作。借助园区重点建设项

目,完成融资 3 亿元,争取国家专项建设基金贴息贷款 2.5 亿元,为项目启动建设提供保障。参加跨国技术转移大会、京港洽谈会,利用展厅、绿能港网站、微信平台,重点宣传推介首特钢园区,接洽园区项目新客户 40 家,调研园区周边 37 个写字楼租售情况。参加区科委组织的功能性新材料推广招投标工作,获得招商资金奖励 15 万元。申请区管委会存量土地及空间资源盘活改造项目,获得支持资金 200 万元。

（尹海娟、聂华俊、徐　剑、王宝金）

【创收增效】　特钢公司紧紧围绕企业生存需求,深入挖掘厂区内存量资产潜力,开源节流,努力创收增效,促进经营指标计划任务的完成。强化闲置厂房、场地和房屋租赁经营管理,努力提升服务质量和物业管理水平,全年收取租赁费 796 万元,比计划增加 36 万元。加大首特钢创业公寓招商力度,采取市场宣传、企业走访、对接区招商平台等方式,开展招租工作,出租率 95% 以上,全年收取租金 389 万元,比计划增加 11 万元。配合市重点工程 S1 线建设,收回征用厂区拆迁占地补偿款 3348 万元。办理备件等资产盘活,处置金额 240 万元,比计划增加 40 万元。培训基地开拓社会市场,全年实现利润 107 万元,比计划增加 17 万元。单身宿舍努力改善居住环境,全年实现收入 52 万元,比计划增加 2 万元。南区临时停车场提高服务和质量,全年实现收入 35 万元。

（徐　剑、王宝金、张　娜）

【投资企业运营】　特钢公司加强对子公司及对外投资企业管控及服务,以确保国有资产保值增值和投资质量为重点,加强对子公司和对外投资企业的管控服务。对子公司坚持按月度进行资产和预算管理分析,促进经营水平提高,收取子公司租赁费和投资回报 255 万元。对外投资企业坚持执行季度沟通制度,随时掌握投资公司的经营状况并适时提出建议措施,强化资产和投资的监督,收取投资回报 41 万元。北京绿创声学公司当期盈利 2926 万元,该公司拟挂牌上市,未进行分红。北京绿创设备公司完成 861.75 万新股发行,增发后特钢公司持股比例为 12.53%。汽车解体厂拆迁补偿款的法律诉讼,门头沟法院已受理。按有进有退原则,优化投资结构,完成劣势企业退出 1 家。

（徐　剑、马瑞杰）

【钢材加工出口及贸易】　特钢公司面对持续恶化的市场环境,以降低经营风险、盘活资金、压缩库存为重点,努力提高市场营销能力,加强对市场和客户情况的调研分析,开发国内外客户 90 余家,新品种 5 个,拓宽经营途径,钢材库存比年初下降 514 吨,完成钢材加工出口及贸易销售量 29239 吨,比计划增加 1739 吨;实现收入 7811 万元,比计划增加 311 万元;在负担部分人员及经营费用后,实现利润 1.5 万元。

（郭建刚）

【汽车园区管理】　特钢公司加大土地房屋租金收缴力度,对签订的租赁协议全面进行梳理,采取多种方式按照租赁协议约定进行收缴,并通过法律诉讼追缴前欠租金,全年收取租金 1477 万元,比计划增加 44 万元;同时追缴前欠租金 149 万元,做到当期租金按计划足额收取,新签订的租赁协议按有关规定和市场价格提高租金水平。新建配套临时停车场及基础设施,规范园区停车秩序,增加收入 50 万元。整治园区内主干道运营环境,修复东门外主干道路,制定并实施临时建筑治理方案,园区整体秩序和环境进一步得到改善,涉及临建商户均签署书面承诺,承诺双方签订的租赁合同终止后,临建无偿归特钢所有。推进园区内两座大厦经营及收回工作,首特钢创业大厦在总公司支持收回后,7 月份开始对外出租运营,年内已签约客户 53 家,签约面积 15176 平方米,出租率占可出租面积的 62%,实现营业收入 946 万元;动力大厦已委托专业律师团队开展解除协议的法律诉讼工作,特钢公司正在与法院沟通争取尽早二审判决。

（马瑞杰、张　娜、聂华俊）

【体制机制改革】　特钢公司根据总公司提高劳动效率指导意见的要求,制定方案,平稳推进。完成组织机构和职责调整,处级建制由 19 个减至 12 个,增加科级建制和定员编制。组建 15 号地项目部。完成 115 人的调整,重新制定和修订职责范围,在全面提高劳动效率的同时,进一步加强园区开发建设力量。薪酬分配制度改革上,制定完善绩效考核分配方案,实施领导人员薪酬分配制度改革,调整分配结构。绩效考核上,完善园区开发重点工作节点和经营指标任务与绩效工资挂钩考核办法,改进考核方式,调整并适当提高绩效分配水平,在园区招商团队开展提成工资激励机制试点。对引进的专业技术人才,制定薪酬标准及目标责任绩效考核办法。取消单项奖。对现行 213 项制度逐项进行分析,适用继续执行的 155 项,不适用废止 44 项,修订 14 项。

（张含希）

【队伍建设】 特钢公司加强人才队伍建设和职工队伍培训,制定并实施职工培训方案。组织园区开发板块专业人员参加专业培训 20 次,参加 1000 人次,总学时 4000 学时。组织厂处级以上领导干部及后备人员,采取内部培训和走出去相结合方式开展培训。围绕新项目岗位用人要求,组织职工开展转型转岗培训,11 人取得中级制冷维修技能证,28 人取得智能楼宇管理员资格证书,4 人参加消防中控培训,在职班组长和后备班组长 25 人参加由清华大学和国资委联合举办的班组长岗位管理能力资格认证培训,从中选派优秀班组长 7 人参加走进清华校园拓展培训。接收高校毕业生 11 人。结合园区开发进度,引进专业技术人员 4 人。

（张含希、乔春海）

【党群工作】 特钢公司党委结合实际制定实施《关于在处级以上领导干部中开展"三严三实"专题教育的实施方案》。6 月 10 日,党委书记、董事长李兵役以《把握"四个全面"战略布局,落实"三严三实"要求,推进我们的工作》为题,为厂处级以上领导干部讲党课。6 月 30 日,特钢公司召开庆"七一"暨先进表彰大会,表彰先进基层党组织、优秀共产党员、"三创"先进集体、"三创"先进个人、优秀团干部、优秀团员。7 月 30 日,特钢公司党委组织党员、团员和积极分子 40 余人参观中国人民抗日战争纪念馆。

11 月 6 日,特钢公司召开中国共产党北京首钢特殊钢有限公司第五次代表大会,出席代表 60 人,列席代表 4 人。选举产生中国共产党北京首钢特殊钢有限公司第五届委员会委员 5 人、中国共产党北京首钢特殊钢有限公司第五届纪律检查委员会委员 3 人和出席首钢总公司第十八次党代会代表 4 人,并选举产生中共北京首钢特殊钢有限公司委员会、纪律检查委员会书记。

（闫秀清）

【职工生活】 特钢公司加快办理职工房产证,完成石景山区赵山小区 10 号楼、门头沟桃园小区 2 号楼及葡东小区 20 号楼公产证的办理。为西城区 55 户集资建房、门头沟桃园小区 2 号楼 58 户、门头沟区散户 7 户共 120 户职工办理房产证,发放到职工手中。为石景山区古城小街 5 号院 130 户职工办理落户。投资 51 万元,完成 5 项福措工程,配合政府部门完成 3 个老旧小区部分楼房节能和基础设施改造。按照北京市、石景山区社保及首钢总公司各项保障文件规定,调整不在岗人员基本生活费、退休职工基本养老金、内退职工收入增长机制和工伤人员伤残津贴。完成 2015 年退休教师待遇生活费补贴计算、申请上报工作。

（孙　涛、张含希）

【石景山区领导调研】 1 月 28 日,石景山区常务副区长文献到特钢公司进行现场调研。特钢公司党委书记、董事长李兵役介绍首特钢园区 15、16 号地项目进展情况及 2015 年工作安排,就请求区政府给予支持与协调的事项提出建议。文献明确指出区政府会协调 15、16 号地项目前期手续办理等工作。7 月 31 日,石景山区副区长司马红到特钢公司调研。司马红希望特钢公司用更加实际的运作模式,推进园区建设。

（闫秀清）

秦皇岛首秦金属材料有限公司

【首秦公司领导名录】

董事长:王相禹

副董事长:李少峰（12月离任）　张文辉

　　　　　丁汝才（12月任职）

董　事:赵久梁　刘海龙　姜哲镐

丁汝才（12月离任）　舒　洪（12月任职）

总经理:赵久梁

副总经理:王相禹　沈一平　周德光　刘海龙

总经理助理:张立伟　王　普

党委书记:王相禹

党委副书记:赵久梁

纪委书记:王相禹

工会主席:王相禹

（余永光、何　健）

【综述】　秦皇岛首秦金属材料有限公司(以下简称"首秦公司")是首钢总公司、香港首长国际企业有限公司与韩国现代重工业株式会社共同建设经营的一家钢铁联合企业,地处河北省秦皇岛市抚宁县。2003年5月3日开工建设,2006年10月20日实现铁、钢、坯、材工艺流程全线贯通,年产生铁255万吨、钢260万吨、宽厚钢板240万吨。首秦公司坚持"节能环保型、循环经济型、清洁高效型"建厂方针,在总体布局上采取紧凑式流程设计,吨钢占地面积仅为0.7平方米,相当于传统吨钢1.5平方米的46%。

首秦公司坚持以打造"专、精、深、强"宽厚板精品基地为目标,形成12大系列、300多个品种,包括造船板(含海工钢)、管线钢、桥梁板、容器板(含合金容器板)、低温容器板、高建钢、高强钢(含耐磨钢)、模具钢、储油罐钢、水电钢、风电钢、核电钢。首秦公司以"让客户满意、让职工满意、让股东满意"为宗旨,确立打造客户"首选之板"核心价值观,致力于软实力建设,打造"专精深强"的宽厚板综合制造+服务商。

首秦公司内设机构12个。其中事业部5个,分别为炼铁事业部、炼钢事业部、轧钢事业部、能源事业部和设备事业部;职能部室7个,分别为制造部、安全部、计财部、组织人事部、办公室、物流公司、实业公司(秦机厂托管)。2015年底在册职工2479人,其中博士4人、硕士207人、本科691人、大专823人;高级职称79人,中级职称166人;高级技师63人,技师227人,高级工718人,中级工420人;职工平均年龄36岁。

2015年,是钢铁市场"冰冻期"的一年,也是首秦公司全面深化改革应对严峻挑战的一年。在总公司支持下,在总公司首秦技术服务组帮助下,首秦公司借鉴民企机制,坚持国企标准,深化改革。通过实行事业部制,模拟市场运作,深入对标挖潜,促进市场经营、生产管控、产品研发等方面能力得到提升。

（金品楠、游力杰）

【主要指标】　2015年,首秦公司生产基本安全稳定顺行,多项工艺技术指标有升有降。吨全焦指标420.272千克,比2014年提高19.911千克。其中,吨入炉焦比348.127千克,比2014年提高5.368千克;优化炉料结构和生产工艺,吨钢铁料1074.159千克,比2014年降低5.919千克;强化技术展开和现场执行,4300毫米成材89.509%,比2014年提高0.013%;3300毫米成材率87.84%,比2014年降低0.95%。全年烧结矿、铁、钢、材产量分别为336.49万吨、239.99万吨、238.64万吨和204.82万吨(含3300毫米钢材产量43.22万吨),烧结矿、生铁、钢坯超计划2.09万吨、3.59万吨、3.84万吨,钢板比年计划少完成5.78万吨。

（刘新红）

【市场营销】　首秦公司全年完成钢板销售205.07万吨,综合单价2479元/吨,相比宝钢、舞钢分别缩差154元/吨、359元/吨。成为中建钢构主力供应商、中石油容器钢甲级供应商;先后中标沪通大桥等12座重大桥梁工程16万吨,其中Q500qE独家中标芜湖二桥1.1万吨;开发中油一建、华电重工、天津中际等84家直供或三方直供客户,签订高建钢、容器钢及特厚板合同42.73万吨,占合同总量20.12%。国际市场销售渠道由6家提高到26家。客户结构由单一代理转变为以工程业主和工程总包为主;品种覆盖储罐钢、耐候桥梁钢、耐磨钢、高强钢等高端品种;通过马来西亚等6个国家石油公司合格供应商审核。全年签订出口合同31.06万吨(内贸出口4.25万吨),自主出口19.25万吨(内贸出口2.1万吨),占比61.98%,退税1.2亿元。拓展钢坯销售品种。首次销售738H等高端品种钢坯,批量销售15CrMo等品种钢坯,开发中板轧制钢坯渠道。全年销售钢坯11.41万吨。

品种开发取得进展,形成新的产品支撑。完成高强桥梁钢(Q500q)开发、焊接工艺评定,耐候桥梁钢(Q345NHq)开发并整桥供货平顶堡桥1200吨;完成120毫米80千克级水电钢开发,中标老挝和巴基斯坦水电钢9100吨;完成A516系列抗酸容器钢开发并实现1.62万吨合同供货,SA738核级安全壳用钢开发及认证准备;完成E690、F级极地海工钢及耐蚀、抗止裂船板开发。3300毫米、4300毫米产线分别开发5毫米、6毫米极限薄规格产品,实现供货4.35万吨。

（张继文）

【降本增效】　2015年,首秦公司各工序降本3.23亿元(135元/吨),比年计划多完成1200万元(5元/吨)。后4个月降本225元/吨,比前8个月进步125元/吨。

生铁制造成本1429元/吨,比2014年降低603元/吨;炼钢工序成本665元/吨,比2014年降低99元/吨;轧钢工序成本555元/吨,比2014年降低5元/吨。铁前原燃料,进口矿降本2468万元;煤资源实现自主采购,形成价格竞争机制,吨煤采购价低于市场价50元;焦炭降级降标采购,实现从一级焦到二级焦100%转换,获益4308万元。强化自主采购管理,推行中标价格"三比"评价,自主采购拓展到合金、耐材等领域,采购价格下降22.4%,降本1037万元;备材采购价格下降22.7%,降本913万元。

(张继文)

【产线保障】 首秦公司按照经济规模组织生产,烧结矿336.5万吨,铁水240万吨,钢坯238.6万吨,4300毫米板161.6万吨,3300毫米板43.2万吨。铁前系统实现长期高负荷稳定顺行。钢轧系统强化产品交货期管理体系建设,精细安排浇次、轧制计划;两条轧线拓展深加工热处理、预处理能力;合同整体兑现率94.20%,比2014年提高1.82个百分点;整单兑现率91.20%,比2014年提高2.87个百分点。设备系统自有维检替代外委外包,试点推行"操检合一",实行功能性大包,组织完成系列中修一次、年修6次、例修188次,总计2.63万项。全年设备故障停机比计划降低156.01小时,比2014年降低15.77小时。物流公司节约物流成本1023.7万元。

(张继文)

【技改成效】 首秦公司全年完成技改及工程项目4项。轧钢弱水冷项目2014年9月9日开始施工,2015年3月30日完成。炼钢钢渣处理项目2013年10月25日开工,2015年1月26日完成,至2016年1月,处理钢渣30余万吨,实现效益600余万元。炼铁130环境电除尘后新建布袋除尘项目,1号除尘项目2014年11月12日开工,2015年6月15日完成;2号除尘项目2014年11月28日开工,2015年7月6日完成。能源制氧站拆建两台球罐项目,650立方米氮气罐2015年5月19日开工,2015年9月28日完成;400立方米氧气罐2015年5月19日开工,2015年9月26日完成。

(周继红)

【设备中修】 8月7日—9月4日,首秦公司组织以1号高炉为主线的系列中修,计安排检修项目2268项,涉及1号2号烧结机、1号高炉、2号转炉、1号连铸机、2号LF炉、RH炉、4300毫米轧钢、35兆瓦和15兆瓦发电机组及能源保障系统等区域,参与施工单位24家,施工人员1870余人。本次中修是首秦公司建厂以来时间跨度最长、检修范围最广、安全环保要求最高的一次。

(张 津)

【安全环保】 首秦公司探索脱硫系统与烧结生产的运行及维检模式,实现有序衔接、达标排放;烧结余热发电和高炉煤气综合利用发电节能技改项目通过环保局现场核查;完成烧结机尾两台130平电除尘器升级改造,减少粉尘排放100吨/年;烧结烟气环境治理和能源优化利用项目获得奖励补贴970万元。全年综合排放合格率99%,烟粉尘、二氧化硫、氮氧化物排放量分别比计划降低9.91%、4.76%和13.73%。强化安全生产责任体系和安全管控体系建设,健全完善三级隐患排查机制;确保联系确认、设备操作牌及非常规作业管理;推行安全"黑名单"机制,完成35个相关方单位的达标验收,各类事故得到有效遏制。千人负伤率1.34,比总公司计划降低33%。

(张继文)

【经营渠道】 秦机厂完成废钢配送、维护首秦烧结脱硫设备运行;同时加快自主研制智能排水器等新产品的开发和市场开拓。首秦加工公司全年生产复合板1000吨;进入通讯铁塔领域,完成1152吨通讯铁塔;除尘滤袋项目建成投产,生产各类型滤袋5.32万条。首秦龙汇公司承揽钢渣加工、炼钢保产等业务,实现顺稳。首秦嘉华公司克服产品需求缩减难题,保持连续生产,实现利润158万元。

(张继文)

【自主创新】 首秦公司全年申报专利26项。炼钢钢渣处理线项目创效675万元;"4300毫米ACC水系统增加中喷、过滤器"项目确保了钢板终冷温度的均匀性和命中率,板形合格率提高到90%;"常化炉弱水冷项目"4月底投入使用,生产正火弱水冷钢板4252吨,增效40万元。

(张继文)

【TPM管理】 首秦公司推进TPM管理。7月份TPM管理进入"1"阶段,实现从生产到生活、到维检全覆盖。开展TPM管理人员进班组和全员消除浪费活动,完成消除浪费亮点1931个,节约创效2500余万元。清理现场退库备材721项、21796件(套),调配使用93项、

1617 件(套),盘活备材资源 197 万元;建立备件信息管理系统,4067 项、16 万件、1629 万元的机旁备材实现信息共享。

（张继文）

【深化改革】 首秦公司以民企机制、国企标准为原则,探索推行事业部制,全面深化改革,机构精简为"5+2""4+1"组织模式。成立铁、钢、轧、能源和设备 5 个事业部,设立制造部、安全部、计财部、组织人事部和办公室。处级机构由 17 个精简为 12 个,精简比例 29.4%;科级机构由 102 个精简为 71 个,精简比例 30.4%。下放人权、物权、分配权,实施绩效工资总额包干考核分配办法,建立以价值为导向的绩效考评体系。加强事业部资金管控,建立货款、应收预警机制,资金成本纳入完全成本核算。自上而下,内外结合,整合人力资源,优化人员结构。培育自有维检力量,推进操检合一,替代外委外包。维检人员比 2014 年减少 731 人,降幅 40.95%,维检大包费用比 2014 年降低 3185 万元,降幅 25.97%。采取援秦人员买断、协商解除等措施,推进人员精简;全年减员 1718 人。

（张继文）

【党建工作】 首秦公司发挥党组织政治核心作用,立足机构改革实际,调整组建基层党组织,在炼铁、炼钢、轧钢、能源 4 个事业部和机关部室组建党委;在制造部和设备事业部组建党总支;重新组建 61 个党支部;发展党员 65 人。组织召开首秦公司党代会,完成换届选举,党组织领导力和凝聚力提升。组织开展创先争优主题实践活动,号召党员不断解放思想、创新突破,带头推进改革进程。组织党内先进评比、"首秦之星"评选等。

（周 强）

【职工生活】 首秦公司加强思想文化建设,传递改革正能量。坚持开展送温暖献爱心活动,全年发放困难补助款 8.7 万元;为 2592 人进行体检;举办第九届青年集体婚礼;广泛开展文体活动;建立"心灵驿站"心理咨询室,关心职工身心健康。

（张继文）

【队伍建设】 首秦公司加强干部队伍建设。开展"三严三实"专题教育,从严管理干部;适应市场变化,调整公司领导班子成员分工;结合机构改革和经营生产需要,交流调整处级 32 人次,科级 94 人次。加强职工队伍建设,强化二技能培训,300 人取得二技能特种作业

证;强化班组长培训,班组长、大班长、工长 522 人参加,参训率 100%;培养技术领军人才,6 人当选首钢技术专家、12 人成为首钢技术带头人;首秦加工公司刘鑫赴德参加中德国际焊接对抗赛获第二名。

（张继文）

秦皇岛首钢板材有限公司

【板材公司领导名录】
　　董事长:李少峰
　　副董事长:张文辉(12月离任)
　　　　　　　丁汝才(12月任职)
　　董　事:赵久梁　杨俊林　王建国(5月离任)
　　　　　　　董鸿斌(5月任职)
　　总经理:王建国(5月离任)　董鸿斌(5月任职)

（王 琳）

【概况】 秦皇岛首钢板材有限公司 1992 年成立,是首钢在香港上市公司首长国际企业有限公司全资公司,注册资本 8600 万美元。板材公司生产厚度 5 毫米—60 毫米、宽度 1500 毫米—3000 毫米的普碳、低合金钢板;6 毫米—32 毫米厚船体结构钢板、中低等级管线钢;6 毫米—40 毫米厚锅炉和压力容器板、桥梁板、优碳板等。船体结构钢板获得中国 CCS、美国 ABS、英国 LR、德国 GL、法国 BV、意大利 RINA、挪威 DNV、日本 NK、韩国 KR 九个国家船级社质量认证及中国渔业船舶认可证书。2015 年面对日益严峻的外部市场环境及内部改革变化,板材公司广大干部职工认清变革的重要性和现实意义,积极响应、坚决落实,基本完成公司确定的经营生产任务。2015 年,板材公司获首钢总公司首钢科学技术奖。

（王 琳）

【生产技术】 板材公司生产专业适应机制体制改革的变化,保证产线顺稳运行。完成总公司下达的合同兑现率指标,围绕"马、科"重点合同,比交货期提前一个月完成生产任务。克服不利因素,协调钢坯直发工作,直供坯 22.2 万吨,直入比例达 45%,节约运杂费 463 万元;技术质量专业成功批量开发了 5×2438×12000mm 钢板,突破规格极限。

（王 琳）

【设备专业】 设备专业通过推进技术改造、实施小改小

革等措施降低各项修理费用,1#天车平衡梁修复、吊钩秤修复运行、增加定尺机激光测长系统、22#天车平衡梁自主改造等项目,全年发生修理费比计划节省 57.8 万元,拓展外委转自修工作,承揽原检修分公司负责的输入输出辊道、机前机后工作辊道等项量的常规检修和部分备件装配工作,实现常规项量不外委。全年完成外委转自修项目 131 项,备件装配完成 94 台套,完成产值 186.18 万元。

（王 琳）

秦皇岛首钢机械厂

【秦机厂领导名录】

党委书记:洪 波

厂 长:高继林(4月离任) 朱新喜(4月任职)

（宋 金）

【概况】 秦皇岛首钢机械厂(以下简称"秦机厂"),始建于 1955 年,厂名为秦皇岛市通用机械厂。1962 年成为国家第八机械工业部农机产品定点配套厂,更名为秦皇岛市拖拉机配件厂。1988 年成建制划归首钢总公司,成为首钢总公司全资子公司,更名为秦皇岛首钢机械厂。企业注册资金 953 万元。

企业拓展经营的主要业务有冶金机械、环保工程和民生实业三大板块。其中冶金机械包括冶金设备制造、备品备件配套、机械检修维护、起重设备安装和钢材深加工等;环保工程包括环保产业项目的科研开发、环保产品的生产、安装和技术咨询等;民生实业包括餐饮、物业、公寓、洗染和园林绿化等。

2015 年,随着钢铁主业的冰冻期延续,在首秦公司党委的指导帮助下,秦机厂广大干部职工迎难而上,奋力拼搏,围绕全年任务指标和重点工作,坚持以效益为中心,通过深化改革,加快转型发展,圆满地完成了年度盈亏持平的任务指标。

（宋 金）

【主要指标】 2015 年,秦机厂实现销售收入 1.45 亿元,利润 2.04 万元。其中,加工公司销售收入 6391.37 万元;销售公司销售收入 2716.8 万元;机加公司销售收入 3019.61 万元;试样加工公司销售收入 1308.46 万元;华盛环保公司销售收入 326.69 万元;实业公司销售收入 710.7 万元。

（宋 金）

【服务主业】 秦机厂负责首秦公司烧结脱硫运维,先后完成两次大规模系统设备强化检修和设备中修。废钢配送全年累计完成 25.36 万吨,精准率达到 100%。完成首秦公司和板材公司取样加工任务 14.12 万炉。

（宋 金）

【市场进退】 秦机厂拓展外部市场业务份额:全年生产环保布袋 4149 条,过滤框 414 套;新增承揽迁钢热轧 1580 产线的剪刃修磨业务。战略性退出部分亏损业务:6 月底退出轧钢天车维检业务,7 月底退出烧结区主机皮带维护业务,月均减少亏损 25 万元。积极推进内部降本:全年实现减员 152 人,累计减少工资性支出 220 万元;全年采购成本降低 34.39 万元,管理费用降低 119.46 万元。

（宋 金）

【深化改革】 秦机厂划小核算单元,实行内部公司化运营。建立"8+5"的组织机构模式,成立加工、机加、金属制造、实业、华盛环保、试样加工、环能科技、销售 8 个实体公司,设立了办公室、计财部、人力资源部、综合管理部、项目开发部 5 个职能部室。下放管理权限,实行职业经理人制度。职业经理人聘任直接与公司经营效益、市场外拓等关键指标挂钩,厂对分公司的职业经理人下放会计核算权、人事权、分配权和外委权等管理权限。探索采购体系创新,实现采购价格降低。采购部门与上游供应商建立长期战略合作伙伴关系,通过谈判达成价格下调 8%—15% 的协定,降低采购费用。

（宋 金）

【技术研发、市场开拓】 秦机厂物联网智能防泄漏排水器研制成功,并与京唐能环部达成了合作意向;掌握了高炉风口衬套修复技术,填补首钢技术空白,目前在首秦公司高炉已上机试用 5 件。利用 3 个多月的时间,成功完成迁钢热轧靠枕的研发,达到工艺要求,现已具备上机测试条件;推进首秦轧机阶梯垫和烧结机单辊箆梁的研发,摸索出完备的制作工艺。研制开发耐低温型长寿命除尘布袋,使用寿命延长 30%;试制成功京西重工供风过滤装置过滤框;初步完成工业吸尘器模型机研制工作。引进覆膜砂新工艺,铸造产品表面光洁度显著提高,产品内在质量得到提升,劳动强度大幅降低。

（宋 金）

【安全和 TPM 管理】 秦机厂参照首秦公司有关制度要求,全面系统地修订了《秦机厂安全生产管理制度》,全年排查安全隐患 207 处,安全管理工作稳步提升。TPM 工作以"0"阶段起步,4 个分公司的 12 个标杆小组全部进入 TPM"1"阶段活动,获得首秦公司 TPM 推进金牛奖 1 次和千里马奖 1 次。全年共有 146 人次参加 TPM 小组活动,发现不合理问题 497 项,改善不合理问题 482 件,改善率达到 96.98%。

（宋　金）

【党建和队伍建设】 秦机厂刊发《秦机通讯》宣传报道 6 期,正面教育引导员工爱岗敬业,华盛环保公司林长丰和试样加工公司张衡被评为"首秦之星"。全年组织职工参加公文、财务、安全、法律、档案、保密知识培训 401 人次,累计 1249 学时;全年组织脱硫运维、钳工、电气焊、高低压电气、起重作业培训 105 人次,累计 1954 学时。全年组织 386 人次的各类职工体检;开展春季登山、拓展训练和迎新长跑等活动,丰富职工业余文化生活;开展职工特困和患大病职工慰问帮扶工作,发放慰问金 1.4 万元,体现企业关怀。

（宋　金）

秦皇岛首秦钢材加工配送有限公司

【首秦加工公司领导名录】

董事长:李少峰

副董事长:赵久梁

董　事:张文辉（12 月离任）　姜哲镐

　　　　丁汝才（12 月任职）

　　　　刘海龙　王建国（6 月任职）

　　　　王　普（6 月离任）

总经理:王建国（6 月任职）　王　普（6 月离任）

党委书记:张秋生

总经理助理:李文生　魏延义　高　清

（康　硕）

【概况】 秦皇岛首秦加工配送有限公司（以下简称"首秦加工公司"）由秦皇岛首秦金属材料有限公司、香港首长国际康硕公司共同投资建设,2007 年 4 月 27 日注册成立,注册资本 3 亿元人民币。公司位于秦皇岛经济技术开发区东区（山海关）,总占地 1165 亩,有 500 米长自主海岸线和 2 个 3.5 万吨泊位码头,具备区位优势和发展潜力。公司一期工程于 2009 年 3 月运营,主厂房面积 9.16 万平方米,装备精密数控切割、剪板、自动焊接、抛丸喷漆、热处理等加工设备。板材（型材）年预处理能力 15 万吨,年数控切割能力 8 万吨,年钢结构焊接能力 6 万吨。公司产品应用于造船、桥梁、装备制造、工程机械、风电设备、高层建筑等领域。2015 年以来,首秦加工公司积极推进复合板、除尘滤袋、铁塔的市场开发和产品研发,目前具备热轧不锈钢复合板 3000 吨、除尘滤袋 20 万条、通讯铁塔 3000 吨的年生产能力。

（康　硕）

【主要指标】 2015 年,首秦加工公司持续深入推进改革,因势利导,务实创新,积极推进各项工作,全年完成深加工产量 1.63 万吨,预处理产量 12.7 万吨,复合板产量 1000 吨,实现销售收入 3.96 亿元。

（康　硕）

【产品研发】 2015 年,首秦加工公司复合板实现普碳钢、低合金钢、容器钢、管线钢与奥氏体不锈钢、铁素体不锈钢、马氏体不锈钢、桥板的无缺陷复合。首秦加工公司进入铁塔领域,克服资金困难,购置必要的生产设备,迅速具备成套产品生产能力,5 个月共完成 95 套三管塔总计 1152 吨。2 月份建成投产除尘滤袋项目,先后为首秦公司炼钢、炼铁、首秦嘉华、迁钢等首钢内部市场和双轮、营口等社会市场的除尘系统提供或安装除尘滤袋 5.32 万条。同时积极推进除尘器等其他环保产品的市场开发,完成双轮环保公司 3 台、144 吨除尘塔（整套除尘器除电气部分之外的部分）的制作和现场安装。

（康　硕）

【改革提效】 首秦加工公司持续深化改革,推行事业部制改革,减少管理层级。机构从四部一室三个车间调整为三个事业部及二部一室,事业部负责原料采购、成本核算、生产组织、质量控制、产品销售的全过程管理,通过部门整合,改变部门和岗位分工过细的状况,使管理岗由 44 个减至 25 个,技术业务岗由 43 个减至 34 个,减幅 32%。保安、司机、食堂、浴池等后勤辅助岗位的 50 人劳务人员全部退出企业,由正式员工顶替上岗。推行操检合一,减少专业维检人员,共减少劳务用工 90 余人,劳务工减幅 50%。

（康　硕）

【队伍建设】 2015年首秦加工公司职工队伍建设取得新成就,电焊工刘鑫参加"北京·埃尔福特"职工国际焊接对抗赛,荣获第2名、王可彬获得首钢级职业技能竞赛决赛的第6名的好成绩。

（康　硕）

秦皇岛首秦龙汇矿业有限公司

【首秦龙汇领导名录】

　　董事长:赵久梁

　　副董事长:余静龙

　　董　事:刘海龙　刘政群　王　立

　　总经理:刘政群

　　党委书记、副总经理:郭湘平

（于纳伟）

【概况】 秦皇岛首秦龙汇矿业有限公司由首秦公司、首钢板材公司与龙汇工贸集团共同出资成立合资公司。项目主体为"一厂两矿":即200万吨/年球团厂、50万吨/年宏达铁精粉选厂和50万吨/年岔沟铁精粉选厂。公司成立于2008年5月份,注册资本5亿元,其中首钢系占股70%、入资3.5亿元(即首秦公司占股9%、入资0.45亿元,首钢板材公司占股61%、入资3.05亿元),龙汇工贸集团占股30%、入资1.5亿元(其中现款入资0.5亿元,以宏达铁矿采矿权评估入资1亿元)。

　　2015年以来,面对严峻市场形势,首秦龙汇公司制定并落实一系列深化改革方案。首秦龙汇公司将承接首秦公司炼钢部钢渣加工线作为转型发展机遇,不断提升保产服务意识和加工线驾驭水平。按照"操检合一、不外招、不外委、管理人员下一线"的原则,钢渣加工线用工全部由首秦龙汇公司转岗人员担任,大部分来自管理岗位。加工线生产总体保持顺稳,锥破工艺操检能力达到国内领先水平。全年累计处理钢渣约37万吨,创造效益约675万元。

（于纳伟）

秦皇岛首秦嘉华建材有限公司

【首秦嘉华领导名录】

　　董事长:赵久梁

　　董　事:徐应强　张立伟　张永康　王新宇

　　　　　刘丙臣　曹欣荣　许福山(11月离职)

　　　　　杨　可(11月任职)

　　总经理:王新宇

　　副总经理:杨　可

（赵　娜）

【概况】 秦皇岛首秦嘉华建材有限公司是卓桦投资有限公司、秦皇岛首秦金属材料有限公司、北京首钢耐材炉料有限公司2008年5月15日共同投资人民币6000万元组建的中外合资公司。合资公司位于秦皇岛市抚宁县杜庄镇秦皇岛首秦金属材料有限公司北侧,占地约50亩,专业从事绿色环保型建材产品——粒化高炉矿渣粉的生产、销售。主要经营:矿渣微粉生产和销售;水渣加工、销售;提供水渣、矿渣微粉产品的技术咨询、服务。首秦嘉华利用秦皇岛公路网络和港口条件开拓南、北方销售市场,与20余家销售客户及代理公司签订了稳定的合作关系。2015年2月与中交一航局第二工程有限公司签订长期合作协议。2015年1月与烟台福泰盛矿渣微粉有限公司签订长期合作协议。首秦嘉华拥有一批高素质的管理及生产技术人员,配备现代化的中心化检验设备,本着"严格管理,持续改进、以一流的产品服务于社会,顾客满意是首秦嘉华人永恒的追求"的质量方针,为客户提供优质产品、完善的售前售后咨询及技术服务。首秦嘉华矿渣粉成为优质产品的代名词。

（赵　娜）

【技术经济指标】 首秦嘉华2015年生产量69万吨,销售量89万吨,年销售额5391万元,利润158万元。

（赵　娜）

首钢长治钢铁有限公司

【长钢公司领导名录】

董事长:贾向刚

董　　事:崔永康(8月任职)　熊万平(6月离任)
　　　　　张振新　王建军　徐建国(职工董事)

监　　事:乔裕奎(6月离任)　蔡庆华(2014年离任)
　　　　　李国庆(5月任职)　李秋生(职工监事)

总经理:熊万平(6月离任)　贾向刚(6月任职)

副总经理:李怀林　高雪生　郭新文(8月任职)
　　　　　李虎山(6月离任)　姜广银(6月离任)

总经理助理:李　明　樊建富

总会计师:张振新

党委书记:贾向刚(1月任职;8月离任)
　　　　　崔永康(8月任职)

纪委书记:崔永康(10月离任)
　　　　　高雪生(10月任职)

工会主席:徐建国(1月离任)

(黄建奇、丁竹梅)

【综述】　首钢长治钢铁有限公司(以下简称"长钢")前身为故县铁厂,始建于1946年,是中国共产党亲手建立的第一座红色钢铁厂,曾为新中国的解放和建设事业作出过重要贡献,被誉为"共和国红色钢铁的摇篮"。2009年8月与首钢总公司实现跨地区联合重组,成为《钢铁产业调整和振兴规划》颁布后国有钢铁企业首例跨地区联合重组的成功典范;形成集采矿、采煤、炼焦、炼铁、炼钢、轧材、水泥制造、铁路发运、工程建设、锻压机械制造、房地产开发于一体的钢铁联合企业。长钢产销钢材、锻压机械、水泥三大类产品。钢材品种包括H型钢、棒材、线材三大系列产品。"上党"牌热轧带肋钢筋主导产品获冶金行业产品实物质量"金杯奖""山西省标志性名牌产品"称号,曾用于毛主席纪念堂、奥运场馆、青藏铁路、深圳湾跨海大桥、秦山核电站等国家重点工程,抗震钢筋通过国家质检部门严格检测;制造锻压机械设备,素有"弯卷之冠,中国长锻"美誉。

2015年,长钢下设规划发展处、计财处、技术质量处(技术中心)/总工室/科协、生产处/能源管控中心、设备处、安全处、环保处、技改工程处、党委办公室/公司办公室/董事办(机关党委)、党委组织部/人力资源处、党委宣传部、纪委/监察处(监事办)、审计处、法律事务处、工会/团委、焦化厂、炼铁厂、炼钢厂、轧钢厂、熔剂厂、检修部、动力厂、铁路运输部、机械运输公司、计控室、质量监督站、供应处、销售处、武装保卫处、锻压机械公司、瑞昌水泥公司、创业服务中心、职工培训中心/党校/技工学校、离退休管理中心/社区工委部门单位共38个,在册职工10963人,在岗职工9636人,不在岗职工人数1327人。硕士、博士研究生81人,本科1296人,专科2065人。高级职称132人,中级职称810人,助理级835人,员级528人。高级技师277人,技师938人,高级工2207人,中级工244人。

(黄建奇、丁竹梅)

【主要指标】　2015年长钢实现工业总产值51.89亿元。年产铁233.02万吨,钢240.37万吨,材242.72万吨。

2015年长钢公司主要产品产量完成情况表
(单位:吨、%)

产品名称	年产量	年计划	计划完成率	上年产量	与上年比较
人造富矿合计	3987190			4533443	-12.05
烧结矿	3963723			4361446	-9.12
球　团	23467			171997	-86.36
生铁合计	2330180	3100000	75.17	2795100	-16.63

续表

产品名称	年产量	年计划	计划完成率	上年产量	与上年比较
炼钢生铁	2310849			2782538	−16.95
铸造生铁	19331			12562	53.88
粗钢合计	2403654	3150000	76.31	2872319	−16.32
非合金钢	544036			501890	8.40
低合金钢	1859618			2370429	−21.55
钢材合计	2427210	3150000	77.05	2916131	−16.77
中小型 H 型钢	463784			379142	22.32
圆　钢	30601			42509	−28.01
螺　纹	1649612			2164392	−23.78
高速线材	261830			298765	−12.36
其他钢材	21383			31323	−31.73

主要技术经济指标,高炉利用系数 2.82 吨/立方米·日,同行业排名第 10;喷煤比 147.42 千克/吨;转炉钢铁料消耗 1058.63 千克/吨,轧钢综合成材率 100.90%。

能耗指标,综合能耗比 2014 年降低 3.2 千克标煤/吨;自发电量比 2014 年增加 5938 万千瓦时;高炉煤气放散率比 2014 年降低 2.07%;转炉煤气回收量比 2014 年提高 0.54 立方米/吨;吨钢耗新水比 2014 年降低 0.18 立方米/吨;炼钢工序能耗比 2014 年降低 1.4 千克标煤/吨。

（黄建奇、丁竹梅）

【强化管控】　长钢坚持问题导向,变安全高库存为经营低库存,建立生产库存预警机制,简化选矿决策程序,期货、现货并行采购矿粉,强化原燃料、中间产品、产成品库存管控,加大库存滞销材处理力度,存货资金占用比 2014 年降低 4.19 亿元,降幅 36.65%,6 个月以上滞销材实现零库存。

（黄建奇、丁竹梅）

【降本增效】　长钢为消化外部市场恶化带来的减利因素,守住总公司下达的"红线"经营目标,7 月、9 月先后制定两批降本增效措施,总额 1.65 亿元,实际完成 1.32 亿元,完成任务 80%,公司经营生产得到有效支撑。

（黄建奇、丁竹梅）

【外委外包】　长钢完善外委外包相关管理制度,确定"零外委"努力目标,公司层面建立月度专题会议制度,有序安排部署推进各项工作;清理规范外租汽车、运输代理、维修业务、卸车、生产办公区域卫生保洁等外委外租行为,全年清退、替代、降价外委外包项目 140 项,清理劳务工 980 人,外委外包费用比 2014 年降低 7013 万元,降幅 54.9%。

（黄建奇、丁竹梅）

【深化改革】　长钢优化管理结构,处级机构由 2014 年底 54 个减少到 38 个,减少 30%;科级机构由 2014 年底 318 个减少到 220 个,减少 31%。定员由 2014 年底的 13765 人减至 9368 人,压缩定员 4397 人,其中公司级领导 2 人,处级 77 人,科级 243 人,专业技术管理 641 人,操作 3434 人,减编 32%。职工年龄结构、学历水平、职业技能素质、男女比例等指标优化。在岗职工人均年收入 37656 元,比 2014 年增长 3.29%,其中公司领导比 2014 年降低 26.1%,处级降低 10.9%,科级降低 2.66%,管理技术人员增长 4.27%,技能操作人员增长 7.55%,焦化、炼铁、炼钢、轧钢等主流程厂矿年均增长 5.12%。

（黄建奇、丁竹梅）

【挖潜增效】　长钢围绕降成本、调整产品结构、产品销售、国内原燃料、进口矿价格五个方面,明确"五把尺子"评价标准,原燃料采购费低于市场 4135 万元;实时启用外矿汽车运输,外购焦炭由一级焦改为二级焦,铁到钢加工费 391 元/吨,比 2014 年降低 74 元/吨,铁到材加工费 516 元/吨,比 2014 年降低 94 元/吨。铁成本 1516 元/吨,比 2014 年降低 565 元/吨;生产边际效益相对较好的小规格产品、锚杆钢、Q345H 型钢、品种钢共 62.24 万吨,占钢材总量的 25.6%。全年内部挖潜增效 4.84 亿元。

（黄建奇、丁竹梅）

【科技创新】 2015 年,长钢成功开发热轧电极用系列扁钢、炼钢提高转炉终点余锰含量工艺研究。炼铁厂《提高新区 1 号磨机台时产量》和轧钢厂《降低型钢车间作业区备件消耗》获 2015 年冶金行业"冶金质量联盟杯"一等奖;炼钢厂《提高方坯连铸火切机割断率》获一等奖。

（黄建奇、丁竹梅）

【产品结构调整及开发】 长钢新开发 EH14、ER70S-M、ER70S-G3、780S 焊线钢盘条约 793.39 吨,H 型钢生产线采用来料加工方式生产扁钢 6000 吨。产品结构调整围绕大、小规格螺纹钢产品、低合金高强度 H 型钢、锚杆钢等效益好的产品展开。2015 年,产品结构产量完成 242.72 万吨,其中,12 毫米—14 毫米小规格产品 54.94 万吨,28 毫米以上大规格钢筋 12.21 万吨,锚杆钢 5.43 万吨,Q345 低合金 H 型钢 6.74 万吨。

（黄建奇、丁竹梅）

【安全管理】 长钢全年开展节前安全生产大检查,检查 88 个(次)单位,查处违反"四条禁令"及违章违制行为 226 项,下发通报 49 期,累计考核 108835 元(外协作业考核 55500 元)。推进安全文化建设和宣传教育,开展熔融金属罐车脱线应急演练,厂级触电、火灾、煤气事故等 28 个(次)专项演练,公司整体应急处置和救援能力提升,全年工亡、重伤事故为零;重大火灾事故为零;轻伤事故 2 起,伤 2 人,千人负伤率 0.18。

（黄建奇、丁竹梅）

【节能减排】 长钢通过煤气、余热、余压等二次能源回收利用,实现钢渣、水渣等工业废渣的减量化、资源化、再利用的循环经济。实施高炉煤气综合利用——热电联产工程、烧结、转炉余热发电工程、高炉冲渣水余热回收项目、高炉 TRT 工程、100 万吨/年矿渣粉磨生产线、综合钢渣处理厂等循环经济项目,实现能源全部回收利用,废水、废气处理率 100%,工业废渣 100%再利用。

（黄建奇、丁竹梅）

【技改工程】 长钢焦化项目一期工程投资 2.73 亿元,完成 9 号高炉 TRT 改造、转炉二次除尘风机变频改造、烧结环冷机烟气余热发电、高炉煤气管道喷碱设施、高炉返矿运输皮带等技改工程项目节能改造。

（黄建奇、丁竹梅）

【第六次党代会】 时隔 24 年后,长钢召开第六次党代表大会,完成党组织换届选举工作,明确公司今后三年党建工作指导思想、发展目标和主要任务,选举出第六届委员会和纪律检查委员会。优化调整班子分工,制定下发董事会、党委会、经理办公会、专题会议议事规则,规范公司级工作议事程序,公司层面决策速度和效率得到提高。

（黄建奇、丁竹梅）

【帮贫扶困】 长钢取消春节、元宵节活动费用,全部发放给困难职工家属,共发放救助金 71.36 万元;为困难职工子女 171 人发放助学金 30.5 万元;为患病职工 159 人发放大病互助金 85.1 万元,让困难职工切实感受到企业的关爱。

（黄建奇、丁竹梅）

【人才队伍建设】 长钢经与总公司请示沟通,选派优秀年轻干部赴总公司京唐、迁钢实地挂职锻炼。组织 5 个工种、15 人参加总公司 2015 年职业技能竞赛,其中设备部薛锴获得维修电工第 4 名、炼铁厂职工王凯的参赛论文获得三等奖。2015 年,公司级培训 459 人次,其中继续教育 79 人次、富余人员 330 人次、领导干部 50 人次;二级单位培训 18921 人次;外培 2451 人次。

（黄建奇、丁竹梅）

【问责管理】 长钢 KPI 考核问责 272 人次,其中副处以上领导干部 106 人次,考核问责人次和力度为近年少见。全年分别扣减公司领导、中层管理人员、管理技术人员、操作人员 58%、42%、23%、12%的绩效工资。

（黄建奇、丁竹梅）

【党群工作】 长钢开展"三严三实"专题教育活动。班子成员开展专题学习研讨 3 次。基层党组织边学边查边改,促进经营生产顺稳运行。完成 38 个二级单位,中层正职干部 47 人重新聘任,局部调整供应处、销售处等单位中层主要领导,公开竞聘 23 个单位中层副职领导干部 41 人。完成公司 141 个基层在职党支部等级评定。4 月和 10 月,公司党委两次在全公司开展"倒下还是生存"大讨论,号召党员、干部主动对标找差,以保生存为底线,完成公司各项任务。举办"铭记历史、唱响未来"纪念抗战胜利 70 周年歌咏比赛及老兵工座谈会。2015 年,长钢稿件被《首钢日报》采用 311 篇,被《中国冶金报》采用 100 余篇;长钢是中央电视台财经频道"抗战财经记忆"七集专题片协助拍摄单位。多角度、多媒体曝光拿工作不当工作的人和事。举行首钢长钢人价值观巡回宣讲会,重点开展"首钢人的故事""首钢长钢道德讲堂"活动,推出"首钢担当之星"田永集。党委与二级单位签订 44 份党风廉政目标责任书。2015年,长钢获全国"十二五"企业文化建设优秀单位。

(黄建奇、丁竹梅)

【2015 年大事记】

1 月 8 日,青岛港(集团)有限公司党委书记、董事长郑明辉,济南铁路局货运营销处处长李强一行来长钢,就港口、铁路运输、企业三方加深合作事宜进行座谈。

1 月 15 日,长钢召开 2015 年职工工资集体协商会。

2 月 6 日,长钢召开第二届第三次职工代表大会。

2 月 11 日,国家环保部华北督查中心处长姬海霞一行,就烧结烟气脱硫设备运行情况来长钢进行调研。

3 月 3 日,长钢召开优化劳动组织提高劳动效率专题会。

3 月 20 日,西班牙希尔萨(CELSA)钢铁公司型钢轧钢厂厂长库比尼亚一行就轧钢技术来长钢进行交流。

30 日,长钢召开第二届第四次职工代表大会。

4 月 1 日,总公司副总经理赵民革与总公司劳动工资部部长闫永志、计财部副部长米良君一行来长钢调研,并对提高劳动生产率和经营能力等突出问题提出指导意见。

4 月 8 日,长钢召开党政联席会,专题研究讨论《首钢长钢组织机构调整和人员转移安置方案》。

4 月 15 日,长钢团委获 2014 年度"全国钢铁行业五四红旗团委"称号。

5 月 7 日,北京首钢国际工程公司副总经理侯俊达一行 4 人来长钢,就推进瑞达工业园区焦化项目一期工程相关事宜进行工作交流。

5 月 21 日,长钢轧钢厂获得山西省机械冶金建材工会联合会五一劳动奖和 2014 年度先进集体两项荣誉。

5 月 22 日,长钢举行国家级王文华技能大师工作室首钢长钢工作站揭牌仪式。

6 月 11 日,山西焦煤公路煤炭销售管理公司总经理徐宝顺一行来长钢,座谈双方合作事宜。

6 月 19—21 日,北京市冶金产品质量监督检验站张春捷率国家认可委评审专家组来长钢,对质量监督站实验室设备运行、现场管理等情况进行认可复评审。

6 月 27 日,长钢 3 号高炉停产,煤气、氧气、氮气等动力介质切断,旧区小高炉将全部退出生产序列。

7 月 1 日,长钢 OA 协同办公系统上线试运行,年直接降本 36 万余元。

7 月 9 日,中国外贸金融租赁公司副总经理孙亚南一行来长钢,交流双方合作事项。

7 月 11 日,首钢股份公司党委副书记邱银富一行来长钢,就技术服务组工作情况等事项进行调研。

7 月 24 日,山西卫视《太行山下武乡抗战风云录》专题节目摄制组对老兵工们进行专题采访。

7 月 31 日,长钢公司通过北京国金恒信管理体系认证有限公司 2015 年度质量管理体系的审核。

8 月 3 日,山西省改革创新研究会会长、原长治市委书记吕日周一行来长钢,就省改革创新研究会筹建的山西省新星博苑项目所用建筑钢材采购事宜进行洽谈。

8 月 7 日,总公司党委常委、副书记何巍、党委组织部长吴平一行来长钢公司,宣布首钢长钢公司领导班子成员调整决定。

8 月 20—21 日,国家工信部产业政策司副司长辛仁周、产业政策司处长舒朝晖一行来长钢,现场勘验旧区高炉拆除工作,参观轧钢厂和焦化项目一期工程。

8 月 26 日,山西省省长李小鹏来长钢公司瑞达工业园区焦化项目一期工程建设现场调研。

8 月 26 日,总公司党委副书记、总经理张功焰,规划发展部部长朱启建来长钢公司调研指导工作。

8 月 26、29 日,长钢举办"铭记历史、唱响未来"歌咏比赛,纪念中国人民抗日战争胜利暨世界反法西斯战争胜利 70 周年,16 支代表队千余人参加预赛。通过歌咏比赛,激发干部职工团结一心、共克时艰的决心和信心。

9 月 9 日,国务院安委会督查组,按照不发通知、不打招呼、不听汇报、不用陪同和接待,直奔基层、直插现场"四不两直"方式来长钢,对动力厂煤气柜、焦化厂进行安全专项检查。

9 月 16 日,长钢召开钢材销售省内协议户座谈会。

9 月 22 日,长钢团委被评为 2014 年度全国钢铁行业青年安全生产示范岗创建活动竞赛先进单位称号。

10月6日,长钢瑞达工业园区焦化项目一期工程2号焦炉正式开始砌炉。

10月13日,长治市委书记马天荣,市委副书记、市长席小军一行到访总公司,与总公司就长钢公司新项目占地闲置、焦化产能转让交易、新上高炉项目、长钢铁路专用线改造为旅游观光铁路专线等有关工作进行座谈。

10月13日,长钢参与起草的《焦炭反应性及反应后强度机械制样技术规范》行业标准通过专家审定,将于2016年1月1日正式实施。

10月14日,国家工信部同意长钢列入符合《钢铁行业规范条件》企业名单,并复函(工信厅原函〔2015〕690号)。

10月14—15日,中冶冶金产品认证中心有限公司一行来长钢,对长钢热轧带肋钢筋、热轧光圆钢筋及H型钢产品进行MC认证现场评审。

10月20日,山西省经信委将长钢公司列入2015年电力直接交易用户名单。

10月30日,长钢召开中共首钢长钢公司第六次代表大会。

11月17—18日,唐山神钢公司总经理奥住敏幸一行来长钢,就焊线产品在使用中存在的技术问题及下步双方合作事宜进行交流。

11月24日,长钢获全国"十二五"企业文化建设优秀单位称号。

11月26—27日,总公司党委书记、董事长靳伟,计财部部长邹立宾,规划发展部副部长朱启建,办公厅副主任杨鹏一行来长钢调研指导工作。

12月25日,长钢热轧带肋钢筋和热轧H型钢产品获得2015年度冶金产品实物质量"金杯奖"认定。

2015年度,长钢全年修订公司级制度49项、废止21项、新增8项、沿用91项、11项由制度体系转至文件体系;现行处(厂、矿)级制度全年修订309项、废止84项、沿用1368项。

2015年度,长钢被山西省企业联合会、山西省企业家协会分别评为"2015年山西省100强企业称号"和"2015年山西省制造业100强企业称号",分列第21位和第11位。

(黄建奇、丁竹梅)

首钢水城钢铁(集团)有限责任公司

【水钢公司领导名录】

党委书记:卢正春

董事长:卢正春(9月任职) 张槐祥(9月离任)

总经理、党委副书记:张新建

党委副书记、纪委书记:袁国雄(9月任职)

　　　　　　　　　　赵 单(9月离任)

党委委员、副总经理:王琳松(9月任职)

副总经理:常 进 夏朝开 何友德

　　　　王 彬(9月离任) 龙 雨(9月任职)

　　　　戴 鹏

总经理助理:周岁元(9月任职)

　　　　　杨 荣(9月任职)

总会计师:高 军(9月离任)

调研员:张槐祥(9月任职)

　　　　高 军(女)(9月任职)

工会主席:赵 单(9月离任)

(吴 树)

【综述】 首钢水城钢铁(集团)有限责任公司(以下简称"水钢")位于贵州省六盘水市,始建于1966年,是以钢铁业为主,采矿、煤焦化、水泥制造、机加工、建筑、物流、进出口等配套经营的大型国有控股企业。公司注册资本341395万元,首钢总公司、中国华融资产、中国信达资产、中国长城资产、中国建设银行、贵州省国资委分别占股权的61.06%、16.23%、13.15%、0.36%、4.69%、4.51%。钢铁主业具备500万吨钢产能,有抗震钢筋、高速线材、棒材等13个长材产品30多个品种。

水钢下设公司办公室（直属机关党委）、生产运输部、机动部、安全环保部、规划发展部（欣欣房开公司）、管理创新部（兴源公司）、财务部（交易中心）、组织人力资源部、公司工会、公司团委、宣传（企业文化）部、纪委（监察审计）部 12 个职能管理部门；技术中心、保卫（武装）部、离退休服务中心 3 个复合部门；炼铁厂、炼钢厂、轧钢厂、煤焦化公司、铁运厂、动力厂、水电（氧气）厂、维检中心 8 个主辅生产单位；销售公司、原材料（进出口）公司 2 个购销部门；自动化公司；博宏公司、赛德公司、瑞泰公司、总医院（模拟子公司）、职教中心（模拟子公司）5 个子公司。2015 年底在册人数 15696 人，其中，硕士 51 人，本科 1315 人；高级职称 143 人，其中正高级职称 7 人；中级职称 750 人，高级技师 48 人，技师 439 人，高级工 6165 人；平均年龄 44.09 岁；中共党员 4428 人，其中预备党员 45 人。

2015 年，水钢坚持围绕依法治企、强化管理和深化改革、多元发展"两条工作主线"，坚持问题导向，主动适应市场，千方百计确保经营资金不断流，全力以赴提升 350 万吨钢产能效率和效益，全流程消化市场增支减利因素，在艰难困境中实现经营生产均衡稳定运行。

（陈小艳、田　甜）

【主要指标】　2015 年，水钢主营业务收入 76 亿元，税金 3.18 亿元。生产铁 340.79 万吨，钢 335.98 万吨，钢材 328.16 万吨，焦炭 139.54 万吨。主要技术经济指标，焦比 354.02 千克/吨，喷煤比 156.30 千克/吨；钢铁料消耗 1043.93 千克/吨；钢材综合成材率 97.62%；冶金焦灰分 13.30%，硫分 0.65%，抗碎强度（M_{40}）84.83%，耐磨强度（M_{10}）6.51%。

（禹寿荣）

【降本增效】　水钢系统降本增效，消化市场减利因素 60%。全年内部工作增效 4.86 亿元，其中，经济用料创效 2.39 亿元、品规及合金创效 0.66 亿元。炼焦煤增效 4240 万元，喷吹煤增效 929 万元。进口矿采购价格低于普指均价 1.47 美元/吨。转炉煤气回收完成吨钢 105.2 立方米，煤气零放散。全年吨钢备件消耗 34.63 元/吨，比 2014 年降低 11.03 元/吨，设备利库、降库 684 万元，原材料一级库利库、降库 8592.97 万元。完成外包外委清理、减员 20% 目标。

（杨绍成）

【科技创新】　水钢开展直径 12 毫米五切分工艺研究与产业化生产、铁前工艺实验室建设以及内分式熔硫釜技术应用。推进钢筋阻锈项目的研究与应用。申报"贵州省金属长材工程技术研究中心"；申请专利 22 项，获国家知识产权局授权专利 24 项，其中发明专利 2 项，实用新型专利 22 项；申报贵州省科技进步奖 3 项，获科技进步二等奖 1 项；申报首钢总公司科技项目奖 3 项，专利成果奖 1 项；获六盘水市科技项目立项 2 项，获政府资助 45 万元。《优质硬线用钢非金属夹杂物控制技术研究及应用》获 2015 年贵州省科技进步二等奖，炼钢厂《100 吨钢包滑板砖多炉连滑技术的研究与应用》获 2015 年首钢总公司科学技术三等奖。2015 年，技术创新项目下达 30 项，总投资 730 万元，验收 20 项，创造直接经济效益 4030 万元。

（张东升、熊　颖）

【节能降耗】　水钢组织供电系统网架优化攻关，实施 09 变负荷转移调整，电价降低 0.06 元/千瓦时，年减少电费支出 755 万元；最大需量由 22 万千瓦降低到 18 万千瓦，年减少支出 180 万元，合计创效 2555 万元。组织煤气能源综合利用攻关，推动转炉煤气扩大应用项目完善，实现转炉煤气供至铁片区、高、焦、转煤气系统互补和零放散，推进焦炉煤气保民生，年供居民用煤气 5814.1 万立方米。组织提高转炉煤气回收攻关，全年吨钢转炉煤气回收 105.2 立方米，自发电量 90187.15 万千瓦时，自发电率 56.53%。

（黄　艳）

【设备管理】　水钢实行设备运行管理 24 小时值班制，确保设备运行状态受控。开展设备隐患治理，围绕设备点检、维修进行专项排查整改，将执行情况纳入月度设备评比及考核。开展设备年修，组织以转炉炉役检修为中心的同步检修 2 次，以高炉为中心的同步检修 5 次，完成以 2 号转炉炉役检修 30 天的同步检修，检修 3400 余项。推行设备"6S"管理，实现设备稳定、经济运行，主要生产设备事故故障停机率 0.74‰，比 2014 年降低 0.87‰，完成公司 1.8‰ 的管理目标。

（周天春）

【安全管理】　水钢成立安全隐患大排查大整治专项行动小组，开展安全隐患大排查，安全生产大检查和煤气系统、危险化学品运输、汛期等专项安全大检查，全年检查厂级单位 531 次，车间、班组 1028 次，排查隐患 2656 项，整改完成 2569 项，整改率 96.72%，投入安全整改费用 1425 万元,完成国务院第六督察组对公司危险化学品专项安全检查提出的 9 项问题整改。举办安全培训 38 期,开展"安全生产月"、事故警示教育等宣传活动;做好"三规一制"学习培训,开展炼钢厂转炉煤气泄漏事故、动力厂 60 兆瓦发电机组事故应急处置综合演练;修订下发《煤气安全防护管理办法(试行)》等 8 个安全管理规章制度;完成水电(氧气)厂氧气作业区等危化单元标准化延期换证工作标准化延期工作。职业健康和安全管理体系 7 月通过贵州省 CQC 评审中心换证审核。

(刘 健、林 吉、邹 平)

【制度管理】 水钢组织制度评审,制定 2015 年度规章制度梳理计划;水钢公司层面梳理制度 117 项,其中新建 31 项、修订 47 项、归并 34 项、废止 5 项;全年下发规章制度 43 项,直接作废 2 项。依照《首钢水钢专业管理考核办法》对各职能部门的管理活动、管理过程、管理效果等进行评价,完成 15 项重要事项的跟踪落实和督办,督促落实影响生产 2 小时以上的 50 起设备事故和 32 起技术操作事故处理情况。

(王志兰)

【环境保护】 水钢全年吨钢烟(粉)尘排放量 1.02 千克,吨钢二氧化硫排放量 1.14 千克,吨钢氮氧化物排放量 0.80 千克,吨钢化学需氧量排放量 0.06 千克,吨钢氨氮排放量 0.01 千克,生态污染事故为零。举办环境保护知识培训,开展"环境日"宣传活动,修订下发《水、大气和环境噪声污染防治》等 4 个环保管理制度;开展生产过程中污染物排放监察 164 次,按计划完成常规性监测和核技术应用装置企业自行监测。2015 年 7 月,水钢环境管理体系通过贵州省 CQC 评审中心换证审核。

(王世荣、罗德明、黎绪强、丁永芬)

【企业管理】 水钢聘请北京市京都律师事务所为水钢法律顾问机构,刘铭律师为水钢法律顾问,为水钢提供法律意见书计 42 份,合同审查工作报告计 59 份,电话反馈法律意见 33 次。2015 年办理案件 58 件,涉案金额 30524.63 万元,挽回损失 1759.82 万元。原有 7 家单位 7 条 Internet 出口优化为一个统一出口,费用从原 110 万元/年降至 50 万元/年;实现水钢 OA 支持苹果、安桌操作系统的移动终端办公;完成水钢软件正版化工作的调研、方案制定、立项和启动审批。水钢兴源公司向六盘水农村商业银行投资完成,占股 2.5%,股金 1710 万元;对投资参股企业 32 次股东会、董事会、监事会 174 项议案进行分析并提出意见和建议;做好水钢对外投资企业股利统计、清收工作,收回现金红利 1809.89 万元。获环境管理体系、职业健康安全管理体系再认证审核证书,能源、质量、测量监督审核证书。

(丁 浩)

【多元发展】 水钢主动适应市场,以项目为抓手,融入六盘水城市转型发展,推进城市地下综合管廊工程、新能源产业(充电桩)、大医疗大健康、停车场等循环经济项目建设,以项目带动机制、技术、管理、模式创新,明确循环经济、建材深加工、医疗健康、职业教育、现代服务、建筑安装 6 个潜力板块的发展方向和定位。2015 年,非钢营业收入 104276.30 万元,比 2014 年的 102087.59 万元增加 2188.71 万元,上升 3%;全年亏损 492.11 万元,比 2014 年 813.51 万元亏损额减少 321.40 万元,减亏 40%。

(丁 浩)

【改革改制】 水钢推进医院投资主体多元化,实施医院改革。与北京首钢基金有限公司进行医院改制引战接洽;与恒康医疗集团就医院改制引战合作进行谈判,形成《首钢水城钢铁(集团)有限责任公司与恒康医疗集团股份有限公司战略合作备忘录》。推进贵州博宏振兴冶金机械有限责任公司改制,组织开展职工安置费用测算、造册等工作。截至 2015 年年末,与职工 36 人签订解合协议。

(夏 军)

【人力资源管理】 水钢优化人力资源配置。2015 年设置处级机构 31 个,比 2014 年减少 3 个,处级减员 29 人;科级机构 355 个,减少 82 个,科级减员 189 人;定员 12888 人,比 2014 年压缩 4201 人,压缩比例 24.58%。在岗职工减少 3384 人,安排在岗职工顶替劳务 1520 人,年费用支出减少 6815 万元,完成首钢总公司下达的提高劳动效率工作目标;理顺各单位职责,完成市场评价部等 8 家单位职责划拨工作。推荐后备干部 23 人。31 个二级单位中层管理人员重新竞聘。选派 4 人到贵州省机关、首钢总公司挂职锻炼、选出 11 人内部挂任中层助理、选派 8 人到省内外学习培训、选派 2 人驻村帮扶。举办新提任中层管理人员、高级技术人员培训班 1 期,培训 36 人;举办中层管理人员、高级技术人员、中层后备干部培训班 1 期,培训 190 人;举办科级管理人员培训班 4 期,培训 445 人;协作举办青年培训班 1 期,培训青年人才 52 人。推荐 2015 年贵州省"甲秀之光"访问学者人选 3 人、市级循环经济专家人选 2 人、首钢优秀青年人才人选 26 人;完成省管专家 3 人、市管专家 3 人年度考核及津贴申报等工作;3 人晋升正高职称,18 人晋升副高职称。

(杨　芳、党季鹏)

【打假堵漏与治安防盗】　水钢夯实大宗原燃材料监管、厂区治安防盗治理工作基础,将购销关键环节、业务处置权要害、修旧利废过程监察纳入工作范围,拓展专项治理工作;通过日常巡视和专项督察相结合发现问题,协调相关单位采取联动措施;严把进厂煤、焦、矿、合金等原燃料进厂质量关;强化进出厂物资查验和厂区治安巡逻防控。2015 年组织开展督察活动 1098 次,提出整改意见 98 项,督促相关单位修订完善管理规章、合同条款 28 项,避免、挽回和实现创效计 2936.19 万元。

(黄　军)

【党群工作】　从 5 月份开始,水钢开展"三严三实"专题教育,组织完成"严以修身""严以律己""严以用权"三个专题的集中学习和交流研讨。召开水钢领导班子专题民主生活会,制定领导班子民主生活会整改方案,提出 7 个方面、20 条整改措施,领导班子成员制定个人整改清单。命名"五好"党支部 15 个,"红旗"党支部 26 个。二级党委 1 个、基层党支部 4 个、党小组 5 个、共产党员 8 人受到首钢总公司表彰;先进党委 4 个、先进党支部 25 个、优秀共产党员 46 人受到水钢党委表彰。慰问困难党员 170 人,发放慰问金额 8.6 万元;发展党员 46 人。全年修旧利废创效 3360.8 万元,征集职工"金点子"752 条,其中 14 条获贵州省节能减排"金点子"奖,26 个项目获六盘水市职工优秀技术创新成果,10 个工作室获六盘水市总工会命名,2 个工作室获贵州省有色冶金工会命名。3 个创新工作室被授予贵州省有色冶金系统优秀创新工作室称号。帮扶困难职工 3827 人次,帮扶资金 228.5 万元。开展"青春汇聚　创新有我"青年创新创效活动,实施完成 43 个项目,累计创效 1192.56 万元。

(王景刚、张　群、李　瑞)

【职工培训交流】　水钢举办培训班 304 期,培训职工 9969 人次;选派优秀班组长 24 人参加"中央企业班组长岗位管理能力资格认证远程培训";选派首钢厂级操作专家 2 人参加"首钢技能操作专家素质提升研修班";组织轧钢、炼钢、烧结等工种 280 人参加钢铁行业技能知识网络竞赛,1 人获"钢铁行业学知识标兵";6 人参加首钢总公司"京唐杯"职业技能竞赛,1 人获高炉炼铁工第 5 名;论文《水钢四号高炉钒钛矿冶炼实践》《高钛铁水条件下提高转炉炉龄的实践》分别获"首钢一线职工岗位实践优秀论文"一等奖;组织参加贵州省有色冶金产业第十二届职工技能大赛,2 人分别获电工第 1 名和第 3 名,2 人分别获焊工第 2 名和钳工第 3 名;选派 16 人参加北京市 2015 年连铸、焊工技能研修培训。

(陈云凤)

【企业文化建设】　水钢持续推进"十讲十重十做到"文化实践活动。开展"最美水钢人的故事"评选宣讲活动,宣讲 165 场次,评选出 2015 年度"最美水钢人"10 人。完成《首钢水钢企业文化建设"十三五"发展规划》编制。编辑出版《艰难的历程　开拓的风范——青杠林林场会战指挥部工作沿进的撷取记述》一书。开展解放思想大讨论活动,先后举办党支部书记解放思想论坛、"三创"工作推进会、"勇闯市场"经验交流座谈会。2 项理论研究成果获全国冶金思想政治工作优秀论文一、三等奖,5 项成果获首钢第十三届党建和思想文化创新成果奖,2 件作品参赛贵州省第十二届"新长征职工文艺创作评价活动"获奖。开展文明创建活动,1 人获"全国最美青工"称号,5 人获"贵州好青年"称号,6 人获首钢总公司第一届"最美青工"称号,1 人被评为"首钢之星",4 人获六盘水市"身边好人"称号。

(田　甜)

【水钢 2015 年大事记】

1 月 8 日,原水钢瑞泰公司正式挂牌成立贵州瑞泰实业有限公司;2015 年将按子公司运作。

1 月 13 日,水钢总医院职业病防治院暨一站式健康管理中心正式成立,填补六盘水市职业病防治院的空白。

2 月 2 日,水钢总医院贵州省农村合作医疗网络正式启用,总医院在六盘水市首家实现贵州省农村患者可实现及时报销。

3 月 3 日,水钢公司启动新一轮解放思想大讨论活动。

3 月 27 日,水钢与贵州钢绳集团在遵义签订战略合作协议。

3月30日，水钢维检中心正式揭牌。

4月2日，水钢总医院与贵州省省医达成初步帮助合作意向。

4月8日，水钢第一期青年培训班开班。

4月17日，水钢煤焦化公司《炼焦炉焦侧工作车》和《带粉尘储存仓的除尘管》2项技术项目获国家使用新型专利。

4月29日，水钢通过提高劳动效率"两方案、一办法"。

5月5日，水钢召开解放思想大讨论活动暨"三创"工作推进会。

5月15日，水钢瑞泰环保建材公司2440×610×90毫米建筑隔墙用保温条板（硅酸钙板）通过贵州省建材产品质量监督检验，新型环保建材产品获市场准入证。

5月15日，水钢赛德公司钢结构工程专业承包一级资质申请通过国家住房和城乡建设部审核，填补六盘水市钢结构工程专业承包壹级专业资质空白。

5月18日，中国航天科工集团第十研究院与水钢签署战略合作协议。

5月27日，水钢召开"三严三实"专题教育动员部署会，党委书记卢正春讲专题党课。

5月27日，水钢赛德公司与广东省冶金建筑安装有限公司签订战略合作协议。

6月2—3日，水钢高级技工学校申报技师学院通过贵州省评估。

6月16日，水钢正式聘请北京市京都律师事务所为水钢常年法律顾问机构，刘铭律师为水钢常年法律顾问。

6月20日，水钢被授予2014年度贵州省A级诚信纳税企业。

6月24日，水钢总医院法医司法鉴定所揭牌。

7月，水钢《思想先行，文化聚力，推进核心价值观落地深植》调研报告获2012—2014年度全国企业文化科研成果二等奖。

8月，水钢赛德公司获"企业信用评价AAA级信用企业"称号。

8月，水钢煤焦化公司电气车间工人徐清富、炼钢厂运行车间职工万德洲获评"2015年六盘水市身边好人""敬业奉献类"身边好人，维检中心电务段副段长许

正华获评"孝老爱亲类"身边好人。

8月26日，贵州省人民医院与水钢总医院举行签约揭牌仪式，开启贵州省大型公立医院与国企医院帮扶合作新途径。

8月31日，博宏公司石灰石矿资源选址获六盘水市政府批准。

9月2日，水钢召开"严以律己"专题研讨会，贵州省国资委巡视员王靖锐到会。

9月8日，水钢全面开展危险化学品及易燃易爆物品专项安全大检查。

9月9日，水钢自动化公司修理车间电机修理班、轧钢厂一高线生产乙班获"贵州省有色冶金工会工人先锋号"称号。

9月15日，首钢总公司党委调整水钢领导班子，卢正春任公司党委书记、董事长。

9月18日，水钢职教中心与六盘水市师范学院签订战略合作协议。

9月29日，水钢召开"严以用权"专题学习研讨暨首钢"三创"精神宣贯会。

9月，首钢水钢技师学院成为贵州省政府批准成立的六盘水市第一家技师学院。

10月27日，贵州省委常委、省军区司令员王盛槐率省军区观摩团到水钢观摩。

10月29日，水钢召开2015年班组管理经验交流大会。

11月8日，贵州省委副书记、代省长孙志刚到水钢调研。

11月19日，中国循环经济协会墙材革新工作委员会为贵州瑞泰实业有限公司颁发"全国新型墙体材料节能减排示范企业"称号。

11月26日，首钢总公司党委副书记、总经理张功焰带队到水钢调研。

12月10日，水钢召开第三届优秀青年职工创业奖、希望奖成果表彰会。

（张可梁）

水钢公司原材料（进出口）公司

【原材料公司领导名录】

经　　理：张雷鸣

党委书记、纪委书记、工会主席：帅学国

副经理：龙明华

（田景雄）

【概况】 原材料（进出口）公司是水钢大宗原燃材料采购的职能部门，主要承担原燃材料、资材辅料的采购、储存、供应管理以及进口矿、设备的采购和产品出口工作。分公司下设 12 个部室，职工 228 人，其中，中级职称 30 人，初级职称 58 人。2015 年，原材料（进出口）公司紧紧围绕公司经营生产，坚持问题导向，坚持效益原则，以"全力以赴降本增效，坚守公司生存底线"为第一要务，秉承"挤出保产的空间，挤出市场的空间，挤出管理的空间，挤出资金的空间，全力以赴保障公司的生存空间"的工作标准，稳步推进了可持续生存发展的战略部署。

（田景雄）

【主要指标】 2015 年，原材料分公司采购进口矿到港 403.17 万吨，输入进厂 437.12 万吨，国内矿 126.17 万吨，其中省内粉 78.78 万吨，是 2014 年采购量的 212.91%；炼焦煤 197.42 万吨，其中统配煤 92.27 万吨；民洗精煤 105.15 万吨；喷吹煤 60.77 万吨；燃料煤 18.06 万吨；外购焦 14.55 万吨；合金 0.951 万吨；废钢 0.561 万吨。全年进口矿综合采购品位 62.87%，国内矿综合采购品位 49.42%，自产焦灰分 13.30%、硫分 0.65%，喷吹煤灰分 12.80%、硫分 0.65%，铁矿石进厂检验合格率 99.02%，燃料煤进厂检验合格率 90.94%。全年质量扣款约 2798 万元，查处各类供货违约 149 车次，扣除违约金及挽回经济损失约 87 万元，实现 7 项质量指标完成公司绩效考核，累计质量指标完成率达 89%。

（田景雄）

【亮点工作】 2015 年，原材料公司紧紧围绕公司降本增效指标，全年实现进口矿低于普指均价 1.47 美元/吨，跑赢市场增效 538.58 万美元；炼焦煤、喷吹煤、外购焦、钒钛球、硅锰合金分别降价 258 元/吨—300 元/吨、211 元/吨、320 元/吨、162 元/吨、1453 元/吨，其中炼焦煤、喷吹煤、外购焦跑赢市场增效 5904 万元；全年经济用料攻关与月度控亏目标比较，矿石增效 5760 万元，炼焦煤增效 527 万元；采取内部置换、外部招聘、义务劳动的方式，实现了 2015 年不再发生装卸劳务用工，比 2014 年节支人工装卸费 911.84 万元；各类原材料年末库存比年初减少资金占用 8592.97 万元，实现全年煤焦直付率达 84%，比 2014 年提高 7%，节支生产费用 651.78 万元，深挖、筛选、回收沉积的货场块焦 9465 吨，节约采购资金 681 万元；持续加强对各级地方政府、铁路局和港务局的沟通协调，争取到一系列进口矿物流优惠政策，共节支降费 3579.2 万元。

（田景雄）

水钢公司销售分公司

【销售分公司领导名录】

经 理：章 帆（5月离任） 欧阳宇峰（5月任职）

副经理：罗 辉（7月离任） 阳 杰 柴红贵

党委书记、纪委书记：龙建刚

工会主席：刘 丹（10月离任） 龙建刚（10月任职）

（谢中杰）

【概况】 销售分公司主要负责销售水钢钢材、煤化工副产品及气体产品。内部设 7 个职能管理部门，外部设贵阳经营部、昆明经营部、遵义经营部、六盘水经营部、综合经营部、优钢销售部、工程销售部 7 个销售机构。产品销售网络主要以贵州省内市场为核心，同时辐射西南、华中、华南、华东，现有在岗职工 111 人。2015 年，销售分公司坚持以市场为导向，以效益为中心，创新营销机制，持续推进区域资源优化和渠道建设，实现"保销量、保价格、保资金回笼"三大任务指标。

（谢中杰）

【主要指标】 2015 年，销售分公司共完成钢材销售量 328.04 万吨，产销率 100%；实现年末钢材库存 2.18 万吨（含内外及在途量）；实现钢材销售价格 2390 元/吨（含税价）；回笼货款 84.27 亿元，货款回笼率 99.63%，比预算指标 100% 低 0.47%；现金比例 30.92%，比公司考核指标 30% 高 0.92%。

（谢中杰）

【亮点工作】 2015 年，销售分公司健全客户评价机制，激励优秀客户，建立稳定的战略客户群，保持销售渠道畅通；建立网络定价、及时定价、月定价等多种定价模式，及时调整价格政策应对急剧变化的市场；坚持优化资源，维持贵州市场占有率第一，大幅提升高价位云南市场资源投放量，缩减价格过低的重庆市场资源投放量;加强库存管理,合理控制库存,全年实现厂内、厂外库存 4.5 万吨以下;继续推动定牌制造合作,全年实现 1570 万元定制产品商标使用费收入;整合仓储资源、统一规划水钢产品的物流运输,初步建立汽车物流配送体系;强化制度管控,制定完善了《定价管理办法》《资源配置管理办法》《对账管理办法》《加减价管理办法》《物流管理办法》等制度;探索试行了"按市场定任务,分部门承包经营"的承包销售模式。

(谢中杰)

水钢公司技术中心

【技术中心领导名录】

  主 任:张新建

  常务副主任:常 进

  副主任:郑家良(主持工作)

  党委书记、纪委书记、工会主席:龙国荣

  副主任:李全熙(6月离任) 李正嵩 毛 锐

(武文遥、杨真华)

【概况】 技术中心是水钢下属的二级复合部门,主要承担水钢的产品研发、科技管理、技术攻关、质量管理等职能。下辖 6 个管理科室,2 个理化检测室和 4 个质量管理站,在册职工 270 人,其中留学生 1 人、硕士 4 人、本科生 44 人,高级职称 10 人,中级职称 29 人(包括未聘人员),高级技师 4 人,技师 7 人,博士后工作站博士 1 人。2015 年,技术中心以省级企业技术中心和博士后科研工作站为平台,通过实施引进、消化、吸收和创新策略,大力开展科技创新工作,使水钢产品形成了建材、高强钢、软线钢、硬线钢、焊接用钢、碳结圆钢、PC 母材用钢等十余个产品系列,轧制规格从直径 6 毫米—40 毫米,品种规格多达数十个,用途从以前的单一建筑用钢拓展到制丝、制绳、机械、五金、汽车制造等行业,产品得到了市场的认可、用户的肯定,保障了生产的稳定顺行,维护了水钢的品牌形象,有力支撑了水钢的经营生产。

(杨真华、武文遥)

【主要指标】 2015 年,技术中心按照"品规创效 5000 万元"的要求,开展工艺技术攻关,不断优化品种钢及建材生产成本,抓好品规创效统计分析工作,全年实现品规结构和工艺优化创效 6582 万余元,超额完成公司目标;开展 HRB400(直径 12 毫米—20 毫米)直条工艺优化工作,单品种节约合金成本 28 元/吨钢;开展对 HRB400(直径 8 毫米—10 毫米)盘螺工艺优化工作,单品种节约合金成本 20.25 元/吨钢;采用转炉双渣操作冶炼改为单渣操作冶炼、普通碳粉代替低氮碳粉、普通废钢代替优质废钢、LF 炉精炼渣回收再利用等降本措施,硬线和 82B 的冶炼成本降低 50 元/吨钢左右;根据客户需要,优化锚杆钢、精轧螺纹、合金焊丝钢工艺,其中 ER70S-6 合金焊丝钢得到用户高度评价,并建立了战略合作伙伴关系,锚杆钢、精轧螺纹外形尺寸和力学性能通过工艺优化已初步受到用户认可,现批量投入市场,为公司产品结构调整打下基础。

(刘 欣、李鸿荣、刘占林、江金东)

【亮点工作】 在工艺管理上,钢材产品性能控制水平得到大幅度提高,其中 HRB400 直径 12 毫米—14 毫米性能内控率由 2015 年年初的 60% 左右提高到下半年的 93% 以上。在质量管理上,创新质量异议管控模式,将不同质量等级的产品针对性的指定区域和客户进行销售,有效控制了降级带出品的销售、使用渠道,同时降低了产品质量成本,全年共计发生质量异议 16 起,质量赔付 24.42 万元,比 2014 年减少 100.82 万元。获行业优秀 QC 小组 5 个,贵州省特优 QC 小组 2 个,贵州省优秀 QC 小组 6 个。在原材料打假堵漏上,加强中心纪委与公司纪委、业务科室、站室内部抽查的"三位一体"监督抽查机制,加大原燃材料督察力度,多角度、全方位的监督抽查,全年开展进厂煤水分预干燥工作创效 2027 万元。

(刘 欣、魏福龙)

水钢公司炼铁厂

【炼铁厂领导名录】

  厂 长:翟勇强

  副厂长:吴永康 潘 建 雷仕江 罗晓岗(11月离任)

  挂职助理:王大兵(12月任职)

  责任工程师:肖扬武 顾尚军

  党委书记:翟勇强(8月任职) 雷兴扬(8月离任)

  党委副书记:陈 勰(8月任职)

  纪委书记、工会主席:陈 勰

(龚 毅)

【概况】 为适应和优化 350 万吨生产组织模式，2015 年，炼铁厂淘汰落后产能，停下了 1 号、2 号高炉和 5 号烧结机，目前生产的有高炉 2 座，烧结机 3 台，料场 2 个，翻车机 2 台，堆取料设备 16 台。下属 9 个车间，5 个管理科室，职工 1547 人。2015 年，炼铁厂围绕保高炉、烧结生产稳定目标，抓基础管理，挖掘潜力降本增效，克服外围影响生产平衡被打破、产量受到一定影响、生产组织难度加大等种种困难，努力实现经济炼铁，全力以赴完成全年经营生产目标任务。

（陈胜鹏）

【主要指标】 2015 年，生产生铁 340.79 万吨，比计划欠产 9.21 万吨，烧结矿 511.19 万吨，欠产 16.81 万吨；焦比 349 千克/吨，较增效计划上升 19 千克/吨；煤比 147 千克/吨，较增效计划下降 22 千克/吨；工序能耗烧工序 53.03 千克标准煤/吨，铁工序 430 千克标准煤/吨。

（张 越）

【亮点工作】 2015 年，炼铁厂撤出所有劳务工，由职工接手以前劳务工的工作。仅此项，2015 年就节约费用 2000 多万元。同时，炼铁厂四高炉车间率先打破工种界限，将热风炉工和卷扬工实行兼岗作业，用一个月的时间轮流学习顶岗，将两个工种顺利合并，减少了 5 个岗位定值人员。

（杨兆芬）

水钢公司煤焦化分公司

【煤焦化公司领导名录】

　　经　　理：王为环
　　党委书记、副经理：吴学龙（5 月离任）
　　党委书记：王为环（7 月任职）
　　党委副书记：代　红（7 月任职）
　　党委委员、纪委委员、纪委书记、工会主席：代　红
　　党委委员、副经理：甘国庆　王长林（6 月离任）
　　主任工程师：刘　麟

（徐　丽）

【概况】 煤焦化公司始建于 1966 年，现拥有两座鞍 62 型 36 孔（1 号、2 号）焦炉、两座 JN55 型 50 孔焦炉（3 号、4 号）焦炉及其附属配套设施，年产全焦 140 万吨，设备总量 900 余台（套），焦炉煤气日产量 210 万立方米。主要产品有：焦炭、沥青漆等二十余种。现有 7 个车间、4 个管理科室，761 人职工。其中工程技术人员 116 人，聘任高级职称 2 人，中级职称 32 人，初级职称 48 人，管理人员 76 人。2015 年，煤焦化分公司进一步解放思想，转变观念，把减亏的着力点、落脚点放在内部，着力加强焦化自身管理，在基础管理、创新管理上下工夫，较好地完成了水钢下达的各项目标任务。

（里志军、徐　丽）

【主要指标】 2015 年，煤焦化分公司共完成全焦 139.54 万吨，完成计划的 100.74%；改质沥青 3.29 万吨，粗苯 1.48 万吨，工业萘 0.46 万吨，分别为计划的 113.47%、125.48%、114.02%；主要产品质量冶金焦 M_{40} 为 84.83%，M_{10} 为 6.51%，水分为 2.02%，灰分为 13.29%；硫份为 0.65%；焦炉煤气输出累计完成 51.24 万立方千米；吨焦耗电月平均 47.58 千瓦时，吨焦耗蒸汽 0.39 吉焦，吨焦耗新水 1.13 吨，吨焦耗焦炉煤气 62.86 立方米，吨焦耗高炉煤气 1005.21 立方米，综合能耗 169.06 千克标准煤/吨，工序能耗 149.28 千克标准煤/吨。全年平均吨焦成本完成 958.2 元/吨，平均降低成本 0.58 元/吨，累计降低成本 80.78 万元；实现煤结构优化创效 2413.44 万元。全年实现主要生产设备完好率 100%，主要生产设备作业率达到 100%，全年重大设备事故为零，主要设备故障停机率为零，为公司完成生产经营任务提供了可靠的保证。

（里志军）

【亮点工作】 2015 年，煤焦化分公司创新开展"充电助力"班长在线培训；建立"煤焦化公司隐患排查数据库"，对隐患整改工作实行动态管理，对查出隐患并自觉整改的职工授予"查患之星"；重点抓好现有环保设施的运行管理，提升了治污减排水平，全年焦炉烟囱废气的监测结果均达到排放标准；申报实用新型专利 3 项，发明专利 2 项，"赵庆军职工创新工作室"获贵州省有色冶金工会命名，成立"胡亮学劳模创新工作室"。

（里志军）

水钢公司炼钢厂

【炼钢厂领导名录】

　　厂　　长：张　毅
　　党委书记、工会主席、纪委书记：胡友红（9 月任职）

副厂长:王劼 王涤非 伍从应

主任工程师:谢 祥(9月任职) 陈 鑫(9月任职)

挂职中层助理:王 梅(12月任职)

（罗 珊）

【概况】 炼钢厂1984年4月建成,目前,可批量生产碳素结构钢、优质碳素结构钢、焊条钢、低合金高强度结构钢、混凝土用热轧带肋钢筋、SWRH82B品种钢、抗震钢等系列产品。2015年,按市场需求,试生产PSB830(精轧螺纹),并对ER70S-6(合金焊丝钢)开展质量改进。下设5个职能科室,7个车间,现有职工1296人,其中硕士2人、本科58人、大专290人;高级职称3人,中级职称40人;高级技师13人,技师69人,高级工658人,中级工153人。2015年,炼钢厂围绕公司目标,解放思想,转变观念,破除生产制约,优化组织,夯实设备基础,科学提速攻关,顺利完成各项技术经济指标。

（沈长松）

【主要指标】 2015年,炼钢厂钢铁料消耗达到1044千克/吨,比2014年降11千克/吨;造渣料消耗55.05千克/吨,比2014年降2.88千克/吨;合金消耗比2014年降1.69千克/吨。在高合金钢种产量大幅增加情况下,全年品规创效6616万元;通过蒸汽、煤气回收发电,实现负能炼钢,转炉工序能耗-11.97千克标准煤/吨;品种钢82B1.7米/分钟提至1.8米/分钟;普碳钢由2.5米/分钟—2.6米/分钟提高到3.0米/分钟—3.1米/分钟,提高铸机生产效率;对钢包加盖配套工作进行优化改进,使HPB300钢种出钢温度降15℃,HPB400系列降25℃,全年实行不外购废钢、生铁,采用内部自循环含铁资源加烧结矿进行生产,针对铁水成分波动,含铁资源结构复杂特点,重点抓热平衡攻关,保障了资源合理有效利用。

（郑新泉）

【亮点工作】 2015年,炼钢厂开展生产提速攻关,转炉冶炼周期从35分钟/炉缩短至32.5分钟/炉,平均炉产量(普钢)达到92.5吨以上,日产达11794吨;《优化包盖打结工艺》项目改造,包盖使用寿命从100多炉提高到1000多炉,超过先进厂家700炉,节约耐火材料成本50万元;设备管理形成"规定动作",培育了"天上设备地面修""线上设备离线修""备用设备定期修"的思维;培养了设备功能精度意识,行车全年无溜钩,重点设备

正常保护停机,强化了设备参数管理;开展重大危险源分级管理,对可引发重大事故的重要系统强化管理,对6台液体吊实行"四三二一"工作法。全年获国家专利授权3项、省级管理创新成果一等奖1项,首钢优秀专利奖1项。

（吴向东）

水钢公司轧钢厂

【轧钢厂领导名录】

厂 长:杨茂麟(10月离任) 刘登其(11月任职)

党委书记、纪委书记、工会主席:刘登其(12月离任)

王和平(12月任职)

副厂长:周汝文 张文峰 蒙世东

主任工程师:蔡 冬 杨 延

（陈 彬）

【概况】 轧钢厂是水钢公司下属的主体生产厂之一,全厂有3条棒材生产线、2条高速线材生产线,主要产品有直径5.5毫米—20毫米高速线材,直径12毫米—40毫米热轧带肋钢筋及其他优质棒材。目前设有5个科室、7个作业区。在册职工1234人,专业技术人员345人,其中高级专业人员2人,中级专业人员37人,初级专业人员306人;操作岗位人员1106人,其中高级技师7人,技师74人,高级工496人,中级工142人,初级工26人。2015年,轧钢厂按照"经济轧钢、高效生产"的主基调,紧紧围绕目标任务,克服限电、待料、待煤气等外部影响因素,坚持以销定产,以效定产,较好满足了市场需求和高效益品规生产。

（余仁发、陈 彬、罗 莉）

【主要指标】 2015年,累计生产合格钢材328.16万吨,超产15.76万吨;综合成材率完成97.62%;综合合格率完成99.80%,比公司考核指标提高0.2%;轧机作业率完成61.55%,比去年同期降低4.64%;轧机小时产量完成140.62吨/小时,比去年同期增加8.75吨/小时;工人实物劳动生产率完成2243.06吨/人,比2014年同期减少188.10吨/人;综合成本完成2603.55元/吨,比公司考核指标节约0.8元/吨,节约额263万元;生产60号—80号高碳钢5.82万吨(规格包括直径6.5毫米、直径8毫米);生产SWRH82B(规格包括直径8毫米、直径11毫米、直径12.5毫米)10.89万吨;生产

锚杆钢(MG335、MGY335)0.95万吨,生产ER70S-6及ER50-6共计0.25万吨,生产SWRH77B0.40万吨。

(余仁发、彭　辉)

【亮点工作】　2015年,轧钢厂狠抓钢坯热装热送工作,利用交接班和改轧时间对热送系统进行设备隐患消缺,热送温度达到600℃—700℃,热送率已达90%以上;组织党员开展了"夺旗争先"、党组织"强基固本"为主线,以"四项活动"为抓手的党建工作创新项目;通过对三棒精轧螺纹钢筋轧后穿水工艺的优化改进,保证了设备的稳定运行和产品性能的提高;在三棒组织直径12毫米×5、直径10毫米×5、直径18毫米圆钢工艺技术和产品开发,取得圆满成功;在一棒成功解决了直径28毫米以上规格螺纹钢筋蛇形弯的问题;在生产直径12毫米—直径20毫米螺纹钢筋时,在"43"原料基础上采用"41"原料进行工艺优化,降低了钢坯合金加入量,同时将直径8毫米、直径10毫米盘螺成分由D3原料改为P10低合金原料,为公司钢坯节约合金成本6300多万元。2015年全年共完成公司技术进步项目4项,申报专利4项。轧钢厂后卫QC小组的《降低主电机的定检成本》获贵州省QC成果发表特等奖,准备作业区党支部获省国资委样板党支部称号。

(余仁发)

水钢公司动力厂

【动力厂领导名录】

厂　长:高连生

党委书记:王　勇

纪委书记、工会主席:王　勇(7月任职)

副厂长:向　剑　姚华强

主任工程师:熊训强

(李彦娟)

【概况】　动力厂主要设备有中、低压锅炉10台,高压锅炉2台,汽轮鼓风机4台,电动鼓风机1台,中温中压汽轮发电机5台,烧结低温余热发电1台,煤气差压TRT发电机组3台,干熄焦发电1台,60兆瓦富余煤气发电机1台,炼钢低温余热发电1台,高、低压空气压缩机17台,15万立方米、16.5万立方米高炉煤气柜各1座,3万立方米、8万立方米转炉煤气柜各1座,7万立方米焦炉煤气柜1座,干法布袋除尘装置1套,混合煤

气站1座等主要设备以及相应动力配套设施,固定资产原值14亿元。现设4个职能科室、5个车间,职工602人。2015年,动力厂以生产均衡稳定为原则,以实现经济效益最大化为目标,较好地完成了全年经营生产目标任务。

(李彦娟)

【主要指标】　2015年,动力厂完成发电量9.02亿千瓦时,完成计划的89.95%,自发电率56.53%;转炉煤气吨钢回收量完成105.2立方米,完成计划的100.28%;全年完成内部利润11836万元,与公司考核指标11357万元相比超额完成479万元,刷新了自2012年实现的1.14亿元内部利润历史最好纪录;供高炉鼓风46.42亿立方米,压缩空气4.436亿立方米,生产软水66.143万立方米,回收转炉煤气3.535亿立方米;转炉煤气回收率达到105.39立方米/吨钢;3号高炉TRT发电率达到30.94千瓦时/吨铁,4号高炉TRT发电率达到51.06千瓦时/吨铁,产品综合电耗完成3031.06万千瓦时/月。全年无一起生产性轻伤以上事故发生,实现了连续13年无重伤以上安全事故的历史新纪录。锅炉实现无煤燃烧,锅炉烟气达标排放,冲渣外排水达标率100%,净化废气达标率≥85%,环保设施完好率100%,环保设施同步运行率100%,粉煤灰处置(利用)率100%,工业垃圾处置率100%,环境污染事故为零的环保管理目标。

(郭平、李彦娟、刘　沂)

【亮点工作】　2015年,动力厂制定"4号鼓风机油泵改造方案""4号鼓风机程序修改方案",并在改造完毕后及时修改完善了相关作业指导书,确保鼓风机的安全稳定运行;针对60兆瓦汽轮发电机轴封系统运行中密封蒸汽的蒸汽压力和温度波动大,提出对均压箱喷淋孔及疏水管道改造的建议,项目年创造效益391.2万元;相继对5号发电机主油泵与汽机联接轴断裂、7万立煤气柜漏油、化学一干线管道进行大修,对60兆瓦发电机组配合3号高炉检修停机,进行以处理汽缸结合面泄漏为主线的中修,这是动力厂第一次组织高温高压机组中修。

(孟玮、刘盛勇)

水钢公司水电(氧气)厂

【水电(氧气)厂领导名录】

厂　长:周岁元(12月离任)

副厂长(主持工作):王冶宇(12月任职)

党委书记:周岁元(12月离任)

　　　　蒋文全(12月任职)

副厂长:封孝成　马贵云

纪委书记、工会主席:蒋文全

主任工程师:郑　雄

（杨倩槟）

【概况】　水电(氧气)厂成立于2012年11月,由原水电厂和原氧气厂合并而成。主要负责水钢生产能源介质(水、电、气)的供给。电系统拥有110千伏电压等级变电站3座、35千伏电压等级变电站10座、6千伏电压等级变电站6座,年用电量为21.5亿千瓦时。水系统拥有大河水源和深井一座,泵站18个,生活水池4个,工业水池9个,年供水量1.25亿立方米,回收污水0.33亿立方米,净环水0.54亿立方米、污环水0.22亿立方米。气系统拥有4套制氧机组,制氧能力30200立方米/小时。下设4室4作业区,在岗职工573人,其中科级(技术)管理人员29人。聘任高级职称2人、中级职称18人、初级职称48人。高级技师2人,操作师17人,中高级操作员390人,中共党员148人。2015年,水电(氧气)厂围绕中心工作,狠抓基础管理工作,确保公司生产所需“水、电、气”三大系统稳定供给,做到了“不因自身原因影响公司生产一秒钟”的承诺。

（杨倩槟）

【主要指标】　2015年,水电(氧气)厂完成总供电量169908万千瓦时,比2014年减少17.39%;总供水量48310千立方米,比2014年减少54.38%;回收污水28342.7千立方米,比2014年减少11.99%;生产氧气31251.3199万立方米;输出氩气58.698万立方米;输出氮气25884.2万立方米;外销液氧3686.01立方米;液氩5111.335立方米;液氮9907升;销售工业瓶氧15439瓶;医用瓶氧外销8014瓶;吨钢耗新水2.98立方米/吨;自发电输配率100%;供电功率因数0.97;综合水电耗0.97千瓦时/立方米;月平均最大需量18.62万千瓦;氧气纯度99.6%;氮气纯度99.9%;制氧综合电耗0.903千瓦时/立方米氧气;制氧水耗0.001立方米/立方米氧气;全年累计氧气放散率1.08%,实现了设备事故为零、轻伤以上事故为零的目标和生态环境污染事故零次的环保目标。

（袁道朵）

【亮点工作】　2015年,水电(氧气)厂供水系统完成十泵站供水管道改造,保证吸附制氧DN200管供四号高炉除盐水站达105立方米/小时,实现四号高炉除盐水站两路供水双保险;完成三泵站送新300立方米水池出水干线增加回流管安装改造;完成09变改由中央变供电的改造项目,电量电费减少315万元,功率因素从0.90提高到0.95,冲减电费67.7万元;制氧系统通过协调平衡氧、氮能源介质,在确保公司生产用气需求的同时,有效减少产品氧气放散和制氧机设备能耗;通过工艺改造,完成了四号机组二号玻璃钢水轮机的改造、四号机组分子筛气源三联件的离线改造;通过贯彻“修配改”模式,完成对四号机组V112阀、V114阀的改造维修。

（袁道朵）

水钢公司铁运厂

【铁运厂领导名录】

　　厂　长:陈　刚

　　党委书记:温培华

　　纪委书记、工会主席:宋文斌(7月离任)

　　　　　　　　温培华(7月任职)

　　副厂长:雷祖英(7月离任)　罗忠一

　　主任师:王伟林

（肖永宁）

【概况】　铁运厂(原运输部,2015年6月更名为铁运厂)始建于1966年,主要承担水钢进厂原料、燃料及物资、出厂产品和工序间铁水、铁渣、钢渣等铁路运输任务。铁路线路总长约56.6公里,道岔175组、交叉渡线10组、隧道7个,桥梁4座,现有机车21台,年运输能力2120万吨。下设4个科室、6个车间,现有职工543人,其中管理人员56人,专业技术人员75人。2015年,在异常严峻的经营形势下,铁运厂全体员工为生存而战,进一步深化“四个铁运”建设,主动适应新常态生产经营模式,全面深化改革、切实加强管理、不断创新创优,全面完成了全年经营生产任务。

（尚俊宇）

【主要指标】　2015年,铁路运输量计划1500万吨,实际完成1443.91万吨,完成年计划的96.26%;3号高炉配罐正点率计划88%,实际完成96.05%;4号高炉配罐正点率计划 100%,实际完成 100%;产品外发计划兑现率完成 100%;物料上秤率 100%;货车延时使用费计划 480 万元,实际完成 275.17 万元,节约 204.83 万元;机车燃油消耗计划 156 万升,实际消耗 125.6 万升,节约 30.4 万升;全年内部利润控亏 1000 万元,实际完成亏损 54.13 万元,减亏 945.87 万元;修复轮对 61 条,侧架 33 个,摇枕 19 个,道岔一组;自营性大修笔架山隧道线路 930 米,对老 8 号道岔进行大修,在线运用设备完好率 100%。

(尚俊宇、王延文)

【亮点工作】 2015 年,铁运厂按照新常态生产组织要求,优化生产组织模式,减少机车在线运用机车 1 台,实现 11 台在线机车保产目标;利用铁路富余运输能力拓展铁路运输物流,主动出击闯市场,承接水渣、大米、稻谷、零星物资运输,对外租赁机车、场地租赁等业务,全年创收 51.35 万元;熊啸等 4 人发明的"一种冶金车辆枕簧装置"获国家实用新型专利,熊贤波工作室提出的"100 吨救援列车空气制动无负荷系统的运用"合理化建议获贵州省总工会节能减排"金点子"合理化建议优秀奖,铁运厂团委获 2014 年度全国钢铁行业"青安杯"竞赛先进集体荣誉称号。

(尚俊宇)

水钢公司维检中心

【维检中心领导名录】

主　　任:朱中华(5 月任职)

书　　记:李广武(5 月任职)

副 主 任:卢祖泉(9 月任职)

主 任 师:王　林(9 月任职)

(赵　刚)

【概况】 维检中心于 2015 年 4 月 1 日成立,主要负责水钢大型生产设备的维护、检修工作。主要由炼铁厂、铁运厂、焦化厂、动力厂、自动化仪表维护 5 家单位的维检队伍组成。现有 8 个车间,4 个科室,职工 757 人。其中,大专以上文化程度 174 人,高中、中专文化程度 530 人。高级工程师 2 人、工程师 8 人,技师、高级技师 50 人,高级工 581 人。维检中心以市场为导向,以创新为动力,以质量求生存,坚持朝着"保存量、促增量"的发展目标前进,力争实现与各位业主的互利共赢。

(赵　刚)

【主要指标】 2015 年,维检中心完成水钢大型同步检修 2 次,大小临时故障抢修多次。今年 1 月份,在开展以"炼钢厂 1 号转炉"检修为主线的大型同步检修中,维检中心根据职责范围,按公司下发的计划检修项目,统筹安排、有序推进,完成计划检修项目 617 项,新增加检修项目 218 项,全中心完成检修项目共计 835 项。其中,完成了炼铁厂 4 号高炉 48 小时、3 号高炉 26 天、6 号烧结机系统 15 天、7 号烧结机系统 10 天,动力厂配合 3 号、4 号高炉系统设备、炼钢发电机系统、煤焦化公司 1 号、2 号焦炉及净化一区系统、铁运厂炼钢联络线等大修检修项目。

(赵　刚)

【亮点工作】 检修前的安全措施到位,特别是今年元月的检修,在检修时间长、人员作业比较劳累、气候恶劣、作业交叉、现场复杂的情况下,中心始终把安全放在第一位,全部检修作业完成,未发生一起安全事故。成立"焊接工作室",对焊接工作进行研究、琢磨,相互交流、学习。

(赵　刚)

水钢公司电气自动化分公司

【电气自动化分公司领导名录】

经　　理:袁永偿

党委书记:邓晓强

副 经 理:于小黔(7 月离任)

纪委书记、工会主席:郜永生(7 月离任)

　　　　　　　　邓晓强(7 月任职)

主任工程师:袁玉祥(7 月离任)　刘　丹(8 月任职)

(李霜霜)

【概况】 电气自动化分公司(以下简称自动化公司)是由原水钢电器仪表修理制造厂和自动化公司合并而成,主要承担水钢各单位大、中型电机、变压器维护和修理;电话通讯、电视监控系统、对讲指令系统、宽带网、VPN 等信息工程的规划、设计、建立及运行维护;进出厂物资的计量、厂际间物资计量,自动化仪表的安装、维护与检修,工业自动化控制系统的设计、施工,办公自动化设备的维护,测量设备检定等工作。由贵州省六盘水市质量技术监督局授权,拥有 100 吨以下汽车衡及单捆计量秤的检定权;贵州省质量技术监督局授权,建立最高计量检定标准器 20 套,对测量设备进行检定。固定资产总额为 41201995.02 元(原值)。下设 5 个科室、3 个车间,现有职工 299 人,其中高级技师 2 人,技师 19 人,高级职称 2 人,中级职称 19 人,国家二级注册计量师 10 人,国家注册安全工程师 1 人,中高级工 186 人,中级工 20 人,初级工 3 人。2015 年,自动化公司以钉钉子精神,主动适应新常态,完成了水钢下达的经营生产任务。

（曾　奎、李霜霜、葛晓丽）

【主要指标】 2015 年,自动化公司实现内部营业收入 3148.48 万元,内部利润 1326.30 万元;外闯市场收入 115.69 万元,外部利润 60.59 万元;计器计量操作维护不影响公司生产;保持通讯畅通,通讯故障修复 4 小时内完成;物资量计量误差(贸易秤≤3‰,厂际间物资计量秤≤5‰),厂际间动力量计量误差 5%;因工人身害事故、急性职业病危害事故、技术操作事故、交通事故、设备事故、爆炸事故、火灾事故为零;工业固体废物处置(利用)率 100%、危险废物(含危化)无害化处理(利用)率 100%、生态环境污染事故为零,职工工资实现按经济责任制考核兑现。

（曾　奎、葛晓丽）

【亮点工作】 2015 年,自动化公司对水钢在线运行的电机、变压器现状,建立、完善修理台账和档案,狠抓专业管理,提高服务质量,实现电机、变压器维修服务信息化;对运焦 2 号电子皮带秤进行技术攻关,将原秤体传感器更换为数字传感器后,确保了水钢焦炭结量工作顺利进行;持续优化流程再造,高标准完成碳带打印为标志的水钢钢材新身份证识别工作;健全设备管理台账,做到一机一档三录五图,完善分公司能源管理台账、分公司 B、C 类分级设备管理台账、分公司空调管理台账等;电视监控维护方面:实现了"考勤式"维护管理制度;仪表维护方面:实施"技术状态监控"管理;外闯市场方面,完成中冶南方六盘水水钢气体有限公司 15000 立方米每小时制氧机动力量设备计量检定维护工作,走访了豪龙、西南水泥厂、水矿新建业公司、发耳电厂、大唐野马寨电厂等客户,并承接了部分电机定检业务,签订水钢工贸公司 2015 年度电气维护协议,完成其 3 台龙门吊维护工作及特种设备代检工作等,有效支撑分公司全面完成水钢下达的外闯市场利润指标。

（曾　奎、王金生、葛晓丽）

水钢公司赛德建设有限公司

【赛德公司领导名录】

董事长、总经理:高昭宗

董　事:周奇荣　谢玉德

外派董事:徐　涛(8 月任职)

董事会秘书:熊家强

监事会主席:罗　辉(12 月任职)

外派监事:李明玖(10 月任职)

职工董事:许　琨(11 月任职)

职工监事:郑昌勇(5 月任职)

副总经理:谢玉德　伍绍溢

党委书记、纪委书记、工会主席:周奇荣

主任工程师:蔡　菲

（熊家强）

【概况】 赛德建设有限公司系水钢集团下属的全资子公司,为独立企业法人实体,注册资本 5100 万元,是目前六盘水市具有国家房屋建筑工程施工总承包和钢结构工程专业承包"双壹级资质"的国家一级建筑企业,同时具备市政公用工程施工总承包、电子与智能化工程专业承包、环保工程专业承包、建筑机电设备安装工程专业承包、冶炼工程施工总承包、管道工程专业承包贰级资质,特种设备安装改造维修许可证(起重机械、压力管道、锅炉),预拌混凝土专业承包三级资质及"CMA"计量认证建筑检测等专项资质。拥有见证取样检测实验中心、商品混凝土搅拌站、轻钢生产线及各类工程吊装机械、运输设备等千台。现有在册职工 313 人,专业技术人员 116 人,其中高级职称 10 人,中级职称 45 人,技能人员 171 人,高级技师 5 人,技师 17 人;考取一级建造师执业资格证 13 人、二级建造师执业资格证 53 人;施工员、质量员、安全员、材料员、资料员、机械员、标准员、劳务员等"八大员"建筑行业岗位 83 人。2015 年,赛德公司以"塑赛德品牌、树赛德服务"为企业核心价值观,为地方经济建设作出了贡献。

（张文锐）

【主要指标】 2015 年,赛德公司完成产值 5 亿元,实现利润 373 万元。申报的钢结构工程专业承包壹级资质喜获国家住房和城乡建设部审核通过,成为具备房屋建筑工程施工总承包和钢结构工程专业承包"双壹级资质"的建筑企业。同时管道工程专业承包、机电设备安装专业承包、炉窑工专业承包、市政公用工程专业施工总承包、环保工程专业承包、冶炼工程施工总承包等资质晋升二级。

（张文锐）

【亮点工作】 2015 年，赛德公司先后与广东省冶建、武汉红源钢构和重庆盈田置业公司签订战略合作协议；贵安新区两家分公司挂牌成立，贵安羊艾金属结构加工基地建设实现了从试生产到全面投入新区二期标准厂房建设的同步到位；《一种烧结机热矿筛的激振器结构》和《一种地脚螺栓安装模板》技术创新项目获国家专利。

（张文锐、王　玉）

贵州博宏实业有限责任公司

【博宏公司领导名录】

董事长：龙　雨（9 月离任）　罗达勇（9 月任职）

副董事长：罗达勇（9 月离任）　杨安成（9 月任职）

董　事：张定长（9 月离任）

　　　　陈端清（职工代表，9 月离任）

　　　　李家庆（职工代表，9 月任职）

　　　　安　伟（9 月任职）　程　宁（12 月任职）

监事会主席：张建平（8 月离任）

　　　　　　雷兴扬（8 月任职）

监　事：张卡佳（12 月离任）　蔡　欣（12 月任职）

　　　　任忠红（职工代表，9 月离任）

　　　　黄东云（职工代表，9 月任职）

总　裁：龙　雨（6 月离任）　罗达勇（6 月任职）

党委书记：罗达勇（6 月离任）　杨安成（6 月任职）

副总裁：罗达勇（6 月离任）　王　英（6 月离任）

　　　　刘银堂（6 月任职）　何　瞻

　　　　杨忠学（9 月任职）

纪委书记、工会主席：陈端清（6 月离任）

　　　　　　　　　　李家庆（6 月任职）

财务总监：程　宁

主任工程师：方定钟

（尹栋华）

【概况】 博宏公司主要生产经营铁矿石、石灰石、轻烧白云石、活性石灰、冶金石灰、石灰微粉、橡胶皮带、阻燃带、水泥、水渣开发、钢渣铁渣及冷料加工、钢材加工配送、乙炔、氧气、炭黑、浓氨水、环保除尘、净水剂、机加工、印刷、煤焦矿石贸易、物流运输、铁路货站、旅业疗养服务等，分布于六盘水、贵阳、安顺、遵义、昆明等地。2015 年，资产总额 15.78 亿元，下辖 14 个分（子）公司、3 个参股公司，在册员工 1954 人，其中，专业技术人员 538 人，高级专业技术职称 3 人，中级专业技术职称 70 人。

（李文宏）

【主要指标】 2015 年，博宏公司实现经营收入 5.65 亿元；全年生产铁矿石 48989 吨，水泥 755852.49 吨，石灰 369254 吨，石灰制品 64005 吨，石灰石粉 400619.12 吨，白云石 375398.7 吨，轻烧白云石 53751.6 吨，氧气 42214 瓶，乙炔 39858 瓶，非定尺螺纹 32337 吨，中轧废 46931 吨，冷固球团 104172 吨，渣钢 85155.65 吨，橡胶带 226267.43 平方米。水泥综合电耗 103.77 千瓦时/吨，水泥综合煤耗 179.52 千克标煤/吨，活性石灰活性度 318 毫升，普通石灰活性度 219 毫升；实现环境污染事故为零、外排废水、废气达标率≥96%；工业水重复利用率≥98%；环保设施同步运行率 100%；废渣综合利用率≥95%等环保管理目标。

（朱小宁、卯昌昆）

【亮点工作】 2015 年，平稳有序的完成博宏与观矿的整合工作，分流安置富余人员 102 人；观矿旅游产业发展项目《观音山旅游区总体规划方案》已经专家组认定，并获《六盘水凉都观音山旅游开发有限公司》营业执照；钢材深加工配送项目建设如期顺利完成，成为闯市场、融入六盘水的一个新增长点；阻燃带产品于 2015 年 3 月 30 日试生产成功，经检验合格，各项指标均达到国家标准，已取得生产许可证、煤安标志证；投资 65.75 万元对石灰矿业分公司石灰三车间除尘设施进行改造。

（尹栋华、管　永）

贵州瑞泰实业有限公司

【瑞泰公司领导名录】

经　理：杨胜刚

党委书记、纪委书记、工会主席：潘拥平

副经理：肖居宽（7 月离任）　帅　红（7 月任职）

　　　　洪　敏（女）（8 月任职）

主任工程师:郑克勤

（邓运金）

【概况】 贵州瑞泰实业有限公司是集建材产品生产基地、销售贸易、物业管理、民用水电煤气供应(负责收费、管线网安装和维护)、机电制造(备品件加工制作)、重型机械作业、道路修建、环境卫生管理、幼儿教育、餐饮服务、接待服务、工业旅游、工业洗涤、布草洗涤、绿化美化工程施工与维护、大自然山泉饮用水生产等多种行业为一体的生产辅助服务及生活后勤服务单位。下设5部1室、14个二级单位,中高级工193人,技师4人,初级职称123人,中级职称32人,高级职称1人,为实现非钢产业闯市场、"做活辅业"发展战略提供了资源和条件。

（邓运金）

【主要指标】 2015年,瑞泰公司按照独立法人运作,当年实现经营收入3.18亿元,利润582.28万元;外部市场收入占70%以上,超额实现全年经营目标;实现水、电、煤气控亏200万元;职工人均收入略高于水钢公司平均水平;道路完好率、治理率和环境卫生、主干道路、生产厂区无尘保洁达到考核目标。

（邓运金）

【亮点工作】 在科技创新上,水电燃气公司采用远程监控系统对民用水池实施监控,实现水池无人值守;环保建材公司"多彩砖"(广场砖、透水砖、步道砖)产品研发、"优化加气生产工艺技术方案",锅炉"煤改气"项目逐步落实;"烧结环冷机水平轨、侧轨校正技术工艺""炼铁烧结机'坡板制作'工艺优化"等技术革新为瑞泰公司走市场奠定良好的物质基础。在开拓市场上,制定五项闯市场工作原则,全年完成销售贸易公司等3个单位的外迁和公司"房屋建筑施工总承包贰级资质"等3个资质的升级工作;争取政策扶持,获国家奖补资金220万元;获金融系统融资、贷款1800万元;与贵州大学、省科学院、贵州省建材设计研究院开展科研合作,挂牌成立贵州省工业废弃物综合利用工程技术研究中心瑞泰环保建材分中心、贵州省新型建材研发基地;成功与贵州华电安顺华荣投资公司就柴油销售、煤炭销售、滚筒包胶等项目签订了战略合作协议;成为水钢辅业闯市场的排头兵。

（邓运金）

水钢公司总医院

【总医院领导名录】

院　长:周兴高

党委书记、纪委书记、工会主席:邵　军

副院长:田景玉　郭炯辉　张　敏　陈冀欣

首席药剂师:肖　溶(1月离任)

（秦礼江）

【概况】 总医院是集医疗、教学、科研、预防、康复、急救于一体的现代化大型三级综合医院,是多家省内医学类院校的教学实习医院、北大首钢医院合作医院、贵州省人民医院分院。医院现有编制床位800张,开放床位730张,设有临床科室26个,医技科室6个。院内重点学科有心内科、消化内科、泌尿外科、呼吸内科,特色专业学科有内分泌科、烧伤整形科、疼痛科、康复医学科。另设有健康管理中心、血液透析室、腔镜中心、职业病防治院,以及六盘水市安健职业卫生技术服务有限公司等机构。在岗职工583人,副高级及正高级职称69人。2015年,总医院推进医院改革改制工作,加大对外宣传和市场拓展力度,狠抓内部管理和门诊流程优化工作,打造品牌科室和品牌专家,加强医德医风建设,开展优质服务和优质护理示范工作,取得了较好的效果,提升了医院的整体服务能力和水平,初步在公众中树立良好的品牌形象。

（秦礼江）

【主要指标】 2015年,总医院实现医疗总收入1.90亿元,比2014年增收419.81万元,实现利润362.25万元。同时,门诊量增长0.22%、急诊量增长0.01%、入院病人量增长4.01%、出院病人量增长3%。

（秦礼江）

【亮点工作】 2015年,按照"外树形象,内提素质"的工作思路,成功与北大首钢医院进行了呼吸内科、心内科合作;贵州省人民医院水钢总医院于8月26日挂牌;职业病院、康复医学中心、健康管理中心已于2015年上半年相继开业;肿瘤中心部分专家已到位,于5月开始收治病人,放化疗中心、介入中心目前已在设备招标阶段;建立了乡镇卫生院院长联谊品牌推荐制度,双向转诊机制;与贵能投资股份有限公司等下属10家煤矿签订了战略合作协议和工伤救治协议;邀请杭州之善医院咨询管理公司就中层管理、科室团队建设进行互动式培训;相继安排 2 批 57 人到省医进行集中培训、拓展训练、到科室一对一学习;建立全院职工生日台账,职工生日时在医院内网上发生日贺卡,给职工办理就餐卡等。

（秦礼江）

水钢公司职教中心

【职教中心领导名录】

    主　任、党委书记:汤　哲

    副主任:李健红　方俪滔

    工会主席:冯晓方

（王　勇、李　践）

【概况】　职教中心主要负责水钢职工教育培训计划的实施和开展电大、中专、技校办学工作。现有职工 96 人,大专以上文化程度 90 人(其中研究生 5 人),专职教师 81 人(其中高级职称教师 6 人,中级职称教师 60 人),在水钢各单位及省内外有关高校中聘请兼职教师 120 余人。电大、中专、技校在校学生 4000 余人。2015 年,职教中心转变观念,主动适应职业教育与培训新常态,坚持以服务为宗旨,以市场为导向,以能力为本位,以质量为核心,以改革为动力,人的潜力、团队的潜力、管理的潜力得到进一步挖掘和发挥,职业教育各项工作取得跨越性发展。

（王　勇、李　践）

【主要指标】　2015 年,完成电大招生 695 人,中职招生 2113 人;对外培训 3598 人次。全年培训办学收入 1586.82 万元(其中高级技校 972.32 万元,培训部 112 万元,电大 252.09 万元,安培中心 118.9 万元,技能中心 131.51 万元),2015 年职工人均工资收入 4258 元,较 2014 年相比增幅为 9.66%。发放中心内退职工工资全年共计 78 万元,单位承担内退职工养老保险金、医疗保险金共计 17 万元。获省级、市级等专项资金 1780 万元。教学楼建设、排污系统建设、荷花池改造、运动场完善等基建项目有序进行,组织学生参加国家级、省级,市级技能大赛取得优异成绩。

（王　勇、张燕）

【亮点工作】　成功获批贵州首钢水钢技师学院,成为六盘水市第一家技师学院,贵州省第八家技师学院;第一期预备技师班已经开班,办学层次得到极大提升;组织学生参加省市职业院校技能大赛,4 人获省级职业院校技能大赛一等奖,并代表贵州省参加 2015 年全国职业院校技能大赛,深受省市教育主管部门关注和好评;成功申办贵州省第 166 国家职业技能鉴定所;获省级、市级等专项资金 1780 万元;5 人被评为贵州省电大教务、考务、学籍及招生先进个人;成立宣传文化部,校园微信公众平台、微网、官网"三网合一"建设取得较大进展,信息化、数字化校园建设水平不断提高,学校文化建设与品牌推广得到较大提升。

（王　勇、曾小一、李　践、张人钦）

首钢贵阳特殊钢有限责任公司

【贵钢公司领导名录】

    董事长:赵民革(兼)

    副董事长:孙　励(7月离任)　张　兴(7月任职)

    党委书记:张　兴(7月任职)

    总经理:侯羽卒

    党委副书记:孙　励(7月离任)　杨　方

    纪委书记兼工会主席:潘明祥

    副总经理:吴　伟(5月离任)　赵　健(12月离任)

               郭蜀伟　陈卫平

    总工程师:汪凌松

    党委书记助理:潘昆仑(11月任职)

    总经理助理:唐落谦

（袁昆喜）

【综述】　首钢贵阳特殊钢有限责任公司(以下简称"贵钢公司")始建于1958 年,地处贵州省会贵阳市中心城区,是国内凿岩用钎钢钎具产品的生产与科研基地,也是中国具有区域特色的特殊钢企业；下辖炼钢、轧钢、锻钢、钎钢等作业部，以及相应的能源环保、维检中心等辅助系统。主要生产与基础设施工程、机械、汽车、军工等行业密切相关的特种钢材。年产优质特殊钢 50 万吨，材 46 万吨，产品主要用于基础设施工程、交通运输机械、军工装备制造等领域。通过深化改革，贵钢公司机构设置变化大，分为钢业板块、非钢板块、园区板块和管理部门。钢业包括炼钢作业部、轧钢作业部、锻钢作业部、钎钢作业部、制造部、维检中心、能源环保部、技术中心、新区综合办、采购部、销售部计 11 个单位；非钢业包括劳服司、金吉运输、东方铁运、职工医院、金麟物业计 5 个单位；园区包括园区管理部、园区开发服务部、房屋征收公司计 3 个单位；新区包括长流程项目部、新区工程技术质量部计 2 个单位。管理设公司办、人力资源部、党群工作部、经营财务部、资产管理部、纪委监察审计部、总工室、工会计 8 个单位。

经过 58 年风雨历程，先后进行多次大规模技术、工艺、设备的改造，产品结构从生产普通碳素钢调整为生产优质特殊钢，成功实现普转特并发展成为国家重点特殊钢企业。2009 年，首钢重组贵钢并启动贵钢城市钢厂搬迁工程，在修文扎佐新建新特材料循环经济工业基地，开启贵钢跨越发展的新征程。老区全部停产后，结束贵钢在贵阳市区 58 年的生产历史，兑现了贵钢"还贵阳市一片蓝天"的承诺。

（袁昆喜）

【安全生产经营】 贵钢公司全年产钢 7.07 万吨，产材 8.53 万吨。抵减内部关联交易后全公司实现含税营业收入 7.32 亿元，其中钢业实现含税营业收入 4.92 亿元，非钢业实现含税营业收入 2.4 亿元。完成首钢总公司下达的全年控亏 3100 万元目标任务。全年缴纳税费 32863 万元。全年共发生人身伤害性事故 19 人次，同比上升 3 人次，安全工作未完成全年目标。

（陶　海）

【提高劳动效率】 贵钢公司成立提高劳动效率工作领导小组，制定《转型发展提高劳动效率工作方案》和《富余职工安置办法》，通过"提低、限高"思路，全程公示公开并让非职工代表广泛参与监督，确保过程公平合理。根据"钢业、非钢业、园区开发"三个产业板块，按照"精干高效"原则，通过撤并建，处级机构由 73 个调整为 30 个，其中机关职能部门由 26 个调整为 8 个；钢业系统保持 11

个；非钢系统由 14 个调整为 6 个；新区工程指挥部由 22 个调整为 2 个；园区开发新成立 3 个部门；中层干部从 147 人减至 77 人。截至 12 月 31 日，申请解合职工 2033 人，申请内退职工 192 人，申请解合、内退人数占年初在册正式职工人数的 48.37%。全年共清退劳务用工 272 人。

（曹　辉）

【挖潜降耗】 贵钢公司优化组织生产，合理调配用电负荷，每月可节约基本电费 60 万元；老区采用 8000 千伏安变压器替代原来大功率变压器，每月可节省基本电费 70 万元；采购高砷生铁替代合格生铁每吨降低采购成本 200 元，全年节约生铁采购成本 47 万元；使用合金返回料 10317 吨，盘活资金约 2000 万元，回收合金元素价值约 290 万元；配送机械铸铁 10524 吨代替生铁，节约成本约 260 万元。

（林庆荣）

【市场营销】 贵钢公司结合进口材料和汇率波动，适时调整价格及销售政策 4 次。密切关注汽车用易削钢行业发展动态，实地走访了解大众、二汽等国内大型车企对易削钢的使用情况，把工作重心定位于合资品牌汽车的关键部件和汽车零件出口市场。新产品、新市场的开发着力于国内仍在大量进口的易削钢品种和使用进口易削钢的用户，注重市场的培育和积累工作。全年开发新客户 7 家，恢复老客户 2 家。通过参加展会提高产品知名度，以重型钎为代表的大规格凿岩钻具，由于凿岩效率高、需要人工少而被市场推广和接受。贵钢公司紧盯市场发展脉络，调整内部品种结构，开拓外围市场，扩大重型钎在生产和销售中的比重，在钢市矿业低迷状态下，贵钢公司重型钎的销量仍保持正增长。

（韦　平）

【新区建设】 根据国务院关于下放钢铁等基本建设投资项目审批权限的有关精神，贵州省发改委 3 月 9 日下发《贵州省基本建设投资项目备案通知》，同意贵钢实施城市钢厂搬迁建设新特材料循环经济工业基地项目备案，贵钢搬迁手续办理完成。2015 年底，锻钢主体主厂房施工完成；中空钢项目完成主厂房房柱、屋面系统及吊车梁主体钢结构施工；钎钢项目主厂房中四跨厂房的设备基础及地坪施工完成；新区铁路项目扎佐公路立交桥（左幅）施工完成，11 月 15 日通过重载试验并正式通车。职工倒班宿舍 11 月 3 日投入使用。

（焦占军）

【老区开发】 7月，成立贵阳首钢房地产开发公司、贵阳首贵房屋征收政策咨询有限公司（征收公司），组建老区园区管理部、老区园区开发服务部。项目开发、经营团队以及园区管理机构基本到位。首钢总公司在4月29日、11月30日董事会上和5月21日、8月27日经理办公会上研究贵钢老区土地开发有关事项，提出相关要求；贵州省省、市、区三级政府也多次召开专题会研究贵钢事项。截至年底，完成老区1867亩土地征收成本测算，项目总体规划设计获批复。

（邓嘉滨）

【党建工作】 贵钢公司开展"三严三实"专题教育。强化基层组织建设，初建基层党委书记考评体系，完成公司领导班子及成员和基层党建工作的年度考核与党员民主评议工作。党校培训方面，做好党建及干部培养工作，9月—11月举办3期集中培训班。及时调整、配备干部。完成任免报告、任职审批表、干部履历等相关材料的审核与归档管理。召开竞聘考评工作组会议，讨论竞聘考评工作方案，制作指导手册。

（卢伟山）

【宣传工作】 贵钢公司开展提升党员意识行动，唱响主旋律、弘扬正能量。结合各阶段重点工作，开辟贵钢资讯专项栏目。在开展"三严三实"专题教育、安全生产月、提升党员意识、贵钢人的故事和提高劳动效率的专题宣传报道中，联系工作实际，联系职工需求，进行思想引导，增强干部职工克服困难、振兴贵钢、依法治企、干事创业的信心和信念，为公司的生存发展打下思想基础和提供舆论支持。统筹相关单位政策制定、解释等工作，编撰贵钢公司《提高劳动效率工作宣传手册》，宣传公司深化改革、提高劳动效率的方案、措施。

（万建华）

【科技创新】 贵钢公司组织申报首钢科技进步奖标准类成果1项，首钢科技进步奖专利类成果1项，通过评审答辩。完成国家标准《凿岩用锥体连接中空六角形钎杆》的修订，通过专家评审。贵钢被认定为"第五批省产学研结合示范基地"，成为贵州省优秀青年科技人才培养对象1人，科技项目获资助。贵钢公司开发成功用于汽车发动机制造用高强度1144钢棒材（及光亮材）和用于表轴、螺钉产品的高碳易切钢SK-4F等品种；航空航天机械用合金钢C1.8和F22等锻材品种。针对重点品种含铅易切钢高线盘卷产品表面翘皮缺陷等质量问题、EA4T车轴钢钢锭、新开发的SK-4F、全连铸60吨电炉炼钢生产线大吨位模铸钢锭等开展工艺技术攻关。

（王筑生）

【2015年贵钢大事记】 1月9日，贵钢召开安全环保工作会议，总结2014年安全环保工作，部署2015年安全环保工作。

1月30日，贵钢践行党的群众路线，关注温暖特困职工，坚持公平、公正、公开原则，严格办事程序，严把政策关，西区保障廉租住房摇号分配。

2月12日，贵钢二届一次职工代表大会审议通过侯羽卒总经理《认清形势，把握机遇，多措并举，狠抓落实，同心协力打好贵钢生存发展攻坚战》的报告，明确全年任务，号召全体职工统一思想，坚定信心，背水一战，完成奋斗目标。

3月12日，贵钢召开2015年反腐倡廉工作会议。会议强调把反腐败工作与公司的改革发展和生产经营工作同时谋划、同时部署、同时检查、同时考核。

3月9日，贵州省发改委下发《贵州省基本建设投资项目备案通知》，同意贵钢公司新区项目备案。贵钢新区项目通过省发改委核准备案。

5月12日，贵钢公司成立提高劳动效率工作领导小组，确保提高劳动效率工作全面完成。

7月1日，贵钢公司隆重召开庆祝中国共产党成立94周年暨创先争优表彰大会。

7月8日，贵钢公司召开干部大会，贵州省委组织部副部长潘荣、省国资委党委副书记谢谦出席；首钢总公司党委副书记何巍宣布张兴担任公司党委书记、副董事长、技术改造领导小组组长、建设指挥部总指挥。

7月23日，贵钢公司召开党建工作会，党委书记张兴作《扎实开展"三严三实"专题教育，凝心聚力，攻坚克难，开创贵钢生存发展新局面》的讲话。

11月10日，贵钢公司召开二届二次职工代表大会，审议通过《首钢贵阳特殊钢有限公司加快转型提高劳动效率方案》及《首钢贵阳特殊钢有限责任公司富余职工安置办法》。

11月27日，首钢总公司党委副书记、总经理张功焰，总公司财务总监王洪军调研贵钢。

12月17日，贵钢公司与中国信达贵州分公司签署股权债权处置协议；信达公司正式退出贵钢。

（刘　刚、袁昆喜）

首钢通化钢铁集团股份有限公司

【通钢集团领导名录】

董事长:王自亭

董　事:王自亭　孙　毅　李志强　杨瑞海
　　　　于　锋　张成武(职工代表)

监事会主席:陈立军

监　事:陈立军　毛长武　徐　明　王海鹰
　　　　李秀平(职工代表)　于鹏举(职工代表)

总经理:王自亭

副总经理:孙　毅　周宝航

总经理助理:孙利军　曹向葵　马卫旭　陈世雄

党委书记:孙　毅

党委副书记:王自亭

党委书记助理:王海鹰

党委常委:王自亭　孙　毅　王海鹰

纪委书记:孙　毅

纪委副书记:王海鹰

工会主席:孙　毅

(张宝峰)

【综述】 通化钢铁集团股份有限公司(以下简称"通钢集团"),是吉林省内最大的钢铁联合企业,也是国家振兴东北老工业基地重点支持的企业,始建于1958年6月,2005年12月改制并与民营企业重组,2009年12月民营企业退出通钢。2010年7月与首钢联合重组。注册资本181990.85万元,其中,首钢总公司、首钢控股持有通钢77.59%股权,中国华融资产公司、吉林省国资委分别持有10.33%、10%股权,其他股东持有2.08%股权。

通钢集团集采矿、选矿、烧结、焦化、炼铁、炼钢、轧钢于一体,焦化系统有55孔焦炉2座,60孔焦炉1座,65孔焦炉1座;烧结系统有360平方米烧结机2台,10平方米球团竖炉4座;炼铁系统有1060立方米高炉1座,2680立方米高炉2座;炼钢系统有70吨康斯迪电炉1座,配5机5流方圆弧形连铸机1台;120吨顶底复

吹转炉3座,配8机8流方坯连铸机2台,一机一流薄板坯连铸机2台;轧钢系统有小型材生产线1条,型钢连轧生产线1条,高速线材生产线2条,棒材连轧生产线1条,热轧超薄带钢生产线1条,年产能245万吨;冷轧板生产线1条(长期停产);高强度机械制造用钢棒材生产线1条。通钢集团所有装备达到国家产业政策要求,手续合法合规。主要产品有板材、建材、优特钢、型材、管材5个系列,有11个产品获得国家冶金产品金杯奖,4个产品获得冶金行业品质卓越产品,7个产品获得吉林省名牌产品称号。热轧卷板获得欧盟标准认证证书,热轧等边角钢和热轧卷板产品通过中国船级社认可。产品主要应用于建筑、交通、电力建设、水利工程、汽车、机械加工、石油开采等行业。

通钢集团下辖通化钢铁公司、通钢矿业公司、磐石钢管公司、四平钢铁制品公司4家控股公司及通钢国际贸易公司、吉林焊管公司、通钢自信公司3家全资子公司。通钢集团所属企业主要分布在通化市、白山市、长春市、吉林市、四平市和延边州境内。截至2015年末,资产总额374亿元,钢年产能520万吨。

2015年,通钢集团与通化钢铁两级机关整合,管理部门由原来的23个整合为13个。整合后,通钢集团下设办公室、人力资源部(党委组织部)、宣传部(企业文化部)、纪委(监察部)、工会(共青团)、计财部、生产部、设备部、经营管理部、运营发展部、技术质量部、安全环保部、审计部等13个管理部门。截至2015年末,职工总数18555人,其中管理人员782人,专业1961人,操作14575人,劳务用工1237人。

建厂57年来,通钢所属企业在税收缴纳、社会就业、公益事业等方面积极履行企业社会责任,为吉林省地方经济和社会发展作贡献。

(冯世勇)

【主要指标】 2015年,通钢集团产铁389万吨、钢370万吨、钢材369万吨、成品铁矿237万吨;工业总产值96

亿元,营业收入 94.88 亿元。

(冯世勇)

【生产经营】 2015 年,通钢产铁 389 万吨、钢 370 万吨、钢材 369 万吨、成品铁矿 237 万吨;工业总产值 96 亿元,营业收入 94.88 亿元。通钢把握市场,主动压缩产能,减少亏损。2 月中旬,1060 立方米高炉、栗矿 350 立方米高炉先后停产,5 月下旬,按照省政府要求重启 1060 立方米高炉;7 月初,1 座 2680 立方米高炉停产检修,冶金区部分产线阶段性停产。建平矿、塔东矿、桦甸矿也结合实际停产。生产组织突出协调高效。以高炉顺行为中心,匹配铁钢轧坯料供应及平衡,根据品种效益测算组织排产。推进设备"6S"管理和功能精度管理,确保生产顺稳。设备故障停机率 0.24‰,比 2014 年降低 0.59‰;生产事故比 2014 年减少 55.7%。工艺规程符合率从 2014 年的 78.38% 提高到 2015 年的 94.31%,低碳拉丝材系列等产品开发实现新突破。

(杜晓东)

【购销工作】 通钢集团以销售保定单保回款、采购保生产降成本为核心,通过优化购销策略、推进机构流程改革、强化激励考核等手段,提升市场应对能力。销售方面,全年坯材销售 385 万吨,产销率 100.2%、回款率 107%。采购方面,通过转港贸易,开拓港口易货方式,实现合金、高性价比肥煤间接采购,山西肥煤创效 240 万元;全年进口矿采购价低于市场 0.37 美元/吨;全年直采比例 97%,比 2014 年度提高 1.3%。物流方面,全年节省铁路运费 1532 万元;优化装载方式,增加卧装比例,提高满载率,节约成本支出 653 万元。

(杜晓东)

【安全管理】 通钢集团按照首钢总公司和各级政府要求,落实《企业安全生产责任体系五落实五到位规定》,构建"党政同责、一岗双责、齐抓共管"安全责任体系,强化全员安全教育和标准化操作,排查整改各类隐患,各单位实现安全生产。2015 年,通钢重伤及以上事故为零,轻伤事故 2 起,负伤率 0.11‰,比 2014 年下降 0.25 个千分点,实现无工亡事故目标。

(杜晓东)

【节能环保】 通钢集团加强能源管理,树立能源就是现金流的理念,注重煤气、蒸汽等能源介质平衡,强化能源管控,推动能源节约和回收,促进发电效益释放,全年自发电量 6.8 亿千瓦时。加强用电管理,推进降低变压器容量、电源改换代等工作,节省基本电费 759 万元。争取政府拉动富余电量政策,全年累计获得补贴 7027 万元。注重环保设施运行管理,开展 ISO14001 环境管理体系认证,加强烟粉尘排放和噪声治理,环保指标改善。推进废气排放口在线监测、防风抑尘网、2 号高炉底滤池改造等项目开工建设,焦化 120 万吨化产项目 12 月 27 日投产。

(杜晓东)

【深化改革】 通钢集团在"统筹规划、一厂一策"原则指导下,推进提高劳效工作。全年分流安置 4527 人,其中:解合 1020 人,内退 1903 人,核减劳务 1163 人,总体减少 23.9%。冶金区各直属单位通过置换劳务工、成建制清退劳务工等方式,劳务费从年初预算的 3312 万元降低到 2150 万元,降幅 35.1%;矿业公司精简劳务工 869 人,精简 51.79%。两级机关整合后,处级岗位全部实行公开竞聘,机关职能部门由原来的 23 个整合为 13 个,减少 43%。推进干部人事制度改革,构建领导干部退出机制,处级及以上干部退出 44 人。优化薪酬激励机制,突出效益、成本、品种等关键指标的考核,制定实施夜班津贴制度,向厂矿、一线岗位薪资倾斜力度加大。

(杜晓东)

【党的建设】 通钢集团按首钢总公司党委统一部署,开展"三严三实"专题教育,解决"不严不实""站位、状态和担当"等问题。推进干部队伍建设,夯实领导干部末位淘汰基础工作。开展"党员意识提升行动",加强党性教育,增强党性观念。组织党内创先争优活动,挖掘、培植、选树各类先进典型,表彰先进集体 91 个、先进个人 201 人,营造"学先进、争优秀、创一流"氛围。全年走访慰问困难职工 3020 户,发放慰问金及慰问物资 430 余万元;帮扶困难职工子女上大学 256 人,发放助学金 65.7 万元;发放爱心基金、互助资金、困难补助 46.5 万元,帮扶困难职工 345 人。

(杜晓东)

【通钢大事记】

1 月 4 日,敦化市委书记唐文忠,市委副书记、市长周金星,副市长公海波到通钢矿业塔东矿调研。

2 月 5 日,通钢矿业公司上青矿"王景宽职工创新工作室"研发的"凿岩台车无线遥控装置"获得国家实用新型专利。

3 月 18—19 日,首钢总公司总经理张功焰,副总经理赵民革到通钢公司调研。

5月19日，通钢公司召开干部大会，决定对集团机关、通化钢铁机关进行整合，压缩合并，由原来的23个职能机构整合为13个职能机构。

5月6日，磐石市市长张静辉一行到磐管公司现场办公。

6月24日，中国建行吉林省分行行长杨铁军一行调研通钢公司。

6月25日，国家安监总局尾矿库专家组，检查通钢矿业桦甸矿三道沟铁矿尾矿库安全状况及防汛工作。

6月，通钢公司通过质量、环境、职业健康安全管理体系的年度监督外审工作，获得方圆标志认证集团公司颁发的年度确认证书。

6月，通钢公司运输处QC小组成果《降低GK型内燃机车风源净化系统故障次数》获"冶金质量联盟杯"冶金行业优秀成果二等奖；第一钢轧厂《提高方坯连铸机的开机直接起步率》、炼铁厂《降低磨煤机排渣量》所代表的QC小组获"冶金行业先进质量管理小组"称号。

7月1日，国家职业危害评估组到通钢公司焦化厂、精棒公司进行职业危害评估检查。

7月7日，北京京西启润保理公司总经理韩劲捷一行调研通钢公司。

7月7日，宝钢欧冶云商材料贸易有限公司总经理施岭一行到通钢公司交流洽谈。

7月13日，通钢公司与中国交通物资股份有限公司签署战略合作协议。

7月22日，吉林省国土资源厅专家组到通钢矿业公司，就矿山国土资源科普基地建设情况进行调研。

7月28日，通钢公司党委书记孙毅带领"三严三实"联合督导组，对各基层单位进行为期4周的"三严三实"专题督导。

7月30日，磐石市副市长洪广斌一行到通钢磐管公司现场办公。

8月4日，通化市市委书记金育辉一行调研通钢公司。

8月13日，通化市二道江区区委书记刘业平、区长于大军调研通钢公司。

9月，磐管公司ACCU ROLL轧管机用变径芯棒、轧管机生产薄壁管时用的导板机构代替导盘装置获国家专利。

10月9日—11月12日，首钢监事会办公室整改复查组进驻通钢公司，就落实2013年首钢总公司和北京市国资委派驻首钢监事会联合监督检查情况整改复查，并对通钢公司近年来经营情况进行延伸检查。

10月20日，白山市委书记张志军调研通钢矿业公司。

10月21日，由通钢公司承办的北方地区板材生产企业第19次会议在通钢公司召开。首钢总公司、鞍钢集团、河钢集团等10家钢铁企业参会。

11月2—4日，上海劳氏认证公司专家到通钢公司进行CE产品换证复评审核工作，审核结论合格，通钢热轧板卷产品CE换证复评通过审核。

11月4日，建设银行吉林省分行行长杨铁军一行调研通钢矿业公司。

11月4—5日，首钢总公司考察组组织考察通钢公司领导班子及成员。

11月6日，通钢磐管公司获得美国石油协会颁发的API 5CT 5L证书。

11月20日，磐石市委书记王雪峰一行调研通钢磐管公司。

11月26日，矿业公司上青矿和井下矿两家单位被命名为国家级绿色矿山。

12月4日，首钢总公司党委书记、董事长靳伟，总经理张功焰、财务总监王洪军一行到通钢公司，围绕生产经营建设、2016年预算、"十三五"规划进行调研，并检查指导党风廉政建设和反腐败工作。

12月，通钢公司"低合金结构钢热轧钢带Q345B""焊接用钢盘条H08A"两个产品获冶金产品实物质量金杯奖。

12月，通钢国贸公司入选"北京兰格钢铁网金牌供应商TOP100"企业名单。

（冯世勇）

吉林通钢矿业有限公司

【通钢矿业领导名录】

董事长：吴 波

经 理：吴 波

副经理：康 乐（3月离任）

经理助理：李宜祥 张 伟 张 勇

党委书记:张成武

党委书记助理:刘志坚

纪委书记:刘　波

工会常务副主席:刘志坚

（冯井亮）

【概况】　吉林通钢矿业有限责任公司(以下简称"通钢矿业")位于白山市浑江区板石街道,是通钢集团主要的含铁原料基地。成立于2007年7月,注册资本110170.5万元;通钢集团持股93.79%、吉林省国有资产管理有限公司持股6.21%。设有10个职能部门:经理办公室、财务处、安全环保处、规划发展处、购销管理处、组织人事处、党委工作处、生产技术处、机械动力处、工会,下辖6个控股子公司:板石矿业公司、大栗子矿业公司、通钢桦甸矿业公司、建平通钢矿业公司、敦化塔东矿业公司、吉林双龙矿业公司;2个参股公司:通钢营口澳矿加工有限公司、澳大利亚IMX公司。各子公司主要位于吉林省内的白山地区、吉林地区、延边州境内及辽宁省西部、南部地区。通钢矿业占地面积1010.2万平方米,在册合同工3966人,劳务工809人。

（冯井亮）

【主要指标】　2015年,通钢矿业生产成品矿237.47万吨,其中铁精粉202.74万吨,铁富粉34.73万吨;生产球团矿125.3万吨;完成固定资产投资18730万元;实现利润-29131万元。

（冯井亮）

【生产经营】　通钢矿业针对矿石价格直线下滑的严峻形势,打破传统生产理念,坚持产量服从效益,重新调整生产组织思路。对亏损严重的单位和产线,果断采取阶段性生产、停产等措施,及时止血堵漏。建平矿将没有边际贡献的大南沟井采停产,只保留低成本的锅底山露天矿供一选厂生产;大栗子矿和上青矿通过优化设计减少掘进4798米,降低成本895万元;上青矿、井下矿合理调整矿石结构,增加自产矿产量,减少高价位的外购矿石量,节约原料成本854万元;桦甸矿用低价位的群采矿石置换高价位的东山二矿、小苇厦子矿石,减少成本支出1106万元。采取井下矿17号斜坡道排渣、上青矿大粒度干选提速改造、引进新型高效旋流器、新型全自动淘洗磁选机等措施,全年原矿品位比计划提高0.12%,选比比计划降低0.03;精矿品位比计划提高0.08%;球团矿品位比计划提高0.09%,硅含量比计划降低0.17%,抗压强度比计划提高95。通过实物质量的改善,全年取得直接效益400万元,同时也对降低运输、提升、磨矿等成本起到重要支撑作用。经过共同努力,铁精粉单位制造成本降到375.23元/吨,比2014年降低60.53元/吨,全年实现降本增效12912万元。

（冯井亮）

【提升劳效】　通钢矿业对内部组织机构重新优化,归并职能,整合机构,撤销处级部门1个,合并减少科级机构2个、基层车间4个。通过改变劳动组织方式、压缩岗位编制、精简置换劳务派遣工、实施内部退养、买断解合等方式,优化人力资源配置。除直属单位外,其他子公司劳务用工全部清退,全年精简岗位人员1903人,精简比例达到31%,其中,精简合同工1034人,精简劳务工869人,劳务费比2014年减少727万元。在此基础上,打破矿际界限,实行人员跨区域统一调剂,抽调栗矿冶炼38人检修人员承担了球团部分外委检修业务,用栗矿207人富余人员补充到直属单位内退、解合缺员岗位,保证了人员进退有序、生产稳顺衔接。

（冯井亮）

【指标优化】　通钢矿业确立实施《三道沟铁矿590北采区矿石回收技术攻关》等13项技术创新课题攻关,立项实施小改小革、修配改代等开展群众性技术创新活动77项,着力推进球团、选矿皮带无人值守和生产可视化网络系统搭建。截至年底,48项工序关键指标有28项优于上年平均水平,30项完成预算,29项达到达标标准,达标率59.2%;193项主要技术经济指标有120项优于上年平均水平,125项完成预算,预算完成率64.87%;49项主要消耗指标有25项优于上年平均水平,28项完成预算。

（冯井亮）

【降本增效】　通钢矿业加大外包业务和外委维修、工程控制力度,能自己干的不外委,能削减的削减,减少外委费用1270万元。及时跟进供电方案调整,节省基本电费690.32万元。强化资金管控,比2014年减少利息支出6980万元。广泛开展群众性增收节支活动,修旧利废立项6700项,节约成本1200万元。组建自主管理活动圈157个,确立活动主题170个,创效500多万元。注重税收筹划,减少资源税2500万元。贴靠争取省政府推动经济平稳运行用电奖励政策,获得奖励1148.2万元。申报板石尾矿回水项目奖励,获取省专项资金

31万元。

（冯井亮）

【安全管理】 通钢矿业牢固树立"红线"意识,专门组建了安全稽察队,进一步增强安全管理的严肃性、时效性,严格落实安全生产"五落实""五到位"规定,基础工作得到全面强化,管理标准进一步提升。构建完善运行控制体系、评价体系、考核体系,以"两油不落地""设备铭牌无污损""现场大五金零存放""现场零掉料零浪费"现场整治活动为载体,全面促动点检、润滑等基础工作,保证生产运行稳顺。开展专业系统专项整治,全年更新、编发规章制度76项,备案、实施管理创新课题78项。

（冯井亮）

【党建工作】 通钢矿业深入开展"争做主人翁、打赢生存战"主题教育实践活动,采取党委书记、支部书记、车间主任、班组长、党小组长层层宣讲的方式,引导干部职工将思想统一到"保生存"大局上来,召开各层级讨论会97场,3349人参加,制定整改措施225条,逐条进行了落实。年初以来,各单位、各专业系统共发现短板121处,制定措施231条,其中桦甸矿铁精粉单位制造成本、上青矿吨矿成本、选矿厂新水消耗等指标改善取得了明显效果。畅通职工诉求反馈渠道,及时关注和回应职工的诉求、意见和建议,保持党群、干群关系的良性互动。以把好入口关为重点,开展了直属单位物资采购系统专项监察;以推动降本增效为重点,开展了各单位对标挖潜、降本增效工作实施情况专项监察;以维护职工利益为重点,开展了直属单位奖金发放情况专项监察。累计实施31项效能监察课题,避免和挽回经济损失1006万元。

（冯井亮）

吉林通钢国际贸易有限公司

【通钢国贸领导名录】

董事长:马春刚

经　理:马春刚

副经理:郭建学

经理助理:金永权　王晓华

党委书记:王海鹰(兼,7月离任)

　　　　　马春刚(7月任职)

纪委书记:江志伟

工会主席:江志伟

（苑桂佳）

【概况】 吉林通钢国际贸易有限公司(以下简称"通钢国贸")位于吉林省长春市,是通钢集团全资子公司,2004年5月成立,注册资本10亿元,是经营建筑用钢材、型材、板材及国际贸易、仓储物流,兼营煤炭、铁精粉、含铁原料、化工原料、冶金炉料、机电设备、工矿等产品的大型冶金综合贸易企业;在册职工95人;设3个职能部门:综合管理部、经营管理部、财务部;4个事业部:钢材事业部、国际业务事业部、贸易工程事业部、物流事业部。8个钢材现货分公司:长春分公司、吉林分公司、沈阳分公司、大连分公司、哈尔滨分公司、宁波分公司、无锡分公司、华南分公司;5个全资子公司:通钢进出口有限公司、吉林通钢(营口)物流有限公司、吉林通钢物流有限公司、北京通钢丰易物资有限公司、通钢集团(香港)有限公司;1个控股公司:长春通钢国贸钢材仓储有限责任公司;5个参股公司:通钢辽宁板材加工配送有限公司、天津通钢立业钢材加工配送有限公司、苏州通钢舜业钢材加工配送有限公司、杭州通钢东联钢材加工配送有限公司、浦项通钢(吉林)钢材加工有限公司。

（苑桂佳）

【主要指标】 2015年,通钢国贸营业收入65.74亿元,销售钢材141.95万吨,其中,钢材事业部91.66万吨,对合资公司9.42万吨,工程结算量11.01万吨,出口钢材29.86万吨。原料进厂计划完成率100%;存货资金占用2.96亿元。

（苑桂佳）

【钢材销售】 通钢国贸对资源进行二次配置,实现区域市场利润最大化,全年资源二次配置12.74万吨,剔除北材南调亏损61万元外,内外贸调配、向工程调配、区域内部调配实现利润173.15万元。为加快资金回笼,保证资金流动性,全年直拨48万吨,快速回笼资金11.5亿元。拓展首钢冷轧板的东北销售渠道,大连区域全年销售京唐冷轧板0.7万吨,实现利润125万元。各地分公司在总部政策支持下,开展社会零星贸易累计搬货2.2万吨,实现利润45万元。

（苑桂佳）

【国际业务】 通钢国贸采取多种方式并行、确保采购资源跑赢普氏指数,利用与矿山已经建立起来的良好合作关系,保证了阿特拉斯粉高折扣协议资源持续拥有,并积极争取最大的折扣水平,从到港77万干吨计算,折扣金额约为402万美元,折扣水平为同期国内最高。利用铁矿市场低迷、矿山销售不畅时机,经过与矿山的积极沟通,争取了3船BHP的协议资源,结合通化钢铁的需求及市场走势,最终对外销售了2船半,实现利润390万元。推进出口战略,将热轧卷板出口目标市场锁定在越南及韩国市场,订单量在每月2万吨左右。8月份实现了通钢方钢产品销往韩国市场零的突破。

（苑桂佳）

【物流业务】 2015年,通钢国贸通过丹东港转运原燃料314万吨,比2014年增加44万吨;转运钢材170万吨,实现利润1480万元,完成年度计划114%。在服务集团的同时,及时向社会客户提供物流全程信息,协助办理货权监管、转移等各种手续,代理客户内贸、外贸转运业务7.3万吨,实现利润43.5万元。汽运物流新增合作物流6家,新开发客户7家运输1.5万吨,实现利润2万元,全年完成招标业务11次。全年铁矿干吨途耗0.41%、焦煤途耗1.16%、氧化铁皮涨吨0.13%,均在计划指标范围内运行。

（苑桂佳）

【融资及资金运作】 通钢国贸成功搭建跨境资金池,经中国人民银行审批通过,通钢集团成为吉林省首家获得跨国公司跨境人民币资金池业务开办资格的集团企业。7月通钢集团跨境人民币资金池业务正式具备运行条件。此举拓宽了后续融资业务可操作空间。省外汇局批准同意进出口公司开展外汇资金集中运营管理业务,标志着通钢集团成为吉林省首家获得跨国公司外汇资金集中运营业务开办资格的集团企业。截至12月末,国贸公司授信银行有11家,进出口公司有6家,合计总授信额度人民币46.10亿元。

（苑桂佳）

【贸易及重点工程】 通钢国贸先后开发沈阳地铁、京沈高铁、引松供水工程、长白铁路等重点工程,并成功中标中铁五局广州地铁板材项目,完成首个板材直供开发,还先后与中铁一、三、五局、中铁上海局、中铁西北公司等客户实现合作,与长春城投公司建立合作关系实现供货,全年共与13家客户签订16个重点工程项目供货合同,创效1190万元,累计供货11万多吨中,分销通钢

材8.21万吨。

（苑桂佳）

磐石无缝钢管有限公司

【磐石钢管领导名录】

董事长:柴文军

经　理:柴文军

副经理:李有田　吴　涛

党委副书记(主持工作):周　杰

纪委书记:栾士双(兼)

工会主席:周　杰

（何长艳）

【概况】 磐石无缝钢管有限公司(以下简称"磐石钢管")位于吉林省磐石市烟筒山镇,是通钢集团的控股公司,1998年10月成立,注册资本18782万元;通钢集团持股87.05%,吉林省国有资产经营管理公司持股12.98%;主要产品为无缝钢管。磐管公司占地面积39.29万平方米,公司下设党群工作部、人力资源部、财务部、技术质量部、机械动力部、生产部、采购部、安全环保部、销售公司、非钢产业经营公司、热轧一车间、热轧二车间、热轧三车间、冷拔车间等14个科级单位,在册职工742人,高级职称8人,中级职称48人,初级职称27人。

（何长艳）

【主要指标】 2015年,磐石钢管生产无缝钢管18.73万吨。全员实物劳动生产率193.12吨管/人,比2014年提高11.92%。完成利润-3135万元,上缴税金1886万元。

（何长艳）

【工艺装备】 磐石钢管公司现有四条热轧无缝钢管生产线,一条冷拔无缝钢管生产线。拥有世界上较先进的φ100、φ108、φ140Accu-Roll热轧机组各一套,拥有φ76冷拔机组、φ90热轧自动轧管机组、管加工机组、精整生产线。拥有系列专业完善的产品检测、试验装备,配置有涡流、漏磁无损探伤机、超声无损探伤、管端磁粉探伤机、高温拉伸试验机、70MPa水压试验机、100T电液伺服万能试验机、光谱分析仪、500倍金相显微镜、冲击试验机。可按国家标准、API石油管标准及用户特殊要求生产结构用、输送流体用、低中压锅炉用、金刚石岩芯钻探用、汽车半轴管、液压支柱管、石油套管、油井管等上

百组距的无缝钢管,目前,磐管公司具备年产60万吨各种规格材质无缝钢管的生产能力。

(何长艳)

吉林市焊管有限公司

【吉林焊管领导名录】

执行董事:吕长明(1月离任)
　　　　何明辉(1月任职,8月离任)
　　　　柴文军(8月任职)
经　理:吕长明(1月离任)
　　　　何明辉(1月任职,8月离任)
　　　　周　杰(8月任职)
副经理:杨　东(8月任职)
党总支书记:吕长明(1月离任)
　　　　何明辉(1月任职,8月离任)
　　　　周　杰(8月任职)
工会主席:杨　东(8月离任)　于洪河(8月任职)

(崔德涛)

【概况】 吉林市焊管有限公司位于吉林省吉林市,是通钢集团全资子公司,2004年8月成立,注册资本8650万元;占地面积15.06万平方米。主要产品为精密焊管、汽车用管、石油管;公司下设7个部门,现有职工36人,其中:大中专以上学历10人,工人技师3人。

(崔德涛)

【主要指标】 2015年,吉林焊管产量2.14万吨,销量2.01万吨,利润-517万元。

(崔德涛)

【工艺装备】 吉林焊管拥有直径219机组、直径114机组、直径60机组、直径76机组、直径50机组、直径45机组、直径32机组各1套,8×1500毫米纵剪机组1套,4×400毫米小型纵剪机组2套,以及钢管矫直机、水压试验机、铣头机、空压机、理化检验检测设备以及其中运输设备等300多台套。以生产直缝焊管为主,产品质量满足国家相关标准。年生产能力15万吨,产品规格包括直径12.7毫米-219.1毫米圆管、20×20毫米-150×150毫米方管、20×30毫米-100×150毫米矩形管、直径36毫米-60毫米去内毛刺管、直径122毫米-175毫米高精度焊管以及异型管等系列产品。

(崔德涛)

四平钢铁制品有限公司

【四平制品领导名录】

董事长:刘力坤
副经理(代行经理职权):范志平
副经理:邱世昆
经理助理:赵国锋
党委书记:刘力坤
纪委书记:刘力坤
工会主席:刘力坤

(赵　敏)

【概况】 四平钢铁制品有限公司(以下简称"四平制品")位于吉林省四平市铁东区,是通钢集团控股公司,2001年8月成立,注册资本29296.8万元,通钢集团持股95.57%,吉林省国资公司持股4.43%。四平公司有四平市铁东区幸福街599号、四平市铁东区重工路83号2个厂区,占地面积19.88万平方米,主要产品为冷轧薄钢板、预应力钢绞线;总资产4.38亿元。

(赵　敏)

【主要指标】 2015年,四平制品继续处于停产状态。

(赵　敏)

【工艺装备】 四平制品公司冷轧生产线由酸洗、轧机、退火、平整、拉矫、纵剪、横切和酸再生机组组成,设计产能10万吨,产品规格0.2毫米-2.0毫米冷轧板和冷硬板。钢绞线生产线由3套拉丝机组、2套绞线机组、1套涂塑机组组成,设计产能5万吨,产品规格主要有直径9.5毫米、直径12.7毫米、直径15.24毫米、直径17.8毫米、直径21.6毫米等钢绞线和无粘结钢绞线。

(赵　敏)

吉林通钢自动化信息技术有限公司

【通钢自信领导名录】

执行董事:王树强
经　理:王树强
副经理:张建涛(5月离任)王君海
党委书记:毕耜远(1月离任)
　　　　王树强(7月任职,12月离任)
　　　　郭延东(12月任职)

纪委书记:范贤力(兼)

(柳景超)

【概况】 吉林通钢自动化信息技术有限公司(以下简称"通钢自信")位于吉林省通化市二道江区,是通钢集团全资子公司。2012年5月,通钢集团在原通钢网航信息技术有限责任公司基础上,重组成立通钢自信公司,与集团信息部合署办公。2015年5月,通钢集团机构改革,自信公司与信息部分离,信息部职能划归设备部,更名为信息处。自信公司设综合办公室、财务科、市场营销科、信息科和运行科5个科室。注册资本5000万元,总资产7846万元,占地面积460平方米,职工136人。

(柳景超)

【主要指标】 2015年,通钢自信实现销售收入2566万元,其中:关联交易754万元,工程收入169万元,对外经营收入114万元。全年亏损1.6万元。系统安全运行率99%。

(柳景超)

【工艺装备】 通钢自信公司通讯系统核心设备采用华为程控电话交换机,2000年投入使用,为通钢冶金区和生活区提供通讯服务,固定电话有4000余户。通钢自信公司有线电视网络系统采用HFC结构,有模拟电视用户1.5万户,正处于数字电视整转实施阶段。计算机网络系统、软件系统方面,采用DDN专线互联,各子公司局域网络采用星型结构,核心CISCO 6513交换机,采用防火墙,上网行为管理,帐号管理等设备进行限制后实现互联网访问,内网有70台物理服务器支撑业务系统,品牌包括IBM、HP。子公司各分厂办公楼设置汇聚层机房,CISCO交换机,光电收发器组成,连接各终端,全集团终端约3500点。

(柳景超)

首钢伊犁钢铁有限公司

【首钢伊钢领导名录】

董事长:夏雷阁

副董事长:马西波

董　事:王金波　王浩然　任黎鸿

总经理:王金波

副总经理:王浩然　邵凤金

财务总监:金　昆

副总工程师:肖树勇(11月离任)陈凯平　冯国华

党委书记:许春明(兼)

党委副书记:王　鹏(10月任职)

(朱双念)

【综述】 首钢伊犁钢铁有限公司(以下简称"首钢伊钢")原为新疆石油管理局新源钢铁公司,始建于1958年。2006年由河北前进钢铁集团有限公司重组控股成立"伊犁兴源实业有限公司"。2009年首钢控股有限责任公司整合伊犁地区钢铁企业,与天津前进实业有限公司共同出资成立"首钢伊犁钢铁有限公司",2010年8月,首钢伊钢项目签约,公司揭牌,注册资本10亿元,首钢控股、前钢集团分别占股75%、25%。公司位于伊犁河谷的巩乃斯草原腹地,距那拉提草原60公里,本部地址在新疆维吾尔自治区伊犁哈萨克自治州新源县则克台镇则新路41号,与宝钢八钢参股的新疆伊犁钢铁有限责任公司毗邻。首钢伊钢下设巴州凯宏矿业(相对控股)、库车县天缘煤焦化(控股100%)、库车县金沟煤矿(控股100%)、乌恰县其克里克煤矿(控股90%)4家企业,总资产62亿元人民币,职工3200人。公司现有主要装备:高炉206立方米和410立方米各1座、72平方米步进式烧结机1套、80万吨链篦机回转窑球团生产线1条、40吨氧气顶吹转炉2座、方坯连铸机2台、板坯连铸机1台、550轧机带钢生产线1条、年产80万吨850中宽带生产线1条、合计年产30万吨高频直缝焊管生产线6条、每小时6500标准立方米制氧机组1套、气烧冶金白灰窑1座、日产600吨套筒石灰窑、50000立方米转炉煤气柜、日处理12000立方米污水处理站及焦化厂 45 万吨焦炉 2 座。公司已建成集采矿、选矿、采煤、炼焦、炉料、炼铁、炼钢、钢铁制品为一体的产业链，年产铁精粉 150 万吨、焦炭 90 万吨、生铁 60 万吨，钢坯 60 万吨。上游主要产品有铁精粉、焦炭，下游主要产品有钢坯、热轧窄带钢、热轧中宽带钢、直缝高频焊管及方管等。

首钢伊钢实行董事会领导的总经理负责制，设办公室、计财部、制造部、质检计量部、安全环保部、设备部、原料采购部、经销部、矿产资源部、工程部、人力资源部、企管信息部、审计稽核部、能源管理中心、物资管理中心 15 个职能部门和炼铁部、炼钢、轧钢、焊管 4 个厂矿机构。2015 年底在册职工 1805 人，其中硕士 4 人、本科 39 人、大专 55 人、中专及以下 1707 人；高级职称 2 人，中级职称 7 人，初级职称 11 人；技师 13 人，高级工 42 人，中级工 39 人、初级工 37 人；职工平均年龄 33 岁。

2015 年，首钢伊钢坚持"增强发展后劲、深化精细管理、提升运营质量、构建和谐企业"工作思路，适应经济形势、市场环境变化，系统谋划，统筹协调，务实进取。通过系列小改小革，完善工序，满足市场需求，以带钢生产为基础，重点发展方管、圆管产品，实现直径 20 毫米—219 毫米直缝高频焊管型号全覆盖，形成带钢和管材产品规格型号系列化、交货状态多样化的产品集群，新疆市场占有份额提升。按照产品销售"走出去"发展思路，将根据中亚钢铁市场需要，增加适合中亚钢铁市场销售的产品，提升产品质量，满足中亚市场需求。

（朱双念）

【主要经济指标】 2015 年，首钢伊钢生铁产量 60.89 万吨，比 2014 年增长 7.19%，较年计划增长 4.99%；钢坯 59.23 万吨，比 2014 年增长 3.96%，较年计划增长 2.11%；带钢 57.58 万吨，比 2014 年升高 1.27%，较年计划降低 2.41%；钢管 15.82 万吨，比 2014 年降低 11.68%，较年计划降低 16.79%；烧结矿 71.81 万吨，比 2014 年降低 3.03%，较年计划增长 12.22%；球团 42.76 万吨，比 2014 年增加 26.48%，较年计划增加 22.18%；铁精粉 85 万吨，比 2014 年降低 32.16%，比年计划降低 34.62%；焦炭 46 万吨，比 2014 年增加 15%，比年计划降低 23.33%。

（白 强）

【差异化发展】 2015 年，钢铁市场形势进一步恶化。首钢伊钢在细分新疆钢铁市场产品供给结构的基础上，走产品差异化道路，以带钢生产为基础，重点发展圆管、方管产品，实现直径 20 毫米—219 毫米直缝高频焊管型号全覆盖。

（朱双念）

【成本控制与管理】 2015 年，首钢伊钢坚持以改善和提高整体经济运行质量、全面落实控亏任务为目标，通过理顺基本业务流程，修订完善管理制度，提升整体管理能力；通过强化产销平衡、压库增销、盘活沉淀资金，激活营销策略，提高产品市场能力；通过改进产品质量，优化品种结构，增强产品竞争力和增值力；通过深化降低成本费用核算与管理措施，提升成本控制能力。

（白 强）

【发展循环经济】 首钢伊钢通过强化能源管控，推广应用节能降耗生产技术，提高能源利用效率。以降低污染排放和增加经济效益为目标，2014 年建设完成 5 万立方米转炉煤气柜，2015 年在技术上使用高效节能加热炉，同等条件下节约煤气 10000 立/小时；强化煤气用户管理，增加白灰套筒窑、850 加热炉两大用户后，全公司煤气总体平衡；利用好煤气资源，实现转炉、高炉煤气"零放散"。加强调度，以炼钢生产为主，协调炼铁富氧使用，实现氧气"零排放"。2015 年建成污水处理系统，将公司各工序产生的废水回收利用，实现"零排放"。提升系统节能及能源管控水平。

（张志宏）

【重点工程】 2015 年，首钢伊钢相继完成 80 万吨/年球团项目、炼钢改造工程项目、850 毫米中宽带项目，为产能平衡、拓宽产品结构、争取市场份额奠定坚实基础。

（朱双念）

【新产品开发】 首钢伊钢炼钢 2 号连铸机改造增加 200 毫米宽度的铸坯，3 号连铸机改造增加 300 毫米宽度的铸坯，同时 850 中宽带改造后增加宽度 305 毫米、315 毫米、335 毫米等规格的带钢，给下游客户带来实惠，产品竞争力提高；带钢实现宽度 145 毫米 - 730 毫米，厚度 1.5 毫米 - 12 毫米产品全覆盖，焊管同步实现圆管直径 40 毫米 - 200 毫米（厚度 1.7 毫米 - 3.5 毫米），方管（30 毫米 - 150 毫米）×（30 毫米 - 150 毫米）（厚度 1.5 毫米 - 4.0 毫米）的全覆盖。

（王道慧）

【机构变动】 2015 年，首钢伊钢推动管理体制改革，将烧结、球团、炼铁整合为炼铁部；将制氧厂、污水处理厂、转炉煤气柜整合为能源管理中心;将安全、环保、消防、现场管理从原生产部独立出来,成立安全环保部;将技术专业从原技术质量部划归原生产部,将原生产部更名为制造部;将原技术质量部技术专业划归制造部,更名为质检计量部;细化办公室机构,划分为文秘科、党群管理科、接待科、食堂管理科、后勤科、武装保卫科6个科室。

(姚 坤)

【人才建设】 2015年,首钢伊钢选拔树立表彰青工典型。首次系统选拔大专及以上骨干后备进行系统培训,为公司大发展进行干部储备。加强三支人才队伍建设,探索"薪酬激励、绩效引导、重点培养"为核心的人才管理模式,形成人才成长促进企业发展,企业发展带动人才成长的良性机制。

(张 翔)

【党群工作】 2015年,首钢伊钢加强党员管理,收集党员基本信息,对党员组织关系进行梳理;加强基层党组织支部队伍的建设,完善支部班子,重新划分为机关党支部、炼铁党支部、烧结党支部、炼钢党支部、轧钢能源党支部、凯宏党支部、天缘党支部,并选举产生各党支部书记及支委委员。

(文 玲)

【"三严三实"专题教育】 首钢伊钢以党委中心组学习和专题研讨等形式组织开展"三严三实"专题教育活动,坚持问题导向,扩大学习范围,结合经营生产实际,对行业态势、疆内钢铁企业现状、先进企业运营情况等进行学习研究,查找自身问题,制定完善各项制度并做好督促、落实,以制度建设推进各项工作稳定运行。

(文 玲)

【调研交流】

3月16日,自治区统计局党组书记、局长王忠山携自治州、县统计局主要领导一行7人到首钢伊钢调研。

3月19日,新源县经信委到首钢伊钢调研。

3月26日,浦发银行乌鲁木齐支行行长郭靖一行3人到首钢伊钢调研。

3月26日,首钢总公司总工办4位专家到首钢伊钢调研。

4月1日,自治区环保厅环境监察总队、伊犁州环保局环境监察支队、新源县环保局一同到首钢伊钢现场检查。

4月17日,自治区环保厅、自治州环保局、新源县环保局及新源县相关领导到首钢伊钢检查指导。

4月19日,石家庄民生银行客户经理一行到首钢伊钢参观考察。

4月19—22日,自治区政协副秘书长奴尔泰·叶捷别、党组副书记赵永龙等到首钢伊钢参观调研。

5月20日,伊犁州环保局与州人大到首钢伊钢检查污水处理情况。

5月23日,自治区发改委张春林主任携调研组调研首钢伊钢。

5月27日,扬州经信委与新源县经信委到首钢伊钢考察。

6月2—4日,首钢总公司安全处处长吴光蜀和副处长张富贵到首钢伊钢检查矿山安全生产情况。

6月11日,伊犁州统计局党组书记古丽娜孜到首钢伊钢调研,县委常务副书记张斌、新源县统计局局长李列斌等陪同。

6月12日,自治区环保厅环境监察总队邓军虎支队长在新源县环保局领导陪同下到首钢伊钢进行项目整改和环评督查。

6月12日,自治区经信委副主任斯拉因在新源县经信委领导陪同下一行到公司调研。

6月25日,伊犁州经信委与新源县经信委到首钢伊钢进行调研。

7月14日,首钢技术研究院张卫东一行5人到新疆考察调研新疆地区煤焦资源及500—1000立方米高炉运行情况。

7月15日,首钢股份公司党委副书记、工会主席、董事、副总经理邱银富同志带队到首钢伊钢调研。

7月20—26日,工信部与中钢协对新疆钢铁行业进行实地考察、调研,并于7月23日到首钢伊钢进行实地考察、调研。

7月29日,中国建设银行新疆自治区分行公司业务部总经理赵刚一行到首钢伊钢进行实地考察、调研。

8月5日,伊犁州经信委到首钢伊钢调研。

8月7日,新源县新任县委书记刘建胜到首钢伊钢考察。

8月19日,伊犁州环保局副局长吐尔迪古丽带队到首钢伊钢检查工作。

9月7日,首钢技术研究院张卫东院长一行7人到首钢伊钢调研。

9月8日，自治区经信委原材料工业处副处长李浩荡、自治区钢铁协会副秘书长李英携新源县领导到首钢伊钢调研。

9月18日，新疆高广总公司董事长王正芳一行三人到首钢伊钢考察，并友好洽谈双方长期合作协议。

10月22日，自治区人大副主任铁力瓦尔迪·阿不都热西提携科技调研组到新源县对相关企业进行调研并到首钢伊钢参观。

10月28日，伊犁自治州环保局环境监察支队到首钢伊钢进行监督检查工作。

11月2日，伊犁州政协副主席刘克华一行到首钢伊钢调研，详细了解公司发展现状及"十三五"规划情况。

11月13日，新疆自治区环保厅监察总队、伊犁自治州环保局及新源县环保局一行8人到首钢伊钢检查指导工作。

11月18日下午，伊犁州质量技术监督局对首钢伊钢天车及相关设备进行检查，并提出整改意见。

11月30日，由伊犁州人民政府组织的企业考核组一行15人，对首钢伊钢落实2015年度安全生产目标管理工作情况进行检查。

12月18日，自治区发改委调研组到首钢伊钢考察统计温室气体排放情况。

（张永芹）

巴州凯宏矿业有限责任公司

【凯宏矿业领导名录】

总经理：王金波

常务副总经理：冉记东

副总经理：赵进学 李学文 周 涛

财务总监：陈永昌

（罗 燕）

【概况】 巴州凯宏矿业有限责任公司（以下简称"凯宏矿业"）地处新疆维吾尔自治区天山南麓和静县巩乃斯镇乌拉斯台沟，厂区建在海拔2800米—3600米，年平均温度-4.8摄氏度。公司于2007年12月21日注册成立，由新疆凯宏投资有限公司和新疆宝地矿业有限公司两大股东组成。公司下辖诺尔湖铁矿，已探明M1区矿石储量2亿吨，其中可供露天开采的矿石量为4750万吨，预计远景储量可达3.38亿吨。截至目前，凯宏矿业总资产已达14亿元以上，已具备年采剥总量1500万吨、矿石500万吨、生产铁精粉150万吨的生产规模，是一家集矿山开发、矿石加工与销售的大型国有控股矿山企业。一选厂年生产能力100万吨的铁精粉车间于2010年9月18日竣工试产，二选厂生产能力50万吨的铁精粉车间于2009年5月竣工试产。凯宏矿业投资建设一座占地面积为8000平方米的"职工之家"，给员工提供一个良好的娱乐场所，丰富员工业余生活。凯宏矿业坚持"开拓、创造、和谐、无谓"的凯宏精神，以建设富美和谐矿区为目标打造个性的凯宏文化。凯宏矿业设办公室、人力资源部、销售部、计财部、机动能源部、质检部、车队、矿山部、总务部、物管部、工程部、生产部、安环部、采购部14个职能部门和预选厂、一选厂、二选厂3个生产单位。2015年在册职工463人，其中研究生1人、本科30人、大专119人、中专176人，工程师4人。

（罗 燕）

【主要指标】 凯宏矿业2015年采掘周期近6个月，采出矿石301.7万吨，完成全年供矿计划的106.99%；M1区363.47万吨，完成全年采出矿石计划的109.15%。2015年计划生产周期为4月26日至11月25日，生产铁精粉85万吨，品位62.5%以上。受销售市场影响，凯宏矿业决定二选厂9月1日停产，生产周期4个月，一选厂10月10日停产生产周期5个半月，截至2015年10月10日共生产铁精粉80.14万吨，完成计划的76.32%，铁精粉品位达到62.89%。全面完成全年生产经营指标。销售铁精粉67.53万吨，销售收入1.83亿元，比去年下降68.2%。

（罗 燕）

【降本增效】 凯宏矿业认真落实各单位、部门成本核算管理，强化全员成本意识的提升。在按照生产工艺流程，核算各单位、部门成本指标的基础上，修订完善公司考核管理办法，将成本指标纳入到各部门经营目标责任书之中，参照安全绩效考核管理办法，全员每月从工资总额中拿出一定比例工资，根据成本指标的完成情况，按月进行考核分配，将考核结果与全员工资收入挂钩，激发全员降耗增效的积极性和主动性。同时，通过不断强化采场供配矿管理、实施选矿系统技术改造、进一步优化劳动组织、减员增效等具体措施，保证最大限度降低生产成本,确保年度利润目标的实现。完善干部管理制度、强化绩效考评,进一步加强干部队伍建设。

(罗　燕)

【增强凝聚力】 2015 年,凯宏矿业不断加强工会在公司中的纽带、宣传、带头作用,通过一系列活动和措施,增强企业凝聚力。5 月 19 日凯宏矿业召开第二届二次职工代表大会,会议听取、审议通过常务副总经理冉记东同志所做的题为《攻坚克难、开拓创新,确保公司全年各项目标任务圆满完成》的工作报告,总结表彰 2014 年度生产经营过程中涌现出的优秀员工、优秀管理者和优秀班组,与各单位签订 2015 年度安全生产责任状和经营目标责任书。凯宏矿业工会紧紧围绕企业发展目标,提高为职工服务意识,开展各项工作。一是在全公司范围内相继开展"开源节流、降本增效"的宣传活动;二是举办以"弘扬五四精神、发扬协作精神、共建和谐凯宏"为主题的系列活动;三是安全生产月开展"安全伴我行"及安全征文的系列活动,进一步提高公司职工对安全生产宣传教育工作重要性的认识;四是开展 2015 年公司职工健康体检工作,体现公司对职工的关怀,切实履行关心职工身体健康的职责;五是举办 2015 "庆中秋·迎国庆"诗文征集及朗诵比赛活动,进一步丰富职工的业余文化生活,体现凯宏矿业大家庭的和谐氛围。

(罗　燕)

库车县天缘煤焦化有限责任公司

【天缘焦化领导名录】

总经理:姜　涛

副总经理:张国立　王寿钧

工会主席、党支部书记:张福松

(张　睿)

【概况】 库车县天缘煤焦化有限责任公司(以下简称"天缘焦化")是由首钢伊钢控股的股份制公司,公司位于库车县北山矿区,法人代表:刘玉海;企业类型:有限责任公司;注册资金 2.6 亿元人民币;经营范围:机焦烧炼及附属产品销售、煤焦油回收、提炼及销售、余热废气回收净化,焦炉煤气发电,公司从业人员 500 余人。

(张　睿)

【发展沿革】 天缘焦化原为民营企业,隶属于新疆五洲集团有限公司,一期项目于 2005 年 9 月投产,占地 6.6 万平方米,设计规模 60 万吨/年,现生产能力 30 万吨/年,总投资 1.193 亿元。2005 年后随着国民经济的持续强劲发展,钢铁产品的需求日益增加,伴随着国内一大批不符合国家产业政策的土焦和小焦炉的淘汰和国内焦炭市场价格的逐渐上涨,客户对焦炭的需求量在逐步加大,天缘焦化在一期 30 万吨/年的基础上,适时进行二期 90 万吨/年捣固焦改扩建项目。2010 年 9 月,为加速企业发展,促进企业转型,新疆五洲集团有限公司自愿将 60%的股权转让给首钢伊犁钢铁有限公司,2011 年 1 月 24 日,天缘焦化完成股权变更,并经库车县工商局备案,正式完成由民营企业向国有控股企业的转型。

(张　睿)

【经营管理目标】 强化成本意识,抓好产品质量,提高公司信誉,拓宽销售渠道;加强工程质量监管,提高工程质量指标;抓安全生产管理,全年实现安全生产零事故。

(张　睿)

【二期基本情况】 天缘焦化二期为年生产 90 万吨焦炭的新工程项目,项目生产能力:机焦产能 90 万吨/年、焦油产能 50000 吨/年、粗苯产能 10000 吨/年、硫氨 850 吨/年、硫膏 300 吨/年。此项目采用目前国内技术比较先进的 TJL4350D 型宽炭化室捣固焦炉,孔数为 2×72 孔,总体生产规模确定为年产 90 万吨焦炭,包括配煤炼焦、回收化学产品,焦炉煤气净化,配套建设有完善的环保、劳安、卫生、消防等设施。化产回收和煤气净化采用国内先进的工艺设备,建设有冷鼓、脱硫、硫铵、粗苯工段。利用剩余焦炉煤气发电,做到保护环境,综合利用资源。

(张　睿)

【主要指标】 2015 年,天缘焦化采购原煤 52 万吨,计划生产焦炭 35 万吨,实际生产 38 万吨,销售焦炭 9 万吨;计划生产煤焦油 1.5 万吨,实际生产 1.8 万吨,销售煤焦油 1.6 万吨;计划生产粗苯 0.5 万吨,实际生产 0.58 吨,销售粗苯 0.57 吨。

(张　睿)

【安全管理】 2015 年,天缘焦化为加强公司安全、环保管理,明确各部门、各级、各岗位人员的安全责任心,改善劳动条件,保护劳动者的安全和健康,根据相关法律法规要求,签订安全生产责任制。开展"人人争当安全生产标兵""安全月、元旦、春节安全大检查"等活动,合计作业部级安全检查46次,作业区级检查112次,跟踪检查隐患整改情况。推进安全文化建设和宣传教育,定期组织应急预案演练,安全生产工作稳步推进。全年无因工死亡事故、重伤事故、重大火灾事故、甲方责任交通事故、压力容器爆炸事故,千人负伤率为0。

（张 睿）

【企业文化管理】 天缘焦化为活跃职工的文化生活,在"五一""十一"等节日期间举办各类文体活动,全厂职工踊跃参加。每逢每周六、周日晚上在职工食堂举办舞会,夏季举办职工篮球比赛,冬季举办拔河比赛,春节期间还有职工汇演的文艺晚会。丰富多彩的节日文化生活,营造出天缘焦化祥和、文明、健康的文化氛围。

（张 睿）

矿产资源业

◎ 责任主编：关佳洁、董俊林

首钢矿业公司

【首钢矿业公司领导名录】

　　总经理:吴　林(9月离任)

　　副总经理:李鸿泰　刘立东(1月离任)

　　　　黄佳强(9月主持工作)

　　　　郭志辉　张云生(9月离任)

　　总经理助理:张金华(9月任职)

　　　　　　齐宝军(总经理助理级)

　　党委书记:李鸿泰

　　党委副书记:董　伟

　　党委书记助理:陈　波(9月离任)

　　　　　　姚永浦(9月任职)

　　纪委书记:董　伟

　　工会主席:董　伟(9月离任)

　　　　　　李鸿泰(9月任职)

　　　　　　　　　　　　　　　(金德新)

【综述】　首钢矿业公司位于河北省迁安市,1959年建矿,是首钢主要原料基地。矿区面积7.01万亩,铁路与京山线、通坨线、京秦线相接,公路与京沈高速相连,海运与秦皇岛港、京唐港、天津港相邻。首钢矿业公司原矿处理能力2283万吨,发展机械制造、电气设备修造、建筑安装、重型汽车制造、矿山生产技术服务等相关产业。首钢矿业公司设计财处、生产技术处(技术发展中心)、机械动力处、能源环保处、安全处、技术改造工程处、资源土地管理处、总工程师室、保卫处(武装部)、办公室、人力资源部(党委组织部)、党群工作部、纪(监)委13个职能处室,大石河铁矿、水厂铁矿、杏山铁矿、运输部、协力公司、机械制造厂、电力修造公司、物资公司、计控室、质量检验中心、培训中心、首矿实业、矿山医院、职工子弟学校、矿山街道居民管理委员会15个厂矿级单位,管理北京首钢矿山建设工程有限责任公司、北京首矿工程技术有限公司、唐山首钢马兰庄铁矿有限责任公司、北京速力科技有限责任公司、北京首钢重型汽车制造股份有限公司、烟台首钢矿业三维有限公司、迁安首矿建材有限公司、首钢矿业公司商业处,托管首钢滦

南马城矿业有限责任公司、北京首钢地质勘查院。2015年末固定资产原值86.1亿元,净值29.43亿元,从业人员10464人。

　　2015年,生产精矿粉451.87万吨,超计划0.42%;控亏1.79亿元,比年计划减亏1.66亿元,超额完成总公司基于75美元下达的控亏任务。降本增效3.28亿元。

　　　　　　　　　　　　　　　(房胜军、叶利鹏)

【主业生产经营】　首钢矿业公司围绕保集团总体效益,挖掘潜力,强化组织,实现生产目标。水厂铁矿开展选矿工艺标准化流程建设,落实尾矿管道隐患应急预案。杏山铁矿降低运行成本,管控采掘过程,优化采场空间,改善作业环境,实现三级矿量达标稳定,完成一期倒段主体工程。大石河铁矿摸索选矿最佳运行方式,实行纯夜班生产组织,在完成精矿粉生产任务基础上,大幅降低选矿成本。唐首马铁矿强化生产组织,挖掘供矿潜力,完成供矿任务。运输部克服进口矿运量降低、市场低迷等因素,强化市场意识和服务意识,在完成保产保供任务同时,开发内外部两个市场,拓展业务范围。

　　　　　　　　　　　　　　　(房胜军、叶利鹏)

【相关产业发展】　首钢矿业公司搭建北京首钢矿山技术服务有限公司,将其作为对外投资管理新平台。开展政策和市场调研,解决资质认证许可和营业执照问题,探索比照法人公司"自主经营、独立核算、自负盈亏"运作模式,增强相关产业闯市场能力。推进北京首钢矿山建设工程有限责任公司、北京首矿工程技术有限公司、北京首钢重型汽车制造股份有限公司股权调整。完成迁安首钢兴矿物业服务有限公司注册登记,为物业服务市场化运作创造条件。非矿产值达12.73亿元。

　　　　　　　　　　　　　　　(房胜军、叶利鹏)

【对标挖潜】　首钢矿业公司以经济效益为中心,对照行业先进,优化、提升指标;完善责任体系、考核办法;落实"五把尺子"管理思想和理念,建立评价体系,涉及指标91个。全年露采、地采、选矿43项同行业可比技术

经济指标,12 项进入前三名、占 27.91%,7 项排名第一、占 16.28%。开展专业对标,120 个对标指标,按月与外部单位、与自身历史水平、上年完成、内部单位间对标 296 项次。

(李剑锋、叶利鹏)

【科技创新】 首钢矿业公司实施科技攻关 30 多项,实现经济效益 3000 多万元;"首钢水厂铁矿选矿工艺流程和设备优化及应用研究""大型尾矿库尾砂开采后恢复使用技术研究与实践""矿业通用 MES 系统产品化研发与应用"和"数据仓库技术在矿山设备管理数据分析系统中的应用研究"四项成果通过冶金矿山科技成果鉴定。"一种重板支重轮""矿浆样品自动分离装置"等 11 项成果申请专利。"露天转地下高效转型建设大型数字化地下金属矿山的研究与实践"项目获国家科学技术进步奖二等奖。"地面远程遥控井下电机车运输系统研发与应用""首钢水厂铁矿露天采场设计优化"等五项成果获首钢科学技术奖。

(雷立国)

【管理创新】 首钢矿业公司围绕采选生产、设备管理、降本增效、资源接替、体制机制改革、民生生活等内容,确立管理创新课题 100 项。《大型矿山企业职工健康管理体系的构建与实施》获北京市企业管理现代化创新成果一等奖、首钢总公司一等奖,《水厂铁矿老尾矿库恢复使用的研究与实践》获冶金企业管理现代化创新成果三等奖、首钢总公司二等奖,《矿业公司主流程设备检修管理信息系统的构建与实施》《杏山铁矿转段期间稳定供矿生产模式的研究与实践》《运用安全评价系统实现闭环管理的探索与实施》获首钢总公司三等奖。矿业公司表彰优秀管理创新成果 17 项,奖励 49 万元。

(房胜军)

【皮带管理创一流】 首钢矿业公司突出皮带管理工作重点,强化计划管理。整理皮带管理实践成果案例 11 项,并组织推广。制定皮带管理创一流计划指标 66 项,完成 63 项,兑现率 95.45%;皮带系统人身事故继续保持"三为零"目标。

(刘 军、叶利鹏)

【学法规、学制度、学规程】 首钢矿业公司组织开展"学法规、学制度、学规程"活动,制定活动方案和《关于法律法规、行业标准梳理有关事项的通知》《关于做好学法规、学制度、学规程检查落实阶段相关工作的指导

意见》等文件,编发活动通报 12 期,梳理法律法规 622 项、行业标准 289 项、总公司级规章制度 416 项、矿业公司级规章制度 422 项、专业制度及制度性文件 446 项;各厂矿单位梳理法律法规 340 项、规章制度及制度性文件 1928 项、岗位规程 875 个。

(刘 军、房胜军、叶利鹏)

【设备管理】 首钢矿业公司推行"开源节流、稳定高效"设备管理理念,依托信息化管理,精密点检,提升设备综合管理水平。设备综合故障停机率完成 0.13%,比计划降低 0.63%;设备综合检修停机率完成 2.65%,比计划降低 0.26%。开发应用设备管理数据分析系统、电机全寿命管理系统、设备润滑管理系统等,建立规范、高效和全方位的信息化管理体系。扩大预知维修管理,开展设备探伤,组建润滑油检测实验室,对 6 千伏以上高压变配电设备和供电线路开展红外热像检测。持续推进标杆区域建设,完成 15 个区域标杆建设工作。

(王春林)

【资源接替】 首钢矿业公司推进矿产资源接替工作,国土资源部正式批准马城铁矿协议出让主体变更为首钢总公司,划定矿区面积 9.76 平方公里,资源储量 9.95 亿吨。杏山勘查区勘探工程完成全部野外钻探工作,累计钻探进尺 29430.27 米,完成勘探报告编制,估算资源储量 12251.65 万吨。

(闫 伟、叶利鹏)

【资源综合再利用】 首钢矿业公司推进废弃资源综合利用,销售固废产品 112 万吨,提高矿山废弃物利用效率和效益,促进循环经济发展。

(叶利鹏)

【重点工程】 首钢矿业公司以控制项目投资和降低工程费用为中心,推进"投资、质量、安全、进度、文明施工"五位一体管控,在资金异常困难情况下,着眼可持续发展,完成一批重点工程项目建设。实施杏山铁矿一期倒段工程,历时三年,完成开凿掘进 21 万立方米,巷道 9000 米,12 月 1 日达到倒段条件,同步组织技术攻关破解难题实施主溜井封堵,实现一期工程平稳过渡。实施水厂铁矿 K2 路基及 D1 隧洞口边坡加固治理工程,克服边坡作业困难、危险系数大等因素,完成采场边坡加固 1.07 万平方米。实施安全生产资格"三化"考试点和培训点改造工程,通过北京市安监局验收。实施

羊崖山火药库炸药性能实验塔工程。

（代鲁飞、叶利鹏）

【数字矿山建设】 首钢矿业公司实施两化融合管理体系贯标工作，8月5日完成首次内审，"与以隐患控制为核心的设备精细化管控能力建设相关的信息化和工业化融合管理活动"获工业和信息化部电子科学情报研究所颁发"两化融合管理体系评定证书"，成为全国第一家获得证书的冶金矿山企业。信息化案例《挖掘数据价值，实现首钢矿业设备精细化管理》获"2015年度中国两化融合杰出应用奖"。围绕球团厂、烧结厂等单位和相关业务划转首钢股份公司管理，对ERP四级系统业务流程变更、业务流程衔接、数据信息传递等整合方式，ERP三级系统业务协同、数据集成共享、数据不落地等提出解决方案，从业务和技术上整合优化ERP四级、三级系统。将运输部业务纳入ERP系统管理。开发运用首钢矿业公司安全管理信息系统、首钢矿业公司润滑管理系统、首钢矿业公司电机管理系统、杏山铁矿技术管理平台、大石河铁矿生产信息管理系统、机关处室作风建设考评系统、物资公司一键报警项目7个信息系统。开发应用网络设备管理系统。完成网络监控系统研究与搭建项目。

（杨慧芳、叶利鹏）

【绿色矿山建设】 首钢矿业公司加强经济用能，拓展市场化电结算，实施主变暂停、躲峰用电、降低电度电价等措施，吨精电费比去年降低16.20%，降成本5923万元。加强用水管理，吨精水费降低6.80%，降成本306万元。加强治污减排，发挥区域协同优势，利用迁钢冲渣水余热和烧结余热发电闪蒸水余热，彻底结束南区使用燃煤锅炉的历史，年减少煤耗2.47万吨，采暖成本580万元，避免环保投入3981万元、脱硫运行费用340万元，及大气污染物排放500余吨、排污费200万元。落实环保治理项目21项，争取政府支持，获得政府补贴奖励1035万元。

（张彦军、叶利鹏）

【安全管理】 首钢矿业公司树立安全红线意识和底线思维，落实"党政同责、一岗双责、齐抓共管"，建立安全月度例会、月度督查、月度专题调研等管理机制，强化公司、厂矿、车间三级安全责任落实，依法依规夯实安全基础管理。持续推进非煤矿山安全标准化建设，水厂铁矿选矿厂、新水尾矿库和大石河铁矿选矿厂二级安全标准

化通过外部评审。推进无隐患单元建设，558个单元中419个通过验收。落实除尘设备与主体设备同步运行，确保现场治理达标。杏山铁矿自行设计、自主实施电机车远程遥控驾驶等信息系统，地采实施"机械化换人、自动化减人"项目。杏山铁矿被国家安全生产监督管理总局确定为"机械化换人、自动化减人"示范企业。

（刘金刚、叶利鹏）

【综合治理】 首钢矿业公司制止厂区公物被盗、矿产资源被盗、铁路运输物资被盗80起，抓获并移交公安机关打击处理29人，截扣机动车8辆，回收各类被盗物资价值60余万元。组织整改治安防范、防火、要害部位隐患1717项，隐患整改率100%。首钢矿业公司被首钢总公司评为治安防范先进单位。妥善化解群众来信来访，受理来访350件次，集体访33批次。首钢矿业公司被首钢总公司党委评为2014年度信访维稳工作先进单位。开展政保和处理邪教工作，收集不稳定动态信息84条，收缴法轮功宣传品240余份，监控政保及原法轮功习练者重点14人，落实不稳定因素控制措施29个，逐级控访112起，实现防范处理邪教"四个零"指标。

（刘 科、陈革命、叶利鹏）

【员工提素】 首钢矿业公司组织开展车间级技能比赛82场次、厂矿级比赛16场次、公司级比赛5场次；推荐选拔16个工种432人参加首钢总公司"京唐杯"技能比赛，5个工种26人进入决赛，4人获"首钢技术能手"称号，1人获电焊工竞赛第一名。在北京市经信委组织的"第十五届工业和信息化职业技能竞赛"中矿业公司6人获"北京市工业和信息化高级技术能手"称号。完成培训、鉴定1200人，鉴定合格996人。开展特种作业取证、复审和继续教育培训6410人次，其中取证复审2480人，继续教育3930人。组织班组长50人参加清华大学央企班组长培训，1人参加优秀学员交流。

（张 华）

【劳动提效】 首钢矿业公司开展定编定岗定员工作，实施职工协商一致解除劳动合同及内部退养两项分流政策，做好富余职工分流安置。全年精简处级机构10个、科级机构44个；年末在岗使用人力达到10247人，其中在岗职工10162人、劳务用工85人，比2014年末净减少2344人，其中在岗职工减少1720人、劳务用工减少624人。

（张 华）

【人才工作】 首钢矿业公司坚持干部选拔任用标准，提职厂处以上干部5人、厂处助理7人、科级干部13人，选拔副处级领导3人为正处级、副处级领导2人主持工作，调整基层厂矿领导班子7个、党政主要领导12人，安排厂处级干部6人退出现职改任调研员，选拔后备干部11人到科级以上岗位挂职锻炼。交流科级以上干部300人，免职（解聘）厂处助理1人、科级干部3人，为首钢马城项目筹备组选配成员34人。提名推荐改制企业和法人子公司董事会、监事会、经营班子任职人选28人。确定科级后备干部330人。副处级以上干部77人申报个人有关事项。举办两期管理技能提升培训班，培训科级干部107人。实施采矿、选矿和设备专业"三个一批"后备人才培养工程，选拔青年骨干75人参加专业理论基础知识培训。组织领导人员大讲堂、专家讲座和论坛类活动91期，开展领导人员读书活动，交流读书体会103篇。招收高校毕业生18人。选拔机关处室专业技术管理3人。2人获首钢技术专家、5人获首钢技术带头人称号。推荐158人报考北京科技大学工程硕士学位研究生。

（金德新、李云龙、房胜军）

【党群工作】 首钢矿业公司党委开展"两创一争"活动，4个党委（总支）领导班子被评为矿业公司"六好"班子，表彰首钢模范基层党委1个、首钢模范党支部5个、首钢先进党支部10个、首钢先进党小组28个、首钢模范共产党员12人、首钢优秀共产党员55人和矿业公司先进基层党委（总支）2个、矿业公司先进党支部11个、矿业公司先进党小组33个、矿业公司优秀共产党员110人。开展"党员意识提升行动"，组织"缅怀教育，重温入党誓词""党史党章知识竞赛""纪念中国人民抗日战争暨世界反法西斯战争胜利70周年有奖征文""传递正能量——党员微活动"等系列活动。组织17个基层党委（总支）召开党员代表大会或党员大会，选举产生新一届"两委"委员143人（次），选举产生出席首钢矿业公司第六次党代会代表135人。召开首钢矿业公司第六次党代会，差额选举产生中共首钢矿业公司第六届委员会和纪律检查委员会委员各5人，及出席首钢总公司第十八次党代会代表27人；召开中共首钢矿业公司第六届委员会、纪律检查委员会第一次全会，等额选举产生"两委"书记、副书记。开展"三严三实"专题教育，完成学习研讨、专题党课、专题民主生活会和组织生

活会等工作。举办以"节俭、热烈、健康、快乐"为主题第二十届首钢矿山文化节，组织职工乒乓球、羽毛球、毽球、篮球比赛和徒步行健身活动等14项文体活动。开展团内"达标创优"竞赛活动，首钢矿业公司团委获"首钢五四红旗团委"称号，杏山铁矿开拓作业区团支部获"全国钢铁行业五四红旗团支部标兵"荣誉称号。

（邢建军、朱亚娟、葛海涛、房胜军）

【纪检监察】 首钢矿业公司健全反腐倡廉领导机制，落实党委主体责任和纪委监督责任。选举产生首钢矿业公司和各基层厂矿纪委委员55人。结合机构改革，优化和整合审计、监察、纪检、三外、监事会监督资源。组织首钢矿业公司科级以上领导修订党风廉政建设责任制，明确助理级以上领导廉政风险点、风险等级和防控措施。开展"守纪律讲规矩、明底线做表率"廉政主题教育实践活动。开展逐级诫勉谈话280场次、1870人次。组织"廉洁颂——我身边的好规矩"征文活动，征集作品56篇，向首钢总公司选送47篇。抓作风建设，纠正"四风"。加强党员干部操办婚丧喜庆事宜监督管理。实施效能监察项目34项，避免和挽回经济损失617万元。柴油管控、外委项目实施及资金使用等2个效能监察项目被评为首钢优秀效能监察成果。受理信访30件次，查实11件次，处理44人。审计项目11项，查处和整改问题39项。开展问责调查，对管理问题进行责任追究，督促整改。首钢矿业公司纪（监）委被评为首钢先进纪检监察组织。8月首钢矿业公司监察委员会更名为"首钢矿业公司监察处"，审计室划入纪委（监察处）。

（韩绍春、房胜军、叶利鹏）

【思维变革】 首钢矿业公司组织开展全员性"破除惯性思维"大讨论，主动适应铁矿石价格大幅下跌后持续低位运行新常态。活动中，累计查找分析以往高矿价下惯性思维案例700多个，引导职工解放思想，转变思维方式、改进工作方法，在传导市场压力、降低生产成本、深化企业改革、提高劳动效率等方面采取有效措施，为提升经营管理水平、打好生存发展攻坚战奠定思想基础和方法基础。通过解决具体问题创造效益1782万元。活动中总结"六破六树六推进"经验做法，在《首钢日报》《冶金矿山动态》《企业改革与管理》刊发交流。

（岳建华、叶利鹏）

【新媒体建设】 首钢矿业公司主动迎接移动互联网新

变化,紧盯"二维码时代"风向标,拓展信息传播渠道,通过研究应用"微信公众平台",发挥新媒体优势,构建以"资讯、文化、服务"三大功能为主旨的"首矿网微平台"。微信公众平台设三大栏目:矿山频道、党建瞭望、矿业青年,关注人数近 6000 人。

(岳建华、叶利鹏)

【全员健康】 首钢矿业公司运用信息化手段,提升整体健康管理水平,形成"一个平台,四个支柱"工作格局,建成具有矿山特色的职工健康管理模式。4月以首钢矿业公司管理系统为模板的总公司职工健康管理系统上线运行;9月首钢矿业公司代表北京市向国家卫计委介绍健康管理经验。《大型企业职工健康管理体系的构建与实施》分别获北京市及首钢总公司管理创新一等奖。

(李富军)

【教育医疗】 首钢矿业公司职工子弟学校由矿业公司、北京市石景山区教委实行双重领导,共有 110 个教学班,在校学生 3487 人,在册教师 349 人,其中研究生 33 人,中、高级职称 194 人。首次参加石景山区德育活动取得优异成绩:在石景山区"纪念抗日战争胜利七十周年"系列活动中,子弟学校高中生代表队获"照耀未来的史鉴"辩论赛冠军,初中生代表队获"不可磨灭的印记"战史知识竞赛亚军,两名小学生在"名垂青史的英雄"讲故事比赛中分别获得二、三等奖。在石景山区"瞭望杯"中学生专题系列演讲比赛中,6 人参加"时事论坛赛",4 人获一等奖,2 人分获二、三等奖;3 人参加"社会实践挑战赛"分获一等奖和三等奖。2015 年高考升学率 98.4%,本科录取率 75.8%,石景山区理科前 5 人考生中子弟学校占 3 人;中考升学率 99.16%,石景山区前 5 人考生中子弟学校占 1 人,有 35 人考入北京市重点高中。在各级各类竞赛中 708 人获奖,其中国家级 193 人次,北京市级 302 人次,石景山区级 213 人次。在北京教育规划办立项课题 4 项,在石景山教育规划办立项课题 3 项。完成子弟学校校园文化建设项目。子弟学校先后获全国教育科学"十二五"规划教育部重点课题实验学校、石景山区综合素质评价先进单位、石景山区课程建设先进单位、矿业公司先进单位、先进基层党总支、"十小促十变"优秀组织单位、第二十届首钢矿山文化节优秀组织单位等荣誉。

首钢矿山医院社会收入 1.41 亿元。门诊量完成 19.43 万人次,较上年增长 7.02%;出院人数 5019 人次,较上年降低 22.47%。开展新技术新项目,中医科、康复科等开展膝三针疗法治疗膝关节疼痛、不同体位腰椎牵引治疗腰椎间盘突出症及"绿色疗法"治疗神经衰弱,取得较好社会效益和经济效益。围绕专科建设选拔技术骨干到北京三级医院进修学习,提高专科治疗及护理水平。加强医务人员业务学习,组织院科两级业务培训,开展主治医师查房竞赛、护理人员技能竞赛、医疗及院感知识竞赛等,不断提高技术操作水平。改善就医环境。购置全自动血气分析仪、电子脉冲治疗仪等医疗设备 21 台套,提升设备装备水平。完成血透室装修改造,及时登记注册《医疗机构执业许可证副本》,完成放射科操作间扩建及墙面防护,达到行业标准要求。

(高慧平、玄 艳、房胜军、叶利鹏)

【和谐矿山】 首钢矿山街道居民管理委员会接待居民法律咨询 216 件,调解民事纠纷 138 起。发放低保金 142.93 万元。发放"阳光基金"10.46 万元,救助 214 人次。办理北京、迁安养老和大病医疗参保 2913 人。办理 65 岁以上老人老年优待卡 161 人。核发 80 岁以上老人高龄津贴 150 人、16.21 万元;核发 90 岁以上老人高龄津贴 7 人、1.5 万元。办理 80 岁以上老人居家养老助残卡 207 人,核发居家养老补助金 22.48 万元。强化失业人员动态管理,服务解合失业人员。更换社区健身器材 60 台套,安装纳凉椅 90 套,为职工家属提供健身休闲场所。举办"传承红色精神,建设美好家园"等主题活动,推进社区精神文明建设。

(王冬冬、房胜军)

【调研交流】

1月,中国钢铁工业协会副秘书长李克敏等 6 人到首钢矿业公司审查采矿专业职业、工种信息。

1月,北京市检察院副检察长高祥阳等 3 人到首钢矿业公司调研指导工作。

1月,北京市安监局矿山处处长马存金及有关专家对首钢矿业公司非煤矿山进行季度督查及大采尾矿库和新水尾矿库安全许可进行现场审查,总公司领导张功焰接待。

2月,北京市卫生计生委领导郭积勇等 7 人在总公司办公厅领导陪同下,到首钢矿业公司调研职工健康管理工作。

3月,总公司领导强伟及有关部厅领导到首钢矿业公司调研。

3月，北京市管理创新成果评审委员会办公室副主任张可新、北京企业联合会会员部副部长顾凤英等领导在总公司管理创新部张焕友处长陪同下到首钢矿业公司调研。

3月，石景山法院党组书记、院长高虹、党组成员、副院长陈石磊、副院长闫辉及有关部门负责人到首钢矿业公司调研。

4月，总公司领导赵民革、刘建辉及有关部厅领导到首钢矿业公司研究相关工作。

5月，国家安全监管总局副局长、国家安全生产应急救援指挥中心主任孙华山等一行在总公司领导张功焰、赵民革及总公司办公厅、安全处等单位领导陪同下到首钢矿业公司调研。

5月，河北省唐山市政协副主席付国良一行在滦南县县长艾文志、县委副书记蔡春奎、常务副县长徐文辉及有关部门人员陪同下，到首钢马城项目1号主井工业场地调研指导工作。

5月，石景山区人力资源和社会保障局副局长明强等一行在总公司劳动工资部保险处处长郭伟陪同下到首钢矿业公司联动检查。

5月，北京市经济和信息化委员会基础与新材料产业处副处长李建军及专家组一行对国家重点产业振兴和技术改造专项资金项目——首钢矿业公司大石河铁矿杏山采区露天转地下开采项目进行验收。

5月，北京市安全生产监督管理局副局长谢清顺和有关专家组成检查组，到首钢矿业公司调研检查地下矿山生产、尾矿库防雨防汛等安全工作，总公司安全处领导陪同。

5月，北京市国土局矿产开发处调研员高红、北京市矿协秘书长于秀琴等5人到首钢矿业公司，调研指导矿产资源节约与综合利用工作。

6月，北京市安监局副局长谢清顺，北京市安科院、安全生产考试中心领导、专家组一行，验收核查首钢矿业公司培训中心安全生产资格考试点。

6月，河北省唐山市市委副书记、代市长丁绣峰一行在滦南县县委书记许晓娟、县长艾文志及市县两级有关部门人员陪同下，到首钢滦南马城矿业有限责任公司1号主井工业场地调研指导工作。

7月，北京市石景山区首钢矿山街道食品药品监督管理办公室揭牌仪式在首钢矿业公司举行，石景山区食品药品监督管理局党组书记张桂敏，党组成员、纪检组长李春飞，党组成员、副局长杨玲，党组成员、副局长陈玉宝，总公司生活办主任陈四军参加。

7月，北京市安监局副局长贾太保等一行对首钢矿业公司安全生产工作进行现场检查，总公司领导赵民革、安全处处长吴光蜀陪同。

7月，河北省滦南县县委书记许晓娟，县委副书记、县长艾文志，县人大主任李玉鹏，县政协主席张友利，县委常委、常务副县长徐文辉及政府有关部门负责人到首钢滦南马城矿业有限责任公司现场办公。

8月，石景山区部分委办局和首钢园区开发部干部职工170余人分三批次到首钢矿业公司水厂铁矿参观考察。

9月，石景山区人大常委会主任岳德顺、区委副书记李文起、区人大常委会副主任高洪雁等8人到首钢矿业公司走访座谈，总公司领导梁宗平、党委组织部部长吴平参加接待。

10月，国家安监总局规划科技司安全生产监察专员施卫祖、北京市安监局副局长贾太保等领导及专家9人到首钢矿业公司，调研"机械化换人、自动化减人"科技强安示范企业试点工作情况。

11月，北京市质量技术监督局计量处处长马丽、副处长杨利民、石景山区质监分局局长刘永利、副局长崔岩等10人到首钢矿业公司，调研计量管理情况。

11月，北京市安全生产监督管理局副局长高士虎等一行组织对首钢矿业公司非煤矿山安全生产工作进行四季度专项督查。

12月，河北省迁西县县委常委、副县长张怀良及有关部门领导到首钢矿业公司调研座谈。

12月，中国矿协秘书长杨家声等一行到首钢矿业公司调研。

（黄红军、房胜军）

首钢矿业公司大石河铁矿

【大石河铁矿领导名录】

矿　长：赵艳春

副矿长：闫尚敏　黄建新

党委书记：王海军

（梁　庆、李光磊）

【概况】 首钢矿业公司大石河铁矿(以下简称"大石河铁矿")1959年建矿,有设备2928台套,固定资产原值8.43亿元,采剥能力2000万吨/年,原矿处理能力835万吨/年。下设生产技术科、机动科、计财科、综合管理科、安全保卫科5个科室,孟家沟采矿工程队、二马采矿车间、选矿车间、尾矿车间、动力车间、开发车间6个车间和二马地采筹备组。期末从业人数815人,其中技术业务职称150人。托管迁安首矿建材有限公司,期末从业人数8人。

(梁　庆、李光磊)

【主要指标】 2015年,大石河铁矿铁矿石处理量335.61万吨,精矿粉产量完成106.62万吨,超计划11.62万吨;固废产品销售完成21.31万吨,超计划7.31万吨。15项选矿对标挖潜指标,4项排名进入同行业前三,其中2项排名第一。

(梁　庆、李光磊)

【降本增效】 大石河铁矿采用"零基预算法"编制选矿加工成本,全年增收节支完成2169万元。其中优化原料结构降低选比、提升球磨台时,降低钢铁球成本350.74万元、降低选矿电耗成本1491.22万元;优化配置、合理调度车辆,选矿系统用车费用降低162.61万元;引入竞争机制,促进备件加工和修复费用降低,全年减少修理费用164.31万元。

(梁　庆、李光磊)

【生产组织】 大石河铁矿按照"精干高效"要求,实行纯夜班生产组织模式,深化选矿经济运行。打破传统,四班倒改为三班倒,进一步精简选矿用工。推行闭环管理,建立岗位操作模板,选矿生产由追求规模效益转为向精细顺稳要效益。转满谷期,严格控制峰谷比,全年峰谷比完成0.35倍。吨精电费成本完成27.76元/吨精,球磨机台时完成78.83吨/小时,打出2000年以来最好水平。

(梁　庆、李光磊)

【资源综合利用】 大石河铁矿利用自身优势,以尾砂、建筑砟为重点,推进资源综合利用产业发展,培育新经济增长点。实施尾砂扩能改造,提高尾砂产销量。自行设计、施工、改造,完成大采砂场尾砂扩能项目,实现尾矿全部回收。全年尾砂销量完成10.81万吨,同时延长大采尾矿库服务年限。

(梁　庆、李光磊)

【工艺升级】 大石河铁矿组织工艺技术升级改造。开展甩尾工序考察,降低新厂磁滑轮隔板高度,改造F3翻板调整盘,实施平皮带、F3皮带提速改造,组织悬磁干选机试验,甩尾产量完成10.72万吨,销量完成10.50万吨。升级高频筛性能,优化精选机底流口和补加水路,提高流程通过能力。推进尾矿大井底流泵、一泵站输送泵叶轮变径改造,降低尾矿输送消耗。

(梁　庆、李光磊)

【设备管理】 大石河铁矿转变计划检修思维模式,预防维修向经济维修转变。坚持以点检定修流程规范为引导,以降低设备谷期故停为抓手,设备故停及设备检停均大幅度降低,实现全年设备经济运行。重点组织新仓3号、4号抓斗更新、4号圆盘更换等项目,提升供料设备稳定性;老二马、尾矿线路更换绝缘导线,总降1号主变、配电室高压柜、综保控制盘及后台更新,供电设施得到强化。

(梁　庆、李光磊)

【人才建设】 大石河铁矿强化动态管理,调整基层班子12个、科级干部28人。组织民主测评考察后备干部24人,制定"三定"培养措施,共有后备干部4人挂职锻炼。组织专业技术人员职称晋升,年末全矿具有职称专业技术人员占其总数89.28%,其中中级职称及以上51人,初级职称99人。落实矿业公司"三个一批"人才培养要求,推荐选拔选矿、地采、机电三个专业青年技术20人参加专业知识培训。认真组织开展职业技能培训鉴定工作,全矿有322人取得高级工及以上证书,有300人取得中级工证书,560人取得多技能证书。

(梁　庆、李光磊)

【突出工作】 年初,大石河铁矿坚持以市场为标准,建立外矿、国产矿日报表,实现成本对比分析,及时掌握经济效益情况,引导职工高标准确定降本目标,激发职工自主降耗内生动力。采取市场倒逼机制形成一系列成本指标管控措施,不仅解决年初因产量受限、压减物耗和调整成本计划造成的1027万元资金缺口,而且选矿加工成本降低到161.26元/吨精,比2014年降低46.91元/吨精,实现最佳成本效益。

(梁　庆、李光磊)

首钢矿业公司水厂铁矿

【水厂铁矿领导名录】

矿　长：傅志峰

副矿长：陆云增　张韶敏　孟庆一（4月离任）

　　　　康计纯（10月离任）　范文利（10月任职）

党委书记：王爱兵

（林振法）

【概况】　首钢矿业公司水厂铁矿（以下简称"水厂铁矿"）始建于1968年，有采、选两个生产系统，矿岩采剥能力6000万吨/年，选矿原矿处理能力1448万吨/年，是国内最大露天铁矿之一。设备2414台套，有牙轮钻机、电铲、130吨、150吨、170吨、190吨电动轮矿车、排岩机等大型设备83台，破碎机、球磨机、过滤机107台，及边坡钻机、碎石机、挖掘机、大型推土机、平路机和皮带机、磁选机等，固定资产原值21.542亿元。采矿生产为露天开采，采用汽车运输和汽车—破碎—胶带半连续联合运输方式，有3条半连续胶带运输系统。选矿生产为三段一闭路破碎和阶段磨选，精矿粉1979年、1987年获国优产品金质奖，累计生产精矿粉总量突破1亿吨。现设生产技术科、机动科、计财科、人力资源科、安全保卫科、办公室6个科室，有穿爆车间、采掘车间、汽运作业区、西排车间、东排车间、破碎车间、磁选车间、输送车间、尾矿车间、筑路排土车间、动力车间、开发服务车间等12个生产车间，年末从业人数1542人。2015年，紧紧围绕打造现代化数字化经典矿山目标，以资源保供为己任，坚持打总量、保供矿、经济运行方针，高效管理，精细组织，降本增效，保持稳定、优质、高效生产局面，完成年度经营生产任务。

（林振法）

【主要指标】　水厂铁矿全年完成采剥总量5238.61万吨，铁矿石1019.54万吨，输出精矿粉342.72万吨，输出质量完成67.59%，满足首钢股份公司对原料需求。125项指标中，90项比2014年有提升。公司56项指标，绝对水平超过2014年43项，14项创出历史最好水平。28项可比技术经济指标，6项达到国内同行业前三名，其中4项排名第一。

（林振法）

【降本增效】　水厂铁矿坚持效益效率原则科学调整生产组织，实施主厂系列躲峰、平期停机、球烧检修时主厂阶段性谷期转车等措施，打满谷期设备效率，取消北区过磅和添减抓斗，节约电费；不断完善四级成本核算体系，做好电耗、油耗、物耗3大类16项增收节支项目细化分解，严格过程控制。按照市场化原则，规范检修业务流程，提高检修效率质量，降低修理修复费。严格用车审批管理，降低台班费。开展革新改造修旧利废，节约成本支出。全年完成降本增效6553.86万元。

（林振法）

【科技创新】　水厂铁矿完成技术创新课题攻关93项，发表论文11篇，其中2篇入选中国矿业科技文汇，4篇入选北京金属学会冶金年会论文集；5项成果获首钢矿业公司科技进步奖，《水厂铁矿露天采场优化设计》《北区下盘挂帮矿回收》获首钢科技进步三等奖；矿用大型洒水车控制系统等3项成果申请国家专利，排岩机整体升段方法取得发明专利。

（林振法）

【数字矿山】　水厂铁矿发挥技术工作室和创新团队作用，完成东排管理软件开发，与整体自动化平台相融合，实现在线监测和信息共享。建立皮带管理信息系统，提高管理水平。开展矿区网络化三维电子地图开发应用研究，取得较好效果。搭建尾矿库安全信息平台，实现新老尾矿库在线监测全覆盖。

（林振法）

【技术管理】　水厂铁矿完成西南端帮运输公路改造和东排破碎站下移前期工程，落实水厂铁矿修改设计项目，按计划完成西部大扩帮工程。高效利用矿石资源，组织挂帮矿回收，加强排土场、东西排皮带资源回收管理，回收矿石600万吨。加快选矿工艺设备升级，完成新厂三个系列标准化改造，组织老厂二次磁选机升级，开展溢流水净化、聚氨酯筛网、磁翻转磁系试验，流程技术状况较大提升。2015年选矿64项工艺技术指标全面完成，入磨原矿品位比2014年提高0.98%；磁滑轮甩尾产率提高2%；尾矿品位完成7.12%，比2014年降低0.11%；新、老厂球磨机台时分别提高15.23吨和9.72吨。

（林振法）

【设备管理】　水厂铁矿坚持以计划管理为主线，以预知维修、周期化管理为重点，推进设备标准化和达标升级，设备状况不断改善，做到长周期安全经济稳定运行，内燃设备连续四个季度在检查评比中排头。完成西排6台箱变安装调试,组织采场排水供电系统改造,完成39台次大型内燃设备倒修和大修,为设备稳定运行奠定基础。完善供电管理,合理匹配电气设备设施,功率因数达到0.95,供电系统实现经济运行。

(林振法)

【资源利用】 水厂铁矿按照产业化要求稳步推进,完成104建筑砂基地扩能改造,增加两台圆筒筛。投资653.91万元,在老厂南侧新建一条建筑砂生产线,日产建筑砂1000吨以上,减少尾矿输送量和外排量,实现经济效益和社会效益。加强生产管理,强化市场开发和营销,全年销售建筑砂石料40.32万吨,实现社会收入121.37万元。

(林振法)

【绿色和谐矿山】 水厂铁矿大力开展排土场、尾矿库和厂区绿化美化,新增加绿化面积753亩。环境保护强力推进,按照国家规范强化生产废水、废油管理,实现零外排、零污染。河东、河西两个排岩系统做到湿式排料,生产作业现场粉尘合格率达标。推进全员健康工作,在岗职工体检率达到100%。坚持打防并举、逐级负责,矿区综合治理保持稳定。组织矿山文化节等文体活动。

(林振法)

首钢矿业公司杏山铁矿

【杏山铁矿领导名录】

矿　长:付振学(11月任职)

副矿长:付振学(11月离任)　李新明

党委书记:张金刚(10月离任)

付振学(11月任职)

党委副书记:李新明(10月离任)

章俊伟(10月任职)

(李　昂、赵晓杰)

【概况】 首钢矿业公司杏山铁矿(以下简称"杏山铁矿")2006年7月11日成立,是首钢矿业公司率先由露天转为地下开采矿山。杏山铁矿属于鞍山式沉积变质贫铁矿床,保有储量8967万吨,开采范围为-30米水平以下矿体,分两期开采。一期开采范围为-330米以上矿体,年产铁矿石320万吨,服务年限19年。二期开采-330米水平以下矿体,按照每年320万吨规模建设。

杏山铁矿固定资产1104项,原值8.04亿元。杏山铁矿设生产技术科、机动科、安全保卫科、计财科、综合管理科,开拓作业区、采矿作业区、井巷作业区、碎运作业区、提升作业区、动力作业区,从业人员665人。

(赵晓杰)

【主要指标】 杏山铁矿采出矿石263.6万吨,入选矿石264.62万吨。公司控制26项主要技术经济指标全部完成计划,13项指标较2014年实现提升,4项指标创杏山铁矿历史最优水平。在国内35家地采矿山中,3项进入前三名。吨矿石成本完成87.34元,创历史最好水平。

(赵晓杰)

【经济运行】 杏山铁矿坚持以经济运行为中心,固化生产经济运行组织模式,强化季节用电和主体设备用电管控,用足谷期、用好平起、少用峰期,突出主体设备效率,充分发挥设备产能,改进生产组织模式,全年峰谷比完成0.7,较年计划降低0.04,实现经济效益14万元。

(赵晓杰)

【工程管理】 杏山铁矿全力组织一期倒段延伸。克服地质条件复杂、多单位交叉作业、施工通道单一等不利因素影响,将-180米主运输水平转移到-330米水平,历时三年,完成开凿掘进矿岩量21万立方米,巷道9000米。12月1日,达到倒段条件,同步组织技术攻关破解难题实施主溜井封堵,实现一期工程平稳过渡。

(赵晓杰)

【数字矿山】 杏山铁矿推进信息化、自动化建设,完善安全、生产、技术信息平台系统应用与数据挖掘工作,完成杏山铁矿局域网站、计算机网络升级。优化地表皮带除铁系统,研发圆筒仓远程放矿、完善副井UPS电源改造,实现20吨电机车自动升降,被国家安监总局确定为全国首批"机械化换人、自动化减人"科技强安项目示范企业。投资86万元建设地下地压及围岩稳定检测、预测、预报系统,累计采集数据1.7万个,为进一步探索地压显现与回采爆破规律,提高井下作业安全水平提供保障。

(赵晓杰)

【人才工作】 杏山铁矿结合一线职工岗位调整,组织制定专项培训方案12项,签订34份试图协议,各级专业技术人员授课126人,开展理论与实操考试46场。生产一线职工100%持证上岗,中高级以上技能人员比例达到 53%。杏山铁矿将"出人才"总要求与团队建设紧密结合，坚持在团队攻关、破解难题中历练人才，全年完成"高分段爆破涉及参数研究""杏山铁矿一期倒段延伸设计及采准设计优化"等 17 项课题攻关，在《矿业科技》发表论文 4 篇，申请专利 2 项，其中"-378 米水平重板支重轮改造"获国家知识产权局审核通过。

（赵晓杰）

【安全和谐】 杏山铁矿结合北京市安监局督察、指导意见，组织制定、颁发、实施 172 个岗位的《安全生产责任制》。按照"安全生产标准化一级企业"认证的 14 个要素、202 个评分标准，将原有 69 种制度精简合并为 61 种，补充条款 142 条，修订完善 371 项，剔除废止 41 条，安全管理制度体系进一步适应、满足地采安全生产需求。建立地采安全生产事故应急救援体系，修订 8 个现场处置方案，结合实际新增内容 40 余项。在北京市安监局、首钢总公司、矿业公司安全部门指导下，推行"手指口述"，形成单体设备司机、爆破工、变配电工等 16 个岗位 94 条操作标准，将作业过程中威胁职工生命安全、身心健康的危险因素纳入操作标准。不断优化、固化岗位操作标准，为有效防止岗位误操作创造有利条件。提高规章制度执行力，同比 2014 年，安全违规由 51 起减至 16 起，降低 68.60%，地采安全管理水平提高。

（赵晓杰）

首钢矿业公司运输部

【运输部领导名录】

　　主　任：刘建强（2 月任职）
　　副主任：刘　欣（2 月任职）　张旭东（2 月任职）
　　党委书记：刘建强（10 月任职）
　　党委副书记：齐晓辉（2 月任职）

（闫　军）

【概况】 根据首发〔2015〕14 号《首钢总公司关于调整运输部、供应公司相关机构的通知》，2 月 1 日起，运输部迁安地区和顺义冷轧地区业务、定员编制等按成建制原则划归首钢矿业公司，隶属首钢矿业公司管理；运输部首秦作业队划归首秦公司。首钢矿业公司运输部（以下简称"运输部"）主要负责首钢迁安地区及顺义地区铁路运输业务管理工作。主要承担首钢矿业公司、迁钢公司、中化公司、顺义冷轧公司原材料、产成品铁路运输任务。运输部设生产经营科、设备科、安全保卫科、人力资源科、财务科、办公室 6 个专业科室、7 个车间（作业队）、65 个班组。2015 年，运输部干部职工紧紧围绕经济运行总要求，攻坚克难，埋头苦干，贯彻"降耗、提效、打量、创收"经营方针，坚持"节流""开源"两手抓，破除惯性思维，提高运营质量，降本增效，较好地完成保产保供和经营任务。

（闫　军）

【生产经营指标】 运输部全年铁路运输总量完成 2986 万吨，机车台日运量完成 3985 吨，超计划 4.03%。全员劳产率 16674 吨/人。打破惯性思维，调整运输生产组织模式，逐步实现指标最大化向效益最大化转变。在完成保产保供任务同时，实现增量 121 万吨，增加收入 582 万元。全年柴油费节支 422.79 万元，电费节支 44 万元。

（闫　军）

【安全生产】 运输部以强化安全责任制落实为中心，以开展"无隐患单元"建设为抓手，推进安全生产标准化进班组、安全操作标准化进岗位工作，消除环境隐患、降低设备不安全状态、规范岗位不安全行为，确保铁路运输安全稳定。修订《安全生产责任制》，签定《安全生产责任状》92 份、《安全生产保证书》1694 份。全年无重大行车、设备、操作、质量、火灾等事故。

（闫　军）

【设备管理及工程建设】 运输部完成电力机车大修 1 台，年修 3.6 台；完成 GK1 机车中修 2 台，平轮 71 台；DF4DD 机车辅修 26 台；完成自翻车大修 33 辆，年修 169 辆。启动第一批 30 辆自翻车"滑改滚"项目。自主完成 80 吨电力机车制动机升级改造和 GK1 内燃机车空压机改造。改造迁钢原料站计算机远程集中控制系统，为安全生产提供保障。加强铁路隐患治理，完成起、拨、改道 154 千米、检修道岔 308 组。自主完成球团翻车机首次大修，使关键设备技术状态得到提升。将 542 台电机数据纳入系统，实现电机全寿命跟踪。开发电耗监控程序，形成机车能耗监控系统，实时掌握消耗信息。

（闫　军）

【职工队伍建设】 运输部加大专业技术人才储备和技能培训力度，提高干部职工业务能力和工作水平。科级交流 22 人。召开技能培训班 43 个，组织岗位练兵 88321 人，举办技术比赛 117 场。高级工以上人员 715

人,占操作职工总数岗位50.49%。

（闫　军）

首钢矿业公司协力公司

【协力公司领导名录】

　　经　理:刘云龙

　　副经理:郭　刚　钱　毅(10月离任)

　　党委书记:刘云龙(10月离任)　何　冰(10月任职)

　　党委副书记:田义春(10月离任)

（王会彬、宋光伟）

【概况】　首钢矿业公司协力公司(以下简称"协力公司")2003年12月成立,从事设备检修、工程施工和汽车吊装运输等业务,具有冶金、矿山设备检修、大中修改造、结构件制作、安装施工、客货和危险品汽车运输、大型设备吊装等资质,固定资产原值1.71亿元。12月,首钢矿业公司将部分修理人员及设备日常维护、保养、检修等常规维检项目划入主业相关单位,协力公司业务由内部设备维检转变为外部市场开发。设有办公室、计财科、安保科、人力资源科、维检管理科、烧结维检车间、球团维检车间、南区机修车间、北区机修车间、汽运一队、汽运二队、机械安装工程队,从业人员1742人。年产值2.58亿元。获矿业公司"创建学习型企业""党风廉政建设先进单位"称号。

（王会彬、宋光伟）

【检修施工】　协力公司实施"五个一"工程,即在检修系统,每名职工掌握一项技术专长、班组培育一项核心技术、车间建立一个示范区域、科室确定一项攻关课题、公司每季开展一次综合调研,提升维检服务能力。主动向先进单位看齐,与股份公司TPM管理对接,深化6S管理。完善质量管理标准体系,实现检修项目全覆盖。应用新材料、新工具、新工艺、新技术,提高作业效率。完善检修属地负责制,优化跨区域检修组织,完成球烧、杏山铁矿跨区域检修77次。完成水厂铁矿二磁选矿流程改造、迁钢高炉冲渣水余热供暖管道改造、杏山铁矿一期倒段等技改工程8项。首次完成运输部翻车机大修和杏山铁矿LH514铲运机大修。

（王会彬、宋光伟）

【挖潜创效】　协力公司推行全面预算管理,逐环节分析成本构成,节约费用支出。开发完善MRC信息系统,上线运行车辆管理模块,在线监督岗位自检自修。推广应用72个"金钥匙"工程项目。修订完善24项管理制度,精简合并10余项管理事项。承揽屋面防雨、滚筒包胶、内燃总成修复等130余项外委项目。承担废钢切割交运任务,累计交运1280吨,增收111万元。实施杂用车备件紧急采购,提高维修效率。拓展职工通勤、火药运输、杂用车修理等业务,创收438万元。清退外租车辆,减少外委费用150万元。拓展球团秘细粉接卸上料任务,创收188万元。

（王会彬、宋光伟）

【人力资源工作】　协力公司开展定编定岗定员,精简科级机构6个,减少科级定员8个、管理定员22个。落实首钢矿业公司转型提效政策,清退劳务用工,减员分流450人。实施年终绩效测评、岗位挂职锻炼等措施,跨区域、跨专业交流科级干部61人次。开展学练赛选活动,举办第十届职工技能运动会,14个工种技术骨干同台竞技,选拔岗位技术能手75人。推荐技术骨干参加首钢职业技能竞赛,青工张钊、王涛分别获焊工组第一名和第四名,青工杨奕获维修电工组第五名。举办领导干部大讲堂6期,20余人上台交流。开展"清茗品书"读书活动,交流读书体会200余篇。

（王会彬、宋光伟）

【党群工作】　协力公司开展破除思维惯性大讨论活动,总结归纳5种典型思维,查找案例145个,撰写体会文章70余篇。开展"三严三实"主题教育活动。召开第二届党代会,选举产生中国共产党首钢矿业公司协力公司第二届委员会、纪律检查委员会及出席矿业公司第六次党代会代表。深化"一线工作法",确定课题5项。开展"安康杯"网络知识竞赛25期,1500余人次参加。以青春亮"力"为主题,深化党建带团建工作。开展全员健康体检、保险理赔、意见建议征集等工作,维护职工群众利益。

（王会彬、宋光伟）

首钢矿业公司物资公司

【物资公司领导名录】

　　经　理:王恩宇

　　副经理:王新华　马学兵

党委书记:何　冰(1月离任)
　　　　　王恩宇(1月任职)

（郭　彪）

【概况】　首钢矿业公司物资公司(以下简称"物资公司")2001年成立,负责首钢矿业公司生产建设所需16大类原燃材料、7类备品备件采购供应及专业管理,年采购额7.75亿元,供应总额8.02亿元。2015年1月,物资公司原料采购科并入首钢总公司供应公司,总料场、保卫科划归迁钢炼铁作业部代管。4月,原办公室、政工科合并,成立办公室(政工科);原化电采购科、金属燃油采购科合并,成立材料采购科;原备件采购科和工程组合并,成立设备备件采购科;原调度室更名为综合管理科。设办公室(政工科)、计划科、财务科、经销科、综合管理科、材料采购科、设备备件采购科7个科室,总油库、总仓库、北区仓储库、火药加工车间4个车间单位。从业人员296人,其中研究生5人、本科97人、大专82人;高级职称5人、中级职称43人、初级职称40人。

（郭　彪）

【主要指标】　物资公司辅材备件采购资金7亿元,比2014年降低3.01亿元,对比2014年均价,实现降价效益9090.94万元,综合降价效益率12.75%。辅材备件归口流动资金占用7490.56万元,比年初降低4153.44万元,降幅35.67%。包干费用完成1.99亿元,比计划降低148万元。资源再利用产品销售完成111.30万吨,超计划4.30万吨。炸药销售完成2188.75吨,超计划188.75吨。废旧物资销售完成437.24万元,超计划2.24万元。

（郭　彪）

【降本增效】　物资公司ND类物料计划审批比预算降低5333万元,降幅18.7%。物资消耗包干费用比计划降低148万元。创新价格对标机制,柴油、圆钢等主要大宗物资价格降幅均跑赢市场。细化招标组织,实现效益1826万元。开展电商采购,实现效益3.92万元。推进进口物资国产化,实现92种备件、5种润滑油脂国产化,降低采购资金233.32万元。制定《物资采购分级谈判管理规定》,实现效益293.54万元。

（郭　彪）

【生产供应】　物资公司健全完善日报系统,柴油、圆钢等重点物资实行警示管理,确保主流程重点物资按需准时供应。规范球团厂、烧结厂划转后物资委托采供流程,确保高效运转。落实《工程物资供应管理考核办法》,实现重点工程建设及重大检修、抢修物资准确供应。强化质量管理,规范进厂物资管理流程,查出质量问题443项,落实处罚14.95万元。

（郭　彪）

【压减库存】　物资公司重点监控采购金额较大的50种辅材、50种采选备件和50种内燃备件,合理控制采购计划和库存水平。开展物资调剂利库和滞库盘活,压减库存资金409.86万元。通过外销等措施,盘活滞库物资898.04万元。扩大寄售和供应商管理库存,以VB类物料为重点,增加寄售物料121种,寄售物资库存月均919万元。

（郭　彪）

【管理创新】　物资公司开展"寻源—执行—策略"三段式供应商管理,研发软件管理系统,形成供应商准入、评价和退出闭环管理。实施标准化盘点,量化不同类别物资盘点频次、盘点数量,规范盘点程序和盘点标准,实现盘库准确率100%。规范废旧物资回收管理,细化废旧物资分类,调整回收范围、回收比例等系统主数据,进一步提高废旧物资回收率。推进专业管理调研,按季度开展针对性检查调研,抓细抓实专业管理工作。

（郭　彪）

【销售组织】　物资公司应对建筑行业不景气、火运销售大幅度减少,在巩固迁安地区炸药销售基础上,拓展外部炸药市场销售,实现销售利润127.86万元。严密废旧物资销售组织,优化调整废旧物资销售流程,新户中标率达81%。

（郭　彪）

【炸药生产】　物资公司加强炸药生产组织,全年生产炸药7873.53吨。推进民爆行业安全标准化建设,规范生产线、库房定员、定量、定置,夯实安全管理基础。实施定检定修,确保设备安全运转。完成爆破试验塔和新试验场建设,为炸药质量检验奠定基础。3月现场混装乳化炸药系统顺利通过验收,实现稳定生产。

（郭　彪）

【和谐发展】　物资公司开展破除惯性思维大讨论活动,摒弃专业管理陈旧观念,顺应经济新常态。推进学习型企业建设,举办"知识讲堂",开展"三学"、岗位练兵、制度培训等活动,提升专业管理能力和技能素质。

为特困、困难职工发放补助 56 人次，2.76 万元。开展暑期"送清凉"、节日"送温暖"活动。

（郭　彪）

首钢矿业公司计控室

【计控室领导名录】

副主任：李　文

党总支书记：李　文

（李中良）

【概况】　首钢矿业公司计控室（以下简称"计控室"）1983 年成立，承担矿业公司内部自动化、计算机、计量、电信等专业管理、设备维护、技术开发和项目施工；开发外部社会市场，承担自动化、信息化产品推广实施。设管理科、政工科、计控科、电信科、计衡车间、信息系统开发中心、信息系统运行维护中心、速力科技有限公司，从业人员 303 人（含速力公司职工 18 人），其中研究生 28 人、大学 151 人；高级职称 14 人、中级职称 56 人，高级技工 89 人。

（李中良）

【生产组织】　计控室强化生产组织，完成主流程自控设施检修 360 项次，检定计量器具 12300 台（件）。计量物资 2298 万吨。安装生产电话 204 部，迁移 179 部，处理通信故障 1911 次。实施首钢矿业公司内部应用软件变更 126 项。完成 ERP 四级生产系统双机切换演练、SAP 沙箱系统离线数据恢复等工作，确保主流程生产稳定运行。

（李中良）

【专业管理】　计控室修订完善专业制度 14 项。组织开展第 16 个世界"计量日"主题宣传活动，开发计量器具管理信息系统，搭建计量专业管理平台。完成数学模型课题 23 个。组织实施两化融合管理体系贯标工作，通过工信部评定委员会审核。首钢矿业公司软件正版化工作获"2014 年市属国有企业软件正版化工作先进单位"称号。

（李中良）

【科技成果】　计控室完成攻关课题 51 个，其中"露天转地下高效型建设大型数字化地下金属矿山的研究与实践"项目获国家科技进步二等奖。"企业职工健康资源管理信息化平台的构建与实施"获北京市管理创新一等奖。"地面远程遥控地下电机车运输系统研发与应用"项目获首钢科学技术一等奖，"矿业行业通用 MES 产品研发与应用""数据仓库技术在设备管理系统中的研究和应用"分别获首钢矿业公司科技成果一、二等奖，并通过中国冶金矿山科技成果鉴定。

（李中良）

【市场开发】　计控室开设"智能矿山"微信公众号、制作宣传册、开发英文版网站等，加大宣传力度。参加中矿协年会、MES 年会交流等会议与展览，拓展项目信息获取渠道。开展资质升级、安全生产许可证延期，获取软件著作权证书、申请发明专利。实施营销培训，加强销售力量，先后签订湖南湘潭瑞通球团"三电"工程、河北鑫达计量一卡通、通钢选矿厂自动化改造及信息化建设等 11 个外部合同。首次整体承包高低压电气设备安装和自动化项目，扩大矿山技术服务产品业务范围。

（李中良）

【集中计量】　计控室成立计量中心，在各计量站点处安装计量一体机，通过直连专用网络连接计量中心，采用视频监控系统、语音对讲系统、设备远程控制系统及新物资计重系统实现集中计量管理，7 个轨道衡纳入远程集中操作。

（李中良）

首钢矿业公司质量检验中心

【质检中心领导名录】

主　任：迟春革

党总支书记：迟春革

（张文娟）

【概况】　首钢矿业公司质量检验中心（以下简称"质检中心"）1996 年成立，负责首钢矿业公司进厂原燃料、半成品、成品理化检验和专业管理。设理化管理科、综合管理科、中心实验室、原料检验站、水厂检验站、成品检验站，从业人员 314 人。6 月取消安全设备科，业务并入综合管理科和理化管理科。

（张文娟）

【主要指标】　质检中心对进厂原燃料、厂际间及输出产品质量检验率达 100%。质量抽验率 5.41%，超计划 2.41%；质检抽验合格率 99.86%，超计划 0.13%；产品检验与外部抽查差值为零。实施矿业公司转型提效政策,离岗职工 87 人,离岗比例 22.8%。获首钢矿业公司质量效益杯 1 次,获第 19 届矿山文化节优秀组织单位。

（张文娟）

【质检服务】 质检中心新建油脂实验室,完成在用润滑油运动粘度、微量水分、酸值、碱值、闪点 5 个项目检验方法试验及人员培训,指导大石河铁矿、水厂铁矿等厂矿由"按期换油"转为"按质换油",节约成本。提出炸药、油脂检验项目信息化开发需求,实现信息共享。

（张文娟）

【质检攻关】 质检中心开展中红外光谱检测润滑油老化值(氧化、硝化、硫化、积碳)定量分析试验攻关,拓展检验项目。研究原子吸收测定高含量钾、钠元素技术方法,提升检化验能力。开展溢流水浊度检测技术研究,为首钢矿业公司开展溢流水杂质浓度奠定基础。

（张文娟）

【质检自动化】 质检中心推广溢流原矿取样机技术,在水厂铁矿老选厂安装 11 台自动取样机,研制水厂铁矿建筑砂皮带取样机。优化进厂白灰取样机,完善水厂铁矿尾矿取样机。整合优化 TD2000 自动测水仪、振磨机、破碎机、分光光度计等检化验设施,提升自动化水平。

（张文娟）

【优化管理】 质检中心依托科技、流程、信息和机制四大驱动,开展"采选七品"检测创优工程建设,实现取样过程自动化、检验数据精准化、监督评价信息化、质检管理高效化的"四化"创优目标,提升采选生产流程样品检验管理水平,使"采选七品"检验数据精准快实,数据指导生产作用显著。

（张文娟）

【风险防控】 质检中心开发"原精尾红黄绿廉政风险预警平台",提升数据分析管理效能,实现闭环管理。针对球团厂、烧结厂划转,进厂物料管理体制变化,健全完善措施 12 项。加强现场监督检查,夯实进厂物料实物质量,主要原燃料进厂近 221 万吨,检验不达标量近 25 万吨,不达标率 11.17%。退货 7 批次,涉及大小块灰石、低碳铬铁等 69 车。实现质检责任质量异议率、违纪违法案件率为零目标。

（张文娟）

首钢矿山机械制造厂

【矿机领导名录】

> 厂　长:姜　猛
> 副厂长:李淑玲　夏成军
> 党委书记:崔　勇

（马　威）

【概况】 首钢矿山机械制造厂(以下简称"矿机")是集冶炼、铸造、金属结构、机加工、热处理于一体矿山及冶金机械制造专业厂,具有设计、制造、安装、服务综合能力。设生产机动科、技术质量科、经销科、财务科、办公室、磨球项目部、机加工项目部、精铸项目部、技术改造项目部,固定资产原值 2.9 亿元,从业人员 529 人。

（马　威）

【主要指标】 矿机完成产值 19540.42 万元,社会收入 5393.49 万元,比 2014 年降低 28.96% 和 50.83%;全员劳产率 25.95 万元/人·年,比 2014 年增加 3.93%。

（马　威）

【产品质量】 矿机强化产品实物质量管理,严格落实工艺措施,强化工序质量控制,高锰钢产品内在质量得到提升。出口哈萨克斯坦箅条通过技术攻关,废品率由首次制作 40% 降至 5%,满足国外用户需求。推进钢球材质升级,逐步推广 B2 材质替换 U75V 材质钢球,使用效果良好。

（马　威）

【降本增效】 矿机调整生产模式,峰谷比年计划降低 0.177。强化车辆管理,提高用车效率,降低运输费用 146.07 万元。强化物资管理,节约采购资金,降低库存资金 360.5 万元,降低材料消耗 231.71 万元,备件消耗降低 61.5 万元。优化人员结构,提高劳动效率,减少职工 431 人。

（马　威）

【产品开发】 矿机首次设计制造 SGYZ-250R 钻机和 12 台双台板振动放矿机。完成 1400E 铲运机铲斗、R1300G 铲斗和混凝土罐车罐体等 16 项备件。完成迁钢进口发电机组转子轴叶片拆除修复,打破进口设备技术垄断。

（马　威）

【设备管理】 矿机设计制造钢坯二次加热自动切料

生产线,提高生产效率和产品质量,降低职工劳动强度。实施精铸砂处理系统大修改造,改善职工作业环境。

(马 威)

【队伍建设】 矿机组织科级岗位竞聘,优化精干科级干部。组织后备干部集中培训,推进提素教育。成立学习创新团队7个,开展课题攻关项目41项。开展全员"大学习、大提素"活动,组织签订"师带徒"协议29对,解决结构性人员短缺和技术断层问题。

(马 威)

首钢矿业公司电力修造公司

【电修公司领导名录】

经　理:张建军(12月离任)　周新林(12月任职)

副经理:李洪河

党委书记:张建军(12月离任)

　　　　周新林(12月任职)

(李 伟)

【综述】 首钢矿业公司电力修造公司(以下简称"电修公司")具有电力设施安装、检修、试验三级资质、锅炉安装改造维修三级资质、压力管道安装资质、防爆电气设备安装修理资质及矿用一般型高、低压真空开关柜制作资质。承担矿区3个110千伏、6个35千伏变电站和54个6千伏—10千伏配电室电气试验和检修改造,具有25兆瓦及以下电力设备维护检修、3200千瓦以下交直流电机大中修、风机大叶轮检修及动平衡试验等能力,生产配电箱柜、电机线圈、厢变等8类50多种产品。设计财科、生产科、经销科、办公室、机电分公司、实业分公司(12月取消并入机电分公司)、电修一分公司、电修二分公司。从业人员273人,其中大专以上118人,初级以上职称48人,高级技师3人、技师13人、高级技工96人。电修公司以市场开发为切入点,巩固"电机修理、电气预试、电气设备制造安装、发电设备维护检修"四大产业,扩大周边电机修理市场,承揽北京首钢生物质能源公司发电机组维护检修项目,成为首钢集团具有发电全流程维检能力队伍。在原来生产成套高、低压开关柜基础上开发并批量生产厢式变电站。

(李 伟)

【主要指标】 电修公司产值5713.68万元,社会收入1270.31万元,劳产率18.98万元/人·年。

(高福明)

【资质升级】 电修公司产品制作团队研发YB-10KV/0.4KV-1250KVA箱式变电站样机,一次性通过国家电控配电设备质量监督检验中心严格试验。首台箱式变电站在水厂采场-185水平排水供电系统改造中投入使用,实现一次送电成功,电修公司获得箱式变电站制作资质,成为电修公司新的经济增长点。

(李 伟、张惠泉)

【科技创新】 电修公司"高压配电柜产品研发"项目取得首钢矿业公司优秀科技项目科技成果类一等奖、"合理平衡南区热源,实现冬季供暖、余热发电效益最大化"项目取得首钢矿业公司优秀科技项目技术措施类二等奖。

(李 伟、张惠泉)

北京首钢矿山建设工程有限责任公司

【首矿建公司领导名录】

董事长:刘立东(2月离任)　刘贵彬(2月任职)

副董事长:周新林(12月离任)

董　事:郭会明　马卫国　王方全

　　　　段明奇(2月离任)　张保刚(2月任职)

　　　　李忠民(职工代表;2月离任)

　　　　王宏图(职工代表;2月任职)

监　事:白东月(12月离任)　刘颖超(12月任职)

　　　　卢建兴(12月离任)　路　平

副经理:郭会明　李忠民(2月离任)

党委书记:周新林(2月离任)

　　　　刘贵彬(2月任职)

(刘艳兵)

【概况】 北京首钢矿山建设工程有限责任公司(以下简称"首矿建公司")2008年10月成立,注册资本5770万元。主营矿山工程、房屋建筑工程、冶炼工程土和石方工程、电子工程、钢结构工程、爆破与拆除工程施工,兼营劳务分包。检修矿山及冶金机械设备;销售建筑材料、机械设备、钢材、五金交电、金属矿石、非金属矿石、金属材料;租赁建筑机械设备;检修矿山及冶金机械设备;劳务服务;建设工程项目管理;技术咨询。拥有矿山工程施工总承包一级、房屋建筑工程施工总承包、冶炼工程施工总承包、土石方工程专业承包、钢结构工程专业承包二级，机电设备安装工程专业承包、电子工程专业承包、爆破与拆除专业承包三级资质（限人工与机械），获 ISO9001 质量管理体系认证、ISO14001 环境管理体系认证和 OHSAS18001 职业健康安全管理体系认证。设有经营财务部、工程部（安保部）、办公室（政工部）、土建分公司、金结分公司、采矿分公司、井巷分公司，从业人员 154 人。全年产值 2.53 亿元，利润 200.28 万元。

（刘艳兵）

【社会市场】 首矿建公司承揽山西晋中铝业综合管网工程、河北煜泰热能科技脱硫脱硝工程、山西北方铜业十八河尾矿库辐射井排渗工程、安阳豫河永通球团有限责任公司 120 万吨烟气脱硫工程、承德苏家沟尾矿库二期压坝工程，社会收入 1.13 亿元。

（刘艳兵）

【合作开发】 首矿建公司探索项目运营模式创新，开发工程技术服务业务，继续向中钢公司就新疆鄯善帕尔岗矿区鄯开铁矿建设提供技术服务，增派技术管理人员 3 人和若干技术人员赴中交集团第三公路工程局，合作参与首信秘鲁矿业尾矿综合开采项目建设。

（刘艳兵）

北京首矿工程技术有限公司

【首矿工程公司领导名录】

董事长：刘立东（2 月离任）
　　　　刘贵彬（2 月任职）
董　事：李新明（2 月离任）
　　　　刘贵彬（2 月任职）
　　　　周新林（2 月任职，12 月离任）
　　　　张保刚（7 月任职）
　　　　黄军县（7 月任职）　刘　军
经　理：李新明（2 月离任）
　　　　周新林（2 月任职，12 月离任）
　　　　刘贵彬（12 月任职）

（薛连民）

【概况】 北京首矿工程技术有限公司（以下简称"首矿工程公司"）2008 年 10 月由首钢矿业公司设计研究院改制成立，注册资本 1000 万元。拥有冶金行业金属冶炼工程、冶金矿山工程设计资质及工程总承包资格，通过中国质量认证中心质量、环境、职业健康安全"三标"体系认证年度审核。具备采选球烧设计及总包能力。设 1 个职能管理部，5 个专业设计室，从业人数 55 人，其中研究生 7 人、中高级职称 35 人。2015 年 2 月，委托北京首钢矿山建设工程有限责任公司管理。

（薛连民）

【主要指标】 首矿工程公司以市场开发和资金回收为工作主线，夯实管理基础工作，面对冶金矿山行业低迷现状，探索转型发展路径，把市场压力转化为内生动力，实现产值收入 1611.36 万元。

（薛连民）

【市场开发】 首矿工程公司承揽水厂破碎除尘改造、迁钢料场道路完善、烧结风机节能改造等 10 余个小型技改项目设计。以京津冀及周边地区环保治理为契机，承揽承德首承信通球团厂生产线热风系统改造、迁钢高炉冲渣水余热为矿业公司南区供暖、水厂铁矿尾矿浓缩、水厂生活污水处理、北区锅炉烟气回收项目等一批节能减排、资源回收利用项目。与速力公司合作承揽湘潭瑞通球团有限公司球团厂"三电"项目，合作开发云南迪庆普朗铜矿地采项目。开发技术服务市场，承揽青海阿力克煤矿 30 万吨地采项目可研、安评、环评等技术文件编写项目，与山东冶金设计院接洽，运作伊朗 Butia 年产 250 万吨球团工程开炉达产及员工培训项目。发挥"采选球烧"设计优势，与战略协议单位开发印度、伊朗市场，跟踪天士安公司印度 60 万吨/年球团项目、中钢设备公司印度 120 万吨/年球团技术服务项目、中建材装备公司印度电厂上料系统翻车机项目。

（薛连民）

北京首钢重型汽车制造股份有限公司

【重汽公司领导名录】

董事长：郭志辉
副董事长：黄建兵
董　事：刘凤祥　刘守新　余亚军
监　事：白东月（12 月离任）　苏立敏（12 月任职）
　　　　罗　维　刘立伟
总经理：梁国强
副总经理：孙立舟　罗东武

财务总监:李大发

销售总监:于晓飞

（莫思文）

【概况】 北京首钢重型汽车制造股份有限公司（以下简称"首钢重汽公司"）2006 年 7 月改制成立,注册资本 8600 万,2011 年 9 月广西柳工收购首钢重汽公司 42% 股权,成为第二大股东。主要拥有 SGA3550 型、SGA3722 型、SGR50 型、SGR50C 型、SGE150 型、SGE170 型、SGE190 型、SGE190AC 型、SGE240 型等矿用汽车,及 SGA5650 型矿用洒水车、SGA9650 型废钢车、SGA92150 型矿用拖车等产品。设财务部、综合管理部、研究所、质量控制部、矿用车营销公司、生产制造部、采购物流部,从业人员 138 人。矿用车及洒水车整机销售 12 台,销售收入 3564.25 万元。

（莫思文）

【新产品研发】 首钢重汽公司研制 SGR50C 型矿用卡车新产品,成功向保加利亚客户销售 2 台,实现国际销售。

（莫思文）

首钢矿业实业公司

【首矿实业领导名录】

经　理:杨立文

副经理:冀小杰

党委书记:杨立文

（张志刚）

【概况】 首钢矿业实业公司（以下简称"首矿实业"）2001 年 1 月由原首钢矿业公司生活服务公司、房产公司、厂容绿化队等后勤单位组建。承担矿区生活区供水、供电、供暖及物业、职工餐饮、住宿、厂容绿化等服务工作。设经营管理科、生活管理科、综合管理科、办公室、物业公司、综合服务公司、南区生活服务公司、北区生活服务公司,从业人员 419 人。管理费完成 5886 万元,超计划 64 万元;非矿产值完成 5238 万元,比计划增加 238 万元;社会收入完成 1046 万元,比计划增加 96 万元。

（张志刚）

【后勤保障】 首矿实业实施南区供暖改造工程,利用迁钢冲渣余热取代锅炉供暖,提高供暖质量,降低烟尘排放。组织家属区屋面防雨、室内暖气及上水大修改造,完成滨中庭院灯改造、02 部队小区单元门禁系统安装。完成大石河总降道路大修、龙山 19 号楼绿地建设,改善职工家属生活环境。实施部分家属楼单元电缆更换、龙山低压架空线改造等项目,确保供电安全稳定。实现安全生产零事故,水电暖浴主体设备故停为零目标。

（张志刚）

【减员提效】 首矿实业落实矿业公司转型提效政策,实现减员 230 人。实施机构整合,合并部分科室及分公司,减少管理人员 15 人。挖掘内部潜力,取代街委部分清扫及门卫人员,实施轮换占地工离岗安置 90 人。年末在岗职工减少到 419 人,2014 年末净减 331 人,减幅 36%。

（张志刚）

【开发创收】 首矿实业承担南区供暖改造工程龙山段 3000 米管道保温制作,取得较好收益。实施纯净水厂设备升级改造,扩大产能。与迁安卓远贸易公司签订代理协议,打开京唐公司及迁安周边市场。食用油供应职工 6000 多桶。豆芽、豆制品向食堂销售。利用综合服务公司院内场地开展种植养殖试验,养羊 50 多只,向食堂供应绿色蔬菜近 5000 斤。9 月子弟学校餐厅开餐。承接杏山铁矿办公楼绿化工程,实现创收 10 余万元。

（张志刚）

首钢滦南马城矿业有限责任公司

【马城矿业公司领导名录】

董事长:吴　林(兼;6 月任职,12 月离任)

黄佳强(兼;12 月任职)

副董事长:齐宝军(6 月任职)

董　事:吴　林(6 月任职,12 月离任)

黄佳强(12 月任职)　齐宝军(6 月任职)

田本昌(6 月任职)　刘守新(6 月任职)

李　昕(职工代表;6 月任职)

监　事:宋文军　张秋平

刘永晖(职工代表;6 月任职)

总经理:田本昌(6 月任职)

（沈军、王永红）

【项目概况】 首钢滦南马城矿业有限责任公司（以下简称"马城矿业公司"）（为河北钢铁集体称呼）位于河

北省滦南县马城镇,矿区面积9.76平方公里,资源储量9.95亿吨。设计采用充填法地下开采,分上下两个采区,开拓系统有12条竖井和1条主斜坡道,年产铁矿石2200万吨;选矿采用单一磁选工艺,年产铁精粉810万吨。预计2021年建成投产,服务年限40年。

（沈军、王永红）

【项目背景】 2014年7月31日,北京市与河北省签订《共同打造曹妃甸协同发展示范区框架协议》,河北省政府将马城铁矿资源从河北钢铁集体转出配置给首钢,首钢总公司与河北钢铁集团签订《关于京唐公司股权调整和马城铁矿资源处置协议书》。2014年9月19日,河北省政府向国土资源部上报《关于调整马城铁矿资源配置的函》。2015年1月29日,国土资源部下发《关于变更马城铁矿采矿权协议出让主体的复函》,标志首钢正式获得马城铁矿资源。由首钢开发建设马城铁矿,是率先落实京津冀协同发展重大国家战略,实施京冀合作的具体举措,具有重大政治意义和广泛社会影响力。项目建成投产后,能够有效提高首钢钢铁生产自有资源比例,同时对当地经济社会发展起到拉动和支撑作用。

（沈军、王永红）

【项目交接】 按照首钢总公司与河北钢铁集团协商确定的交接工作原则,在前期核实确认资产及费用基础上,2015年3月18日,首钢矿业公司与河北钢铁集体矿业公司签订《马城铁矿项目交接协议书》。3月27日正式启动项目交接,完成12条竖井在建工程、3座变电站及供电设施等实体交接。完成勘察、设计、工程施工、设备材料采购、征地及补偿、申办采矿权和项目核准评审报告等项目建设资料交接。完成71份合同（协议）主体变更"三方协议"签署,实现平稳有序过渡。

（沈军、王永红）

【项目合作】 首钢总公司取得马城铁矿资源后,按照承接河北钢铁集体矿业公司与滦南县政府《合作开发马城铁矿项目协议》原则,与滦南县政府就合作协议、合资公司出资协议及公司章程充分协商,最终达成一致意见。2015年6月8日,首钢总公司董事会审议并通过马城铁矿采选工程项目立项和设立合资公司事项。6月9日,首钢滦南马城矿业有限责任公司（以下简称"马城矿业公司"）依法完成工商登记企业注册,取得营业执照。

（沈军、王永红）

【项目建设】 马城矿业公司设工程部、技术工艺部、机械动力部、计划财务部、安全部、供应保卫部、资源土地管理部和综合管理部。接手项目建设后,马城矿业公司落实主体责任,强化现场管控,推进工程建设施工。2015年末,12条竖井累计完成井筒掘砌量4435米/22.72万立方米,其中5条竖井已掘砌到底,完成第一阶段工程施工。持续开展设计方案优化,核实采矿权价款预估数额。2015年末,同口径对比项目立项投资概算,净降低11.43亿元。

（沈军、王永红）

首钢地质勘查院

【地勘院领导名录】
  院　长:邓　斌
  党委书记:赵宪敏
  院长助理:王自文

（韩国峰）

【概况】 首钢地质勘察院（以下简称"首钢地勘院"）是在北京市编办登记的差额补贴的事业法人单位。拥有国土资源部核发固体矿产勘查与地质钻探甲级资质,住房和城乡建设部核发地基与基础工程专业承包一级及工程勘察综合类甲级资质,国家测绘局颁发的测绘甲级资质,国土资源部核发地质灾害治理工程勘查、设计、施工甲级资质,北京市国土资源局核发的工程地质、水文地质、环境地质调查、区域地质调查、地球物理勘查乙级资质,北京市住房和城乡建设委员会核发地基基础与桩基检测专项检测资质及CMA计量认证。具有秘鲁能矿部核发的地质勘查资质,国家经贸部核发在境外进行工程承包资格,具有香港证券会批准在香港对涉矿类企业上市进行评估资格。是中国地质协会会员、中国勘察学会会员、中建地勘协会会员、中国建筑杂志社会员、北京勘察协会理事单位、中矿联地勘分会理事单位。设党委办公室、综合办公室、安全生产部、计划财务部、纪检监察审计室,境内有首钢地质勘查院地质研究所、北京爱地地质勘察基础工程公司、北京金地通检测技术中心、北京首勘金结水暖管道中心具有法人资质的实体单位,境外独资设立"首勘矿产地质勘查有限责任公司（秘鲁）"、控股设立"华夏矿业评估有限公司（香港）"。在职职工226人,其中大学及以上115人,教授级职称

10 人、高级职称 36 人、中级职称 69 人；首钢专家 5 人、首钢专业技术带头人 6 人，享受北京市特殊津贴 1 人，国家注册岩土工程师 9 人，国家注册一级建造师 14 人。

（韩国峰）

【经营指标】 首钢地勘院销售收入 1.31 亿元、利润 930 万元，分别超计划 7.32%、13.49%，主要经济指标保持继续增长，综合竞争实力增强。

（韩国峰）

【开拓市场】 首钢地勘院干部职工围绕各自主业，创新工作思路与方法，在产业链延伸、业务渠道拓展、业务区域覆盖等领域，精心布局、开拓创新，市场开发效果显著。地研所在牢牢把握首钢矿业、秘铁勘查市场基础上，申请获得河北迁安柳河峪铁矿深部普查项目；在商业性地质领域，凭借对迁安矿区找矿研究成果价值递延，承担迁安佳源铁矿普查；以托管原矿业公司地研所为契机，顺势进入地采坑道钻进市场；利用多年为秘铁服务良好信誉与彼此信赖，同秘铁共同制订下一个五年勘查规划，并签订 2016 年勘查合同。在首钢矿业公司统筹规划下，同水厂铁矿及各职能部门确定水厂铁矿深部勘查实施方案。爱地公司采取多种方式确保市场份额。承接中铁建工沈阳铁路局南站项目、长钢焦化基础处理项目、恒大地产房山项目、热力集团勘察项目、朝阳水务局勘察与测量项目等；中标首钢二通基础工程、铸造村南区基坑支护工程、首钢特钢 A15 号地块基坑支护工程等项目。利用"互联网+"思维方式获得新客户，承揽怀来航天 502 所勘察、大兴和信水务基坑监测、生物医学科学院勘察市旅游局密云景区等项目、11 个点位勘查设计、市国土局清洁空气计划 2 个项目勘查设计和石景山区地质灾害 3 个点位勘查设计共 16 个项目。

（韩国峰）

【科技成果】 首钢地勘院实施首钢老工业区西十筒仓改造项目基坑支护工程获冶金行业部级优秀工程勘察一等奖；A 区住宅楼等 12 项（北京交通大学住宅区改造一期基坑支护工程）获冶金行业部级优秀工程勘察二等奖；首钢总公司集资建房（铸造村项目）勘察工程获冶金行业部级优秀工程勘察二等奖；河北固安和美紫晶花园 3 号、4 号、7 号、8 号、11 号、12 号楼工程勘察、CFG 桩复合地基设计及施工获冶金行业部级优秀工程勘察三等奖；首钢老工业区西十筒仓改造项目基坑支护工程获首钢总公司科技成果三等奖。

（韩国峰）

【优化制度】 首钢地勘院采取"限高、稳中、提低"原则，完善工资体系，修订效益考核体系，改进考核方式、经营者年薪考核方法与机关管理人员提奖挂核办法。修订人才（大学生）招收办法，提高进口标准，完善审批权限，保证进人质量与素质。制订创新创业管理办法及合理化建议管理办法，为职工创新创业打开通道、提供制度保障。

（韩国峰）

【党建工作】 首钢地勘院开展"三严三实"专题教育活动。组织"夯实基础我带头、提质增效做贡献"创先争优主题实践活动，评选首钢级先进党小组 1 个，优秀党员 1 人。制定《首钢地质勘查院党支部书记月度考核办法》，规范基层党建工作。举办科级及以上干部、科级后备干部培训班。推进职工健康计划，修订职工体检管理办法，增加部分健康体检项目。开办工会阅览室，改造体育活动场所，举办春季秋季趣味运动会。组织职工观看北京世界田径锦标赛、健步走比赛、篮球赛、为过生日职工发放蛋糕卡等活动。

（李海锋）

首钢控股有限责任公司

【首钢控股领导名录】

董事长：韩　庆

董　事：何　巍（7月任职）　赵天旸（7月任职）

邹立宾　许春明　徐景海　李志强

总经理：徐景海

财务总监：周一萍

总经理助理：任黎鸿　罗　虹

（宿海文）

【综述】　首钢控股有限责任公司（以下简称"首钢控股"）是首钢总公司下属国有投资控股公司，本部位于北京市石景山区石景山路乙18号院国际资源大厦，注册资本10.8亿元。2004年12月成立，2005年7月正式运营，2015年5月完成股权结构调整，首钢总公司成为首钢控股唯一股东。2014年末，资产总额83.72亿元、销售收入3.16亿元（不含通钢、伊钢）。首钢控股设机构管理部、审计与发展部、计划财务部、人力资源部、综合办公室。

（宿海文）

【首旺煤业】　2005年，首钢控股通过拍卖方式全资收购地方国有山西临汾翼城牢寨煤业有限公司全部股权，2009年更名为山西翼城首旺煤业有限公司（以下简称"首旺煤业"）。首旺煤业矿区井田面积12.52平方公里，煤炭地质储量1.78亿吨，可采储量1.35亿吨，设计可采储量1.05亿吨，煤炭品质优良，包括特低硫、低中灰、高热值贫煤，是优质气化、动力用煤；9号、10号煤层为高硫、中灰、高热值优质气化、动力用煤。首旺煤业铁路公路交通便利。首钢控股引进设备改造首旺煤业，由炮采转为机械化综采，产能从60万吨提高到120万吨，成为山西临汾地区单一最大矿井。首旺煤业依托120万吨坑口洗煤厂提升煤炭附加值，利用租赁经营的铁路专用线拓宽销售半径。2015年生产原煤100万吨、销售收入29500万元、利润4200万元。

（宿海文）

【西沟煤矿】　2008年，首钢控股收购重组新疆昌吉呼图壁县小西沟煤炭有限责任公司（以下简称"小西沟煤矿"）。小西沟煤矿建于1993年，井田面积0.9平方公里，煤炭储量2亿吨，可采煤层4层，总厚度21米，煤种长焰煤，灰分少，含硫量低，发热值高。2009年，首钢控股收购重组与小西沟煤矿毗邻的地方国有大西沟煤炭有限公司（以下简称"大西沟煤矿"）。大西沟煤矿建于1958年，2003年改制有限责任公司，井田面积6.25平方公里，资源储量约1.2亿吨。

（宿海文）

【华兵矿业】　丰宁华兵矿业有限责任公司（以下简称"华兵矿业"）位于承德西部丰宁满族自治县，主要生产矿产品。2008年，首钢控股收购华兵矿业绝对控股权。

2011年12月，华兵矿业更新采矿许可证，矿区面积扩大到8.99平方公里。公司注册资本8100万元，首钢控股占股97.25%。华兵矿业落实发展规划，当地投资建设年产60万吨铁、30万吨磷、10万吨钛的综合加工项目。2015年7月底，华兵矿业尾矿砂选铁钛项目试生产，生产顺稳。

（宿海文）

【宜昌铁矿】　2007年，首钢控股开发湖北宜昌长阳土家族自治县火烧坪乡高磷铁矿项目，注册成立全资子公司长阳新首钢矿业有限公司，完成高磷铁矿选矿工业化试验，设计一期项目年采选高磷铁矿60万吨。2015年初，完成矿山建设，进入试运行阶段。

（宿海文）

【村镇银行】　南阳村镇银行是中国银监会试点首家地市级村镇银行。2010年8月，天津市政府、首钢控股提议协调，启动南阳村镇银行筹建工作。9月，首钢控股作为发起人之一，向南阳村镇银行出资取得10%股权。加上首钢控股投资的关联方河南天冠集团、南阳天利酶制剂有限公司持有南阳村镇银行15%股权，实际控制权25%。2010年12月30日，南阳村镇银行总行、宛城支行、淅川支行挂牌营业，是中国第一家地市级总部村镇银行。2011年上半年，邓州、新野、镇平、内乡、社旗、西峡6家支行相继营业，当年底实现南阳市13个区县全覆盖。2012年初实现盈利。南阳村镇银行项目是首钢控股实施"以金融为先导"战略重要举措。2015年底，南阳村镇银行存款余额42亿元、贷款余额35亿元、实现净利润6693万元。

（宿海文）

【江苏首控】　2012年3月，首钢控股在镇江新区投资成立江苏首控制造技术有限公司（以下简称"江苏首控"），注册资本1亿元。2015年，江苏首控获"江苏省企业信用管理贯标"荣誉称号；自主研发的无人机产品获13项专利，"蝙蝠"军用级无人机获中国设计红星奖金奖，荣获公安部"2015年全国公安科技创新成果"奖。

（宿海文）

【首控物业】　北京首控物业管理有限公司（以下简称"首控物业"）于2009年11月27日注册成立，注册资本100万元，是首控公司全资子公司，主营业务为物业管理。在首控公司授权下，首控物业负责国际资源大厦租赁和物业监管等工作，经过悉心经营，国际资源大厦已

281

发展成石景山区写字楼地标性建筑。2015 年末,在写字楼租赁市场整体发展放缓大环境下,首控物业累计完成出租面积 9000 多平米,除上交首控公司租金收入 1647 万元,实现销售收入 234 万元,资产总额 970 万元。

(宿海文)

【首钢伊钢】 2008 年 11 月,新疆维吾尔自治区、伊犁州政府与首钢签订战略合作框架协议,支持首钢整合伊犁河谷钢铁产业,达到 500 万吨产能。2009 年 8 月,首钢控股重组伊犁兴源实业有限公司,更名为首钢伊犁钢铁有限公司(以下简称"首钢伊钢")。本部位于伊犁州新源县,注册资本 10 亿元,首钢控股占股权 75%。首钢伊钢本部形成煤矿、铁矿、焦化、烧结、炼铁、炼钢、轧钢产业链,产品以热轧窄带钢为主,钢材综合产能 60 万吨,控股经营巴州凯宏矿业、库车天缘煤焦化、库车金沟煤矿、乌恰其克里克煤矿等资源性子公司。首钢伊钢具备年产 70 万吨铁、120 万吨钢、60 万吨带钢生产能力,原料配套具备 70 万吨烧结矿、150 万吨铁精粉、70 万吨焦炭生产能力。

(宿海文)

【通钢集团】 通钢集团是有 50 多年历史的吉林省大型企业,国务院振兴东北老工业基地重点支持企业,主营铁矿采选、钢铁冶炼、焦化、冶金设计等,钢铁产能 560 万吨,资产总额 300 亿元,职工 2 万余人,2009 年排名中国企业 500 强第 203 位。2009 年 7 月 24 日,发生"通钢7·24"事件。2010 年 7 月 16 日,吉林省政府与首钢签订战略合作框架协议,支持首钢以增资扩股方式重组通钢集团,持有通钢 77.59%股权,其中首钢控股持有通钢 53.36%股权。

(宿海文)

【队伍建设】 首钢控股优化人才队伍结构,加强项目公司干部队伍建设。做好二级单位领导班子考核、干部考察、后备干部选拔,加大本部与二级单位干部交流、挂职力度。开展多样化培训,组织本部全员培训 30 次,鼓励员工参加业务培训和在职攻读博士、硕士,提高员工队伍素质能力,通过登山、环厂跑等活动,及为员工购买电影票、游泳票、办理公园年票,丰富员工业余文化生活,密切党群关系、增强凝聚力。

(宿海文)

北京首钢鲁家山石灰石矿有限公司

【首钢鲁矿领导名录】
董事长:张竞先
董　事:吴　秦　李文康　张山林　郭金保
总经理:王金波
副总经理:郇红星　王　海　倪任付
党委书记:张竞先
纪委书记:张竞先
工会主席:张竞先

(柳　岩)

【综述】 北京首钢鲁家山石灰石矿有限公司(以下简称"首钢鲁矿"),始建于 1951 年,2006 年改制注册成立,是首钢总公司直属一类改制企业。注册资金 3600 万元,资产总额 4 亿元。首钢鲁矿主要经营业务为石灰石、白云石开采加工,石灰石、白云石焙烧及生石灰的深加工和消石灰生产;在露天矿山设计、开采、加工及新型节能环保石灰竖窑、氢氧化钙生产线的整体设计、制造、安装等方面具有较强实力;拥有全国通用营业性爆破作业资质,可承揽爆破工程设计施工。经营机械制造、普通货物运输、生产建筑材料、内燃设备维修、会议服务、销售建筑材料等业务。

首钢鲁矿总部设在门头沟石龙开发区石龙高科大厦,设党群部、经理办、人力资源部、财务部、经营部、技术开发部、安全部 7 个部室及 1 个鲁采车间。下辖首秦石业、京唐石业、卢龙白云石矿、唐县石灰石矿、龙世源度假村 5 个全资子公司及建昌石灰石矿合资控股子公司。2015 年末,在册 169 人,其中在岗 165 人,内退 2 人,其他 2 人。

(柳　岩)

【主要指标】 2015 年,首钢鲁矿经营收入 2.12 亿元,超计划 0.95%;利润 1452 万元,超计划 0.14%;上缴投资回报 630 万元。主产品产量 245.6 万吨。其中,石灰石 110 万吨,白云石 57 万吨,生石灰 8.1 万吨,轻烧白云石 0.9 万吨;建筑料销售 63 万吨,消石灰 1.81 万吨。

（柳 岩）

【托管首耐公司】 2014 年 12 月 26 日,首钢总公司党委决定由首钢鲁矿托管首耐公司。首钢鲁矿加大托管力度,实施强化管理、堵塞漏洞和降本增效措施,停产北京区域失血项目,阻断氮化炉和挡渣锥两个项目长期失血状态;取消班车服务;首耐公司以外职工一律停止发薪,杜绝"吃空饷";严格落实考勤考核制度;销售及专项配备使用的 3 辆公务用车收回办公室,纳入公务用车管理系统;压缩机构和人员编制,重新定岗定编和重划职责。截至年底,中层管理机构由 16 个减至 11 个,中层干部由 26 人减至 18 人,管理人员由 132 人减至 78 人;协商解除劳动合同 115 人,减轻企业负担;完成首耐公司"十三五"期间逐步退出和整合规划编制;完成 10 余项问题的整改,协助总公司调查和处理相关责任人。

2015 年,首耐公司完成收入 14221 万元,比计划 18100 万元减少 3879 万元,完成计划 78.6%;实现利润 530 万元,完成全年计划。其中,使用拆迁补偿款 1400 万元,经营利润 -870 万元,比 2014 年亏损 969 万元减亏 99 万元。

（柳 岩）

【黑崎股权变动】 2015 年初,首钢鲁矿决定参股黑崎公司。从 8 月—12 月中旬,会同总公司资本运营部、法律事务部、技术研究院和首耐公司相关专业人员组成技术援助协议谈判组和股权转让协议谈判组,通过五轮谈判,以 2580 万元人民币收购日方持有首钢黑崎 36% 股权。首钢鲁矿入资后,形成首钢总公司持股 50%,首钢鲁矿持股 36%,黑崎（日方）持股 14% 的股权结构。

（柳 岩）

【安全生产资质】 首钢鲁矿北京矿区安全生产许可证 2014 年 12 月中旬到期,通过组织申报、编制"应急预案"、组织专家评审和筹备落实现场验收等工作,2015 年 1 月 22 日由市安监局正式备案,2015 年 3 月 30 日正式取得新安全生产许可证。所属建昌矿 2 月 25 日取得采矿证,获批采矿面积 0.60 平方公里和年产 80 万吨生产规模,有效期限 20 年;首秦石业 2015 年超前完成安全生产许可证续证工作;唐县矿 8 月 4 日完成采矿证续证工作,获批采矿面积 0.39 平方公里,资源量 929.13 万立方米,采矿证有效期三年。

（柳 岩）

【"十三五"规划编制】 4 月,首钢鲁矿启动调研、市场分析预测和规划起草编制工作,将首耐、黑崎公司等耐材产业发展纳入规划。围绕做精做优耐材产品,实施产品整合、市场整合、资产整合、技术服务队伍整合和文化融合,提出"十三五"时期的重点目标措施,为做实耐材产品,形成钢铁基地认可的优质产品,提高综合竞争实力奠定基础。

（柳 岩）

【困难企业退出】 首钢鲁矿推进唐县矿部分股权转让、涞源矿及龙世源度假村整体退出工作。唐县矿生产经营困难,长期亏损,在无法实现全部转让股权情况下,首钢鲁矿通过引入当地投资者合资经营,推进股权转让工作。因经营资质问题,涞源矿 2014 年初处于停产状态,经与合资方协商,双方同意启动整体退出工作并协商相关事宜。首钢鲁矿办公地迁移,龙世源度假村 11 月 18 日完成历史使命。完成人员分流、北区搬家和废旧物资处置、房屋与供水设施交接、大学生宿舍搬迁至栗园庄等工作。

（柳 岩）

【降本增效】 首钢鲁矿卢龙矿实施减员增效,全年减员 32 人,生料生产单耗每吨降低 2.5 元以上。3 月—5 月,迁钢套筒窑检修,承担二炼钢轻烧白云石应急保供任务,组织运输轻烧白云石 9030 吨。建昌矿全年外销中块灰石 34000 吨,小料 11 万吨,增加收入 531.57 万元,实现利润 59.3 万元。迁钢经营部克服春节休假、下雪告急、阅兵期间道路交通管制等困难,保证迁钢套筒窑灰石供应,全年 5 次发运灰石 11170 吨。鲁采车间开展降本增效,半年内消石灰生产灰耗降到 0.96 吨,比 2014 年下降约 0.06 吨,每吨消石灰生产成本降低 18 元。经营部加大氢氧化钙使用量,全年销售原矿 5.1 万吨,增收 85.3 万元。技术部落实南区 6 号生产线除尘治理技改项目,获政府环保专项补助资金 50.7 万元。

（柳 岩）

【企业管理】 首钢鲁矿围绕年初计划工作会提出的总体思路和经营目标,以夯实基础管理为重点,完善绩效考核体系,结合实际制定下发《2015 年绩效考核办法》

《2015年机关部室挂勾考核分配细则》及《鲁采车间2015年绩效考核办法》,完善公司《人员管理规定》《休息休假管理办法》《经济合同管理办法》等管理制度,组织实体单位完成内部制度修订工作;各地结合实际,强化教育培训,安全培训68人次、"6S"管理普及161人次、《新安全生产法》培训164人次、石灰生产工艺技术培训和矿山技术培训49人次,加强每月二次定期地界巡视和打卡管理机关后勤人员上下班,促进各项基础管理工作落实;迁钢经营部为保证供应迁钢公司消石灰质量,加强原料管理,每车检查采购原灰,每批次进行化学分析,全年供迁钢消石灰质量达标率100%,未发生退货现象。

（柳　岩）

【党群工作】　9月中旬,首钢鲁矿和首耐公司领导班子及主要领导调整工作完成,工作及时接续。10月16日,首钢鲁矿召开党员大会,选举党委、纪委委员、党委书记和纪委书记及出席首钢总公司第十八次党代会代表,完成两委换届。按首钢总公司党委部署开展"三严三实"专题教育。首钢鲁矿工会和各单位分会,做好职工互助保险投保工作,在职员工175人,参加三种保险171人,参保率97.71%。首钢鲁矿为参保职工补贴10944元,个人上交8208元。全年在职职工住院保险6人次赔付11133.51元。两节期间,首钢鲁矿工会和各单位分会走访慰问53户,送去价值10092元慰问品36份,慰问金5400元。将北京市总工会和首钢工会下发的20000元生活救助金、医疗救助金发放给特困、困难职工7人。162人捐款11510元,困难员工7人、符合受助学生5人获帮困助学金10180元。

（柳　岩）

园区开发管理

◎ 责任编辑：关佳洁、董俊林

园区管理部

（孙文学）

【园区管理部领导名录】

　　部　　长：李国庆（6月离任）

　　副部长（主持工作）：王云平（6月任职）

　　副部长：付庆来

　　部长助理：周光磊（3月离任）

　　党委书记、工会主席：李小平

　　纪委书记：李小平（11月离任）

　　　　　　　闫广顺（11月任职）

　　党委副书记：闫广顺（11月任职）

（孙文学）

【综述】　首钢总公司园区管理部（以下简称"园区管理部"）2013年3月14日成立，负责园区停产资产处置、拆迁和新建工程组织、合同预算、动力能源、房地产、设备材料采购、废旧材料回收加工、厂容绿化、安全、保卫、防火以及铁、钢、轧、动力、运输、一线材管理处管理等。2015年，园区管理部按照公司关于深化首钢集团总部管控体系改革总体安排，承接总公司设备部负责工业建（构）筑物管理业务和北京地区部分单位汽车油品采购供应业务、供应公司负责总公司机关部分单位劳保用品采购供应业务和北京园区拆除废钢向钢铁基地倒运业务、能源环保部总公司口径碳排放业务、信息部计量管理业务；成立机关管理处开展股份公司机构整合涉及留京职工转型发展工作。共有11个专业处室、6个实体单位。

　　2015年末，在岗职工3064人（含各管理处），其中男职工2468人、女职工596人，专业管理人员607人、操作岗位2457人，党员1334人，平均年龄43岁，研究生及以上33人、本科477人、大专676人。

（孙文学）

【资产处置】　2015年，园区管理部处置资产67项，涉及资产原值16.50亿元，净值5.21亿元。其中，各基地利旧9项，资产原值0.52亿元，净值0.18亿元；对外盘活12项，资产原值1.41亿元，净值0.50亿元；报废46项，资产原值14.57亿元，净值4.53亿元。

【拆迁工作】　园区管理部完成长安街西延线、晾水池东路、丰沙线、S1线、北辛安路、一线材厂、二型材厂、超群电力、五制粉等60项拆迁工程。全年回收废钢2.99万吨，拆除建筑物面积14.9万平方米、构筑物1.7万立方米、各类线缆150吨、铁路7000余米。

（孙文学）

【动力能源】　园区管理部根据园区过渡期用能特点和能源供应系统分布现状，全面开展园区办公、施工用能保供工作。推进首钢水厂项目建设前期准备工作，完成向北京市申报首钢水厂水源、路由等问题工作，委托北京市地质工程勘察院编写水资源论证报告，委托首钢国际工程公司完成可行性研究报告，通过市区两级政府部门专家审查。开展长安街西延线、S1线、北辛安路迁改移以及市政管线规划工程工作。参与电力体制改革及园区电力建设工作。

（孙文学）

【转型分流】　园区管理部以"新项目转移为主导、多元化项目为辅助、人员退出机制为补充"原则，稳妥推进人员转型分流工作。全年完成转型安置职工1021人，其中退出企业343人、调出158人、内部安置149人、服务输出371人。

（孙文学）

【费用节降】　园区管理部加强全面预算管理，严格控制每一笔支出。通过采取分解落实各专业处室降费管理职责，制定费用支出标准，组织各单位建立覆盖到专业、到岗、到人的降费体系等措施，开展费用节降工作。全年费用预算总额78983万元（含解合补偿金4409万元），全年实际发生127755万元（含解合补偿金65348万元）。剔除解合补偿金因素，全年降低费用12167万元，降低率16.32%。

（孙文学）

【综合管理】　园区管理部落实安全生产职责，制定下发《园区管理部安全生产责任制》，加强安全管理，形成横到边、竖到底管理网络。建立南、北两个指挥中心,发挥监控系统作用,设置24小时报案和举报电话,组织协调保卫力量处置突发治安问题,加强园区治安管控。开展园区环保、文明施工、厂容厂貌治理,检查园区施工现场环保、文明施工情况,针对问题提出整改意见并跟踪落实。

（孙文学）

北京首钢建设投资有限公司
（首钢总公司园区开发部）

【首建投公司领导名录】

北京首钢建设投资有限公司

董事长:孙永刚

副董事长:刘　桦

董　事:邹立宾　马东波　周大沆

监　事:王保民　张清暖

总经理:马东波

副总经理:兰新辉　王达明　金洪利

财务总监:尹雪梅

总经理助理:胥　延

总经济师:张之琴(5月离任)

总规划师:白　宁

园区开发部

部　长:马东波

副部长:兰新辉　王达明　金洪利

财务总监:尹雪梅

（冯尧刚、李思慧）

【综述】　北京首钢建设投资有限公司(首钢总公司园区开发部)(以下简称“首建投公司(园区开发部)”)于2010年6月21日注册成立,是首钢总公司全资子公司,承担首钢北京地区搬迁腾退土地开发任务。主营项目投资与管理、土地开发、房地产开发、施工总承包、专业承包、商品房销售、房地产经纪、房地产价格评估、物业管理、物资销售、技术咨询与服务,承担新首钢高端产业综合服务区开发建设。2013年1月23日,首钢总公司印发《首钢总公司关于完善园区和新产业开发管理组织架构的通知》(首发〔2013〕18号),整合首建投公司和管委会办公室(高端产业开发部)有关业务,设立园区开发部,与首建投公司一套机构两块牌子,按总公司授权承担和推进园区土地开发工作,负责组织收集、研究、分析国家和地方政府园区开发政策和规定等,园区土地开发规划、实施方案、办理授权等园区开发管理与实施组织。代表管委会牵头组织与市区有关部门业务对接工作并协调园区开发工作;负责园区开发招商合作管理,传达和组织落实管委会决定、决议、督促、检查、反馈、考核有关工作事项落实情况。

首建投公司(园区开发部)设9个专业管理部门和4个项目管理部:办公室、人力资源部、计划财务部、开发部、规划设计部、招商政策部、工程管理部、合同预算部、招标采购部及养老产业项目管理部、项目管理一部、项目管理二部、项目管理三部。

首建投公司(园区开发部)定编125人,2015年底在编133人,其中博士3人,硕士52人,本科69人;高级职称12人,中级职称49人。

（冯尧刚、刘玉川）

【政策争取】　首建投公司(园区开发部)与市发改、规划、国土、环保、住建、经信、园林、交通、文物、人防等部门沟通,争取政策支持,优化工作流程;与石景山区建立对口协调、定期沟通、重大项目协调调度工作机制,落实高端绿色发展理念,共同打造首钢与石景山区生命共同体。与总公司计财部开展首钢主厂区补偿成本研究。完成政策资金申报,西十筒仓改造项目二期获批城区老工业区搬迁改造第二批中央基建投资预算内项目,获得中央基建投资预算5024万元;4号高炉工业遗存保护利用工程项目获国家开发银行1400万元贴息贷款;脱硫项目申报国有资本经营预算资金,获3200万元财政资金支持。

（冯尧刚）

【专项规划】 首建投公司（园区开发部）按计划推进建筑风貌、智慧园区、城市设计、地下空间、人防、绿色生态、小火车等规划工作。其中城市风貌课题由吴良镛、张锦秋、程泰宁、何镜堂和马国馨五位院士领衔，开展研究工作，12月结题，形成功能定位与风貌构想、风貌评价与指引、风貌实践与示范完整体系，经专家鉴定课题研究成果达到国际先进水平；智慧园区规划4月纳入国家智慧城市试点，围绕"BIM和GIS规划建设管理平台、城市公共服务平台、智慧决策管控平台"建设开展智慧园区工作，BIM和GIS规划建设管理平台被住建部批复为创新项目。绿色生态规划，11月首钢园区获北京市绿色生态示范区称号。

（冯尧刚）

【场评环评】 9月，市环保局批复首钢主厂区场评报告（京环函〔2015〕442号）。

（冯尧刚）

【产业研究】 首建投公司（园区开发部）研究园区拟导入产业，初步明确高端数字智能、创新金融与高端服务、高端文化创意三类主导产业，聚焦高精尖产品和高端服务，加快形成创新引领、技术密集、价值高端经济结构。

（冯尧刚）

【招商合作】 首建投公司（园区开发部）针对"首钢园"及西十筒仓改造项目，按照市场规律主动出击，结合首钢自身特色，运用多种营销方式及渠道宣传推广。联合市投促局、侨办、石景山区政府等单位多次举办专场招商活动；利用京港洽谈会、投资北京洽谈会及行业推介活动等平台对园区项目进行重点推介；与中国写字楼网、万通地产等合作，将推介活动引入首钢。加快推进世界侨商创新中心、中国网谷（暂定名）、中关村软件园等合作项目前期工作，8月王安顺市长专题会明确要求加快推进世界侨商创新中心项目建设，已确定项目选址、合作对象、持股比例，正按照国侨办"部市支持、首钢主导、侨商参与、市场运作"指导方针，推进周边地区市政基础设施建设，科学规划、分步实施，开展项目建设工作。

（冯尧刚）

【基础设施】 首建投公司（园区开发部）完成晾水池东路下穿大台铁路立交桥工程箱涵及管涵顶进施工。配合做好首钢园区重点市政工程建设，长安街西延工程北半幅路管线及路板施工完成；丰沙线改建工程按时进场启动施工建设；北辛安路北段工程涉及首钢苗木及建构筑物等资产完成移伐及拆除，确保施工单位按时进场启动道路建设相关工作；轨道S1线工程涉及首钢建构筑物拆除工作基本完成，按时进场启动工程施工。

（冯尧刚、刘辛酉）

【项目建设】 首建投公司（园区开发部）完工西十筒仓改造项目（一、二期），北京市政府确定2022年冬奥会组委会入驻办公；二型材互联网·金融产业园项目完成屋面系统拆除和建筑初步设计，进行施工图设计；脱硫车间改造项目控规调整报告获市政府批复；国际生态健康产业园项目一期（一耐养老项目）控规调整提请动态维护会审议；首钢广场（暂定名）启动产业策划及方案设计工作。

（冯尧刚）

北京首钢园区综合服务有限公司

【园服公司领导名录】

董事长：孙永刚

董　　事：李国庆　周光磊　戴利

专职董事：周大沆

监　　事：王志坤

党委书记：戴　利

总经理：戴　利

副总经理：汪　兵　张立新

经理助理：石宗砚

（董升飞）

【综述】 北京首钢园区综合服务有限公司(以下简称"园服公司")是适应首钢园区开发工作需要,加快园区资产处置、拆迁步伐,引导留守职工转型发展,根据2013年6月25日首钢总公司下发的《首钢总公司关于成立北京首钢园区综合服务有限公司的通知》,于2013年6月6日正式成立。注册资本900万元,是首钢集团下属全资子公司。园服公司按照市场化运行机制,实行自主经营、独立核算,纳入园区管理体系。下设经营审计部、工程技术部、人力资源部、采购部、财务部、安全保卫部、党群工作部、办公室8个职能部门;园区建设事业部、机电安装事业部、增值服务事业部、设备租赁项目部、物业公司、绿化公司6个实体单位。2015年底在册职工1216人,平均年龄44岁,其中硕士11人,本科180人,大专260人;高级职称12人,中级职称35人;高级技师8人,技师70人,高级工377人,中级工250人。

2015年,园服公司业务稳固发展,围绕首钢园区开发建设,引导职工转型发展,探索企业发展定位,聚焦主业,做强辅业,打造首钢服务品牌,完成园区基础建设、运营保障、接待服务等重点工作。

(李 亮)

【经营指标】 园服公司年收入23949万元,完成年度计划17500万元的137%。其中,园服公司本部10569万元,物业公司4104万元,绿化公司9276万元。完成年度控亏3720万元,比年计划减亏930万元。

(李 峰)

【业态多样】 2015年,园服公司围绕园区开发建设与运营,承接园区设备设施拆除维护任务,开展物业服务和酒店管理业务。参与长安街西延线围挡制作及广告设计安装等101项工程类项目;尝试西十筒仓及文馆等23项物业服务类项目,超市、餐饮、汽车租赁、浴室、快递等23项生活服务类项目,园区运行维护等5项维保类项目;承接备件库区、大物流、南官园、密云大理石厂等7项资产代管类项目。通过涉足物业服务、酒店管理、空调安装、汽车租赁、园林绿化等领域,为园区开发运营提供综合服务。

(李 峰)

【经营生产】 园服公司完成长安街西延线首钢段工程围挡制作安装2107米,广告铺装6119平方米;北辛安路围挡制作1100米,在围挡制作中,利用旧钢管130.86吨,旧镀锌面板34.79吨,节约资金24.8万元。中央空调风管制作安装,完成西十筒仓1397件、1041.7平方米,中海地产115件、399平方米。完成陶楼外立面装修,包括地面防水、灯饰清洗、避雷网修缮等。累计倒运废钢7243吨。完成陶楼、发展研究院、首钢日报社、文馆、ERP大楼、影视公司等单位防雨施工14844平方米。汽车租赁签订租赁合同139份,合同总金额932.5万元。工程车租赁完成租赁收入81.27万元。完成5.49亿元备品备件看护。

(李 峰)

【物业服务】 物业公司先后接管红楼、文馆、月季园等"8+1"项目、工学院、二通等20多个项目,服务面积达100多万平方米。服务内容由原来单一住宅物业服务拓展到教育产业服务、高端商务服务、高端餐饮服务等六个服务业态,服务区域从厂区内扩展到市区及河北省,实现物业服务由首钢内部市场求生存,向外部市场谋发展的转变。

(王 丹)

【园林绿化】 绿化公司完成各级绿地日常养护100多万平方米;石景山、红光山、松林公园日常看护及护林防火;道路清扫34.6万平方米;路灯、园林灯、彩灯等维护管理和节假日及日常花卉布置、养护;厂区占地树木伐移和道路、绿地清理清整;筒仓项目各区域绿化设计、施工、养护及道路修缮、标识设计、轧钢路苗地建设、陶楼周围、财务公司绿地完善;办公厅绿化改造;迁钢、顺义冷轧、京唐、工学院、生物质公司、首自信公司等单位绿地管养、设施维护等工作。

(彭燕艳)

【市场开发】 机电安装事业部赴秦皇岛、长治、迁安等地洽谈,中央空调合同签约和意向签约总额1000多万元,超计划500多万元。完成石景山热电厂及中国银行总行中银大厦施工项目。设备租赁项目部对外签订租赁合同19份,合同金额112.5万元。

(李 峰)

【教育培训】 2015年,园服公司开办各类培训班31个。全年参加培训6040人次,培训总学时45057学时。其中,管理岗位培训2147人次,培训学时9330学时;工岗培训473人次,培训学时14098学时;入职培训98人次,培训学时1696学时;特种作业复审培训129人次,培训学时3096学时;实体单位自我培训3193人次,培训学时16837学时。

(田 力)

【转型新途径】 园服公司推出留守职工体验式过渡模式,获职工认同。轧区管理处职工36人一次性成建制调入园服公司。2015年,178人通过体验式过渡模式被安排到工学院、西十筒仓、篮球中心、南官园从事秩序维护、保洁和巡山护林工作。

（董升飞）

【对外合作】 园服公司对外合作取得实效:合作单位戴德梁行、国宾酒店、高力国际三家公司派驻经理长期到园服公司现场工作,进行专业指导;每月组织对合作单位及经理工作评定打分。先后引进戴德梁行物业服务方面制度标准85个,国宾酒店餐饮业务及岗位标准125个,格力空调安装维护业务流程23个。

（王 丹）

【信息化】 园服公司依托首自信技术和业务基础,开发乐享—餐饮和商超业务微信客户端、手机客户端、Web客户端,5月上线试运行。网上点餐模块在焦化食堂率先使用,网络送餐月营业额近2万元。《创新型服务业乐享平台》项目获北京市国有资本500万元资金支持。

（武元龙）

【运营品质】 2015年,园服公司全面导入ISO管理体系,推动公司发展步入规范化管理轨道,完成物业公司"三体系"认证复评换证工作;园服公司本部、物业公司和绿化公司取得中关村高新技术企业证书;成立品质检查组监督检查各服务网点服务品质、安全环保、劳动纪律和办公环境,提升服务品质、环境卫生;成立冬奥会服务保障领导小组和工作小组,与奥组委进行多次服务对接,完成筒仓、龙烟、红楼修缮改造方案及进驻人员吃、住、行等服务保障方案。

（朱 戈、潘庆军）

【发展战略】 园服公司制定"十三五"规划,梳理、分析园区维保、检修工程、机电安装、快递、库区值守、超市、物业、餐饮、园林绿化9项业务,聚焦物业服务、酒店管理、园林绿化,发挥资源优势,促进园服公司健康有序发展。

（李 峰）

【企业文化】 园服公司"内强素质,外塑形象",把文化力转化为生产力,推动企业健康发展。焦化路被打造成文化步行街,沿途彩绘浮雕、"首钢园"假山、钢铁雕塑、宣传橱窗传递文化气息。传承首钢传统文化,恢复锣鼓队、组建女子腰鼓队。对内宣传以典型引路,全年宣传报道转型典型55人,表彰服务之星135人次。中国冶金报、首都建设报等对园服公司拓展就业渠道、安置职工转型进行报道。党群工作部拍摄制作的《南官园春韵》引起首钢内外关注;展现不同岗位转型职工一天辛勤工作场面的微纪录片《我们这一天》,获第十届首都职工文化艺术节比赛二等奖,参加全国总工会举办的"中国梦劳动美幸福路"微影视大赛中获银奖。

（秦俊彪）

【安全保卫】 园服公司组织节前和特殊重点时期安全检查23次,各专业日常检查189次。重点检查61个班组安全基础管理,检查集气间燃气系统5处,液化气罐33个,配备灭火器28具,检查煤气报警系统、排风扇、电器设备、电源线路、插座及漏电保护器等。全年查出解决隐患问题56项,隐患问题整改不及时和存在违章操作行为单位,下发处罚通知书15份,处罚23人,罚款11400元。

（潘庆军）

北京首钢文化发展有限公司

【文化公司领导名录】

副董事长、经理:陈世杰(10月任职,12月离任)

撒元智(12月任职)

副经理:张世明(主持工作,10月离任)

张亚男

（孙会冬）

【综述】 北京首钢文化发展有限公司(以下简称"文化公司")2006年成立,是首钢总公司下属全资子公司,承担首钢文化创意产业资源整合、项目开发、招商引资、合资合作、项目投资与实施等业务。许可经营项目为零售国内音像制品、公开发行图书、电子出版物;演出经纪(机构)。一般性经营项目为组织文化交流活动;承办展览展示;影视策划;摄影摄像服务;资料编辑;租赁影视器材;会议服务;技术培训;销售工艺美术品;设计、制作、代理、发布广告;公园管理。注册资金3180万元。文化公司设经营一部、经营二部、剧本孵化平台、影视制作部、创意制作部、创作部、博物馆筹备办公室、财务部、办公室。在册职工31人,其中本科以上27人,高级职称3人,中级职称3人。

(孙会冬)

【管理层变更】 10月28日,总公司党委组织部长吴平主持召开文化公司全体干部会,总公司党委副书记何巍讲话,宣布任命陈世杰为文化公司副董事长、经理,免去总公司经理助理职务;张世明任文化公司调研员,免去文化公司董事、副经理(主持工作)职务。12月7日,总公司党委组织部长吴平主持召开文化公司全体干部会,宣布任命撒元智为文化公司副董事长、经理(副部厅),免去首钢党委宣传部副部长职务;免去陈世杰文化公司副董事长、经理职务。

(孙会冬)

【文化创意产业】 首钢文化创意产业尚处在初创阶段,其发展发向、主营产业内涵按照国内外文化创意产业发展趋势进行探索、调整和初步实践。搭建的影视剧本孵化基地项目、首钢题材电视剧《铁哥们》项目得到总公司批准立项;孵化出原创儿童剧《马超超铁皮王国历险记》、高端定制话剧《奥迪A3〈筑梦画师〉》等一批剧目,演出取得突破性效果。

(孙会冬)

【重点工作】 文化公司探索新产业,为"十三五"发展打基础。3月16日,总公司经理办公会审定通过"剧本孵化产业基地"项目。文化公司以剧本孵化产业为突破口,探索研究话剧、影视剧、动漫游戏、衍生产品等业务。完成线上一期剧本版权保护及评估平台建设,实现剧本评估、交易、版权保护等功能;收集整理40部话剧剧本进行评估及部分改编工作,孵化儿童舞台剧《马超超铁皮王国历险记》《筑梦画师》、钢铁节奏快闪等项目;完成电视剧《铁哥们》立项和前期筹备工作,组建剧本创作团队;开发"首钢巧克力铸造工厂""废旧钢铁资

源创意装置"、儿童剧衍生品等产品。在北京、天津、沈阳、营口、鞍山、辽阳、盘锦、丹东、大连、邯郸、邢台、衡水等地进行30余场次演出,观众7000余人次。

(孙会冬)

【首钢雕塑艺术馆】 文化公司利用原首钢动力厂动修车间厂房改造建成首钢雕塑艺术馆,分为南北两个展厅,展陈作品100余件,两个展厅面积700余平方米。北厅展出雕塑艺术家王洪亮红色雕塑系列作品,南厅展出雕塑艺术家赵成民钢铁雕塑系列作品组成。王洪亮是清华大学美术学院雕塑研究所所长,作品以歌颂中国共产党为主题,刻画中国共产党从成立到领导中国人民走向胜利的历程。赵成民是北京画院艺委会委员、国家一级美术师、中国美术家协会会员、雕塑家、水墨画家、书法家。近十多年,他将废钢铁变成艺术作品,在国内外独树一帜。利用停产后的老厂房展出红色雕塑和钢铁雕塑系列作品,丰富首钢工业旅游内涵,提升园区综合品质。

(孙会冬)

【文化活动】 4月30日—5月18日,文化公司主办,石景山区文委、区文联及中国第四纪冰川遗迹陈列馆等单位参与的"阅读历史——古陶与拓片精品艺术展"在"首钢书画艺术展厅"(原氧气厂2D12厂房)举办,受到社会多方关注,新华社、新华网、新京报、人民政协报、人民网、凤凰网、北京美丽乡村网、首钢日报、首钢电视台等媒体进行报道。展览期间,收藏界、书法界专家和爱好者及市民1500多人前来参观。

(孙会冬)

【影视拍摄】 文化公司全年接待北京电影学院、北京葵友广告公司、无锡新亚洲公司等团体剧组30余家,先后进行《最美的小诗》《黑卡》《少年班》《那年青春我们正好》等30余部影视剧拍摄,实现收入80余万元。

(孙会冬)

【工业旅游】 文化公司全年接待北京科技大学师生、中央人民广播电台员工、广宁村小学、四王府小学、航天医院703所、上地中学、西藏中学、石景山区文化宫少年书法班、亲子团自驾游等单位,团体近6000余人到首钢园区参观,实现收入30余万元。

(孙会冬)

【政策资金支持】 2015年,文化公司先后组织申报市科委、市国资委、市文资办专项资金,获得政府资金支持

551 万元。"首钢剧本孵化产业网络虚拟平台"项目申报市国资委国资预算资金企业信息化支持资金,获得180 万元注资。"废旧钢铁资源创意利用系列互动科普展品研发"项目申报市科委北京市科技计划专项(任务)经费,获得 35 万元资金支持。"首钢 5 号高炉露天文化广场提升改造"项目及"大型实景儿童剧《马超超铁皮王国历险记》"项目分别获市文资办北京市文化创新发展专项资金项目补贴 298 万元、奖励 38 万元。

(强振民)

【学习培训】 文化公司学习传达首钢"两会"精神,按照总公司战略部署要求,立足全局、认清市场,明确发展方向与核心业务,做实做强首钢文化创意产业。在"三严三实"专题教育中,贯彻"三严三实"精神,以严、实的态度和作风振奋斗志、锻炼队伍、推进工作。同时,在规制管理上坚持以问题为导向,严查管理漏洞,整顿问责,剖析问题,举一反三进行考核整改,达到健全规制、强化管理,提振职工精神面貌的目的。

按照党委要求部署,组织开展抗战胜利纪念活动、抗战知识竞赛、世界田径锦标赛观看等活动,组织党员职工到中关村展示中心、抗战纪念馆、中影数字基地参观学习。

(孙会冬)

北京首钢基金有限公司

【首钢基金领导名录】

董事长:靳 伟(兼)

董　事:张功焰　王洪军　赵天旸　郭　为

监　事:邹立宾

总经理:赵天旸

副总经理:梁衡义　徐　量　游文丽

财务总监:徐　量

(邱加萍)

【综述】 按照总公司"一根扁担挑两头"的战略定位,北京首钢基金有限公司(以下简称"首钢基金")2014 年 12 月 22 日正式注册,各项工作全面推进:快速组建公司,形成核心团队,建立各项制度,投资工作积极有序,公司发展开局良好。全年通过投委会决策项目 18 个,决策金额 84.3 亿元,完成出资项目 9 个,出资额 25.48 亿元;实现合并营业收入 3.26 亿元,利润总额 3.05 亿元;为集团产融结合战略和两个园区开发建设提供初步支撑。

(邱加萍)

【"PPP+基金"】 首钢基金确定"PPP+基金"主动投资模式为核心运营策略,与政府部门和上市公司建立伙伴关系,创新商业模式解决政府与客户核心问题。一是设立曹妃甸发展基金。基金总规模 100 亿元,落实北京市和河北省政府《共同打造曹妃甸协同发展示范区框架协议》关于设立曹妃甸发展基金要求,支持曹妃甸示范区建设。一期 10 亿元,支持唐曹高速运营;二期计划今年上半年设立,围绕曹妃甸工人医院项目与政府合作,促进北京医疗资源与曹妃甸地区实质性对接。二是筹备设立园区基础设施建设投资基金。基金由首钢基金联合农业银行、中国银行发起设立,首期规模 36 亿元,创新融资模式支持首钢老工业区开发;与中集集团推进首钢中集京西产业基地前期工作,发起设立专项基金支持基地建设。三是以城市停车为突破口在城市综合服务业领域布局。通过绿节基金投资首嘉钢构公司,拟与中集集团合资成立城市停车投资管理运营公司,签署《新能源充电+立体停车设施战略合作协议》,以停车场业务为龙头,带动集团充电桩和钢结构制造、智能信息化等业务协同发展;跟进轨道交通新机场线、京台高速、京唐城际铁路等京津冀协同发展重大基础设施项目;与天壕环境、中铁建等公司合作,研究设立城市综合服务业子基金。四是探索拓展政府基金管理业务。加强与政府部门沟通,做好工作赢得政府信任,受市商务委和市财政局委托,托管规模不低于 11 亿元、新设立的北京市外经贸引导基金,提高首钢基金知名度和影响力。

(邱加萍)

【细分行业投资】 首钢基金以FOF为切入点与顶级投资机构合作,成为经纬中国、红杉资本、君联资本(均位列2015年中国创业投资机构前8强)等机构所设基金出资人,形成稳定项目源,为直接股权投资和细分产业布局奠定基础。在FOF投资方面,设立君联资本文化体育产业基金等3支子基金,合作方推荐阳光保险、找钢网等优质项目。跟踪险峰华兴、真格基金、IDG等基金设立情况。在保险行业领域,进行战略布局,投资阳光保险项目;跟踪中华联合保险、中新大东方人寿、新光海航人寿股权转让以及相互保险、互联网保险等10个项目。在钢铁产业链上,战略投资位于B2B大宗商品交易平台第一梯队领先位置的找钢网,实现集团在钢铁电商领域初步布局。

(邱加萍)

【股份资本运作】 首钢基金配合股份公司推动首钢股份重大资产重组和非公开发行工作。以申请并购贷款及发行中票方式筹集100亿元,通过出资40亿元,协助引入新世界集团等战略投资者,实现非公开发行筹集110亿元(撬动社会资本70亿元),是首钢历史上最大规模直接融资。目前重组工作完成,待证监会核准后,完成非公开发行工作。本次资本运作支持京唐二期项目建设、曹建投公司PPP项目实施,为实现首钢股份千亿市值目标迈出第一步,也为集团产融结合目标奠定基础。

(邱加萍)

【内部经营联动】 首钢基金开展整合京西创投及所管理基金工作。初步实现人员、财务和风控管理"三统一",各子公司以所在细分领域前列为目标加强经营联动、发挥协同效应,初步形成内部互相支持、互相配合格局。整合后,首钢基金形成2个投资管理平台、1个产业投资平台及5大业务主体,管理基金达到8支,总规模340亿元。其中,京西创业推动设立并管理绿节基金、启润丰泽基金和新蓝基金3支新基金,管理资金规模达26亿元;设立京冀资本,打造京津冀协同发展投融资管理平台,目前管理曹妃甸发展基金规模10亿元,为首钢基金PPP业务提供强力支撑;创业公社成功开展A轮融资,签约面积11万平方米,运营面积7万平方米,成为国家级孵化器和北京市第一批"众创空间",进入北京地区行业第一梯队;京西保理依托集团供销产业创建"产业+金融"首钢供销金融服务平台,实现保理业

务承保规模1.14亿元,获银行信用贷款3亿元,行业排名全国第一;京西资本注册资本1.64亿元,探索开展中小微企业债权融资和股权投资联动"信贷+投行"融资创新业务。注册成立环保协会积累桑德国际、碧水源、天壤节能等产业资源;与市金融局、8家金融机构和15家三甲医院发起成立医疗协会,推动民营资本投资大健康产业。

(邱加萍)

【团队建设和运营管理】 首钢基金一是完成公司设立前期工作,打造一支专业化投资运营团队,四个月完成高管招聘、团队组建、制度制定、基金备案等工作。目前,通过市场化招聘和公司整合,形成专业化、复合型、充满活力的81人团队,其中首钢基金32人、京西创业14人、京冀资本5人、京西资本11人、京西保理15人、环保协会3人、医疗协会1人,另外创业公社84人。二是做好公司运行支持。建立扁平化管理机制和严格职业经理人绩效考核制度;认真组织各类会议,加强员工培训,全年组织召开经理会40次、预审会25次、投委会6次,组织员工培训50余次;多次组织团建、捐款、调研活动等,增强团队凝聚力和向心力,形成积极向上的企业文化。三是加强财务管理力度。以九恒星资金系统为基础推动财务管理由会计型向管理型转变,加强对京西创业、京冀资本等子公司财务统筹管理。四是紧密对接各种资源。与财政局、发改委、人民银行等部门沟通,与国开行、交通银行、太平保险等潜在投资人,九鼎投资、鼎晖投资、中信建投、中金公司、招商证券等业内顶级投资机构,万达集团、小米科技、乐视集团、中集集团、华夏幸福等企业加强交流,寻找潜在投资机会,学习投资管理经验;通过微信宣传、活动参与等方式加强公司品牌建设。

(邱加萍)

【优化投资管理】 首钢基金一是强化预审会风险防范作用。在战略指导委员会、董事会、投委会三层治理结构基础上,加强预审会风险防范作用,拓展预审会在投资项目协议审核、投后管理等职能,实现投前、投中、投后全流程管理。首钢基金全年审议项目35个,提交投委会项目18个;京西创业召开预审会31次,审议项目61个,提交投委会审议项目24个。二是优化风险控制措施。建立合格中介机构名录,入库机构超过40家,2015年聘请超过15家入库中介机构参与咨询和尽职

调查;将管理团队绩效奖励与基金绩效相捆绑;在投资协议等交易文件中增加廉洁条款;建立协议面签制度,实行投资业务全过程风险控制。三是探索形成第三方监督机制。聘请德勤会计师事务所做好年度报表审计工作,聘请市审计局推荐的中鹏会计师事务所进行合规性审计;接待国家审计署、市审计局等部门常规审计问询。四是做好投后管理工作。将投后管理纳入预审会职责,已投项目重大事项提交预审会审议,两个月形成一期投后管理报告上报董事会,每年两次全面复盘分析投资项目估值及变动情况;每年走访被投企业两次以上,建立长期合作关系。

(邱加萍)

电子机电制造

◎ 责任编辑：车宏卿、董俊林

北京首钢自动化信息技术有限公司

【首自信公司领导名录】
董事长:张宗先(1月任职)
副董事长:刘宗乾(兼)
董　事:董　钢(兼)　兰新辉(兼)
　　　　佘国平　胡丕俊　李　腾
党委书记:张宗先
总经理:佘国平
副总经理:胡丕俊　李　腾(3月任职)
　　　　李振兴　许　剑

（梁志强）

【综述】　北京首钢自动化信息技术有限公司(以下简称"首自信公司")位于北京市石景山区石门路1号院,2008年8月完成改制新公司登记注册,是首钢集团旗下唯一的自动化信息化专业性公司,是集信息化规划实施、自动化系统设计、软件开发、系统集成、技术服务于一体的高新技术企业。首自信公司依托服务首钢的丰富经验和技术积累,培养造就一支专业化队伍,在自动化控制、数学模型、MES、ERP等领域具有强劲实力,拥有国家重点实验室和二百余项专利技术、软件著作权及注册软件产品。具备承担大型企业一至四级自动化信息化"交钥匙"工程的整体实力。首自信公司结合新业态、新形势,向"工业智能化"和"智慧城市"两大领域转型发展。在工业智能化领域将重点发展"智能装备""智能工厂""智能物流"和"智慧服务"等产业;在智慧城市领域将重点发展"智慧园区""智能建筑"等产业。

首自信公司实行集中领导下的专业事业部制,设有运行事业部、首迁运行事业部、首秦运行事业部、京唐运行事业部、顺义运行事业部、信息事业部、自动化事业部、传动事业部、工程事业部、电信事业部和自动化研究所,共计11个事业部(所);公司机关设战略管理部、经营部、智能工业销售部、智慧城市销售部、生产部、业务部、计财部、供应部、党群部、人力资源部、总工程师办公室、办公室和审计室,共计10部3室;公司投资设立秦皇岛首信自动化系统工程有限公司、迁安首信自动化信息技术有限公司、唐山首信自动化信息技术有限公司、北京首冶仪器仪表有限公司计4个全资子公司;对外投资控股北京中关村华夏科技有限公司、北京华夏首科科技有限公司、天津首钢电气设备有限公司计3家企业;对外投资参股天津贝思特电力电子有限公司、北京首泰众鑫科技有限公司、深圳首实科技有限公司、北京首新电子有限公司、北京大和衡器有限公司计5家企业。2015年末,全公司(含全资子公司)在岗职工3703人,大专及以上学历人员占在岗职工总数86%,其中博士11人,硕士145人。高级技术职称90人,中级技术职称323人,高级技师44人,技师51人,平均年龄35岁。

2015年,是首自信公司新班子组建的第一年。首自信公司全年实现利润13257.5万元,销售收入107061万元。

（李　琴）

【技术水平】　首自信公司是"国家火炬计划重点高新技术企业"、北京市级企业技术中心、北京市专利示范单位,拥有混合流程工业自动化系统及装备技术国家重点实验室首钢分实验室,具有集企业信息化规划、工厂自动化系统设计、软件开发、系统集成、安装调试、运行维护服务于一体的综合服务能力,工程业绩覆盖冶金、水处理、造纸、能源、石油、煤炭、电力、轻工、公安、金融等行业,承担过多项政府重大课题和专项扶持资金项目,在国内外市场享有较好的信誉和知名度。"十二五"期间,首自信公司获行业及省市级科技进步奖16项,其中,省市级奖项6项,行业级奖项10项。截至2015年底,共申请143项国家专利,其中80项已获授权,注册软件著作权124项。

（刘佳瑜）

【能力建设】　首自信公司在本公司自动化研究所建立连铸过程数值模拟与系统优化仿真实验室,完成连铸过程数值模拟与仿真系统和关键工艺模型离线分析与工艺优化系统的搭建,实现对连铸过程控制系统及工艺模型的理论支持,为相关技术研发创建了优化工具和环境；联合顺义冷轧公司，共同成立"顺义冷轧—首自信智能工厂联合实验室"，瞄准汽车板冷轧智能制造的重大技术难点和热点开展研究，以打造智能工厂为目标实施战略性合作；首钢总公司校准实验室成功申报中关村开放实验室。迁安首信自动化信息技术有限公司被认定为唐山市"两化融合"重点企业。通过 CMMI5"软件过程能力成熟度模型集成最高级"复评认证。申报"863计划"北京市专项《面向京津冀协同发展的智能制造技术综合科技服务》，获得专项补贴。

（闫秀萍）

【科研成果】 首自信公司4项科技成果通过首钢总公司科技成果验收评价，其中"迁钢公司全流程能源智能化协同管控系统""首钢采购电子商务平台"分别达到国际和国内较高水平。"大型高效板坯连铸机自主设计与集成"荣获河北省科技进步三等奖。首自信公司主导和参与的10项科技成果获得2014年度首钢总公司科学技术奖，其中，"迁钢公司酸连轧机组模型系统优化及开发"等2项荣获一等奖，"首钢迁钢1580平整机组自动轧制控制系统"荣获二等奖，"长材销售管理系统"等7项荣获三等奖。

（刘佳瑜）

【知识产权】 首自信公司组合运用专利、商标、软件著作权、域名等多种保护方式，知识产权管理工作取得新进展。全年申请专利28项，取得专利授权15项，申请软件著作权28项、商标1项、域名1项。截止到2015年底，首自信公司累计申请专利143项，取得专利授权80项，申请软件著作权115项，注册商标4项，注册域名3项，企业知识产权保护布局逐步展开。运用各级政府对企业知识产权工作的优惠政策，取得北京市专利资助金、石景山区知识产权奖励金、中关村创新能力建设专项资金等共计19.5万元，减免各项专利费用9.25万元。

（刘佳瑜）

【成果转化】 2015年，首自信公司实施多项科技成果。酸连轧机组模型系统从迁钢公司移植应用到顺义冷轧厂；热风炉自动燃烧系统在迁钢三高炉项目中实施；大宗物料管控系统应用于青钢原料场项目计算机二级系统中；冷轧数据挖掘与分析系统应用于顺义冷轧厂、迁钢公司建设项目中。

（闫秀萍）

【钢铁主业科研开发】 2015年，首自信公司实施高效铸机结晶器漏钢预报系统研发、京唐镀铝锌生产线控制系统研究与实现、京唐1580热连轧板形控制系统优化、冶炼过程机理模型研究、冶金行业煤气系统综合调度平衡及仿真应用和长材 MES 产品研究与开发等多项科研项目。其中高效铸机结晶器漏钢预报系统在首秦2号连铸机上实现模型在线运行，完成京唐4号机漏钢预报系统原型升级，在京唐3号机上进行并行测试；京唐镀铝锌生产线控制系统依托首钢京唐板材加工部京唐镀铝锌线搬迁项目，完成全线程序设计、自主集成与调试，9月29日，第一卷镀锌成品钢卷顺利下线。

（闫秀萍）

【拓展领域研发】 首自信公司开展铝行业 MES 系统研究，形成整套铝行业 MES 解决方案，在重庆旗能电解铝 MES 系统项目中实施；开展首钢健康管理信息系统研究与开发，形成企业版、医生版、个人版及个人移动（精简）版四个应用，形成集团职工健康管理体系信息化支撑，系统上线运行达到体检信息准确率100%、报表准确率100%。

（闫秀萍）

【新产业研发】 首自信公司立足首钢新园区建设，从智慧城市规划咨询、文化、电子商务三个产业开展科研项目研究与开发，完成"智慧城市研究与开发""面向文化创意产业的剧本评估管理系统的研究与开发""搭搭APP的研究与开发""电子商务平台研究与开发"等项目。其中"社区电子商务平台的研究与开发"项目5月21日在首钢园区服务公司召开乐享平台发布会，平台运行一个月 PV（页面浏览）量已突破2万。

（闫秀萍）

【纵向项目】 首自信公司承接国家电子基金招标项目，研究冶金行业在线产品质量智能化分析技术，研发具有自主知识产权在线产品质量智能化分析和管控平台。2015年完成在迁钢等基地应用验证及优化，准备验收。首自信公司参与研发的"面向可循环流程钢铁企业的多目标优化与智能决策 MES 开发及应用"，是国家"十二五"863计划项目"支持节能降耗和智能决策的冶金行业 MES 开发及应用"专题的子课题之一，2015年完成应用验证准备验收。

（闫秀萍）

【论文及学术交流】 首自信公司先后组织科技人员30

人参加"第十九届全国自动化应用技术交流会""第十届中国钢铁年会"等学术交流活动。全年共有29篇论文被《轧钢》《钢铁》《冶金自动化》等核心期刊录用,33篇优秀科技论文在第十三届冶金青年优秀科技论文征集评选活动中获奖,其中一等奖论文2篇。

(刘佳瑜)

【充电产业】 2015年,新能源汽车充电设施列为首自信公司战略目标之一,公司进行直流充电桩研发和生产制作、首自信充电运营服务平台研发和充电站建设运营工作。截至年底,在建充电站两座,一座位于首钢特钢南门停车场,配置6台充电桩;另一座位于首自信公司大院停车场,配置20台直流充电桩。与顺义冷轧厂、首钢特钢南区停车场、首钢篮球中心、中关村创客空间地下停车场、首钢小区房管所、老山小区等地达成合作意向;与首钢生物质公司、首钢国际大厦等地进一步洽谈;与富电科技公司、首钢基金公司、首嘉钢构公司签署四方合作协议;成为富电公司充电桩产品在北京地区唯一组装、测试基地;与富电公司签订三个组装合同,累计368台。首自信公司完成第一代直流充电桩研发工作并应用于特钢充电站;与泰兴科技公司共同开发二代直流充电桩。充电运营服务平台基本搭建完成,门户网站、手机APP设计工作正在进行。

(苏红月)

【微电网产业】 10月29日,首自信公司与天合转促中心等10余家单位及政府机关共同就北京市房山区韩村河镇"新城镇新能源智能微电网应用示范工程项目"建设达成合作共识。成立领导小组,天合转促中心主任朱希铎任总指挥,设置技术组、工程组、金融组、综合协调组四个实体工作组,首自信公司总经理佘国平任工程组组长;并根据项目总体进度制定实施计划。11月12日,微电网筹备组人员到位,在韩村河镇开展现场数据资料收集工作,开始制定初步技术方案。

(孔令杰)

【立体车库产业】 2015年,首自信公司公交立体车库研发和样机生产制作工作,完成自动控制系统、车辆引导系统、车号识别系统、视频监控系统、消防系统、充电桩系统、光伏系统和综合管控平台系统设计,成套制作主控室主电源柜1台、升降机变频柜1台、升降机PLC柜1台、穿梭车变频柜3台、穿梭车PLC柜3台、服务器柜1台、安防柜2台、主操作台2台、机旁操作箱1台、端子箱6台,完成厂内校线和厂内通电测试。首自信公司多次与公交集团进行技术交流和实地考察,根据实际需求完善公交立库控制系统,为公交集团小营公交场站、方庄公交场站、西直门公交场站、五路公交场站改造提供完整立体车库解决方案。

(张国强)

【智慧城市产业】 2015年,首自信公司分别与首钢园区开发部、首钢服务公司、首钢源景公司、首钢体育公司、首钢贵钢园区、京西创业公社建立良好客户关系,为智慧城市产业发展奠定基础,探索与石景山经信委、石景山科委、曹妃甸发展投资公司等优质客户关系。4月首钢正式挂牌第三批智慧城市试点。首钢新园区智慧城市试点共16个项目:数据中心、通讯基础设施、城市公共基础数据库、规划建设平台(创新项目)、BIM绿色建筑群管控平台、城市网格化管理平台、智慧交通、能环一体化管理平台、双向物流、公共信息平台、政务代办平台、产业服务平台、智慧养老服务平台、社区生活一卡通、社区生活服务平台、决策管控平台(非重点项目)。

(王树成)

【智慧城市建设项目】 首自信公司形成2015年首钢新园区智慧城市建设重点项目。6月,首自信公司明确通讯基础设施、数据中心、规划建设平台、网格化管理平台、招商平台、筒仓智慧建筑改造、公共信息平台、智能路灯、智能井盖等项目建设,确立首自信在首钢园区建设与运营主导地位。2015年,首自信公司智慧城市主导二型材设计、首特绿能港设计、贵钢顶层设计与专项设计等项目。

(王树成)

【互联网+】 互联网+社区生活服务(首钢乐享平台运营及园服创新服务业)。5月,首钢园区服务公司与首自信公司签署乐享平台运营战略合作协议,平台正式上线运行,编制物业运营服务中心、云打印等解决方案。8月,首自信公司配合园区服务公司申报国资委创新型服务业项目。

互联网+体育。7月,与首钢体育公司对接"互联网+"发展模式,针对原有男篮APP提出修改运营意见,形成首钢男篮面向互联网宣传整体解决方案,组织团队进行APP开发,建设首钢体育产业综合球迷互动平台,两个月即完成IOS、安卓、微信平台建设,获得体育公司用户认可。

互联网+创业孵化器。继配合首钢基金创业公社完成互联网+产业孵化器平台后,2015年完成创业公寓互联网服务平台,实现日常生活、服务、消费掌上服务运行模式,给入住创业青年提供居住体验。

（王树成）

【移动互联产业】 E中医项目,完成与京卫、三和、和顺堂及东方博大医院签约工作,资本对接工作与两个投资机构进行沟通。首钢职工健康管理信息系统一期4月1日成功上线,当月用户量突破10万。倒班助手项目,继续迭代产品3.04版本已投入市场,用户量11月突破11万,3.1版本计划在12月1日上线。MyChatrip APP项目,完成APP与客服系统研发,正在中、美两地小范围测试。"到啦吗"项目继续完善产品,与实业公司继续推进双方公司合作事宜。

（王树成）

【京唐自动化工程】 首自信公司针对京唐钢铁公司2号镀铝锌生产线搬迁改造项目成立项目部进行技术攻关;首自信公司承担该项目设备和施工任务:包括盘箱柜累计安装完成260余台套,仪表安装约300余套;电缆桥架约8千米;电缆敷设总量约为23万米;经过精心组织,9月29日热试一举成功,在年底前完成精调工作,达到考核指标。此项目是首自信公司第一次独立承担整条镀铝锌生产线调试任务,为首自信公司填补一项空白。

（王学军、齐 勇）

【迁钢自动化工程】 首自信公司继续承建迁钢CCPP、线材拆迁改造、二冷轧、能源中心等项目,确保工程按投产节点进度完成。迁安钢铁公司一热轧3号加热炉改造项目8月3日停炉,开始拆除改造,项目包括自动化、电信、工程施工。另外,完成动力作业部水优化系统新增污水处理工程;一炼钢一次除尘系统半干法除尘改造工程;动力厂1号、3号高炉余热回收工程;倒班中心工程1号—8号楼、综合楼电信项目工程等。

（陈 辉、齐 勇）

【贵阳特钢自动化工程】 首贵新特材料特钢材料循环经济工业基地工程项目包括电炉区域、公辅区域、原水区域、精品线材安防系统等。其中,电炉炼钢和公辅区自动化施工项目,除4个工号不具备条件,其余项目全部施工完投入使用,完成监理审核及报量报验工作;首贵新特材料循环工业基地项目已完成监理审核及报量报验工作并进入质保期。钎字钢迁移工程、中空钢改造工程、锻钢迁移工程,进入全面展开阶段,电信专业已具备施工条件,正在组织实施中。

（付建忠、齐 勇）

【北京首钢园区工程项目】 2015年,首自信公司完成西十筒仓项目综合布线任务,配合首建集团完成规划二路、长安街西沿线、机械厂等地段综合布线拆除工作。同时首钢园区智慧城市相关项目开始实施,项目包含园区开发OA&门户系统、园区服务公司乐享平台系统、源景剧本平台系统、京西创业公寓系统、城市规划建设平台系统、二型材智慧化设计。

（齐 勇）

【信息化施工拓展】 首自信公司配合总公司完成北京地区拆、改、建信息化工作。完成首钢北京园区地下管井敷设20根ERP光缆路由勘查;长安街西延线工程迁改移项目,配合总公司园区进行ERP光缆情况勘察,制定ERP光缆切割计划;晾水池东路（规划二路）工程拆改移项目,配合园区进行ERP光缆情况勘察,完成四炉引桥光缆迁改工作及制氧厂ERP光缆保护工作,形成无线网络方案等待实施;丰沙线铁路改建工程首钢段入地管线迁改移工程项目,配合园区进行ERP光缆情况勘察,制定迁改移方案;北辛安路迁改移工程拆改移项目,配合园区进行ERP光缆情况勘察;S1线工程管线工程拆改移项目,配合园区进行ERP光缆情况勘察。

（王树成）

【运行维护】 3月,顺义运行事业部运维设备管理平台（EAM）正式上线运行,标志首自信公司运维设备管理平台在迁钢、京唐、首秦、顺义等各基地全部完成上线运行。7月,首自信公司与唐山微尔自动化公司完成首钢京唐钢公司热轧1580mm产线、2250mm产线和冷轧2230mm产线维护交接。

（王 绪）

【劳动管理优化】 首自信公司与智联招聘合作,参加校企合作高校招聘会等形式,引进高端人才,招收应届毕业生,为转型发展和新项目提供人才支撑,全年招收相关专业毕业生和人员91人;采取自然减员不予补充等措施,提高劳动效率,降低人工成本,在岗员工净减员5.1%。开展内部竞聘方式挖掘内部资源,优化内部资源配置,补充部分岗位缺员。组织各单位按照管理流程和原则规定,进行劳动合同管理,到期续订、终止以及解除等严格执行《劳动合同法》规定,按规定支付补偿金,全年没有出现劳动争议。全年续订劳动合同 211 人。清理全公司劳务用工管理,自检和复查辅助性岗位必需履行的民主程序工作,完成主营业务岗位不再使用劳务用工清理整顿工作,劳务用工净减少 6.2%。为适应转型发展管理需求和强化经营销售体系建设,调整完善组织机构,增设战略管理部、总工程师室、智能工业销售部和智慧城市销售部等部室。全年制定制度 7 项,修订制度 5 项,废止制度 7 项。

（王　帅、田文娟）

【薪酬奖励机制】　首自信公司完善薪酬分配体系,调整优化各分配单元比例,组织调整工资等级线标准,进行全员考核评定,对合格职工 3626 人调增岗位基本工资一级。组织制定实施年功工资实施办法。继续执行内退人员收入增长机制,同时调增内退人员年功工资标准,增加内退人员收入。做好绩效考评工作,在公司挂钩指标超额完成基础上,职工平均收入水平保持平稳增长。

（郭学永）

【员工培训】　首自信公司举办培训班 63 个,培训 3299人;岗前培训率 100%;在岗职工参培率 100%;人均培训 56.7 学时;特殊工种人员取证及复审培训 449 人;高技能人才占操作岗位职工人数比例 27%。组织开展职业技能鉴定培训,400 人取得新职业资格;在北京、京唐和迁钢各地组织 290 人参加 5 期班组长培训班,组织 20人参加 ORACLE（初级）培训,组织 15 人参加 ORACLE（中、高级）培训,组织 32 人参加《城市供排水系统技术讲座》培训,组织 85 人参加自动化仪表传动基础知识和迁钢各产线工艺知识等培训,组织 80 人参加“工程投标”知识培训,举办 150 人参加的《经营、外协合同法律知识专题讲座》,组织专业技术和管理人员 289 人参加《专业技术人员科技创新与实务》公共知识培训,组织15 人参加北京市举办《动漫制作技术的发展和产品交易营销高级研修班》;举办《“产融结合”专题讲座》,组织《PowerPoint 高级应用培训班》,30 人参加培训;举办保密制度培训,涉密人员 60 人参加培训;举办“自动化维护工”职业技能竞赛,6 人获首自信公司级“技术能手”称号。承办“京唐杯”信息安全员职业技能竞赛,5人获首钢总公司“技术能手”称号,其中 1 人获竞赛一等奖。组织搭建自动化传动教育培训实验平台,提高职工动手能力。

（于　硕、田文娟）

【管理创新】　首自信公司“适应企业转型发展的科学管理体系的创新与实践”获首钢第十六届管理创新成果二等奖;“以‘创新工作室’为平台的技术创新和人才培养模式的构建和实施”获首钢第十六届管理创新成果三等奖。首自信公司党委“坚持问题导向 努力建设务实高效的班子文化 为实现首钢转型发展提供坚强保证”“实施党的先进性建设与企业品牌建设‘双轮驱动’策略的探索与实践”分别获第十三届首钢党建和思想文化创新成果获奖项目二等奖、三等奖。

（郭学永）

【荣誉称号】　5 月,首自信公司获“2014 年度中国工业软件优秀企业”称号;冶金行业 MES 解决方案获“2014年度中国工业软件优秀产品奖”。6 月,被评为中关村民营科技企业家协会副会长单位。9 月,被授予“北京企业联合会、北京市企业家协会副会长单位”。10 月,获得“企业信用等级证书（AAA）”。11 月,被授予全国智能制造发展联盟 2015 年度“智能制造年度优秀示范解决方案”称号;并获“2014 年度北京市诚信创建企业”称号。

（李　琴）

【企业文化建设】　首自信公司相继举办第七届“步步高”团队登山比赛、第六届职工运动会、庆“七一”文艺汇演、“浓浓金秋,相爱相聚首自信”青年集体婚礼和“相约首自信·爱在曹妃甸”主题联谊活动。在首钢职工篮球联赛中,获得男子组亚军。举行纪念抗战胜利70 周年系列教育,组织百人赴革命圣地重温入党誓词,牢记“两个务必”,创建服务型党组织。开展“首钢人的故事”宣讲活动,全年共推荐上报总公司 18 个典型人物故事,信息事业部米岩同志荣获首钢“争先之星”称号,首自信公司获 2015 年“首钢人的故事”宣传活动优秀组织单位。开展“送温暖”,走访慰问职工 270 户。关注困难职工生活,为职工 285 人发放困难补助 14.43万元。

（关福生）

【“三严三”实活动】　5 月 15 日,首自信公司召开“三严三实”专题教育动员大会;6 月 26 日,召开“三严三实”专题教育党课报告会;6 月 22 日、8 月 31 日、10 月28 日,分别召开“三严三实”三个阶段专题学习交流研讨会。领导班子成员开展谈心活动，谈心20人次，分别提出意见建议27条；班子成员与分管单位负责人谈心32人次，提出意见建议37条。

（梁志强）

【对外合作】 首自信公司与北京首钢朗泽新能源科技有限公司签订战略合作协议；与江门市联成达科技发展有限公司签订江门及珠江三角洲地区工业4.0推广战略合作协议；与北京富电科技有限公司、北京首嘉钢结构有限公司签订《奥运超级充电站及智能停车项目合作协议书》；与飞利浦照明共同签署战略合作备忘录；与唐山力必拓科技有限公司签订战略合作协议；与北京富电科技有限公司签订《超级充电站框架合作协议书》；与北京首钢实业有限公司签订战略合作协议；与贵阳首钢房地产开发有限公司在智慧园区建设项目及智慧城市综合运营两方面签订战略合作协议；与同方股份有限公司签订战略协议；与神州数码控股有限公司签订战略合作协议；与首钢财务公司签署战略合作协议。

（张晓纲）

【首自信2015大事记】

1月16日，首自信公司领导班子成员进行调整，总公司党委下发文件（首党发〔2015〕9号），经研究决定张宗先任公司党委书记、纪委委员、书记、工会主席，佘国平任公司党委副书记、总经理（总经理职务试用期一年），许剑、李振兴任公司副总经理（试用期一年），徐量为北京首钢基金有限公司副总经理（正部厅）人选（试用期一年），建议解聘其北京首钢自动化信息技术有限公司副总经理职务。

1月16日，首自信公司第三届董事会、监事会、高管人员进行调整，总公司党委下发文件（首党发〔2015〕12号），研究决定刘宗乾任公司第三届董事会董事、副董事长，董钢、兰新辉、佘国平、胡丕俊任公司第三届董事会董事；刘章英任公司第三届监事会监事、主席，于节、宋连仲、孙桂华、李伟任公司第三届监事会监事。

1月16日，首自信公司召开干部大会，首钢总公司副总经理强伟出席会议并讲话。首自信公司党委书记、董事长张宗先作题为《认清形势抢抓机遇努力实现转型发展新突破》工作动员报告，首自信公司党委副书记、总经理佘国平主持会议并提出贯彻会议精神要求。首自信公司副总经理胡丕俊、许剑、李振兴和各事业部所、联营合资公司党政主要领导共计40余人参加会议。

1月23日，首自信公司召开安全生产大会，首自信公司党委副书记、总经理佘国平传达总公司安全大会精神，分别与各事业部所签订《2015年安全生产责任状》。公司副总经理李振兴作安全生产工作报告。公司党委书记、董事长张宗先主持会议。

3月12日，总公司党委下发文件（首党发〔2015〕36号），研究决定李腾任首自信公司董事、副总经理（副总经理职务试用期一年）。

3月13日，首自信公司召开第二届职工代表大会第四次会议，首钢总公司副总经理强伟出席会议并作重要讲话。首自信公司党委书记、董事长张宗先做总结讲话。在会上，总经理佘国平做题为《适应新常态，迎接新挑战，全面开创首自信公司创新驱动转型发展新局面》工作报告，与会代表进行认真讨论。

3月16日至4月3日，首自信公司举办为期三周领导干部培训班。

3月17日，首自信公司董事会下发文件（首自信董发〔2015〕1号），经公司第三届董事会第一次会议审议决定，张宗先任公司董事长，刘宗乾任公司副董事长，佘国平任公司总经理，胡丕俊、李腾、许剑、李振兴任公司副总经理，苏凤春任公司董事会秘书；解聘关绍博公司总经理职务，为公司调研员；解聘顾里云公司副总经理职务；解聘陈志公司副总经理兼总工程师职务，为公司调研员；解聘徐量公司副总经理职务；解聘李伟公司董事会秘书职务。

3月27日，首自信公司召开第八次股东会。会议进行董事会、监事会换届选举，选举通过张宗先、刘宗乾、董钢、兰新辉、佘国平、胡丕俊、李腾为首自信公司第三届董事会董事；刘章英、于节、宋连仲为首自信公司第三届监事会监事。会前，通过职代会组长联席会议选举产生孙桂华、李伟为职工代表监事。

3月27日，首自信公司第三届董事会第一次会议审议决定，聘任佘国平为公司第三届董事会战略决策委员会主任委员，刘宗乾、董钢、周迎春、傅建忠为战略决策委员会委员；聘任宁伟明为公司第三届董事会审计委员会主任委员，李腾、刘章英为审计委员会委员；聘任张宗先为公司第三届董事会提名与薪酬考核委员会主任委员，佘国平、孙炜、刘洪祥、刘章英提名为薪酬考核委员会委员。

4月1日，由首自信公司承担开发"首钢职工健康管理信息系统"上线试运行。

4月3日,北京市科委高新处汤健处长、园区工作主管元文芳、服务业主管侯亮对首自信公司进行调研和指导工作。

4月8日,首自信公司与北京首钢朗泽新能源科技有限公司签订战略合作协议。

4月13日,首自信公司召开反腐倡廉工作会议。

4月15日,总公司副总经理胡雄光带领首钢基金公司、信息部、计财部、园区开发部等部门负责人来首自信公司调研。

5月21日,首自信公司联合首钢园区综合服务有限公司开发首钢乐享平台举行上线仪式。

5月29日,首自信公司组织赴狼牙山、西柏坡革命圣地参观学习,接受红色教育洗礼。

6月24日,首自信公司与飞利浦照明共同签署战略合作备忘录。

6月29日,首自信公司召开第三届董事会第二次会议暨第九次股东会。

7月3日,首自信公司举行庆"七一"先进表彰大会,首钢总公司副总经理胡雄光出席会议并讲话。

7月4—6日,首自信公司参加由中国机械工业企业协会主办的"第十一届亚洲国际工业自动化展览会"。

8月1日,首自信公司召开2015年上半年经济活动分析会。

8月6日,首自信公司领导参加京津冀科学技术协会科技成果转化平台项目发布会。

8月10日,首自信公司举办"产融结合"相关讲座,邀请北京创业公社投资发展有限公司董事长、创始人刘循序授课。

8月8—9日,首自信公司参加以"智能制造驱动企业创新发展"为主题的全国第二十届自动化应用技术学术交流会。

8月18日,首自信公司与唐山力必拓科技有限责任公司共同签署战略合作协议。

8月20日,首自信公司举办"相约首自信·爱在曹妃甸"青年联谊活动。

9月1日,首自信公司开发的第一个移动互联网产品——首钢倒班助手3.0版本上线运行。

9月12日,首自信公司举行第六届职工运动会。

9月23日,顺义冷轧—首自信智能工厂联合实验室、首自信自动化研究所顺义冷轧分所正式成立,首自信公司与北京首钢冷轧薄板有限公司共同举行揭牌仪式。

9月28日,首自信公司召开干部大会,学习传达首钢2015年"创新创优创业"交流会精神。

10月13日,总公司党委副书记、纪委书记许建国,副总经理胡雄光参加"首自信公司落实'两个责任'强化廉洁从业意识"座谈会并分别讲话。

10月17日,首自信公司召开干部大会,张宗先传达首钢总公司领导靳伟、张功焰、何巍在"首自信公司'十三五'规划初次汇报会"上的讲话精神并提出工作要求,佘国平整体解读首自信"十三五"规划纲要。

10月20日,首自信公司与北京富电科技有限公司合作"石景山区首个光伏超级充电站开工启动仪式"在首自信公司隆重举行。

10月29日,首自信公司参加北京市房山区韩村河镇新能源微电网项目合作签约仪式。首自信公司总经理佘国平和副总经理李腾、李振兴等出席签约仪式。

11月6日,中共北京首钢自动化信息技术有限公司第二次代表大会召开。张宗先作《站在新高点,迎接新常态,把握新机遇,开创首自信公司党建和转型发展新局面》报告。

11月23日,首自信公司下发文件,成立微电网产业、充电产业、机器人产业与无人天车产业四个筹备组。

12月8日,首自信公司与同方股份有限公司共同签订战略合作协议。

12月15日,首自信公司与首钢集团财务有限公司签订《财企战略合作协议》。

(李 琴)

【先进集体和先进个人】

北京市劳动模范

 米 岩

首钢劳动模范

 邱成国 赵云霞

首钢三创标兵

 顺义运行事业部 贾 鹏

 京唐运行事业部 路来顺

 传动事业部   王学文

 自动化事业部   王 鹏

电信事业部　　　田　华
自动化研究所　　　龚彩军

首钢三创先进集体

顺义运行事业部镀锌班
京唐运行事业部烧结班
传动事业部李洁创新工作室

首自信公司先进单位

首迁运行事业部
传动事业部
北京首冶仪器仪表有限公司

首自信公司先进集体

顺义运行事业部办公室
首迁运行事业部炼钢作业区
首迁运行事业部热轧作业区
京唐运行事业部生产科
京唐运行事业部焦化作业区
传动事业部设计室
自动化事业部设计室
信息事业部MES应用技术中心
信息事业部办公室
工程事业部项目二部
电信事业部京唐分部
电信事业部经营科
自动化研究所炼钢连铸研究室
计财部资金科

首自信公司先进班组

运行事业部标准计量站检定室
首秦运行事业部轧钢作业区传动班
首秦运行事业部炼钢作业区炼钢班
首秦运行事业部炼铁作业区炼铁班
首迁运行事业部冷轧作业区环形炉班
首迁运行事业部炼钢作业区一炼钢班
首迁运行事业部炼铁作业区焦化班
首迁运行事业部公辅作业区动力班
京唐运行事业部计量作业区大型衡器班
京唐运行事业部冷轧作业区酸再生班
京唐运行事业部传动作业区炼钢传动班
京唐运行事业部能源作业区制氧班
京唐运行事业部炼钢作业区转炉班
传动事业部设计室项目五班

自动化事业部系统室调试三组
信息事业部迁钢分部IT运维组
信息事业部拓展软件技术中心首钢新园区智慧
　　城市工作组
信息事业部MES应用技术中心研发部
工程事业部项目一部电工班
电信事业部迁钢分部炼钢维护一组
电信事业部维护车间通信设备维护班
电信事业部首秦分部维护一组
自动化研究所研发中心冷轧项目组

首自信公司先进职工

运行事业部	张枫华		
顺义运行事业部	徐锦垒	裴东营	吕齐石
首秦运行事业部	李朕兴	田　振	杨栋梁
	李保军	赵　盾	
首迁运行事业部	王凤杰	王　磊	安秋峰
	周　伟	田　超	唐　婧
	乔卓林	颜廷升	王守权
	李小龙	孙庆龙	王松山
	高启涛	张照参	曹京飞
	许　伟	李　宁	郑文瑞
	付丹昊	秦孝凯	
京唐运行事业部	王会全	张立山	李长龙
	杨致富	孙学庚	刘鹏哲
	杜思光	薛超云	于长新
	王少安	肖　园	张　平
	董润胜	李　赛	武增东
	李铁军	杨国良	王　琦
传动事业部	桑　霖	庄　威	
自动化事业部	张　煜		
信息事业部	屈乐圃	米　岩	刘　聪
	任立辉	郑军辉	王　光
	罗思亮	赵　兆	孟德斌
	王　旭	计　松	侯利明
工程事业部	赵建军	李茂生	孙福杰
电信事业部	程国强	张　浩	宋　蒙
	刘冠权	郭运桥	张翠环
	周宏宇	王贵利	王　楠
	王　亮	孙克鹏	薛　莉
	张　磊		

自动化研究所	马利友	公司计财部	苏凤春
公司机关	张伟国 王绪 孙立明	首自信公司六好班子	
联营总支	胡霜萌	首迁运行事业部党总支	

首钢模范党委
　首迁运行事业部党总支

首钢模范党支部
　京唐运行事业部能源党支部
　传动事业部设计室党支部

首钢模范共产党员
　公司机关　　　　李腾
　传动事业部　　　冯斌
　信息事业部　　　牛巍
　自动化研究所　　郭立伟

首钢先进党支部
　首迁运行事业部热轧党支部
　自动化事业部第二党支部
　信息事业部迁钢分部党支部
　电信事业部迁钢分部党支部

首钢先进党小组
　顺义运行事业部酸轧党小组
　首秦运行事业部炼钢作业区炼钢党小组
　首迁运行事业部冷轧作业区三区党小组
　信息事业部京唐分部 MES 党小组
　工程事业部项目五部迁钢施工班党小组
　北京首新电子有限公司党小组
　生产部党小组

首钢优秀共产党员
　运行事业部　　　牛国胜
　顺义运行事业部　金洪军
　首秦运行事业部　张立伟
　首迁运行事业部　孔令杰
　首迁运行事业部　颜廷举
　京唐运行事业部　宋海明
　京唐运行事业部　李自强
　传动事业部　　　李炬
　信息事业部　　　赵艳春
　工程事业部　　　姜涛
　电信事业部　　　高炳志
　电信事业部　　　张殿阁
　天津首钢电气设备有限公司　牛犇

传动事业部党总支
首自信公司先进党支部
　运行事业部综合党支部
　首秦运行事业部轧钢党支部
　工程事业部项目一部党支部
　自动化研究所党支部
　北京华夏首科科技有限公司党支部
　党群部、人力资源部党支部

首自信公司先进党小组
　首迁运行事业部炼铁党支部炼铁党小组
　京唐运行事业部焦化作业区化产党小组
　京唐运行事业部炼铁作业区高炉党小组
　传动事业部整机车间党小组
　自动化事业部计算机室党小组
　电信事业部机务车间第一党小组
　电信事业部京唐分部第二党小组

首自信公司优秀共产党员
运行事业部	方红霞		
顺义运行事业部	祖双庆		
首秦运行事业部	王安龙	安永浩	
首迁运行事业部	钟京钢 张余海	朱清	
	邢文来 刘国伟	何明杰	
京唐运行事业部	王宝月 杨连波	高永宽	
	徐宏庆 谷卿	李辉	
传动事业部	孙燕京 王玉梅		
自动化事业部	王鑫 赵博		
信息事业部	樊登旺 邢艳平	温明	
	朱明 高朝晖	王国琪	
工程事业部张君革	田印栋 曹宏伟		
电信事业部	王忠良 郭宝伟	李彦辰	
	李文利 茅春琴	邢斌	
	张晓明		
自动化研究所	杨伟强		
联营党总支	郑红生 荆娜		
机关党总支	钟杨 魏振军	徐广智	
	李琴 刘丽洁	韩继军	

（梁志强）

北京首钢机电有限公司

【首钢机电公司领导名录】

董事长:白　新(兼)

董　事:白　新　刘宗乾　李建设

　　　　张满苍　刘　强　张秀怀　王三恒

监　事:韩春林　徐国生　郭军杰

　　　　王信书　刘丽虹

总经理:张满苍

副总经理:刘　强　张秀怀　王三恒

党委副书记:刘　强(主持工作)　张满苍

纪委书记:刘　强

工会主席:刘　强

(郭鑫鑫)

【综述】　北京首钢机电有限公司(以下简称"机电公司")始建于1986年,总资产34.6亿元。具有设计、制造、安装调试、服务、技术咨询、设备供应总承包综合能力,具有机电设备安装专业承包等资质。拥有各种大型金属切削设备,其中精密机床、大型数控化机床300多台,拥有设备结构、热处理等配套工艺,有完善的理化检测手段和先进检测设备,可满足各种用户对不同质量的要求,具有ISO9001(或ISO9002)国际质量保证体系认证和美国ASME认证。经过多年发展,形成中高端成套设备制造加服务和钢铁服务业两大板块主业,主要产品包括冶金成套设备、焦化设备、城市道路安保设备、城市垃圾处理设备、机械式停车设备、电动汽车充电桩、管片模具及自动化生产线、住宅产业化生产线、散料(自卸)设备、桥梁施工转体设备、海水淡化设备及电机、开关柜、变压器和液压产品等。

机电公司下设大厂首钢机电公司、首钢机电设研院、成套设备分公司、首钢机电环境工程技术公司、电机厂、液压中心、迁安机械修理分公司、曹妃甸机械修理分公司、秦皇岛机械修理分公司,职工总数3000人,工程技术人员517人。2015年底在册职工1285人,其中硕士3人、本科228人、大专399人、中专及以下650人;

高级职称26人,中级职称67人;高级技师49人,技师52人,高级工220人、中级工116人、初级工91人;职工平均年龄42岁。

2015年,机电公司提升钢铁业服务能力,围绕城市基础设施及城市服务开拓市场,开发护栏、防撞柱、充电桩、水处理等系列产品,实现向打造城市综合服务商初步转型发展。

(郭鑫鑫)

【主要指标】　机电公司销售收入6.2亿元,比2014年提高11.6%;实现工业总产值5.4亿元,比2014年提高46%;从业人员销售收入劳产率21.3万元/人,比2014年提高10.1%;全年杜绝死亡和重伤事故;在岗职工月收入5456元,比2014年人均月收入4862元增长12.2%。

(郭鑫鑫)

【重要会议】

1月20日,机电公司召开2015年安全生产大会。

3月6日,机电公司六届四次职代会审议通过张满苍所作《攻坚破难 开拓创新 全面完成目标任务新突破》报告。

4月17日,机电公司组织召开党风廉政建设和反腐败工作会议。

4月30日,机电公司召开一季度经济活动分析会。

5月11日,机电公司召开长安街景观提升护栏项目专题会议。

7月3日,机电公司在大厂基地召开加强党建工作暨表彰先进大会。

7月10日,机电公司在大厂基地组织召开护栏项目专项调研会。

8月25日,机电公司召开监事会对机电公司前期监督检查情况通报会。

9月11日,机电公司党委在大厂护栏分厂召开"弘扬首钢精神,建设更有活力的新机电"座谈会。

11月27日,机电公司与北京排水装备有限公司在河北大厂首钢机电公司举行华北地区最大水污染处理设备制造生产基地挂牌仪式暨膜组架批量生产合同签约仪式。

（郭鑫鑫）

【市场承揽】 2015年,大厂机电公司完成特钢镀锌线搬迁、京唐环冷机大修改造任务。三个检修基地巩固了检修维保业务。迁安基地完善结晶器铜板修复制作,逐步在京唐和首秦推广使用。全年公司内部机电液备件及检修维保承揽合计3.5亿元。外部市场机电公司先后承揽印度JSW公司和长治钢厂双U型导烟车等焦化项目,承接乌兰浩特、武安、河北纵横、燕山钢铁等转炉、炉顶设备制造合同6000余万元。首次与德国KOCKS公司合作制造三辊减定径棒材轧机设备。

（郭鑫鑫）

【新产品开发】 2015年,机电公司防撞柱形成系列产品,从技术集成走向市场开发;自主开发、自主制作交直流智能化一体式充电桩,批量生产,走向市场;升降横移类机械式停车设备完成型式试验和资格取证工作,完成全国首例机械式智能公交立体车库设备设计工作;切入污水处理新行业,正式与北京北排装备产业有限公司签订合作协议,与北排装备、同创碧源、中天环境等公司展开积极合作,先后开发热交换器,套筒阀,启闭机等新产品。

（郭鑫鑫）

【工艺技术推广】 2015年,伴随机电公司产品转型,干部职工应用先进制造工艺技术加速产品转型。一是结合护栏、水处理膜架项目,大厂机电公司推广应用数控激光切割技术,摸索应用不锈钢方管表面拉丝技术,采用管板自动焊接技术,大幅提高膜架制作工效和质量。二是针对夹送辊和助卷辊堆焊修复,应用六头堆焊工艺技术,在层流辊修复中,运用机器人激光熔敷技术,提升智能化水平。三是在管片模具设计制造上,尝试参数化设计和应用无图加工技术、机器人自动焊接技术,创出8天生产5套管片模具于新纪录,保证了产品内在质量和外观质量。四是结合城市基础设施产品设计,尝试应用3D设计和打印技术、三维效果图制作技术、现场物探测绘技术;结合公交立体车库设计,探索有限元分析、动作模拟演示,展现服务城市设计能力。通过先进工艺技术推广应用,模块化生产组织,专业部门联动,大厂机

电公司2015年工业总产值完成2.7亿元,与2014年同期1.3亿元提高一倍,有力助推机电公司市场开拓和转型发展。

（郭鑫鑫）

【资质取证】 2015年,机电公司取得护栏批量生产合格证等8项企业资质、2项专利技术。4个项目获得首钢科技奖,其中,迁钢1580平整分卷机组设备集成、环形炉内罩获得首钢科技进步二等奖,系列转炉设备设计及制造技术、双"U"型导烟车获得首钢科技进步三等奖。

（郭鑫鑫）

【监督整改】 机电公司针对总公司监事会监督检查通报内容,制定整改方案,推进监督检查整改工作。针对整体搬迁后生产及管理变化,应对多地化经营及机构和业务整合实际,规范制度管理,先后修订107项制度。按时限,按程序审议重大议题,完成整改。

（郭鑫鑫）

【内部改革】 机电公司按照管好、管住、管活总体原则,建立各单位财务主管委派制,开展试点工作。强化管理体系扁平化改进,机关处室管理服务职能向生产、研发、营销倾斜。经营部售后服务职能划归大厂,设研院组建大厂分院。京唐基地完成机电业整合。

（郭鑫鑫）

【战略规划制定】 机电公司组织"十三五"规划编制专项工作,确定"十三五"期间"1+2"模式战略发展定位,先后三次送报总公司会审。

（郭鑫鑫）

【"三严三"实活动】 机电公司开展"三严三实"专题教育活动,全年先后组织19次集中学习交流,强化各级党员干部责任意识、交账意识、担当意识、创新意识和看齐意识。

（郭鑫鑫）

【党风廉政建设】 机电公司加强党风廉政建设。党内监督执纪问责得到完善和加强,惩防体系建设得到完善,"三重一大"制度和领导班子工作规则重新修订下发,领导干部"一岗双责""廉政守则"检查执行更加制度化,对个别单位领导干部违规违纪问题进行严肃查处。

（郭鑫鑫）

【队伍建设】 机电公司对各单位干部岗位编制及主要职责进一步规范,完善目标挂钩考核办法,为全面加强

领导干部目标考核奠定基础。强化干部竞聘上岗工作，先后对迁安机械修理分公司、经营部及京唐基地相关岗位通过竞聘上岗方式选聘领导干部，健全强化电机厂、迁安机械修理分公司等单位的领导班子。加强后备干部队伍建设，形成公司级、厂处级、科级后备梯队并组织进行相关人员挂职锻炼。举办机电公司青年干部培训班和机电公司党支部书记培训班。

（郭鑫鑫）

【企业文化建设】 机电公司以活动为载体，满足职工文化成长需求。在护栏项目中，开展"劳动竞赛，岗位建功"活动，评比、表彰先进集体和个人，38人受表彰和奖励。组织经验交流会，引发大家对"护栏精神"深入思考。关心和支持工会、共青团开展活动，组织有特点的文体活动，在大厂举办乒乓球比赛及第二届环厂跑和趣味运动会，增进文化融合，丰富职工业余文化生活。落实"送温暖"工程，为20户家庭建立困难档案，纳入北京市和首钢困难职工帮扶管理体系。筹措资金15万元，走访困难户256人次。为夜间露天奋战在长安街两侧的职工提供后勤保障。按照特殊困难特殊处理原则解决职工生活困难，做好股债权返还工作，涉及职工200多人计3225万元。

（郭鑫鑫）

【党群工作】 机电公司开辟微信平台和OA平台作为宣传和学习平台。围绕护栏项目，组织24家主流媒体记者到大厂采访，新闻广播达300多条，公众微信一期点击量1200人次，一线职工干部30多人的事迹见诸荧屏和报端。设研院设计室主任郑琦被评为"首钢之星"中的"担当之星"。实现大厂及各基地职工及时收看《首钢新闻》，了解首钢改革发展动态。完善《基层党委书记汇报制度》，指导编发每月一期《宣传简报》，发掘、宣传先进事迹和先进典型。

（郭鑫鑫）

【管片模具板块】 2015年，机电公司管片模具市场开发和生产制造取得突破。全年承接管片模具105套，比2014年承揽的38套增长176%。大厂机电公司建立管片模具生产单元，与首秦共同开发蓝皮板，为管片模具快速制造奠定基础。"1+3"管片流水生产线在郑州运行，机电公司实现从单一管片模具生产向管片全流程配套延伸。

（郭鑫鑫）

【特别制作任务】 机电公司承接长安街景观提升护栏制作和更换任务，先后开发人行道、慢行道、中央隔离、公交护栏、绿化护栏等系列高端护栏产品，完成长安街、府佑街、南长街及天桥演艺区近20公里护栏设计、制作、安装任务。大厂机电公司筹建护栏分厂，建设护栏定制生产线，实现产品专业化制造。首次大范围组织护栏安装施工作业，历时34天，完成长安街景观提升护栏项目一期工程，服务"九三阅兵"活动，获得北京市、首钢总公司好评。

（郭鑫鑫）

【专家领导指导工作】

2月13日，迁安市市长张淑云带队到首钢机电公司迁安分公司参观指导。

6月30日，总公司白新副总经理带领护栏项目领导小组检查指导项目进展情况。

7月9日，市政市容委吴亚梅副主任、谢国民委员一行五人到机电公司大厂基地护栏分厂，检查指导护栏制作加工，总公司白新副总经理陪同。

7月10日，总公司张功焰总经理、白新副总经理到机电公司大厂基地专项调研长安街景观提升护栏更换项目。

7月15日，总公司党委常委、工会主席梁宗平到机电公司大厂基地护栏分厂，慰问护栏制作一线干部职工，向参战人员代表发放慰问品。

（郭鑫鑫）

大厂首钢机电有限公司

【大厂机电公司领导名录】

总经理：张满苍（兼）

副经理：马　田　张文革　秘增顺　任士贵
　　　　娄　宇　卫建平

副总工程师：张晓兵　孙春义

党委书记：刘　强（兼）

党委副书记：范肇敏　霍　杨

（赵　刚）

【概况】 大厂首钢机电有限公司（以下简称"大厂机电公司"）2008年4月9日在大厂回族自治县工商行政管理局正式登记注册，注册资本6000万元，企业类型有限责任公司（法人独资），住所为大厂工业园区，占地面积

33.5万平方米,法定代表人张满苍。2015年7月起,实现首钢机械厂、重型机械分公司、首钢液压中心统一开支。

经营范围:冶金设备、矿山设备、焦化设备、环保节能设备、通用机械及零部件、金属结构、工程机械设备、模具、液压元器件及系统、润滑系统、气动元器件及系统、胶管总成、开关控制设备、配电柜、变压器、电动机、发电机等产品设计、制造、修理修配、销售以及技术咨询、技术转让、技术服务、现场检修。金属材料表面处理,金属材料加工、仓储。

大厂机电公司下设重装分厂、通用分厂、结构分厂、传动分厂、护栏分厂、生产制造部、物资采购部、数控与刀具管理中心、设备管理部、人事保卫部、安全部、企业管理办公室、物业管理部、质量保障部、技术工艺部、电液工程部、计划财务部、经营服务部。

2015年底在册职工614人,其中本科66人、大专203人、中专及以下345人;高级职称7人、中级职称11人;高级技师12人,技师17人,高级工85人、中级工46人、初级工32人;职工平均年龄34岁。

（赵　刚）

【主要指标】 2015年,大厂机电公司现价产值24112.66万元;销售收入9500万元;利润-2232万元。

（赵　刚）

【重点项目】 2015年,大厂机电公司完成79套管片模具;抢制河南郑州康辉"五一"剪彩项目,管片生产突破5天制造1套的历史纪录,创出8天5套新纪录,工期和产品质量获用户好评。

（赵　刚）

【质量主体责任制】 2015年,大厂机电公司先后组织转炉、连铸、管片模具、管片生产线、护栏、防撞柱、膜架等重点项目的技术交底。专业技术人员与一线操作人员及时沟通交流,杜绝或解决生产制造过程中的困难和问题。细化落实质量主体责任制度。各重点项目加工、装配关键节点责任落实到操作人、检验人,严格执行问题追溯。加强巡检,及时发现、纠正管片底模断续焊缝布置与图纸要求不符,外贸轧机底座对接坡口与图纸要求不符等问题。

（赵　刚）

【检修和恢复】 2015年,大厂机电公司依靠自身力量完成10米龙门铣、龙门刨、淬火机床、堆焊机等设备改造和平面磨、M1380外圆磨等设备检修。

（赵　刚）

【技能培训】 2015年,大厂机电公司组织预备数控技师、技术人员继续教育、八大员等培训班。结合鱼雷罐车、堆焊棍、开卷设备等重点项目组织专题技术讲座。聘请焊接大师王文华进行现场技术培训指导,结合生产项目组织焊工技术比赛,促进职工学习技术积极性,提高厚板焊接质量。

（赵　刚）

【成本控制】 2015年,大厂机电公司对每项支出逐一报告、审核、批复。外采、外协、运输、能耗等厉行节约。管片模具振动器采购价格由原3400元/台降到3000元/台;普通气体保护焊丝订货价格由原6500元/吨降到5000元/吨。

（赵　刚）

北京首钢机电有限公司设计研究院

【设研院领导名录】

院　长:刘小青

党总支书记:张　准

（马　云）

【概况】 北京首钢机电有限公司设计研究院(简称"设研院")1994年3月成立,隶属北京首钢机电有限公司,是首钢机电有限公司技术核心支柱,提供冶金成套、工程机械、节能环保、市政工程等设计、制造、安装调试、服务、技术咨询和设备供应总承包。设研院下设办公室、总工室、工程管理部、经营部、冶金产品设计部、环保产品设计部、工程机械设计部、电气设计室、大厂分院,职工总数279人,在册职工102人,其中研究生2人、本科72人、大专33人、中专及以下6人;高级职称9人,中级职称23人,初级职称8人;职工平均年龄40岁。

（马　云）

【新产品开发】 2015年,设研院开发护栏、防撞柱、充电桩等系列产品。围绕长安街景观提升护栏更换项目,完成16种护栏设计以及近20公里护栏的设计、制作、安装;开发设计34种不同规格防撞柱,形成全自动、半自动、可移动、固定式系列产品;自主开发两代交流充电桩、两代直流充电桩、壁挂式充电桩、交流双充充电桩系列产品,开发充电桩收费系统,逐步走向市场。

（马 云）

【技术开发】 2015 年,设研院独立承担公交立体车库设计开发工作,完成钢结构平台、提升机构、穿梭、搬运、梳齿架提升、纠偏装置设计工作,全方位组织立体车库有限元分析、动作模拟演示。

（马 云）

【设计技术提升】 2015 年,设研院管片模具设计周期从原 1.5 个月缩为 0.5 个月;开展管片流水生产线机械设备设计、液压和气动控制设计、电气控制设计,形成设计、成套制造、自主调试"1+3"管片流水生产线。2015 年,设研院"管片模具的设计与制造技术"获首钢总公司科技进步二等奖。

（马 云）

【队伍建设】 2015 年,设研院加强技术队伍建设,通过专家评定、民主评议,研究确定第一批主设计师 6 人;筹建设研院大厂分院,服务于冶金备件产品设计转化和测绘、新产品设计与制造衔接。

（马 云）

【组织建设】 2015 年,设研院组织开展"三严三实"系列教育活动,贯彻学习习总书记关于党员领导干部践行"三严三实"新思想新观点新要求。现有党员 32 人,发展党员 2 人,组织培训入党积极分子 4 人。组织 32 人开展党员民主评议。

（马 云）

机电公司经营部

【经营部领导名录】

部　　长:范肇敏

副部长:周春风、王伟山、张春平

部长助理:郑　莲(3 月任职)

党委书记(兼):马　田

（李 文）

【概况】 机电公司经营部(以下简称"经营部")2014 年 7 月成立,主要负责社会产品承揽、催款和市场开发工作。经营部下设一分部、二分部、三分部、项目部、综合部 5 个科室,2015 年 2 月,机电公司成立内部市场部,二分部城建制划入内部市场部。2015 年末职工 40 人,其中在册职工 40 人;研究生 2 人,大专以上 33 人;中级职称 10 人,高级职称 3 人。

（李 文）

【市场开发】 2015 年,经营部围绕市场开发"高炉炉顶无钟布料器",用三维建模方法进行设计,采取措施降低布料器内部温度,提高工作可靠性和延长使用寿命,使维护更简便。"烧结板式除尘器",开发设计出结构合理,功能可靠的烧结板式除尘器施工图。拓展除尘器环保领域新市场,满足不同用户的需求。开发管片模具及流水线项目,完成 105 套管片模具和一套流水线的承揽项目。

（李 文）

【科研成果】 2015 年 4 月,经营部范肇敏、宋秀英、王伟山、蒋军美等开发的"新型下悬挂转炉设备设计及制造技术"获首钢科学技术三等奖。

（李 文）

【规程管理】 2015 年,经营部按照机电公司各项制度,结合自身实际情况,梳理和完善内部管理制度,制定下发专业制度实施细则 8 个,规范经营部的内容管理和工作流程。

（李 文）

【组织建设】 经营部组织开展"开拓市场当先锋"为主题的创先争优活动,1 个支部获先进集体称号,2 人获先进个人称号;组织开展"达晋创"和"党员责任区"活动,发挥党员先锋模范带头作用;加强青年人才培养,推荐优秀青年到领导岗位,做好青年后备干部选拔推荐,组织参加机电公司青年后备干部培训。组织开展"经营部第一届乒乓球比赛";组织经营部人员参加机电公司运动会。

（李 文）

北京首钢机电有限公司机电成套设备分公司

【成套分公司领导名录】

经　　理:贾　宏

副经理:马　锋

副经理:张　雁

党总支书记:贾　宏

（刘京生）

【概况】 北京首钢机电有限公司机电成套设备分公司(以下简称"成套分公司")系北京首钢机电有限公司分

公司,营业场所位于北京市石景山区老山西里机电公司办公楼六层,2001 年 1 月成立,其前身是首钢机电有限公司经销处。下设办公室、计划财务部、项目二部、项目三部、国外部,在职职工 30 人,其中高级职称 3 人,中级职称 4 人,初级职称 10 人。代表机电公司对外承接冶金机电成套设备及备件,承接办理国外进出口业务,非钢产品的承揽及委托制造。冶金产品主要有炼钢炼铁设备、轧钢设备、鱼雷罐车、镍铁回转窑等。非钢产品主要有铁路专用桥梁转体、立体车库、防撞路桩、充电桩、北京北排集团城市黑臭水处理新产品等项目。

(刘京生)

【主要指标】 2015 年,成套分公司承揽合同 3880.91 万元,销售收入 3003.13 万元,利润持平。

(刘京生)

【重点合作】 成套分公司牵头组织,北京北排装备产业有限公司与北京首钢机电有限公司合作签约暨北京北排装备产业有限公司装备制造基地挂牌仪式在大厂举行。通过和北排等单位合作,成套分公司逐步扩大污水污泥处理设备产品种类,重点开发农村污水处理一体化设备、MBR 膜组器、SG 型滚筒格栅、集水槽、污泥流化床热干化等水处理设备,产品种类实现突破。

(刘京生)

【资质取证】 成套分公司牵头组织的 3 层 7 车位升降横移类机械式停车设备制造的取证工作,9 月获制造许可证和安装、改造、维修许可证。

(刘京生)

北京首钢机电有限公司电机厂

【电机厂领导名录】

　　厂　长:王　斌

　　党委副书记:赵　辉(12 月任职)

　　总工程师:李金龙

　　副厂长:赵　辉(3 月离任)

　　副厂长:马　武(4 月任职)

(常璐璐)

【概况】 北京首钢机电有限公司电机厂(以下简称"电机厂")自 1958 年建厂以来,服务于钢铁主流程电气设备的抢修、检修,在首钢高炉系统、炼钢、轧钢系统的电气设备检修、设备升级换代、自动化系统应用均取得良好业绩,参与首钢重大技术改造及产品升级的工程项目建设,多次承担并总包工程项目中的大型电机、变压器、开关柜电气设备的制造及安装任务。近十年来,在"三大电气产品"制造的同时,开展"一业三地"的运营模式,服务于首秦、迁钢、京唐三个钢铁基地,为首钢的搬迁过程中电气设备的升级(进口、国产、自产)、数字化控制及管理系统的应用作出了贡献。产品类拥有大中型直流、高压、交流变频电机的制造能力,中低压开关柜、自动化控制屏制造能力,以及大中型电力、电炉、整流变压器制造能力。检修类主要从事电机、变压器、开关电气设备,备件的专业检修、在线状态检测和问题诊断,同时承接电气设备安装调试等施工业务。电机厂下设 5 部 1 室管理体系及 7 个专业制造、检修维护分厂,职工 500 人,其中专业技术人员 29 人,技术和技能专家 10 人,首席工程师 5 人,技师 45 人,高级技工 114 人,拥有国内一流的电气试验室。

(李金龙)

【机构调整】 按照首机电发〔2015〕8 号文件要求,电机厂京唐分厂成建制划入曹妃甸检修分公司,12 月 31 日前完成划转工作。

(李金龙)

【主要指标】 2015 年,电机厂销售收入计划 6800 万元,完成 5101.8 万元,比计划少 1698.2 万元;利润 16 万元,与计划持平。

(常　春)

【重点工作】 电机厂完成迁钢和京唐公司 2015 年度中修。2015 年,承揽迁钢倒班宿舍工程高低压电气设备制作合同额 900 万元,截至 12 月底,完成低压部分制作任务。

(常　春)

【新产品开发】 通过对迁钢炼钢作业部电磁搅拌辊进行参数测定、修理技术方案制定等系列前期准备,电机厂完成两根电磁搅拌辊的修复;新开发电机减速机一体化修复产品单元,成立专项小组,攻关减速机装配工艺,截至 12 月底,50 台电机减速机进厂修复。

(常　春)

【队伍建设】 电机厂规范党员队伍管理,培养和选拔合格后备干部。推选专业知识水平高、有一定基层工作经历和工作实绩的科级干部 2 人担任厂长助理;选拔优秀青年 4 人参加机电公司后备干部培训班。结合电机厂搬迁调整、人员流动性大的特点,加强党员动态管理。

（常璐璐）

【企业文化建设】 电机厂为困难职工组织捐款 5520 元;为特殊困难劳模申请帮扶基金;为患有重大疾病、家庭生活困难职工申请帮困基金;通过红十字会慰问困难职工;为在职职工 180 人办理重大疾病保险、职工住院保险和意外伤害保险;为职工 20 人办理近 3 万元保险赔付。

（常璐璐）

北京首钢机电有限公司曹妃甸检修分公司

【曹妃甸检修分公司领导名录】

  常务副经理:苏振清

  党总支书记:苏振清(兼)

  党总支书记助理:梁凤东

  副经理:马 武

  副经理:熊 伟

  副经理:邓述才

  副经理:姜来德

  副经理:魏建林

（徐 婧）

【概况】 北京首钢机电有限公司曹妃甸检修分公司(以下简称"曹妃甸检修分公司")是 2010 年 5 月注册成立的首钢机电有限公司全资子公司,位于河北曹妃甸工业区首钢京唐公司院内,占地 49700 平方米,厂房总建筑面积 34000 平方米,固定资产净值 1.5 亿元。公司分三个部分:机械加工作业部,液压件制造及检修作业部,电机变压器制造及检修作业部。主要装备有 100 吨桥式起重机 1 台,75 吨桥式起重机 2 台,50 吨桥式起重机 1 台,32 吨桥式起重机 2 台,20 吨桥式起重机 2 台,半龙门吊 14 台,悬臂吊 7 台;6 米数控龙门铣 1 台,3 米龙门铣 1 台,1250 卧式车床 1 台,大小元车 15 台,镗床 2 台,捷克 200 落地镗铣床 1 台,外圆磨床 2 台;国际先进的手持合金分析仪 1 台;超声波探伤设备一台,磁粉检测设备 2 台,高精度水准仪 1 台;大型液压功能试验站一台,中频加热扒装轮设备 1 套,电机刷镀设备 1 套,电机线圈绕线机 4 台,电机热风加热干燥炉 3 座,电机绕组真空浸漆设备 1 套,电机试验站设备 1 套。主要业务范围包括液压,电机及机械的在线维检,备件修复。服务范围涵盖京唐公司从炼铁到轧钢的各个作业部。

是一家具有设计、制造、安装、售后服务的综合实力的冶金企业。现有员工 428 人,其中北京员工 30 人,其中大专以上 60 人,专业技术人员 35 人。

（徐 婧）

【主要指标】 2015 年,曹妃甸检修分公司销售收入 6.2 亿元,比 2014 年提高 3.15%;工业总产值 8.1 亿元,比 2014 年提高 7.97%;上交财务费用 734 万元,比 2014 年提高 27.43%;上交管理费用 160 万元,比 2014 年提高 33.33%。

（高 凯）

【市场承揽】 2015 年,曹妃甸检修分公司市场承揽 1 亿元,其中炼钢连铸机扇形段大包承揽 6586 万元,在线液压维检承揽 503 万元,热轧年修、海淡检修、环冷机年修承揽 360 万元,其他新、旧备件承揽 2551 万元。在京唐市场积极主动提升钢铁业服务能力,协助大厂完成京唐环冷机大修改造任务。

（高 凯）

【人才队伍建设】 曹妃甸检修分公司发挥自有人才能力,形成设计、工艺、技术三位一体的研发队伍。2015 年,基地新增大专以上专业人才 6 人,从北京工业大学交流引进焊接专业硕士生 2 人,对"激光熔复的高端再制造"进行课题研究,配合质检与工艺技术部门调整,质检队伍和工艺技术队伍走向专业化。

（王志敏）

【新产品开发】 2015 年,曹妃甸检修分公司对热轧支撑辊、夹送辊、辊道辊、除磷辊完成试制,取得成功;热轧卷取机离线恢复精度修复完成,曹妃甸检修分公司具备承担卷取机主轴大修的能力。

（姜来德）

【管理流程再造】 2015 年初,曹妃甸检修分公司调整组织机构,成立生产部、经营部、工艺技术部、质量管理部、物流管理部、综合办公室,重新调配各作业区和班组,明确各作业区和班组负责人,建立从分公司领导到基层班组的网络管理,明确岗位职责和考核体系,强化管理流程。

（徐 婧）

【制度建设】 曹妃甸检修分公司重新修订完善各项管理制度,其中包括财务制度 7 项、技术质量制度 14 项、设备制度 1 项、人力资源 8 项。

（徐 婧）

【战略规划制定】 曹妃甸检修分公司组织"十三五"规划编制工作,经过调研论证和反复修改,理清发展思路、明确发展目标、确定保障措施。

(徐　婧)

【服务主体】 曹妃甸检修分公司立足"服务总厂"协助实现总体发展目标。配合大厂机电公司完成京唐炼铁部3次大型环冷机检修改造工作;配合大厂机电公司进行二镀锌线设备安装、调试、服务工作,除在大厂机电公司现场进行修配改的人员以外,从设备发货京唐后在现场服务安装调试人员,共计发生5760工时;配合总厂完成天安门护栏安装工作。

(徐　婧)

北京首钢机电有限公司液压中心

【液压中心领导名录】
　　主　任:任士贵
　　党总支书记:马　田

(张海萍)

【概况】 北京首钢机电有限公司液压中心(以下简称"液压中心")建于1992年,隶属北京首钢机电有限公司,非独立法人;具有设计、制造、安装调试液压件、液力件、液压及气动润滑系统,机械成套设备、胶管总成、精密件加工制造等资质;拥有精密机床、数控化机床,可满足各种用户要求,通过ISO9001质量保证体系认证;主要产品包括气缸、液压缸、液压件、气动润滑系统、成套液压产品等。液压中心下设迁安液压分厂。2015年底,在册职工41人,其中本科9人、大专16人、中专及以下16人;高级职称1人,中级职称6人;高级技师1人,技师4人,高级工10人,中级工1人,初级工2人;职工平均年龄47岁。

(张海萍)

【主要指标】 2015年,液压中心销售收入526万元;工业总产值589万元;合同承揽454万元;全年死亡和重伤事故为零。

(张海萍)

【市场承揽】 2015年,液压中心主动配合迁钢现场检修,配合大厂机电公司完成天安门护栏和防撞柱任务,配合成套分公司完成贵钢项目。加强与达涅利公司等外部市场合作,开发唐山燕山钢铁公司、唐山祥燕管材

等新客户。

(张海萍)

【新产品开发】 2015年,液压中心设计部门联合设研院完成防撞柱系列产品的设计开发,从技术集成走向市场开发;液压产品的开发创新得到加强。

(张海萍)

【监督整改】 液压中心推进监督检查整改工作。针对液压中心整体搬迁后生产及管理的变化,积极应对多地化经营及机构和业务整合实际,规范制度管理。重大议题按时限,按程序审议,按制度完成。

(张海萍)

【队伍建设】 液压中心规范干部岗位编制及主要职责,完善目标挂钩考核办法,为全面加强领导干部目标考核奠定基础。加强后备干部培养,加强专业技术骨干培养,形成年轻化梯队。

(张海萍)

【企业文化建设】 液压中心落实"送温暖"工程,走访慰问职工10人次,为困难职工4人发放困难补助2800元,解决职工生活困难。组织职工"献爱心"活动,捐款4150元。

(张海萍)

北京首钢机电有限公司迁安机械修理分公司

【迁安分公司领导名录】
　　总经理:祝恩海
　　副总经理:裘伟峰(4月任职)
　　党总支书记:王建英(4月任职)

(闫晓磊)

【概况】 北京首钢机电有限公司迁安机械修理分公司(以下简称"机电迁分公司"),2007年2月成立,企业总资产1.74亿元。机电迁分公司主要服务于迁钢公司,是集冶金行业设备备件制作、修复及现场维检于一体的专业化服务单位。内部市场开发的主要产品有炼钢连铸扇形段、结晶器总成离线修复、炼钢连铸辊备件修复与制作、热轧辊道备件修复与制作、冷轧胶辊备件修复与制作、炼钢板坯结晶器铜板备件修复与制作、冷轧环形退火炉内罩备件修复与制作等。公司拥有现代化的加工设备202台,其中机加工设备占40%,具有规模化、专业化、现代化的机加工生产能力。公司通过ISO9001

国际质量保证体系认证和美国 ASME 认证。

机电迁分公司设生产设备供应管理中心、经销部、技术质量部、安环部、计财部、综合办公室 6 个职能机构;设炼钢生产作业区、热轧生产作业区、冷轧生产作业区 3 个作业区。2015 年底在册职工 455 人,其中硕士 3 人、本科 29 人、大专 103 人、中专及以下 320 人;中级职称 5 人;高级工 14 人,中级工 30 人、初级工 8 人;职工平均年龄 31 岁。

2015 年,在经济环境持续低迷和受到整体钢铁冶金市场的影响下,机电迁分公司求生存,保发展,公司聚力创新,自强突破,强化各项重点工作进度落实、责任落实、效果落实,完成各项经营指标。

(闫晓磊)

【主要指标】 2015 年,机电迁分公司销售收入 9780.43 万元,比 2014 年降低 6%;工业总产值 11994 万元,比 2014 年提高 12%;从业人员销售收入劳产率 21.5 万元/人,比 2014 年降低 4%;全年无死亡和重伤事故;在岗职工月均收入 3955 元,比 2014 年人均月收入 4163 元降低 5%。

(闫晓磊)

【市场承揽】 2015 年,机电迁分公司将生产单位对应划分为三大作业区,开展产线贴心服务,实行岗位对接,推进迁钢市场各作业部的市场承揽工作。炼钢生产作业区年承揽量 5213 万元;热轧生产作业区年承揽量 950 万元;冷轧生产作业区年承揽量 4217 万元。空调项目及外部市场年承揽量计 1634 万元。

(高宝芹)

【新产品开发】 2015 年,机电迁分公司承接首秦铜板及京唐铜板的修复。环形炉内罩项目实现国产化,打破日本内罩垄断局面,成为机电迁分公司重点支柱项目,迁钢公司采购成本降低,并签订大批量寄售协议,批量化生产也降低了生产成本。承接顺义冷轧换辊小车的设计及制作、迁钢硅钢事业部二十辊预热水箱的设计及制作等项目,设备在线运转正常,为后续技改项目市场开发奠定基础。

(吕艳春)

【工艺技术推广】 机电迁分公司围绕热轧卷取区域夹送辊工艺开展攻关,从原材料的选用、设备设施的完善及引进、工艺的细化等方面进行改进,引进了六头堆焊机及新的热处理炉,提高稳定性,引进新的激光熔覆设备,在热轧层流冷却辊修复方面,由原喷焊修复工艺改为激光熔覆修复,喷焊辊修复合格率提高。

(吕艳春)

【内部改革】 为降低管理成本,优化资源整合,提高运行效率,机电迁分公司将原 10 个职能机构合并为生产设备供应管理中心、经销部、技术质量部、安环部、计财部、综合办公室 6 个职能机构;结合迁钢市场作业部布局情况,设炼钢生产作业区、热轧生产作业区、冷轧生产作业区 3 个作业区。

(闫晓磊)

【企业文化建设】 机电迁分公司组织职工 35 人代表机电公司参加首钢大合唱,取得第二名;组织职工 3 人参加机电公司长跑趣味运动会,取得个人第一。落实"送温暖"工程,为 4 户家庭建立困难档案,纳入北京市和首钢困难职工帮扶管理体系。

(赵维玮)

【党群工作】 2015 年,机电迁分公司发展党员 1 人,按期转正 2 人。组织入党积极分子培训 10 人。开展创先争优、"达晋创"、党的群众路线教育实践活动等,评选出机电公司级优秀党员 1 人、厂级优秀党员 2 人。通过企业门户网站、双月刊、宣传栏等形式,形成 10 万字宣传材料,为企业深化改革和转型发展注入正能量,增强员工使命感。

(赵维玮)

【年度亮点】 2015 年,机电迁分公司承担迁钢公司二炼钢全部铜板修复任务,修复宽面铜板 65 块,窄面铜板 65 块。二炼钢平均过钢量从 2014 年的 800 炉提高到 2015 年的 850 炉,机电迁分公司铜板修复水平获用户好评。2015 年,开发首秦、京唐铜板修复工艺,三套首秦铜板及一套京唐铜板均达到用户过钢量要求。

(王兴丽)

北京首钢机电有限公司秦皇岛分公司

【秦皇岛分公司领导名录】

经　理:刘景钢

副经理:赵　峰(兼)　王茂林　曹大成

党支部书记:赵　峰

(关景富)

【概况】 北京首钢机电有限公司秦皇岛分公司(以下

简称"秦皇岛分公司"），应首秦 1 号连铸机建设而生；2004 年 4 月到 2008 年末处于检修原始组织模式阶段，2009 年 1 月到 2010 年 9 月处于分厂制运营初级阶段，2010 年 6 月在秦皇岛抚宁县注册成立分公司，当年 10 月正式进入公司化独立运营阶段。从现场护航服务，到承担首秦 1 号、2 号、3 号连铸机扇形段离线检修，从在现场工作到建立稳固的基地，扇形段辊系修复市场不断扩大。在向首秦和社会的连铸机在线维检延伸中，形成产品和市场多元化，成为有综合实力的检修公司。

秦皇岛分公司设经营部、生产调度室、工艺技术室、物资供应室、质量管理室、计财室、办公室 7 个职能部门。生产实体有扇形段修复作业区、辊系修复作业区、连铸机在线维检作业区、天车维检作业区、文丰检修实业部。2015 年底在册职工 260 人，其中本科 11 人、大专 15 人、中专及以下 234 人；职工平均年龄 35 岁。

（关景富）

【主要指标】 2015 年，秦皇岛分公司销售收入 3312.5 万元，比 2014 年提高 91.6%；实现工业总产值 2703.9 万元，比 2014 年提高 28.4%；利润 14.3 万元，比 2014 年提高 28.4%；全年无死亡和重伤事故。

（关景富）

【经营生产】 秦皇岛分公司适应首秦内部市场变化，强化维检服务，加快向外部社会维检市场扩展，首次承接并完成环冷机检修项目。

（关景富）

【学习教育】 首秦在 2014 年 8 月全面启动 TPM 管理，秦皇岛分公司不仅指示在首秦现场天车维检、连铸机在线维检及 3 号连铸机扇形段离线检修的作业区坚决按首秦的要求开展 TPM 管理，同时自觉将分公司不在首秦现场工作的其他单位与首秦同步开展 TPM 管理。为更好地掌握工作的要领和方法，分公司邀请首秦 TPM 管理领导小组派员来分公司进行专项培训，在 2015 年 3 月、4 月、5 月各进行了一次。

（关景富）

【企业文化建设】 5 月 16 日，秦皇岛分公司前往山海关古城和海滩组织文体活动；宣告秦皇岛分公司自行车骑行队正式组建；先后进行自行车骑行比赛、沙滩足球活动、拔河比赛、平板支撑运动。

（关景富）

北京首钢微电子有限公司

【首钢微电子公司领导名录】

总经理：杨树琪

副总经理：冯新华

财务总监：王鹏南（12 月离任）

总经理助理：严　安　萧楚凡

党委书记：聂　涛

董事会秘书：王廷麟

（王廷麟）

【综述】 北京首钢微电子有限公司（以下简称"首钢微电子公司"）原名首钢日电电子有限公司（SGNEC），1991 年 12 月 31 日成立，位于北京中关村科技园区石景山园，占地面积约 10 万平方米。2013 年 12 月，首钢总公司收购瑞萨电子株式会社所持首钢日电电子有限公司全部股权，公司更名并成为首钢总公司全资子公司，资本金 12.77 亿元。主营业务为集成电路产品的封装、测试加工，年产集成电路 3 亿块。首钢微电子公司下设经理办公室、业务部、市场部、技术部、制造部、动力部、品质保证部、人事总务部、财务部、安全环境中心和党群工作部 11 个职能部门。2015 年底在册人数 435 人。

（王廷麟）

【管理创新成果三等奖】 1 月 8 日，首钢微电子公司申报的"国有企业收购外资股权暨妥善安置员工的探索与实践"创新课题获首钢第十五届管理创新成果三等奖。

（严　安）

【能源管理体系建设】 8月22至23日,首钢微电子公司通过方圆标志认证集团有限公司对能源管理体系的第一阶段审核;9月23至24日通过第二阶段审核;11月取得认证机构颁发的能源管理体系认证证书;12月底获得市政府能源管理体系认证奖励资金10万元。

(严 安)

【碳排放管理体系建设】 10月19日至20日,首钢微电子公司通过北京市发展改革委指定的中国质量认证中心对碳排放管理体系建设工作的现场评价,被推荐通过碳排放管理体系评价。

(严 安)

【通过清洁生产强制审核】 2月至11月,首钢微电子公司完成清洁生产审核的准备工作;12月15日通过北京市环境保护局、北京市发展改革委组织的清洁生产专家组对首钢微电子公司清洁生产审核现场评估评审,提前一年完成北京市清洁生产强制审核要求。北京市政府给予清洁生产审核费用补助资金10.15万元。

(严 安)

【安全生产标准化】 7月,首钢微电子公司通过第三方机构首都经济贸易大学的外部复评审核工作;12月,通过北京市安全联合会对二级企业的现场复核,首钢微电子公司完成换证审核工作。

(严 安)

【客户满意度】 4月底,客户中电五十四所委托首钢微电子公司加工25枚YK圆片用于国家重点项目。首钢微电子公司制定全程无缝对接加工计划,实现从接收Wafer到入库交货69个小时的最短工期(其中还包含12小时的外委减薄)。得知产品提前完工,客户发来感谢信。

(王廷麟)

【中国环境日知识竞赛】 6月3日,石景山区"中国环境日"主题知识竞赛总决赛在石景山区体育馆中国电子竞技中心举行,国家环保部、北京市环保局、石景山区政府领导、企业代表、社区居民代表及新闻媒体参加现场决赛,首钢微电子公司作为首钢总公司唯一派队参赛企业,3名队员参赛,以150分总成绩获二等奖。

(王廷麟)

北京京西重工有限公司

【京西重工领导名录】
董事长:韩 庆
副董事长:张耀春
董 事:韩 庆 蒋运安 张耀春
　　　　王 中 韩卫东
总 裁:蒋运安
副总裁:丹·沃伦(3月离任)
　　　　汤姆·古德(3月任职)
　　　　祁 京 费 凡 赵子健
助理总裁:阿兰.李(3月任职) 约翰·比尔斯
党委书记:王 中
纪委书记:张耀春
工会主席:张耀春

(李 梦)

【综述】 北京京西重工有限公司(以下简称"京西重工")成立于2009年3月23日,股东分别为首钢总公司和房山国有资产经营管理公司;注册资本金13.2亿元,其中首钢出资7.32亿元,占股比例55.45%,房山国资公司出资5.88亿元,占股比例44.55%。京西重工主营减震器和制动器两项业务;有主动减震器、被动减震器、控制制动、基础制动4条生产线。减震器主要产品有:磁流变减震器、主动式稳定杆、磁流变发动机悬置、被动式减震器、单双筒减震器等;制动器主要产品有:电子稳控系统、防抱死装置、制动角模块、转向节等。其中,双筒式被动式减震器、磁流变(MR)主动式减震器和悬置系统、主动稳定杆系统(ASBS)、后制动角、电子稳定性控制系统等产品技术和竞争能力属世界一流水平。作为一家跨国的汽车零部件企业,自2009年成立并收购美国德尔福底盘业务以来,企业规模不断扩大,实现由亏损到盈利且利润逐年增长的转变。

（李 梦）

【年度指标】 2015 年,京西重工完成销售收入 54.2 亿元,剔除汇率影响因素 2.27 亿元后,同口径实现销售收入 56.47 亿元,比总公司《经营目标责任书》下达的 56.34 亿元,超额完成 1300 万元。2015 年实现利润 9920 万元,比总公司《经营目标责任书》下达的 9370 万元,增加 550 万元,超幅 5.9%。2015 年完成新订单 12.18 亿美元,比总公司《经营目标责任书》下达的 10 亿美元,增加 2.18 亿美元,超幅 22%。

（李 梦）

【"十三五"规划编制】 作为首钢实施战略管控的特殊功能子公司,京西重工以首钢深化改革和战略发展目标为指导,按照总公司"十三五"发展规划编制的总体要求,结合内外部政策环境和行业发展的趋势预测,以及企业自身发展现状,编制 2016—2020 年的"十三五"发展规划。将发展为一家坚持以技术引领其行为行动纲领,以专业领先技术为特点的企业愿景。

（李 梦）

【合理化配置产能】 为配合订单能顺利完成,京西重工对业务进行积极调整。悬架业务方面,根据股东批准,在捷克海布地区按照轻资产（租赁土地和厂房）、贴近整车用户、优化产业布局等理念建设 400 万支减震器产能新工厂。2015 年项目正式启动,预计 2017 年正式批量生产。制动业务方面,2015 年京西上海在柳州地区建立年产 110 万支制动卡钳装配线的建设项目完成投产,可以保证京西重工在南方地区业务的稳定增长。另外,上海工厂、上海研发中心和美国制动研发中心也进行重组,成立制动事业部,上海从目前的应用研发中心转变成核心研发中心,人才实现本土化,达到低成本优势。

（李 梦）

【上市融资进展】 2015 年,京西重工抓住香港金融市场有利时机,完成 5.52 亿港币的批股融资,向产融结合迈出重要的一步。"十三五"期间,京西重工仍将坚持走"产融结合"道路,以香港上市公司为载体,运用多种资本运作形式,为京西重工产能扩大、外部兼并收购、技术研发、拓展新兴市场等资本性投资提供资金支持。

（李 梦）

【人才队伍接替和培养】 2015 年,京西重工调整继任和培训计划委员会,全面建立人才接替计划工作,委员会由京西重工董事长、总裁及党委书记任正、副主任,公司主要高管参加,人力资源部负责开展日常具体工作。启动中高层以上关键岗位的继任和培训计划,包括公司高管、各职能部门部长和各工厂厂长,纳入京西重工关键岗位人员共计 27 人;其次是研发中心人才接替和培养,各地研发中心共选出关键人员 59 人次。2015 年,京西重工从总部选派多名专业人员到国内外各站点短期工作学习培训,派出 2 人到京西上海任职或挂职,2 人到京西国际任职。制定《京西重工管理团队中长期激励机制实施方案（试行）》,对企业中层以上人员实行差异化薪酬分配办法,对首钢总公司派出的直管干部,按照总公司的规定,合理确定基本年薪、绩效年薪和任期激励收入,对市场化选聘的职业经理人实行市场化薪酬分配机制。

（李 梦）

【党风廉政建设和"三严三实"教育活动】 2015 年,京西重工组织开展 2014 年度民主生活会、"三严三实"专题教育活动,组织完成"创先争优"活动和新党员发展、预备党员转正工作等。同时,公司认真贯彻中央及上级纪委的有关指示精神,认真落实党风廉政建设责任制,推进惩防体系建设,纠正"四风"、改进工作作风,加强反腐倡廉宣传教育、深化企业廉洁文化建设,开展廉政风险防控、专项监督检查和效能监察。京西重工将上海党支部和房山党支部升格为党总支,并从北京总部派专职书记。实现在境内企业中,坚持党的建设同步谋划,党的组织及工作机构同步设置,党组织负责人及党务工作人员同步配备,党的工作同步开展。

（李 梦）

【京西重工大事记】

2 月 15 日,京西重工在总部召开 2014 年度民主生活会议。

3 月 18 日,京西重工召开 2015 年度第二次董事会议,批准丹·沃伦先生退休,任命汤姆·古德先生为京西重工运营副总裁。

5 月 11 日,京西重工召开"京西重工（中国区）2014 年度先进表彰大会"。授予 7 个单位"先进集体"荣誉称号,授予 30 人"先进员工"称号。

6 月 9 日,首钢外部董事时玉宝、刘景伟到京西重工总部进行调研。

7月10日,京西重工党委组织总部全体党员前往《没有共产就没有新中国》词曲创作地霞云岭重温革命先烈的足迹,接受爱国主义教育。

9月23日,京西重工捷克海布减震器工厂奠基仪式成功举行。

(李 梦)

北京首钢金属有限责任公司

【金属公司领导名录】

副总经理:李延辉 瞿建游(8月离任)

刘 鹏(12月离任)

执行董事:刘建辉

(乔洪民)

【综述】 北京首钢金属有限责任公司(以下简称"金属公司")是首钢总公司全资子公司,是打造和运营管理集团高端金属材料板块的平台,主要承担两项功能:一是作为高端金属材料新增项目的开发和投资平台,代表总公司以出资人的身份,负责新增项目的调研论证、招商引资、寻找合作伙伴、洽商谈判、签约与项目实施等;二是作为总公司高端金属材料项目管理运作平台,负责整合集团高端金属材料产业资源,发展专业化、规模化的金属成型等高端金属材料业务,行使总公司高端金属材料产业板块归口管理功能,打造具有国际化品牌的首钢高端金属材料板块。自5月起,总公司决定金属公司由原总公司管理改为由首钢股份公司销售公司代管。

金属公司下设综合办公室、项目管理部和计财部,2015年末在册职工9人,大学以上学历9人,其中研究生5人(含博士1人),高级职称4人。

(乔洪民)

【经营生产】 2015年,金属公司实现销售收入1373万元,比计划增加575万元;亏损1654万元,较计划减少166万元。在2014年V/W205项目通过林德英利与戴姆勒(中国)过程审核的基础上,5月实现该项目转入本地化生产和供货,自产座椅滑轨15.5万件,从国外采购部件带来的货运和代理费用损失逐步减少。

X253项目是首钢MA公司现有最大订单项目,主要为北京奔驰新GLK车型提供门槛焊接总成和后梁辊压件。4月通过戴姆勒奔驰ISIR文件审批放行后,9月通过VDA6.3过程审核,标志着首钢MA公司可以正式给戴姆勒梅赛德斯奔驰高端车批量供应汽车车身冲压、辊压、焊接组装零部件,10月份实现X253项目门槛总成和后梁件的量产。

(乔洪民)

【市场开拓】 金属公司在2014年获取的北京奔驰座椅滑道、门槛总成、后梁项目,顺利成为北京奔驰的一级供应商的基础上,2015年获取北汽乘用车C32B项目的14个冲压结构件及总成订单,进入北汽乘用车零部件供应体系。

(乔洪民)

【质量体系建设】 金属公司始终关注产品质量,坚持客户第一意识。5月,顺利通过德国TUV莱茵公司的ISO/TS16949:2009质量管理体系年审,说明金属公司在质量管理、保持产品质量稳定方面取得明显进步。质量体系建设为合资企业产品质量的稳定和持续发展提供了保证。

(乔洪民)

【合资企业简介】 北京首钢MA金属有限公司是北京首钢金属有限责任公司与全球知名金属成型汽车零部件供应商意大利MA公司于2012年4月合资设立,双方在北京成立合资公司,从事汽车车身及底盘冷冲压件、辊压件及其组装件的生产与销售,旨在发展专业化、规模化的金属成型业务;在北京顺义设立工厂为北京奔驰、华晨宝马、北汽福田、通用等主机厂提供配套服务;项目总投资1.42亿元,公司注册资本金5680万元,其中,首钢金属公司与意大利MA公司各占50%股份,公司注册地址在北京市顺义区;已投产600吨级进模压机成形线1条、高强辊压线1条及焊接组装线1条。

(乔洪民)

建筑与房地产

◎ 责任编辑：关佳洁、董俊林

北京首钢国际工程技术有限公司

【首钢国际工程公司领导名录】

董事长:张福明

副董事长:刘宗乾

董　事:袁文兵　侯俊达　李长兴　李国庆

　　　　马东波

副总经理(主持工作):袁文兵

副总经理:侯俊达　李长兴　刘　燕(8月离任)

　　　　张　建

副总工程师:董双良　赵嘉康

党委书记、纪委书记、工会主席:张福明

党委副书记:袁文兵

(齐　岳)

【综述】 北京首钢国际工程技术有限公司(以下简称"首钢国际工程公司")始创于1973年,是由北京首钢设计院改制成立、首钢集团相对控股的国际型工程公司,注册资本1.5亿元。首钢国际工程公司是国家重点高新技术企业和北京市设计创新中心,拥有工程设计综合甲级资质,主营冶金、市政、建筑、节能环保等行业规划咨询、工程设计、设备成套、项目管理、工程总承包业务,综合实力和营业收入排名全国勘察设计企业前列。作为钢铁全流程工程技术服务商,为钢铁企业工程建设、环保搬迁、升级改造、挖潜增效、节能减排等提供技术服务;将传统优势技术升级应用于城市市政工程、建筑设计、节能环保等领域,为建设生态宜居城市和信息智慧城市提供技术服务。5年完成200个客户800项优质工程,完成国家"十一五"重点项目首钢京唐钢铁厂总体设计。注重技术研发和自主创新,有300多项专利和专有技术,承担多个国家级重大科技课题研发工作,主编或参编多项国家和行业标准规范,获国家科学技术奖和全国优秀设计奖近100项,获冶金行业和北京市优秀设计及科技进步奖300余项,连获全国建筑业企业工程总承包先进企业、全国冶金建设优秀企业、中国企业新纪录优秀创造单位、全国企业文化优秀单位、全国建筑业信息化应用示范单位、北京市"守信企业"等称号。

首钢国际工程公司下设战略运营部、国际市场部、设计管理部、项目管理部、采购部、人力资源部、财务部、科技质量部、办公室、党群工作部、信息网络部11个管理部门,焦化、烧结、炼铁、炼钢、轧钢、工业建筑、民用建筑、总图、能源环保、电气自动化、技术经济11个设计研究所,工业炉、测绘2个事业部,有中日联、考克利尔、山西首钢国际、贵州首钢国际等11家投资公司。在册职工996人,平均年龄41岁,其中,博士5人、硕士267人、本科622人、大专83人;教授级高工60人、高级工程师271人,工程师315人。

(齐　岳)

【主要经济指标】 2015年,首钢国际工程公司营业收入18.18亿元,完成年度计划目标101.0%;利润1.51亿元,完成年度计划目标101.1%;职工人均收入15.5万元,完成年度计划目标96.9%。

(齐　岳)

【机制改革】 首钢国际工程公司推进专业部所模拟事业部运行,制定颁发《专业部所模拟事业部运行的通知》《专业部所收入分配管理办法》《专业部所组织项目管理办法》等系列制度,理顺管理流程,搭建运行机制。激励与压力传导相结合,让利与促进发展相结合,推动专业部所由生产中心向利润中心转化,加快构建高效低成本运营管理体系。

(齐　岳)

【市场营销】 首钢国际工程公司创新国际市场开发思路,抓住国家实施"一带一路"战略和推动钢铁富余产能"走出去"机遇,以合作共赢为突破口,深化与大型央企、咨询机构等资源合作,优势互补,优化市场布局。适应国内市场变化,公司和部所两级营销整体联动、协同运作,以钢厂搬迁、产线升级、节能环保项目为营销重点,向近钢、非钢领域拓展。

(齐　岳)

【非钢业务】 首钢国际工程公司联合优质资源,服务首钢两个园区,提升非钢业务发展能力。借力外部资源,与市政、建政等行业先进企业开展交流合作。落实引智引资,推进与中联筑境合资成立建筑设计公司,增强高端规划和建筑创意设计能力。发挥技术支撑和决策咨询作用,参与首钢北京园区和曹妃甸项目前期论证、投标比选、规划设计、建设实施工作。加大社会市场非钢业务项目开拓力度,培育经济增长新动能,加快转型发展步伐。

（齐 岳）

【项目实施】 首钢国际工程公司开展首钢京唐二期工程前期方案研究、可研编写、项目审批、技术交流及初步设计等工作;伊朗MK球团项目强化物流商务管理,完成12批次设备发运;首钢长钢焦化项目加强过程管理,按里程碑计划完成2号焦炉砌筑;青钢高炉项目顺利完成烘炉,质量和进度受到业主好评;云南德胜炼钢除尘改造项目实现"短平快",当年承揽合同、当年完成实施和结算。

（齐 岳）

【资金管控】 首钢国际工程公司创新财务管理模式,建立企业资金流周反馈、资金回收半月反馈、资金存量预警机制,全力保障资金收支平衡;继续实施《资金回收目标考核办法》,发挥机制激励作用;三级联动,多管齐下,加强已完项目和在施项目资金回收;一企一策,多措并举,采取银行保理、钢材抵款、多方转账、债务重组、法律诉讼等方式促进资金回收。

（齐 岳）

【规划编制】 首钢国际工程公司开展"两个规划"编制。通过广泛调研、集中研讨、上下结合、全员参与,在全面总结公司"十二五"期间成绩与不足基础上,进一步细化"1234"发展战略体系和转型发展路径,提出"十三五"时期量化指标、重点任务和实施计划,基本完成公司"十三五"发展规划编制。按照总公司部署,初步完成首钢城市基础设施"十三五"规划编制。

（齐 岳）

【科技开发】 首钢国际工程公司加强科技开发,全年科技开发课题立项71项,直接经费投入994.1万元,比上年增加3.7%。申请专利104项,申请软件著作权5件,年度申请数量首次突破百项。授权专利76项,其中发明专利27项。公司申报15项优秀设计、1项优秀工程勘察及1项优秀软件全部获奖。发挥企业技术中心平台作用,加快推广三维仿真设计应用。成功研制世界首例60吨级超能电池驱动钢卷运输车。综合设计甲级资质延续顺利获批。

（齐 岳）

【人才管理】 首钢国际工程公司优化人力资源结构,加强人才队伍建设。录用毕业生28人,引进社会人才4人。开展公司级培训43期,举办"管理大讲堂"16期,参加人员3000余人次。创新选人用人机制,调整领导干部30人,组织开展公开竞聘4次,青年骨干6人走上领导岗位。创新青年骨干培养模式,共选派四批24人挂岗锻炼。高端人才培养取得新成效,张福明董事长入选国家百千万人才工程,被授予"国家有突出贡献中青年专家"。

（齐 岳）

【企业文化】 首钢国际工程公司加强党组织建设,加强企业文化和品牌宣传工作。切实转变工作作风,开展"三严三实"专题教育,落实"一岗双责"和"两个责任"。弘扬优秀企业文化,组织开展"同欢乐共奋进"春节联欢会、"光荣与梦想"先进表彰会、"感动人物"评选等文化活动。加强企业品牌形象宣传,通过《世界金属导报》《首钢日报》等媒体宣介工程业绩,制作客户杂志、企业微信宣传公司发展成果。公司再获"首都文明单位"荣誉称号。

（齐 岳）

北京首钢建设集团有限公司

【首建集团领导名录】

董事长:徐小峰(11月任职) 王文利(11月离任)

副董事长:刘宗乾

董 事:李国庆 杨 波 张志忠 苏宝珍

张永祥

总经理:徐小峰(11月离任)

副总经理:杨 波(11月主持工作) 苏宝珍

张永祥 武阔君(11月任职)

总会计师:张桂芬

总工程师:谢木才(10月任职)

孟令阁(9月离任)

总经济师:任立东

总经理助理:徐 磊(3月任职)

党委书记:徐小峰(10月任职)

王文利(10月离任)

党委副书记:徐小峰(10月离任)

杨 波(10月任职) 张志忠

(戴道明、赵秀英)

【综述】 北京首钢建设集团有限公司(以下简称"首建集团")成立于1956年,是首钢总公司所属子公司,从事建筑施工行业。公司2008年初改制成为股份制企业;改制后新公司注册资本金4亿元。公司拥有工程技术、经营管理和项目管理人员4000余人,下设21个专业分公司,11个子公司,6个直属单位和5个控、参股公司。公司是首批中国工程建设企业社会信用评价"AAA"企业;是北京市级技术中心和市级专利试点企业;连续10年获得北京市诚信企业。

首建集团拥有如下资质:冶金工程施工总承包特级,建筑工程、市政公用工程、机电工程施工总承包一级,公路工程、矿山工程施工总承包三级;钢结构工程专业承包一级;输变电工程、起重设备安装工程、环保工程等专业承包二级;建筑装饰装修工程设计与施工一体化一级;钢结构制造企业特级;特种设备安装改造维修(锅炉安装、压力管道、压力容器、起重机械);冶金行业甲级设计和建筑行业(建筑工程)乙级设计等。

首建集团近年获得国家级科技奖1项,获得省部级科学技术奖22项;拥有国家级工法6项,部级工法20项,企业级工法115项;拥有授权专利103项,其中发明专利29项;主编国家标准2项,参编国家和行业标准13项;获得鲁班奖或者其他国家级工程质量奖5项、省部级工程质量奖85项。

首建集团以京津冀协同发展、国家"一带一路"发展战略为契机,明确以建筑业、产品制造业、建筑/设备维检综合服务业和国际工程为主要业务,不断向钢结构住宅产业化、PPP模式拓展,形成以建筑为主业,多种业务并行的综合性建筑企业集团。

首建集团以"自强不息、务实创新、追求卓越"为企业精神,以"业主满意就是我们的标准"为服务理念,以"打造城市综合服务商"为发展目标,争创具有国际竞争力建筑集团。

(郝大伟、邵 飞)

【主要指标】 2015年,首建集团营业收入52亿元,完成总公司计划87%;利润1.26亿元,完成总公司计划;签约额60.1亿元,完成内部计划66.8%;其中,首钢外部签约量29.8亿元,占总签约量49.6%。获省部级优质工程奖8项、省部级科学技术奖2项、国家级工法2项、冶金行业部级工法1项。2015年生产安全死亡事故零;重伤事故零;轻伤事故率控制在1.8‰以下。

(吕英瑞)

【科技创新】 2015年,首建集团投入科研经费2116万元,立项73个技术攻关课题,完成重点科技项目9项。"大型高炉透平压缩机安装技术"等2项科技成果通过行业技术鉴定,综合技术水平国内领先,其中1项达到国际先进水平。全年获首钢总公司级以上科技奖6项,获国家级工法1项,部级工法6项,申请受理专利11项,授权专利9项,其中授权发明专利2项。全年获省部级优质工程质量奖10项,其中"承德市区路网建筑三期工程隧道"项目获河北省市政公用建设优质工程奖。公司连续4年获中施企协科技创新先进企业称号。

(李建辉)

【市场开发】 首建集团先后签约铸造村南区限价房项目合同额6.48亿元、北京老旧小区改造项目合同额4.09亿以及秦皇岛文化产业创意园项目合同额2.5亿元。全年在京津冀地区签约合同金额达42.2亿元,占签约总量70.33%;其中北京市政基础设施建设合同签约6.21亿元,同比去年提高74.62%;同时在站稳首钢两大园区市场(全年签约9.66亿元)基础上,开拓以钢结构住宅、立体车库等为切入点的新兴产业市场;加强名企合作,与东方鸿运、中房联合集团等投资商和地产公司签订战略合作协议,共同开发新市场;以"一带一路"建设为契机,拓展海外市场,全年在海外共签约21个项目,总签约7.65亿元;积极探索合作模式,在芦台经济开发区承揽首个PPP项目,合同金额2.5亿元。

(苏彦茹)

【工程管理】 首建集团一是开展工程专项检查活动。以"查找问题、夯实管理、完善制度"为主题,开展专项检查,梳理90项问题工程。针对问题制定措施,改进方法,最大限度化解项目预估风险。二是以节点保进度,确保项目正常履约。全年制定一级控制节点完成率95.9%,同比去年提高2.5个百分点。承建天安门广场及东单配套花坛制作安装工程,巧安排抢节点,受到业主单位书面表扬;黄南苑三号楼通廊维修工程和实业公司承建的石景山区老旧小区改造工程,分别提前47天和13天交工,受到当地居民称赞并收到锦旗;迁钢1号、3号高炉冲渣水工程,克服不利因素,供暖期前完成管道打压,保证当地居民冬季供暖。三是优化资源配置,提高检修服务业综合竞争力。结合首钢总公司推进维检体系改革实际情况,依托"6S""TPM"等管理手段,优化配置、提高管理水平,赢得业主信任,使公司涵盖原料供应、焦化、高炉、炼钢、轧钢等各个维检区域全过程、全方位管控与服务。

(任佳辉)

【企业管理】 首建集团成立两大园区总承包部、北京新机场项目部、重大工程指挥部(冬奥会项目),分立唐山分公司,为企业转型发展奠定基础。完成集团"十三五"规划编制工作。分类现行176项制度,编辑、印发《制度汇编》,开展制度培训。加强风险管控,完成90个非正常履约项目专项检查,对存在问题项目持续督促整改,项目履约率大幅提升。修订项目承包管理办法,提升项目管控水平。加强过程指导,推进管理创新,集团《创新建筑业技术研发体系,助推企业转型发展》获北京市第三十届、首钢第十六届管理创新成果二等奖,课题成果《全面介入北京市政基础设施建设市场,为打造城市综合服务商奠定基础》获首钢第十六届管理创新成果三等奖。规范投资管理,推进产融结合,以首嘉钢构为载体,对集团立体车库产业引进战略投资者;结合资质政策变化,完成恒纪公司、搅拌站增资事项。结合当前建筑业和集团面临形势,推出新版《企业管理参考》,每月2期以文件传阅、内网发布、微信平台3种方式向全集团推送;加强协会外联,提升企业形象,打造企业品牌,集团连续第10年获"全国优秀施工企业"称号,并被评为"2015年度中国工程建设诚信典型企业"。

(吕英瑞)

【人才建设】 首建集团通过开展调整人员结构素质、强化人才培养、打造人才发展绿色通道,构建人才队伍建设培养管理体系。全年招收土木工程、给排水、工程造价、电气工程自动化等专业应届大学本科毕业生69人;社会引进具有特殊技能和专长的工程技术管理人才10人,开通社会人才引进管理渠道;在电工、焊工和吊车三个工种技能竞赛、首钢"京唐杯"技能大赛、全国冶金行业吊装技能竞赛上,取得前三名优异成绩的劳务派遣员工7人给予转正,调动广大员工提高技能水平积极性。

(张学平)

【党群工作】 首建集团围绕上级党委要求,开展党员教育活动。根据上级党委安排,在集团处级以上领导干部中开展"三严三实"专题教育。坚持问题导向,使专题教育成为发现解决"不严不实"问题过程。通过制定《2015年反腐倡廉主要任务分工方案》,集体学习《廉洁自律准则》和《纪律处分条例》,召开新任领导干部廉洁从业集体谈话会,下发《首建集团领导干部问责管理办法》。在党支部建设中坚持"四个标准化"和"三同时";在党员管理上开展"党员亮身份、重承诺"活动;在各分公司和项目部相继建立"党员活动室",扩大集团党建工作影响力,丰富党员活动内容。

(康京山)

【大事记】

1月22日,首建集团负责施工承建的保定白沟万和城A区住宅楼工程荣获河北省建筑工程"安济杯"优质工程奖。

2月10日,首建集团举行第二届职工代表大会第一次会议,首钢总公司有关部门、监事会负责人以及公司各级单位成员代表150余人参加会议。

3月21日,首建集团所属山东分公司在烟台万科春茗会,荣获2014年烟台万科交付质量奖。

4月23日,首建集团所属山东分公司荣获烟台市住房和建筑局颁发"2014年度建筑业进区施工先进单位"称号。

4月23日,首建集团在中国施工企业管理协会七届会员代表大会暨第30次年会,荣获"中国施工企业管理协会2014年度全国优秀施工企业"称号。

5月20日,首建集团承建唐山万科新城工程迎来万科集团2015年度首次飞检,结果位列唐山地区公司第一名。

6月5日，根据首都精神文明建设委员会颁发的《首都精神文明建设委员会关于表彰2012—2014年度首都精神文明建设创建工作先进单位表彰决定》（精建〔2015〕3号文件），首建集团荣获首都精神文明委员会2014年"首都文明单位"称号。

6月17日，首建集团分别召开第二届第八次董事会议以及第八次股东会议，集团董事会成员及股东代表参加会议。

6月30日，首建集团以"张永新、刘晓波、周亚新"等三名技术骨干名字命名的技术创新工作室举行揭牌仪式，首钢总公司工会、生产部领导参加揭牌仪式。

7月13日，首建集团承建首金美利山五期16号工程和承德市四道沟至碾子沟道路连接线工程分别荣获重庆市2014年度三峡杯优质工程结构奖、承德市2014年度优质工程奖。

7月17日，在第九届中国企业文化百人学术论坛上，首建集团党委以《首推诚信闯市场 建造精品天地宽》课题荣获全国企业文化科研成果二等奖。

8月12日，首建集团完成纪念中国人民抗日战争暨世界反法西斯战争胜利70周年活动天安门广场景观花坛钢结构组装施工任务。

10月17日，首建集团完成第三届全国冶金建筑行业吊装技能竞赛"首钢建设杯"赛事工作。

11月2日，首钢总公司领导许建国、白新及监事会办公室负责人到首建集团，对2013年以来经营情况监督检查工作进行通报；公司全体领导、所属机关职能专业部室负责人参加会议。

11月5日，北京市规划委员会领导与市建委、住保办、投资中心、市建院等单位负责人，到首建集团负责承建的门头沟钢丝厂公租房钢结构住宅项目现场进行调研。

11月25日，首建集团与中房集团、东方鸿运战略合作协议签订仪式隆重举行，各方领导及有关人员参加签约仪式。

12月9日，首建集团董事长徐小峰、总经理杨波会见四川省安岳县书记许志勋一行，洽谈安岳县市政道路PPP模式项目合作。

12月25日，首建集团承建通钢1号、2号焦炉技术改造工程获全国优秀焊接工程一等奖。

（王金辉）

北京首钢房地产开发有限公司

【首钢地产领导名录】

董事长：吴福来（12月离任） 吴 林（12月任职）

董 事：吴福来（12月离任） 关 山（9月离任） 吴 林（9月任职） 李 斌 陈国立 侯锦山（6月任职）

监 事：张 焕 宗民胜

总经理：关 山（9月离任）

副总经理：缪双林 李 斌 陈国立 侯锦山（6月任职）

副总工程师：刘顺全

党委书记：吴福来（9月离任） 吴 林（9月任职）

党委副书记：关 山（9月离任） 张 焕（9月任职）

纪委书记：吴福来（9月离任） 张 焕（9月任职）

工会主席：吴福来（9月离任） 吴 林（9月任职）

（杨伯晗）

【综述】 北京首钢房地产开发有限公司（以下简称"首钢地产"）是房地产开发、商品房销售、家居装饰、房地产咨询专业化公司，具有房地产开发一级资质。首钢地产设有11部1室1个项目部：办公室、党群工作部、人力资源部、计划财务部、投资策划管理部、审计法务部、规划设计部、合同预算部、市场开发部、工程管理部、协调管理部、资产管理部（北京首房宏大房地产开发有限公司）、二通项目部（北京首钢二通建设投资有限公司）。分公司2家：北京首钢房地产开发有限公司新北分公司、北京首钢房地产开发有限公司南戴河分公司

（以下简称"南戴河分公司"）；全资子公司 6 家：北京首房宏大房地产开发有限公司（以下简称"首房宏大公司"）、北京首钢二通建设投资有限公司、重庆首金房地产开发有限公司（以下简称"重庆首金公司"）、首钢宝泉（天津）投资有限公司、北京首钢创意产业投资有限责任公司、秦皇岛首房物业服务有限公司；控股子公司 5 家：安徽省首钢房地产开发有限公司（以下简称"安徽宿州公司"）、北京首钢中基太业投资有限公司、吉林蛟河市首钢房地产开发有限公司、福建首鑫建设发展有限公司（以下简称"福建首鑫公司"）、秦皇岛市江盟房地产开发有限公司（以下简称"秦皇岛江盟公司"）；参股子公司 2 家：唐海国际专家服务中心有限公司、北京万年花城房地产开发有限公司。

截止 2015 年 12 月 31 日，首钢地产在册人员 759 人，其中北京区域 146 人，项目公司 257 人，所属物业 356 人。北京区域本科以上 125 人（研究生 24 人），中级以上职称 81 人（高级职称 21 人），平均年龄 40.7 岁。

（杨伯晗）

【主要指标】 首钢地产全年销售收入 10.5 亿元，利润 4.4 亿元，新开工面积 88.28 万平方米，竣工面积 31.32 万平方米。

（杨伯晗）

【重要会议】

1 月 28 日，召开首钢地产 2015 年第一次董事会。

2 月 13 日，召开 2014 年度基层单位领导班子民主生活会。

2 月 13 日，召开党群众路线教育实践活动专题民主生活会情况通报会。

2 月 27—28 日，召开首钢地产二届三次职工代表大会。

4 月 2 日，召开首钢地产领导班子和成员及中层领导干部进行 2014 年度考核、"一报告两评议"和基层党建工作评议考核工作会议。

4 月 8 日，召开首钢地产 2015 年第二次董事会。

6 月 3 日，召开首钢地产党风廉政建设工作会。

7 月 1 日，召开首钢地产贯彻落实首钢"七一"表彰大会精神和庆祝建党 94 周年座谈会。

8 月 10 日，召开首钢地产上半年经济活动分析会。

10 月 30 日，召开中国共产党北京首钢房地产开发有限公司党员大会。

（杨伯晗）

【政策房项目建设】 首钢地产全年取得安置房、限价房计 80 多万平方米土地二级开发权。二通南区棚改定向安置房项目完成控规方案调整，取得市规委下达《建设项目选址意见书》、丰台国土分局下达《建设项目用地预审意见》，和市交委《交通影响评价审查意见的函》。8 月组建首通建投公司，负责二通南区安置房建设，11 月南区安置房基坑土方破土动工。铸造厂南区限价房项目是北京市最后一批限价房项目，是石景山区第一个绿色二星限价房项目，实施产业化水平构件试点。2015 年，完成控规调整批复，取得规划条件，完成规划方案审定及土地权属审查、用地预审及交评、环评等五评工作，拆除现场地上物，实现土地上市邀请招标。12 月完成土地投标工作，取得限价房二级开发建设权中标通知，完成《土地出让合同》《企业搬迁补偿协议》签订和设计、施工、监理招标工作，已开工建设。

（杨伯晗）

【老工业园区建设】 首钢地产推进二通园区整体开发建设，园区策划方面，根据北京新城市功能定位和市政府关于推进首钢老工业区改造调整和建设发展意见，在发展文化创意产业基础上，增加科技创新和研发的产业功能，完成园区产业整体定位。园区征地拆迁方面，取得市政府《二通项目征地批复》《二通厂内住宅搬迁补偿安置方案》及实施细则，经丰台区重大会议讨论通过。园区基础设施方面，取得市发改委核准下发的《关于中国动漫游戏城张仪村东四路、张仪村东五路道路工程项目延期的批复》，东四路、东五路热力、电力工程开工。园区招商引资方面，二通园区全年招商项目共收缴租金 2800 余万元。首钢创投公司配合完成股权收购等相关工作，成为负责二通核心区西部招商租赁工作全资子公司。全年实现销售收入 372 万元，租金收缴率 100%。

贵钢老厂区开发体量大、功能多。贵钢工作组完成老厂区项目整体定位、规划策划方案调整工作，总体开发方案得到首钢总公司及贵阳市政府批准。7 月，作为贵钢老厂区项目开发主体贵阳首钢房地产开发有限公司正式成立。在土地获取方面，前期取得 19 宗土地已转入贵阳公司，完成涉及信达问题土地解封工作。成立贵阳首贵房屋征收政策咨询服务有限公司，完成项目征收立项申请及入户调查公示审批。融资方面,与各大金融机构达成融资意向。招商引资方面,积极推进多业态招商引资,探索多种合作模式。

首钢厂区城中村拆迁工作按计划推进。完成庞村4个院落9户拆迁及拆违工作;白庙村拆除正式房屋建筑面积9000平方米,拆除自建房屋建筑面积3000多平方米。

(杨伯晗)

【在手项目开发建设】 重庆首金公司全年实现销售收入27700万元,实现利润3093万元,竣工面积2.95万平方米。成功塑造美利山、美利花都、美利溪镇项目品牌形象,公司被评为"第七届重庆市房地产行业重信誉企业五十佳"之一。美利山五期顺利交房,美利山项目高层全年累计认购313套,美利花都项目别墅全年累计认购64套,美利溪镇项目别墅全年累计认购39套。

安徽宿州公司全年实现销售收入50739万元,实现利润36729万元,完成新开工面积13万平方米,竣工面积28万平方米。领导班子调整后,推进"建章建制、流程再造"工作;拓展3号地块营销渠道,首钢首御小区月均销售量连续位列宿州销售前三甲;加强1号地块酒店运营管理;加快2号地块项目开发建设速度,12月开盘。

万年花城项目完成6号、12号等地块一级开发,实现土地挂牌上市,12月收到一级开发补偿款13.88亿元。万年花城基本完成整个项目12个地块一级开发及130.18万平方米二级开发工作。

福建首鑫公司全年实现销售收入3716万元,实现利润483万元,取得隆教湾B、C地块总平面图及单体方案批复,紫云嘉苑项目规划验收正式通过,推进尾盘销售和竣工结算。

南戴河分公司全年实现销售收入7080万元,销售回款5700万元,通过法律手段追缴欠款700万元,物业费收缴率达到95%。领导班子调整后,创新营销方式,采取系统梳理、重新定位、售后返租、抵房销售等方式,搞活鸥洲项目营销思路,销售量明显提升。

秦皇岛江盟公司全年实现销售收入7692万元,实现利润259万元,完成销售签约额5833万元,销售回款6788万元。抓好首府三期项目前期策划工作,签订完成首府三期四个地块合同,拿到两个地块国有土地使用证。推进首府一期、二期项目尾房销售。

首房宏大公司所管理的商业面积出租率达到100%,实现销售收入2174万元,实现利润1225万元。

(杨伯晗)

【服务首钢项目】 首钢地产铸造村三期集资房,2015年完成7栋楼区域室外市政管线、道路和园林绿化施工,展现了集资房外观品质。通过加强协调沟通,取得1号楼等6项已施工工程及12号城管楼等3项公建施工许可证。影响集资房建设的关键性拆迁工作也实质性推进,燃气调压站拆迁协议已经签订。9号楼遮挡区住户拆迁和首自信板房拆迁按程序办理,龙禹加油站拆迁。厂史博物馆完成项目内外精装修、园林及市政工程,移交首钢园区管理,完成总公司交办改造任务。

(杨伯晗)

【企业管控】 首钢地产贯彻《关于首钢全面深化改革的方案》和总公司"两会"、经济活动分析会、"三创"会精神,制定《首钢房地产业务板块深化改革方案》,从思想、能力、体制机制和人才队伍等方面推进改革。启动首钢地产业务流程再造前期工作。编制完成首钢地产"十三五"规划,确定"十三五"期间发展方针。

加强对资金平衡、融资、利息分摊、损益等情况审核把控,实时了解项目动态数据。强化资金预算管理,采用多种措施提高现金流预测准确性和资金使用效率。探索多元化融资渠道,与三家金融机构达成融资方案,取得相关资金方合计100亿元授信审批。

建设成本管理系统,跟踪各项目动态成本执行情况,及时发现项目公司成本执行过程中存在问题,促进项目公司成本管理规范化。推进招标标准化工作,加强工程过程管控,全年共办理招标139项,实现安全生产零事故目标。根据总公司《法人授权管理制度》规定,对首钢地产授权进行清理,对实际需要授权进行补充。

推进信息化建设,完成软件正版化工作,拓展OA系统使用,完成销售、成本系统与财务系统接口建设工作,实现凭证在线推送,建立安全防护系统、数据备份系统,完善虚拟化平台建设等工作。

推进人力资源建设,建立符合行业市场化项目分类评价体系和市场化用工体制。全年外请专家8人讲课,开展专业人员房地产金融、未来房地产发展趋势等内容培训。

(杨伯晗)

【党群工作】 首钢地产组织"党的群众路线教育实践

活动""专题民主生活会"和"三严三实专题教育"。推进班子和干部队伍建设，举行党委换届选举，产生首钢地产新领导班子。全年调整 2 个职能部门和 6 个项目领导班子，调整领导干部 47 人。发展党员 3 人，6 个先进(优秀)基层集体、党支部、党小组，优秀共产党员和职工 19 人受到首钢和首钢地产两级党委表彰。

加大党风廉政建设工作"党委主体责任和纪委监督责任"落实，开展落实中央"八项规定"情况和项目公司、部门领导以及有业务处置权岗位人员党风廉政监督检查，重新制定实施《领导干部履职待遇、业务支出管理暂行办法》。

组织对北京地区单位及人员和外地分公司项目部、对劳动模范和特困职工慰问，开展扶贫帮困募捐活动。组建首钢地产摄影、羽毛球、乒乓球协会，定期组织群众性比赛。

(杨伯晗)

服 务 业

◎ 责任编辑：关佳洁、董俊林

北京首钢实业有限公司

【首钢实业领导名录】
 董事长:刘　刚(12月任职)
 　　　 岳文会(12月离职)
 副董事长:杨　鹏
 总经理:刘　刚(8月离职)
 副总经理(主持工作):陈四军(8月任职)
 副总经理:王立新　汤　红(女)
 　　　　 尹亚虹(女)(4月离职)
 财务总监:王丽君(女)(8月任职)
 总经理助理:王树芳　陈　尚(8月任职)
 　　　　　 薛　伟(12月离职)
 党委书记:刘　刚(8月任职)
 　　　　 岳文会(8月离职)
 纪委书记:刘　刚(8月任职)
 　　　　 岳文会(8月离职)
 工会主席:刘　刚(8月任职)
 　　　　 岳文会(8月离职)

　　　　　　　　　　　　　　　　(许之沛)

【综述】　北京首钢实业有限公司(以下简称"实业公司")是经营服务业企业法人,2008年由首钢实业公司(首钢生活服务管理中心)改制成立,首钢总公司持有股份35%,经营团队和员工持有股份65%,公司地址在石景山区八角西街85号。公司机关设办公室、党群工作部、财务部、规划发展部、培训部、信息部、审计部(监事会办公室)、市场部、法务部、运营部,管理15家全资子公司,10家控参股公司。员工1371人,其中研究生50人,大学专科以上805人;高级职称10人,中级职称89人;国家认定技师60人;高级工132人;女职工586人。平均年龄41.5岁。

2015年,实业公司实现"十二五"规划发展目标,全年营业收入20.1亿元,盈利6031万元。

　　　　　　　　　　　　　　(许之沛、王兆丰)

【深化改革】　实业公司在争作首钢改制企业董事会改革试点基础上,选取首钢幼教和首钢国旅作试点,制定下放资金权限、项目审批权限、投资权限、试行外聘独立董事、完善派出董事管理等扩大二级法人企业董事会经营决策权试点改革方案,激发企业发展活力;作为首钢改制企业股权改革试点单位,实业公司经过调研征求意见,制定实业公司技术骨干、业务骨干等入股的股权结构调整改革方案,修订完善股权管理办法,旨在改善企业股权结构,解决股权进出困难等问题,提高企业员工参与经营积极性,增强企业凝聚力;总结管理经验,传承优秀传统和优良作风,编制企业管理案例集,第一册收录内部案例55篇、外部案例5篇,已印发各单位和各部门学习,丰富企业文化内涵,为企业管理创新提供借鉴,提高企业创新力。

　　　　　　　　　　　　　　　　(许之沛)

【开拓市场】　实业公司全年市场开发跟踪项目234个,超计划8.84%,跟踪项目涉及工商企业、教育领域、政府机构、部队后勤及高科技园区等。洽谈项目69个,超计划6.15%。新签约项目16个,完成目标70%,其中:物业服务9个、餐饮服务6个、养老服务1个。新增项目签约额4448万元,超计划17.05%,与2014年签约金额2957万元相比增长50.42%。随着新签约中关村软件园G2地块物业项目、国家自主创新展示中心安全馆项目、中国原子能科学研究院供餐项目等大中型服务项目进驻,实业公司市场结构加快向中高端转型。

　　　　　　　　　　　　　　　　(许之沛)

【信息化建设】　2015年,实业公司餐饮管理信息化系统正式上线,实现管理"六统一",为提升服务质量、降低生产成本、提供决策支持创造条件;2015年"Chatrip1.0"在线一站式导游服务系统上线试运行,启动旅游企业内部信息化管理平台和"全民旅游营销体系"为一体的旅游信息化体系建设升级工作,为消费者提供线上线下全新营销服务体验。

　　　　　　　　　　　　　　　　(许之沛)

【科技创新】　实业公司践行"科技兴企、技术强企"战略,加大科技创新力度,提升核心竞争力。全年安排科研资金 598.45 万元,比 2014 年增长 74.6%,其中统筹资金 410 万元,各单位自筹资金 188.45 万元,统筹资金主要用于钢铁包装材料综合服务与检测平台建设、发泡母粒配方及工艺研究、碳酸饮料配方与新品种研发、中学生营养配餐研发等 9 项重点项目研发。《多媒体教学对幼儿绘画学习的作用》获 2015 年首钢科技二等奖,《首欣物业信息管理系统的自主研发与应用》获 2015 年首钢科技三等奖,实现实业公司科技创新新突破。

(许之沛)

【培训体系】　实业公司成立培训部,组织建立集团层面培训体系,完善中长期人员培训计划。继续与北京开放大学石景山分校合作办学,组织 26 人参加《学前教育》专升本培训班;开展两轮 8 批次 428 人次的项目经理轮训,128 人经过培训考试获得项目经理资格认证;举办高管人员培训班 5 批次,205 人次参加培训,组织 6 人参加硕士研究生报考工作。

(许之沛)

【人才晋升】　实业公司制定中长期人才发展规划,确定"151"人才工程阶段性工程目标。以《"151"人才工程暨中长期人才发展规划》为指导,从用人机制、梯队建设、结构优化三方面开展工作,优化人力资源结构。2015 年通过招聘、选拔、培养等工作,高层管理人员达到 60 人,中层管理人员达到 168 人,专业技术业务骨干达到 985 人,核心团队人才达到 1213 人,完成"151"人才工程目标总量 75.81%。通过考察、培养、选拔、挂职锻炼等方式,完善企业骨干队伍配备。组织实业公司各单位和机关职能部门具有较高学历、强烈事业心和责任感的年轻专业技术管理骨干 7 人挂职锻炼,已有 6 人被聘任到重要岗位。

(许之沛)

【提升软实力】　实业公司围绕提升整体服务品质和服务水平,一是全面动员、全员参与,持续学习、宣传、贯彻、实践"注重细节、追求完美"服务理念。通过提炼注重细节、追求完美服务理念内涵表述、查找服务环节关键点、梳理流程,优化完善服务标准,起到内化于心、外化于形,转变成自觉自发行为的作用;二是总结"注重细节,追求完美"典型案例,启动管理案例集第二册编辑工作。各单位、各部门总结归纳企业服务运营、市场开发、专业管理等工作中的细节,提炼蕴含哲理,形成

201 篇案例。

(许之沛)

【首欣物业】　2015 年,实业公司首欣物业先后接管中关村软件园一期、中关村展示中心安全馆、唐山世界园艺博览会、河北衡水冀州市道安寺配套商业项目、重庆大足龙水五金市场二期、潭柘寺潭柘柏逸项目、曹妃甸建设投资公司办公大楼物业服务项目等 9 个物业项目,其中中关村软件园一期 G 地块是首个年收入千万级服务管理项目。到 2015 年底,首欣物业管理总面积 1505 万平方米,其中外部市场托管面积 1183 万平方米。

先后组织完成首钢家属区部分电梯更新工程、家属区防水大修、家属区消防系统中控设备更新及新建消防泵站等 11 项福措大修工程项目,共计投资 3453.76 万元。工程检修产业和机电维保产业依托市政公用工程施工总承包三级资质和专业施工队伍技术实力,积极承揽中铁六局集团有限公司北京地铁 6 号线西延七标施工用水工程、首钢科教大厦增高改建工程、石景山区物联网前端设备安装工程等项目。富通电梯公司电梯维保数量突破一千台。

(王　扬)

【首钢饮食】　2015 年,实业公司饮食公司先后承接中国原子能科学研究院、石景山小学等 6 个项目。按照实业公司规范法人公司要求,结合撤销事业部做实法人公司,组织全面修订现行规章制度,完成 8 大类 60 个制度修订工作,编辑成册下发执行,建立较为完善的制度体系。

承担 10 月全国"大众创业、万众创新"活动组委会及参与人员供餐任务,接待用餐 6000 余人次。活动结束,组委会向首饮公司赠送"热情服务　不辞辛劳"锦旗,向全体服务人员表示感谢。

注重假日经济。饮食公司围绕重大节日,推出各种特色服务。组织生产春节食品 2 万余份;为"一业三地"生产元宵约 4.5 万个,包括黑芝麻、五仁等口味元宵;供应粽子约 2.3 万个,包括小枣、豆沙、蜜枣、红豆、葡萄干等品种;中秋销售月饼 16.08 万块,销售额 100 余万元。

(马　来、吴丽娜)

【首融汇】　北京首融汇科技发展有限公司(简称"首融汇")是实业公司全资子公司,注册资本 3000 万元,坐落于北京中关村石景山科技园区,负责统筹实业公司各

类工业项目,包括汽车客运业务及钢铁产品贸易。设计财部、经销部、运营部、市场开发部、技术开发部、综合管理办公室;下设迁安首实包装服务有限公司、保洁项目部2家独资公司及北京首成包装服务有限公司、唐山曹妃甸工业区首瀚鑫实业有限公司、北京金安源汽车运输有限公司和北京鼎盛成包装材料有限公司迁安分公司4家合营公司。全年包装量1058596卷1377.57万吨。

（樊莹莹）

【幼教中心】 实业公司下属首钢幼儿保教中心建于1953年,2003年7月与台湾大地幼教联盟实现合作办园。有13所幼儿园(北京市11所、河北省2所),在园幼儿4500人;1所培训学校,学员3000人,是一个跨地区、多领域,集幼教、培训于一体的幼教集团。开展多项安全教育培训,内容涉及幼儿园防火、用电、交通安全、职工岗位安全生产职责、岗位安全操作规程、事故案例分析以及消防职责等多方面,共组织培训125次,参与职工2500余人次。观看《用电安全警示录》《生产安全事故案例》等警示教育片560人次。利用板报、电子滚动屏、宣传材料、座谈会、答题等形式进行宣传教育。下发安全警示语、安全常识、"五落实,五到位"等材料860余份。

2015年,首钢幼儿保教中心打造自编自演音乐剧《七色花》,以"关爱与共享"为主题,以音乐童话剧《七色花》为蓝本,以优质发展为主线,以儿童身心和谐发展为核心目标,让儿童在体验中享受艺术魅力,在游戏中大胆表现和创作,为儿童快乐发展提供支撑。北京您早、北京日报、新华网、凤凰资讯网、首钢日报、首钢电视台等几十家网络媒体先后报道演出盛况;《多媒体教学对幼儿绘画学习的作用》被北京市学前教育研究会评为优秀教研课题。2015年初,培训学校拥有微信公众号,开启培训学校"网络"时代。截至11月,培训学校开设奇乐数学、魔奇英语、机器人、书法、舞蹈、绘画、亲子、跆拳道、器乐等课程,共计20大类,17个教学点,405个教学班,学员7000余人次。

（张立建、孙丽凤）

【老年福敬老院】 实业公司下属北京市石景山区老年福敬老院(以下简称"老年福敬老院")有两所机构,分别位于西井小区和模西小区,入住率80%以上。2015年,分别向石景山区民政局和门头沟区民政局申报成为短期照料服务项目试点、精神关怀服务项目试点。2015年被评为国家首批养老服务和社区服务信息惠民工程试点单位、北京市健康示范单位。老年福敬老院搭建管理架构,形成3人领导团队,下设综合办公室、护理部、财务部、开发部等一室三部,明确职能权限,养老服务中心初现雏形。2015年,老年福敬老院成立科技创新研发小组,编辑《老人活动组织与应用》养老服务指导手册;开拓养老市场,探索机构、社区、居家三位一体的养老服务形式,同时聚焦政府公建民营养老模式,中标门头沟区石门营养老服务项目,签订10年期服务协议。石门营养老项目被命名为"首钢沁心园养老照料中心",成为首钢两级公司养老服务示范项目。

（高嘉力、苏　好）

【首钢国旅】 实业公司下属北京首钢国际旅游有限公司(以下简称"首钢旅游")是经国家旅游局、北京市工商行政管理局批准设立的独立法人企业,注册资本1000万元,特许经营中国公民出境、入境、国内旅游业务(经营许可证号:L-BJ-CJ00222),公司拥有IATA国际航空协会一级代理资质(资质号:B08321950)。首钢旅游连续多年被北京市消费者协会评为"诚信服务示范企业"。在上海、美国、欧洲、日本、澳新等设有分、子公司和合作公司,现有专项业务部门50个,北京市区门市30家。旗下综合产品网站(www.sgts.cn)为市场提供丰富多彩的产品信息;旗下专项品牌专注于海外自助旅行服务,为游客提供海外自由行相关机票预订、酒店预订、签证服务、目的地信息等一站式服务内容。

首钢旅游与国内外75家主流航空公司签署大客户合作协议,签证中心在欧洲申根国家、美国、加拿大、韩国和俄罗斯等国家完成签证备案,优势产品涵盖美国、日本、澳新、欧洲、非洲、韩国和东南亚等主要海外目的地国家和地区。

（张聪聪）

【先进集体和先进个人】
　　首钢劳动模范
　　　实业公司总经理:刘　刚
　　　物产管理部富通电梯检修中心电工班班长:
　　　　车玉钢
　　首钢三创标兵
　　　餐饮管理事业部首设院项目经理:李欣睿
　　　物产管理事业部市场开发部副部长:田　洋
　　　幼儿保教中心模式口幼儿园教研组组长:袁　霞

工业产业事业部保洁项目部副经理：李　贺
首钢三创先进集体
　　物产管理事业部天兆项目部
　　餐饮管理事业部国家检察官学院集成项目部
　　幼儿保教中心金苹果幼儿园
　　北京首钢实业有限公司先进单位
　　幼儿保教中心
　　北京首钢实业有限公司先进车间
　　物产管理事业部古城项目部
　　物产管理事业部展示中心项目部
　　餐饮管理事业部迁安分公司厂区餐厅
　　餐饮管理事业部曹妃甸分公司华润电厂项目部
　　工业产业事业部迁安首实包装服务有限公司
　　工业产业事业部首融汇保洁项目部生物质能源
　　　冷轧项目
　　幼儿保教中心金苹果幼儿园
北京首钢实业有限公司先进科室
　　物产管理事业部市场开发部
　　餐饮管理事业部运营管理部
　　首钢国旅办公室
　　北京首钢实业有限公司先进班组
　　物产管理事业部
　　十万平项目部业务班
　　单身项目部古城客服
　　富通电梯公司机电中心三班
　　嘉铭园A区项目部工程部
　　福田项目部工程部
　　餐饮管理事业部
　　迁安分公司首实福膳缘一楼普餐部
　　曹妃甸分公司首实京唐项目部培训中心PA保
　　　洁班

首钢设计院项目部餐厅班
北京今时宾馆餐厅班
工业产业事业部
北京鼎盛成包装材料有限公司塑料板班
唐山曹妃甸首瀚鑫实业有限公司包装四车间
　丙班
北京金安源汽车运输有限公司迁钢部短途通
　套班
幼儿保教中心
老山西里幼儿园英语教研组
老山东里幼儿园国际五教学班
北京首钢实业有限公司先进职工
　物产管理事业部
　　张　磊　白金海　赵玉平　王宝治　金永财
　　马明智　闫树清　蔡建民　张　颖　卫胜利
　　范汉基　湛群星　魏永生
　餐饮管理事业部
　　刘庆生　赵秀英　张　颖　赵红梅　贲　莹
　　王进红　吴子杰　于　萍　王桂兰　李　萍
　　任鸿雁
　工业产业事业部
　　张秀全　孟庆江　崔春梅　王海涛　李家太
　幼儿保教中心
　　马宝丽　陈景俊　白　静　贾磊鑫
　首钢国旅
　　马爱华
　老年福敬老院
　　高嘉力　李　梅
　实业公司机关
　　王树芳　何　宁　孟凡凯　李建华

（李慧民）

北京大学首钢医院

【首钢医院领导名录】
　　院　长：顾　晋

党委书记：向平超
副院长：向平超　雷福明　张祥华

王健松（9 月离职）

（吴妍彦）

【综述】 北京大学首钢医院（以下简称"首钢医院"）是一所集医疗、教学、科研、预防保健于一体的综合医院。职工总数 1844 人（在编职工 1105 人、合同制 739 人），其中：卫生技术人员 1495 人（不包括职能处室卫生技术人员）（含正高级职称 39 人，副高级职称 93 人，中级职称 469 人，初级师 525 人，初级士 124 人，无职称 245 人）。

医疗设备固定资产总值 26897 万元，2015 年新购置医疗设备总值 571. 61 万元，其中 10 万元（含）以上设备 10 台（套），100 万元（含）以上设备 1 台（套）。

（吴妍彦）

【机构设置】 7 月 21 日首钢医院院务会研究决定：成立北京大学首钢医院核医学科，原医学影像科核医学专业组职能及人员划归核医学科；9 月 21 日首钢医院院务会研究决定：医务处与药物临床试验机构办公室合署办公，纪（监）委与审计室合署办公，工会与离退休办公室合署办公，组织部与团委合署办公，原内窥镜中心更名为内镜室，改为班组建制；取消车间保健科科级建制，人员及职能划归古城社区卫生服务中心。取消社区医疗部管理层级，原社区医疗部办公室人员划归金顶街社区卫生服务中心，职能不变。

（吴妍彦）

【改革与管理】 2 月 4 日，首钢总公司党委在首钢医院召开干部大会，宣布首钢总公司党委关于首钢医院领导班子成员调整决定。经首钢总公司党委常委会议研究：向平超担任北京大学首钢医院党委书记、纪委书记、工会主席、副院长；顾晋担任北京大学首钢医院院长，并按有关规定履行任职程序。4 月 29 日，首钢医院召开第十八届二次职工代表大会。顾晋作《坚定信心 放眼未来 共同描绘医院宏伟蓝图》工作报告，副院长分别作专项工作报告。党委书记兼纪委书记、工会主席向平超作大会总结讲话。11 月 12 日，首钢医院召开第七次党员代表大会，向平超作《团结奋进 开拓创新 共同描绘医院宏伟蓝图》工作报告。

开展多种形式廉政教育，邀请石景山区检察院职务犯罪预防处处长郭淑丽作"遵纪守法、廉洁从业"预防职务犯罪专题讲座；制定《北京大学首钢医院 2015 年党风廉政建设和反腐败工作任务分工的通知》《北京大学

首钢医院进一步开展医药购销领域商业贿赂专项治理工作分工方案》《北京大学首钢医院贯彻落实〈建立健全惩治和预防腐败体系 2013—2017 年工作规划〉的实施办法》和《实施方案》。全年收到表扬信 162 封、锦旗 119 面。

（吴妍彦）

【医疗工作】 首钢医院全年门急诊量 1052813 人次，编制床位 1006 张，实际开放 907 张，出院患者 25995 人次，较 2014 年增长 0. 83%；住院病人手术 5827 例；病床使用率 87. 99%，出院患者平均住院日 10. 75 天；全院患者药占比 52. 15%，其中住院患者药占比 36. 92%。

全年开展新技术、新项目 47 项，普通外科一病区《超细胆道镜在腹腔镜保胆手术中的应用》等 6 项获医院新技术、新项目专项奖。上报试点临床路径病种 25 个，实施临床路径科室 12 个，入径管理 1384 人，入径率 83. 12%，完成率 72. 83%。采取网络预约、窗口预约、电话预约、诊间预约、手机 APP 预约和社区转诊预约等形式，开放号源比例 100%，预约挂号人次占门诊比例约 2. 32%。医院感染发生率 1. 39%。制定《医院环境清洁卫生制度》和 MERS 处理流程、HIV 暴露后上报程序流程与锐器伤监测及预防用药费用报销流程等。全年医保出院人次 17914 人，比 2014 年增长 2. 54%；出院医保病人总费用 355279733 元，出院医保病人次均费用 19828 元。

（吴妍彦）

【医疗支援】 首钢医院组织医务人员 29 人赴内蒙古自治区丰镇市医院进行对口支援活动，开展临床诊疗、教学培训和查房、疑难病例讨论、学术讲座等。查房 189 人次、教学查房 8 人次、疑难病例讨论会诊 54 人次、开展专题讲座 55 余次，开展临床手术 25 例。医院每月安排各科室医务人员对口支援社区卫生服务工作，保证古城、苹果园、老山、金顶街四个社区卫生服务中心每天都有医院主治医师以上人员出诊。

1 月 9 日，首钢医院首次召开"北京大学首钢医院医联体成员单位研讨交流会"，与 13 家成员单位进行研讨交流。6 月 18—19 日，首钢医院党委书记向平超、院长顾晋带领医院党员和统战人士专家代表团赴首钢京唐公司，迁钢公司和矿业公司为一线干部职工和家属进行健康讲座和健康咨询。9 月 14—18 日，北京大学首钢医院开展"服务百姓健康行动"大型义诊周活动，我

院派出由医务处、护理部、心内科专业、普外科专业赴内蒙古丰镇市医院进行5天义诊活动,查房8人次、义诊350人次、带教9人次、疑难病例会诊5人次、授课10小时、发放材料100份、开展护理评估及护理查房。

（吴妍彦）

【医疗纠纷】 2015年参加医疗保险1490人,2015年度保险缴费788245.38元,保险赔付1105852.98元。发生医疗纠纷16起,经北京市医疗纠纷人民调解委员会调解10起;经法院判决5起;医院内部调解1起。

（吴妍彦）

【护理工作】 首钢医院护士数707人,注册护士数707人、合同护士数524人(以上数据均不包括四个社区卫生服务中心注册护士77人),医护比例0.61,ICU床位数45张。

护理管理新举措。100%病区落实责任制整体护理,住院患者满意度超过98%。建立专科护理质量指标95个,开展护理品管圈活动,完成13个项目;开展循证护理查房工作,完成院级和多科室联合查房共22次;组织临床修订疾病护理指引202个,修订完善护理规章制度、指标等11项。

科研工作。获批院内青年基金课题2项,在统计源期刊发表护理论文数5篇。

培训工作。完成护理临床实(见)习带教257人,其中本科生9人,大专生244人,中专生4人。全院护理人员继续教育学习达标率99.9%,顺利通过北京市抽查。接收进修护士1人。血透室、急诊室、糖尿病、造口伤口护士各1人,PICC护士7人,ICU护士3人和手术室护士1人,共15人参加专科护士取证培训。

（吴妍彦）

【科研工作】 首钢医院新增课题8项,其中中国共产党北京市委员会组织部课题1项、吴阶平医学基金课题1项。发表论文117篇,其中核心期刊56篇,非核心期刊61篇,SCI文章4篇。

1月,首钢医院骨科张光武主任"常见骨与关节疾病防治知识系列科普读物"获北京市科学技术三等奖。2月15日,首钢医院召开中青年医师座谈会。顾晋院长、向平超书记和职能部门负责人及中青年医师骨干代表10人参加此次座谈会。3月27日,首钢医院青年医师沙龙成立大会暨第一次学术会议召开。6月5—6日,首钢医院举办"2015年北京西部医学论坛",2004年以来,首钢医院已成功举办11届北京西部医学论坛。6月17日,首钢医院召开首届结直肠癌多学科诊疗模式研讨会,标志首钢医院结直肠癌多学科诊疗模式(Multidisciplinary teamworking,MDT)正式启动。7月23日,首钢医院召开"聚焦慢阻肺和哮喘的诊治"京西呼吸论坛。9月24日,北京市中医"服务模式和学术发展模式"改革启动会暨学术研讨会在首钢医院召开。北京市中医管理局局长屠志涛、北大医学部党委副书记戴谷音和国家中医药管理局、北京市中医管理局、石景山区卫生计生委等上级单位和行业部门负责人、北京市中医药领域专家以及首钢医院院领导和专业技术人员代表出席会议。

（吴妍彦）

【医学教育】 首钢医院本科教育完成43人935学时北医2011级生物医学英语专业教学任务和2012级海外口腔专业教学任务;完成47人2010级辽宁医学院临床教学实习任务;完成70人2012级、2013级天津医科大学临床教学实习任务;完成11人2011级三峡大学医学院临床教学实习任务;完成17人2011级内蒙古民族大学医学院临床教学实习任务。在加强本科教学同时,医院培养硕士研究生8人、博士研究生2名。

2015年,首钢医院住院医师117人参加北京市卫生局专科医师规范化培训,一阶段61人,二阶段56人。参加继续医学教育1392人;接收来院进修生25人。举办短期学习班24次,参加人数4800人次。为职工举办学习班74次,参加人数平均150人/次。本年度脱产学习150人次。到院外进修16人,出国进修3人。2015年录取研究生20人,硕士研究生16人、博士研究生4人。

（吴妍彦）

【国际学术交流】 首钢医院邀请德国埃森大学院感办主任波普教授进行学术交流;邀请德国护理专家Matthias Mertin博士、Anne-DorteLatteck博士和Irene Muller博士到首钢医院与护理骨干进行中德护理专业交流;邀请德国沃尔特·波普教授到首钢医院进行题为《医院感染作为一个重要公共卫生问题的概述和未来发展》学术交流。首钢医院到美国、中国台湾等地进行考察和参加国际学术会议5人次。

（吴妍彦）

【信息化建设】 首钢医院完善临床信息系统移动医护

系统,实现信息化存储共享,新增电子病历单点登录和单病种管理工作,完善手麻、重症系统;上线抗生素管理系统,加强临床抗菌药物使用管理;完成门诊楼无线WIFI全覆盖,加快推进建设银行与首钢医院"银医通"合作项目,进入实施阶段;开展纸质病历数字化扫描项目,解决目前纸质病案管理问题。

(吴妍彦)

【后勤与基建】 首钢医院完成立体停车楼项目并投入使用,建筑规模达 52727 平方米的新门急诊医技大楼建设项目正在完善北京市发改委要求的立项前期资料。完善门诊检验平台及图书馆改造后期工作,完成住院大楼首层及负一层装修、风机盘管更新、部分科室改造装修等新建及改造工程项目 10 项。

2015 年非医疗物资采购成本较 2014 年下降约 100 万元。完成住院大楼空负压泵站电源互投柜更换、锅炉房加装烟气回收装置等技改工程 9 项,其中,加装锅炉烟气余热回收装置,节约燃气 10.8 万立方米,折合 34 万元。制订后勤保障工作指南,层层抓好落实安全生产责任制,做到"早预防、早控制、早处理",实现全年无重大安全事故管理目标。

(吴妍彦)

首钢总公司培训中心

【培训中心领导名录】

副主任:段宏韬　王　林　胡立柱

主任助理:张百岐　周伯久(女)

党委书记:黄吴兵

首钢工学院

院　长:白　新(兼任)

副院长:段宏韬　王　林　胡立柱

党委书记:黄吴兵

首钢技师学院

副院长:段宏韬　王　林　胡立柱　张百岐

党委书记:黄吴兵

(徐　励)

【综述】 首钢总公司培训中心(以下简称"培训中心")1996 年 2 月成立,前身是首钢总公司教育委员会。培训中心是首钢教育培训办学实体,与首钢工学院、首钢技师学院实行一体化管理,开展全日制中高等职业教育、成人学历教育、专业技术人员继续教育、高技能人才培养、职业技能鉴定培训和面向社会资质培训等。地址在石景山区晋元庄路 6 号,占地面积 16.75 万平方米,建筑面积 12.56 万平方米,固定资产原值 1.64 亿元。设有办公室(外事办)、党群工作部、纪(监)委、项目办(临时机构)、职业教育培训处、教务处(教育督导室)、学生处(团委)、招生就业办公室、人事处、计财处、总务处、保卫处等 12 个处室,设基础部、经济管理系、信息工程系、机电工程系、建筑与环保工程系、继续教育学院、技师(工)学部、实习实训中心等 8 个教学实体,以及鉴定所、网管中心和图书馆。2015 年在册教职工 506 人,其中研究生以上 123 人,大学本科 307 人,高级职称 139 人,中级职称 169 人。信息化职工培训系统平台有 1024 门课程(其中,技能类 204 门、管理类 820 门),课件资源 27998 千兆。

2015 年,培训中心完成办学收入 10566 万元,完成各类培训 2.81 万人次,完成中高职和成人学历教育在校注册学生 1.06 万人(其中,技师学院在校生 4269 人,工学院全日制在校生 3118 人、成人本专科在册生 553 人、合作办学网络教育在册生 2721 人)教学任务。首钢技师学院招生 1603 人,首钢工学院全日制高职招生 1079 人,成人学历教育招生 1026 人。培训中心获"全国钢铁行业教育培训先进单位""第三届钢铁行业最具影响力教育培训机构"称号,首钢工学院获"首都文明单位"称号,首钢技师学院获"北京市技工院校教育教学先进单位"称号。完成国家中职教育改革发展示范校建设项目,通过北京市级评审验收。《首席技师工作室建设问题分析与对策研究》课题获第三十届北京市企业管理现代化创新成果二等奖。首钢技师学院公共实训基地改造项目获市财政预算资金 8019 万元,并获市规划委签发的规划许可证,实现开工建设;申办"北京市安全生产教育培训基地"获批准。

(徐 励)

【发展思路】 3 月 3 日,培训中心召开七届一次教代会,审议通过段宏韬《抢抓机遇 深化改革 扎实推进培训中心转型发展》工作报告。报告总结 2014 年工作,分析培训中心改革发展面临的新形势、新变化,提出 2015 年总体工作思路、主要任务目标和工作要求。总体工作思路即:深入贯彻首钢总公司党委扩大会和职代会精神,全面落实培训中心党委《关于全面深化改革完善体制机制的意见》,深化改革,开拓创新。着力提高办学层次和水平,实现向高端转型;着力提高教育质量,实施精品战略;着力提高办学效益,实现可持续发展。坚持从严治党,坚持依法治校,坚持维护教职工利益,以更加奋发有为的精神状态开创培训中心转型发展新局面。

(徐 励)

【职工教育培训】 培训中心面向集团内部开展多层次、多类型职工培训或远程在线培训,全年完成内部培训 2.17 万人次。一是为首钢高层次、高技术人才培养服务。与东北大学、北京科技大学合作培养工硕生,共招收在职人员攻读工程硕士学位研究生 70 人,63 人完成学业取得工程硕士研究生学位,工硕生在读学员 429人。1 月—7 月举办首钢国际贸易培训班,39 人参加为期七个月脱产培训,7 月 23 日总公司领导颁发结业证书。"北京市专业技术人员继续教育基地项目"建设,完成总公司信息化、金融财会、文化创意、工业自动化四个专业在职人员培训 3919 人次。二是为首钢钢铁板块企业开展培训服务。以首钢京唐、迁钢、首秦、顺义冷轧等新基地和长钢、贵钢、通钢等外埠企业为培训服务对象,完成技师、高级技师培训 491 人次,技能操作人员培训 8651 人次,班组长培训 2077 人次,管理人员和专业技术人员培训 1.8 万余人次。应用远程在线学习系统开展培训,迁钢公司在线培训与取证考试 643 人次。

(徐 励)

【社会教育培训】 首钢技师学院毕业生 1339 人,首钢工学院全日制高职毕业生 1127 人,成人教育本专科毕业生 511 人,合作办学网络教育毕业生 713 人。两校全日制毕业生就业率 99% 左右,继续保持北京市先进水平。全年完成社会培训 6508 余人次。其中:先后完成北京市焊工、维修电工、轧钢、炼钢、连铸等 5 个工种 6个班次(每班 64 学时)技师研修培训任务,共培训 208人;完成北京市动漫、大气污染防治等 2 个专业技术人员高级研修培训,共培训 71 人。4 月承办市电力总公司在职人员 1993 人智能电表安装操作专项培训;6 月承办全国钢铁企业优秀班组长 53 人研修培训;9 月承办石景山区环卫系统班组长 94 人培训;12 月承办市安监局 265 人职业卫生培训等。

(徐 励)

【国家级示范校建设】 11 月 10 日,北京市职教专家组莅临首钢技师学院,进行"国家中等职业教育改革发展示范校建设项目"省级结项验收评审,获评 97 分,在北京市 7 所第三批示范校中名列第一。完成示范校建设任务 665 个、完成率 129%,形成"校企融合、工学一体、多元育人"的人才培养模式,实现"教学任务与典型工作任务相对接,教学内容与职业标准相对接,培养过程与生产过程相对接",建设一支名师引领,专兼结合的"双师型"教师队伍,健全校企合作体制机制,充实完善具有"互联网+"特色职工培训体系。

(徐 励)

【人才工作】 培训中心年内晋升正高级职称 5 人(其中 3 人为北京市技工院校系统首次开展晋升正高级职称工作并获批晋升)、副高职称 6 人,取得高级职业资格 5 人,招收应届硕士研究毕业生 7 人。首钢工学院教师李钢获第十一届北京市高校教学名师奖。培训中心年内组织开展绩效工资分配改革,通过绩效测评、岗位职务聘任、个人素质条件核定,评定主任师 3 人、专业负责人 30 人,重新评定各级各类人员绩效工资。

(徐 励)

【教学成果】 新专业获批准:首钢工学院申办"社会体育"新高职专业获市教委批准;首钢技师学院申办"幼儿教育、会展、轨道车辆检修"三个新专业以及"焊接加工、电气自动化设备安装与维修"两个学制技师专业获市人社局批准。新教改项目获批准:首钢工学院先后申请并获得市教委下拨的 750 万中央专项经费,用于学校 11 个"现代职业教育质量提升"建设项目。师生竞赛获奖:两校获全国职教行业和北京市级各类教学成果 83项;两校学生参加全国行业和北京市级技能竞赛获奖

35 项,其中,首钢工学院学生参加第六届全国软件专业人才与创业大赛(北京赛区)比赛,3 人分获(高职高专组)"C/C++程序设计"赛项个人一等奖并入围全国决赛;2015 年全国职业院校技能大赛决赛中,首钢工学院学生 2 人组成北京市代表队获"大气环境监测与治理技术"赛项三等奖、首钢技师学院学生贾海潮获"焊接技术"赛项三等奖并获"全国技能雏鹰奖"称号。

(徐 励)

【学生工作】 培训中心学生教育与管理坚持"育人为本,立德树人"理念,坚持全面育人方向。一是平安校园建设。建立校园警务工作站,聘请石景山区杨洁法官为两校法制副校长,为两校学生开办 5 期普法讲座,成为北京市率先落实预防未成年人犯罪和重点学生帮扶工作院校。二是选优推优。两校评选出第四届校级名生 6 人(其中高职生 4 人、中职生 2 人),发展学生党员 70 人。首钢工学院推选出 1 个市级优秀班集体、5 个优秀团支部、市级三好生 4 人、市级优秀团学干部 4 人,3 人获国家奖学金、106 人获国家励志奖学金。首钢技师学院推选市级三好学生 5 人,1 人获"2014—2015 年度全国技能雏鹰奖"、31 人获政府奖学金。三是文体活动与比赛成绩。举办学生文化艺术节和科技体育节,每月围绕一个主题开展文体活动,组织学生志愿者参加学雷锋、助老助残等社会服务与实践活动。参加市大学生艺术节舞蹈展演获群舞项目二等奖;参加市大学生篮球联赛分获高职组女篮亚军、男篮第三名,参加市大学生健美操比赛获(高职组)团体第三名;参加市技工院校系统球类比赛获男足冠军、男篮亚军。

(徐 励)

【为师生办实事】 培训中心为教职工 42 人办理困难补助 2.4 万元,为教职工 5 人申请办理公司帮困基金补助和重大疾病理赔款 1.1 万余元;走访慰问离退休人员、困难教职工等共计 300 人次;安排在册教职工体检。完成校园安防系统数字化升级改造并投入运行。组织开展教职工文体活动 10 次。

(徐 励)

独立经营单位

◎ 责任编辑：刘冰清

北京北冶功能材料有限公司

【北冶公司领导名录】

董事长:董　哲

副董事长:徐镜新(6月任职)　李本海(6月离任)

董　事:降向冬　赵书田　陈自力

监事会主席:张　荣(6月任职)　刘淑波(6月离任)

监　事:刘章英　黄　建

总经理:董　哲(6月离任)　降向冬(6月任职)

副总经理:吕　键　赵书田　薛轶青

党委书记:董　哲

工会主席:刘淑波

(刘翠莺)

【综述】　北京北冶功能材料有限公司的前身北京冶金研究所,始建于1960年1月18日,2005年由北京首钢冶金研究院改制成立公司,地址在北京市海淀区清河小营东路1号。公司注册资本5000万元,首钢总公司、公司经营团队、公司员工分别占股权35%、40%、25%。北冶公司是国内专门从事金属功能材料研发和生产的基地之一,软磁合金、永磁合金、弹性合金、膨胀合金、双金属、电阻电热合金、高温合金、特种不锈钢等材料及制品的研发生产达到国内领先水平,部分新材料填补国内空白,达到国际水平,产品用于航空航天、能源、石化、计算机、通讯、自动控制、交通、家电等领域。公司先后被认定为北京市科技创新企业、银行信誉AA级企业、北京市高新技术企业、国家高新技术企业、中关村科技园区创新型企业试点单位、中关村科技园区企业信用A级单位、国家火炬计划重点高新技术企业。北冶公司现有材料研究所、理化研究室,有特冶分厂、冷加工分厂、热加工分厂、大兴分厂4个生产分厂,以及铁芯、磁钢(拔丝)和元器件部等制品部门,一个全资控股子公司北京首冶磁性材料科技有限公司。有技术先进、配套齐全的生产、试验装备和较齐全的理化检测手段;有高精度特种金属材料冷轧带材生产线、特种金属材料棒材生产线、软磁铁芯及制品生产线、铸造高温合金生产线、磁钢精密铸造中试线、特种材料丝材中试线、复合金属材料

生产线等7条生产线。2015年北冶公司在岗员工731人,其中,有大学本科及以上学历176人,大中专学历168人;高中级职称95人;高中级技工310人。

(邵林增)

【主要指标】　2015年北冶公司实现收入46308.25万元,出口收入360万美元,实现利润总额3583.09万元。钢锭总产量5097吨,成品材产量2415吨,精密合金冷带产量2158吨,高温母合金产量1172吨,铁芯产量1182万支。子公司北京首冶磁性材料科技有限公司非晶铁芯产量2533.24万支,实现收入4057.17万元,利润10.83万元。

(赵书田)

【科技创新】　北冶公司"4J72锰基合金冷带批量生产研究"项目获得首钢科学技术一等奖、冶金行业科学技术三等奖;"HGH625合金研制与开发"项目获得首钢科学技术奖三等奖。公司"一种常压下冶炼高氮钢的方法"等2项发明专利获得授权,"一种异形截面钢材的在线涡流探伤检测装置"获得实用新型专利授权。

8月5日,经过公司科学技术委员会的评审,北冶公司对2015年度员工申请的专利、论文及标准等进行表彰奖励。专利奖一等奖11项、二等奖1项;论文奖三等奖7项;标准奖1项。12月17日,公司负责修订的两项精密合金冷轧带材技术标准:GB/T14987《高硬度高电阻软磁合金冷轧带材》和YB/T100《集成电路用4J42K合金冷轧带材》,在全国钢标准化技术委员会特殊合金分会组织专门评审会议上获得通过。

(李占青)

【科研新产品】　E2015年北冶公司在研科技项目共计108项,其中10项上级研发项目,3项横向委托项目,43项公司级科研项目,38项公司新产品开发项目,6项一般研发项目,3项上级环保科技项目,1项国家重大仪器专项科技项目,4项专家工作法科技项目。

"大规格异型材"等3项国家项目按可行性研究报告要求完成全部研究内容,研制产品的技术指标全部达

到要求,并全部通过验收;"压力容器 C 型密封环用材料研制"横向项目按合同或协议完成研制内容,达到技术指标和工作目标要求,完成用户的考核验证;"高压输电线用除冰材料 BYR35 研究"等 22 项新产品项目达到立项报告指标要求,进行项目总结。

（高春红）

【技术改造】 2015 年北冶公司新建项目 5 项,分别为:1 号立式炉主控 PLC 改造、冷带表面缺陷检测装置、燃气锅炉设备低氮环保节能改造、无芯修磨生产线、中频 R/Y 炉炉体改造项目。铁芯扩产项目和供应部剪板机自动上料系统改造项目,完成现场调试及验收工作,正式投入生产。

（信　飞）

【管理创新】 3 月 23 日—26 日,TÜV 南德-Beijing（北京）公司审核组对北冶公司及大兴分厂进行 2015 年 TS16949 质量管理体系审核。4 月 15 日,公司在市场部会议室召开清洁生产启动大会,发布北冶科技发〔2015〕2 号文件《关于成立清洁生产审核领导小组和工作小组的通知》。5 月 20 日—22 日,北京军友诚信质量认证有限公司审核组一行三人对我公司国标、国军标质量管理体系进行复评。接受江阴鑫宝利金属制品有限公司等 6 家顾客现场审核。

11 月 5 日,公司在文体中心召开班组建设启动大会。11 月 10 日,公司发布《北京北冶功能材料有限公司设备操作牌使用管理规定》《北京北冶功能材料有限公司非常规作业管理方案》《北京北冶功能材料有限公司联系确认管理规定》。组织英文网站上线工作,推广产品有 66 个。完成 ERP 系统项目的验收工作。

（高　勇、李占青、信　飞）

【环保工作】 2015 年北冶公司实施环保治理项目两项:高温修磨和复合线修磨两台除尘器技改项目和天然气锅炉房低氮技改项目。天然气天然气锅炉房低氮技改项目是北京市示范工程。2014 年度实施的除尘设施升级改造项目（电渣炉车间除尘器和 3 台油烟净化装置）,2015 年完成环保局的验收和绩效考核。组织两次公司级环保管理培训:固体废物中的危险废物管理和辐射管理。

2015 年度接待环保检查的近 30 次。主要事项分类有:辐射例行监察 4 次（市主区陪 2,区单 2 次）;首钢环保处检查 5 次;环保执法监察 4 次（1 次例行监察,3

次被举报监察）;区局监理科（侧重规范管理）检查 4 次;市区两局查看环保改造项目 3 次;8 月份和 12 月份空气重污染停限产检查 7 次。

1 月 19 日,北京市和海淀区环保局联合检查组来公司检查环保项目的实施情况,对我公司的有关工作给予肯定。4 月 15 日,北冶科技发〔2015〕3 号,关于发布《空气重污染应急预案》的通知,公司空气重污染应急小组修订《空气重污染应急预案》。

（李占青、郭彩芬）

【安全生产】 1 月 8 日,海淀区公安分局检查组来北冶公司检查放射源防护、监控、值守、记录等情况。2 月 28 日,北冶公司召开 2015 年安全生产工作大会,对 2014 年"安康杯"竞赛优胜单位暨模范班组和先进个人进行表彰,并部署 2015 年安全生产工作。3 月 11 日,北冶公司党委书记、董事长兼总经理董哲与首钢总公司签订 2015 年安全生产责任状。6 月 22 —26 日,北冶公司各部门组织开展应急预案演练活动,重点围绕完善生产设备、气体燃爆、地震、火灾等突发事故应急体系,提高应急处置能力。

8 月 19 日,西三旗派出所来北冶公司检查二十辊放射源安全保卫情况,并要求"两大"活动期间必须保证"射源"24 小时值守,不得出现断岗、丢失事故。9 月 1 日,海淀区安监局监察一科及西三旗街道安办对公司进行"两大活动"期间的突击检查,重点是易燃易爆气体的贮存及防护。9 月 2 —3 日,海淀区公安分局两次电话询问 20 辊放射源防护情况。10 月 27 日,北京市疾病预防控制中心对公司放射源及装置现场进行年度检测。10 月 28 日,北京市安监局、海淀区安监局、西三旗街道安办联合检查了北冶公司职防管理工作。

10 月 15 日,北冶安保发〔2015〕38 号《关于调整安全生产委员会成员的通知》。12 月 1 日,海淀区安监局职防科召开 2015 年度职业病危害防治评估工作部署会,北冶公司被确定为接受评估企业之一。12 月 10 日,海淀区安监局监察科对公司例行安全检查,重点检查部分生产车间、油库、燃气锅炉房等场所。

（吴学锋）

【职工培训】 4 月 16 日、23 日,北冶公司举办仿真技术系列培训班,特冶分厂专业员彭劼授课《仿真技术系列培训之模拟软件在铸造领域的应用》、材料研究所科研员李明扬授课《仿真技术系列培训之模拟软件在材料加工领域的应用》。9月21日,在北冶公司开展"万方网络数据库知识应用"培训,北京万方数据公司专家主讲。9月24日,公司举办"专家系列讲座之六——石墨烯材料"讲座,江南石墨烯研究院副院长、常州大学石油化工学院客座教授瞿研博士和济南大学材料学院教授冷金凤博士主讲。10月9日,组织"专利保护与申请"培训,首钢代理中心专利代理人刘念华讲授。

(丁 彤)

【党群建设】 北京北冶功能材料有限公司工会委员会获得中华全国总工会授予"全国模范职工之家"称号。公司特冶分厂真空炉班班长赵后才荣获北京市劳动模范。

8月16日,公司党委组织100名员工到中国人民抗日战争纪念馆,参观庆祝中国人民抗日战争暨世界反法西斯胜利70周年展览。3月30日,公司在文体中心组织员工形势报告会,公司中层管理干部、班组长和职工代表130多人出席。

4月28日,公司在文体中心隆重召开庆祝"五一"国际劳动节暨表彰先进大会。表彰北京市劳动模范1人,北冶公司先进单位2个、优秀班组13个、优秀管理者3名、五星级优秀员工1名、四星级优秀员工8名、三星级优秀员工11名和二星级优秀员工13名。5月4日,公司党委下发北冶党发〔2015〕4号《关于开展2015年度"创先争优"评选表彰工作的通知》,开展2015年度"创先争优"评选工作。7月1日,公司召开庆祝中国共产党成立94周年暨表彰先进大会,表彰首钢总公司先进党小组:科研党支部高温耐蚀党小组;首钢总公司优秀共产党员:赵后才、李铁丁。北冶公司先进党支部:机关党支部;先进党小组:机动党支部第二党小组、市场党支部市场党小组、制品党支部第二党小组。北冶公司优秀共产党员:倪兴涛、张迎、高洪兴、白凤江、彭伟峰、李雪峰、吴志国。

7月8日,公司党委在月季会议室举行践行"三严三实"专题教育报告会,公司党委书记、董事长董哲作了《深入学习践行"三严三实"为推动北冶稳定发展奠定坚实基础》的专题报告。10月19日,公司第二次党代会召开,50名正式党员代表出席。大会审议并通过了党委书记董哲所作的题为《积极加强党的建设,为创建一流的现代化北冶公司而努力奋斗》的党委工作报告,审议并通过公司纪委工作报告及党费收缴、使用和

管理情况的报告。选举产生中共北冶公司第二届委员会,5名委员是:丁绍松、降向冬、赵书田、董哲、薛轶青;中共北冶公司第二届纪律检查委员会,3名委员是:刘翠莺、张荣、董哲。选举产生了出席首钢资本运营部第一次党代会的代表丁绍松、王建民等18名。在公司第二届党委和纪委第一次全体会议上,董哲分别当选为新一届公司党委书记和纪委书记。

2015年公司发展新党员3人,预备党员转正4人。

(刘翠莺 邵林增)

【企业文化】 3月21日,北京市总工会在通州运河公园广场举办首都职工健步走、"健步121"手机APP上线启动仪式,公司100名员工代表海淀区参加活动。7月25日,公司龙舟队参加北京市职工龙舟大赛,并在十八个队的决赛中取得了第十名的好成绩。8月22日,公司100名职工参加鸟巢2015年国际田联世界田径锦标赛开幕式。

北冶公司员工王青、王荆国和陈晓光参加2015年海淀区第三届职工中国象棋邀请赛获得团体第六名,王青获得个人第一名的好成绩。11月7日,北冶公司67名员工参加在圆明园遗址公园《第二十七届海淀区职工"长春杯"越野赛》活动。12月1日,公司组队参加海淀区第三届职工围棋邀请赛获得优秀组织奖。理化研究室员工梁毅以六轮全胜战绩夺得个人赛第一名,梁毅、杜同勋和陈晓光三人组成的公司代表队以总分第一荣获本次比赛的团体第一名的好成绩。

3月31日,公司在文体中心召开第二届八次职代会,审议通过《北冶公司2015年工资集体协商协议》。10月11日,公司第二届职工运动会在文体中心举行,设个人项目14项,集体项目3项,有460名员工参加了各项比赛。市场分会代表队获得团体总分第一名。

(刘淑波、邵林增)

【北冶公司2014年大事记】

1月16日,德力西电器考察团一行11人来北冶公司考察,与公司副总经理降向冬、材料所所长李振瑞、市场部部长桑灿等有关同志进行了工作交流,达成共识。

4月23—24日,首钢总公司考察组结合北冶公司换届工作,对第三届副总经理以上人员及新一届领导班子人选进行民主测评、组织考察。

5月11日,公司颁布北冶办公室发〔2015〕29号《关于做好2015年防雨、防汛工作的通知》。为落实

2015年防汛工作,保证公司正常经营生产,公司成立防汛领导小组和防汛办公室。

6月30日,北冶公司召开第四届一次董事会、第四届一次监事会、第十一次股东会。审议通过2014年度总经理工作报告、2014年度财务决算方案等十七项议程。公司董事会下设了三个专业委员会:战略决策委员会、审计委员会和提名与薪酬考核委员会。选举产生北冶公司第四届董事会成员董哲、徐镜新、降向冬、赵书田、陈自力,其中董哲任董事长,徐镜新任副董事长;选举产生北冶公司第四届监事会成员张荣、刘章英、黄建,其中张荣任监事会主席;董事会聘任降向冬任公司总经理,吕键、赵书田、薛铁青任副总经理,赵书田任财务负责人,刘翠莺任董事会秘书。

11月17日,公司18名党员代表出席首钢资本运营部第一次党代会。

11月20日,根据北京市委组织部干部人事档案专项审核工作会议精神,按照首钢总公司的工作部署,北冶公司积极开展干部档案专项审核工作。

12月,北冶公司被海淀区统计局评为"2014年统计年报2015年定期统计报表优秀单位"。

（邵林增）

北京首钢吉泰安新材料有限公司

【吉泰安新材料公司领导名录】

董事长:王彦杰

副董事长:徐镜新

董　事:张连生　李　刚　李耐松

董事会秘书:刘祥鹏

监事会主席:张　毅

监　事:高和平　李洪立

副总经理(主持工作):李　刚

副总经理:顾建忠　李耐松

调研员:赵小平

总经理助理:马国庆　王殿明

（刘祥鹏）

【综述】　北京首钢吉泰安新材料有限公司始建于1956年,2008年由北京首钢钢丝厂改制成立,公司设在昌平区沙河镇富生路9号,主营加工电热合金丝、带材、高温合金钢丝、盘条、不锈钢丝材、非晶和微晶带材等。产品用于家电、工业炉窑、汽车、试验设备、电力化工等行业。产品销往韩国、日本、美国、德国等20余个国家。吉泰安新材料公司设技术质量部、制造部、市场部、计财部、企管部和炼轧、拔丝、非晶、冷轧四个作业区,在岗职工548人,技术人员31人,其中有中级职称5人。

2015年面对国家经济发展新常态,公司党委认真分析经济形势,有效把握国内外行业市场趋势,组织带领广大员工确保市场份额,狠抓产品质量,降低成本消耗,推行清洁生产,扎实推进"三定"工作,在钢铁业面临经营困境情况下,保持了经营生产基本稳定的局面。

（刘祥鹏）

【主要指标】　2015年,吉泰安新材料公司实现产品销售3457吨,实现销售收入13578万元,实现利润1351万元。全年出口销售收入2850万元,占全年销售收入21.5%,比2014年增长11.3%,非晶产品销售量310吨,销售收入1129万元,均超过2014年水平。全年完成钢产量3513吨,钢材产量3319吨,钢丝产量2589吨,商品产量3246吨,产销平衡达到100%。

（刘祥鹏）

【市场开发】　2015年在同行业生产不断减量,市场需求日渐走低情况下,公司准确分析市场变化,果断采取经营对策,积极创造有利条件,努力挖掘市场潜力。一是明确市场定位,加强与大客户合作,在开发新客户的同时恢复有实力、有规模的客户20余家;二是积极主动开辟细丝市场,争取国内重点客户多笔大单合同,四季度细丝产销量大幅度增长,同时采取"调价保市"的经营策略,促进NiCr等品种销售达到总量的30%;三是巩固非晶产品市场,新开辟深圳、河北市场,进一步增加市场份额;四是扩大产品出口销量,新开辟 8 个国外市场,出口收入比 2014 年增长 11.3%。

(刘祥鹏)

【生产组织】 2015 年克服雾霾天气多,停限产天数多等不利因素,提早预判,超前组织,确保产品合同按期交付,满足市场合同需要。一是强化生产过程控制,采取集中生产、连动生产、定制生产等方式,大大缩短产品交货期。坚持每周检查发布实物产量生产进度,每周落实客户合同兑现情况,对重点合同实施日跟踪,周兑现,月交付;二是加强物料平衡协调,加强与供应商合作信任关系,及时采购大宗原料,自行切镍、倒镍,保证重点合同如期交货;三是大力压缩库存盘活资金。制订压缩各类库存计划,盘清底数列出清单,积极组织按月消化,共压缩库存 427 吨。

(刘祥鹏)

【清洁生产】 2015 年公司大力开展全员环境治理工程,累计投入资金 420 万元,完成 12 个环保治理和提升项目,顺利通过清洁生产审核。一是公司高标准制定了清洁生产审核实施计划,举办环保培训,成立领导小组,逐级落实责任分工;二是认真研究论证一批环保治理项目,按节点进度要求加快推进,促进清洁生产审核顺利通过;三是淘汰高耗能机械设备,集中资金更新了三台变压器,清理 20 台旧电机、电焊机;四是开展全员大清扫,各作业区组织对生产区域进行彻底扫除,做到设备见新、通道通畅、地面清洁、物料码放整齐,作业环境改善。

(刘祥鹏)

【降成本能耗】 2015 年公司高度重视降成本、降消耗、保生存、抓管理工作。一是从源头抓成本。降低采购费用,全年采购降成本 497 万元,成本降低率 4.36%;二是严格控制"三费",降低吨钢费用。努力压缩管理费支出,保持销售费用不超上年水平,财务费用控制在计划之内,"三费"比上年减少 211 万元,下降 9.56%;三是继续开展节能降耗工作,上项目、改设备、转方式,取得较好效果。被评为北京市节水先进单位,节水工作经验被编入北京市"节水一百例"专辑。

(刘祥鹏)

【质量技术研发】 2015 年公司坚持稳定的产品质量是"钢花"品牌核心内涵的经营理念,狠抓产品质量稳定,带动市场销售逐步回升,取得突出效果。一是加强质量日常管控。每周对现场生产工艺执行情况进行检查发布,把控现场环节,促进产品质量稳步提高;二是加快工艺设备改造。针对产品质量问题,深入查找根源,进行多轮试验,根本消除质量缺陷;三是组织开展质量宣传月活动。制定质量案例教育专题片组织全员观看,评选公司 6 名"质量标兵"。

公司重视产品研发工作,重新划分机构设置,将技术开发部独立出来,成立新产品研发室,集中专门力量从事产品研发,取得初步成绩。公司微丝产品获得了北京市产品评价中心"2015 年产品质量创新贡献一等奖",获得国家 22 个部委和云南省政府颁发的"2015 年度国家产学研用合作创新奖",获得国家级新产品研发奖励。

(刘祥鹏)

【党建工作】 吉泰安新材料公司党委认真学习习近平总书记系列重要讲话,深入开展"三严三实"专题教育。一是按照首钢党委要求,认真制定专题教育计划,深入进行学习交流,组织全体中层干部党课学习两次、广泛征求员工意见,召开民主生活会,制定并落实整改措施,取得很好效果;二是按照《党章》和上级党委要求,圆满完成党委、纪委换届选举工作;三是组织开展"保质量、保环境、保效益"党内立功竞赛活动,各党支部组织全体党员创效 360 万元;四是深入开展党风廉政建设工作,制定两级班子抓廉政建设工作制度,签订党风廉政建设"一岗双责"责任书,公司被评为首钢系统先进纪委和先进办案单位。

(刘祥鹏)

【企业文化建设】 充分调动和发挥广大员工的积极性和创造力是企业增添动能、充满活力的根本所在。遵循这一发展理念,2015 年公司开展了四方面工作。一是开展全员培训,举办各类培训 37 次,参加培训人员 680 人次,举办了第六届"钢花杯"技工大赛,员工队伍整体素质有所提高;二是深入开展"减员增效"。结合公司实际制订了"三定"工作方案,实现净减员 79 人,达到公司瘦身强体的目的;三是开展健康向上的文体活动。举办了员工趣味运动会和员工五月鲜花歌咏比赛,开展了学雷锋活动日与纪念三八妇女节活动,建立了青年活动之家,评选了第一届"身边的道德模范",《昌平经济与信息化》刊登了《首钢吉泰安的"成材"之道》专题报道,不断增添公司发展的正能量;四是努力提高员工生活水平。全年救助 17 名困难职工,走访慰问生产骨干 40 余人,发放各类救助金 3.6 万元,收到"爱心基金"捐款和首钢"献爱心"等捐款共计 3.4 万元,提高了员工

车补标准,员工收入增长 9.4% 以上。

（刘祥鹏）

北京首钢氧气厂

【氧气厂领导名录】
　　厂　长:张成群
　　副厂长:范华刚　赵光明　张长海（1 月离任）
　　党委书记:马银川

（韩广军）

【综述】　北京首钢氧气厂是具有法人资格的首钢集团成员单位,企业经营范围包括工业气体制造,医用氧气制造,标准气配置,气瓶充装、检验,普通货物运输,危险货物运输,施工总承包,工业设备修理,技术开发、技术服务,产品设计,货物进出口,技术进出口,代理进出口等。主要产品包括氧气、氮气、氩气、氦气、氖气、氙气、氪气、氢气、液氧、液氮、液氩、医用氧。氧气厂管理机构设销售部、计财部、设备部、安全保卫部、生产技术部、氧通业务部、人力资源部、党群工作部、经理办公室、顺冷、迁钢、京唐作业区。在岗职工 354 人,其中研究生 19 人,本科学历 88 人,大专学历 84 人,占在岗职工的 54%;高级职称 15 人,中级职称 20 人,初级职称 17 人;技师和高级工 102 人,占操作人员的 44%。持有两种及以上技能证的职工 100 人,占操作人员的 43.2%。

（韩广军）

【主要指标】　2015 年,氧气厂完成稀有气体生产氖气 43419 立方米,氦气 13632 立方米,氩气 1552 立方米,氙气 124 立方米。生产配气 1747 瓶,完成瓶气、杜瓦罐充装生产 26336 瓶,外销氢气充装 136.93 万立方米。委托经营的顺冷作业区全年生产输送氮气 7292 万立方米,氢气 175 万立方米,压缩空气 11604 万立方米。完成销售收入 27151 万元,同比增加 2617 万元。完成利润 804 万元,同比增加 210 万元。

（韩广军）

【安全生产】　氧气厂认真组织开展新《安全生产法》的

学习贯彻。结合天津"8·12"燃爆事故,开展隐患排查 18 次,发现隐患 62 处,下达隐患整改通知单 8 张,制定安全措施 28 项,整改率 100%。组织开展易燃易爆物品梳理排查,建立基础数据档案信息。完善储罐区、气瓶库等危险部位警示标志 53 块,检查校验消防器材、技防探头、报警装置共计 763 台。8 月份办理取得了"危险化学品经营许可证"。组织实施二级安全标准化达标工作,年底前通过评审检查。

（韩广军）

【能源管理体系认证】　氧气厂经过半年的能源管理体系实际运行和评审材料准备,8 月 27 日—29 日,第三方机构北京中大华远认证中心的四名评审员,对氧气厂能源管理体系认证管理工作进行现场评审,审核认为氧气厂氢气、氩气、氖气、氦气、氮气、液氧、液氮、压缩空气、气瓶检测的生产系统、辅助生产系统和附属生产系统的能源管理活动符合 GT/T23331－2012/ISO 5001:2011《能源管理体系要求》及 RB/T114－2014《能源管理体系纯碱、焦化、橡胶制品、制药等化工企业认证要求》,9 月 11 日向氧气厂颁发《能源管理体系认证证书》。

（韩广军）

【碳排放管理】　作为北京市重点用能单位,氧气厂按照《碳排放管理体系建设效果评价规则》要求实施碳排放体系管理。9 月 17 日,中国船级社质量认证中心的三名专家,对氧气厂实施碳排放工作开展了认证评审检查,氧气厂最终以总分 254 分的成绩成为北京市第一批通过碳排放管理体系评价的单位。年内,氧气厂根据北京市碳排放交易工作的履约程序,对履约后富余的 89734 吨碳排放配额,按照市场行情进行上市交易,创收 399 万元。

（韩广军）

【高新技术企业申报】 经过北京市高新技术企业认定办公室认定通过,11月24日,北京市科学技术委员会、北京市财政局、北京市国家税务局、北京市地方税务局联合向氧气厂颁发高新技术企业证书,证书编号:GR201511000722,有效期三年。

（韩广军）

【取得安全阀校验资质】 8月3日,北京首钢氧气厂迁安检修部取得河北省质量技术监督局颁发的中华人民共和国特种设备检验检测机构核准证,获准从事安全阀校验工作(项目代码FD1、FD2),证书有效期至2019年8月2日。

（韩广军）

【管理职责变化】 按照首劳发[2015]25号文件,5月1日起,首钢股份公司全面负责对氧气厂的管理,氧气厂以首钢总公司名义开展经营活动涉及授权事宜的,按照总公司《首钢法人授权管理制度》由股份公司作为主办单位提出授权申请。自7月1日首钢股份公司精密设备和特种设备检验、检测业务和管理人员划入氧气厂管理。

（韩广军）

【实施办公生活区域6S管理】 自8月7日始,按照《氧气厂办公生活区域推进实施6S管理工作方案》《氧气厂办公区域推进实施6S管理工作评比及奖励考核标准》,氧气厂全厂各部门开展以"整理、整顿、清理、清扫、素养、安全"为内容的6S管理活动。通过活动开展下发张贴各类图标3880张,清理、清扫各类废物5吨,职工素质和安全责任意识不断提升,全厂办公室、生活区域定制管理、环境卫生有较大改观。

（韩广军）

【合同管理】 氧气厂按照合同管理制度认真组织开展法人授权、合同逐级把关审核,年内,完成氧气厂与外部签订的336份合同的授权审核,其中销售合同142份,设备检修、设备采购、技术协议等194份,涉及合同金额16980万元。

（韩广军）

【人才培养】 氧气厂全年共组织各种培训班15个,重点开展销售业务能力提升、对外贸易知识、医用氧GMP知识及记录培训、保密、国军标、武器装备许可、质量意识等培训。选拔3名同志参加总公司及清华大学合办的班组长管理能力资格认证培训,均取得了班组长合格

证书。年末,235名在岗操作工人中,初级工、中级工、高级工、技师、高级技师的比例分别为:30.6%、25.1%、32.8%、9.8%、0.9%。高级工及以上比例为43.5%,持有两种及以上技能证的职工共有100人,占操作岗人数的42.5%。为增强销售部力量,提高业务人员管理水平,组织开展了销售业务岗位竞聘上岗,完成19名职工的竞聘和定岗工作。

（韩广军）

【党建工作】 召开氧气厂第六次党代会,胜利完成两委班子换届选举。通过开展党课教育、集中研讨、专题民主生活会等形式深入组织"三严三实"专题教育活动。推进惩治和预防腐败体系建设,制定实施了《氧气厂2015年反腐倡廉主要任务分工方案》。结合群众路线教育实践活动整改"回头看"工作,持续开展深化问题整改。推动作风建设常态化,强化日常党风廉政教育,开展了"牢记宗旨讲党性,严明纪律正党风"主题教育活动。组织党员干部观看《信仰》《上任》《回不去的时光》等教育影片,有效增强了全厂有业务处置权岗位人员的廉洁从业意识。

（韩广军）

【企业文化建设】 氧气厂积极弘扬企业文化理念,举办以"传承 创新 和谐 发展"为主题的氧气厂第十届企业文化节暨建厂40周年纪念活动,通过组织建厂40周年和"三严、三实"专题教育活动等知识竞赛,举办长跑、拔河、球类竞赛、文艺汇演等文体活动,广大干部职工身心健康得到锻炼的同时又进一步增强大家的集体荣誉感、团队意识和凝聚力。

（韩广军）

【凝聚力工程】 氧气厂深入开展"送温暖"和"办实事"活动。全年走访慰问职工295户,对伤病和退休职工发放困补金71人次2.96万元。组织336名职工和25名协力工参加了健康体检。为344名职工缴纳保费3.8528万元,完成住院医疗互助、意外伤害、重大疾病保险的续保。办理29名职工医疗费用赔付手续,理赔金额1.9395万元。组织开展"务实心系职工,多地共筑和谐"扶贫帮困募捐活动,捐款1.43万元。

（韩广军）

【差距和不足】 氧气厂气体营销体系还有待完善。缺乏及时捕捉市场动态信息的能力和有效应对市场变化的体制和工作机制,客户市场占比内"重"外"轻",客户

服务体系亟待加强完善。专业管理部门的协作意识、服务意识、经营意识差距明显。人才队伍建设还存在弊端。劳务人员的管理有待强化；人尽其才，人尽其用方面还存在明显差距；岗位操作人员呈现老龄化趋势，后继乏人。基础管理不扎实，制度体系建设有待完善。新制度的建立与跟进还不够及时，现有制度的修订与完善还不够全面。

（韩广军）

海外事业

◎ 责任编辑：刘冰清

中国首钢国际贸易工程公司

【首钢国际领导名录】

董事长:张炳成(8月任职)
　　　　王保民(8月离任)
总经理:张炳成
副总经理:李本海　王春生　陶仲毅(12月离任)
　　　　苏根强(6月离任)　高育军(6月离任)
　　　　曹跃进(10月撤职)
总经理助理:朱振财(7月任职)邱留忠(8月任职)
　　　　韩瑞峰(8月离任)李晓黎(1月离任)
党委书记:石淳光(1月任职)　王保民(8月离任)
党委副书记:张炳成(8月任职)王德春(8月任职)
工会主席:王保民(8月离任)
党委书记助理:王德春(8月离任)

(董月强)

【综述】　中国首钢国际贸易工程公司(简称"首钢国际")1992年成立,是首钢的工贸公司和跨国经营实体,注册资本5亿元,主要经营进出口贸易、海外工程承包、国际经济技术合作、货运代理、物流、物业及国内贸易。为贯彻落实《首钢集团加快转型发展努力提高劳动效率的指导意见》,构建科学高效的管控体系,提高劳动效率和综合竞争力,推进企业持续、稳定、健康发展,首钢国际于2015年8月调整组织机构。成立5个经营单位:矿产资源事业部、钢材贸易事业部、工程设备事业部、服务产业事业部、开发业务事业部;7个职能管理部门:运营管理部、财务部、党委组织部(人力资源部)、法务审计部、党群工作部(企业文化部)、纪委(监察处)、办公室(三办)。在境内投资的企业有中都物流有限公司、北京首钢华夏国际贸易有限公司、安徽首文高新材料有限公司,受首钢总公司委托管理的北京首钢宾馆开发公司等。在境外投资的企业或机构有首钢国际(新加坡)有限公司、首钢国际(马来西亚)有限公司、首钢国际(奥地利)有限公司、首钢国际(加拿大)投资有限公司、首钢国际(印度)有限公司、首钢国际(韩国)有限公司、首钢国际(香港)投资有限公司、首钢控股贸易(香港)有限公司、首钢国际哈拉雷办事处,受首钢总公司委托代管首钢秘鲁铁矿股份公司和东方联合资源(香港)有限公司等。首钢国际在册职工384人,其中高级职称60人,中级职称182人,初级职称63人。

2015年,首钢国际面对钢铁业"冰冻期"的困难局面,坚决执行首钢一系列改革工作要求,统一思想,拼搏苦干,积极开拓,满足总公司生产和出口需求,实现首钢国际六届三次职代会制定的任务目标。全年实现利润13.2亿元;销售收入265.23亿元;出口创汇8.54亿美元;钢铁产品出口量183.31万吨;集团进口矿量2015万吨。

(董月强)

【矿石进口】　面对国际铁矿石市场价格持续单边下滑,普氏价格跌破40美元/吨的关口,到达指数设立以来最低点的不利影响,首钢国际积极应对:一是贴近用户,拓宽秘矿在北方销售渠道;研判市场,把握销售节奏,实现境内创利8.18亿元;二是适应总公司进口资源的交货地点由工厂改到港口,用矿计划由总公司协调改为首钢国际与基地自行协调,首钢国际通过完善制度,规范进口矿业务流程,主动与基地对接,加速优化进口矿结构;三是加大进口矿谈判力度,优化合同条款,把握市场有利时机与供应商进行价格谈判,争取到更有利的合同条款;四是坚决执行总公司低库存战略,使各基地库存由年初的269万吨减持到110万吨低水平。五是降低采购成本,2015年为总公司进口生产用矿2015万吨,采购成本平均53.84美元/吨,较全年普氏均值55.64美元/吨低1.8美元/吨;进口焦煤226.87万吨,比国内同类煤降低采购成本8192万元。

(董月强)

【海运减亏】　2015年海运市场持续下滑,长期COA成本与即期市场价格倒挂的矛盾凸显,全年海运市场年平均日租金6997美元,相比2014年平均日租金13800美元降低49%。面对困难,首钢国际实施"一船一策"的减亏措施,逐一分析COA合约,与船东开展艰苦谈判,全年实现减亏 5812 万美元。

（董月强）

【钢材出口】 首钢国际钢铁产品出口坚持以保证产销衔接为目标，以制度化精细化管理为手段，实现出口效益最大化。全年出口高端领先产品 34.5 万吨，占出口量的 19%，同比大幅提高。其中汽车板出口 25.64 万吨，比上年增加 44.4%；电工钢出口 5.01 万吨，比上年增长 23%。出口综合平均单价在全国钢厂中位列第二名。市场布局进一步优化，出口欧洲市场占比从 26% 提高到 45%。镀锡板取得美国多家终端客户和乌拉圭用户的试定单。积极做好钢材出口预付款融资服务工作，为京唐公司钢材出口平均融资比例为 60%，其中 12 月份达到 84%。累计融资 36181.55 万美元，缩短收汇周期约 80 天，按同期银行贷款基准利率计算，为总公司节省财务费用 420 多万美元。

（董月强）

【设备引进】 首钢国际克服引进项目缩减、业务量下降的困难，坚持服务宗旨，稳步做好在手项目。全年完成新签设备进口合同 50 个，签约金额约 4510 万美元；成套设备签约合同 9 个，签约金额约 3331 万美元；单机和备件签约合同 41 个，签约金额约 1176.30 万美元。全年到货 51 批次，金额 882 万美元。完成代理费销售收入 1142 万元人民币。

（董月强）

【海外工程】 首钢国际全年新签合同项目 39 个，金额总计 775.32 万美元。其中承揽工程项目 3 个，承揽备品备件 36 个。全年完成销售收入 2.41 亿人民币，实现利润 1071.02 万人民币。新承揽项目有印度 AML 公司 262 立小高炉喷煤项目，印度 KFIL 公司 350 立高炉改造项目。还成功承揽首钢秘鲁铁矿新区项目；参与的工程投标有印度 TATA 公司高炉及热风炉改造等 6 个项目。

（董月强）

【综合服务与开发产业】 首钢国际面对严峻的经营形势稳步扭亏，挖潜增效。东直门国际公寓随市场变化调整经营策略，坚持品牌服务，在同行业效益普遍下滑的情况下，全面完成计划指标。首钢国际大厦出租率保持在 95% 以上，时点出租率达到 100%。渤海国际会议中心奋力转型发展，主动由会议型酒店向休假度假型酒店转变。中关村皇冠假日酒店认真做好服务工作，荣获最佳商务酒店奖。开发业务事业部成立以来，积极应对企业经营困难，果断暂停矿石等大宗业务，加大应收账款催收力度，基本稳住经营下滑的局面。通过加大进出口业务的开发力度，9 月份签订 318 万美元的磨锻出口合同，这是开发业务事业部成立后首单大额综合产品进出口业务合同。

（董月强）

【强化投资企业管控】 首钢国际加大清理对外投资企业力度，有序退出劣势企业。针对安徽首文碳纤维扭亏无望、缺乏竞争力的情况，从缩量运行到停产休假，果断决策避免更大损失。北京西赢房地产开发有限公司已于 2015 年 12 月底办理销户手续。青岛首钢船舶物资有限公司的房产已经完成过户手续。秦皇岛首岛贸易有限公司的房产正在办理挂牌。北京东湖筑城置业有限公司转股方案已经完成总公司报批。北京碧海蓝鲸餐饮有限公司划转入首钢体育文化公司正在办相关手续。制定北京中首物流有限公司、北京中远汽车有限公司转股工作方案。安排工作组指导安徽首文高新材料公司强化经营管理和开发市场，研制的新一代"铁硅铝软磁粉芯"材料，通过台湾最大电源制造商之一康舒电子有限公司专家组的现场评审认定。积极开发充电桩和光伏项目市场，已与多家充电桩企业建立联系，向着符合市场需求，自我良性发展迈出新的一步。

（董月强）

【提高劳动效率】 首钢国际贯彻落实《首钢集团加快转型发展努力提高劳动效率的指导意见》，按照"精干高效、激发活力"的原则，深入开展优化劳动组织、提高劳动效率工作。通过聘请第三方管理咨询公司，更好的按照企业发展设定组织机构，将原有的 8 个业务经营单位集约整合成 5 个事业部，设立 7 个职能管理部门。科室数量由 38 个调整为 29 个，精简 9 个，精简比例为 24%。调整管理人员和业务人员比例，重点向业务一线岗位倾斜，鼓励事业部闯市场、创效益。优化后定员编制由 392 人调整为 372 人，精简 20 人，精简比例为 5.1%。开展岗位竞聘，对矿产资源事业部燃料室等 10 个室主任岗位进行竞聘。同时开展全员竞聘上岗工作，起到传导压力、激发活力的作用。

（董月强）

【增强企业凝聚力】 首钢国际关心群众生活，让职工群众共享发展成果。根据《中国首钢国际贸易工程公司职工疗休养工作管理办法》，2015年享受职工疗休养人数共计33人。看望重病职工提供志愿服务，组织志愿者对北京太阳村的孤儿进行慰问。组织开展职工互助保险和办理京卡，为449名职工投保职工住院医疗保险、职工意外保险、职工重大疾病互助保险，为32名职工补办北京银行工会京卡。在全公司深入开展"务实心系职工，多地共筑和谐"为主题的送温暖活动，共计682名干部职工参与到捐款活动中，共捐得善款80139元。同时安排职工进行健康体检。突出和强调团队意识，开展文体活动。首钢国际荣获首钢总公司"弘扬劳动精神，唱响时代强音"合唱比赛一等奖，"六好杯"篮球联赛乙级组第三名。组织"乒乓球联赛""健步走比赛""羽毛球比赛"等活动，参与人员3100人次。

（董月强）

【加强党建和干部队伍建设】 在落实总公司全面深化改革部署中，做到变革企业组织管理机构与基层党组织调整设置同步落实，组织完成全公司7个基层党委换届选举及新机构28个基层党支部的建立工作。结合实际开展基层党组织书记全员脱产培训，有效提升党务工作者工作水平和能力。编辑下发"基层党组织工作指导手册"，为开展党务工作指路导航。2015年度"创先争优"评选活动中，共涌现出14个先进基层党组织和23名优秀共产党员。坚持党管干部的原则，全年共交流调整处级及以上领导干部132人次，全年干部交流调整率达到67.74%。对56家合资联营企业的董事会、监事会成员及高管人员的进行调整，全年共调整515人次。

（董月强）

【首钢国际2015年大事记】

1月16日，首钢国际党委理论学习中心组扩大学习会新年第一课开讲。科级以上干部80余人观看中国五矿集团总经理何文波同志在首钢总公司作的关于企业创新与转型主题报告录像资料。

2月13日，首钢国际领导班子2014年度民主生活会召开。首钢总公司副总经理韩庆出席会议并作重要讲话。首钢第二指导组组长范大义同志进行点评，总公司党委组织部、总公司纪委的相关同志参加会议。首钢国际党委书记王保民通报首钢国际领导班子党的群众路线教育实践活动整改落实情况，代表领导班子进行了对照检查，并汇报首钢国际党委落实党风廉政建设主体责任和纪委落实监督责任的工作情况。

2月15日，首钢国际第六届职工代表大会第三次会议隆重召开，66名首钢国际正式职工代表出席会议。首钢总公司副总经理韩庆，首钢总公司监事会监事曹阳应邀出席会议。与会代表分成四个代表团，听取审议张炳成同志题为《深化改革，强化管理，全面推进首钢国际持续稳定健康发展》的工作报告，审议《首钢国际2015年度财务预算安排》《首钢国际领导班子廉洁自律情况的报告》《首钢国际2014年度业务招待费使用情况的报告》和《首钢国际第六届职工代表大会第二次会议代表提案和建议受理情况的报告》，审议通过并签订《首钢国际集体合同》，审议通过《中国首钢国际贸易工程公司第六届职工代表大会第三次会议决议》，完成了会议各项议程。

3月13日，首钢国际召开2015年反腐倡廉工作会议。对2015年党风廉政建设、反腐败工作进行全面部署；在深入落实党风廉政建设党委主体责任和纪委监督责任，各级党员领导干部一岗双责基础上，发布了首钢国际党风廉政建设"明责任、把关口、守底线、促廉洁"主题活动安排；首钢国际党委与所属各党委（总支）签订了《首钢国际党风廉政建设工作责任书》，坚定不移地持续推进党风廉政建设和反腐败工作。会议传达了习近平总书记在十八届中央纪委五次全会上讲话的主要精神，传达北京市国资委以及首钢总公司2015年反腐倡廉工作会议精神。

3月27日，首钢国际召开党委理论学习中心组扩大学习会。会议对经过首钢国际党政联席会研究审定的七项主题活动进行宣讲发布，即：《查问题、明方向、定措施、促发展》《抓整改、定时效、强措施、促规范》《抓党建、强信念、严作风、促服务》《捋流程、订制度、明规矩、促落实》《抓公开、讲透明、强监督、促民主》《抓民生、促常态、惠民心、强服务》《抓宣传、凝共识、营氛围、促发展》。同时对首钢国际全面贯彻落实《首钢集团加快转型发展，努力提高劳动效率指导意见》工作安排进行布置。

4月23日，首钢国际党委中心理论组学习扩大会邀请著名投资机构花旗银行团队来首钢国际做有关国际铁矿石市场最新展望、大宗商品风险管理及创新融资方案的专题讲座。

5月22日，首钢国际召开"三严三实"专题教育干部大会，首钢国际领导班子成员及基层各单位全体副处级以上领导干部参加会议。党委书记、董事长王保民主持会议；会上传达学习北京市委书记郭金龙在北京市局县级领导干部研讨班和为全市党员领导干部作的"深入学习践行'三严三实'，以良好作风做好新时期首都工作"主题党课的讲话精神；总经理张炳成对首钢国际开展"三严三实"专题教育工作进行全面部署。王保民同志对首钢国际开展"三严三实"专题教育工作提出了四个方面的要求：一是践行"三严三实"，铸造忠诚之魂；二是把握"三严三实"精神实质；三是抓住"三严三实"专题教育的着力点；四是把专题教育作为履行党建主体责任的重要任务。

5月22日，首钢国际党委理论学习中心组扩大学习会，邀请中央党校经济学部副主任潘云良教授，围绕"四个全面"战略布局进行学习辅导。首钢国际科级以上干部80余人参加会议。党委书记、董事长王保民主持会议，通过组织学习使广大党员干部深刻理解"三严三实"与推进"四个全面"战略布局理论和实践的丰富内涵，高起点全面认识开展"三严三实"专题教育的必要性和现实性，为首钢国际改革发展提供坚强的思想保证，激发更大的改革发展动力。

6月30日，首钢国际召开庆祝中国共产党成立94周年暨先进表彰大会，党委书记、董事长王保民做总结讲话，副总经理王春生主持会议，副总经理李本海宣读关于表彰2015年先进党组织和优秀共产党员先进个人、2014年先进集体和先进职工、先进团组织和优秀团员的决定。会议结合"三严三实"主题教育，观看了电影《杨善洲》。首钢国际总经理助理以上领导、各单位党委书记、各部门部长、室主任、后备干部、业务骨干及受表彰人员90余人参加会议。

7月2日，首钢国际合唱团以饱满的激情和独树一帜的艺术技巧首次荣获"2015年首钢职工'弘扬劳动精神，唱响时代强音'歌咏比赛"一等奖，开创首钢国际参赛合唱比赛以来的最佳纪录。

8月7日，首钢国际召开党委中心组理论学习扩大会，邀请中共中央党校教授、法学博士、博士生导师刘炳香教授做"三严三实"严于律己专题辅导报告。首钢国际党委书记、董事长王保民主持会议，首钢国际领导、各事业部、各管理部门的负责同志及部分业务骨干共80多人参加报告会。

9月3日，首钢国际5名职工参加"中国人民抗战暨反法西斯战争胜利70周年阅兵观礼活动"，1名青年志愿者参加观礼现场服务。

9月11日，首钢国际召开党委中心组理论学习扩大会，公司董事长、总经理张炳成同志主持了会议，首钢国际领导、各单位、各部门负责人以及科室以上领导80余人集体观看《红色家书》系列纪录片。通过学习观看《红色家书》背后鲜为人知的故事，引发全体党员领导干部的强烈共鸣，坚定共产党人的理想信念。

9月18日，首钢国际合唱团50名队员到首钢古城俱乐部参演"首钢纪念抗日战争胜利70周年演唱会"活动，合唱团体现"勿忘国耻圆梦中华立足岗位奋发有为"的精神风貌，参演歌曲《黄河船夫曲》《游击队之歌》等弘扬伟大的抗战精神，唱响爱党爱国爱社会主义爱首钢爱首钢国际的主旋律。

9月24日，首钢国际党委组织科级以上领导干部60余人前往中国人民抗日战争纪念馆参观"伟大胜利，历史贡献"大型主题展。大家仔细观看"中国局部抗战""全民族抗战""中流砥柱""日军暴行""东方主战场""得道多助""伟大胜利""铭记历史"展览的8个部分，全方位了解中华民族万众一心、浴血奋战，英勇抵抗日本军国主义侵略的可歌可泣的光辉历史。

10月16日，首钢国际组织科级以上领导干部到首钢文馆参加了总公司纪委、石景山检察院联合举办的"国有企业领域警示教育展览"活动。通过参观，广大干部对中央、北京市、市国资委和总公司党委关于反腐倡廉的主要精神和要求有了更明确的认识。

10月28日，首钢国际召开落实"两个责任"，加强党风廉政建设座谈会，总公司党委副书记许建国到会并做重要讲话，总公司纪委副书记石淳光出席会议，首钢国际董事长、总经理张炳成同志主持会议并作了主题发言，首钢国际党委副书记、纪委书记王德春传达了总公司党委印发的关于市委巡视组移送信访件调查处理情况通报。

11月16日和18日，首钢国际党委组织部举办基层党组织书记培训班，来自各单位的基层党委书记、总支部书记、党支部书记，以及党群系统负责人和部分党组织的委员和党小组长的代表40多人参加培训。首钢国际董事长、总经理张炳成做开班动员讲话。在两个半天的脱产培训中，首钢党校张雪萍老师主讲《发挥优良传统，做好基层党组织工作》、首钢党委组织部组织处高党红处长主讲《增强党性观念，严格党内生活》。

11月，在中国企业文化研究会组织召开的"十二五"企业文化总结暨专项文化建设——中外企业文化2015年重庆峰会上，首钢国际获得"十二五"企业文化建设优秀单位光荣称号，并被授予证书和牌匾。

12月10—11日，首钢国际领导对实体公司和事业部进行党风廉政建设工作调研。首钢国际董事长、总经理张炳成带队对首荣公司、华夏国贸的党风廉政建设情况进行调研，听取了汇报，就落实"两个责任"和加强党风廉政建设和抓好经营工作做出安排。

12月18日，首钢国际党委召开中心组扩大学习会，组织70人观看首都师范大学博士生导师李松林教授在首钢总公司党委理论中心组学习会上所作的关于《党员廉洁自律准则》和《党员纪律处分条例》两部党内法规的专题辅导录像报告。

（董月强）

首钢秘鲁铁矿股份有限公司

【首钢秘铁领导名录】

　　董事长：陶仲毅

　　总经理：孔爱民

　　副总经理：孟祥春　李宝辉　吴忆民

　　新区项目总指挥：孟祥春

　　总经理助理：叶宝林　马为民　段明奇

（杜保岐）

【综述】　首钢秘鲁铁矿股份有限公司（以下简称"首钢秘铁公司"）是首钢1992年收购的控股子公司，总部在秘鲁首都利马市耶稣玛丽亚区智利共和国大道262号，矿区在利马东南520公里的伊卡省纳斯卡县马尔科纳地区。首钢在秘企业还有首钢秘鲁电力股份有限公司、首钢阿格纳夫企业集团有限公司。截至2015年底，首钢秘铁公司主要设备有：钻机8台，电铲9台，矿车33辆，旋回、鄂式破碎机各1台，中破机4台，细破机6台，棒磨机9台，球磨机10台，过滤机26台，造球机11台，带式焙烧机2台，港口装船设备1套。公司生产球团矿、细精矿粉、粗精矿粉、马尔科纳粗精矿粉、粗粒度矿、大粒度，选矿厂年设计生产能力750万吨，产品销往亚洲、美洲等市场，2015年中国市场占总销量的97%。公司设生产技术部、工程部、物资部、安全环保部、财务部、人事行政部、办公室、审计室、法律室。员工1863人，其中首钢派驻39人。

2015年，面对国际铁矿产品价格持续下跌造成企业销售收入和利润大幅度下降和随着秘鲁政府大选临近，当地政治经济环境进一步恶化、劳工及社区矛盾更加尖锐等问题，秘铁公司贯彻落实两级公司职代会精神，在首钢国际的正确领导下，在各职能部门的指导和帮助下，认真执行两级公司的专题会、视频会精神及各项决议决定，从转变观念入手，带领中秘职工正确认识新常态、主动适应新常态，积极应对环境变化，以问题为导向，以降本增效为核心，以经营生产、新区建设和劳工社区为重点，扎实细致做好各项工作。在中秘员工的共同努力下，全年产品产销量双双超过1100万吨，创历史最好水平。

（杜保岐）

【主要经营指标】　首钢秘铁公司2015年产量完成1112.1万吨；销量完成1112万吨；在秘企业实现销售收入3.8亿美元，其中首钢秘铁公司3.38亿美元；在秘企业实现利润8090万美元，其中首钢秘铁公司实现利润6770万美元（以最终外部审计结果为准）；完成投资2.41亿美元。

（杜保岐）

【降本增效，深挖潜力】　2015年以来，国际矿产品价格持续大幅度下降，价格指数从年初的71.75美元一路下滑，最低达到38.6美元，给企业的生存带来严重影响。首钢秘铁公司以降本增效为工作抓手，成立成本管控领导小组和工作组，在统一思想、提高认识的基础上，积极与国际先进矿山企业开展对标挖潜，眼睛向内找差距，全方位抓好降本增效工作。一是通过生产组织优化降成本;二是通过技术改造、工艺优化降成本;三是通过调整采购方式降成本;四是通过精细化管理降成本;五是狠抓产品发运衔接确保销售。

2015年首钢秘铁公司单位产品综合成本26.39美元/吨,比预算目标降低8.89美元/吨。在市场极端不利的情况下,企业能够生存,并且仍有盈利。

（杜保岐）

【强化生产组织】 首钢秘铁公司一是提高皮带等主体设备作业效率,确保稳产高产,用增量弥补部分价格下降的影响,通过努力,皮带作业率同比提高1.49%,棒磨机台时效率同比提高19.7吨,大球磨机作业率同比提高2.2%。全年产销量均比去年有一定幅度的提高。二是针对市场需要的变化,加强新产品研究,开发出烧结粉产品,受到客户的欢迎,进一步开拓市场。

（杜保岐）

【强化销售管理】 首钢秘铁公司与首钢国际相关部门密切合作,合理安排船期,确保船舶按期到港。针对6月—9月坏天气多及劳资谈判罢工多集中在此时段的情况,采取非均匀的装船安排,在年初1月—5月时段尽量多安排来船,每月保证6—7条大船的装运。通过努力,装船量与去年同比增加42万吨,销售量的增加弥补部分矿价下跌对秘铁效益的不利影响。

（杜保岐）

【新区项目建设】 首钢秘铁公司积极推进破碎和运矿系统工程项目进展。截止到2015年末,完成基建剥岩,供电系统具备送电条件,半移动式粗破站、分支胶带机已完成钢结构安装,其他工作正在按计划全力推进,破碎运矿系统预计2016年7月份投入生产。并且完成新区选厂优化设计方案审查,正在进行详细设计;主体设备已开始采购招标;新增加的淡水洗矿系统已开始设计。

（杜保岐）

【安全生产和员工培训】 首钢秘铁公司坚持"本质安全"理念,充分发挥安全生产管理委员会和职能部门作用,定期开展安全工作分析研究,全面加强对安全环保工作的指导。贯彻使馆工作安排,吸取国内安全事故教训,以抓制度落实为切入点,组织开展"安全月"活动。首钢秘铁公司每月进行安全、环境检查,督促限期整改问题,并在安全和经营例会上进行讲评,实现安全检查常态化。全年的安全工作比上年度有较大的改善,没有发生重大、大事故。全年围绕安全管理、质量控制和重点设备操作等培训员工达18024人次,95050学时。

（杜保岐）

【工资谈判】 2015年度与矿区工人、矿区职员等工会的工资谈判,是在各政治团体为2016大选年拉取选票纷纷取悦工会,政府执政力日益减弱、国际矿价下降、员工增资愿望极高的情况下进行的。2月26日、27日,矿区职员工会和工人工会分别向公司递交本年度工资谈判的要求书,年度工资谈判正式开始。工人工会分别在4月1日和6月12日单方面破裂直接谈判和伊卡调解谈判,9月11日向伊卡劳工局递交罢工申请,9月21日早8时开始无限期罢工。全年罢工未发生堵路和阻碍班车通行的行为,职员、官员正常上班,采矿系统继续运行。为防止秘铁的工人罢工被政治化、扩大化,首钢秘铁加大了与其他工会的谈判力度,分别于9月29日和10月2日与工人小工会和矿区职员工会达成协议,并敦促大区尽快裁决结束罢工。10月6日晚18时,伊卡劳工局长下发罢工裁决,主要内容为:给老人工工人日基本工资增资4索尔、新人6索尔,一次性补贴3000索尔,工人要在接到此裁决后的24小时内复工,不含任何其他条款。

（杜保岐）

【改善社区关系】 首钢秘铁公司为维持外部稳定利用总理府对话会这一平台,妥善处理企业与地方的矛盾,支持马尔科纳城市的有序发展。10月16日马尔科纳可持续发展对话会在秘鲁总理府举行,与总理代表、伊卡省长、纳斯卡县长和马尔科纳市长签订补充协议,将秘铁矿权区17.58公顷的地表使用权转让地方政府用于初级工业区的发展(主协议是2014年10月24日在马尔科纳签订,同意将82.04公顷矿权区地表用于马尔科纳城市发展的居民用地)。首钢秘铁公司启动工程抵税项目,积极促进地方发展。继续加强公共关系和宣传工作,营造正确的舆论氛围。公司管理层同工会进行直接对话,缓解矛盾,减少对抗,增进理解和互信。5月25日马尔科纳发生骚乱后,立即启动紧急预案,把员工安全放在首位,并积极与秘鲁政府、中国驻秘鲁大使馆联系,督促问题的解决,同时通过媒体向公众澄清事件真像,驳斥不实宣传。

（杜保岐）

【视察与交流】

5月9—12日，首钢总公司总经理张功焰来首钢秘铁公司访问，在利马期间先后与中国驻秘使馆黄敏慧大使、高金宝商务参赞进行会谈，并与国家发改委有关领导进行工作交流。5月11日至12日，张功焰一行抵达矿区，深入现场进行实地考察，听取秘铁班子的工作汇报，在肯定秘铁工作的同时提出工作要求。

5月20—24日，首钢总公司党委书记靳伟、副总经理韩庆来秘铁访问。访问期间参加李克强总理召开的秘鲁中资企业座谈会，会上汇报首钢秘铁的生产经营及未来发展情况，并与总理一起与矿区通过卫星转播进行交流互动。靳伟书记、韩庆副总经理还与国家发改委等主要领导进行工作交流。

6月4—5日，北京市国资委团林抚生一行4人来首钢秘铁公司考察，秘铁公司董事长陶仲毅等陪同客人参观生产现场及周边投资环境情况。

10月28—31日，中海散货运输有限公司总经理邱国宣一行来首钢秘铁公司考察，秘铁公司董事长陶仲毅陪同客人参观马尔科纳生产现场，详细考察码头和装船作业情况，双方就圣尼古拉斯港接待30万吨散货船的可行性进行交流。

11月3—6日，首钢国际董事长张炳成一行4人来首钢秘铁公司进行工作访问。4日至5日，张炳成董事长一行在秘铁公司董事长陶仲毅、总经理孔爱民等陪同下到生产现场进行视察，随后听取秘铁班子的工作汇报并在讲话中充分肯定秘铁公司2015年取得的成绩，对2016年工作特别新区项目建设工作提出具体要求。

12月18—19日，首钢秘铁分别在利马和矿区召开2015年年会，在利马的年会上陶仲毅董事长做年度总结讲话，中国驻秘鲁大使馆贾桂德大使、张艳辉政务参赞、郝沁梅商务参赞及部分驻秘中资企业的领导和代表出席大会，同时伊卡大区主席、移民总署正副署长、国际刑警局长等秘方政要也应邀出席大会。贾桂德大使为首钢年会发表热情洋溢的致辞。

（杜保岐）

首钢控股（香港）有限公司

【香港首控领导名录】

董事长：徐　凝（6月1日止离任）
　　　　张功焰（6月1日始任职）
副董事长：李少峰
董　事：张文辉（12月1日止离任）　丁汝才
总经理：李少峰
副总经理：张文辉（12月1日止离任）　丁汝才

（宋清秋）

【综述】　首钢控股（香港）有限公司（以下简称"香港首控"）是首钢总公司全资子公司，1992年10月依照香港法律注册成立，公司法定地址在香港湾仔告士打道56号东亚银行港湾中心7楼。香港首控设行政部、财务部、秘书部。香港首控除下属的首钢国际贸易（香港）有限公司外，参股多家上市公司，包括首长国际、首长四方、首长宝佳，间接持有香港上市公司首钢资源、环球数码和澳洲上市铁矿石公司Mount Gibson的股权。2015年，香港首控未经审计营业收入预计151.5亿港元，预计经营利润为4959万港元；预计年末总资产113.99亿港元，预计年末净资产16.37亿港元。

（宋清秋）

【积极融资】　2015年，香港首控积极推进首长四方向总公司提供融资租赁等金融服务工作，合计为总公司提供融资17.5亿元人民币。

（宋清秋）

【推动集团与新世界合作】　2015年9月22日，香港首控配合完成首钢集团与香港新世界集团全面战略合作协议的正式签署工作。

（宋清秋）

【增持新矿资源】 2015年6月18日,香港首控从新世界旗下新创建公司购买新矿资源的5亿旧股,总代价3.75亿港元,持股比例累计增至27.46%。

（宋清秋）

【协助京西国际融资】 2015年4—6月,香港首控协助京西重工国际有限公司配售12亿股新股,累计集资6.45亿港元。

（宋清秋）

大　事　记

◎ 责任编辑：刘冰清

2015年首钢总公司大事记

一　月

3日，首钢总公司召开安全生产紧急会议（视频会）。总公司领导靳伟、徐凝、张功焰、胡雄光、刘建辉及各单位负责人参加会议。靳伟作重要讲话，徐凝主持会议。张功焰传达中共中央办公厅、国务院办公厅《关于切实做好当前安全生产和人员密集场所安全管理工作的紧急通知》以及北京市委办公厅有关通知精神。

9日，国家发改委东北等老工业基地振兴司司长周建平一行到首钢开展党日活动并进行业务调研，总公司领导徐凝、孙永刚接待。

12日，唐山市委副书记、曹妃甸区委书记郭竞坤一行来首钢访问，总公司领导靳伟接待。

13日，吉林省副省长谷春立一行来首钢访问，与总公司领导徐凝、张功焰、赵民革座谈。

14日，北京科技大学校长张欣欣一行来首钢访问，与总公司领导靳伟、徐凝、许建国、张功焰座谈。

16日，首钢安全生产大会在文馆召开，全面总结2014年首钢安全生产工作，动员和部署2015年首钢各项安全生产工作。总公司全体领导，各单位负责人，外埠单位负责人通过视频系统在各分会场参加会议。董事长靳伟作重要讲话，对进一步落实安全生产主体责任，强化安全生产工作提出明确要求。

20日，中国金属学会常务副理事长王天义、顾问洪及鄽、专家委员会副主任李文秀来首钢访问，总公司领导靳伟、张功焰、赵民革接待。

20日，滦南县委书记许晓娟一行来首钢访问，总公司领导靳伟、徐凝、张功焰接待。

21日，北京市国资委主任、党委副书记林抚生，市国资委监事会主席刘春芳等领导来首钢，听取首钢关于2014年度党风廉政建设责任制落实情况的汇报。林抚生作重要讲话，总公司领导靳伟、徐凝、许建国、何巍、张功焰、梁宗平、白新参加。

22日，"世界侨商创新中心"规划建设论坛在首钢举行，国务院侨办经科司巡视员张健青，中国侨商会秘书长于晓北京市政府侨办主任刘春锋，总公司领导靳伟、徐凝、孙永刚，海内外专家学者和侨商代表参加。

24日，特变电工股份有限公司党委书记、董事长张新一行来首钢访问，总公司领导靳伟、张功焰接待。

30日，中共首钢总公司第十七届委员会第九次全体（扩大）会议在首钢文馆召开。靳伟作题为《坚定不移深化改革，奋力开创首钢转型发展新局面》的报告。徐凝主持会议。总公司党委委员、总公司全体领导、各单位负责人，首钢北京市十一次党代会代表，市、区人大代表，政协委员中的在职党员领导干部，总公司党委各指导组组长参加会议。北京市国资委派驻首钢监事会主席刘春芳应邀出席大会。审议并通过《中共首钢总公司第十七届委员会第九次全体（扩大）会议决议》。

30日，总公司召开外埠企业座谈会，总公司领导靳伟、徐凝、何巍、张功焰、梁宗平、赵民革、刘建辉，通钢公司、水钢公司、长钢公司、贵钢公司、伊钢公司、首黔公司负责人及总公司部厅相关领导参加。赵民革主持会议。

31日，首钢第十八届职工代表大会第三次会议暨集团工作会议在首钢文馆召开。总公司全体领导，342名首钢正式职工代表出席会议。北京市国资委派驻首钢监事会主席刘春芳应邀出席会议。集团控股、参股企业的负责人，首钢的市、区人大代表，政协委员，市党代会代表共76人作为特邀代表出席会议。靳伟主持会议。徐凝作题为《深化改革，强化管理，全面提高首钢发展质量和效益》的工作报告。审议通过《首钢第十八届职工代表大会第三次会议暨集团工作会议决议》。

1月，北京市企业管理创新工作经验交流会召开，第二十九届北京市企业管理现代化创新成果揭晓，首钢有16项创新成果获奖，首钢总公司荣获第二十九届北京市企业管理现代化创新成果优秀组织奖。同时，在2014年冶金企业管理现代化创新成果评比中，首钢有11项创新成果获奖。

1月，首钢技术研究院焊工刘宏荣获第十二届"中华技能大奖"，并作为代表参加在中南海召开的座谈会。会上，中共中央政治局委员、国务院副总理马凯对首钢重视高技能人才培养工作给予肯定。

1月，在由北京市委宣传部、首都文明办主办的"2014北京榜样"评选活动中，北京首钢男子篮球队外籍运动员斯蒂芬·马布里当选2014年度十大"北京榜样"。中共中央政治局委员、北京市委书记郭金龙，市委副书记、市长王安顺等北京市领导接见了马布里。

1月，首钢马来西亚东钢公司一期一步工程炼出第一炉钢水，标志着首钢"走出去"投资建设的海外综合钢厂项目跨越一个新里程。

1月，在中国机冶建材工会全国委员会与中国钢铁工业协会联合开展的全国钢铁企业高炉、转炉、烧结机竞赛数据评审会上，首钢迁钢公司3号高炉和矿业公司烧结厂7号烧结机荣获全国重点大型耗能钢铁生产设备节能降耗对标竞赛"冠军炉"；京唐公司1号高炉和1号300吨脱碳转炉荣获"优胜炉"；迁钢公司4号210吨转炉荣获"创先炉"。

二 月

3日，国家工信部原材料司司长周长益、副司长骆铁军等领导来首钢调研，总公司领导靳伟、徐凝、张功焰接待。

3日，总公司领导靳伟、徐凝、梁宗平、白新、刘桦、赵天旸一行到丰台区委区政府，与区委书记杨艺文，常务副区长刘宇，副区长张婕、刘文洪等座谈。

3日，马钢集团党委书记、董事长高海建，副总经理惠志刚等领导来首钢访问，总公司领导靳伟、张功焰、赵民革接待。

4日，总公司领导靳伟、徐凝、许建国、何巍、张功焰、梁宗平与石景山区区委书记牛青山，区委副书记、区长夏林茂，区人大常委会主任岳德顺，区政协主席吴克瑞等领导座谈。

5日，普锐特冶金技术有限公司董事会成员、普席运营官赫尔先生一行来首钢访问，总公司领导张功焰接待。

7日，第二期首钢领导干部特训班、短训班典型答辩暨结业典礼在文馆举行。总公司领导靳伟、徐凝、许建国、何巍、张功焰、梁宗平、白新、孙永刚参加，靳伟作重要讲话。

6日，中国远洋控股股份有限公司总经理姜立军一行来首钢访问，总公司领导靳伟、张功焰接待。

9日，召开首钢园区城市风貌研究课题启动会。中国工程院副院长、院士徐德龙，中国科学院院士、中国工程院院士吴良镛，中国工程院院士张锦秋、程泰宁；清华大学党委副书记邓卫，北京市城市规划设计研究院副院长杜立群，北京市建筑设计研究院董事长朱小地，石景山区常务副区长文献；总公司领导靳伟、徐凝、孙永刚、胡雄光参加会议。靳伟、徐德龙、文献、邓卫、朱小地先后致辞。

10日，第三十八集团军副政委王成蔚少将一行来首钢，总公司领导许建国接待。

13日，首钢总公司召开离退休老领导座谈会。总公司领导靳伟、徐凝、何巍、张功焰、梁宗平参加座谈会。出席座谈会的老领导有高伯聪、赵长白、罗冰生、朱继民、张燕林、李文秀、谢有润、苏显华、王兆铸、陈廷璋。

13日，北京军区副政委王健、政治部副主任刘滨一行来首钢，与总公司领导靳伟、徐凝、梁宗平座谈，并走访慰问首钢退休转业军人、离休老军人、困难职工代表。

17日，首钢在文馆举行2015年春节团拜会。总公司全体领导，首钢外部董事李加里，各单位负责人，离退休老同志、劳动模范代表等出席会议。靳伟作重要讲话。

19日，总公司领导靳伟、徐凝、张功焰、梁宗平、王涛、刘建辉及有关部门负责人参加总公司农历新年第一个早调会，向全集团干部职工致以新春的问候。靳伟作重要讲话。

28日，首钢召开2015年反腐倡廉工作会议。总公司全体领导参加会议。靳伟作重要讲话。

三 月

2日，首钢青年网络文明志愿行动主题活动在冷轧公司举行，组建首钢青年网络文明志愿者队伍，启动青年网络文明志愿行动。团中央书记处书记汪鸿雁，团中央城市青年工作部副部长马兴民等团中央领导；北京团市委副书记郭文杰等团市委领导；总公司领导靳伟、许建国及首钢各单位岗位能手参加活动。

2日，丰台区区长冀岩，副区长张婕、刘文洪等领导，北京梅格国际投资有限公司董事长骆达一行来首钢调研，总公司领导靳伟、徐凝、孙永刚接待。

6日,总公司举行纪念"三八"国际劳动妇女节座谈会,对在2014年度工作中作出突出贡献的先进集体和先进个人进行表彰。总公司领导梁宗平及相关部门负责人、先进集体及女职工代表30余人参加座谈会。总公司工会负责人宣读《关于表彰首钢"三八"红旗集体、"三八"红旗手的决定》。

10日,首钢干部大会在文馆召开。北京市副市长、市国资委党委书记张工,市委组织部常务副部长张志伟,市国资委主任、党委副书记林抚生,监事会主席刘春芳出席会议。张工作重要讲话,林抚生宣布市国资委党委、市国资委的任免通知,张功焰任首钢总公司党委副书记、总经理,徐凝不再担任首钢总公司党委副书记、总经理、副董事长职务。张志伟主持会议。总公司全体领导,各单位负责人在主会场参加会议;长钢公司、水钢公司、贵钢公司、通钢公司通过视频系统参加会议。

11日,2015年首钢团系统工作会暨"五四红旗团委"评比展示会召开,总结回顾首钢团系统2014年各项工作,部署2015年重点工作。

12日,北京市委副书记吕锡文、市委副秘书长刘宇辉等领导来冷轧公司调研。总公司领导靳伟、张功焰、许建国参加。

22日,北京首钢男篮在辽宁本溪体育馆进行的2014—2015中国男子篮球职业联赛(CBA)总决赛荣获赛季总冠军。颁奖仪式上,国家体育总局篮球运动管理中心领导向北京首钢男子篮球队颁发冠军宝鼎。首钢男篮外援马布里获得总决赛MVP(最有价值球员)。

30日,中共中央政治局委员、北京市委书记郭金龙,北京市委副书记、市长王安顺等领导,在市委接见夺得2014—2015赛季中国男子篮球职业联赛冠军的北京首钢男篮全体队员,总公司领导梁宗平参加。

30日,市委第二巡视组专项巡视首钢总公司工作动员会召开,总公司党委书记、董事长靳伟主持会议并作动员讲话,市委第二巡视组组长雷显武就即将开展的专项巡视工作作了讲话。市委巡视工作领导小组办公室副主任邵亚平,市委第二巡视组副组长周秀惠、崔燕文及巡视组全体成员,总公司全体领导、总公司纪委班子成员、2010年以来退休或离任的总公司领导班子成员、各单位负责人参加会议。外埠企业主要领导通过视频形式参加会议。

31日,首钢篮球队荣获男子联赛冠军女子联赛亚军庆功会在文馆举行,总公司领导靳伟、张功焰、许建国、何巍、梁宗平、白新及有关部门负责人,首钢男女篮球队教练员、运动员参加。

四 月

2日,中集集团副总裁、联合卡车董事长李胤辉一行来首钢访问,总公司领导靳伟、张功焰、赵民革接待。

2日,三一重装国际控股有限公司总经理梅永华一行来首钢访问,与总公司领导靳伟、赵民革座谈。

3日,北京市环保局局长陈添一行来首钢调研,总公司领导靳伟、张功焰接待。

3日,石景山区与首钢在文馆共同举办中心组集体学习,聚焦首钢园区开发建设。石景山区委书记牛青山,区人大常委会主任岳忠顺,区政协主席吴克瑞,区委副书记、区委政法委书记李文起,首钢总公司全体领导,以及总公司有关单位负责人参加学习。埃森哲公司大中华区董事总经理李广海、北京城市规划设计院总体所副所长鞠鹏燕、北京市规划院新首钢高端产业综合服务区交通专项规划课题组负责人,从专业角度讲解新首钢高端产业综合服务区产业趋势发展、总体定位及各专项规划情况。

7日,埃森哲公司董事长兼首席执行官南佩德,全球副总裁、大中华区主席李纲来首钢访问,总公司领导靳伟、何巍接待。

9日,首钢总公司党风廉政建设专题报告会在文馆举行,北京市纪委副书记、市预防腐败局局长李振奇作题为"中国共产党领导干部廉洁从政若干准则"的专题报告。总公司全体领导、各单位负责人聆听报告,外埠企业通过视频系统参加。

10—11日,首钢一季度经济活动分析会在文馆召开。总公司全体领导,各单位负责人,首钢出席北京市党代会党代表、一线职工代表参加会议,外埠企业通过视频设立分会场。靳伟作重要讲话,张功焰通报集团一季度经营情况并对下一步工作提出要求,赵民革主持会议。

13日,京唐铁路公司总经理王建民一行来首钢访问,与总公司领导张功焰、白新座谈。

15日,新世界发展有限公司设计部总监何荣业一行来首钢参观调研,与总公司领导张功焰、孙永刚座谈。

23日,北京市政协副主席闫仲秋一行,到首钢生物质能源项目现场调研,总公司领导靳伟、白新陪同。

23 日,北京首钢篮球俱乐部和华熙国际文化体育发展有限公司联合召开发布会,正式宣布北京首钢男篮参加中国男子篮球职业联赛(CBA)新赛季的主场全部比赛移师万事达中心(五棵松)。海淀区副区长陈双,首钢总公司党委常委、工会主席、北京首钢篮球俱乐部董事长梁宗平,华熙国际投资集团有限公司董事长赵燕,及北京首钢男篮队员出席发布会。首钢总公司与万事达中心在发布会现场签署双方合作框架协议。

27 日,首钢在文馆召开庆"五一"先进表彰暨科技创新大会,总公司全体领导,各单位负责人,受表彰的首钢劳动模范、三创标兵、先进集体代表;首钢科学技术项目奖、管理创新成果奖获奖者代表;第七批首钢技术专家、技术带头人代表等参加。股份公司、京唐公司等单位通过视频参加。靳伟作重要讲话。

28 日,唐山市委副书记、曹妃甸区委书记王立彤一行来首钢访问,总公司领导靳伟、张功焰、韩庆接待。

29 日,北京市委、市政府在北京会议中心召开 2015 年北京市庆祝"五一"国际劳动节暨表彰劳动模范和先进工作者大会,首钢总公司徐凝等 17 人,被授予北京市劳动模范称号。

五　月

4 日,首钢团系统"五四"表彰会召开,团系统"最美青工"主题分享活动同期举行。北京团市委副书记郭文杰,总公司领导靳伟、张功焰、何巍、梁宗平,总公司相关部门负责人,各直属单位负责人,受表彰的先进代表及青年代表共 240 余人参加会议,张功焰主持会议。总公司党委书记、董事长靳伟,北京团市委副书记郭文杰分别作重要讲话,总公司党委副书记何巍宣读表彰决定。

6 日,国家安全监管总局副局长、国家安全生产应急救援指挥中心主任孙华山一行来矿业公司调研,总公司领导张功焰、赵民革陪同。

9 日,首钢举行党委中心组学习扩大会,传达学习中央和北京市委关于开展"三严三实"专题教育方案的主要精神及《北京市教育实践活动整改落实情况专项检查工作方案》的要求;传达学习市委书记郭金龙在全市区县局级领导干部深入学习贯彻"四个全面"战略布局专题研讨班开班式上的讲话;邀请北京大学马克思主义学院博士生导师郭建宁教授作有关"四个全面"的辅导讲课,总公司全体领导、各单位负责人参加。

16 日,首钢举行党委中心组学习扩大会,邀请北京国家会计学院博士生导师张庆龙教授作"企业集团财务转型与财务共享服务中心建设"的专题讲座。总公司全体领导,各单位负责人参加;股份公司、京唐公司等单位通过视频会议系统组织学习。

15 日,特变电工股份有限公司执行总经理黄汉杰一行来首钢访问,总公司领导张功焰、胡雄光接待。

25 日,首钢厂东门异地迁建项目保护性拆除工程正式动工,工期约 18 天,计划于 6 月 11 日完成。

28 日,总公司领导靳伟、张功焰、何巍、梁宗平、孙伟伟、胡雄光及首钢幼教系统各幼儿园教职工、小朋友共同庆祝"六一"国际儿童节。梁宗平代表首钢总公司向首钢幼儿园的小朋友们致以节日的祝贺。

28 日,中海散货运输有限公司总经理邱国宣一行来首钢访问,总公司领导张功焰、韩庆接待。

29 日,总公司党委书记、董事长靳伟以《深入学习践行"三严三实",为推动首钢转型发展提供坚强保证》为题讲党课。总公司全体领导,各单位负责人在文馆参加报告会;股份公司、京唐公司等单位通过视频参加。

六　月

3 日,国家发改委体改司巡视员王强一行来首钢调研,总公司领导张功焰、赵民革接待。

4 日,中国太平保险集团公司党委书记、董事长王滨一行来首钢访问,总公司领导靳伟、张功焰接待。

9 日,石景山区、首钢总公司第三次工作对接会在首钢召开。石景山区委副书记、区长夏林茂,常务副区长文献;首钢总公司领导靳伟、孙永刚、胡雄光及各相关部门负责人参加。

9 日,北京市地税局局长杨志强、副局长王炜及石景山区地税局局长王宝明,到京唐公司调研,总公司领导张功焰接待。

11 日,总公司党委副书记、总经理张功焰以《自觉践行"三严三实",切实肩负起推进首钢转型发展的重任》为题讲党课。总公司全体领导,各单位负责人参加报告会;股份公司、京唐公司等单位通过视频系统参加。

16 日,北京市国资委副主任钱凯一行来首钢调研,总公司领导靳伟、梁宗平、赵民革接待。

17日,宝钢集团有限公司总经理陈德荣一行来首钢访问,总公司领导靳伟、张功焰接待。

18—19日,北京市委常委、组织部长姜志刚,市国资委主任林抚生等到首钢京唐公司调研,总公司领导靳伟、张功焰、何巍、梁宗平、赵民革接待。

24日,北京市委常委、常务副市长李士祥,副市长隋振江,市政府秘书长李伟;河北省常务副省长杨崇勇等领导来首钢京唐公司实地考察,慰问干部职工。首钢总公司领导靳伟、梁宗平陪同调研。

29日,首钢在文馆举行庆祝中国共产党成立94周年暨先进基层党组织、优秀共产党员表彰大会在文馆隆重召开。总公司全体领导,各单位负责人,优秀党员代表出席表彰大会;外埠企业通过视频参加会议。靳伟作重要讲话,张功焰主持会议,何巍宣读表彰决定,新党员入党宣誓。

七 月

2日,北京市发改委党组书记、主任卢彦一行来首钢调研,总公司领导靳伟、孙永刚接待。

7日,首钢总公司与世茂集团、富华国际集团、正大集团、新加坡金鹰集团、百度公司签署合作框架协议。北京市政府侨办主任刘春锋、石景山区区长夏林茂、市国资委副主任杨秀玲、富华国际集团董事局主席陈丽华、世茂集团董事局主席许荣茂、新加坡金鹰集团主席陈江和、正大集团副董事长谢炳、百度公司副总裁朱光,首钢总公司董事长靳伟、副总经理孙永刚参加签约仪式。世茂集团环渤海区域总裁刘辉、富华国际集团总裁赵勇、正大侨商房地产开发公司执行副总裁海天敏、新加坡金鹰集团总裁特别助理王宇平、百度公司公共事务副总监王延平、首钢总公司副总经理孙永刚分别代表各方签署《关于推进"世界侨商创新中心"建设的合作框架协议》。

9日,上海东方篮球俱乐部董事长姚明一行来首钢访问,总公司领导靳伟、梁宗平接待。

14日,石景山区人大常委会主任岳德顺一行来首钢,围绕石景山区与首钢"生命共同体"建设、推动西部地区转型发展进行调研,总公司领导靳伟、张功焰、孙永刚接待。

15日,中国银行北京分行行长王建宏、副行长黄新斌来首钢访问,总公司领导靳伟、张功焰接待。

16日,中国财务公司协会专职常务副会长王岩玲一行来首钢访问,总公司领导张功焰接待。

21日,美国绿色建筑委员会首席运营官马晗一行来首钢访问,总公司领导孙永刚接待。孙永刚、马晗代表双方签署《战略合作框架协议》。

22日,中冶京诚工程技术有限公司董事长施设一行来首钢访问,总公司领导靳伟、张功焰、何巍接待。

22日,财富中文网全球同步发布最新的《财富》世界500强排行榜,首钢集团以296.689亿美元(约1828亿人民币)的营业收入列居第402位。

23日,北京市国资委副主任杨秀玲一行来首钢,就首钢集团"十三五"定位和主业工作进展情况进行调研,总公司领导张功焰陪同调研。

23日,中共中央政治局委员、北京市委书记郭金龙,北京市委常委、秘书长、副市长张工,副市长隋振江,以及市委宣传部、市规划委、市发改委等领导来首钢调研。石景山区委书记牛青山、区长夏林茂等,总公司领导靳伟、张功焰、何巍、孙永刚、胡雄光陪同调研。

23日,总公司领导何巍、胡雄光到预备役高炮师慰问,并与预备役高炮师师长张洪波等首长座谈。

27日,首钢召开2015年上半年经济活动分析会,传达学习7月23日中央政治局委员、北京市委书记郭金龙在首钢调研的讲话精神;通报《市委第二巡视组关于对首钢总公司巡视情况的反馈意见》;总结上半年集团经济运行情况,安排部署下半年任务。总公司全体领导,各单位负责人,总公司技术服务组组长,首钢出席北京市第十一次党代会代表和劳动模范、先进职工代表参加会议。总公司领导靳伟主持会议并作重要讲话,张功焰作工作报告。

28日,首钢党委中心组"三严三实"专题教育"严以律己"辅导报告会在文馆举行,邀请中央党校教授刘春作专题辅导报告。总公司全体领导、各单位负责人参加报告会;股份公司、京唐公司、矿业公司等单位通过视频会议系统组织学习。

28日,西马克公司董事罗森涛一行来首钢访问,总公司领导张功焰、赵民革接待。

28日,总公司领导何巍、胡雄光到三十八集团军驻地慰问,并与三十八集团军政委邹运明等首长座谈。

29日,中国建设银行北京分行行长廖林一行来首钢访问,总公司领导张功焰接待。

31日，北京市发改委副主任张国洪等领导来首钢调研，总公司领导张功焰、韩庆接待。

31日，中国海运（集团）总公司总经理张国发一行来首钢访问，总公司领导张功焰、赵民革接待。

7月，首钢国际工程公司张福明当选"北京学者"。

7月，第九届中国企业文化百人学术论坛表彰2012—2014年全国企业文化科研成果，首钢获得8项全国企业文化科研成果奖。

7月，由中国企业联合会、中国企业家协会主办，主题为"转型与超越——经济新常态下的企业文化建设"的2015年全国企业文化年会在北京召开。首钢总公司《发扬敢为天下先精神　谱写首钢转型发展新篇章》被评为全国企业文化优秀成果。

八 月

3日，首钢股份（000959）8月3日晚公布了重大资产重组预案。首钢股份将以持有的贵州投资100%股权与首钢总公司持有的京唐钢铁51%股权进行置换。

5日，同方股份有限公司总裁范新一行来首钢访问，总公司领导张功焰、白新、胡雄光接待。

6日，宝马集团董事德雷格博士一行来首钢访问，总公司领导张功焰、赵民革接待。

6日至7日，由北京企业联合会、北京市企业家协会主办，唐山市曹妃甸工业区管委会协办，首钢京唐公司承办的2015年北京企业联合会暨北京市企业家年会在首钢京唐公司召开。会议的主题是"推进京津冀协同发展，首都企业和企业家责任"。中国企业联合会、中国企业家协会常务副理事长于吉，唐山市委副书记、曹妃甸区委书记王立彤，北京市经信委副主任段润宝等领导；首钢总公司领导靳伟、梁宗平、顾章飞、王涛出席会议。于吉、段润宝、王立彤先后致辞；靳伟作题为《肩负起推动京津冀协同发展的光荣使命》的报告。

8日，河北省委书记赵克志，河北省委常委、唐山市委书记焦彦龙，以及省发改委、省工业和信息化厅、省环境保护厅、省住房和城乡建设厅、省商务厅等部门领导，唐山市及曹妃甸区主要负责人来首钢京唐公司调研，总公司领导靳伟、韩庆、王涛陪同调研。

12日，总公司领导靳伟、白新与门头沟区区长张贵林，副区长张永、陈卫东等座谈。

13日，中国农业银行总行公司部副总经理胡涌一

行来首钢访问，总公司领导张功焰接待。

17日，总公司召开安全环保工作会议，传达贯彻中共中央总书记、国家主席、中央军委主席习近平就切实做好安全生产工作的重要指示精神；中共中央政治局常委、国务院总理李克强要求全面开展各类隐患排查、坚决打好危化品和易燃品等安全专项治理攻坚战指示精神；全国安全生产电视电话会议精神以及北京市安全生产工作会议精神。对首钢总公司近期安全环保工作进行部署并提出明确要求。总公司领导张功焰、赵民革，各单位负责人在首钢办公大楼会议室主会场参加会议。股份公司、京唐公司等单位领导通过视频会议系统参加会议。张功焰作重要讲话。

17日，长治市副市长陈鹏飞一行来首钢访问，总公司领导靳伟、张功焰、赵民革接待。

21日，首钢京唐二期工程项目启动，北京（曹妃甸）现代产业发展示范区8个重点项目同时签约。河北省委常委、唐山市委书记焦彦龙，北京市副市长隋振江，河北省副省长张杰辉，中国农业银行副行长蔡华相，北京市经信委主任张伯旭，河北省工信厅厅长邹平，河北省国土资源厅副厅长王保民，中国钢铁工业协会副会长屈秀丽，唐山市委副书记、曹妃甸区委书记王立彤；国家发改委、工信部等有关领导，首钢总公司领导靳伟、张功焰、梁宗平、赵民革、韩庆、顾章飞、王涛等参加项目启动仪式。

8月，2015年中国冶金科学技术奖评审结果揭晓，首钢有6项成果获奖，其中，一等奖1项、二等奖1项、三等奖4项。

九 月

7日，首钢总公司安全生产大会在文馆召开。总公司全体领导，各单位负责人参加会议。股份公司、京唐公司等单位的负责人通过视频参加。靳伟主持会议并作重要讲话。总公司总经理张功焰通报"9·2"事故情况，并对下一步工作进行安排部署。

8日，西门子（中国）有限公司执行副总裁林斌一行来首钢访问，总公司领导张功焰接待。

17日，首钢园区城市风貌课题研讨会在首钢陶楼召开。中国科学院院士、中国工程院院士吴良镛，中国工程院院士何镜堂、程泰宁、马国馨，中国工程院二局副局长阮宝君，清华大学党委副书记邓卫，清华大学建筑

学院院长庄惟敏，北京市城市规划设计研究院副院长杜立群，北京市建筑设计研究院有限公司董事长朱小地，北京市政府副秘书长张维，北京市规划委主任黄艳，北京市发改委副主任张国洪，北京市国有资产监督管理委员会副主任杨秀玲，首钢总公司领导靳伟、张功焰、孙永刚、刘桦、梁朝生参加会议。孙永刚以《新首钢高端产业综合服务区总体情况介绍》为题，作总体情况介绍。

22日，首钢总公司与周大福企业有限公司共同宣布，周大福企业及新世界发展主席郑家纯博士及首钢总公司董事长靳伟于香港签订了《战略合作协议》。出席签字仪式的有周大福企业行政总裁曾安业、新创建集团有限公司行政总裁曾荫培及副行政总裁许汉忠，首钢总公司董事长靳伟、总经理张功焰、副总经理韩庆。

24日，以"深化管控体系改革，激发转型发展活力"为主题的2015年首钢"创新创优创业"交流会在文馆召开。总公司领导靳伟主持会议；总公司领导何巍，劳动工资部闫永志、杨木林分别对《深化首钢集团总部管控体系改革思路框架》进行解读；埃森哲公司咨询总监、首钢管控体系改革工作小组成员马新安介绍总部关键管控职能设计方法。

24日，首钢总公司产融结合研讨会在文馆召开，总公司领导靳伟宣布首钢集团财务有限公司开业，总公司总经理张功焰主持研讨会。参加产融结合研讨会的领导还有：中国人民银行营业管理部副处长李海辉、中国银监会北京监管局处长裴骆红、中国财务公司协会常务副会长王岩玲、国家开发银行北京分行副行长马红、中国农业银行北京分行行长陈军、中国银行北京分行副行长黄新斌、中国建设银行北京分行副行长王新立、交通银行北京分行副行长果志刚、华夏银行北京分行行长杨伟、北京银行总行副行长赵瑞安，首钢总公司全体领导参加。中国银监会北京监管局处长裴骆红为首钢集团财务有限公司颁发了《金融许可证》；中国农业银行北京分行副行长王希迎与首钢集团财务有限公司总经理聂秀峰签署《战略合作协议》。

26日，人力资源和社会保障部职业能力建设司司长张立新一行来首钢调研，总公司领导靳伟、白新接待。

十 月

9日，首钢召开集团总部组织机构改革工作会议，对集团总部组织机构改革工作进行全面安排部署。总

公司全体领导，机关部门和有关单位领导参加会议。靳伟作重要讲话，并为首钢总公司人事服务中心、行政管理中心、财务共享中心和资产管理中心授牌；张功焰主持会议；何巍部署集团总部组织机构改革工作计划和任务；总公司党委组织部宣布总部机关13个战略管控部门。

13日，北京市副市长隋振江、市科委副主任张光连、市经信委副主任王学军、中关村管委会副主任宣鸿及市发改委产业处、高技术处有关领导等到首钢调研。总公司领导靳伟、张功焰、赵民革、白新及有关部门负责人陪同调研。

13日，山西省长治市委书记马天荣，市委副书记、市长席小军，市委常委、秘书长、政法委书记李东峰，市委常委、郊区书记潘贤掌，市政府副市长陈鹏飞，市政府秘书长于川，市委副秘书长贾软贤，市政府副秘书长杨鸿斌，壶关县委书记李全心等领导到首钢调研，总公司领导靳伟、张功焰、何巍及相关部门负责人陪同。

14日，北京市安全生产监督管理局局长张树森、副局长贾太保，及人力资源和社会保障局职业能力建设处领导等一行来首钢培训中心调研。总公司领导张功焰、白新及培训中心等相关单位领导陪同。

15日，北京协同创新研究院院长王茗祥等一行来首钢访问，总公司领导靳伟、何巍及相关部门负责人接待。

17日，首钢召开2015年四地钢铁业1—9月份及三季度经济活动分析会。总公司领导靳伟、张功焰、赵民革、顾章飞、王涛、刘建辉及各单位、各部门党政一把手参加会议。靳伟作重要讲话。刘建辉主持会议。

20日，北京市人大常委会主任杜德印，河北省人大常委会党组书记、常务副主任宋恩华等一行到首钢调研，总公司领导靳伟、张功焰、梁宗平、孙永刚及相关部门负责人陪同调研。

20日，首钢党委中心组以"严以用权，真抓实干，实实在在谋事创业做人，树立忠诚、干净、担当的新形象"为主题，重点围绕《习近平谈治国理政》《习近平关于党风廉政建设和反腐败斗争论述摘编》等书目重点篇章和习近平总书记2015年以来有关重要讲话，开展学习交流研讨。总公司全体领导及有关部门负责人参加学习。靳伟主持学习。

20日，海通证券股份有限公司副总裁、投委会主任

任澎一行来首钢访问,总公司领导张功焰、王洪军及计财部等单位负责人接待。

20日,北京首钢女子篮球队与韩国友利银行女子篮球队结为友好球队联谊签约仪式举行。首钢总公司领导梁宗平、中国友利银行行长郑和永、首钢总公司工会、首钢总公司计财部、首钢体育文化公司、首钢篮球俱乐部,中国友利银行、韩国友利银行等相关部门负责人出席签约仪式。

26日,石景山区委副书记李文起,区委常委、副区长田利跃、副区长肖平及有关部门领导到首钢进行调研和工作对接,总公司领导许建国、胡雄光及有关部门负责人接待。

27日,围绕"严以用权,真抓实干,实实在在谋事创业做人,树立忠诚、干净、担当的新形象"这一主题,总公司领导班子成员开展集中学习研讨。总公司全体领导及有关部门负责人参加。靳伟主持会议。

27日,新创建集团有限公司执行董事兼行政总裁曾荫培、执行董事兼副行政总裁许汉忠、鼎珮投资集团主席庄天龙、新世界中国地产有限公司地区总监陈子荣等一行来到首钢,总公司领导张功焰、孙永刚、韩庆、赵天旸接待。

28日,在北京市经信委、市人保局、市国有资产监督管理委员会、市总工会联合组织召开的"第十六届北京市工业和信息化职业技能竞赛"总结表彰会上,首钢一批技能人才受到表彰。

29日,北京市纪委副书记、监察局局长王海平,市监察局副局长杨玉香等领导,在市国资委党委委员、纪委书记张建辉等陪同下到首钢调研,总公司领导靳伟、张功焰、许建国、何巍、梁宗平及相关部门负责人接待。

30日,首钢召开改制企业工作会议。总公司领导靳伟、张功焰、许建国、何巍、梁宗平、白新、胡雄光、顾章飞、梁朝生、刘建辉、赵天旸,各改制企业党政一把手,总公司各部厅、直属单位,以及各相关企业负责人参加会议;市国资委派驻首钢监事会办公室主任龚善,外部董事刘景伟,九冶建设(集团)有限公司董事长张全万应邀出席会议。靳伟作报告和总结讲话,张功焰主持会议。

30日,北京市安全生产监督管理局局长张树森,副局长贾太保,以及北京市人力资源和社会保障局职业能力建设处领导等来首钢调研,总公司领导靳伟、张功焰、

赵民革、白新及相关部门负责人接待。

10月,由首钢国际工程公司自主创新设计的我国第一座5000立方米以上巨型高炉——首钢京唐1号5500立方米高炉工程设计获得全国优秀工程勘察设计金质奖。

十一月

3日,北京市发改委党组成员、市能源与经济运行调节工作领导小组办公室专职副主任王英建,市发改委党组成员、副主任张国洪及有关部门领导到首钢调研,总公司领导靳伟、张功焰、胡雄光、刘桦及有关部门负责人接待。

3日,北京公共交通控股(集团)有限公司总经理王春杰,总经理助理、资产管理分公司和房地产公司经理高明一行来访首钢访问,总公司领导靳伟、张功焰、梁宗平、白新及有关部门负责人接待。

6日,山西焦煤集团董事长、党委书记武华太,副总经理申晋鸣,董事会秘书、党政办主任席北明等领导到访首钢,总公司领导靳伟、张功焰、刘建辉及有关部门负责人接待。

9日,首钢总公司——中集集团2015年战略合作年会在首钢陶楼召开,中集集团总裁麦伯良,副总裁李胤辉、张宝清,董事会秘书于玉群,总裁助理秦刚,首钢总公司领导靳伟、张功焰、赵民革、刘建辉、赵天旸参加。张功焰主持会议。

12日,中国(天津)自由贸易试验区管理委员会副主任、天津东疆保税港区管理委员会主任张爱国,天津东疆保税港区管理委员会投资促进局局长高旭,投资促进局项目主管陈敏佳到访首钢,总公司领导靳伟、王洪军及相关部门负责人接待。

12日,西电济南变压器股份有限公司董事长(兼常州西电变压器有限责任公司总经理)韩西平,总经理慕永刚,副总经理袁社平等一行来首钢访问,总公司领导张功焰及有关部门负责人接待。

13日,国家发改委东北等老工业基地振兴司司长周建平、副司长杨荫凯及有关部门领导,北京市发改委副主任张国洪及有关部门领导到首钢调研,总公司领导靳伟、张功焰、孙永刚、王洪军、刘桦及有关部门负责人接待。

17日,在美国华盛顿召开2015年国际绿色建筑大

会国际峰会。首钢总公司与 USGBC（美国绿色建筑委员会）、GBCI（绿色事业认证公司）、IWBI（国际 WELL 建筑研究所）在会上签署战略合作协议。

18 日，北京金属学会第十届会员代表大会在首钢召开。会议审议并通过第九届理事会工作报告、监事会报告；选举产生了新一届（第十）理事会、监事会。首钢总公司领导靳伟当选第十届理事会理事长，张功焰、赵民革当选常务理事；首钢技术研究院第一副院长王立峰当选秘书长。中国金属学会秘书长赵沛，首钢总公司党委书记、董事长靳伟，中国钢研科技集团公司党委书记、董事长才让，北京科技大学副校长王戈，中冶建筑研究总院副院长朱建国，北京有色研究总院副院长黄松涛，中国恩菲工程技术有限公司副总经理黄祥华，中冶京诚工程技术有限公司总工程师曹建宁等，及首钢总公司、各子公司代表参加此次会议。

20 日，首钢举办风险管理与内部控制专题讲座，邀请信永中和会计事务所合伙人、中国注册会计师资深会员刘景伟和张力授课。总公司领导张功焰、许建国、何巍、梁宗平、白新、胡雄光、王洪军、顾章飞、梁朝生、赵天旸，各子公司、控股及参股企业党政一把手、直属单位负责人、总公司各部门负责人以及部分处级领导干部在文馆主会场参加会议，股份公司、京唐公司、首秦公司、矿业公司、水钢公司、长钢公司、通钢公司、贵钢公司、首控（香港）公司等单位通过视频系统组织学习。张功焰主持会议。

20 日，石景山区、首钢总公司第四次工作对接会在首钢召开。石景山区委副书记、区政府党组书记、区长夏林茂，区委常委、常务副区长文献，区委常委、副区长田利跃，区政府党组成员、副区长富大鹏，区政府党组成员、副区长肖平，石景山区各有关部门领导；首钢总公司领导张功焰、孙永刚、胡雄光、梁朝生及各相关部门负责人参加工作对接会。孙永刚主持会议。

20 日，阳泉煤业（集团）有限责任公司董事长、党委书记翟红，副总经理聂建民，总经理助理、煤炭销售公司总经理高彦清等领导到访首钢，总公司领导张功焰、刘建辉及有关部门负责人接待。

26—27 日，总公司领导靳伟、张功焰、王洪军分别到长钢公司、水钢公司、贵钢公司，围绕生产经营建设、2016 年预算、"十三五"规划等进行调研，并检查指导党风廉政建设和反腐败工作。

27 日，首钢总公司党委书记、董事长靳伟与山西省长治市委书记马天荣，市委常委、市委秘书长李东峰，副市长陈鹏飞等领导进行座谈。

28 日，首钢召开领导班子会，传达学习中共北京市委第十一届委员会第八次全体会议精神，布置党风廉政建设有关工作。总公司全体领导，总公司有关部厅和有关单位负责人参加会议。靳伟主持会议。

11 月，中国钢铁工业协会发布 2015 年冶金企业管理现代化创新成果获奖名单，首钢总公司多项企业管理创新成果获奖。

11 月，首钢京唐公司炼钢作业部炼钢区作业长王建斌当选 2015 年度全国"百姓学习之星"。

11 月，由首钢总公司、北京市规划设计研究院和奥雅纳公司联合申报的《新首钢高端产业综合服务区绿色生态规划》获得 2015 年度规划优异奖。

十二月

1 日，世界侨商创新中心专题座谈会在首钢召开。国务院侨办副主任谭天星、经科司副司长于建明，北京市政府副秘书长朱炎，市规划委副主任刘玉民，市政府侨办主任刘春锋、副主任李长远，石景山区委常委、常务副区长文献，总公司领导靳伟、孙永刚、刘桦及有关部门领导，中国侨商投资企业协会科技创新委员会会员、世界侨商创新中心合作侨商相关企业负责人参加。刘春锋主持座谈会。

1 日，门头沟区区长张贵林，区委常委、副区长张永，副区长陈卫东等一行来首钢访问，总公司领导靳伟、张功焰、白新、胡雄光及相关部门负责人接待。

2 日，北京市副市长张建东，市政府副秘书长侯玉兰；北京冬奥申委常务副秘书长吴京汨、副秘书长徐达、办公室主任郭怀刚、办公室副主任李森、新闻宣传部副部长赵卫；市发改委副主任张国洪等领导到首钢调研，总公司领导靳伟、张功焰、梁宗平、孙永刚、胡雄光、刘桦及相关部门负责人陪同。

3 日，首钢召开党委中心组学习扩大会，邀请首都师范大学博士生导师李松林教授作《中国共产党廉洁自律准则》和《中国共产党纪律处分条例》两部党内法规的专题辅导。总公司全体领导，各二级单位党政一把手，总公司机关处级以上领导在文馆现场参加学习，股份公司、京唐公司、首秦公司、矿业公司、水钢公司、长钢公司、通钢公司、贵钢公司、首黔公司、首控（香港）公司等单位通过视频系统组织所属党员领导干部参加学习。何巍主持会议。

4日，总公司领导靳伟、张功焰、王洪军到通钢公司，围绕生产经营建设、2016年预算、"十三五"规划进行调研，并检查指导党风廉政建设和反腐败工作。

4日，首钢总公司领导靳伟、张功焰、王洪军与吉林省通化市委书记金育辉、市长乔恒等领导进行座谈。

5日，首钢总公司领导靳伟、张功焰、王洪军与吉林省省长蒋超良、副省长姜有为、省政府秘书长刘喜杰等领导进行座谈。

7日，北京市发改委副主任张国洪及新首钢办有关领导到首钢调研，总公司领导靳伟、张功焰、孙永刚、胡雄光、韩庆、赵天旸及相关部门负责人接待。

7—8日，北京市政府外办党组成员、副主任张海舟一行到首钢京唐公司参观调研，首钢总公司领导梁宗平、顾章飞及有关部门负责人接待。

10—11日，总公司领导靳伟、张功焰、王洪军到股份公司，围绕全面深化改革、生产经营建设、2016年预算、"十三五"规划等进行调研，并检查指导党风廉政建设和反腐败工作。

16日，市纪委常委、市公安局纪委书记马燕军，市纪委研究室主任倪紫剑，市国资委纪委副书记、监察处长王晓军，市国资委监事会专职监事陈宝生，市纪委研究室于淼，市纪委法规室王裁等组成的北京市党风廉政建设责任制第六检查组，到首钢检查2015年党风廉政建设责任制落实情况。总公司领导靳伟、张功焰、许建国、何巍、梁宗平、白新、孙永刚、胡雄光、韩庆、王洪军、刘建辉参加。

16日，中关村管委会主任郭洪，副主任廖国华、张涛，委员陈文奇等领导一行来首钢调研，总公司领导靳伟、张功焰、孙永刚、胡雄光及相关部门负责人接待。

16日，北京建谊投资发展（集团）有限公司总裁张鸣等来首钢访问，总公司领导张功焰、孙永刚、刘桦以及相关单位负责人接待。

18日，总公司领导张功焰、梁宗平、王洪军、顾章飞、王涛、刘建辉到京唐公司，围绕京唐公司生产经营、2016年预算、"十三五"规划等进行调研，并检查指导党风廉政建设和反腐败工作。

22日，总公司领导靳伟、张功焰、刘建辉及有关部门负责人到北京汽车产业研发基地，与北汽集团党委书记、董事长徐和谊，党委常委、副董事长卫华诚，党委副书记、总经理张夕勇，副总经理蔡速平等领导进行座谈。

28日，上海电气（集团）总公司副总裁吕亚臣一行来首钢访问，总公司领导张功焰、王涛及有关部门负责人接待。

12月，新首钢高端产业综合服务区获得2015年北京市绿色生态示范区称号。

12月，首钢京唐公司荣彦明获北京市国资委系统2015年"国企楷模·北京榜样"十大人物荣誉称号；北京首钢篮球俱乐部闵鹿蕾获北京市国资委系统2015年"国企楷模·北京榜样"优秀人物荣誉称号。

12月，首钢国际工程公司张福明入选2015年国家百千万人才工程，并被授予"国家有突出贡献中青年专家"荣誉称号。

荣誉表彰

◎ 责任编辑：刘冰清

2015年度北京市先进基层党组织

北京首钢股份有限公司硅钢事业部党委

北京市国资委系统先进基层党组织

北京首钢股份有限公司硅钢事业部党委　　　　首钢水厂铁矿汽运作业区党支部
北京首钢生物质能源科技有限公司党委

北京市国资委系统优秀共产党员

周立武　北京首钢股份有限公司炼钢作业部二炼钢炼
　　　　钢作业区炼钢作业长
李　勇　北京首钢冷轧薄板有限公司热处理作业区镀
　　　　锌技术质量管理工程师
王　莉　首钢京唐公司制造部技术管理处副处长
李晓峰　秦皇岛首秦金属材料有限公司轧钢事业部设
　　　　备保障中心副主任
青格勒吉日格乐　首钢技术研究院球团首席工程师
庞　宏　北京首钢机电有限公司大厂首钢机电有限公

司重装分厂厂长
高　磊　中国首钢国际贸易工程公司矿产资源事业部
　　　　部长助理
张　洋　北京首钢房地产开发有限公司协调管理部副
　　　　经理
刘　银　北京大学首钢医院内科临床部第四党支部书
　　　　记、内科临床部总护士长
何　磊　首钢总公司园区管理部安全保卫处警卫队队长

2015年度首钢先进党组织

首钢总公司"六好"班子
首钢环境产业有限公司

北京首钢矿业投资有限责任公司
北京首钢建设集团有限公司

北京首钢园区综合服务有限公司

首钢总公司模范基层党委

首钢销售公司党委
股份公司物资供应公司党委
股份公司炼钢作业部党委
股份公司北京首钢冷轧薄板有限公司党委
首钢氧气厂党委
鲁家山石灰石矿有限公司党委
京唐公司炼钢作业部党委
京唐公司焦化作业部党委
首秦公司炼铁事业部党委
首钢水厂铁矿党委
北京北冶功能材料有限公司党委
首自信公司京唐运行事业部党总支
实业公司北京首融汇科技发展有限责任公司党委
园区管理部轧区管理处党委
长钢公司炼铁厂党委
长钢公司机械运输公司党委
水钢公司炼钢厂党委
水钢公司煤焦化公司党委
贵钢公司锻钢作业部党总支
通钢集团炼铁厂党委

首钢总公司模范党支部

股份公司
炼钢作业部二炼钢炼钢作业区党支部
设备维检中心维检硅钢作业区党支部
冷轧薄板公司热处理作业区党支部
首钢上海销售分公司党支部
京唐公司
炼铁作业部烧结作业区党支部
热轧作业部 2250 热轧作业区党支部
冷轧作业部机电设备运维作业区党支部
首秦公司
炼钢事业部精炼党支部
轧钢事业部设备保障中心党支部
矿业公司
大石河铁矿选矿车间党支部
水厂铁矿磁选车间党支部

杏山铁矿开拓作业区党支部
运输部机务段党支部
物资公司火药加工车间党支部
长钢公司
轧钢厂一车间作业区域党支部
采购中心直属党支部
水钢公司
炼铁厂原料车间党支部
博宏公司石灰矿业分公司矿山生产联合党支部
贵钢公司
人力资源党支部
通钢集团公司
第一钢轧厂轧钢车间党支部
矿业公司板石球团厂生产区党支部
中首公司
钢材贸易事业部第一党支部
股权投资公司
国际工程公司工业建筑所党支部
首自信公司首迁运行事业部顺义分部党支部
首自信公司传动事业部设计室党支部
机电公司大厂机电公司结构分厂党支部
实业公司首欣物业公司外管项目部第二联合党支部
实业公司首钢饮食公司顺义区域党支部
首建集团二冶建分公司第一设备安装检修项目部党
　支部
首建集团国际工程分公司非洲区项目部党支部
首建集团唐山分公司党支部
机关党支部
北京大学首钢医院
外科临床部第二党支部
环境产业公司
首华科技发展公司党总支
特钢公司
开发部党支部
园区管理部
动力厂供水作业区党支部
安全保卫处机关党支部
人才开发院
技师学院学管综合党支部

2015 年度首钢先进共产党员

首钢模范共产党员

股份公司	孙茂林	吴桂辑	闵常杰
	刘德勇	刘飞宇	王 峰
	杨 泉	张云山	崔爱民
	任金鹏	郑天然	李亚威
京唐公司	王相禹	朱国森	代爱国
	司海兵	郭佳宁	张建华
	吕 剑	刘连凯	龙芝亮
首秦公司	齐凤平	皮福生	李金柱
	王仁立		
矿业公司	郝 壮	武书育	王 飞
	王 利	李文明	牟贡波
	王宏图	庄立朝	
	李永贵		
长钢公司	贾向刚	曹 钦	郭 伟
	焦忠强		
水钢公司	卢正春	胡友红	吴 梅
	马永相		
通钢集团公司	兰绍卿	刘 凯	彭文华
	崔世举	任延军	
中首公司	周 俊		
股权投资公司	陈志新	段红斌	李长龙
	周海伦	赵书田	李 京
	崔永旺	张素洁	闫小军
	李广勤	张瑞生	曹国银
房地产公司	王 成		
京西重工	蒋运安	楚长友	
北京大学首钢医院	赵期康		
环境产业公司	李成宜	胡 琳	
特钢公司	乔春海		
园区综合服务公司	李 刚	李增良	
园区管理部	任文华	闫立青	
技术研究院	缪成亮		

人才开发院	靳文才		
总公司机关	许春明	聂秀峰	宗宪荣
	郭 庆	刘同合	亢天明

首钢优秀共产党员

股份公司	姚春天	左 健	吕金华
	蔡景春	王宗仁	康 宇
	凌为民	欧书海	王雪玮
	谢双新	王尉平	唐伟杰
	田 鹏	李 杰	王晓力
	郑永卓	荣 慧	胡卫东
	李金保	孙慧林	耿 岩
	司良英	王 浩	刘利伟
	黄海波	刘运涛	黄 健
	崔宁宁	邓 忠	王万礼
	杨志勇	张宗友	肖 卓
	马 猛	史坤标	杨志强
	剧卫凯	张林华	彭增权
	曲 海	马朋亮	高洪波
	李东风	张景坡	于海龙
	姬海超	张永生	王福江
	普刚领	潘沂勇	毛宇锋
	梁长武	赵 鹏	曹 华
	赵裔冰	丁 彦	徐立新
	王 海	谢桂忠	黄振军
	刘子龙	刘 坤	亢小敏
	李保海		
京唐公司	董 恒	谷友新	邸贺龙
	康海军	杜建华	卫传林
	李金柱	关顺宽	郭 冬
	刁 华	孙月钢	赵继武
	张建峰	李 威	张 双
	王 维	张学斌	赵永明

	赵兴华	郑晓飞	刘晓青	首矿大昌公司	王建新		
	王东林	姜海军	黄兆勇	中首公司	杨新娥	张亚萍	刘 博
	石长武	杨桂雨	葛 枫		于海丰	杨 军	张忠才
	焦英豪	马占朋	刘继云	股权投资公司	袁新兴	任福全	马兵波
	牛子洋	陈朝明	王永忠		曹铁林	李贺祥	郭志伟
	朱立新	王 耕	周 波		杨雄英	塞军强	胡长松
	王 萍	石 兵	董艳华		刘 雷	赵俊明	王兆村
	李 鹏	高文芳	付建新		李志明	杨栋梁	贾懋君
首秦公司	苏志翔	王 伟	曹 宇		朱 清	李海英	李晓军
	韩宝剑	谢翠红	王海军		王 鑫	赵智滔	刘 聪
	刘增钱	韩义安	葛 鑫		兰海斌	赵建军	李建民
	孟冬立	马春起	刘晓飞		陈 丹	李清华	独长芹
	王洪志	李广双	高 翔		张承刚	吴文忠	秦建坤
	邵进超	李 洋	白玉波		于 槐	黄亚楠	王美英
	王之勇	孔艳荣			刘永明	马文有	王 剑
矿业公司	刘世龙	赵金江	李 刚		吕艳春	刘国超	王立新
	霍志超	安 雄	陈玉国		刘 勇	王作奇	李华新
	李向前	刘海民	刘玉林		杨国庆	连景润	李 婧
	史胜利	王红杰	陈全平		白雪明	郭计东	刘延钢
	章俊伟	杨建军	陈 英		邓恩兵	吴 巍	高建志
	李建强	陈 杰	张立坡		徐秀峰	赵圣强	赖祥军
	杨 彪	吴登亮	韦长滨		陈丙友	王国勤	赵志新
	王伟亮	刘英春	聂洪杰		孙国良	周铁军	吴 卿
	李 志	王洪雷	谭 红		张镇海	张同信	刘 铁
	李万友	孙宏彬	吉玉良		王瑞川	许胜利	戴道明
	刘志强	杨文九	周天智		宁永顺	李 婧	
	沈虎庄	杜秋杰	王宏伟	房地产公司	张 焕	刘文广	
	牟宗波	魏天生	赵 伟	矿投公司	杨超群	刘小东	
	迟春革	胡志刚	刘柱艳	京西重工公司	张春梅		
	刘 杰	王贵刚	高长明	北京大学首钢医院	王海英	梁好琴	张红梅
	刘兴堂	郭建军	李立波		王 义	张 滨	王 炯
	韩绍春	陈革命			赵 励		
长钢公司	陈秀江	韩卫兵	赵攀峰	环境产业公司	杨森彬	杨婷婷	
水钢公司	余 宁	蒋建国	张 欣	特钢公司	段武涛	彭有杰	黄 河
	卢利国	王 挺			李云祥	张传文	
贵钢公司	周海生			园区综合服务公司	脱晓欧	李志军	董升飞
通钢集团公司	庞洪涛	孙立伟	李利锋		李 峰	王建忠	
	姜道凯	王金波	包海波	园区管理部	李小平	蒋克尧	陈世春
伊钢公司	孙 浩				徐国勇	吕晓蓓	马广利
首黔公司	曹建军				王占峰	宋铁成	张富强

	陈　曦　杜瑞林　宋宝元	香港首控公司	苏凡荣
	李咏唯	总公司机关	周迎春　张焕友　吴　刚
技术研究院	杨建炜　于　洋　李少坡		李岩岩　陈汉宇　傅建忠
	刘　斌　罗志俊		兰新辉　王建民　石乐波
发展研究院	孙　勇		宇文龙　王军军　赵新文
人才开发院	段宏韬　陈姗姗　张万龙		王　伟　徐园园　张愉娇
	张青石		王根奎

2015 年度首钢先进党支部

股份公司
炼铁作业部一烧结作业区党支部
炼铁作业部三高炉作业区党支部
热轧作业部一热轧轧钢作业区党支部
硅钢事业部一作业区党支部
动力作业部供风作业区党支部
质量检验部机关党支部
物资供应公司废钢供应作业区党支部
氧气厂销售部党支部
鲁家山石灰石矿建昌县融成钙业有限公司党支部
京唐公司
焦化作业部化工作业区党支部
炼钢作业部连铸作业区党支部
能源与环境部技术设备党支部
供料作业部球团供返料党支部
质检监督部原料检查站党支部
人力资源部党支部
首秦公司
炼钢事业部设备党支部
能源事业部(设备公司)气体分厂党支部
制造部生产调度党支部
首秦加工公司深加工事业部党支部
矿业公司
水厂铁矿筑排车间党支部
运输部车务段党支部
机械制造厂精铸项目部党支部

矿建公司金结分公司党支部
计控室计控科党支部
实业公司北区生活服务公司党支部
职工子弟学校第一中学党支部
矿山医院药械党支部
党群工作部党支部
地质勘查院爱地基础工程公司党支部
长钢公司
检修部炼铁检修车间党支部
党委办公室党支部
安全处党支部
水钢公司
能源公司化学车间党支部
铁运厂炼铁站党支部
水钢总医院临床一支部
贵钢公司
贵阳东方现代公司(铁运)物流配送中心党支部
通钢集团公司
烧结厂烧结一车间党支部
高速线材厂轧钢车间党支部
磐石钢管公司热轧三车间党支部
伊钢公司
炼铁部炼铁党支部
中首公司
矿产资源事业部第二党支部
国际大厦物业管理公司党总支

股权投资公司
国际工程公司工业炉事业部党支部
首自信公司自动化事业部第二党支部
首自信公司信息事业部迁钢分部党支部
首自信公司工程事业部项目二部党支部
首自信公司电信事业部迁钢分部党支部
吉泰安公司拔丝作业区党支部
机电公司设研院设计开发党支部
机电公司经营部冶金承揽开发党支部
实业公司老年福敬老院党支部
实业公司迁安首实包装服务有限公司党支部
实业公司财务部党支部
北京首宇工贸有限责任公司机关办公室党支部
首建集团一分公司一线材项目党支部
首建集团二分公司二通棚改定向安置房项目部党支部
首建集团三分公司西十冬奥项目部党支部
首建集团一冶建分公司首钢园区建设服务专业公司党
　支部
首建集团钢构分公司重钢分厂党支部
北京首建设备维修有限公司顺义维护检修项目部党
　支部
首建集团党群党支部
微电子公司品质保证党支部
北京大学首钢医院

内科临床部第一党支部
医技部第一党支部
环境产业公司
资源综合利用科技开发公司机关党支部
特钢公司
计财部党支部
园区管理部机关党支部
园区综合服务公司
北京首钢物业管理有限公司物业事业部党支部
园区管理部
运输管理处运转作业区党支部
一线材管理处机关党支部
设备材料处废钢回收加工作业区党支部
技术研究院
薄板研究所党支部
人才开发院
工学院经济管理系党支部
培训中心总务处第二党支部
总公司机关
总公司园区开发部党支部
总公司审计部党支部
总公司人事管理中心老干部管理中心古城八角地区离
　休干部第二党支部

2015 年度首钢先进党小组

股份公司
炼铁作业部二焙烧作业区乙班党小组
炼铁作业部一高炉作业区甲班党小组
炼铁作业部二烧结作业区丁班党小组
炼钢作业部一炼钢精炼作业区乙班党小组
炼钢作业部板坯精整作业区丁班党小组
热轧作业部精整作业区一热轧党小组
硅钢事业部机关二支部营销管理室党小组
硅钢事业部二作业区甲班党小组

动力作业部燃气作业区干法除尘党小组
电力作业部热电作业区丙班党小组
制氧作业部制氧作业区空分丙班党小组
质量检验部化学分析室白班党小组
设备维检中心维检炼钢作业区白班一区炼钢党小组
钢材加工作业部酸洗板材作业区开平党小组
计财部第四党小组
技术质量部冷轧产品室党小组
物资供应公司生产物流党支部储运管理室党小组

冷轧薄板公司酸轧作业区丙班党小组

冷轧薄板公司成品罩退作业区乙班党小组

氧气厂顺冷作业区空分制氮党小组

首钢天津销售分公司冷轧部党小组

销售公司迁安派驻站管理科党小组

鲁家山石灰石矿机关经理办党小组

耐材炉料公司高陶公司党小组

京唐公司

焦化作业部干熄焦作业区第一党小组

炼铁作业部矿选作业区第一党小组

炼钢作业部炼钢作业区丁班党小组

热轧作业部 1580 热轧作业区第一党小组

冷轧作业部自动化设备运维作业区酸轧运维党小组

镀锡板事业部质量管理室党小组

彩涂板事业部酸轧作业区酸洗党小组

运输部铁运作业区翻车机党小组

能源与环境部能源运行中心党小组

供料作业部供返料党小组

设备部资材处化杂金属党小组

质检监督部轧钢分析中心丁班党小组

计财部第二党小组

制造部热轧板处党小组

首秦公司

炼铁事业部 1 号高炉制粉党小组

炼铁事业部烧结作业区配料党小组

炼钢事业部炼钢作业区炼钢转炉党小组

轧钢事业部 3300 毫米作业区调度乙班第一党小组

轧钢事业部设备保障中心综合党小组

能源事业部（设备公司）检修分厂党小组

秦皇岛首钢机械厂制造检修分厂党支部销售党小组

矿业公司

大石河铁矿尾矿车间供料丙班党小组

大石河铁矿动力车间维检电工党小组

水厂铁矿动力车间白班党小组

水厂铁矿西排车间运转丙班党小组

水厂铁矿采掘车间机长班党小组

杏山铁矿采矿作业区第二党小组

运输部车辆修理段选矿列检党小组

运输部冷轧作业队运转乙班党小组

运输部迁钢段丁班党小组

机械制造厂铸造分厂造型党小组

电修公司机电分公司循环发电班党小组

矿建公司土建铝业党小组

协力公司烧结维检车间综合班党小组

协力公司球团维检车间钳工二班党小组

物资公司计划科党小组

计控室信息系统软件开发中心党小组

质检中心水厂检验站检验一班党小组

实业公司物业公司滨东物业党小组

职工子弟学校第四中学初二党小组

矿山医院内科第二党小组

矿山街委龙山居委会龙中党小组

矿山街委水厂居委会第三党小组

保卫处护卫队门卫党小组

纪委党小组

生产技术处矿山技术党小组

首钢地质勘查院金地通检测中心第一党小组

迁安首钢设备结构有限公司热能分公司第三党小组

迁安首钢设备结构有限公司迁钢检修分公司炼钢党
　小组

长钢公司

动力厂电力党支部变电党小组

焦化厂炼焦车间党支部出炉党小组

长钢医院内科党支部第一党小组

宣传部党支部第一党小组

职工培训中心党支部第一党小组

水钢公司

自动化公司自信车间现场党小组

轧钢厂一高作业区丙班党小组

赛德公司第二联合党支部工装党小组

直属机关财务部第二党支部第二党小组

贵钢公司

贵阳钢厂职工医院临床一支部内科党小组

通钢集团公司

矿业公司板石选矿厂供排水车间总砂泵站党小组

国贸公司综合管理部第一党小组

自信公司运行科第一党小组

焦化厂化工车间第一党小组

烧结厂成品车间第二党小组

动力厂检修车间第二党小组

运输处车务段第一党小组

机电修造公司电气车间第一党小组

首黔公司

杨山煤矿党支部机关党小组

首矿大昌公司

第二党支部钢轧党小组

中首公司

工程设备事业部第二党支部第二党小组

东湖别墅第三党支部第一党小组

股权投资公司

国际工程公司轧钢所党支部板带党小组

国际工程公司民用建筑所党支部第一党小组

首自信公司运行事业部标准计量站检定室党小组

首自信公司首秦运行事业部轧前党支部炼钢党小组

首自信公司首迁运行事业部炼钢作业区二炼党小组

首自信公司京唐运行事业部炼铁作业区球团党小组

首自信公司信息事业部智慧城市党小组

首自信公司电信事业部京唐分部党支部第三党小组

天津首钢电气设备有限公司党小组

北京北冶功能材料有限公司特冶党小组

吉泰安公司企管部党小组

微电子公司业务财务党支部财务党小组

机电公司大厂机电重装分厂党支部第四党小组

机电公司电机厂北京机关党小组

机电公司秦皇岛分公司生产党小组

机电公司曹妃甸检修分公司综合党支部加工党小组

实业公司首欣物业公司展示中心项目部党小组

实业公司首钢饮食公司沙河项目部党小组

实业公司首瀚鑫实业有限公司党支部生产党小组

实业公司规划发展部党小组

实业公司首钢大地老山东里幼儿园第一党小组

实业公司总部分公司市场部党小组

首建集团二分公司西安姬家乡集中安置区工程项目部
　党小组

首建集团三分公司经营部党小组

首建集团二冶建分公司第三设备安装检修项目部党
　小组

首建集团物资分公司采购供应党支部第一党小组

首建集团内蒙古分公司党支部第一党小组

首建集团宁夏分公司银川永泰城项目部党小组

首建集团秦皇岛分公司汤河铭筑党小组

首建集团山东分公司机关党小组

首建集团人力资源部劳动组织党小组

房地产公司

二通党支部协调管理部党小组

北京大学首钢医院

血液免疫党小组

组宣工纪团党小组

科研教育党小组

环境产业公司

生物质能源科技有限公司接待中心党小组

特钢公司

招商运营部运营办公室党小组

园区综合服务公司

园区建设事业部北区维护班党小组

园林绿化公司工程部、市场部党小组

园区管理部

铁区管理处人力资源科党小组

钢区管理处二炼护厂作业区白班党小组

轧区管理处中板作业区三班党小组

一线材管理处安保科党小组

运输管理处检修作业区电工班党小组

动力厂供电二作业区钢轧区党小组

安全保卫处交通科党小组

设备材料处党小组

技术研究院

冶金过程所党支部热轧和仿真党小组

人才开发院

工学院信息工程系第一党小组

技师学院基础学部数理化党小组

总公司机关

总公司财务共享中心数据信息室党小组

首钢篮球俱乐部女子篮球队党小组

总公司党委组织部领导人员管理党小组

2015 年度首钢先进职工

首钢劳动模范

股份公司	张广治	郑宝国	赵志军
	王林章	王东华	赵瑞丰
	王东民	郭玉明	王宇栋
	彭亚宣		
京唐公司	周　建	周　明	王正新
	陈　香	魏福顺	贾欣凯
	宋旭通	赵　彤	邢文革
	王海楠	薛勇强	王志聪
首秦公司	赵久梁	刘国友	刘广峰
	杨　光	李　群	曹云祥
矿业公司	张　达	史永超	杨小海
	张　钊	尹东林	张宇峰
	刘春平	易广生	王广成
	李贵斗	苗海波	贺诗选
	王爱兵	陈立伟	
中首公司	陶仲毅	高　磊	
鲁家山矿公司	王金波		
销售公司	郗　钊		
水钢集团	杨胜刚	陈　华	蔺以兴
长钢公司	周剑波	燕旭东	包连栋
贵钢公司	张小林		
通钢集团	张晓波	薛喜权	姜　健
	郭修伟	黄玉松	臧海涛
伊钢公司	王道慧		
国际工程公司	向春涛		
首建集团	张志忠	吴　江	胡占锋
	李成龙		
首自信公司	米　岩		
机电公司	郑　琦		
实业公司	谢臣文	李欣睿	
首建投资公司	陈　傲		
园区综合服务公司	王利军		
特钢公司	史添华		

园区管理部	高俊朴		
环境产业公司	顾　虹		
首矿投	冯国庆		
首钢医院	骆　勇	祝振忠	
京西重工	祁　京		
医疗健康产业投资有限公司	王　凯		
基金公司	田　刚		
体育文化有限公司	许利民	丁　宁	
技术研究院	邱冬英	刘　琨	
培训中心	李东军		
首钢总公司机关	邹立宾		

首钢"三创"标兵

股份公司	张　涛	陈凌峰	杨宝山
	韩士洋	王承刚	闫伟利
	梁全喜	王贵玉	董德忠
	黄维国	马兵智	王永光
	王占林	陈　瑾	张来忠
	张志东	齐典旭	肖二平
	王金彦	周海龙	张华文
	姜东友	王海涛	黄东红
	李永强	赵立杰	卢金鹏
	马家骥		
京唐公司	焦建峰	王树忠	张保光
	崔延国	程宝得	余　斌
	曹　盛	边可萌	孙利恒
	梁　韬	闫洪伟	张森建
	张永国	孙　宇	刘恩辉
	丁国一	刘　洋	杜国兴
	千体森	丁光普	李　敬
	万方潜	吴相彬	
首秦公司	陈士俊	武胜利	曹　磊
	韩承良	樊立松	蒋奥银
	高晓刚	黄金宇	

矿业公司	付振学	李　军	范鲁丰	机电公司	魏志明	何　俊	
	王　利	张东升	蔡成福	实业公司	张瑞雪	闫树清	周天雪
	李开建	田秀清	王东伟	新钢联有限公司	刘冬红		
	景继红	浦晓洪	张英杰	吉泰安有限公司	肖晓锋		
	关东兴	黄宏科	王会来	铁合金有限公司	谢学斌		
	曹　伟	崔向东	张春雨	首运物流有限公司	安洪涛		
	张彦东	王庆双	李彦娟	微电子有限公司	郭　强		
	刘兴强	马　波	王守然	股权投资管理有限公司	徐镜新	李国清	
中首公司	徐　俊	曲博		首建投有限公司	周　婷		
鲁家山矿有限公司	王凡良	宋嘉喜		园区综合服务有限公司	杨长林	陈红波	
销售公司	陈连峰	吴昊		特钢公司	窦卫东		
水钢公司	陈黔湘	肖卫东	赵　洪	园区管理部	李红继	陶礼华	侯有仁
	张国波	黄　敏	代安明		王立新	邵理政	马国祥
	黄云凯	李　敬	张文波		李建强		
	陈　伟	江金东	陶昌德	曹建投资有限公司	史锡强		
长钢公司	王宏兵	侯树庭	郭　林	环境产业公司	孟凡筑		
	江路平	刘井泉	任俊杰	首控公司	杨　英		
	秦建新	张江宏	崔红满	房地产公司	李　斌		
贵钢公司	丁　石	王　志	曾　竞	首钢医院	左晓霞	刘津灵	李步满
通钢集团	黄福栋	邢家义	杜长友	王闻博	首钢控股(香港)		
	陈洪旻	亓长河	靳　旭		杨俊林		
	孙永胜	张百文	徐利骞	京西重工	付守森		
	孔庆洋	侯立宽	郭丽竹	体育文化有限公司	郑红露		
	陆晓光	于　洋	厉战波	文化发展有限公司	丁　蕊		
伊钢公司	阚焱生	陆　旭		技术研究院	冯　军	王彦锋	林志峰
首矿大昌公司	邱战立			发展研究院	郭　锋		
国际工程公司	张孝轮	何云飞		首钢党校	师　兵		
首钢建集团	李伟波	李　千	王晓峰	培训中心	黄吴兵		
	周亚新	李广勤	李占魁	财务公司	刘　鼎		
	张　伟	金福民		首钢总公司机关	张建军	赵进平	李四京
首自信	赵　兆	谢　军	郭立伟		范宝龙	韩　乐	刘振英
	张文宝	王洪月			马力深	刘瑞霞	

2015 年度首钢"三创"先进集体

股份公司　　　　　　　　　　　　　　　　　炼铁作业部烧结原料作业区生产丙班

炼钢作业部钢坯作业区钢坯精整甲班

炼钢作业部炼钢天车作业区二炼钢天车乙一班

热轧作业部二热轧轧钢作业区轧钢丙班

硅钢事业部设备管理室焊机点检班

动力作业部燃气作业区二柜区加压站

电力作业部压差发电作业区二炉压差班

制氧作业部设备管理室刘硕创新工作室

物资供应公司储运管理室生产物流组

质量检验部原料质检作业区丙班

设备维检中心维检炼钢作业区质检维护班

钢材加工作业部酸洗板材作业区酸洗丙班

北京首钢冷轧薄板有限公司连退作业区丁班

北京首钢氧气厂京唐作业区制氧检修班

首钢京唐钢铁联合有限责任公司

焦化作业部干熄焦分厂干熄焦作业区

炼铁作业部设备工程室余斌创新工作室

炼钢作业部炼钢区转炉作业区

热轧作业部张维中精轧创新工作室

冷轧作业部自动化设备运维作业区电气自动化创新工作室

能源与环境部安全质量处气体防护作业区

运输部物流管理创新工作室

质检监督部杨皓坤创新工作室

彩涂板事业部轧机作业区

秦皇岛首秦金属材料有限公司

炼铁事业部一高炉作业区

炼钢事业部生产科

轧钢事业部维检中心

能源事业部电力分厂35MW发电站

办公室TPM推进办公室

秦机厂华盛环保公司脱硫作业区维修班

首钢矿业公司

水厂铁矿汽运作业区赵新民创新工作室

杏山铁矿李文明职工创新工作室

计控室马著创新工作室

大石河铁矿尾矿车间供料甲班

协力公司烧结维检车间钳工三班

机械厂铸造分厂电炉班

运输部车务段选矿站丁班

矿建公司采矿工程项目部

实业公司南区生活服务公司杏山食堂

中国首钢国际贸易工程公司

矿产资源事业部贸易室

北京首钢鲁家山石灰石矿有限公司

鲁采车间消石灰班

北京首钢耐材炉料有限公司迁钢一区域

首钢总公司销售公司

迁安派驻站调运科调运班

首钢水城钢铁(集团)有限责任公司

优化配煤配矿攻关组

品规创效攻关组

煤焦化公司赵庆军创新工作室

炼钢厂二连铸车间2号机座

轧钢厂一棒作业区丁班

水电(氧气)厂供电作业区铁前变电所

首钢长治钢铁有限公司

炼钢厂连铸车间工艺乙班8#武佳机组

炼铁厂烧结车间乙班

轧钢厂二车间棒材区域加热炉作业区

检修部轧钢检修车间型钢工段液压组

动力厂热电车间运行作业区丙班

质量监督站化学分析车间炼钢测试作业区

首钢贵阳特殊钢有限责任公司

轧钢作业部轧钢甲工段

炼钢作业部连铸作业区

金吉运输有限公司物流保障部

通化钢铁集团股份有限公司

矿业公司板石球团厂生产区生产二班

炼铁厂3#高炉车间值班室

烧结厂烧结一车间丁段

焦化厂检修车间综合班

第一钢轧厂炼钢机械车间板坯维护钳工班

机电修造公司检修车间修复班

首钢伊犁钢铁有限公司

炼铁部运转工段

安徽首矿大昌金属材料有限公司

设备部

北京首钢建设集团有限公司

第一冶金工程建设分公司园区项目部张建勇综合管理班

第二冶金工程建设分公司徐涛精密检测组
维修公司顺义维护检修部何涛天车维修甲班
机械运输分公司张自豪 300T 履带吊机组
北京首钢自动化信息技术有限公司
传动事业部李洁创新工作室
京唐运行事业部冷轧作业区二冷酸轧班
北京首钢机电有限公司
设计研究院工程机械设计部
大厂首钢机电有限公司护栏分厂
北京首钢实业有限公司
物业公司海淀分公司
饮食公司国家检察官学院项目部
北京首钢新钢联科贸有限公司
天津分公司
北京首钢吉泰安新材料有限公司
拔丝工序
北京首钢铁合金有限公司
迁安分公司经营部
北京首运物流有限责任公司
迁安分公司
北京首钢微电子有限公司
技术部设备技术科
北京首钢园区综合服务有限公司
北京首钢物业管理有限公司高端物业部陶楼服务接
　待班
北京首钢园林绿化有限公司市场部

北京首钢特殊钢有限公司
计财部资金管理科
首钢总公司园区管理部
铁区管理处三高炉班
钢区管理处工学院保洁项目队
轧区管理处冷轧镀锌薄板厂清撤小组
运输管理处运转作业区
动力厂供电一作业区
安全保卫处警卫队国旗班
首钢环境产业有限公司
北京首钢生物质能源科技有限公司发电作业部
北京大学首钢医院
急诊科
风湿免疫科
北京京西重工有限公司
综合管理办公室
北京首钢体育文化有限公司
场馆管理部
篮球俱乐部女子篮球队
首钢技术研究院
薄板研究所镀锡板课题组
首钢总公司培训中心
首钢工学院继续教育学院
首钢总公司机关
纪委(监察部)

统计资料

◎ 责任编辑：刘冰清

2015年首钢集团主要工业产品产量完成情况

指标名称	计量单位	2015年实际
1.采剥总量	万吨	6121.06
2.铁矿石	万吨	1880.65
3.铁精矿	万吨	734.76
4.烧结矿	万吨	3872.53
5.球团矿	万吨	1002.60
6.焦炭	万吨	366.65
7.生铁	万吨	2905.78
8.粗钢	万吨	2855.25
9.成品钢材	万吨	2719.28
其中:棒材	万吨	65.48
钢筋	万吨	517.66
线材	万吨	106.07
特厚板	万吨	33.47
厚钢板	万吨	75.01
中板	万吨	118.54
中厚宽钢带	万吨	652.10
热轧薄宽钢带	万吨	192.20
冷轧薄宽钢带	万吨	410.98
镀层板(带)	万吨	282.03
10.耐火材料总量	万吨	0.80
11.铁合金总量	万吨	1.13
12.钢丝	万吨	0.27
13.发电量	万千瓦时	1077852
14.煤气	万立方米	4951893

2015 年首钢集团主要综合效益指标完成情况

指标名称	计量单位	2015 年实际
一、综合指标		
1. 现价工业总产值	万元	8545117
2. 实现利润	万元	-199789
3. 实现利税	万元	401484
4. 销售收入	万元	13520063
5. 资产总计	万元	43695839
6. 流动资产	万元	13343638
7. 长期股权投资	万元	409400
8. 年末固定资产原值	万元	24464000
9. 年末固定资产净值	万元	16652492
10. 所有者权益	万元	12002469
11. 资产负债率	%	72.53
12. 资本保值增值率	%	98.59
二、能源消耗指标		
1. 综合能源消耗量	万吨标煤	1200.13
2. 吨钢综合能耗	千克标煤/吨	598.22
3. 吨钢耗新水	立方米/吨	2.92
4. 吨钢转炉煤气回收	立方米/吨	102.51
三、环保及绿化指标		
1. 综合考核评价环保指标合格率	%	98.2
2. 工业粉尘排放合格率	%	100
3. 工业废气排放处理率	%	100
4. 工业废水排放处理率	%	100
5. 绿化面积(北京厂区)	万平方米	162
6. 绿化覆盖率(北京厂区)	%	39.07

2015 年首钢主要技术经济指标完成情况

指标名称	计量单位	2015 年实际
一、铁矿生产（矿业公司）		
1.采剥比	吨/吨	3.16
2.铁精矿品位	%	67.33
3.选矿金属回收率（实际）	%	81.60
4.选矿比（实际）	吨/吨	3.04
二、烧结生产		
1.烧结矿合格率	%	98.95
2.烧结机有效面积利用系数	吨/平方米·台时	1.24
3.烧结矿品位	%	56.69
4.烧结从业人员实物劳产率	吨/人·年	28866.52
三、高炉炼铁		
1.生铁合格率	%	100.00
2.高炉有效容积利用系数	吨/立方米·日	2.23
3.入炉矿品位	%	59.22
4.入炉焦比	千克/吨	318.86
5.喷煤比	千克/吨	156.57
6.综合焦比	千克/吨	490.44
7.炼铁从业人员实物劳产率	吨/人·年	11794.84
四、转炉炼钢		
1.钢铁料消耗	千克/吨	1084.77
2.转炉日历作业率	%	67.37
3.转炉日历利用系数	吨/吨·日	22.42
4.转炉从业人员实物劳产率	吨/人·年	5230.66
五、连铸		
1.连铸坯合格率	%	99.80
2.连铸坯钢水收得率	%	97.77
3.连铸机日历作业率	%	66.58
4.连铸坯台时产量	吨/时	270.79
六、轧钢		
1.钢材合格率	%	99.73
2.综合成材率	%	94.40
3.轧机日历作业率	%	76.99
4.轧材工序单位能耗	千克标煤/吨	86.33

注：数据资料由计财部提供。

2015 年首钢专利申请项目

序号	专利申请号	专利名称	申请日	专利类型
1	201510020620.6	一种餐厨垃圾高温好氧发酵处理装置	2015-1-15	发明
2	201510020671.9	协同处置城市固体废弃物的方法	2015-1-15	发明
3	201510020690.1	利用地沟油制备生物柴油的方法	2015-1-15	发明
4	201510020694.X	废油脂预处理的方法	2015-1-15	发明
5	201510031694.X	时效指数小于20兆帕的超低碳烘烤硬化钢及其生产方法	2015-1-22	发明
6	201510031597.0	具有优异超低温 CTOD 性能的厚规格热连轧钢带及生产方法	2015-1-22	发明
7	201510031702.0	一种平整机工作辊弯辊力调节方法及装置	2015-1-22	发明
8	201510031870.X	一种用于检测高炉煤气含氯量的方法及其装置	2015-1-22	发明
9	201510031337.3	一种防止高炉配用高碱矿粉引起碱金属循环富集的方法	2015-1-21	发明
10	201510031599.X	一种热轧高强耐磨钢板的制造方法及热轧高强耐磨钢板	2015-1-22	发明
11	201510031383.3	一种合金化热镀锌双相钢的制备方法	2015-1-22	发明
12	201510031207.X	一种高钛铁水的渣铁分离方法	2015-1-21	发明
13	201510030712.2	热镀锌超低碳烘烤硬化钢及其生产方法	2015-1-21	发明
14	201510031313.8	热轧高强低镍铜比厚规格耐候钢及其生产方法	2015-1-21	发明
15	201510031405.6	含磷高强无间隙原子钢及其生产方法	2015-1-22	发明
16	201510032657.0	一种高强冷轧耐候钢板的制造方法及高强冷轧耐候钢板	2015-1-22	发明
17	201510031304.9	一种降低铁精矿中碱金属和氯离子含量的方法	2015-1-21	发明
18	201510031622.5	一种热轧2250毫米与1580毫米平整机工艺设定的转换方法	2015-1-22	发明
19	201510146452.5	一种热轧板卷力学性能预测与判定系统	2015-3-31	发明
20	201510147762.9	一种煤气柜柜位调节系统	2015-3-31	发明
21	201510148228.X	一种生产热轧酸洗板的方法及热轧酸洗板酸洗系统	2015-3-31	发明
22	201510146453.X	一种提桶样取样方法	2015-3-31	发明
23	201510049822.3	具有高扩孔性能的热轧酸洗带钢及其生产方法	2015-1-30	发明
24	201510075433.8	一种炼焦煤性价比定量评价方法	2015-2-12	发明
25	201510088147.5	一种球团矿原料配比的计算方法及装置	2015-2-26	发明
26	201510090194.3	一种高硬度连铸辊堆焊修复用自保护药芯焊丝	2015-2-27	发明
27	201510091902.5	一种高炉节流阀控制角度的冗余检测控制系统及其方法	2015-2-28	发明
28	201510091648.9	一种高炉富氧快速切断阀控制系统及方法	2015-2-28	发明
29	201510095322.3	一种卷取机	2015-3-3	发明
30	201510094698.2	一种打磨炉辊的方法及装置	2015-3-3	发明
31	201510117665.5	一种机制砂在超大体积混凝土中的使用方法	2015-3-17	发明
32	201510126314.0	一种混凝土烟囱拆除施工平台	2015-3-20	发明

序号	专利申请号	专利名称	申请日	专利类型
33	201510133333.6	一种电解水制氢制氧循环利用装置及方法	2015-3-25	发明
34	201510117733.8	一种铬精矿球团的预热和焙烧方法	2015-3-17	发明
35	201510118004.4	烧结球团烟气吸附解析一体化塔	2015-3-17	发明
36	201510155695.5	一种处理生化污泥浆和焦化环境除尘灰的方法及系统	2015-4-2	发明
37	201510155708.9	显示超低碳钢连铸坯钩状坯壳的腐蚀剂、配制方法和装置	2015-4-2	发明
38	201510158416.0	一种消除捆带钢热卷扁卷缺陷的方法	2015-4-3	发明
39	201510157832.9	一种连续热镀锌高强钢及其生产方法	2015-4-3	发明
40	201510157835.2	X80管线钢卷板的热轧工艺	2015-4-3	发明
41	201510158776.0	一种基于轧钢加热炉的加热方法及系统	2015-4-3	发明
42	201510158778.X	一种模拟焦炉装煤入炉煤堆密度的检测方法	2015-4-3	发明
43	201510158824.6	一种减少含铌钢角部横裂纹的方法	2015-4-3	发明
44	201510160945.4	一种稳定控制大壁厚管线钢低温韧性的控轧方法	2015-4-7	发明
45	201510162019.0	耐冲蚀磨损性能优良的X65管线钢板及其制备方法	2015-4-7	发明
46	201510161077.1	高碳当量厚度小于30毫米钢板的火焰预热切割方法	2015-4-7	发明
47	201510162301.9	一种碳钢与奥氏体不锈钢复合钢板及其生产方法	2015-4-7	发明
48	201510161148.8	一种降低软态铜包钢丝用钢热轧盘条抗拉强度的方法	2015-4-7	发明
49	201510160114.7	一种低温铁水的KR脱硫方法	2015-4-7	发明
50	201510162087.7	一种含铜低合金钢的加热方法	2015-4-8	发明
51	201510163126.5	一种控制高线盘条表面夹痕粗晶的方法	2015-4-8	发明
52	201510163462.X	一种定宽机夹送辊位置控制系统精度补偿的方法	2015-4-7	发明
53	201510163429.7	焦化灰回收方法	2015-4-8	发明
54	201510166806.2	用于凝结水回收的一管两用装置及其方法	2015-4-9	发明
55	201510166786.9	一种用于连续退火炉冷却段氧含量自动检测的控制系统	2015-4-9	发明
56	201510171269.0	高强钢用高强韧性气保护药芯焊丝	2015-4-10	发明
57	201510170342.2	冷却供水系统及其缓冲供水方法	2015-4-10	发明
58	201510171222.4	一种螺栓紧固工具及紧固方法	2015-4-10	发明
59	201510194490.8	棒线材孔型低温控轧电机功率负荷分配设计方法	2015-4-22	发明
60	201510131456.6	一种基于静态生产周期表的交货期预测方法	2015-3-24	发明
61	201510146138.7	一种钢卷分段多维在线质量判定系统及其方法	2015-3-30	发明
62	201510151458.1	一种基于历史订单建模的快速质量设计系统及其方法	2015-3-31	发明
63	201510153218.5	一种电子采购系统及其方法	2015-4-1	发明
64	201510214237.4	一种含Nb高温渗碳齿轮钢的轧制方法	2015-4-29	发明
65	201510232762.9	冷轧带钢横向厚差的确定方法	2015-5-8	发明
66	201510232687.6	一种连续退火炉的控制方法	2015-5-8	发明
67	20151023319.5	一种铸余钢渣的处理方法	2015-5-8	发明
68	201510232669.8	一种热风炉煤气道	2015-5-8	发明
69	201510236491.4	一种改善超低碳钢连铸坯表面凝固沟的方法	2015-5-11	发明

序号	专利申请号	专利名称	申请日	专利类型
70	201510236670.8	一种基于时间的薄板成形极限确定方法	2015-5-11	发明
71	201510236743.3	一种计算高炉瓦斯灰中煤粉颗粒碳含量修正系数的方法	2015-5-11	发明
72	201510236487.8	一种冷轧热镀锌双相钢及其制备方法	2015-5-11	发明
73	201510239355.0	一种高碳钢夹杂物的提取及分析方法	2015-5-12	发明
74	201510239236.5	一种低合金高强度钢热轧板及其制造方法	2015-5-12	发明
75	201510242337.8	一种飞剪剪刃更换方法	2015-5-13	发明
76	201510244201.0	超低碳烘烤硬化钢板坯及其固溶碳含量的控制方法	2015-5-13	发明
77	201510244213.3	一种活套张力控制方法及装置	2015-5-13	发明
78	201510244203.X	一种防止热轧管线钢卸卷塔形的控制方法	2015-5-13	发明
79	201510159555.5	一种高炉防爆型冲渣喷嘴及其使用方法	2015-4-7	发明
80	201510159225.6	一种高炉冲渣余热回收蒸汽-烟气换热工艺	2015-4-7	发明
81	201510159232.6	一种高炉水冲渣蒸汽余热回收利用工艺	2015-4-7	发明
82	201510159568.2	一种水渣细磨系统中磨渣机内水渣干燥工艺	2015-4-7	发明
83	201510203217.7	连铸机浇铸区域移动式除尘设备	2015-4-27	发明
84	201510202646.2	一种末端电磁搅拌器多流同步在线自动调整位置装置	2015-4-27	发明
85	201510208931.5	吸排车输灰配套装置及使用办法	2015-4-29	发明
86	201510209639.5	粉状物料自动拆装机及使用方法	2015-4-29	发明
87	201510233737.2	一种用于控制干式高炉煤气柜柜位高度的方法	2015-5-11	发明
88	201510234012.5	一种用于转炉烟气湿式净化的装置及使用方法	2015-5-11	发明
89	201510279810.X	一种基于纠偏CPC系统检测带钢边裂的装置	2015-5-27	发明
90	201510278410.7	一种除瘤方法	2015-5-27	发明
91	201510280103.2	一种降低带氧钢加铝前氧活度的方法	2015-5-27	发明
92	201510280571.X	一种热轧带钢边部缺陷报警方法及装置	2015-5-27	发明
93	201510249664.0	一种提高平整稳定性和产品表面质量的张力设定方法	2015-5-27	发明
94	201510344441.8	一种强韧性能的碳钢与不锈钢复合钢板及生产方法	2015-6-20	发明
95	201510334656.1	一种改善连铸板坯质量的方法	2015-6-13	发明
96	201510323852.9	一种调质态抗HIC、SSC宽厚板及其制备方法	2015-6-13	发明
97	201510323204.3	一种延长扇形段3D喷淋通讯线缆使用寿命的方法	2015-6-13	发明
98	201510322936.0	一种复合板的热处理生产方法	2015-6-13	发明
99	201510323163.8	一种正火后风冷的热处理生产方法	2015-6-13	发明
100	201510323709.X	一种钢包铸余渣水冲洗淬化方法	2015-6-13	发明
101	201510323854.8	一种转炉出钢使用低Al氧化铝球渣洗方法	2015-6-13	发明
102	201510323916.5	一种1300兆帕级超高强钢及其制备方法	2015-6-14	发明
103	201510334558.8	一种TMCP态低碳贝氏体钢及其生产方法	2015-6-14	发明
104	201510323215.1	一种调质S460G1+Q结构钢及其制造方法	2015-6-14	发明
105	201510344275.1	一种正火高强韧性150mm特厚板及其生产方法	2015-6-14	发明
106	201510323226.X	一种高韧性、布氏硬度稳定特厚耐磨钢及其制备方法	2015-6-14	发明

序号	专利申请号	专利名称	申请日	专利类型
107	201510323956.X	一种针对厚规格高级别海工钢的轧机板型控制方法	2015-6-14	发明
108	201510323918.4	屈服强度700MPa级高强钢及TMCP制造方法	2015-6-14	发明
109	201510322937.5	一种弱脱氧工艺下LF炉用复合发泡剂及其使用方法	2015-6-14	发明
110	201510340119.8	一种含钛球团的生产方法	2015-6-18	发明
111	201510344501.6	一种粗轧短行程控制方法	2015-6-19	发明
112	201510340147.X	一种带钢宽度控制方法和带钢宽度对称控制方法	2015-6-18	发明
113	201510344372.0	一种用于防止助卷辊与芯轴碰撞的方法	2015-6-19	发明
114	201510251502.6	快速更换中间包期间铸坯生产计划的优化装置及方法	2015-5-15	发明
115	201510300991.X	基于数据挖掘的单机架冷轧轧制力模型参数优化方法	2015-6-3	发明
116	201510383307.9	钢包炉精炼处理过程中防止氧化除尘装置的布置方式	2015-7-2	发明
117	201510383013.6	一种低屈强比抗酸性海底管线钢的生产方法	2015-7-2	发明
118	201510382505.3	一种转炉冶炼低磷钢的造渣工艺	2015-7-2	发明
119	201510383219.9	一种高性能的宽规格桥梁钢板的生产方法	2015-7-2	发明
120	201510401956.7	X80管线钢环焊缝自保护药芯焊丝半自动焊焊接工艺	2015-7-9	发明
121	201510401957.1	一种板坯轧制过程轧机扭矩的预测方法	2015-7-9	发明
122	201510401928.5	一种测量电阻点焊飞溅大小的装置及使用方法	2015-7-9	发明
123	201510401847.5	一种含硼非调质双相冷镦钢及其高线轧制方法	2015-7-9	发明
124	201510401906.9	一种控制高线尾部圈形的夹持方法	2015-7-9	发明
125	201510406156.4	一种合金化镀锌层扫描电镜截面试样精密制样方法	2015-7-10	发明
126	201510406066.5	一种合金化镀锌层粉化性能评价方法	2015-7-10	发明
127	201510417273.0	一种电炉全铁水冶炼工艺生产优特钢的方法	2015-7-15	发明
128	201510382402.7	镀层钢板的加工方法及基于该方法加工得到的镀层钢板	2015-7-2	发明
129	201510382401.2	一种带钢平整控制方法	2015-7-2	发明
130	201510382787.7	一种深冲用低碳钢及其冶炼方法	2015-7-2	发明
131	201510382393.1	铌钛复合无间隙原子钢及其洁净度的控制方法	2015-7-2	发明
132	201510388328.X	一种用于生产管线钢的方法	2015-7-3	发明
133	201510388326.0	一种改善镀锌钢卷塌卷变形的方法及系统	2015-7-3	发明
134	201510408989.4	一种高炉瓦斯灰物相分类方法及装置	2015-7-13	发明
135	201510409067.5	高炉用共享热风炉系统及其使用方法	2015-7-13	发明
136	201510409066.0	一种优化带式焙烧机热工制度的方法	2015-7-13	发明
137	201510395606.4	一种圆坯和方坯都能加热的步进梁式加热炉及使用方法	2015-7-7	发明
138	201510398625.2	闭式无过滤高炉冲渣水余热回收的供热装置及使用方法	2015-7-8	发明
139	201510398893.4	一种燃煤气加热炉烧嘴点火装置的使用方法	2015-7-8	发明
140	201510398737.8	一种三通分料器及使用方法	2015-7-8	发明
141	201510398773.4	一种焦炉煤气脱硫废液蒸氨装置及使用方法	2015-7-8	发明
142	201510409760.2	堆取料机回转体整体顶升回转轴承滑移更换的施工方法	2015-7-13	发明
143	201510432374.5	一种内控标准样品的制作方法	2015-7-21	发明

序号	专利申请号	专利名称	申请日	专利类型
144	201510427927.8	一种降低热轧钢卷头部塔形的方法	2015-7-20	发明
145	201510428073.5	一种热轧电工钢的制作方法	2015-7-20	发明
146	201510427926.3	一种精轧机架调整方法及轧线控制系统	2015-7-20	发明
147	201510430346.X	一种精轧机侧导板对中精度的标定方法及装置	2015-7-22	发明
148	201510430214.7	一种氢氮混合站的氢气控制方法及系	2015-7-21	发明
149	201510426810.8	一种热轧高强钢头部稳定卷取的控制方法	2015-7-20	发明
150	201510429213.0	一种预防带钢精轧甩尾的控制方法	2015-7-21	发明
151	201510429915.9	一种能源数据及视频显示系统	2015-7-21	发明
152	201510430241.4	延长热轧板带轧辊轴承使用寿命的方法	2015-7-21	发明
153	201510437943.5	一种管线钢板坯的叩翘头控制方法	2015-7-22	发明
154	201510465081.7	一种提高低碳微合金钢强度的方法	2015-7-31	发明
155	201510441732.9	一种与高炉连接的最后一节通廊的安装方法	2015-7-25	发明
156	201510487742.6	一种管线钢卷板热轧工艺	2015-8-10	发明
157	201510490851.3	一种带钢表面橘皮状网纹缺陷的控制方法	2015-8-11	发明
158	201510490607.7	一种检测干球粉末率的方法及装置	2015-8-11	发明
159	201510490392.9	一种冷加工成形用桥壳钢及其制造方法	2015-8-11	发明
160	201510486011.X	一种真空精炼钢水的方法	2015-8-10	发明
161	201510492927.6	预防高碳当量带钢焊缝断带的焊接方法	2015-8-12	发明
162	201510490355.8	一种冷轧带钢边折印缺陷的处理方法	2015-8-11	发明
163	201510468843.9	一种二次蒸汽回收装置及方法	2015-8-3	发明
164	201510364544.0	700℃以上超超临界燃煤发电设备用镍基高温合金焊丝	2015-6-26	发明
165	201510364417.0	改善定向凝固铸件凝固散热条件的熔模精密铸造方法	2015-6-26	发明
166	201510364562.9	一种防止合金锭产生铸造缩孔的复合铸型	2015-6-26	发明
167	201510512956.4	提升高速线材风冷均匀性的控制方法	2015-8-19	发明
168	201510524584.7	一种镀锌板表面锌晶粒的显示方法	2015-8-24	发明
169	201510524776.8	一种利用扫描电镜及能谱仪对材料组织定量分析的方法	2015-8-24	发明
170	201510524769.8	一种测试钢板高温变形抗力的实验方法	2015-8-24	发明
171	201510526316.9	一种改善粗轧镰刀弯的控制方法	2015-8-25	发明
172	201510525888.5	一种氧化铁皮清理工具及方法	2015-8-25	发明
173	201510526147.9	引流砂外排装置及连铸钢包开浇方法	2015-8-25	发明
174	201510522546.8	一种高炉布料溜槽吊挂轴的保护方法	2015-8-24	发明
175	201510580302.5	一种低渗氮层脆性38CrMoAl渗氮钢	2015-9-11	发明
176	201510579999.4	一种飞剪剪切方法	2015-9-11	发明
177	201510575014.0	一种中低牌号无取向硅钢精炼的方法	2015-9-10	发明
178	201510575033.3	一种带钢横断面轮廓缺陷局部高点量化方法及装置	2015-9-10	发明
179	201510501964.9	一种冷轧圆盘剪挂边问题的预警方法	2015-8-14	发明
180	201510493050.2	一种钢卷的生产方法	2015-8-12	发明

序号	专利申请号	专利名称	申请日	专利类型
181	201510493007.7	一种加工带钢的方法及装置	2015-8-12	发明
182	201510580338.3	一种硅钢热轧板的边部优化方法	2015-9-11	发明
183	201510579997.5	一种带钢表面亮点缺陷控制方法	2015-9-11	发明
184	201510580325.6	一种用于板坯连铸的浸入式水口	2015-9-11	发明
185	201510580324.1	一种浆体输送管线钢及其制造工艺	2015-9-11	发明
186	201510580000.8	一种高强度冷成形汽车桥壳钢及其生产方法	2015-9-11	发明
187	201510587867.6	单驱式球磨机的生产方法及其应用方法	2015-9-15	发明
188	201510587866.1	"U"型管逆止装置	2015-9-15	发明
189	201510585473.7	一种刮油除泥装置	2015-9-15	发明
190	201510585102.9	一种含油固废的处理方法	2015-9-15	发明
191	201510585471.8	一种连退产线加热输出控制方法	2015-9-15	发明
192	201510548459.X	一种处理及回用钢铁厂综合废水的工艺	2015-9-1	发明
193	201510548717.4	一种变频电机绝缘自动检测系统	2015-9-1	发明
194	201510548934.3	一种恒速电机绝缘自动检测系统	2015-9-1	发明
195	201510549365.4	一种铁水集中提钒系统及使用方法	2015-9-1	发明
196	201510685084.1	一种定量评定高温母合金棒中心缩孔尺寸大小的方法	2015-10-20	发明
197	201510617907.7	一种高镍软磁合金金相组织形貌的显示剂及显示方法	2015-9-24	发明
198	201510643032.8	一种高性能镍基高温合金及其制造方法	2015-9-30	发明
199	201510642658.7	一种低成本半硬磁合金及其制造方法	2015-9-30	发明
200	201510618714.3	一种降低高温合金中氮含量的真空感应熔炼方法	2015-9-24	发明
201	201510631932.0	一种干式煤气柜设计制造的控制方法	2015-9-29	发明
202	201510632811.8	一种渣铁精加工工艺	2015-9-29	发明
203	201510634687.9	一种烧结球团烟气吸附和下料装置	2015-9-29	发明
204	201510641520.5	一种焦炉烟道气节能减排综合净化处理工艺	2015-9-30	发明
205	201510641588.3	高效低排放高温低氧热风炉	2015-9-30	发明
206	201510642612.5	一种多用途的热风炉高温预热系统	2015-9-30	发明
207	201510674537.0	一种汽车用非调质钢的低成本制造方法	2015-10-16	发明
208	201510685469.8	一种预测弹簧钢铸坯脱碳的有限元方法	2015-10-20	发明
209	201510680035.9	一种重轨钢大方坯连铸动态轻压下量的确定方法	2015-10-19	发明
210	201510671690.8	一种耐候钢表面锈层稳定化处理剂	2015-10-16	发明
211	201510671751.0	一种消除液压成形冲孔塌陷的方法	2015-10-16	发明
212	201510672946.7	一种双线性应变路径下成形极限测量装置及测试方法	2015-10-16	发明
213	201510672966.4	一种普碳钢与耐磨钢复合钢板及其生产方法	2015-10-16	发明
214	201510674486.1	一种提高特厚板坯头坯表面质量的启车提拉速方法	2015-10-16	发明
215	201510674487.6	基于应变设计地区用高性能抗大变形管线钢及其制备方法	2015-10-16	发明
216	201510674583.0	一种冶炼高强度耐磨钢的方法	2015-10-17	发明
217	201510673069.5	一种较薄管线钢夹杂物控制方法	2015-10-17	发明

序号	专利申请号	专利名称	申请日	专利类型
218	201510673626.3	一种锯片钢的生产冶炼方法	2015-10-17	发明
219	201510424647.9	基于预测模型结果的钢铁企业煤气平衡调度系统及方法	2015-7-17	发明
220	201510441734.8	无延伸率检测状态下平衡机轧制力控制装置及其方法	2015-7-25	发明
221	201510825668.4	一种基于带钢重量的热镀锌成品卷剪切优化方法	2015-11-24	发明
222	201510827884.2	一种冷轧厂能流与物流协调计划编制方法	2015-11-24	发明
223	201510698025.8	一种改变凸度分配的热连轧板形控制方法	2015-10-23	发明
224	201510698872.4	一种拉矫机工艺参数的优化方法及系统	2015-10-23	发明
225	201510698003.1	一种铝锌镁镀层钢板及其制备方法	2015-10-23	发明
226	201510698849.5	一种高碳钢板坯连铸方法	2015-10-23	发明
227	201510698142.4	一种热轧酸洗板表面氧化麻点缺陷的控制方法	2015-10-23	发明
228	201510718825.5	低碳微合金钢、其制备方法和用途、通风机叶片、通风机	2015-10-29	发明
229	201510698459.8	一种含硫铁水脱硫方法	2015-10-23	发明
230	201510698039.X	一种提高板卷表面质量的方法	2015-10-23	发明
231	201510696765.8	一种含硫磁铁矿的选矿方法	2015-10-23	发明
232	201510698457.9	一种方镁石镁铝尖晶石砖及其制备方法	2015-10-23	发明
233	201510685600.0	炼钢转炉一次除尘塔文湿法装置的烟气处理方法及系统	2015-10-20	发明
234	201510760926.5	一种无铬钝化镀锌板钝化膜表面裂纹的控制方法	2015-11-10	发明
235	201510765175.6	一种提高IF钢洁净度的方法	2015-11-11	发明
236	201510765500.9	一种平整机延伸率波动的控制方法	2015-11-11	发明
237	201510765220.8	一种热轧卷板及其制造方法	2015-11-11	发明
238	201510765494.7	一种预测热轧卷表面缺陷在铸坯厚度方向位置的方法	2015-11-11	发明
239	201510772763.2	一种具有低屈服强度的微碳钢及其生产方法	2015-11-12	发明
240	201510766332.5	一种热镀锌产线的康耐视表面质量检测系统的优化方法	2015-11-11	发明
241	201510824071.8	一种易卷取且低温性能优异的厚规格管线钢热连轧钢带及其制造方法	2015-11-24	发明
242	201510771505.2	一种提高镀锌汽车板锌层质量的方法	2015-11-12	发明
243	201510778092.0	一种发酵废水处理方法及生物饲料	2015-11-12	发明
244	201510752407.4	一种透水混凝土及其制备方法	2015-11-6	发明
245	201510781458.X	一种基于历史订单成本分析的成本预测方法	2015-11-13	发明
246	201510780682.7	一种用于粗轧机的板坯镰刀弯控制系统及其方法	2015-11-13	发明
247	201510791844.7	一种KR终点硫含量的控制方法	2015-11-17	发明
248	201510835055.9	一种链—回—环系统生产高配比赤铁矿球团的工艺	2015-11-25	发明
249	201510836666.5	顶燃式热风炉圆弧拟合悬链线的独立拱顶结构	2015-11-25	发明
250	201510834282.X	一种采用铁水包回转台的KR铁水脱硫系统	2015-11-25	发明
251	201510685564.8	一种具备在线回收功能的线材控制冷却装置及使用方法	2015-10-20	发明
252	201510685368.0	一种减轻地震中水塔震害的方法	2015-10-20	发明
253	201510685906.6	炼铁—炼钢界面直连式工艺	2015-10-20	发明

序号	专利申请号	专利名称	申请日	专利类型
254	201510685654.7	多流股、高温低氧、低NOx左右组合式单蓄热烧嘴	2015-10-20	发明
255	201510688062.0	一种用于料仓的旋转溜槽进料装置	2015-10-20	发明
256	201510753725.2	一种焦炉蓄热室布置方法	2015-11-7	发明
257	201510753801.X	一种运卷小车	2015-11-8	发明
258	201510753780.1	一种储料罐料位检测装置	2015-11-8	发明
259	201510765897.1	一种板形模型反馈计算用凸度有效性的判定方法及系统	2015-11-11	发明
260	201510766204.0	一种提高平整机组换挡成功率的方法	2015-11-11	发明
261	201510765531.4	一种输出辊道	2015-11-11	发明
262	201510765341.2	一种热连轧轧机导位排卡式阻水装置	2015-11-11	发明
263	201510766228.6	一种空气道与煤气道之间的墙体损坏的处理方法	2015-11-11	发明
264	201510766201.7	一种平整机组在线板形质量评估装置及方法	2015-11-11	发明
265	201510766868.7	用于大型转炉钢板炉壳的热处理装置及方法	2015-11-11	发明
266	201510765339.5	一种油桶内残油倾倒回收装置及残油倾倒回收设备	2015-11-11	发明
267	201510765325.3	一种单机架冷轧轧制力模型和前滑模型调试方法	2015-11-11	发明
268	201510766106.7	一种铸坯切割定位方法及系统	2015-11-11	发明
269	201510770173.6	一种带钢轧制控制方法及轧制控制系统	2015-11-11	发明
270	201510762056.5	一种脱硫渣铁初破碎方法	2015-11-10	发明
271	201510763550.3	一种热轧酸洗板表面横折缺陷的平整方法	2015-11-11	发明
272	201510705570.5	热水电联产系统	2015-10-27	发明
273	201510697991.8	一种热轧卷曲带钢防飞起装置	2015-10-23	发明
274	201510759489.5	一种耐火砖及耐火砖的制备方法	2015-11-10	发明
275	201510697152.6	一种退火炉炉压控制方法及退火炉	2015-10-23	发明
276	201510697215.8	一种软启动器自动外置旁路运行的控制系统和控制方法	2015-10-23	发明
277	201510700821.0	一种钢包铸余钢水的处理方法	2015-10-23	发明
278	201510696960.0	一种热轧厚规格带钢卸卷的控制方法	2015-10-23	发明
279	201510695960.9	一种连铸机中间包快换水口的控制方法	2015-10-23	发明
280	201510695913.4	一种控制硼钢中硼含量的方法	2015-10-23	发明
281	201510698007.X	一种冶炼耐候钢的方法	2015-10-23	发明
282	201510741009.2	一种电机用轴承的油隙的调试方法	2015-11-2	发明
283	201510883083.8	一种焦炉的自动装煤方法及装置	2015-12-3	发明
284	201510842970.0	基于过程控制服务器的socket通讯接口系统	2015-11-26	发明
285	201510836495.6	一种连续热镀锌产品的生产方法	2015-11-26	发明
286	201510843766.0	一种冷连轧机控制方法	2015-11-26	发明
287	201510842969.8	一种冷轧带钢在线板形分析方法及装置	2015-11-26	发明
288	201510849974.1	一种钢厂尾气生物发酵制乙醇有机废水处理方法	2015-11-27	发明
289	201510849971.8	蒸馏装置原位清洗系统、清洗液配制及清洗方法	2015-11-27	发明
290	201510846511.X	一种带钢加热功率的控制方法及装置	2015-11-27	发明

序号	专利申请号	专利名称	申请日	专利类型
291	201510846851.2	一种冷连轧机的原料板启车方法	2015-11-26	发明
292	201510846852.7	一种中间包辅助化渣剂及其使用方法	2015-11-26	发明
293	201510846168.9	一种连续退火炉辐射管加热控制方法	2015-11-26	发明
294	201510846854.6	一种提高倒角结晶器铸坯拉速的方法	2015-11-26	发明
295	201510846986.9	一种倒角结晶器铸坯角部横裂纹的控制方法	2015-11-26	发明
296	201510886368.7	一种精轧带钢终轧温度的在线控制方法	2015-12-5	发明
297	201510869171.2	一种木模板组装式楼梯踏步的支设方法	2015-12-1	发明
298	201510890756.2	一种转炉溅渣方法	2015-12-7	发明
299	201510891592.5	一种卷取机卷筒的内部磨损间隙测算方法	2015-12-7	发明
300	201510889489.7	一种热风炉抢修中燃烧器内导流棒修复方法	2015-12-7	发明
301	201510890796.7	一种森基米尔轧机的第二中间辊	2015-12-7	发明
302	201510890789.7	一种提高层冷模型下卷取温度控制精度的方法	2015-12-7	发明
303	201510891608.2	一种高炉热风炉拱顶局部修复方法	2015-12-7	发明
304	201510900645.5	一种CVC窜辊连接装置工作位置检测方法	2015-12-8	发明
305	201510900665.2	一种连轧机中HGC液压缸活塞侧压力在线冗余检测的方法	2015-12-8	发明
306	201510930889.8	一种19孔25毫米格孔直径格子砖及堆放方法	2015-12-14	发明
307	201510974132.9	四梁双小车起重机副主梁冲撞变形的在线修复方法	2015-12-22	发明
308	201510973521.X	烧结烟气半干法脱硫工艺反应器弯头防堵灰的方法	2015-12-22	发明
309	201510956395.7	一种提高中包烘烤火焰检测器可靠性的方法	2015-12-18	发明
310	201510956556.2	高炉冷却壁冷却水水温手动测量卡扣装置	2015-12-18	发明
311	201510965258.X	一种高强EH40特厚钢板及其生产方法	2015-12-21	发明
312	201510965259.4	一种含硼高碳锯片用钢及其制造方法	2015-12-21	发明
313	201510970372.1	低锰高铬抗HIC管线用针状铁素体钢及其制造方法	2015-12-21	发明
314	201510967102.5	微硼处理抗拉强度700兆帕级宽厚板及制造方法	2015-12-21	发明
315	201510937541.1	一种高牌号无取向硅钢冷连轧边裂的控制方法	2015-12-15	发明
316	201510546879.4	钢铁企业电网协调控制方法及系统	2015-8-31	发明
317	201510981514.4	一种厨卫间烟风道安装方法	2015-12-23	发明
318	201510967973.7	氢气在线输送及集装格充装自动控制系统及其方法	2015-12-21	发明
319	201510968082.3	一种连退生产线自动卸张的方法	2015-12-21	发明
320	201510968085.7	双流板坯自动停浇控制方法	2015-12-21	发明
321	201510981562.3	一种烧结烟气自动脱硫系统及其方法	2015-12-23	发明
322	201510998643.4	一种采用低碱度精炼渣的LF炉脱硫精炼工艺	2015-12-26	发明
323	201510998706.6	管线钢板坯连铸典型中间裂纹及中心偏析的控制方法	2015-12-26	发明
324	201510997828.3	一种冷镦钢小方坯连铸矫直裂纹的控制方法	2015-12-26	发明
325	201510998723.X	一种连铸钢坯合金元素微观偏析的评价方法	2015-12-26	发明
326	201510999292.9	提高冷轧汽车板可涂装性能表面质量的控制方法	2015-12-26	发明
327	201510998685.8	一种利用络合滴定对萤石中氟化钙含量的测定方法	2015-12-26	发明

序号	专利申请号	专利名称	申请日	专利类型
328	201510997898.9	一种测定白云石和石灰石中硫含量的样品预处理方法	2015-12-26	发明
329	201510999200.7	一种碳钢与马氏体不锈钢复合钢板及其生产方法	2015-12-26	发明
330	201510998710.2	一种屈服强度500兆帕级焊接结构钢及制备方法	2015-12-26	发明
331	201510994037.5	热轧板表面抗剥落性氧化铁皮结构及其控制工艺	2015-12-25	发明
332	201510983215.4	一种高炉开炉配料方法	2015-12-24	发明
333	201510983315.7	一种矿石粉碎储存系统	2015-12-24	发明
334	201510982798.9	一种高铝复相钢及其冶炼方法	2015-12-23	发明
335	201510983237.0	一种标定测量误差的方法	2015-12-24	发明
336	201511001305.5	一种高炉五通球组队方法	2015-12-28	发明
337	201511019126.4	一种氧化铁皮结合力表征方法	2015-12-29	发明
338	201511021435.5	一种生产耐磨复合衬板用合金填加粉	2015-12-30	发明
339	201511026864.1	一种测定混合油品中含量百分比的方法	2015-12-31	发明
340	201511021291.3	一种基于带钢横向平坦度分布的平坦度评价系统及其方法	2015-12-30	发明
341	201511025462.X	一种轧机工作辊轴承快速清洗装置及使用方法	2015-12-30	发明
342	201511020842.4	一种屈服强度960兆帕汽车大梁钢及其生产方法	2015-12-30	发明
343	201511020843.9	可同时生产烧结铁精粉和球团铁精粉的方法及系统	2015-12-30	发明
344	201511025074.1	一种弧形冷加工成型装置	2015-12-30	发明
345	201510651241.7	一种高炉探尺的在线快速定位方法	2015-10-10	发明
346	201510691271.0	一种棒材生产控制冷却工艺及其装置	2015-10-22	发明
347	201510694495.7	一种高速线材生产轧后的冷却装置及其方法	2015-10-22	发明
348	201520429849.0	一种风动样盒减震装置	2015/6/19	实用新型
349	201520186570.4	一种焦化厂水熄车的横梁前侧壁	2015/3/24	实用新型
350	201520186569.1	一种控制料仓棚料振打装置	2015/3/24	实用新型
351	201520185943.6	一种定尺台架的输送装置	2015/3/24	实用新型
352	201520278282.1	一种电子显微镜样品台	2015-5-4	实用新型
353	201520278296.3	一种拉矫机辊缝标定工具	2015-9-14	实用新型
354	201520280246.9	用于夹持金相镶嵌试样的夹具	2015-9-14	实用新型
355	201520028336.9	一种厨余垃圾预处理装置	2015-1-15	实用新型
356	201520029368.0	甲醇预分离脱酸装置	2015-1-15	实用新型
357	201520028369.3	泡沫玻璃颗粒复合石膏板	2015-1-15	实用新型
358	201520028289.8	用于生产泡沫玻璃的模具	2015-1-15	实用新型
359	201520028632.9	生活垃圾渗滤液浓缩液机械压缩蒸发装置	2015-1-15	实用新型
360	201520050916.8	一种用于吊装钢锭的夹持工具	2015-1-23	实用新型
361	201520051863.1	扭矩过载保护离合器的密封定位装置	2015-1-23	实用新型
362	201520050769.4	一种用于感应炉的水冷装置	2015-1-23	实用新型
363	201520043061.6	一种对照式烧结杯试验装置	2015-1-21	实用新型
364	201520043196.2	一种炉料结构熔滴实验滴落温度检测装置	2015-1-21	实用新型

序号	专利申请号	专利名称	申请日	专利类型
365	201520044016.2	一种高拉速板坯连铸的浸入式水口	2015-1-22	实用新型
366	201520042400.9	一种厚度对中装置、宽度对中装置及对中套件	2015-1-21	实用新型
367	201520187033.1	一种搅拌装置	2015-3-31	实用新型
368	201520189059.X	一种煤气柜氮气置换防火装置	2015-3-31	实用新型
369	201520120816.8	一种多功能监控装置	2015-2-28	实用新型
370	201520153179.4	一种LF钢包精炼在线电极调整装置	2015-3-17	实用新型
371	201520153151.0	一种球团矿富氧焙烧燃烧器	2015-3-17	实用新型
372	201520152760.4	烧结球团烟气吸附解析一体化塔	2015-3-17	实用新型
373	201520200347.0	一种矿浆自动分离装置	2015-4-3	实用新型
374	201520197560.0	柱形物料上料装置	2015-4-2	实用新型
375	201520197679.8	错气盘	2015-4-2	实用新型
376	201520200575.8	一种倒角足辊装置	2015-4-3	实用新型
377	201520205773.3	一种钢包炉精炼处理过程中防止氧化的除尘装置	2015-4-7	实用新型
378	201520205911.8	一种摆动电弧的钨极氩弧焊填丝焊装置	2015-4-7	实用新型
379	201520205700.4	一种用于铁水扒渣的锯齿形状的扒渣头	2015-4-7	实用新型
380	201520204744.5	一种窄幅激光拼焊装置	2015-4-7	实用新型
381	201520205772.9	一种大气中氯离子沉积率的检测装置	2015-4-7	实用新型
382	201520203596.5	一种防止台车起拱装置	2015-4-7	实用新型
383	201520203490.5	一种篦条振打器	2015-4-7	实用新型
384	201520203891.0	一种钢包滑动机构起吊装置	2015-4-7	实用新型
385	201520205752.1	一种真空堆垛机连接板	2015-4-8	实用新型
386	201520205751.7	一种钢包底吹管路	2015-4-8	实用新型
387	201520207780.7	一种高炉铁水无线测温装置	2015-4-7	实用新型
388	201520207819.5	一种冷轧连续产线	2015-4-8	实用新型
389	201520207638.2	一种流体介质计量检测系统	2015-4-8	实用新型
390	201520207743.6	焦化灰筛分装置	2015-4-8	实用新型
391	201520207776.0	一种布料溜槽	2015-4-7	实用新型
392	201520207651.8	一种窗口式保持架滚动轴承的拆装装置	2015-4-8	实用新型
393	201520207840.5	一种轧辊轴承的回油装置	2015-4-8	实用新型
394	201520207585.4	一种300兆瓦发电机组锅炉分级燃烧系统	2015-4-8	实用新型
395	201520212440.3	一种防尘装置	2015-4-9	实用新型
396	201520212477.6	用一套变频装置控制两台循环水泵电机运行的供电系统	2015-4-9	实用新型
397	201520212478.0	一种横切剪剪刃组装工具	2015-4-9	实用新型
398	201520212480.8	螺旋输送机螺旋轴	2015-4-9	实用新型
399	201520212504.X	一种辊面检查用支撑装置	2015-4-9	实用新型
400	201520217060.9	一种高纤维含量缓冲泥料用搅拌枪	2015-4-10	实用新型
401	201520218065.3	一种便携式检测清扫装置	2015-4-10	实用新型

序号	专利申请号	专利名称	申请日	专利类型
402	201520216248.1	一种连铸二冷区测温保护装置	2015-4-10	实用新型
403	201520217018.7	一种交直流电检测系统	2015-4-10	实用新型
404	201520216203.4	一种减速机	2015-4-10	实用新型
405	201520219558.9	一种机械手臂	2015-4-8	实用新型
406	201520246814.3	一种皮带运输机防撞装置及皮带运输机系统	2015-4-22	实用新型
407	201520246921.6	一种热轧精轧机出口衬板	2015-4-22	实用新型
408	201520246923.5	一种压缩风补充装置	2015-4-22	实用新型
409	201520246815.8	一种应用于工作辊上的刮水装置	2015-4-22	实用新型
410	201520247472.7	一种便携式车载充电器	2015-4-22	实用新型
411	201520246922.0	一种锁紧装置	2015-4-22	实用新型
412	201520251490.2	一种磨床过滤系统	2015-4-23	实用新型
413	201520250953.3	一种收集槽	2015-4-23	实用新型
414	201520185855.6	一种自动批量管控远程网络设备的系统	2015-3-30	实用新型
415	201520261960.3	一种带钢吹扫装置	2015-4-28	实用新型
416	201520262092.0	一种热轧机辊缝测量装置	2015-4-28	实用新型
417	201520295479.6	一种钢卷冷却装置	2015-5-8	实用新型
418	201520295490.2	一种应用于焊机喂丝系统的管状构件	2015-5-8	实用新型
419	201520295486.6	一种圆柱取样装置	2015-5-8	实用新型
420	201520300044.6	一种矿粉杂质分离装置	2015-5-11	实用新型
421	201520299900.0	一种中间包温度监测装置	2015-5-11	实用新型
422	201520307301.9	一种压缩空气的生产系统	2015-5-13	实用新型
423	201520307302.3	一种拉矫机	2015-5-13	实用新型
424	201520307305.7	一种单种煤皮带取样装置	2015-5-13	实用新型
425	201520308194.1	一种管网气体调节装置	2015-5-13	实用新型
426	201520308193.7	一种鼓式接轴油盒连杆	2015-5-13	实用新型
427	201520202530.4	一种高炉水冲渣蒸汽密封装置	2015-4-7	实用新型
428	201520202064.X	一种立式卷芯架运输模块	2015-4-7	实用新型
429	201520202542.7	一种在轧钢交流主传动系统中应用的1140V变频器	2015-4-7	实用新型
430	201520257966.3	连铸机浇铸区域移动式除尘设备	2015-4-27	实用新型
431	201520257957.4	一种末端电磁搅拌器多流同步在线自动调整位置装置	2015-4-27	实用新型
432	201520265653.2	一种液压系统气囊式恒压闭式油箱	2015-4-29	实用新型
433	201520265696.0	吸排车输灰配套装置	2015-4-29	实用新型
434	201520265654.7	粉状物料自动拆装机	2015-4-29	实用新型
435	201520296815.9	一种用于干式煤气柜底部油沟的联通装置	2015-5-11	实用新型
436	201520295954.X	一种旋转辊道运输装置	2015-5-11	实用新型
437	201520296811.0	一种散装物料四点卸料和分料翻板阀	2015-5-11	实用新型
438	201520296784.7	一种耐高含盐水纤维球过滤器	2015-5-11	实用新型

序号	专利申请号	专利名称	申请日	专利类型
439	201520295951.6	一种用于钢坯入炉激光定位的缓冲挡板	2015-5-11	实用新型
440	201520295966.2	一种用于输送圆形截面钢坯的悬臂辊	2015-5-11	实用新型
441	201520352675.2	一种皮带机在线取样装置	2015-5-27	实用新型
442	201520351059.5	一种汽轮机旁路控制装置	2015-5-27	实用新型
443	201520352672.9	一种用于高炉设备的摆墙	2015-5-27	实用新型
444	201520428535.9	一种槽型防护装置	2015-6-19	实用新型
445	201520428546.7	一种可移动拉马装置	2015-6-19	实用新型
446	201520430816.8	一种起重设备吊装工具	2015-6-19	实用新型
447	201520353471.0	一种真空室温度检测热电偶保护装置	2015-5-27	实用新型
448	201520494671.8	一种防止焊渣粘接的点焊装置	2015-7-9	实用新型
449	201520500796.7	一种线切割机床的定位装置	2015-7-10	实用新型
450	201520500861.6	一种耐火度测定装置	2015-7-10	实用新型
451	201520477071.0	一种钢包长水口	2015-7-3	实用新型
452	201520476987.4	浸入式水口结构	2015-7-3	实用新型
453	201520504271.0	实验焦炉煤气净化系统	2015-7-13	实用新型
454	201520490879.2	闭式无过滤高炉冲渣水余热回收的供热装置	2015-7-8	实用新型
455	201520491085.8	一种末端电磁搅拌器定步距调整装置	2015-7-8	实用新型
456	201520490631.6	高炉喷吹天然气装置	2015-7-8	实用新型
457	201520490902.8	一种三通分料器	2015-7-8	实用新型
458	201520490823.7	一种焦化脱硫废液过滤脱色装置	2015-7-8	实用新型
459	201520490672.5	一种热轧钢卷塔形修复推力调节式液压装置	2015-7-8	实用新型
460	201520505427.7	球棱镜配套使用的地面埋设标高基准点读取装置	2015-7-13	实用新型
461	201520504861.3	一种水泥顶棍	2015-7-13	实用新型
462	201520505182.8	一种可调比重的水下混凝土面高度测定锤	2015-7-13	实用新型
463	201520527962.2	一种支撑装置	2015-7-20	实用新型
464	201520531017.X	一种启动装置	2015-7-21	实用新型
465	201520529474.5	减小激光聚焦镜损伤的装置	2015-7-21	实用新型
466	201520531047.0	一种圆盘剪剪刃修磨装置	2015-7-21	实用新型
467	201520532700.5	电刷适形研磨装置	2015-7-22	实用新型
468	201520530969.X	基于钢铁厂的电量数据传输系统	2015-7-21	实用新型
469	201520531019.9	一种飞剪拉杆安装装置	2015-7-21	实用新型
470	201520534938.1	一种电缆隧道的通风系统	2015-7-22	实用新型
471	201520570143.6	炼钢转炉炉底拼装多功能锁紧装置	2015-7-31	实用新型
472	201520602238.1	一种用于高负压烟气的采样装置	2015-8-11	实用新型
473	201520602237.7	一种移动式多风口取样装置	2015-8-11	实用新型
474	201520597799.7	一种液压缸安全锁紧套	2015-8-10	实用新型
475	201520569278.0	一种载物台	2015-7-31	实用新型

续表

序号	专利申请号	专利名称	申请日	专利类型
476	201520569277.6	一种切割装置	2015-7-31	实用新型
477	201520569012.6	一种应用于数控机床工作台的夹紧机构	2015-7-31	实用新型
478	201520576118.9	一种冷轧步进梁纠偏装置	2015-8-3	实用新型
479	201520642415.9	一种转炉煤气回收与平衡装置	2015-8-24	实用新型
480	201520645688.9	用于检验、调整激光发射落点及角度的装置	2015-8-25	实用新型
481	201520645942.5	集电滑环修磨工具	2015-8-25	实用新型
482	201520646047.5	一种引流砂外排装置	2015-8-25	实用新型
483	201520641472.5	一种高炉布料溜槽吊挂轴的保护装置	2015-8-24	实用新型
484	201520641493.7	一种隔热装置	2015-8-24	实用新型
485	201520642414.4	一种液压控制装置	2015-8-24	实用新型
486	201520602710.1	一种长托轴支重轮装置	2015-8-11	实用新型
487	201520598756.0	一种轮胎分解装置	2015-8-10	实用新型
488	201520693202.9	一种用于框架式液压机的油缸结构	2015-9-8	实用新型
489	201520706313.9	一种方坯连铸结晶器液渣厚度测量装置	2015-9-11	实用新型
490	201520701363.8	一种引锭杆拆卸装置	2015-9-10	实用新型
491	201520700700.1	磁链式过滤器刮污装置	2015-9-10	实用新型
492	201520706793.9	一种空分设备仪表气及密封气保障系统	2015-9-11	实用新型
493	201520701204.8	一种锁紧式固定连接装置	2015-9-10	实用新型
494	201520701335.6	一种皮带运输大块物料检测装置	2015-9-10	实用新型
495	201520700636.7	一种涂层废液处理装置	2015-9-10	实用新型
496	201520700713.9	一种运料皮带快速链接装置	2015-9-10	实用新型
497	201520701105.X	一种高炉风口堵塞器	2015-9-10	实用新型
498	201520605599.1	炼钢厂钢包信息共享装置	2015-8-12	实用新型
499	201520607675.2	一种电解腐蚀机夹具	2015-8-12	实用新型
500	201520605562.9	一种电机设备拆卸装置	2015-8-12	实用新型
501	201520712853.8	一种螺纹管断头取出装置	2015-9-15	实用新型
502	201520092705.0	一种远红外线恒温焊接的加热焊接装置	2015-2-9	实用新型
503	201520712679.7	一种滚筒	2015-9-15	实用新型
504	201520712852.3	一种热轧轧机工作辊密封结构	2015-9-15	实用新型
505	201520712498.4	一种氧气送管网装置	2015-9-15	实用新型
506	201520712497.X	一种排料式出钢口	2015-9-15	实用新型
507	201520712496.5	一种新型钝化设备	2015-9-15	实用新型
508	201520712464.5	一种捞辊吊具	2015-9-15	实用新型
509	201520514772.7	托盘运输辊道辊子轮缘润滑装置	2015-7-16	实用新型
510	201520514600.X	一种短应力线轧机轴向定位装置	2015-7-16	实用新型
511	201520514886.1	一种热轧长材用导卫梁装置	2015-7-16	实用新型
512	201520522938.X	一种轧钢线材集卷站全自动挂钩装置	2015-7-20	实用新型

序号	专利申请号	专利名称	申请日	专利类型
513	201520524551.8	一种防粘料生球破碎装置	2015-7-20	实用新型
514	201520524767.4	一种生石灰制浆装置	2015-7-20	实用新型
515	201520601698.2	一种传动下置的立式卷芯架运输模块	2015-8-12	实用新型
516	201520601731.1	一种埋地煤气排水器	2015-8-12	实用新型
517	201520670182.3	一种钢卷堆垛机用重载双向伸缩装置	2015-9-1	实用新型
518	201520670609.X	球团煤粉制备装置	2015-9-1	实用新型
519	201520670251.0	一种球团干燥仓	2015-9-1	实用新型
520	201520762623.2	一种棒材在线阻锈喷淋装置	2015-9-29	实用新型
521	201520763211.0	一种转炉炼钢用铁合金在线烘烤和加料设备	2015-9-29	实用新型
522	201520763291.X	一种圆盘造球机活动式卸料装置	2015-9-29	实用新型
523	201520763251.5	一种圆盘造球机卸料溜槽装置	2015-9-29	实用新型
524	201520763259.1	一种用于过滤铁水预处理用粉剂的过滤器	2015-9-29	实用新型
525	201520764397.1	一种煤气柜底部油槽液位观测装置	2015-9-29	实用新型
526	201520765264.6	一种无键联接结构的液压帐套	2015-9-29	实用新型
527	201520764800.0	一种用于精炼渣处理的分隔板	2015-9-29	实用新型
528	201520764837.3	一种烧结球团烟气吸附和下料装置	2015-9-29	实用新型
529	201520765308.5	热轧板带生产车间冷却线除雾装置	2015-9-29	实用新型
530	201520771978.8	一种用于气力输送物流观察的装置	2015-9-30	实用新型
531	201520772589.7	高效低排放高温低氧热风炉	2015-9-30	实用新型
532	201520773235.4	一种多用途的热风炉高温预热系统	2015-9-30	实用新型
533	201520773252.8	一种具有自动分料调节功能的三通分料器	2015-9-30	实用新型
534	201520804979.8	一种减小摩擦的胀形凸模	2015-10-16	实用新型
535	201520805092.0	一种制备电偶腐蚀试样的局部溶解装置	2015-10-16	实用新型
536	201520834623.9	一种电化学金属电极试样制备夹具	2015-10-26	实用新型
537	201520804026.1	一种高速拉伸试验用夹具	2015-10-16	实用新型
538	201520803421.8	一种金属打标机用打标头装置	2015-10-16	实用新型
539	201520830491.2	一种倒角连铸坯的多维倒角足辊装置	2015-10-23	实用新型
540	201520828247.2	一种轧钢含油铁鳞及废油的高炉喷吹回收处理系统	2015-10-23	实用新型
541	201520895103.9	一种用于高炉开炉的风冷式铁口氧枪系统	2015-11-11	实用新型
542	201520900764.6	一种过滤除菌系统	2015-11-12	实用新型
543	201520884100.5	一种再生路面结构	2015-11-6	实用新型
544	201520829960.9	钢筋混凝土结构中上层钢筋网片提拉式定位工具	2015-10-23	实用新型
545	201520827887.1	一种楼梯滑动支座	2015-10-23	实用新型
546	201520835434.3	一种皮带机卸料小车行走机构	2015-10-26	实用新型
547	201520834541.4	一种溢流原矿自动取样装置	2015-10-26	实用新型
548	201520834446.4	一种应用于烧结机台车轮轴承的拆装装置	2015-10-26	实用新型
549	201520953760.4	全纤维炉衬的轧钢加热炉	2015-11-25	实用新型

序号	专利申请号	专利名称	申请日	专利类型
550	201520954040.X	顶燃式热风炉圆弧拟合悬链线的独立拱顶结构	2015-11-25	实用新型
551	201520954933.3	一种带加热装置的带钢剪切机	2015-11-25	实用新型
552	201520954484.3	一种采用铁水包回转台的KR铁水脱硫系统	2015-11-25	实用新型
553	201520814719.9	一种具备在线回收功能的线材控制冷却装置	2015-10-20	实用新型
554	201520817473.0	一种改善地震中水塔重心分布的装置	2015-10-20	实用新型
555	201520817252.3	一种高速旋转式推钢机装置	2015-10-20	实用新型
556	201520820551.2	一种棒材抬升装置	2015-10-20	实用新型
557	201520817640.1	一种用于料仓的旋转溜槽进料装置	2015-10-20	实用新型
558	201520883628.0	一种自适应式侧向导向机构	2015-11-7	实用新型
559	201520883711.8	一种管排模块化可快速更换整体式热管换热器	2015-11-7	实用新型
560	201520884551.9	一种采用超级电容供电的铁水罐车	2015-11-8	实用新型
561	201520883833.7	一种采用超级电容供电的环形运卷车	2015-11-8	实用新型
562	201520884540.0	一种顶燃热风炉的矩形布置结构	2015-11-8	实用新型
563	201520883643.5	一种整体式中间包清渣装置	2015-11-8	实用新型
564	201520897113.6	一种运卷小车	2015-11-8	实用新型
565	201520892213.X	一种液位计	2015-11-10	实用新型
566	201520895359.X	一种板坯连铸机的拉矫机事故驱动控制系统	2015-11-11	实用新型
567	201520896618.0	一种可调式切月牙装置以及轧制设备	2015-11-11	实用新型
568	201520897176.1	一种风机顶轴液压控制系统	2015-11-11	实用新型
569	201520897172.3	一种米巴赫激光焊机安全检测装置	2015-11-11	实用新型
570	201520897191.6	一种速度解析器支撑保护装置	2015-11-11	实用新型
571	201520896616.1	冷却塔百叶装置	2015-11-11	实用新型
572	201520895779.8	一种高温水冷热风阀	2015-11-11	实用新型
573	201520897140.3	一种测量钢包净空装置	2015-11-11	实用新型
574	201520900797.0	一种板坯连铸机扇形段驱动辊热坯压力液压控制系统	2015-11-11	实用新型
575	201520832631.X	一种重载提升机液压控制回路	2015-10-23	实用新型
576	201520829607.0	一种卷筒胀缩液压控制回路	2015-10-23	实用新型
577	201520829649.4	一种转炉煤气柜并联运行系统	2015-10-23	实用新型
578	201520828621.9	一种便携组装的阀门启闭工具	2015-10-23	实用新型
579	201520922253.4	一种酸洗时滞值测量设备	2015-11-18	实用新型
580	201520962558.8	一种振动状态集中监控及故障诊断装置	2015-11-26	实用新型
581	201520962557.3	一种带钢浪高监测装置	2015-11-26	实用新型
582	201520965532.9	一种轧机硬空过时的应急装置	2015-11-26	实用新型
583	201520964785.4	一种圆盘剪剪刃清扫及修磨装置	2015-11-26	实用新型
584	201520965771.4	一种喷号机喷嘴阀座清洗装置	2015-11-27	实用新型
585	201520965424.1	一种超长高精度球笼万向传动轴	2015-11-26	实用新型
586	201520964690.2	一种具有双工作辊的光整机	2015-11-26	实用新型

序号	专利申请号	专利名称	申请日	专利类型
587	201520964782.0	一种带钢表面缺陷检测系统	2015-11-26	实用新型
588	201520964783.5	一种全区域煤气泄漏报警和处置系统	2015-11-26	实用新型
589	201520981795.9	一种焦炉机车仿真装置	2015-12-1	实用新型
590	201520967546.4	一种液压控制水下取样器	2015-11-27	实用新型
591	201520981184.4	一种钢管柱节点板装配装置	2015-11-27	实用新型
592	201521008201.2	一种自动纠偏装置	2015-11-27	实用新型
593	201520982331.X	一种炼钢蓄热器滑移装置	2015-12-1	实用新型
594	201520983531.7	一种地下阻水用的钢板沉箱	2015-12-1	实用新型
595	201521003617.5	一种转炉出钢口挡渣塞安装装置	2015-12-7	实用新型
596	201521004630.2	一种高炉扒料装置	2015-12-7	实用新型
597	201521004557.9	一种料罐	2015-12-7	实用新型
598	201521013438.X	一种夹具	2015-12-8	实用新型
599	201521010450.5	一种成型面加工装置	2015-12-8	实用新型
600	201521036812.8	一种19孔25毫米格孔直径格子砖	2015-12-14	实用新型
601	201520519448.4	一种可回收式土钉	2015-7-14	实用新型
602	201521040395.4	一种蒸汽冷凝水及其余热回收利用系统	2015-12-15	实用新型
603	201521039685.7	一种工业煤气发酵生产燃料乙醇的尾气处理装置	2015-12-15	实用新型
604	201521048940.4	一种编码器支架	2015-12-15	实用新型
605	201520120234.X	一种角度长度可调式杆件	2015-2-28	实用新型
606	201520120388.9	一种可调式水平连接装置	2015-2-28	实用新型
607	201520124205.0	一种专用钢丝绳连接装置	2015-3-3	实用新型
608	201520120731.X	一种钢结构件棱角专用保护装置	2015-2-28	实用新型
609	201520043280.4	一种风干装置	2015-1-22	实用新型
610	201520043277.2	气路控制装置	2015-1-22	实用新型
611	201521074580.5	一种皮带秤链码防跑偏装置	2015-12-21	实用新型
612	201521088589.1	一种离线塞棒机构控制装置	2015-12-23	实用新型
613	201520451024.9	一种液压管路上传感器防护装置	2015-6-26	实用新型
614	201521074767.5	一种现浇大体积混凝土结构电子测温计保护装置	2015-12-21	实用新型
615	201521105801.0	一种套筒窑用聚合射流喷枪	2015-12-26	实用新型
616	201521106195.4	一种富氧喷吹用聚合射流喷枪	2015-12-26	实用新型
617	201521089892.3	螺旋输料器及缓冲泥料压注机	2015-12-24	实用新型
618	201521089951.7	一种输渣管及连铸用液态保护渣的输送装置	2015-12-24	实用新型
619	201521100912.2	一种可重复使用的料池	2015-12-24	实用新型
620	201521137784.9	一种配合温度测量仪测定热处理钢板淬火温度的装置	2015-12-30	实用新型
621	201521130279.1	一种星轮滚筒测量装置	2015-12-30	实用新型
622	201530397589.9	护栏	2015-10-15	外观设计

2015年首钢专利授权项目

序号	专利申请号	专利名称	申请日	专利类型
1	201210141359.1	一种对冷硬卷表面进行缺陷检查的方法	2012-5-9	发明
2	201210161741.9	一种无取向电工钢加工方法	2012-5-23	发明
3	201210161864.2	电工钢横向厚差检测分析系统及方法	2012-5-23	发明
4	201210179962.9	一种分布式网络环境中的服务请求代理系统	2012-6-1	发明
5	201210205569.2	一种确定板带冷连轧生产中激光深熔焊焊接参数的方法	2012-6-18	发明
6	201210211568.9	一种在连续退火生产线上清洗段碱液的使用方法	2012-6-20	发明
7	201210232730.5	合金化镀锌板脆性断口制备设备及实验方法	2012-7-5	发明
8	201210231845.2	压下丝母更换系统	2012-7-5	发明
9	201210231743.0	一种中碳合金钢的制备方法	2012-7-5	发明
10	201210231742.6	板坯蓄热式加热炉燃烧系统优化方法	2012-7-5	发明
11	201210238542.3	板材高温成形极限图的测试系统及方法	2012-7-10	发明
12	201210240135.6	一种带钢跑偏的控制系统	2012-7-10	发明
13	201210270620.8	一种冷轧带钢表面粗晶缺陷控制方法	2012-7-31	发明
14	201210271608.9	正火态抗酸管线用钢X52NS热轧板卷及其制造方法	2012-7-31	发明
15	201210295754.5	一种热轧带钢穿带时产生翘头的消除方法	2012-8-20	发明
16	201210295751.1	一种座箱式楔形耐高温电子秤及包括该电子秤的测量系统	2012-8-20	发明
17	201210307176.2	高炉渣余热发电装置及发电方法	2012-8-24	发明
18	201210316734.1	选择卷取芯轴速度环增益的控制方法	2012-8-30	发明
19	201210319733.2	一种消除含硼钢连铸坯角部横裂纹缺陷的方法	2012-8-31	发明
20	201210336652.3	一种提高带钢通卷力学性能均匀性的生产方法	2012-9-12	发明
21	201210338622.6	低磷钢的冶炼方法	2012-9-13	发明
22	201210393638.7	长寿命组合式板坯连铸倒角结晶器窄面铜板	2012-10-16	发明
23	201210393629.8	一种用激光扫描共聚焦显微镜测量表面粗糙度的方法	2012-10-16	发明
24	201210395478.X	一种中厚板双机架轧制负荷分配方法	2012-10-17	发明
25	201210397375.7	循环利用烧结高温烟气进行热风烧结的装置及其方法	2012-10-18	发明
26	201210402336.1	一种消除带钢表面亮带的方法	2012-10-19	发明
27	201210402783.7	热轧轧件镰刀弯板型的量化分析方法	2012-10-22	发明
28	201210407383.5	一种特厚钢板兼顾板形及探伤性能的双机架轧制方法	2012-10-23	发明
29	201210408309.5	排土机整体升段方法	2012-10-23	发明
30	201210412966.7	边部板形的控制方法	2012-10-25	发明
31	201210442739.9	转炉冶炼过程中防止干法除尘系统泄爆的控制方法	2012-11-8	发明

序号	专利申请号	专利名称	申请日	专利类型
32	201210458773.5	一种厚规格 X120 管线钢热轧卷板的低温卷取方法	2012-11-14	发明
33	201210458675.1	一种常压下冶炼高氮钢的方法	2012-11-15	发明
34	201210476766.8	一种薄规格热连轧家具用钢及其生产方法	2012-11-20	发明
35	201210473044.7	防止 KR 脱硫发生铁水喷溅的方法	2012-11-20	发明
36	201210517301.2	大展宽比高强级别管线钢的边部平面形状控制方法	2012-12-6	发明
37	201210520912.2	一种高盐废水、垃圾焚烧飞灰的处置方法	2012-12-6	发明
38	201210520926.4	以废玻璃为原料的保温板材及其生产方法	2012-12-6	发明
39	201210537602.1	大掺量钢渣泡沫混凝土砌块及其制备方法	2012-12-12	发明
40	201210544378.9	一种脱磷造渣剂及其生产方法	2012-12-14	发明
41	201210549759.6	压力定宽机夹送辊更换系统	2012-12-17	发明
42	201210553424.1	一种热处理炉内残氧量异常的检测方法	2012-12-18	发明
43	201210567654.3	提高 Ti 微合金化高强机械用钢通卷性能均匀性的方法	2012-12-24	发明
44	201210567499.5	获取高炉炉顶节流阀处料流特性的方法	2012-12-24	发明
45	201210567194.4	一种烧结中使用钢渣的方法	2012-12-24	发明
46	201210574442.8	超宽幅 SEDDQ 级深冲汽车板及其生产方法	2012-12-26	发明
47	201310009492.6	一种控制热卷箱中间坯跑偏的方法	2013-1-10	发明
48	201310008287.8	一种延长轧辊轴承使用寿命的方法	2013-1-10	发明
49	201310011859.8	一种可上下开卷的双功能冷轧钢卷离线检查站	2013-1-13	发明
50	201310018048.0	一种利用高平台压制屋面彩钢板的施工方法	2013-1-17	发明
51	201310029583.6	一种控制帘线钢游离铁素体含量的方法	2013-1-24	发明
52	201310027322.0	一种采用转炉非真空流程生产低氮绞线用钢的方法	2013-1-24	发明
53	201310032126.2	一种分析瓦斯灰中不同含铁原料损失量的方法	2013-1-28	发明
54	201310049278.3	一种钢铁焊接区析出相的透射电镜萃取复型制样方法	2013-2-7	发明
55	201310059560.X	一种控制低碳冷镦钢屈强比的热轧方法	2013-2-26	发明
56	201310115364.X	高炉煤气脱盐的方法及设备	2013-4-3	发明
57	201310127525.7	组合式飞剪	2013-4-12	发明
58	201310127564.7	一种炉顶设备布料规律研究系统	2013-4-12	发明
59	201310127942.1	一种铁水运输在线铁水罐加盖保温方法	2013-4-12	发明
60	201310128127.7	一种用于高炉喷煤简易原煤干燥工艺	2013-4-13	发明
61	201310130457.X	钢的固-液相线温度的测量方法	2013-4-16	发明
62	201310136069.2	一种洗衣机侧围板用热镀锌板及其生产方法	2013-4-18	发明
63	201310136238.2	一种热轧相变诱导塑性钢卷的生产方法	2013-4-18	发明
64	201310136131.8	超高强热连轧带钢及其生产方法	2013-4-18	发明
65	201310136410.4	一种低碳、超低硫钢的冶炼方法	2013-4-18	发明
66	201310136684.3	一种热轧卷取机夹送辊的标定方法	2013-4-19	发明
67	201310149304.X	一种提高低碳钢盘条表面质量的粗轧方法	2013-4-26	发明

序号	专利申请号	专利名称	申请日	专利类型
68	201310152621.7	一种烧结料含碳量的控制方法	2013-4-27	发明
69	201310157532.1	连续退火生产宽薄IF钢的方法	2013-4-28	发明
70	201310156711.3	一种消除热轧带钢纵向条纹缺陷的方法	2013-4-28	发明
71	201310157003.1	连铸中间包及浇铸控制方法	2013-4-28	发明
72	201310154369.3	一种热轧复相钢及其生产方法	2013-4-28	发明
73	201310190291.0	一种低温容器用08Ni3DR钢厚板的制造方法	2013-5-21	发明
74	201310190359.5	一种自适应凸度变化热轧板形控制模型	2013-5-21	发明
75	201310200324.5	一种用于轧辊轴承座的卡环	2013-5-27	发明
76	201310200408.9	一种连续热镀锌起车控制方法	2013-5-27	发明
77	201310202479.2	一种开卷机建张控制系统及其方法	2013-5-28	发明
78	201310221442.4	一种兼顾烧结产出率的铁矿粉烧结性能评价方法	2013-6-5	发明
79	201310221544.6	提高440兆帕级碳素结构钢加工硬化值的生产方法	2013-6-5	发明
80	201310224691.9	解决含P高强IF钢热轧过程中产生麻点缺陷的方法	2013-6-6	发明
81	201310223989.8	一种镀锌板钝化膜膜重的测量方法	2013-6-6	发明
82	201310229024.X	采用罩式退火吹扫生产冷轧薄板的方法	2013-6-8	发明
83	201310235149.3	原油油船货油舱上甲板用耐腐蚀钢板的制造方法及钢板	2013-6-14	发明
84	201310236561.7	原油油船货油舱内底板用耐蚀钢板的制造方法及钢板	2013-6-14	发明
85	201310237879.7	一种调铝工艺	2013-6-17	发明
86	201310238907.7	一种冷轧带钢边部折皱缺陷与边部厚度的协同控制方法	2013-6-17	发明
87	201310241399.8	提高1000兆帕级高强钢屈强比和扩孔性的生产方法	2013-6-18	发明
88	201310241339.6	连续退火炉碳套炉辊结瘤的处理方法	2013-6-18	发明
89	201310256546.9	高耸建筑物外凸构筑物步进式滑升安装施工方法	2013-6-26	发明
90	201310256645.7	高炉五通球优先定位安装方法	2013-6-26	发明
91	201310265493.7	一种用于冷轧板带轧制技术中辊子表面的刮辊装置	2013-6-28	发明
92	201310263995.6	一种退火炉泄露点封堵方法	2013-6-28	发明
93	201310269680.2	800兆帕级水电站压力管道用高强钢板及生产方法	2013-6-29	发明
94	201310273510.1	一种能耗分摊的计算方法	2013-7-1	发明
95	201310276037.2	一种六辊平整机组轧制力优化设定方法	2013-7-2	发明
96	201310275253.5	一种低成本X80管线钢宽厚板及其生产方法	2013-7-2	发明
97	201310276576.6	一种带钢连续生产中焊缝在线检测的方法和模具	2013-7-3	发明
98	201310277382.8	一种分段控制平整液喷射压力的系统及其方法	2013-7-3	发明
99	201310288002.0	一种钢卷上料小车高度对中方法	2013-7-9	发明
100	201310300680.4	少渣冶炼条件下稳定转炉炉底残厚的溅渣方法	2013-7-17	发明
101	201310300191.9	一种柱式称重传感器安装套件	2013-7-17	发明
102	201310308603.3	用于测量生石灰粘结性的方法	2013-7-22	发明
103	201310311276.7	一种高炉粉状固体料直接脱除氧化锌的装置和方法	2013-7-23	发明

序号	专利申请号	专利名称	申请日	专利类型
104	201310311440.4	一种提高配石灰石的碱性球团矿抗压强度的方法	2013-7-23	发明
105	201310319491.1	一种脱磷炉渣和脱碳炉渣的热焖方法	2013-7-26	发明
106	201310325515.4	一种薄规格高韧性 X80 热轧钢板及其生产方法	2013-7-30	发明
107	201310329522.1	400 毫米厚连铸坯轧制塑料模具用钢板及其生产方法	2013-7-31	发明
108	201310329673.7	大单重特厚 Q460 级别高强度结构钢板及制造方法	2013-7-31	发明
109	201310329693.4	一种改善扇形段拉矫机万向联轴器的方法	2013-7-31	发明
110	201310329103.8	一种导轨滑块间隙调整方法	2013-7-31	发明
111	201310329694.9	一种钢包周转方法	2013-7-31	发明
112	201310331869.X	一种消除镀锌板表面黑色横纹缺陷的方法	2013-8-1	发明
113	201310334415.8	一种车轮钢的生产方法	2013-8-2	发明
114	201310335571.6	钢卷取样固定装置	2013-8-2	发明
115	201310345104.1	一种转炉出钢口部位炉衬修补方法	2013-8-8	发明
116	201310349407.0	棒材控冷系统的温度自动控制方法	2013-8-12	发明
117	201310353907.1	铁浴法高温煤气余热余能利用和干法除尘工艺	2013-8-14	发明
118	201310354289.2	一种直接熔炼炉煤气能量回收和干法除尘工艺	2013-8-14	发明
119	201310354406.5	一种防止板坯在定宽机入口打滑的方法	2013-8-14	发明
120	201310355813.8	一种高炉软水密闭循环冷却系统	2013-8-15	发明
121	201310357086.9	一种取向硅钢电磁感应炉板坯装、出炉装置及控制方法	2013-8-15	发明
122	201310356559.3	一种适用低热值高炉煤气加热特种钢的方法	2013-8-15	发明
123	201310356961.1	一种适用不同热值煤气双蓄热燃烧系统设计及改造方法	2013-8-15	发明
124	201310356395.4	一种 LED 支架用钢的生产方法	2013-8-16	发明
125	201310357651.1	一种热风炉热风管道补偿器砌筑结构	2013-8-16	发明
126	201310364276.3	一种显示和检测热镀锌板抑制层的方法	2013-8-20	发明
127	201310363497.9	一种高碳钢盘条在线时效高线生产方法	2013-8-20	发明
128	201310363294.X	一种控制模拟高线斯太尔摩风冷线冷速的装置	2013-8-20	发明
129	201310363373.0	保障海底管线钢钢管接头综合性能的多丝埋弧焊焊接工艺	2013-8-20	发明
130	201310373836.1	具有低温韧性药芯焊丝用冷轧带钢的生产方法	2013-8-23	发明
131	201310373824.9	340 兆帕级 HSLA 汽车结构用钢的生产方法	2013-8-23	发明
132	201310373534.4	用于测定钢带热辐射系数的方法	2013-8-23	发明
133	201310373869.6	空气变压吸附富氧提高热风炉风温的装置及其方法	2013-8-23	发明
134	201310393840.4	一种钢包包沿结构	2013-8-30	发明
135	201310395078.3	一种热轧板板型的控制方法及系统	2013-9-3	发明
136	201310410052.1	一种研究制管变形对管线钢氢致开裂性能影响的方法	2013-9-10	发明
137	201310410133.1	一种高硫钢水冶炼低硫中厚板钢防止 RH 回硫工艺	2013-9-10	发明
138	201310412998.1	Ti 析出强化型超高强热轧薄板及其生产方法	2013-9-11	发明
139	201310418672.X	一种热轧带钢穿带前带头处理方法	2013-9-13	发明

序号	专利申请号	专利名称	申请日	专利类型
140	201310420394.1	采用运动侦测技术的烟气黑度监控系统	2013-9-16	发明
141	201310432010.8	一种带钢头端卷取方法	2013-9-22	发明
142	201310433240.6	一种自短路绝缘轴承	2013-9-22	发明
143	201310435858.6	一种防止连铸板坯粘连的方法	2013-9-23	发明
144	201310452299.X	一种阻尼推力轴承的推力瓦检查方法	2013-9-27	发明
145	201310461312.8	一种冷轧薄板横截面透射电镜样品制备方法	2013-9-30	发明
146	201310463769.2	一种Nb处理热镀锌超低碳烘烤硬化钢板及其制造方法	2013-10-8	发明
147	201310476382.0	一种提高烧结机导料槽寿命的方法	2013-10-12	发明
148	201310484859.X	一种转炉废钢原料的称量方法及其系统	2013-10-16	发明
149	201310499992.2	一种转炉炉前铁包喷雾抑尘装置	2013-10-23	发明
150	201310544674.3	一种烧结优化配料方法	2013-11-5	发明
151	201310541580.0	改善森吉米尔轧机轧制带钢表面乳化液残留的方法	2013-11-5	发明
152	201310542581.7	一种UCMW六辊冷连轧机的刚度计算方法及其处理系统	2013-11-5	发明
153	201310547594.3	一种无取向硅钢热轧卷楔形控制方法	2013-11-6	发明
154	201310547449.5	一种纯净钢控钛方法	2013-11-6	发明
155	201310546135.3	一种低硅无取向硅钢厚度轮廓边部反翘的控制方法	2013-11-6	发明
156	201310547073.8	一种提高轴承钢盘条塑性的控制方法	2013-11-7	发明
157	201310553224.0	低碳铝镇静钢热镀锌板及其生产方法	2013-11-7	发明
158	201310552077.5	一种解决含P高强IF热轧带钢拉矫断带的生产方法	2013-11-7	发明
159	201310552094.9	一种N80级石油套管用热连轧钢带及其生产方法	2013-11-7	发明
160	201310553587.4	一种采用LF+RH精炼工艺生产车轮钢的方法	2013-11-8	发明
161	201310553956.X	一种酸轧生产高强度捆带用钢的方法	2013-11-8	发明
162	201310554211.5	一种判断清洗段刷辊更换时间的系统和方法	2013-11-8	发明
163	201310560514.8	矿棉净化器	2013-11-12	发明
164	201310579274.6	热镀锌镀层合金化退火的方法	2013-11-18	发明
165	201310618872.X	一种综合控制厚板坯中碳含铌钢窄面侧裂的方法	2013-11-28	发明
166	201310660032.X	一种转炉冶炼高钛铁水的方法	2013-12-10	发明
167	201310680667.6	一种铁水脱钛的方法	2013-12-13	发明
168	201310693125.2	一种无间隙原子钢连退薄板的平整工艺优化方法	2013-12-18	发明
169	201310714976.0	一种鱼雷罐内衬修补喷补料	2013-12-20	发明
170	201310711332.6	一种检验重接钢坯断裂缺陷的方法	2013-12-20	发明
171	201310731038.1	一种TMCP高强船板板形控制的方法	2013-12-26	发明
172	201310731516.9	低成分低Pcm值800兆帕级高强钢及其生产方法	2013-12-26	发明
173	201310730844.7	采用喷射和层流冷却联动生产高强韧性管线钢的方法	2013-12-26	发明
174	201310741694.X	改善粗轧中间坯镰刀弯的自动控制方法	2013-12-27	发明
175	201310737895.2	一种取样器的使用方法	2013-12-27	发明

序号	专利申请号	专利名称	申请日	专利类型
176	201310743281.5	一种解决高碳钢心部马氏体的生产方法	2013-12-28	发明
177	201310741874.8	焊接接头 CTOD 大于零点 5 毫米海洋工程钢及制备方法	2013-12-29	发明
178	201310741914.9	一种轧制过程中摩擦系数模型优化系统及方法	2013-12-29	发明
179	201310742918.9	一种基于板凸度控制的中厚板形控制方法	2013-12-30	发明
180	201310749605.6	利用 ACC 半自动水冷提高钢板表面质量的生产方法	2013-12-30	发明
181	201310746105.7	高炉入炉品位与高炉燃料消耗之间定量关系的测定方法	2013-12-30	发明
182	201310746767.4	一种汽车外板的生产方法	2013-12-30	发明
183	201310753276.2	冷连轧机板形目标曲线的优化方法	2013-12-31	发明
184	201310753317.8	钢渣矿渣双掺制备泡沫混凝土砌块及其制备方法	2013-12-31	发明
185	201310753339.4	液态钢渣固化分散处理系统及方法	2013-12-31	发明
186	201410027224.1	一种降低低碳冷镦钢屈强比的控制方法	2014-1-21	发明
187	201410044509.6	一种在炼铁系统中使用铁矿粉的方法	2014-1-30	发明
188	201410047956.7	一种单机架可逆轧机轧制马口铁的调控方法	2014-2-11	发明
189	201410065596.3	一种带导流板的取向硅钢高温热处理炉用钢卷支撑装置	2014-2-25	发明
190	201410065009.0	一种实现铸机轧机柔性匹配直接热装的棒线材加热炉	2014-2-25	发明
191	201410065357.8	一种用于高温环境下的金属颗粒料螺旋输送装置	2014-2-25	发明
192	201410066735.4	高温取向硅钢电磁感应加热炉炉口密封装置及方法	2014-2-26	发明
193	201410067369.4	一种采用链斗机热装直接还原铁的方法	2014-2-26	发明
194	201410067104.4	一种强化脱氮处理的 AO/SBR 系统及工艺	2014-2-26	发明
195	201410070277.1	一种连续式退火炉固定式高温计的在线标定方法	2014-2-28	发明
196	201410073993.5	一种改善高碳钢线材心部组织的粗轧方法	2014-3-1	发明
197	201410073981.2	一种提高特厚板坯表面质量的二冷工艺	2014-3-1	发明
198	201410073983.1	一种提高海底管线钢低温止裂韧性的生产方法	2014-3-2	发明
199	201410073991.6	一种超低碳 IF 薄板金相组织的显示方法	2014-3-2	发明
200	201410073985.0	一种智能化适应不同长度管的内高压成型方法	2014-3-2	发明
201	201410079184.5	一种转炉炉口微压差调节方法及装置	2014-3-5	发明
202	201410121333.X	一种降低特厚板坯头坯判废率的二冷水启动方法	2014-3-28	发明
203	201410136827.5	超低碳搪瓷钢水增氮方法	2014-4-4	发明
204	201410136513.5	一种链篦机机速控制系统	2014-4-4	发明
205	201410154025.7	定位异型坯轧制过程及轧制结束表面金属流变的方法	2014-4-17	发明
206	201410225359.9	一种真空室下出形式的 RH 工艺布置方法	2014-5-24	发明
207	201410223238.0	一种带废风缓冲罐的热风炉废风回收装置	2014-5-25	发明
208	201410267811.8	用于钢水脱硫的合金及其在 RH 精炼过程的使用方法	2014-6-16	发明
209	201410275797.6	副枪旋转机构稳定性的控制方法	2014-6-19	发明
210	201410327823.5	一种工业水除氟剂的制备方法	2014-7-10	发明
211	201410337286.2	一种烧结矿综合强度的检测方法	2014-7-15	发明

续表

序号	专利申请号	专利名称	申请日	专利类型
212	201410338945.4	一种转炉底吹枪的布置方法及顶底复吹转炉	2014-7-16	发明
213	201410341667.8	实现油路自动切换的汽轮机组动力系统启动方法及装置	2014-7-17	发明
214	201420306323.9	一种1700酸轧产线的第五机架	2014-6-10	实用新型
215	201420391246.1	一种干熄焦余热锅炉装置	2014-7-15	实用新型
216	201420391711.1	一种热轧平整机辊形配置结构	2014-7-15	实用新型
217	201420415083.6	一种海水脱硫系统	2014-7-25	实用新型
218	201420415872.X	一种具有张力前馈控制的退火炉	2014-7-25	实用新型
219	201420415839.7	一种喷梁	2014-7-25	实用新型
220	201420415795.8	一种炼钢吹炼氧气爬坡流量控制装置	2014-7-25	实用新型
221	201420427415.2	新型烧结矿筛分和布料系统	2014-7-30	实用新型
222	201420441165.8	一种钢包底吹砖吹扫装置	2014-8-6	实用新型
223	201420440605.8	一种清扫装置	2014-8-6	实用新型
224	201420453775.X	一种下料溜槽	2014-8-12	实用新型
225	201420453738.9	一种翻板机的液压控制回路	2014-8-12	实用新型
226	201420456627.3	一种带钢跟踪装置	2014-8-12	实用新型
227	201420457433.5	一种皮带给料机	2014-8-13	实用新型
228	201420461062.8	一种平整翻钢机	2014-8-14	实用新型
229	201420463315.5	用于带套筒钢卷的套筒拉拔回收装置	2014-8-15	实用新型
230	201420477579.6	卷扬式铁水包加盖系统	2014-8-22	实用新型
231	201420479255.6	一种单面镀镍试片夹具	2014-8-23	实用新型
232	201420491427.1	一种毛细水含量测量装置	2014-8-28	实用新型
233	201420492479.0	一种实验焦炉用的装煤装置	2014-8-28	实用新型
234	201420490465.5	一种全无铬钝化彩色镀锌钢板	2014-8-28	实用新型
235	201420491100.4	一种耐指纹彩色镀锌钢板	2014-8-28	实用新型
236	201420503031.0	一种夹紧装置和机器人系统	2014-9-2	实用新型
237	201420508548.2	一种拉轿机工作辊安装结构	2014-9-4	实用新型
238	201420508186.7	一种翻板倾倒装置	2014-9-4	实用新型
239	201420519240.8	一种金属试样电化学充氢装置	2014-9-10	实用新型
240	201420525166.0	一种改善带钢拖地的装置	2014-9-11	实用新型
241	201420521074.5	一种冷轧镀锌退火炉	2014-9-11	实用新型
242	201420529677.X	一种多维倒角面结晶器窄面铜板	2014-9-15	实用新型
243	201420539474.9	一种锥形轴联轴器螺母防松装置及扳手	2014-9-16	实用新型
244	201420549450.1	一种温压补偿一体式差压流量计	2014-9-23	实用新型
245	201420549448.4	一种管端密封机构及风压取样装置	2014-9-23	实用新型
246	201420551978.2	一种六辊单机架平整机	2014-9-24	实用新型
247	201420552545.9	一种卸灰装置	2014-9-24	实用新型

序号	专利申请号	专利名称	申请日	专利类型
248	201420550153.9	一种溜槽装置	2014-9-24	实用新型
249	201420555782.0	一种边部吹扫系统	2014-9-25	实用新型
250	201420555748.3	一种焦炉煤气精制系统	2014-9-25	实用新型
251	201420559427.0	一种耐磨三通分料器	2014-9-25	实用新型
252	201420559792.1	一种氮气加湿系统	2014-9-25	实用新型
253	201420576091.9	半干法密相塔脱硫剂立式搅拌装置	2014-9-30	实用新型
254	201420575047.6	磁性铁自动选别装置及其电路控制系统	2014-9-30	实用新型
255	201420575012.2	一种360°旋转可调的高温炉内成像装置	2014-9-30	实用新型
256	201420582004.0	空分内压缩氧气管网调节装置	2014-10-8	实用新型
257	201420581448.2	接触器寿命监控装置	2014-10-9	实用新型
258	201420593234.7	一种炼钢钢包用引流砂安息角测定仪	2014-10-14	实用新型
259	201420593655.X	一种烧结环冷工艺下的热矿预筛分设备	2014-10-14	实用新型
260	201420593859.3	一种中间包稳流器	2014-10-14	实用新型
261	201420596493.5	一种中包全保护浇注的装置	2014-10-15	实用新型
262	201420600653.9	一种机器人抓手	2014-10-17	实用新型
263	201420601283.0	具有工件间接检测功能的夹具	2014-10-17	实用新型
264	201420681364.6	一种管式电炉	2014-11-10	实用新型
265	201420681519.6	一种板材应力模拟测试装置	2014-11-10	实用新型
266	201420679457.5	一种中间包盖浇注孔保护浇注的装置	2014-11-11	实用新型
267	201420681552.9	一种大包下水口和长水口之间的浇注保护装置	2014-11-11	实用新型
268	201420678675.7	浮动式剪板机安全防护装置	2014-11-13	实用新型
269	201420685689.1	一种对射型光电开关轴线对正指示装置	2014-11-14	实用新型
270	201420683340.4	一种辊道定位装置	2014-11-14	实用新型
271	201420685691.9	一种滚筒	2014-11-14	实用新型
272	201420698344.X	一种应用于超大型高炉人工喷涂的综合保障平台装置	2014-11-19	实用新型
273	201420708221.X	一种炼钢连铸中间包覆盖剂的加入装置	2014-11-21	实用新型
274	201420713008.8	一种发动机油堵拆卸工具	2014-11-24	实用新型
275	201420713791.8	一种分体式 CAS-OB 氧枪	2014-11-24	实用新型
276	201420713471.2	一种全气动脱硫喷枪事故提升装置	2014-11-24	实用新型
277	201420715989.X	一种环冷机台车栏板与上罩之间的组合密封装置	2014-11-25	实用新型
278	201420716033.1	带钢纠偏装置	2014-11-25	实用新型
279	201420716123.0	一种飞轮装置	2014-11-25	实用新型
280	201420717037.1	一种带驱动的转塔式圆盘剪	2014-11-25	实用新型
281	201420719262.9	一种圆盘剪剪刃重叠量调整装置	2014-11-25	实用新型
282	201420717362.8	一种带反冲集管的精轧除鳞箱	2014-11-25	实用新型
283	201420720429.3	一种热轧带钢高压水除鳞设备	2014-11-25	实用新型

序号	专利申请号	专利名称	申请日	专利类型
284	201420724227.6	一种转炉炉口二次烟气围封捕集设备	2014-11-26	实用新型
285	201420722170.6	一种带盖的钢水罐引流砂投放装置受料漏斗	2014-11-26	实用新型
286	201420724755.1	一种预弯机和加勒特卷取机工作时连接定位装置	2014-11-26	实用新型
287	201420724811.1	一种抗污染抗碳化油箱装置	2014-11-26	实用新型
288	201420721160.0	采用超级电容供电的钢卷运输车	2014-11-26	实用新型
289	201420721327.3	一种带式焙烧机球团烟气净化吸附塔	2014-11-26	实用新型
290	201420734733.3	一种分料器行走装置	2014-11-28	实用新型
291	201420740020.8	实现将高温铸坯按序直接装炉柔性生产装置	2014-11-28	实用新型
292	201420753138.4	一种电动润滑泵控制装置	2014-12-3	实用新型
293	201420752592.8	一种液压缸活塞安装装置	2014-12-3	实用新型
294	201420753995.4	一种 RH 炉外精炼用真空槽	2014-12-3	实用新型
295	201420752595.1	一种倒角结晶器窄面铜板	2014-12-3	实用新型
296	201420754552.7	泥炮机打泥机构更换装置	2014-12-4	实用新型
297	201420765727.4	金相磨抛机多联动式夹样装置	2014-12-5	实用新型
298	201420763582.4	一种橡胶套筒的快速卸载装置	2014-12-5	实用新型
299	201420764060.6	一种转向辊	2014-12-5	实用新型
300	201420766082.6	一种光整机工作辊换辊回抽工具	2014-12-5	实用新型
301	201420763977.4	热镀锌板表面锌花形貌控制装置	2014-12-5	实用新型
302	201420797120.4	一种耐火纤维保温帽	2014-12-15	实用新型
303	201420821789.2	一种装机装柜型逆变器更换装置	2014-12-20	实用新型
304	201420826180.4	一种扒渣机托辊更换装置	2014-12-23	实用新型
305	201420827315.9	一种炉辊轴承故障处理装置	2014-12-23	实用新型
306	201420825977.2	一种出钢口及其端砖	2014-12-23	实用新型
307	201420826339.2	一种气缸式调节阀	2014-12-23	实用新型
308	201420826382.9	具有可移动式开关柜托架装置的开关柜	2014-12-23	实用新型
309	201420831362.0	电葫芦高位保护系统	2014-12-23	实用新型
310	201420830829.X	一种曲管压力平衡式波纹补偿器	2014-12-23	实用新型
311	201420830752.6	一种填料盒装置	2014-12-23	实用新型
312	201420831419.7	一种汽轮发电机组	2014-12-23	实用新型
313	201420831363.5	中间辊更换装置	2014-12-23	实用新型
314	201420833360.5	一种防止钢卷退火中粘结的装置	2014-12-24	实用新型
315	201420833224.6	一种加工夹具	2014-12-24	实用新型
316	201420830541.2	一种拆卸或紧固装置	2014-12-24	实用新型
317	201420830518.3	一种圆盘给料机及其导流装置	2014-12-24	实用新型
318	201420844619.6	汽车用高强钢弯曲性能测试装置	2014-12-25	实用新型
319	201420845650.1	一种热轧中厚板冷后残余水吹扫装置	2014-12-25	实用新型

序号	专利申请号	专利名称	申请日	专利类型
320	201420842324.5	一种带导向的耐冲击管式单向阀	2014-12-25	实用新型
321	201420843431.X	一种蒸汽--水换热器	2014-12-25	实用新型
322	201420838431.0	一种泵轴扒装工具	2014-12-25	实用新型
323	201420845919.6	一种桩基载荷试验中受拉桩与钢梁间的连接转换装置	2014-12-27	实用新型
324	201420854207.0	一种排料装置	2014-12-29	实用新型
325	201420869751.2	一种异形截面钢材的在线涡流探伤检测装置	2014-12-31	实用新型
326	201420872911.9	一种墙面甩浆拉毛用的网丝拍	2014-12-31	实用新型
327	201420869108.X	一种悬索式水平防护装置	2014-12-31	实用新型
328	201420872101.3	一种可进行荷载分配的轧机牌坊吊装用平衡梁	2014-12-31	实用新型
329	201520028336.9	一种厨余垃圾预处理装置	2015-1-15	实用新型
330	201520029368.0	甲醇预分离脱酸装置	2015-1-15	实用新型
331	201520028289.8	用于生产泡沫玻璃的模具	2015-1-15	实用新型
332	201520028632.9	生活垃圾渗滤液浓缩液机械压缩蒸发装置	2015-1-15	实用新型
333	201520043061.6	一种对照式烧结杯试验装置	2015-1-21	实用新型
334	201520043196.2	一种炉料结构熔滴实验滴落温度检测装置	2015-1-21	实用新型
335	201520042400.9	一种厚度对中装置、宽度对中装置及对中套件	2015-1-21	实用新型
336	201520044016.2	一种高拉速板坯连铸的浸入式水口	2015-1-22	实用新型
337	201520043280.4	一种风干装置	2015-1-22	实用新型
338	201520043277.2	气路控制装置	2015-1-22	实用新型
339	201520050916.8	一种用于吊装钢锭的夹持工具	2015-1-23	实用新型
340	201520051863.1	扭矩过载保护离合器的密封定位装置	2015-1-23	实用新型
341	201520050769.4	一种用于感应炉的水冷装置	2015-1-23	实用新型
342	201520092705.0	一种远红外线恒温焊接的加热焊接装置	2015-2-9	实用新型
343	201520120816.8	一种多功能监控装置	2015-2-28	实用新型
344	201520120234.X	一种角度长度可调式杆件	2015-2-28	实用新型
345	201520120388.9	一种可调式水平连接装置	2015-2-28	实用新型
346	201520120731.X	一种钢结构件棱角专用保护装置	2015-2-28	实用新型
347	201520124205.0	一种专用钢丝绳连接装置	2015-3-3	实用新型
348	201520153179.4	一种LF钢包精炼在线电极调整装置	2015-3-17	实用新型
349	201520153151.0	一种球团矿富氧焙烧燃烧器	2015-3-17	实用新型
350	201520152760.4	烧结球团烟气吸附解析一体化塔	2015-3-17	实用新型
351	201520185855.6	一种自动批量管控远程网络设备的系统	2015-3-30	实用新型
352	201520187033.1	一种搅拌装置	2015-3-31	实用新型
353	201520197560.0	柱形物料上料装置	2015-4-2	实用新型
354	201520197679.8	错气盘	2015-4-2	实用新型
355	201520200347.0	一种矿浆自动分离装置	2015-4-3	实用新型

序号	专利申请号	专利名称	申请日	专利类型
356	201520200575.8	一种倒角足辊装置	2015-4-3	实用新型
357	201520205773.3	一种钢包炉精炼处理过程中防止氧化的除尘装置	2015-4-7	实用新型
358	201520205911.8	一种摆动电弧的钨极氩弧焊填丝焊装置	2015-4-7	实用新型
359	201520205700.4	一种用于铁水扒渣的锯齿形状的扒渣头	2015-4-7	实用新型
360	201520204744.5	一种窄幅激光拼焊装置	2015-4-7	实用新型
361	201520205772.9	一种大气中氯离子沉积率的检测装置	2015-4-7	实用新型
362	201520203596.5	一种防止台车起拱装置	2015-4-7	实用新型
363	201520203490.5	一种篦条振打器	2015-4-7	实用新型
364	201520203891.0	一种钢包滑动机构起吊装置	2015-4-7	实用新型
365	201520207780.7	一种高炉铁水无线测温装置	2015-4-7	实用新型
366	201520207776.0	一种布料溜槽	2015-4-7	实用新型
367	201520202064.X	一种立式卷芯架运输模块	2015-4-7	实用新型
368	201520202542.7	一种在轧钢交流主传动系统中应用的1140V变频器	2015-4-7	实用新型
369	201520205752.1	一种真空堆垛机连接板	2015-4-8	实用新型
370	201520205751.7	一种钢包底吹管路	2015-4-8	实用新型
371	201520207819.5	一种冷轧连续产线	2015-4-8	实用新型
372	201520207638.2	一种流体介质计量检测系统	2015-4-8	实用新型
373	201520207743.6	焦化灰筛分装置	2015-4-8	实用新型
374	201520207651.8	一种窗口式保持架滚动轴承的拆装装置	2015-4-8	实用新型
375	201520207840.5	一种轧辊轴承的回油装置	2015-4-8	实用新型
376	201520207585.4	一种300兆瓦发电机组锅炉分级燃烧系统	2015-4-8	实用新型
377	201520219558.9	一种机械手臂	2015-4-8	实用新型
378	201520212440.3	一种防尘装置	2015-4-9	实用新型
379	201520212477.6	用一套变频装置控制两台循环水泵电机运行的供电系统	2015-4-9	实用新型
380	201520212478.0	一种横切剪剪刃组装工具	2015-4-9	实用新型
381	201520212480.8	螺旋输送机螺旋轴	2015-4-9	实用新型
382	201520212504.X	一种辊面检查用支撑装置	2015-4-9	实用新型
383	201520217060.9	一种高纤维含量缓冲泥料用搅拌枪	2015-4-10	实用新型
384	201520218065.3	一种便携式检测清扫装置	2015-4-10	实用新型
385	201520216248.1	一种连铸二冷区测温保护装置	2015-4-10	实用新型
386	201520217018.7	一种交直流电检测系统	2015-4-10	实用新型
387	201520216203.4	一种减速机	2015-4-10	实用新型
388	201520246814.3	一种皮带运输机防撞装置及皮带运输机系统	2015-4-22	实用新型
389	201520246921.6	一种热轧精轧机出口衬板	2015-4-22	实用新型
390	201520246923.5	一种压缩风补充装置	2015-4-22	实用新型
391	201520246815.8	一种应用于工作辊上的刮水装置	2015-4-22	实用新型

序号	专利申请号	专利名称	申请日	专利类型
392	201520247472.7	一种便携式车载充电器	2015-4-22	实用新型
393	201520246922.0	一种锁紧装置	2015-4-22	实用新型
394	201520251490.2	一种磨床过滤系统	2015-4-23	实用新型
395	201520250953.3	一种收集槽	2015-4-23	实用新型
396	201520257966.3	连铸机浇铸区域移动式除尘设备	2015-4-27	实用新型
397	201520257957.4	一种末端电磁搅拌器多流同步在线自动调整位置装置	2015-4-27	实用新型
398	201520261960.3	一种带钢吹扫装置	2015-4-28	实用新型
399	201520262092.0	一种热轧机辊缝测量装置	2015-4-28	实用新型
400	201520265653.2	一种液压系统气囊式恒压闭式油箱	2015-4-29	实用新型
401	201520265696.0	吸排车输灰配套装置	2015-4-29	实用新型
402	201520278282.1	一种电子显微镜样品台	2015-5-4	实用新型
403	201520295479.6	一种钢卷冷却装置	2015-5-8	实用新型
404	201520295490.2	一种应用于焊机喂丝系统的管状构件	2015-5-8	实用新型
405	201520295486.6	一种圆柱取样装置	2015-5-8	实用新型
406	201520300044.6	一种矿粉杂质分离装置	2015-5-11	实用新型
407	201520299900.0	一种中间包温度监测装置	2015-5-11	实用新型
408	201520296815.9	一种用于干式煤气柜底部油沟的联通装置	2015-5-11	实用新型
409	201520295954.X	一种旋转辊道运输装置	2015-5-11	实用新型
410	201520296811.0	一种散装物料四点卸料和分料翻板阀	2015-5-11	实用新型
411	201520296784.7	一种耐高含盐水纤维球过滤器	2015-5-11	实用新型
412	201520295951.6	一种用于钢坯入炉激光定位的缓冲挡板	2015-5-11	实用新型
413	201520295966.2	一种用于输送圆形截面钢坯的悬臂辊	2015-5-11	实用新型
414	201520307301.9	一种压缩空气的生产系统	2015-5-13	实用新型
415	201520307302.3	一种拉矫机	2015-5-13	实用新型
416	201520307305.7	一种单种煤皮带取样装置	2015-5-13	实用新型
417	201520308194.1	一种管网气体调节装置	2015-5-13	实用新型
418	201520308193.7	一种鼓式接轴油盒连杆	2015-5-13	实用新型
419	201520352675.2	一种皮带机在线取样装置	2015-5-27	实用新型
420	201520351059.5	一种汽轮机旁路控制装置	2015-5-27	实用新型
421	201520352672.9	一种用于高炉设备的摆墙	2015-5-27	实用新型
422	201520428535.9	一种槽型防护装置	2015-6-19	实用新型
423	201520428546.7	一种可移动拉马装置	2015-6-19	实用新型
424	201520477071.0	一种钢包长水口	2015-7-3	实用新型
425	201520476987.4	浸入式水口结构	2015-7-3	实用新型
426	201520491085.8	一种末端电磁搅拌器定步距调整装置	2015-7-8	实用新型
427	201520490631.6	高炉喷吹天然气装置	2015-7-8	实用新型

序号	专利申请号	专利名称	申请日	专利类型
428	201520490672.5	一种热轧钢卷塔形修复推力调节式液压装置	2015-7-8	实用新型
429	201520494671.8	一种防止焊渣粘接的点焊装置	2015-7-9	实用新型
430	201520500796.7	一种线切割机床的定位装置	2015-7-10	实用新型
431	201520500861.6	一种耐火度测定装置	2015-7-10	实用新型
432	201520504271.0	实验焦炉煤气净化系统	2015-7-13	实用新型
433	201520505427.7	球棱镜配套使用的地面埋设标高基准点读取装置	2015-7-13	实用新型
434	201520514600.X	一种短应力线轧机轴向定位装置	2015-7-16	实用新型
435	201520514886.1	一种热轧长材用导卫梁装置	2015-7-16	实用新型
436	201520522938.X	一种轧钢线材集卷站全自动挂钩装置	2015-7-20	实用新型
437	201520524767.4	一种生石灰制浆装置	2015-7-20	实用新型
438	201520531017.X	一种启动装置	2015-7-21	实用新型
439	201520529474.5	减小激光聚焦镜损伤的装置	2015-7-21	实用新型
440	201520531047.0	一种圆盘剪剪刃修磨装置	2015-7-21	实用新型
441	201520531019.9	一种飞剪拉杆安装装置	2015-7-21	实用新型
442	201520532700.5	电刷适形研磨装置	2015-7-22	实用新型
443	201520570143.6	炼钢转炉炉底拼装多功能锁紧装置	2015-7-31	实用新型
444	201520569277.6	一种切割装置	2015-7-31	实用新型
445	201520569012.6	一种应用于数控机床工作台的夹紧机构	2015-7-31	实用新型
446	201520598756.0	一种轮胎分解装置	2015-8-10	实用新型
447	201520602238.1	一种用于高负压烟气的采样装置	2015-8-11	实用新型
448	201420130207.6	铜质H型滑触线	2014-3-21	实用新型
449	201420450348.6	一种带粉尘储存仓的除尘管	2014-8-11	实用新型
450	201420459580.6	一种炼焦炉焦侧工作车	2014-8-13	实用新型
451	201420555401.9	一种稳定控制迁车台运行系统	2014-9-25	实用新型
452	201420602224.5	一种皮带运输系统的打滑检测系统	2014-10-17	实用新型
453	201420645123.6	一种PF线驱动装置	2014-10-30	实用新型
454	201420663214.2	一种检修平台	2014-11-7	实用新型
455	201420743914.2	一种用于测定烟煤粘结指数的搅拌丝	2014-12-1	实用新型
456	201420636648.3	测量炉底高度的工具	2014-10-30	实用新型
457	201420636448.8	快速测渣器	2014-10-30	实用新型
458	201420636647.9	无烧损吹氧管喷头	2014-10-30	实用新型
459	201420747231.4	取转炉喷溅渣样勺	2014-12-3	实用新型
460	201420805910.2	一种新型电动鼓风机	2014-12-17	实用新型
461	201420827174.0	一种铁冶金车辆枕簧装置	2014-12-23	实用新型
462	201420824516.3	一种转炉煤气加压机在线清洗装置	2014-12-22	实用新型
463	201520429849.0	一种风动样盒减震装置	2015-6-19	实用新型

序号	专利申请号	专利名称	申请日	专利类型
464	201420654044.1	台车及栏板	2014-11-5	实用新型
465	201420654302.6	粉料仓截止阀	2014-11-5	实用新型
466	201520186570.4	一种焦化厂水熄车的横梁前侧壁	2015-3-24	实用新型
467	201520186569.1	一种控制料仓棚料振打装置	2015-3-24	实用新型
468	201520185943.6	一种定尺台架的输送装置	2015-3-24	实用新型
469	201430321757.1	彩色镀锌钢板	2014-9-2	外观设计

2015年末首钢集团各单位职工分类构成情况

（单位：人）

单　　位	期末人数	女性	厂处级及以上	科级	班组长	专业技术管理	生产操作人员	行政管理人员	工程技术人员	服务人员	不在岗职工
首钢集团	105979	24361	1817	4264	7256	15679	35723	11366	10837	6297	9969
股份公司	11165	1581	162	443	885	1188	6178	1340	1355	107	60
京唐公司	8145	629	252	213	715	1651	5764	701			
首秦、秦板、秦机	3206	460	45	145	374	422	2036	144	110	50	94
矿业公司	10464	2137	76	385	519	1078	4138	749	1764	1137	302
水钢公司	15696	5061	124	497	647	1099	3245	1227	1831	1146	3457
长钢公司	10963	3339	101	272	790	785	3393	1026	1543	777	1327
贵钢公司	3882	944	7	255	384	275	1053	394	424	256	907
通钢公司	17318	3280	192	395	1610	1961	5003	446	2238	450	2385
伊钢公司	1805	370	33	38	163	74	1097	83	260	112	
凯西公司	571	125	5	21	71	108	287	49	101	26	
首黔公司	43	5	15	7		9		27		6	
首矿大昌	397	104	3	8		67	279	43		8	
总公司直属单位	1729	523	241	75	23	733	14	613		174	51
特钢公司	751	105	34	32	23	5	121	257	52	47	226
园区综合服务公司	938	177	5	19	78	75	82	90	789	55	18
中首公司	375	106	59	30	1			353		10	8

续表

单位	期末人数	女性	厂处级及以上	科级	班组长	专业技术管理	生产操作人员	行政管理人员	工程技术人员	服务人员	不在岗职工
房地产公司	150	58	31	6		79		62			4
首钢医院	1844	1406	3	91	29	1563		99		146	3
地勘院	226	41	2	19	8	120	30	48	1	8	14
环境公司	351	59	16	34	12	110	143	60	6	10	6
京西重工	348	86	6	16	23	92	123	63			
首控公司	41	16	8	33				37			4
金属公司	10	2	2					6			4
矿投公司	123	7	10	27				22			100
医疗投资公司	20	9	2					15		5	
文化公司	31	14	2	8				30			
微电子公司	390	152	3	14		49	170	86			
氧气厂	363	80	5	21	31	58	166	58	31	3	4
机电公司	1285	232	33	110	92	180	435	274	128	85	99
首自信公司	1288	407	40	80	86	478	76	269	289		60
首建公司	4203	789	84	611	291	1756	1305	811	3	84	174
实业公司	1428	590	64	128	67	164		655	2	538	57
国际工程公司	996	278	57			920		54		11	2
鲁家山矿	166	27	5	25	9	18	54	59	14	16	5
耐材炉料公司	246	28	4	18	17	11	84	64	14	45	19
新钢联公司	118	44	2	6				118			

2015年末首钢集团离退休人员和费用构成情况

单 位	离退休人数（人）				离退休人员费用（元）	离休费（元）	企业负担（元）	退休费（元）	企业负担（元）
	合 计	女 性	离 休	退 休	总 计				
首钢集团	89744	38327	489	89255	674672251	3858337	447910	670813914	17709774
股份公司	788	188	5	783	37554618	558360	5400	36996258	1786679
首秦、秦板、秦机	1059	571	6	1053	38981031	683750	27002	38297281	898297
矿业公司	11811	3828	22	11789	554703590	2167848	27360	552535742	33813741
水钢公司	14512	6652	53	14459	454525146	4242521	2011910	450282625	45938696
长钢公司	9695	3829	65	9630	360810110	7417251	2362167	353392859	9257954
贵钢公司	5544	2287	37	5507	153091989	3444796	63935	149647193	1208634
总公司直属单位	252	59	178	74	18711200	14143510	504892	4567690	266638
特钢公司	8547	3302	56	8491	405416390	6122389	63600	399294001	21655139
园区综合服务公司	8	4	0	8	467214	0	0	467214	10647
中首公司	203	77	2	201	11873977	375885	91755	11498092	747772
房地产公司	12	2	0	12	866226	0	0	866226	17976
首钢医院	1292	1046	18	1274	63675304	1857254	22380	61818050	3226222
地勘院	496	123	4	492	23559771	414370	0	23145401	1148327
环境公司	3	0	0	3	199747	0	0	199747	4101
金属公司	2	0	0	2	175184	0	0	175184	3108
氧气厂	131	64	0	131	5750089	0	0	5750089	281779
机电公司	5556	3021	0	5556	246135809	0	0	246135809	10994824
首自信公司	1273	709	0	1273	59512580	0	0	59512580	2612495
首建公司	9338	3557	0	9338	414343678	0	0	414343678	20205901
实业公司	3048	2265	0	3048	102447606	0	0	102447606	5742701
国际工程公司	663	338	0	663	38368177	0	0	38368177	1728318
鲁家山矿	285	106	0	285	17816083	0	0	17816083	790956
耐材炉料公司	1459	643	0	1459	60731109	0	0	60731109	1204197

2015 年末首钢集团职工年龄和政治面目构成情况

（单位：人）

首钢集团	合计	在岗职工	其中:女性	班组长	厂处级及以上	科级	25岁及以下	26-30岁	31-35岁	36-40岁	41-45岁	46-50岁	51-55岁	56岁及以上
合　计	105979	96010	23813	6697	1774	4169	5302	16334	13627	15752	22104	19265	10674	2921
中共党员	35399	33035	5710	3534	1690	3588	503	3462	4996	4849	7039	7456	5416	1678
中共预备党员	701	692	133	69	6	41	71	192	269	100	44	23	2	
共青团员	11440	11205	2460	369	1	64	3540	6893	992	13	2	1		
民革会员	10	10	2		3				1		2	1	5	1
民盟盟员	18	18	11			3				5	2	6	4	1
民建会员	4	4	1		2						2	1	1	
民进会员	9	8	5		1			1		1		3	3	1
农工党员	4	4	1		1							1	1	1
致公党员	4	4	1			2					2	2		
九三学社	21	18	8	1	2					3	7	3	7	1
台盟盟员														
无党派民主人士	14	11	2		2					2	1	3	7	1
群　众	58355	51001	15479	2724	67	471	1188	5787	7367	10779	15003	11767	5228	1236

制 度 目 录

◎ 责任编辑：刘冰清

2015 年首钢总公司颁发制度文件目录索引

编号	制度类别	制度文件名称	发文单位	发文字号	发文日期	拟稿单位	发放范围
1	综合管理	中共首钢总公司委员会首钢总公司关于颁发《首钢总公司评比表彰管理办法》的通知	中共首钢总公司委员会首钢总公司	首党发〔2015〕4 号	2015 年 1 月 6 日	办公厅	各单位
2	生产技术	首钢总公司关于颁发《首钢总公司重大技术方案审查管理办法》的通知	首钢总公司	首发〔2015〕31 号	2015 年 2 月 10 日	总工程师室	各单位
3	经营管理	首钢总公司关于颁发《首钢总公司字号和商标使用管理办法》的通知	首钢总公司	首发〔2015〕49 号	2015 年 2 月 28 日	计财部	各单位
4	行政管理	首钢总公司关于颁发《首钢总公司档案管理制度》的通知	首钢总公司	首发〔2015〕56 号	2015 年 3 月 2 日	办公厅	各单位
5	人力资源	首钢总公司关于颁发《首钢总公司职工内部退岗休养实施细则》的通知	首钢总公司	首发〔2015〕57 号	2015 年 3 月 2 日	劳动工资部	有关单位
6	监督检查	首钢总公司关于颁发《首钢总公司建设项目审计管理办法(试行)》的通知	首钢总公司	首发〔2015〕67 号	2015 年 3 月 18 日	审计部	各单位
7	工程建设	首钢总公司关于颁发《首钢总公司北京地区工程管理办法(试行)》的通知	首钢总公司	首发〔2015〕71 号	2015 年 3 月 19 日	园区管理部	有关单位
8	生产技术	首钢总公司关于颁发《首钢总公司进口矿管理办法》的通知	首钢总公司	首发〔2015〕74 号	2015 年 3 月 21 日	生产部	有关单位
9	经营管理	首钢总公司关于颁发《首钢总公司土地房屋管理办法》的通知	首钢总公司	首发〔2015〕75 号	2015 年 3 月 25 日	规划发展部	各单位
10	安全管理	首钢总公司关于颁发《首钢总公司安全生产责任制》的通知	首钢总公司	首发〔2015〕100 号	2015 年 4 月 20 日	安全处	各单位
11	经营管理	首钢总公司关于颁发《首钢总公司园区资产租赁使用管理办法》的通知	首钢总公司	首发〔2015〕106 号	2015 年 5 月 6 日	园区管理部	各单位
12	监督检查	首钢总公司董事会关于颁发《首钢总公司派出董事管理办法(试行)》的通知	首钢总公司董事会	首董发〔2015〕25 号	2015 年 7 月 13 日	办公厅	各单位

续表

编号	制度类别	制度文件名称	发文单位	发文字号	发文日期	拟稿单位	发放范围
13	经营管理	首钢总公司关于颁发《首钢总公司北京园区停产闲置实物资产处置管理办法》的通知	首钢总公司	首发〔2015〕161号	2015年7月13日	园区管理部	有关单位
14	监督检查	首钢总公司董事会关于颁发《首钢总公司内部监事会管理制度》的通知	首钢总公司董事会	首董发〔2015〕27号	2015年7月15日	监事会工作办公室	各单位
15	监督检查	首钢总公司董事会关于颁发《首钢总公司钢铁企业监督管理办法》的通知	首钢总公司董事会	首董发〔2015〕28号	2015年7月15日	监事会工作办公室	各单位
16	监督检查	首钢总公司董事会关于颁发《首钢总公司专职监事管理办法》的通知	首钢总公司董事会	首董发〔2015〕29号	2015年7月15日	监事会工作办公室	各单位
17	监督检查	首钢总公司董事会关于颁发《首钢总公司监事工作专员管理办法》的通知	首钢总公司董事会	首董发〔2015〕30号	2015年7月15日	监事会工作办公室	各单位
18	监督检查	首钢总公司董事会关于颁发《首钢总公司监管企业日常监督实施细则》的通知	首钢总公司董事会	首董发〔2015〕31号	2015年7月15日	监事会工作办公室	各单位
19	监督检查	首钢总公司董事会关于颁发《首钢总公司内部监事会行使职权的规定》的通知	首钢总公司董事会	首董发〔2015〕32号	2015年7月15日	监事会工作办公室	各单位
20	经营管理	首钢总公司关于颁发《首钢总公司业务活动费用管理办法（试行）》的通知	首钢总公司	首发〔2015〕177号	2015年7月20日	计财部	各单位
21	经营管理	首钢总公司关于颁发《首钢总公司专项资金管理办法（试行）》的通知	首钢总公司	首发〔2015〕207号	2015年8月14日	计财部	各单位
22	经营管理	首钢总公司关于颁发《首钢总公司二级单位负责人任期经营业绩考核管理办法（试行）》的通知	首钢总公司	首发〔2015〕242号	2015年9月8日	计财部	有关单位
23	行政管理	关于印发《首钢总公司二级单位负责人履职待遇、业务支出管理暂行办法》的通知	中共首钢总公司委员会首钢总公司	首党发〔2015〕215号	2015年11月13日	行政管理中心	有关单位
24	经营管理	首钢总公司关于颁发《首钢总公司境内对外投资管理制度》的通知	首钢总公司	首发〔2015〕318号	2015年11月23日	资材运营部	各单位
25	经营管理	首钢总公司关于颁发《首钢总公司内部借款管理办法（暂行）》的通知	首钢总公司	首发〔2015〕330号	2015年12月3日	计财部	各单位

2015年首钢总公司废止制度文件目录索引

编号	制度类别	废止制度文件名称	发文单位	发文字号	发文日期	拟稿单位	发放范围
1	生产技术	首钢总公司关于颁发《首钢重大技术方案审查管理办法》的通知	首钢总公司	首发〔2007〕443号	2007年11月16日	总工程师室	各单位
2	经营管理	首钢总公司关于颁发《首钢字号和首钢商标使用管理办法》的通知	首钢总公司	首发〔2013〕85号	2013年4月24日	计财部	各单位
3	行政管理	首都钢铁公司关于印发《基建档案管理办法》的通知	首钢总公司	首通档字〔1988〕198号	1988年6月16日	办公厅	各单位
4	行政管理	首都钢铁公司关于印发《科研档案管理办法》的通知	首钢总公司	首通档字〔1988〕192号	1988年6月10日	办公厅	各单位
5	行政管理	首都钢铁公司关于重新修订《音像档案管理办法》的通知	首钢总公司	首通档字〔1990〕120号	1990年5月15日	办公厅	各单位
6	行政管理	首都钢铁公司关于修订颁发《不归档文件材料的规定》的通知	首钢总公司	首发〔1991〕636号	1991年11月28日	办公厅	各单位
7	行政管理	首钢总公司关于颁发《首钢总公司档案管理办法》的通知	首钢总公司	首发〔2012〕78号	2012年3月21日	办公厅	各单位
8	生产技术	首钢总公司关于下发《首钢总公司进口矿管理办法》的通知	首钢总公司	首发〔2013〕257号	2013年9月27日	生产部	有关单位
9	经营管理	关于颁发《首钢总公司土地房屋使用管理办法》的通知	首钢总公司	首发〔2006〕418号	2006年10月19日	规划发展部	各单位
10	经营管理	首钢总公司关于颁发《改制参股企业有偿使用首钢总公司土地、房屋管理办法(试行)》的通知	首钢总公司	首发〔2013〕87号	2013年4月27日	规划发展部	有关单位
11	安全管理	首钢总公司关于印发《首钢总公司安全生产责任制》的通知	首钢总公司	首发〔2011〕380号	2011年12月15日	安全处	各单位

编号	制度类别	废止制度文件名称	发文单位	发文字号	发文日期	拟稿单位	发放范围
12	经营管理	首钢总公司关于下发《首钢总公司园区资产管理办法(试行)》的通知	首钢总公司	首发〔2013〕128号	2013年6月5日	园区管理部	各单位
13	监督检查	首钢总公司董事会关于颁发《首钢总公司派出董事管理办法(试行)》的通知	首钢总公司董事会	首董发〔2014〕26号	2014年6月30日	办公厅	各单位
14	监督检查	首钢总公司董事会关于颁发《首钢总公司内部监事会管理制度(试行)》的通知	首钢总公司董事会	首董发〔2014〕19号	2014年6月30日	监事会工作办公室	各单位
15	监督检查	首钢总公司董事会关于颁发《首钢总公司钢铁企业监督管理办法(试行)》的通知	首钢总公司董事会	首董发〔2014〕20号	2014年6月30日	监事会工作办公室	各单位
16	监督检查	首钢总公司董事会关于颁发《首钢总公司专职监事管理办法(试行)》的通知	首钢总公司董事会	首董发〔2014〕21号	2014年6月30日	监事会工作办公室	各单位
17	监督检查	首钢总公司董事会关于颁发《首钢总公司监事工作专员管理办法(试行)》的通知	首钢总公司董事会	首董发〔2014〕22号	2014年6月30日	监事会工作办公室	各单位
18	监督检查	首钢总公司董事会关于颁发《首钢总公司监管企业日常监督实施细则(试行)》的通知	首钢总公司董事会	首董发〔2014〕23号	2014年6月30日	监事会工作办公室	各单位
19	监督检查	首钢总公司董事会关于颁发《首钢总公司内部监事会行使职权的规定(试行)》的通知	首钢总公司董事会	首董发〔2014〕24号	2014年6月30日	监事会工作办公室	各单位
20	财务管理	首钢总公司关于颁发《首钢总公司业务活动费用管理办法(试行)》的通知	首钢总公司	首发〔2014〕191号	2014年7月1日	计财部	各单位
21	经营管理	首钢总公司关于颁发《首钢对外投资管理制度(境内)》的通知	首钢总公司	首发〔2011〕405号	2011年12月30日	资本运营部	各单位
22	经营管理	首钢总公司关于颁发《首钢总公司内部借款管理办法》的通知	首钢总公司	首发〔2014〕22号	2014年1月21日	计财部	各单位

《首钢年鉴 2016》编辑人员

◎ 责任编辑：刘冰清

《首钢年鉴2016》组稿编辑人员

序号	组稿人	单位名称	联系电话
1	陈　宏	规划发展部	(010)88295194
2	高永生	计财部	(010)68875101
3	吴雅楠	审计部	(010)88292662
4	王素玲	监事会工作办公室	(010)88291193
5	温立文	信息部	(010)88296294
6	郭宝全	环境产业公司	(010)88293871
7	张永林	能源环保部	(010)88291345
8	魏松民	总工程师室	(010)88293570
9	付百林	技术研究院	(010)88296012
10	王京华	销售公司	(010)88294349
11	刘　爽	发展研究院	(010)62273246
12	魏云胜	劳动工资部	(010)88291170
13	张焕友	管理创新部	(010)88293759
14	秦　巍	保卫武装部	(010)88291545
15	韩　乐	办公厅	(010)88295449
16	韩　蕾	法律事务部	(010)88293045
17	闫　琳	组织人事部	(010)88292773
18	郑　昕	党委宣传部	(010)88293095
19	袁德祥	首钢日报社美影室	(010)88293089
20	郭小兵	纪(监)委	(010)88293754
21	金志先	首钢工会	88294317
22	高鹏飞	首钢团委	(010)88294476
23	邰克农	机关党委	(010)88293023
24	师　兵	首钢党校	(010)68873302
25	张明娟	资产管理中心	(010)88293223
26	高永生	财务共享中心	(010)68875101
27	张英明	人事服务中心	(010)88294347
28	董晓明	行政管理中心	(010)88293757
29	杨国光	北京首钢股份有限公司	(010)68874359
30	张兆伟	北京首钢股份有限公司第一线材厂	(010)69731520
31	郝占起	北京首钢特殊钢有限公司	(010)88915870
32	杨国光	河北省首钢迁安钢铁有限责任公司	(0315)7703039
33	孙娟娟	秦皇岛首秦金属材料有限公司	(0335)7127624
34	乔士坤	首钢京唐钢铁联合有限责任公司	(0315)8872816

续表

序号	组稿人	单位名称	联系电话
35	姜联宇	首钢长治钢铁有限公司	(0335)5084971
36	张志喜	首钢水城钢铁(集团)有限责任公司	(0858)8922868
37	袁坤喜	首钢贵阳特殊钢有限责任公司	(0851)5595740
38	冯世勇	首钢通化钢铁集团股份有限公司	(0431)88623566
39	孙 欣	首钢伊犁钢铁有限公司	(0999)5293018
40	黄紫云	北京凯西钢铁有限公司	(0591)6852272
41	房胜军	首钢矿业公司	(0315)7710398
42	宿海文	首钢控股有限责任公司	(010)88698701
43	柳 岩	北京首钢鲁家山石灰石矿有限公司	(010)61881058
44	李 琴	北京首钢自动化信息技术有限公司	(010)88293417
45	郭鑫鑫	北京首钢机电有限公司	(010)88291309
46	王廷麟	北京首钢微电子有限公司	(010)58980808-1015
47	李 梦	北京京西重工有限公司	(010)58810323
48	乔洪民	北京首钢金属有限责任公司	(010)88297701
49	齐 岳	北京首钢国际工程技术有限公司	(010)88292244
50	刘晓东	北京首钢建设集团有限公司	(010)88294086
51	杨伯晗	北京首钢房地产开发有限公司	(010)88929497
52	冯尧刚	北京首钢建设投资有限公司(园区开发部)	(010)88291928
53	孙文学	园区管理部	(010)68873174
54	李 明	园区服务公司	(010)88292185
55	孙会东	首钢文化发展有限公司	(010)88293797
56	许之沛	北京首钢实业有限公司	(010)88921007
57	吴妍彦	北京大学首钢医院	(010)57830827
58	徐 励	首钢总公司培训中心	(010)59805995
59	韩广军	北京首钢氧气厂	(010)52857877
60	刘祥鹏	北京首钢吉泰安新材料有限公司	(010)80713667
61	邵林增	北京北冶功能材料有限公司	(010)62949558
62	董月强	中国首钢国际贸易工程公司	82291111-2260
63	郑 凡	首钢(香港)控股有限公司	82291111-2256
64	陈百基	首钢秘鲁铁矿股份有限公司	82291111-2260
65	车宏卿	首钢发展研究院史志年鉴办公室	(010)62273234
66	刘冰清	首钢发展研究院史志年鉴办公室	(010)62273234
67	关佳洁	首钢发展研究院史志年鉴办公室	(010)62273234

索　引

说明：

1. 本索引采用主题词索引法编辑，取主题词（专用词、人名）首字的汉语拼音字母，按从 A 到 Z 的英文字母顺序排列。

2. 主题词后面的数字表示内容所在的页码。

3. 以阿拉伯数字开头的主题词排在索引的末尾。

A

安全保卫管理　208

安全阀校验资质　346

安全工作　126,160,198,199,245,267,355

安全管理大师赛　176

安全"黑名单"机制　220

安全环保　31,41,64,66,67,83,84,191,220,230,247,250,252,255,256,290,354

安全环保工作　196,246,355,365

安全生产经营　245

按市场定任务,分部门承包经营　235

案件管理　147

APEC 会议　28,38,39

APL1 余热回收工程　194

B

"八大员"建筑行业岗位　241

百姓学习之星　171,210,368

抱团出海　4,5

"北京·埃尔福特"职工国际焊接对抗赛　174,224

北京榜样　23,29,39,170,171,210,361,369

北京（曹妃甸）现代产业发展试验区和生态城　45

北京市国资委系统先进基层党组织　372

北京市国资委系统优秀共产党员　372

北京市级企业技术中心　94,296

《北京市教育实践活动整改落实情况专项检查工作方案》　363

北京市思想政治工作优秀单位　23,171

北京市先进基层党组织　372

北京市专利示范单位　296

北京首钢园区工程项目　299

北京移动互联基金　28,40

本质安全　355

表彰先进　178,218,248,305,307,342

兵役工作　161

博物馆筹建　171

"不因自身原因影响公司生产一秒钟"　239

C

财务公司信息化项目　126

财务型管控模式　70

参与决策　147

参与谈判　147

操检合一　197,220,221,223,224

曹妃甸协同发展　12,22,23,27,38,97,116,119,203,279,292

差异化发展　255

拆迁工作　119,157,286,326

产产融合　31,37,97

产城融合　9,28,31,37,38,97

产量和指标　189

产品结构调整及开发　227

产品开发　13,56,89,92,94—98,100,103,134,138,140,171,190,207,214,238,248,255,275,306,308,310—313,340

产品研发　45,140,200,219,223,235,243,274,276,344

产融结合　28,32,35—37,46,52,54,58,65,68,72,120,292,293,300,302,316,323,366

产线保障　31,34,41,44,139,220

产销研一体化运行机制　12

"产业+金融"　293

产业研究　8,97,142,288

常化炉弱水冷项目　220

厂务公开　29,41,47,173

场评环评　288

成本控制　45,66,75,118,255,308

成本控制与管理　255

成本掌控　198

成果转化　94,123,137,297,302

城市综合服务商　21,27,30—32,35,39,42,43,45,53,54,61,
68,69,75,77,78,87,90,95,98,105,120,129,155,170,174,
216,305,322,323

程泰宁　128,288,361,365

充电产业　298,302

"充电助力"班长在线培训　236

除尘器升级改造　191,220

创收增效　216,217

创先争优　29,35,109,167,178,188,209,221,246,248,280,
309,313,316,342,352

创新创优创业　18,19,23,50,107,168,302,366

《创新型服务业乐享平台》　290

吹沙填海　10

从严治党　32,35,42,90,142,168,337

CCER 项目　130,132,184

D

搭建职工创新平台　174

打假堵漏与治安防盗　232

打赢提质增效攻坚战系列访谈　209

大规格异型材　340

党员之星　193

"到啦吗"项目　299

地下空间整治　161

电网改造　198

订单兑现　192,207

东单　6,7,323

动力能源　130,194,286

督办工作　128

短平快项目　133,138,139

对标挖潜　219,251,262,268,354

对外合作　290,301

对外开放合作　139

对外宣传报道　169

多元产业（板块）　62

多元发展　230,231

E

二通园区　38,325

二型材互联网·金融产业园项目　45,288

ERP 光缆　299

E 中医项目　299

F

发扬敢为天下先精神　谱写首钢转型发展新篇章　171,365

发展循环经济　202,203,255

防洪抢险　161

房地产管理　40,82,116

飞灰试验项目　130

非钢业务　320,321

费用管理　117,120,145,150—152,427,429

费用节降　286

风险防控　29,47,57,65,66,70,120,204,275,316

风险管控能力　62,63,65

扶贫帮困　174,327,346

服务首钢项目　326

服务主体　312

服务主业　222

府右街　6

G

改革提效　223

概预算审核　118

干部队伍建设　22,26,28,35,166,221,248,258,282,307,327,
352

干部培训　90,107,166,176,179,208,232,280,301,307,309,
310

敢为天下先　17,50,140

钢材出口　46,118,351

钢材加工出口及贸易　217

钢材销售　117,228,234,251

钢铁板块管理平台　2,22,33,47,59,75,76,119,183

钢铁工程项目　132

钢铁技术专题调研　133

钢铁科技项目　133

"钢铁企业关键界面物质流、能量流协同优化技术与工程示范"
210

"钢铁与城市服务商并重与协同发展" 59

钢铁主业科研开发 297

高伯聪 361

高磁感取向硅钢 12,14

高党红 6,354

高炉低冶炼强度攻关 187

高强桥梁钢（Q500q） 219

工程抵税项目 355

工程改造 16,38,188

工程管理 104,106,119,129,136,145,158,270,287,308,323,324,426

工程审计 121,122

工业旅游 39,243,291

工艺过程控制 199

工艺技术推广 306,313

工艺升级 194,268

工艺稳定攻关 207

工艺装备 252—254

工资谈判 355

公共卫生管理 163

供应工作 185

购销工作 248

股份资本运作 170,293

股权变更 116,147,205,258

固废综合利用实验室 130

故宫 6

《关于公布国家智慧城市2014年度试点名单的通知》 21

《关于首钢迁钢公司电工钢产品推进方案》 13

《关于推进首钢老工业区改造调整和建设发展的实施意见》 21,35,38,45

《关于推进首钢老工业区改造调整和建设发展的意见》 16

《关于推进首钢老工业区和周边地区建设发展的实施计划》 16

管理成果奖项 122

管理创新成果 104,122,132,143,146,237,263,267,300,314,323,363,368

管理联检 143

管理流程再造 311

管理优化 156,215,299

管片模具板块 307

规程管理 190,309

规划编制 73,116,127,204,283,306,312,316,321,323

硅钢冶炼 187

贵阳特钢自动化工程 299

郭海涛 10

郭建宁 363

郭金龙 2,8,22,26,27,38,128,144,171,353,361—364

国防教育 159,161

国际生态健康产业园项目 288

国际学术交流 335

"国家火炬计划重点高新技术企业" 296

国家级示范校建设 337

国家重点新产品计划项目 139

国内外学术交流 140

国企楷模 23,29,170,171,210,369

国资预算资金支持信息化项目 127

H

海外工程 93,350,351

海运减亏 350

含钛球团矿工业试验 187

韩国浦项科技大学 10

焊接工艺评定 219

合理化建议 29,47,94,139,159,197,201,206,240,280

合理化配置产能 316

《河北省钢铁产业结构调整方案》 28

黑崎股权变动 283

弘扬社会主义核心价值观 首钢人的故事凝聚正能量 171

"红线"经营目标 226

后勤保障 67,82,84,140,157,162,278,307,336

后勤与基建 336

胡亮学 23,174,236

互联网+ 280,298,299,337

"护栏精神" 307

华兵矿业 281

"滑改滚"项目 271

"还贵阳市一片蓝天" 245

环保管控 194,197

环保管理 45,130,131,194,231,238,242,258,341

环境质量保障 131

J

机构改革 19,23,60,65,68,69,74,83,84,117,120,124,150,152,167,175,215,221,254,265,366

"机械化换人、自动化减人"科技强安项目示范企业 270

基层培训服务 179

绩效考核信息化项目 125,127

集团管控体系改革 19,33,43,44,50,54,56,59,61,68,69,

75—78,120,166,167

集团 2015 年度决算工作会　151

集团生铁产量　38

集中检查　122,123

纪念抗日战争胜利 70 周年　161,170,174,353

技改工程　184,190,225,227,272,336

技术开发　99,100,102,103,132,134,184,194,210,214,223,
274,282,309,332,344,345

技术支持效果明显　139

"加减乘除法"　30,43

价格管理　117,118

监督联动　122

监督能力　63,65

监督预防　172

监督整改　306,312

检修改造　197,276,312

建筑垃圾资源化利用项目　28,39,130

江苏首控　281

降成本工作　38,189

金牛奖　188,195,223

"金融+基地"运营模式　28,40

"金钥匙"工程项目　272

进口矿信息化项目　126

京冀协同发展产业投资基金　12,27,28,35,39,45,46

《京津冀协同发展规划纲要》　8,22,169

京唐二期项目　8,27,134,135,204,293

京唐股权调整　44,116

京唐自动化工程　299

京西国际融资　357

经济运行管理　117

经营管理目标　258

《经营目标责任书》　34,44,316

经营渠道　220

经营生产建设宣传　169

精益管理　206,207

"剧本孵化产业基地"项目　291

K

开展电商采购　184,273

开展信息化水平测评　127

"抗战财经记忆"　228

科技信息工作　139

科研工作　143,179,235,335

科研项目　130,151,187,207,297,340

"可衡量"　91

客户满意度调查　146

矿石进口　350

困难企业退出　283

会计与资产核算　151

L

垃圾焚烧炉渣建材化应用技术研究　130

拉丁美洲　4

劳动提效　264

劳动效率优化　200

劳模评选表彰　174

老工业园区建设　325

老年福敬老院　332,333,377

老区开发　246

"冷轧产品极限规格的开发与拓展"进入实施阶段。　207

冷轧配套项目　194

离任审计　35,121

李克强　4,5,52,356,365

立体车库　35,39,45,52,298,306,309,310,322,323

"廉政守则"　306

"两创一争"　265

"两大一小"　199

两防一体化　161

"两化融合"　43

两化融合管理体系贯标　127,264,274

"零放散"　255

"零基预算法"　268

"零排放"　169,255

"零外委"　226

"六个必须"　27,36

"六实"要求　122

龙烟铁矿股份有限公司　11

炉缸长寿　187

鲁家山基地　129,130

绿色和谐矿山　270

绿色矿山建设　264

绿色行动计划　131

M

马布里　23,24,29,39,156,361,362

马城铁矿交接　46,116

马尔科纳　354—356

马家骥　14,380

贸易及重点工程 252

煤焦化公司隐患排查数据库 236

民防工程建设 161

闵鹿蕾 23,171,174,369

"明鉴春秋"银质奖章。 143

MRC 信息系统 272

MES 系统研究 297

MyChatrip APP 项目 299

N

那曼丽 7

耐候桥梁钢(Q345NHq) 219

南长街 6,307

内强素质,外塑形象 290

能源管理体系建设 64,131,315

能源管理体系认证 315,345

年度指标 316

凝聚力工程 140,346

P

派出董事管理 47,127,128,330,426,429

"跑得赢" 91

"跑赢大势" 44

皮带管理创一流 263

品种钢开发 191,195

品种钢生产 190

评审工作 130,133,137,147,154

PPP+基金模式 46

PPP 融资 28,37

Q

汽车充电桩项目 46

汽车园区管理 217

迁钢自动化工程 299

迁顺在线订单评审项目 126

强化生产组织 262,274,355

青年网络文明志愿行动 176,361

青年志愿者 5,7,175,177,189,353

青年主题活动 177

清洁生产强制审核 315

球烧划转工作 185

球团增配秘细粉攻关 187

权责设计 69,72—74

全低温工艺生产高牌号取向硅钢 38

"全国钢铁行业五四红旗团支部标兵" 265

全国工人先锋号 187

全生产资质 283

群众性劳动竞赛 174

R

热轧氧化机制及控制技术研究 207

人才开发院 19,64,68,180,373,374,376,377,379

人员配备与安排 167

任期目标责任书 57,85,87—91,117,150

融资及资金运作 252

软实力 88,89,107,171,219,331

S

"三创"交流会 29,50,128,171

三定四不推 198

"三个一批" 265,268

"三规两制"。 190

"三规一制" 45,231

"三体系"认证 290

"三通一平" 216

"三统一" 293

"三为零"目标 263

"三严三实"要求 22,57,218

"三重一大"制度 306

上市融资进展 316

烧结工序配吃固废 187

设备持续改进项目 196

设备管理 82,105,186,191—193,195,196,198,201,214,230,
237,241,263,264,268,269,271,274,275,299,308,382

设备全优润滑 187

设备中修 220,222

社会教育培训 337

《深化改革,开创特钢转型发展新局面》 216

深化管控体系改革 18,35,166,168,180,366

《深化首钢集团总部管控体系改革思路框架》 18,19,50,58,
66,77,142,144,157,159,168,175,366

深挖潜力 354

生态城开发建设 12,28,38,116

生物质项目 129,130

十佳示范点 171,210

十讲十重十做到 107,232

"十年沧桑·纪录京唐" 209

"十三五"发展规划 34,44,137,232,316,321

市场承揽　306,311—313

视频会议系统管理　126

首钢长钢道德讲堂　228

首钢担当之星　228

首钢第十三届党建和思想文化创新成果获奖项目　107

首钢雕塑艺术馆　291

首钢法人授权管理制度　346

《首钢关于在处级以上领导干部中开展"三严三实"专题教育的实施方案》　144,178

《首钢集团深化薪酬分配制度改革思路方案》　40

首钢金融服务业"十三五"规划战略定位　120

《首钢全面深化改革指导意见》　27,36,40,43,54,56,60

首钢十大新闻　2,171

《首钢石景山治乱疏解建高端工作方案》　156

"首钢五四红旗团委"　265

首钢先进党小组　196,265,304,377

首钢先进党支部　196,265,304,376

首钢制造　6

首控物业　281,282

"首矿网微平台"　266

首特钢园区开发　216

首特绿能港科技中心　135,136,216

首旺煤业　39,281

首欣物业　103,331,373,379

数字矿山建设　264

"双壹级资质"　241,242

双佣月活动　161

"双争"课题　193,195

四个一律　160

"四三二一"工作法　237

"送温暖"工程　307,312,313

隋振江　128,136,138,203,204,213,364—366

T

碳排放管理　132,315,345

碳排放权交易　131

唐山市"两化融合"重点企业　297

套筒窑成品间新增除尘设施　191

特钢绿能港　38,216

提升质量服务意识　192

天坛　6,203

铁前系统整合　186

通钢集团　247,248,250—254,282,373—376,378,380,381

"通钢7·24"事件　282

"统筹规划、一厂一策"　248

统计核算管理　119

头版头条　2,141,169

投资决策　53,61—64,66,68,71—74,77,82

推进常驻制　123

推进全优润滑管理　184

托管首耐公司　283

拓展服务内涵　140

拓展领域研发　297

TPM推进　195,200,223,382

TPM管理　183,188,193,195,196,200,201,220,223,272,314

TS16949体系　44

W

挖潜增效　28,95,226,227,320,351

外埠钢企管控　146

外委外包　117,214,220,221,226

王安顺　22,26,27,38,128,171,288,361,362

王长林　236

王莉　10,372

王立彤　203,204,363,365

王卫健　7

微电网产业　298,302

文化创意产业　46,108,291,292,297,325

文津街　6

污染土壤修复　35,39,90,129

无取向硅钢　12—14,190,393,397,410

"无隐患单元"　271

吴良镛　128,288,361,365

"五把尺子"评价标准　117,226

"五导向、三零、两消除"　194

"五种意识"　122

物流业务　252

物业服务　163,262,289,290,325,330,331

X

西单　6

西沟煤矿　281

西华门　6

西十筒仓　2,8,16,21,28,35,38,45,93,130,135,136,157,163,280,287—290,299

习近平　22,26,27,30,35—38,53,109,142,166,168,172,176,177,179,344,352,365,366

细分行业投资　293

项目合作　135,279,301,302,324

项目交接　279

项目实施　21,75,97,125,131,207,265,293,317,321

消防安全管理　83,160

消防安全"四个能力"　160

销售组织　273

谢海山　7

新产品研发　200,278,344

新产业研发　297

新常态特征　36

《新京报》　5,24

新矿资源　357

新媒体建设　265

"新三板"　40

新首钢高端产业综合服务区　8,16,17,20,21,27,93,105,131,135,155,287,362,366,368,369

薪酬分配制度　28,33,35,40,43,85,104,106,205,217

薪酬奖励机制　300

"信贷+投行"　293

信息安全管理　126

信息化建设　64,66,67,79,80,125,137,140,141,143,150,157,159,185,274,326,330,335

信息化施工拓展　299

信息化专业管理　127

Y

压减库存　273

养老服务示范项目　332

"冶金质量联盟杯"　227,249

业绩考评　117,122

业态多样　289

业务划转　143,166,188,264

业务梳理　84,150,153

"一厂两矿"　224

一岗多责　197

"一岗双责"　35,141,306,321,344

"一个平台,四个支柱"　266

"一根扁担挑两头"　27,39,53—55,61,68,292

"一企一策"　35,46

一业三地　310,331

一种冶金车辆枕簧装置　240

宜昌铁矿　281

移动互联产业　299

"以丰补歉"　34,44

银医通　336

营销服务平台项目　126

"营销前移"　140,185

永续债　28,37

用户技术服务　34,194

用户技术领域　93,96,139

优化产品结构　28,56,89,90,96,138,206,214

优化管理　18,22,32,33,43,51,53,60,144,151,192,215,226,275

优化劳动组织　34,43,45,105,188,205,228,257,351

优化投资管理　293

优化物流管控机制　141

优化制度　280

预算体系　22,32,33,44,54,55,66,117

园区开发研究及交流　136

园区开发专项研究审查　134

员工提素　264

"阅读历史——古陶与拓片精品艺术展"　291

运营品质　290

运营型管控模式　70,77

运营优化及共享服务能力　63

Z

在手项目开发建设　326

责任追究　47,58,87,172,189,265

增强凝聚力　108,258,282

增收节支　197,198,202,206,250,268,269

轧钢工学习团队　192

炸药生产　273

"战略管控型"模式　43

战略规划　53—55,61,62,64,66,73—75,77,116,117,306,312

战略控制+财务控制　54

战略偏财务型管控模式　70

战略偏运营型管控模式　70

战略型管控　53,62,63,69—73,76

战略+执行　54

张建东　128,368

赵克志　204,213,365

整改帮促　122,123

政策房项目建设　325

职工保险业务　153

职工健康管理信息系统项目　125

职业资格管理　80,81,152,153

指标优化　226,250

制度管理　143—145,158,231,306,312

"制造+服务"　12,95—97,203

质检业务整合　192

质量扣罚　201

质量体系建设　57,201,317

质量主体责任制　308

治安管理　159,160

智慧城市产业　298

智慧城市建设项目　298

"智能矿山"　274

中长期激励机制　33,40,44,50,55,57,59,76,85,87,205,316

中国环境日知识竞赛　315

"众创空间"　293

周末大讲堂　26,36,41,171,179

"抓得准"　91

专项规划　35,45,97,136,288,362

专项审计　40,121

专业工作　121,130,144,146,157—159,173

专业培训　120,121,171,173,175,177,200,218

转炉煤气掺烧焦炉煤气　190

转型发展培训班　59,167,179

资本运作能力　63,65

资产处置　39,40,72,82,84,117,119,135,136,151,156,157,286,289,427

"资产纽带关系"　56

资产清查　81,84,156

资产重组　35,57,76,119,147,171,183,184,293,365

资金管理平台　40

资金结算　79,80,150,151

资源接替　263

资源综合再利用　263

自主创新　6,10,14,98,202,220,320,330,367

"自主经营、独立核算、自负盈亏"　262

"走出去"机遇　320

"走进曹妃甸·感受新京唐"　210

最美青工评选　176

"做得实"　91

做实股份公司　27,40,47,55,57,59,62,75,76,119,144,145,183,185

2015年北京西部医学论坛　335

2015年长钢公司主要产品产量完成情况表　225

2022年冬奥会组委会　288

2014年度北京市诚信创建企业　300

2015年度首钢"三创"先进集体　381

2015年度首钢先进党组织　372

2015年度首钢先进共产党员　374

2015年度首钢先进职工　380

2014年度中国工业软件优秀产品奖　300

2014年度中国工业软件优秀企业　300

2015年国际绿色建筑大会国际峰会　21,368

《2015年深化经济体制改革重点工作的意见》　53

2015年首钢集团主要工业产品产量完成情况　386

2015年首钢集团主要综合效益指标完成情况　387

2015年首钢主要技术经济指标完成情况　388

2015年首钢专利申请项目　389

2015年首钢专利授权项目　406

2015年首钢总公司颁发制度文件目录索引　426

2015年首钢总公司废止制度文件目录索引　428

"9·2"事故　196,197,365

"4300毫米ACC水系统增加中喷、过滤器"项目　220

6σ管理　190

"6S"管理　230,248,284

"863计划"　297

责任编辑:宋军花
装帧设计:徐　晖
内文设计:鲍春琴
责任校对:白　玥

图书在版编目(CIP)数据

首钢年鉴·2016/首钢总公司史志年鉴编委会 编. —北京:人民出版社,2017.1
ISBN 978－7－01－017071－8

Ⅰ.①首…　Ⅱ.①首…　Ⅲ.①首都钢铁公司－2016－年鉴　Ⅳ.①F426.31－54

中国版本图书馆 CIP 数据核字(2016)第 308882 号

首钢年鉴·2016

SHOUGANG NIANJIAN 2016

首钢总公司史志年鉴编委会　编

人民出版社 出版发行
(100706　北京市东城区隆福寺街 99 号)

北京盛通印刷股份有限公司印刷　新华书店经销

2017 年 1 月第 1 版　2017 年 1 月北京第 1 次印刷
开本:889 毫米×1194 毫米 1/16　印张:29
字数:700 千字

ISBN 978－7－01－017071－8　定价:368.00 元

邮购地址 100706　北京市东城区隆福寺街 99 号
人民东方图书销售中心　电话 (010)65250042　65289539

版权所有·侵权必究

ISBN 978-7-01-017071-8

9 787010 170718 >